Karl August Chassé

Ländliche Armut im Umbruch

Karl August Chassé

Ländliche Armut im Umbruch

Lebenslagen und Lebensbewältigung

Leske + Budrich, Opladen 1996

Die Deutsche Bibliothek – CIP-Einheitsaufnahme
Chassé, Karl August:
Ländliche Armut im Umbruch : Lebenslagen und Lebensbewältigung / Karl August Chassé. – Opladen : Leske und Budrich, 1996

ISBN 3-8100-1585-7

Druck: Druck Partner Rübelmann, Hemsbach
Printed in Germany

Inhalt

Vorwort

Der Leser hat ein umfangreiches Buch vor sich. Was erwartet ihn? Der Text ist trotz reflektierender Abschnitte kein theoretisches Werk. Es ist in erster Linie der Bericht über eine empirische Studie, die natürlich ihre theoretischen Voraussetzungen hat und diese auch offenlegt, doch die Ergebnisse laden zum Disput ein. Zentrale Begriffe der Armutstheorie, wie Lebenslagen und soziale Ungleichheit, benachteiligte und arme Lebenslagen, die Differentialität von Lebenslagen, die subjektive Gestaltung von Lebenslagen und die Handlungschancen der lebensweltlichen Akteure, sind noch in vieler Hinsicht offen. Für die sozialpädagogische Perspektive bzw. den sozialpädagogischen Zugang zu sozialen Problemen werden einige Vorschläge gemacht. Gibt es sozialpädagogische Forschung? Zumindest gibt es einige besondere Aspekte an sozialen Problemen, die unsere Forschung beachten sollte.

Armut gilt in dieser Studie als paradigmatischer Begriff im Sinne der Verständigung über einen Problemzusammenhang von benachteiligten Lebenslagen, von denen Sozialhilfebezug eine - doch nicht die einzige - ist. Armut wird mithin als heuristischer Begriff verwandt. Armut schließt notwendig materielle Benachteiligung ein; doch wo hört sie auf? Da nicht vorab bestimmt werden sollte, wo eine Grenze für Benachteiligung lag, wurde eine Einkommensgrenze von 60% als Obergrenze für alle Stichproben verwendet; unterhalb dessen waren Lebenslagen- und Lebensführungs-Unterschiede eine offene Forschungsfrage.

Im Kontext eines lebenslagebezogenen Ansatzes von Armutsforschung wie auch einer Theorie sozialer Arbeit werden Benachteiligung und Armut im Feld mehrerer Dimensionen menschlichen Lebens verstanden, so Wohnung, Bildung und Ausbildung, Arbeit, soziale Teilhabe und Integration, Gesundheit usw. Die Studie bleibt hier vorwiegend deskriptiv auf die Darstellung der Ergebnisse bezogen.

Eine differenziertere und begründetere Gegenstandsbestimmung von Armut und Benachteiligung kann erst Ergebnis von Forschung sein. In diesem Sinne handelt es sich hier um eine Grundlagenstudie, die Lebenslagen im Vergleich (wenn auch mit kleinem Sample und nur regional) untersucht.

Die vorliegende Arbeit geht auf ein Forschungsprojekt an der Universität Trier zurück, das vom 1.2. 1989 bis zum 31. 1. 1993 von der Deutschen Forschungsgemeinschaft finanziert wurde. Der Verfasser war hauptamtlicher Mitarbeiter dieses Projekts. Das Projekt "Lebenssituation, Lebenslagen und Handlungsmöglichkeiten von sozial schwachen Personen und Familien im ländlichen Raum" (Kurztitel: "Armut auf dem Land") wurde von Prof. Dr. Hans Pfaffenberger und mir geleitet.

Ziel des Projekts war in sozialpädagogischer Perspektive die Untersuchung von für den ländlichen Raum neuen sozialen Problemen (wie Sozialhilfebezug und Langzeitarbeitslosigkeit) und ihre Wahrnehmung und Bearbeitung durch Betroffene und ihr soziales Umfeld einerseits, die Entwicklung von Möglichkeiten zur Aktivierung von Selbsthilfepotentialen bzw. ihre Vernetzung mit professionellen sozialen und sozialpädagogischen Hilfen andererseits.

Der wissenschaftliche Zweck des Projekts war mithin die Untersuchung von Problemlagen und Formen der Lebensbewältigung - um einen in der Sozialpädagogik prominenten Begriff zu gebrauchen (vgl. Böhnisch/Schefold 1985; Böhnisch 1994; Thiersch 1992) - in einem sozialen Feld, in dem von der Existenz überkommener Selbsthilfestrukturen wie von der Überforderung durch neue soziale Probleme ausgegangen werden konnte.

Die Besonderheit der vorliegenden empirischen Studie ist der Mehrmethodenansatz, der durch die Verbindung qualitativer mit quantitativen Untersuchungsmethoden der Komplexität des Untersuchungsgegenstands in sozialpädagogischer Perspektive gerecht zu werden sucht.

Zum Aufbau der Arbeit: Die Darstellung beginnt mit der Bestimmung von ländlichem Raum und der Charakterisierung des Untersuchungsgebiets. Die Konzeption und die ursprünglichen Ziele der Untersuchung werden vorgestellt (Kap. I). Der erste Schritt der Exploration, die Expertenbefragung, erbrachte bereits kontrastierende Ergebnisse darüber, wie die ländliche Bevölkerung selbst das Problem sieht und wie sie damit umgeht. Das zweite Kapitel zeigt, wer betroffen ist (Struktur von ländlicher Sozialhilfe). Wie sind Lebenslagen von Sozialhilfebeziehern und anderen Benachteiligten beschaffen, welche Einschränkungen müssen sie hinnehmen und was können sie an Resourcen zur Kompensation einsetzen (Kap. III). Wie geht die dörfliche Gemeinschaft mit materiellen Problemen um und wie verhalten sich die Betroffenen - in Wechselwirkung damit (Kap. IV)? Die subjektive Wahrnehmung und Ausdeutung von Sozialhilfebezug und Arbeitslosigkeit, die Deutungsmuster der einzelnen Betroffenen und ihres sozialen Umfeldes, die subjektive Ausgestaltung der Lebenslagen und Handlungsmöglichkeiten zur Bewältigung und Überwindung stehen im Mittelpunkt des nächsten Teils (Kap. V). Eine Zusammenschau der einzelnen methodischen Zugänge, Zusammenfassung der Einzelergebnisse und Konsequenzen für Sozialpolitik und Soziale Arbeit (-pädagogik) sowie Bereiche praktischer Intervention sind Gegenstand des Schlußteils (Kap. VI).

Ich bin zwar für die folgende Darstellung allein verantwortlich. Doch wäre die Untersuchung ohne die Unterstützung beider beteiligter Landkreise und 16 Verbandsgemeinden, ohne die oft interessierte und kritische Beteiligung der Betroffenen und ohne die Arbeit der Kollegen, Hilfskräfte und Studenten nicht möglich gewesen. Auch die tagelangen Diskussionen mit Herrn Gabler und Herrn Hoffmeyer-Zlotnik vom Mannheimer "Zentrum für Umfragen und Methoden" (ZUMA) haben vieles weitergebracht.

Alfred Bures hat viele kluge Operationalisierungen entworfen. Christoph Michels hat die Cluster- und Faktorenanalyse vorangetrieben und wichtige Ideen beigesteuert. Marco Fricke und Micki Weyand haben Graphiken erstellt und Texte gelayoutet; Elke Dimmig hat alle Textentwürfe geschrieben. Ihnen allen sei an dieser Stelle ein herzlicher Dank ausgesprochen.

Mein besonderer Dank gilt neben Hans Pfaffenberger, der oft mit seinen Kritiken und Anregungen die Arbeit vorangetrieben hat, Liesel Rieker, Mike Hilgert und David Pensé, die als Kollegen und studentische Mitarbeiter die Feldarbeit und Teile der Auswertung tatkräftig unterstützt haben.

Das Projekt war auch wegen der unterschiedlichen methodischen Zugänge sehr groß und ließ sich in der geförderten Zeit nicht mit einer Veröffentlichung abschließen. Die Kollegen suchten sich andere Stellen. Auch ich habe nach einiger Zeit eine neue Arbeit gefunden. So verlagerte sich die Weiterarbeit in die Freizeit. Seit längerem stand ich vor der Wahl, noch Monate und Jahre bis zu einer akzeptablen Abrundung der Ergebniseinschätzung und zur Feinbearbeitung der Darstellung und Eliminierung von Widersprüchen und Ungereimtheiten zu brauchen und dem Interesse anderer Kollegen, die endlich Ergebnisse sehen wollen.

Frankfurt, im September 1995.

I. Annäherungen und Explorationen.

Ausgangspunkt und Leithypothese der vorliegenden Studie war die Annahme, daß sich die Lebensbedingungen und die Menschen im ländlichen Raum wesentlich verändert haben und daß der soziale Wandel auch neue Rahmenbedingungen für soziale Probleme und Soziale Arbeit gesetzt hat und setzt. Soziale Probleme und die neuen Formen ihrer Bewältigung sind selbst Teil dieser Modernisierungsprozesse. Zur Modernisierung des ländlichen Raums gehören auch u. a. die Verwaltungsreform der Gemeinden (Entstehung der Verbandsgemeinden, Eingemeindungen usw.), die Schulreform mit der Aufgabe der Dorfschule und den neuen Mittelpunktschulen, die Konzentrationsprozesse in der Landwirtschaft mit der Reduktion auf wenige Betriebe, der 'Erschließung' des ländlichen Raums durch den Individualverkehr, Neubausiedlungen in den Dörfern, Verstädterung des Ortsbildes usw. Diese Veränderungen sind von einer Erosion des Sozialen begleitet gewesen: für die einzelnen ergeben sich mit den veränderten Lebensbedingungen viele neue Wahlmöglichkeiten (mit allen Risiken) und Verbesserungen der Lebensqualität, sie bedeuten auch (nicht unbedingt für dieselben Subjekte) neue Erfahrungen von Vereinzelung, Verlust gewachsener und überkommener gemeinschaftlicher Strukturen, des Familienzusammenhalts, Anonymisierung der sozialen Bezüge usw.

Dorfleben bildet heute sicherlich keinen geschlossenen Kosmos mehr, sondern ist von vielfältigen regionalen und überlokalen gesellschaftlichen Einflüssen durchdrungen. Dies gilt in starkem Maß für Arbeitsmarkt- und andere Armutsrisiken, die nun nicht mehr innerhalb des dorfgemeindlichen Kontexts - der Arbeit bot - aufgefangen werden können. Gleichwohl entstehen innerhalb des ländlichen Raums neue Formen des Umgangs mit sozialen Problemen und der individuellen und kollektiven Problembewältigung. Sie liegen aber quer zu herkömmlichen Umgangsweisen des dörflichen Gemeinwesens und knüpfen nur sehr partiell an es an. Sie sind als aktive Leistung der Subjekte im Umgang mit Problemen anzusehen (vgl. Keupp 1987, 38ff.). Solche neuen Ressourcen finden sich z. B. als regional orientierte Jugendcliquen bzw. Gruppen Erwachsener, als soziale Netzwerke neuer Art. Sie sind keine Reste traditioneller Bindungen (familiale, nachbarschaftliche, religiöse, dörfliche), sie sind nicht professionell hergestellt (Jugendclub, Pfarrei u. dgl.), sondern repräsentieren in ihrer regionalen Orientierung und Zusammensetzung einen neuen Gesellungstyp (vgl. Keupp 1992; Böhnisch/Funk 1989, 182ff.). Er stellt eine Verknüpfung privaten Lebens einerseits und neuer sozialer Probleme mit einer überlokalen Öffentlichkeit dar. Diese neuen Netzwerke stellen eine identitätsvermittelnde Kommunikation und Interaktion bereit, sie ermöglichen neue soziale Identitäten jenseits des noch recht homogenen ländlichen Lebenszusammenhangs, sie machen eine intensive persönliche Beteiligung möglich und sind gleichwohl nicht von der familialen oder beruflichen Sphäre bestimmt - und sie haben auch nicht lokalen Charakter, sondern überlokalen: regionalen (vgl. auch Dunckelmann 1975, 28). Was die neuen Netzwerke von älteren intergenerationellen (vgl. Müller/Rosenow/-Wagner 1994, 32) unterscheidet, ist der fehlende oder nur partielle Anschluß an lokale Öffentlichkeiten. Gleichwohl erbringen die neuen Netzwerke Sozialisationsleistungen, sind Einübungsfeld für Formen der Identität und der Lebensbewältigung und Handlungsmöglichkeiten jenseits der Tradition.

1. Zum Konzept des ländlichen Raums

Der gängige Begriff des ländlichen Raums bezieht sich auf spezifische regionale Verhältnisse, die durch zwei charakteristische Dichotomien bestimmt sind. Einmal wird -seit dem Spätmittelalter - der Gegensatz der Lebensformen (städtische Differenzierung und städtische Öffentlichkeit) hervorgehoben. Daneben wird der Unterschied ländlicher gegenüber - insbesondere seit dem 19. Jahrhundert - industriell-kapitalistischer Produktionsform als kennzeichnende Differenz betont. Der gesellschaftliche Entwicklungsprozeß hob dabei die Stadt durch die autonome Verfassung und Verwaltung einerseits und die Ausbildung des städtischen Bürgertums als Vorläufer moderner Gesellschaftsstrukturen andererseits als relativ fortschrittliche Form gegenüber der feudalen Verfassung bzw. den feudalen Sozialgliederungen hervor (Franz 1976, 34; Abel 1978). Doch ist es immer nur in großer Abstraktion möglich gewesen, angesichts der unterschiedlichen Agrarverfassungen und Sozialgliederungen unterschiedlicher ländlicher Regionen, von dem ländlichen Raum oder dem Land zu sprechen (vgl. Gängler 1990; Böhnisch/Funk 1989; Böhnisch/Winter 1990; Allert u.a. 1994). Deswegen gibt es "bisher kein schlüssiges wissenschaftliches und semantisches Konzept von 'Land' oder 'Ländlichkeit'"(Gängler 1993, 212). Die klassische Betrachtungsweise, die von einem dualistischen Schema ausging, gilt heute eher als zuschreibende denn als beschreibende Charakterisierung (vgl. Pongratz 1987, 1990). Lutz (1984, 1986) hat den Gegensatz der Organisationsformen der Produktion (Profit- vs. Subsistenzorientierung) mit entsprechenden Unterschieden der sozialen Gliederung und der Mentalität als Kern dieser Dichotomie seit dem 19. Jahrhundert bestimmt. Dies kann ein Ansatz sein, den ländlichen Raum als geschlossenen sozialen Raum trotz unterschiedlicher

Tätigkeiten und Berufsgruppen - also nicht nur der bäuerlichen Familienbetriebe und der darauf bezogenen handwerklichen Betriebe - zu betrachten; jedoch meint die Lutzsche Unterscheidung von modernem und traditionalem Sektor genau besehen keine räumliche, sondern eine strukturelle Differenzierung.

Exkurs: Zur Entwicklungsform im ländlichen Raum

Lutz' Argumentation geht davon aus, daβ sich die Gesamtgesellschaft des Deutschen Reiches bzw. der BRD bis in die 1950er Jahre innerhalb einer zweigeteilten Wirtschafts- und Sozialstruktur entwickelt. Sie umschlieβt zwei konträr organisierte Produktions- und Lebensformen. Das moderne Segment wird geprägt durch die gewinnorientierte industrielle Produktion ("kapitalistisch"); das traditionelle Segment wird gekennzeichnet durch eine subsistenzorientierte Wirtschaftsform mit altüberlieferten Strukturen hauswirtschaftlichen, bäuerlichen und handwerklichen Wirtschaftens. Dieser traditionelle gesellschaftliche Sektor stellte im wesentlichen die zur Lebenserhaltung erforderlichen Güter und Dienstleistungen her. Mit anderen Worten gilt ihm der Reproduktionsbereich der Gesellschaft als nicht-kapitalistisch organisiert. Es handelt sich um die bäuerliche Wirtschaft, die Nahrungsmittel und einige Rohstoffe herstellte, die kleinen für den Nahbereich produzierenden Handwerksbetriebe und kleinen Handelsbetriebe (so etwa "Tante Emma Läden", kleine Bäckereien usw.) sowie den Bereich der häuslichen Arbeiten, der einmal durch die selbstverständliche, unbezahlte Arbeit der Frauen quer durch alle gesellschaftlichen Gruppen, z.T. aber auch als bezahlte Dienstleistungen (Zugehfrauen, Putzfrauen, Dienstboten usw.) geleistet wurden. Dieser traditionale Sektor funktionierte nicht nach dem Prinzip der Erwirtschaftung von Gewinn, sondern war bedarfsorientiert: in ihm ging es um den Lebenserhalt von Familienbetrieben. Arbeit und Leben sind hier nur ansatzweise getrennt und die Lohnarbeitsform von Arbeit fehlt. Er folgte einer eigenen Logik, hatte eine spezifische Entwicklungsform, die nur partiell mit der des industriellen Sektors der Gesellschaft zusammenging. Dieser Dualismus zweier gegensätzlicher Prinzipien von Vergesellschaftung ist keineswegs identisch mit der Differenz von Stadt und Land. Lutz' Konzept meint eine strukturelle und funktionelle Unterscheidung; nur vermittelt ist sie auch als räumliche zu betrachten.

Lutz weiterführend läβt sich sagen: Der skizzierte Gegensatz unterschiedlich bestimmter Lebens- und Wirtschaftsformen ging quer durch alle sozialen Schichtungen und auch quer durch die räumliche Gliederung. Freilich bildeten beide gesellschaftliche Sektoren sich in den sozialen Teilräumen und Milieus unterschiedlich aus und gingen jeweils spezifische Symbiosen und Amalgamierungen ein, die soziale und räumliche Milieus (z. B. spezifisch regionale ethnisch-kulturelle Milieus wie Berlin, "Ruhrpott", Saarland, auch verschiedene ländliche Milieus) in ihrem Charakter prägen und unterscheidbar kennzeichnen konnten.

Zum Land als Abstraktion im hiesigen Kontext lassen sich zwei Argumente zu einer partiellen Koinzidenz von funktionaler Differenzierung und räumlicher Gliederung finden, die freilich nicht ausreichen, eine Theorie ländlicher Region zu begründen. Zwar ist das "Land" nie einheitlich gewesen (vgl. Bohler 1986 zu unterschiedlichen Agrarverfassungen). Doch der im ländlichen Raum konzentrierte Teil des traditionellen Sektors unterschied sich dadurch von den übrigen Segmenten, daβ hier die traditionelle Lebensform mit ihrer Bedarfsorientierung noch den Kern der Arbeitsbeziehungen bestimmte und damit Arbeitsleben (Selbstversorgung, nicht arbeitsteilige Produktion, starker Anteil der Hausarbeit usf.) und Alltag prägte, während er in der übrigen Gesellschaft stärker die Reproduktionsbeziehungen bestimmte und dort der Alltag schon weitergehender von Mischungen und Legierungen beider Vergesellschaftungsformen beeinfluβt war. Unter diesem Aspekt stellte das Land einen heraushebbaren Teil des traditionellen Sektors dar. Der traditionelle Sektor hatte einen räumlichen Fokus in der ländlichen Region, weil dort die bedarfsorientierte Form zu leben und zu wirtschaften überwiegend unvermischt existierte. Dies Argument gibt mithin der dualistischen Sichtweise der Agrarsoziologie eine gewisse Berechtigung.

Ferner hat die den ländlichen Raum ehemals prägende Landwirtschaft die besondere Eigenschaft einer ausgeprägteren Naturbezogenheit der Produktion, die stärker als in anderen Branchen Effektivität und Arbeitseinsatz von Zufällen (z. B. Wetter, Krankheiten der Tiere) abhängig bleiben läβt und daher grundsätzlich kontingent und in geringerem Maβe plan- und berechenbar als industrielle Produktion ist. Naturbezug und Hofdenken kennzeichnen die intergenerationellen und sozialen Beziehungen und können verständlich machen, daβ innerhalb des traditionalen Sektors auch unterschiedliche "Kulturen" und Mentalitäten bestanden und bestehen. Trotz all dieser Differenzierungen markiert die Erosion des traditionalen Sektors in der Nachkriegszeit einen Wendepunkt der Entwicklungslogik der Gesellschaft, insbesondere im ländlichen Raum.

Freilich war die traditionale Landwirtschaft vorindustriell organisiert und in diesem Sinne nicht sehr produktiv. Mit den 1950er Jahren beginnt die Industrialisierung bzw. Kapitalisierung des traditionalen Sektors, indem die dort hergestellten bzw. erbrachten Güter und Dienstleistungen nunmehr in industrieller Weise hergestellt werden und dieser Bereich der industriellen

Produktionsform einverleibt wird. Im Bereich der häuslichen Dienstleistungen bedeutet das die Ersetzung zeit- und arbeitsintensiver Verrichtungen durch elektrische Groß- und Kleingeräte (Zentralheizung, Kühlschrank, Waschmaschine, Elektroherd usw.), so daß hauswirtschaftliche Arbeitskraft freigesetzt wird, der kleinen Handwerksbetriebe durch industriell produzierte Produkte (so werden z. B. die Schneider durch industriell hergestellte Großkonfektion, die Schreiner durch industriell hergestellte Möbel fast vollständig verdrängt, viele Handwerke verschwinden gänzlich), und die Technisierung (soweit ihr nicht natürliche Grenzen gesetzt sind) der Landwirtschaft, die etwa Maschinen an die Stelle der Arbeitstiere treten läßt, eine starke Arbeitsteilung innerhalb der landwirtschaftlichen Produktion durchsetzt und den Rückgriff auf weltweit industriell produzierte Vorprodukte (Düngemittel, Futtermittel usw.) verstärkt, wodurch etwa die sog. Fleischveredelung bodenunabhängig betrieben werden kann. Die in den 1950er Jahren beginnende Erosion dieses traditionellen Sektors setzte in großem Maße Arbeitskräfte frei, die aber in der Epoche des Wirtschaftswunders problemlos von dem expandierenden Konsumptionsmittelsektor (Automobilindustrie, Konsumgüterindustrie usw.) absorbiert werden konnten.

Sozial ging der Wandel des ländlichen Raumes mit Veränderungen der Sozialstruktur, der Lebenslagen und Lebensformen einher. Grundlegend erscheint die Durchsetzung einer auf dem Konsum industriell produzierter Waren beruhenden Lebensform, begleitet von der Durchsetzung des Individualverkehrs, der Technisierung des Haushalts und einer entsprechenden raum- und energieintensiven Siedlungsform. Analytisch kann man diese umfassende Modernisierung der Reproduktionsstrukturen als strukturell tiefgreifende Individualisierung der Lebensweise interpretieren, die auch eine Verschärfung sozialer Problemlagen mit sich bringt. Die ökonomische Basis der traditionellen Lebensform ist entfallen. Die Lebens-, Kooperations- und Kommunikationsbeziehungen werden zunehmend warenförmig vermittelt. Soziale Probleme begleiten -auch auf dem Land- diesen Modernisierungsprozeß der Sozialstrukturen. Nun bedrohen aber materielle Defizite die zentralen sozialen Teilhabebeziehungen viel entscheidender. Der Ausbau des Sozialstaats begleitet daher notwendig und irreversibel das Ende des traditionalen Sektors, und er muß auch auf dem Land durch monetäre Leistungen und soziale Dienste reagieren auf den Verlust von Ressourcen des traditionellen Sektors. Diese unumkehrbare Entwicklung macht das starke Anwachsen der sozialen Sicherung in den letzten 30 Jahren verständlich: sie wird nötig, um Funktionen des traditionellen Sektors zu übernehmen. Freilich sind im ländlichen Raum, wie Gängler (1990) aufgewiesen hat, die sozialstaatlichen Dienste (wie z. B. der Allgemeine Soziale Dienst) nicht auf die Besonderheiten ländlicher

Probleme und Problembewältigungsformen bezogen worden. Die Spezifika ländlicher Kultur und Mentalität sind daher genauer zu betrachten.

Die Ungleichzeitigkeit ländlicher Kultur und Mentalität

In vielen ländlichen Teilräumen war die traditionale Lebens- und Wirtschaftsform vorherrschend und bestimmte den Alltag der Menschen weitergehend als vor allem in den urbaneren Regionen, während der Bereich traditionaler Lebens- und Reproduktionsformen in den anderen gesellschaftlichen Räumen milieu- und schichtenspezifische Symbiosen und "Mischungsverhältnisse" mit der "kapitalistisch" bestimmten Lebensform eingegangen war, also von vornherein dort immer nur neben- und mit der gegenpoligen Form existierte. Das "modernisierte" Land hat unter den neuen Vorzeichen eine neue Synthese in Lebensform(en) und Kultur gefunden bzw. strebt sie an. In der allgemeinen Veränderung der Syntheseformen beider Vergesellschaftungsprinzipien, unter diesem dynamischen Aspekt, haben die Aspekte der Kultur und der Tradition (die Gebräuche und Gepflogenheiten, also die Ergebnisse spezifischer Amalgame und Mischungen) immer eine wichtige Rolle gespielt und hier werden für Teile des Landes die Kräfte "kultureller Beharrung" bedeutsam, die auch als Selbstbehauptung eines ländlichen Lebensstils (als kultureller Dimension) verstanden werden kann.

Festmachen läßt sich diese kulturelle Beharrung an Besonderheiten der dörflichen Lebensform: der dörflichen Öffentlichkeit, der sozialen Kontrolle und der Selbstverständlichkeit von Hilfe.

Hilfe ist in der traditionalen Dorfwelt eingebunden in ein System dörflicher Gegenseitigkeit. Sozialstaatliche Hilfe entzieht sich dieser dörflichen Selbstverständlichkeit, weil sie sich von außen auf das Private richtet und die überkommene Balance von dorföffentlicher Gegenseitigkeit und familialer Verschwiegenheit unterläuft, sie ist der dörflichen Lebenswelt fremd. Sie wird immer noch als kaum durchschaubare Abhängigkeit von außerfamilialen Instanzen erlebt und bedeutet lebensweltlich zugeben zu müssen, daß "man nicht funktioniert". Dies Schlüsselproblem der Vermittlung zwischen öffentlichem und Privatem bzw. öffentlicher und privater Hilfe ist durch den Umbruch der ländlichen Lebensformen durchweg prekär geworden (vgl. Gängler 1990, 1993).

In der neuzeitlichen Entwicklung definierte sich die Stadt insofern *gegen* das Land, als mit dem aufkommenden Bürgertum die politische Befreiung aus der persönlichen Abhängigkeit vom Feudalherren und aus der sozialen Kontrolle dörflicher Familien- und Nachbarschaftsverbände verbunden war. Es entsteht eine neue Form von Öffentlichkeit, in der das Private als persönliche Sphäre der Gegenpol wird, wo man, weitgehend geschützt von sozialen

Kontrollen, sein eigenes Leben leben kann. Diese 'städtische' Dialektik von Privatheit und Öffentlichkeit ist eine zentrale Bedingung für die Entstehung und Entfaltung von Individualität, der Pluralität von Lebensformen, Lebensweisen und Lebensstilen, das Aneignen von Freiräumen und die Entfaltung sozialer und kultureller Subkulturen oder -milieus. Unmittelbare Öffentlichkeit verlor mit der bürgerlichen Entwicklung in dem Maße an Bedeutung, wie mit der Etablierung politischer und (sozial-)staatlicher intermediärer Instanzen sich Funktion und Struktur der Öffentlichkeit wandeln (vgl. Habermas 1971). Den intermediären Instanzen, vermittelnd zwischen öffentlicher und privater Sphäre, wie Verbänden, Parteien, öffentlicher Verwaltung und Institutionen des Sozialstaats wächst nun die Bearbeitung, Vermittlung und Regulation sozialer, politischer und kultureller Konflikte zu - der einzelne wird entlastet (vgl. Habermas 1971, 211f.). Sennett interpretiert diese Entwicklung der bürgerlichen Gesellschaft so, daß die Entlastung der bürgerlichen Öffentlichkeit von der unmittelbaren Form der Regulierung und Vermittlung von Interessen- und Verhaltenskonflikten zur Überlagerung des Öffentlichen durch das Private führt, d. h. das öffentliche Leben wird "zu einer Sache des Beobachtens, der passiven Teilnahme..." (Sennett 1983, 45f.). Diese Dialektik von Konfrontation und Befriedung durch intermediäre Distanz ermöglicht erst die die Städte kennzeichnende Konzentration der Vielfalt von gesellschaftlichen Positionen, Lebensformen, Kulturen, Nationalitäten, Widersprüchlichkeiten auf engem Raum. Raum wird so auch als spezifische soziale Kategorie sichtbar.

Der Dorföffentlichkeit fehlten immer die intermediären Strukturen, und Alltagswelt und Öffentlichkeit sind weitgehend vermischt (vgl. Böhnisch/-Funk 1989, 208), auch weil dörfliche Kommunikation durch die Grundmuster der Überschaubarkeit und Gegenseitigkeit auf eine Verhaltenskontinuität ausgelegt sind, die Veränderungen im Lebensstil nur als langsamen kollektiven Prozeß (Brüggemann/Riehle 1986, 197) zuläßt. So finden Individualisierung und Privatheit ihre Grenzen an den Besonderheiten des dörflichen Sozialraumes (zur Bedeutung der Vereine vgl. Wehling 1978, 1980; Stein 1988). Überschaubarkeit und konkrete Personenorientierung sind Grundmuster bei der Verständigung von Dorfbewohnern, so daß soziale Kontrolle als nachbarschaftliche und dorföffentliche weitgehend informell strukturiert ist. Den dargestellten geringeren Spielräumen für Individuierung und soziale Differenzierung korrespondieren spezifische Formen der Ausgrenzung bzw. Integration (vgl. Kap. V).

Weitere Grundmuster dieser Lebenswelt - die zum Teil vorindustrielle Charakteristika einschließt (vgl. Allert u. a. 1994, 25f.) - stellen dar: die hohe Bedeutung der Statusdifferenzierung als Schichtungs- und Positionierungskriterium im System regionaler Ungleichheit (vgl. Illien/Jeggle 1978a), die innerfamiliale patriarchalische Hierarchie nach Alter und Geschlecht, die Familienarbeitsverfassung - die Familienbeziehungen sind Grundlage der Arbeitsorganisation (vgl. Planck/Ziche 1979, 295) - , ein enges Geflecht nachbarschaftlicher und familialer Hilfen bei geringer Konflikttoleranz in Bezug auf die Einhaltung der gültigen Werte und Normen (vgl. Brüggemann/Riehle 1986, 195f.), ferner eine insgesamt konservative Grundhaltung, die auf den Naturbezug bäuerlicher Produktion zurückgeht. Grundlegende traditionale Arbeits-, Erwerbs- und Sozialorientierungen scheinen ihre regionalspezifische Prägung durchweg erhalten und sich auch intergenerationell kaum verändert zu haben (vgl. Vetter 1991b, 425).

Die anhaltenden Vergesellschaftungsprozesse der letzten Jahrzehnte haben wohl zu einer Auflockerung dieser herkömmlichen Strukturen geführt, so daß heute die dörfliche Kultur und das dörfliche Leben wohl selbst stärker differenziert in unterschiedliche Sozialkreise, Orientierungen und (ansatzweise) auch Lebensformen ist. Grundsätzlich scheint aber die ländliche Lebensform nach wie vor einen Gegenpol gegenüber Strukturen und Anforderungen der Lohnarbeit darzustellen, ein Bezugssystem auf der Basis relativer sozialer Homogenität, geringer Arbeitsteilung, geringer sozialer Differenzierung in den Lebensformen, den Erwerbsinteressen und den kulturellen Bedeutungsgehalten (vgl. z. B. Brock/Vetter 1986; Vetter 1991b; Böhnisch/Funk 1989). Für Prozesse der Differenzierung gewinnt die "Region als Zwischengröße zwischen Dorf und Stadt" (Böhnisch/Funk 1989, 117) als Vermittlungsebene an Bedeutung. Sie ist der soziale Ort der Differenzierung und neuer Netzwerke.

Für eine Theorie des ländlichen Kommunikationsraums und ihres Wandels sind einige Ansätze dargestellt worden (vgl. Böhnisch/Funk 1989; Böhnisch/-Gängler 1988; Illien/ Jeggle 1978b; Brüggemann/Riehle 1986); den aktuellen Widersprüchen eines ländlichen Raumes im Umbruch spüren am ehesten Böhnisch/Funk (1989) nach. Eine systematische Darstellung existiert nicht. Man kann nur auf die grundsätzliche Bedeutung der einzelnen Faktoren hinweisen (Privatheit, Öffentlichkeit, Mediatisierung, Vergesellschaftungsformen usw).

Für die Menschen im ländlichen Raum war und ist die innerregionale Differenzierung sehr wichtig. Dies meint die Lage in Bezug auf funktionsräumliche Zuordnungen und Orientierungen zu größeren Orten innerhalb der Region (Klein- und Mittelstädte) und auch zu Entwicklungsachsen. Aus regionalplanerischer Perspektive ordnen diese den dörflichen Gemeinden oft Kompensations- und Ergänzungsfunktionen zu und treiben die Verinselung und Segmentierung von ländlichen Lebensräumen voran (Böhnisch/ Winter

1990, 38). Der Alltag wird vom Pendeln zur Schule, zur Arbeit, zu Einkaufsmöglichkeiten bestimmt. Dies ist neu.

Eine weitere zentrale Dimension ist die Zunahme des Individualverkehrs im Zusammenhang auch mit der verkehrsmäßigen Erschließung des ländlichen Raums. Fast überall wurde dabei der Individualverkehr zulasten des öffentlichen Nahverkehrs begünstigt, so daß das "Mobil-Sein" (Böhnisch/Winter 1990, 38) entscheidende Voraussetzung wird, um im ländlichen Raum Konsum- und Dienstleistungsangebote, die sich in den Klein- und Mittelstädten konzentrieren, überhaupt in Anspruch nehmen zu können. Mobilität bedeutet (vgl. unten Kap. V) auch die Möglichkeit, aus der dörflichen kulturellen und sozialen Enge herauszukommen und andere Lebensformen zu erfahren.

Mit der Erosion des traditionellen Sektors hat sich die gesamte Landschaft von Beschäftigungs- und Bildungsmöglichkeiten verändert. Es ist eine unmittelbar praktische Frage der aktuellen Formen von Lebensbewältigung in der Region geworden, welche beruflichen und persönlichen Entwicklungschancen die eigene Region mit ihren Ressourcen eröffnet.

Die Industrialisierung bzw. Kapitalisierung (vgl. Poppinga 1975) der landwirtschaftlichen Produktion und die Erosion des traditionalen Sektors hat den ökonomischen Kern bäuerlich-ländlicher Lebensformen und Orientierungen letztlich zum Verschwinden gebracht. Das Subsistenzdenken und eine symbiotische Vorstellung des Verhältnisses zur Natur haben heute keine gesellschaftliche Basis mehr. Innerhalb der Landwirtschaft wie innerhalb der übrigen ländlichen Handwerke und kleinen Handelsbetriebe hat, sofern sie nicht durch die Einverleibung des traditionellen Sektors in die industrielle Produktionsform ganz zum Verschwinden gebracht wurden, ein Wandel zu unternehmerischer Orientierung, zur Gewinnerzielung und -maximierung stattgefunden, ein Prozeß, der noch andauert und Nebenerwerbsbetriebe weiter reduziert. Für die heutige Reproduktion der landwirtschaftlichen Ökonomie ist die Funktionalität traditioneller Verhaltensweisen und Lebensformen kaum noch gegeben. Biographisch und lebensweltlich bestehen sie gleichwohl fort. Diese Entwicklungen innerhalb der differenten ländlichen Räume präzise zu fassen, ist kaum möglich. Deswegen gingen einige Autoren dazu über, die Polarisierung von Stadt und Land durch die Vorstellung eines Kontinuums zu ersetzen (vgl. Planck/Ziche 1979; Hamm 1982) oder komplexere Modelle zu entwickeln.

In der heutigen Situation stellt sich die begriffliche Bestimmung des ländlichen Raums daher ziemlich kompliziert dar. Dominierend sind Bestimmungen durch sozialstatistische und -strukturelle Indikatoren mit formalisiertem Raumbezug. Kennzeichnende Merkmale ländlichen Raums in dieser Perspektive sind geringe Bevölkerungsdichte, Arbeitsplatzdichte, Infrastrukturdichte, die relative Bedeutung von Land-, Forst- und Tourismuswirtschaft, kombiniert im allgemeinen als "Strukturschwäche". Aber solche Indikatoren sind oft keineswegs eindeutig (vgl. Planck/Ziche 1979, 24, 35). Auch kulturelle Faktoren und regionale Mentalitäten können bedeutsam sein (vgl. Meier-Dallach 1980, Meier-Dallach/Hohermuth/Nef 1985), sind aber nur durch eigenständige Untersuchungen zu erfassen.

Auch wenn die kommunale und regionale Wirtschafts- und Raumplanung nicht auf operationalisierte Indikatorensets verzichten können wird, sind sie doch kaum hinreichend, um das Besondere des Lebens auf dem Land in seiner Binnenstruktur zu erfassen. Dies sind relativ homogene, überschaubare soziale Strukturen mit entsprechenden Folgen für Kommunikation, soziale Kontrolle und Orientierungen, die Intensität familialer und verwandtschaftlicher Beziehungen, die Nachbarschaftskontakte, dörfliche Selbsthilfe- und Selbstorganisationsformen, eher konventionelle und personenorientierte Wert- und Normenüberzeugungen.

Die neuere Diskussion um die ländliche Region zeigt, daβ eine Kombination von quantitativ bestimmbaren Strukturfaktoren und -daten allein keine hinreichende Abgrenzung ermöglicht. Dies vor allem im Hinblick auf Fragestellungen, die auf soziale Phänomene oder Probleme zielen, wie z. B. Regionalorientierung, Mentalität, Wertorientierungen (vgl. Mrohs/Zurek 1984; Maier-Dallach 1980, 1982; Meier-Dallach/Hohermuth/Nef 1985). Letztlich muβ die Gesamtheit der ländlichen Lebenswelt, das ländliche soziale Milieu berücksichtigt und erfaβt werden. Gängler (1993, 214) hebt daher die Unverzichtbarkeit einer doppelten Konzeption von Regionalität für Fragestellungen aus dem Bereich Sozialer Arbeit und Sozialpädagogik hervor: quantitative und qualitative Aspekte müssen vermittelt werden, es geht nicht nur um die Erfassung räumlich-infrastruktureller Gegebenheiten, sondern auch um die spezifischen alltäglichen Lebensformen (vgl. auch Böhnisch/Gängler 1988). Diese Besonderheiten ländlichen sozialen Lebens lassen sich nur zum Teil über standardisierte Instrumente abbilden. Vor allem das Wechselspiel (von modernen Problemen) zwischen dörflichem Kontext und neue Lösungen suchenden einzelnen dürfte die Domäne qualitativer Methoden sein (vgl. Studien, die den Zugang zum ländlichen Raum über die verstehende Erfassung der Gesamtheit ländlicher Lebenswelt und ländlichen sozialen Milieus suchen; Ilien/Jeggle 1978a; Wagner 1986; Hildenbrand u.a. 1984; Hildenbrand 1987; Hildenbrand/Jahn 1988; Böhnisch/Funk 1989; Böhnisch/Winter 1990).

Für eine differenzierte Analyse im Kontext sozialpädagogischer Fragestellungen schlägt Gängler (1993, 215f.) ein zweipoliges Konzept einer "Re-

gionaltopographie" vor. Es schließt als einen Pol die Frage "nach der Angebots- und Infrastruktur sozialer Dienste" - ausdifferenziert in die Kategorien Angebotsstruktur, Vorhandensein und Erreichbarkeit, Kenntnisstand und Wertigkeit für spezifische Zielgruppen von Hilfen und Diensten - und als anderen Pol die "Frage nach den Umgangsweisen mit und Einstellungen zu sozialen Problemen und sozialpädagogischen Hilfen, die im Kontext der vorherrschenden 'Regionalmentalität' deutlich werden" (Gängler 1993, 215), zusammen. Dieses Konzept beschreibt im wesentlichen die in der vorliegenden Studie verwendete Methode des Zugangs und der operationalen Erschließung ländlicher sozialer Probleme, der Hilfepotentiale und -formen und der Distanz zu institutionellen und formalisierten sozialen Hilfeangeboten.
Obwohl im ländlichen Raum inzwischen die Mehrzahl der Bevölkerung in nichtagrarischen Berufen und Tätigkeiten arbeitet, bedeutet dies nicht, daß Erwerbsstruktur und Verdienstmöglichkeiten sowie Arbeitsplatzrisiko sich denen verdichteter Räume angeglichen hätten. Kennzeichnend ist meist eine einseitige Branchenstruktur mit Niedriglohntätigkeiten, die auch geringere Qualifikation erfordern. Die besondere Benachteiligung ländlicher Frauen sei hier ebenfalls erwähnt.

Gleichwohl zeigen die bisherigen Untersuchungen übereinstimmend, daß im ländlichen Raum traditionelle Sozialstrukturen, Kommunikationsformen und Orientierungen auch dann erhalten geblieben sind, wenn die sie tragenden Bevölkerungsgruppen längst -und biographisch seit langem - in der Industrie, dem Dienstleistungsbereich oder auch beim Staat ihren Lebensunterhalt verdienen (vgl. z. B. Lehmann 1976; Greverus 1982; Böhnisch/Funk 1989); diese Synthese kann sogar vorteilhaft für die Unternehmen sein, die von der traditionalen Bindung ihrer Arbeitnehmer profitieren (vgl. Brock/Vetter 1986).

Angesichts zahlreicher Indikatoren, die als Merkmale "sozialer Beharrung" (Brock/ Vetter 1986, 226) angeführt werden können - letztlich gilt neben den oben bereits angeführten Dimensionen die sozialisatorische und kulturelle Überschaubarkeit und Geschlossenheit als Grund für die lebensweltliche Attraktivität der traditionellen ländlichen Lebensform (Kindheit im Dorf, Beginn des Arbeitslebens im Rahmen vertrauer sozialer Beziehungen, Heirat, Kinderbekommen und Hausbau im engen Rahmen sozialer Beziehungen, intensive Kontakte zu Verwandten und Freunden seit der Kindheit, die Integration in Vereine vor Ort, überschaubare soziale Felder und Bezüge) u. v. m. - scheint es angemessener, den ländlichen Raum und seine Lebensformen differenziert zu betrachten und davon auszugehen, daß sie insgesamt - auch vor dem Hintergrund ubiquitärer Modernisierung, z.B. des Bildungswesen, der beruflichen Differenzierungen, der Mobilität usw. - als Lebensformen im Umbruch zu Differenzierung und Pluralisierung anzusehen sind. Das Spektrum reicht von "modernen", d.h. an industriell-städtischen Lebensformen, Arbeitsformen und Orientierungen (Weltbildern) angelehnten Mustern bis hin zu noch vergleichsweise traditional orientierten Mustern, oft mit traditional-ländlichem biographischem Hintergrund, mit allen Zwischenformen. Die These, daß ein Teil der Probleme, die sowohl die von vergleichsweise modernen, neuen sozialen Problemen wie Arbeitslosigkeit oder Sozialhilfebezug (die vor noch 30-40 Jahren im ländlichen Raum nahezu unbekannt waren, da sie der industriellen Sphäre angehören) Betroffenen wie ihren dörflichen Sozialzusammenhang überfordern, liegt hierin begründet.

Dies meint nicht, daß nicht normalerweise die von zahlreichen Problemen der Veränderung und Strukturmodernisierung Betroffenen sich eigenständig neuen Verhältnissen anpassen; dies dürfte die Regel sein (vgl. Allert u.a. 1994; Hildenbrand/Jahn 1988). Die vorliegende Studie zeigt hingegen, daß in Bezug auf neue Probleme der Massenarbeitslosigkeit und des Sozialhilfebezugs sowohl die dörflichen Orientierungen meist ungleichzeitig (im Blochschen Sinne) und die überkommenen Hilfemöglichkeiten strukturell überfordert sind bzw. nicht mehr greifen, so daß die Betroffenen zu neuen Bewältigungsformen herausgefordert sind. Es ist dies Neben- und Miteinander traditionaler und moderner Lebensweisen und Orientierungen, die den ländlichen Raum gegenwärtig strukturell prägen und für viele Landbewohner und auch Forscher so faszinierend machen.

Raum als Dimension sozialer Ungleichheit

Der Raum ist eine lange vernachlässigte Dimension sowohl in der Diskussion um soziale Ungleichheit (vgl. z. B. z.Felde/Alisch 1992; Kreckel 1992; Schmals/Voigt 1986; Schmals 1989; Breckner u.a. 1989) wie auch in der Sozialpädagogik (Gängler 1990; Böhnisch/Blanc 1987; Böhnisch/Gängler 1988) sowie der Theorie des Sozialstaats, der Armut und der Sozialverwaltung.

Die in der Bundesrepublik weit entwickelte Regional- und Stadtforschung (z. B. Friedrichs 1977, 1978) bezog sich in aller Regel nur auf kleinräumige Untersuchungen ausgewählter Regionen in der Bundesrepublik und hat sich mit Fragen sozialer Ungleichheit in der *gesamten* Bundesrepublik kaum befaßt. Dies verwundert, da Regionalvergleiche (vgl. Friedrichs/-Häußermann/Siebel 1986) etwa zum Nord-Süd-Gefälle erhebliche sozioökonomische Differenzierungen zwischen den Regionen der Bundesrepublik deutlich machen können.

Die neuere Diskussion um fortgeschrittene theoretische Konzepte sozialer Ungleichheit und Benachteiligung bzw. Armut hat bisher nur am Rande den Raum als Dimension einbezogen. Bertram (1992, 123f.) verweist auf die empirisch sehr deutlichen sozioökonomischen Differenzierungen zwischen Regionen der Bundesrepublik, keineswegs nur im Vergleich der alten und neuen Länder, sondern schon innerhalb der alten Bundesrepublik. Das Zentrum der Diskussion, der Zusammenhang von Lebensbedingungen und Lebensstilen oder Milieus, könnte m.E. ebenfalls durch den Einbezug der Kategorie des Raums befruchtet werden. Gesellschaftstheoretisch ist diese Diskussion so spannend, weil es um eine neue Bestimmung des Zusammenhangs von individuellen Bedürfnissen und subjektiven Befindlichkeiten einerseits und sozialen Lagen und gesellschaftlichen Entwicklungsprozessen andererseits geht. Diese Perspektive zielt auf das Subjekt und seine Lebenslage als Kristallisationspunkt, an dem ökonomische, politische, kulturelle, sozialräumliche und sozialpsychologische Prozesse zusammentreffen und sich überlagern.

Bertram/Dannenbeck (1990) zeigen in der Diskussion um Theorie und Empirie sozialer Ungleichheit erhebliche empirische regionale Disparitäten auf und weisen als Folge für Klassen- und Schichttheorie darauf hin, daß Gesamtbilder nicht die innere Differenzierung von Gesellschaften berücksichtigen. Im Blick auf die neuere Milieutheorie (vgl. Hradil 1987a) und die Individualisierungsthese (Beck 1983, 1986) vermuten sie, daß die neueren sozialen Milieus wie auch Individualisierungstendenzen keine flächendeckende Geltung beanspruchen könnten, sondern eher in den urbanen, fortgeschrittenen Dienstleistungszentren konzentriert seien. Kreckel sieht Ungleichheitslagen als dermaßen komplex strukturiert an, daß in fortgeschrittenen Gesellschaften "ein komplexes Mischungsverhältnis von klassenspezifischen, milieuspezifischen und atomisierten Erscheinungsformen sozialer Ungleichheit auftritt, das nicht theoretisch bestimmt, sondern nur empirisch ermittelt werden kann." (1992, 137). Der Raum ist in diesem Konzept ein analytisch und empirisch komplex vermittelter Faktor.

Die Wiederentdeckung des ländlichen Raums bzw. das neue Interesse am ländlichen Milieu (vgl. Gängler 1993) hat eine Parallele in der soziologischen Theoriebildung zur sozialen Ungleichheit und der Sozialstrukturanalyse. Vor dem Hintergrund komplexer gesellschaftlicher Modernisierung treten in der soziologischen Theoriebildung strukturtheoretische - tendenziell deterministische - Annahmen zum Zusammenhang objektiver Lebens- und Handlungsbedingungen und lebensweltlichen Wahrnehmungen, Werten, Normen und Handlungszielen sowie den Handlungsmöglichkeiten selbst zurück. Demgegenüber gewinnt die Perspektive an Bedeutung, daß Kulturmuster und Lebensformen nur in sehr vermittelter Form an objektive - äußere - Daseinsbedingungen gekoppelt sind, häufiger bewußt gewählt werden (vgl. Beck 1983, 1986) und Lebensweisen und Lebensstile lageunabhängiger, d. h. zum

Teil individuell begrenzbarer, kombinierbarer werden (Hradil 1992a, 19. Vgl. auch Schulze 1990; Hradil 1987a, 1988, 1989, 1990; Kreckel 1990, 1992). In dieser handlungstheoretischen Perspektive gewinnen eigenständige soziale Formen, darunter der ländliche Raum, an Interesse. Die Neufassung des Milieubegriffs (vgl. Hradil 1992a, Vester u.a. 1993), die Diskussion um Lebensstile (vgl. Müller 1992a, 1992b) und Lebensbewältigung (vgl. Böhnisch/Schefold 1985) hat diesen Hintergrund. Mit Hradil wird unter Milieu hier die Verschränkung objektiver sozialer Lagen mit (latenten und manifesten) Syndromen "subjektiver" Faktoren verstanden. "Der Milieubegriff thematisiert also die Ebene, auf der bereitstehende Handlungsvoraussetzungen zu genutzten Handlungsmitteln werden" (1992a, 32) - oder auch nicht.

Auch Schmals (1989) verfolgt einen Verräumlichungsansatz sozialer Ungleichheitsforschung. Für die 1980er Jahre verweist er auf den sozialen Wandel unserer Gesellschaft von Fordismus zum Postfordismus (1989, 27) als ein Erklärungsmoment räumlicher Ungleichzeitigkeit und Ungleichheit - vor allem bezogen auf die höchst differenten Auswirkungen weltmarktinduzierter ökonomischer Umstrukturierungen auf altindustrialisierte Regionen vs. Dienstleistungsregionen (vgl. Breckner u.a. 1989). Bedeutsam erscheint auch der Hinweis auf die zunehmend stärkere Bedeutung der Vermittlungsfunktion staatlicher Tätigkeit auf den unterschiedlichen Ebenen von Bundes- bis zur kommunalen Politik (vgl. Schmals 1989, 33).

Der Raum ist ein soziales Produkt, Resultat (nicht Voraussetzung) komplexer gesellschaftlicher Vermittlungen. In diesem Sinn ist der Raum auch wesentlicher Bestandteil sozialer Entwicklung und Wandels, denn er ist tatsächliche und symbolische Ware (vgl. Lefebvre 1975) mit ungleicher Verfügbarkeit und dies impliziert disparate Lebenschancen.

2. Charakteristika des Untersuchungsgebietes

Die Untersuchungen dieser Studie haben in zwei ländlichen Landkreisen in Rheinland-Pfalz stattgefunden. Eine knappe Charakterisierung dieser ländlichen Region ist zum Verständnis der folgenden Kapitel notwendig.

Die Region Trier (identisch mit dem Regierungsbezirk) liegt am westlichen Rand von Rheinland-Pfalz und grenzt direkt an Belgien und Luxemburg an. Auch Frankreich liegt in unmittelbarer Nähe. Der Regierungsbezirk setzt sich aus vier Landkreisen und der kreisfreien Stadt Trier zusammen. Die Stadt Trier ist das einzige Oberzentrum des flächenmäßig recht großen Regierungsbezirks, der sowohl auf Landes- wie auf Bundesebene eine geographische Randlage einnimmt. Die Region ist zwar zentral in Europa gelegen, doch abseits aller wichtigen Verkehrsachsen. Wegen der Strukturschwäche der Region laufen zahlreiche Förderprogramme der EG (vgl. ausf. Garcon 1992, 112). In den zwei von den Landesgrenzen abgewandten und in den Hunsrück hineinragenden Landkreisen Bernkastel-Wittlich und Trier-Saarburg ist die Untersuchung vorgenommen worden (vgl. Karten 1 und 2).

'Ländlicher Raum' ist, wie die Karten zeigen, auch regionalplanerisch kein eindeutiger Begriff. Struktur, Probleme und Entwicklungsvoraussetzungen ländlicher Gebiete können sehr unterschiedlich gelagert sein.
Im Bundesraumordnungsprogramm werden 3 Typen von ländlichen Räumen unterschieden:
1. Ländliche Räume innerhalb von Regionen mit großen Verdichtungsräumen.
2. Ländliche Räume mit leistungsfähigen Oberzentren und vergleichsweise guten wirtschaftlichen Entwicklungsbedingungen.
3. Periphere, dünn besiedelte ländliche Räume abseits der wirtschaftlichen Zentren des Bundesgebiets.

Nach dieser Kategorisierung gehört die Untersuchungsregion zum 3. Regionstyp.

Die Typenbildung und Klassifizierung der Bundesraumordnung stellt in erster Linie auf eine großflächig-vergleichende Behandlung des Phänomens "ländlicher Raum" ab. Das Landesentwicklungsprogramm Rheinland/Pfalz unterscheidet nach Strukturräumen in 3 Typen, dabei ist der ländliche Raum als Raumtyp III nochmals unterteilt, und zwar in strukturschwache Räume und Räume mit besonders ungünstiger Struktur. Allerdings schließt auch der Raumtyp II (Bereiche mit einzelnen Strukturschwächen) ländliche Regionen ein (vgl. Planungsgemeinschaft 1985a, 8; Karte 2). Die Einteilung in Strukturräume nach dem Landesentwicklungsprogramm Rheinland-Pfalz 1980 erfolgt nach 4 Indikatorgruppen, die sich auf wirtschaftliche Leistungskraft, Arbeitsmarktsituation, Einkommensniveau und Wanderungsbilanz beziehen und sich jeweils aus 2-3 Einzelindikatoren zusammensetzen (vgl. Planungsgemeinschaft 1985a, 7f.). Beim Raumtpy III - strukturschwache Räume - wird intern nochmals zwischen Raumtypen mit erheblichen Strukturschwächen IIIa und Raumtypen mit den stärksten Strukturschwächen IIIb unterschieden. Zum schwächsten Regionstyp gehören u.a. das Untersuchungsgebiet der Fragebogenuntersuchung (Planungsgemeinschaft 1985a; vgl. Karte 2).

Die insgesamt recht großflächige Region ist dünn besiedelt, wobei in den untersuchten beiden Landkreisen die Siedlungsstruktur etwas ausgeglichener und die Besiedlung dichter ist. Seit 1988 ist ein positiver Wanderungssaldo zu verzeichnen, so daß die Region nicht mehr als abwanderungsgefährdet gilt. Sterbe- und Geburtenraten liegen im Bundesdurchschnitt, jedoch ist die Alterstruktur wegen des zu hohen Anteils Älterer ungünstig (vgl. Garcon 1992, 109; Dt. Bundestag 1991, 18). Im Raumordnungsbericht 1991 wird das Gebiet als ländlich geprägter, peripher gelegener siedlungsstruktureller Regionstyp ausgewiesen (vgl. Dt. Bundestag 1991, 30; vgl. auch Karten 1 und

Karte 1

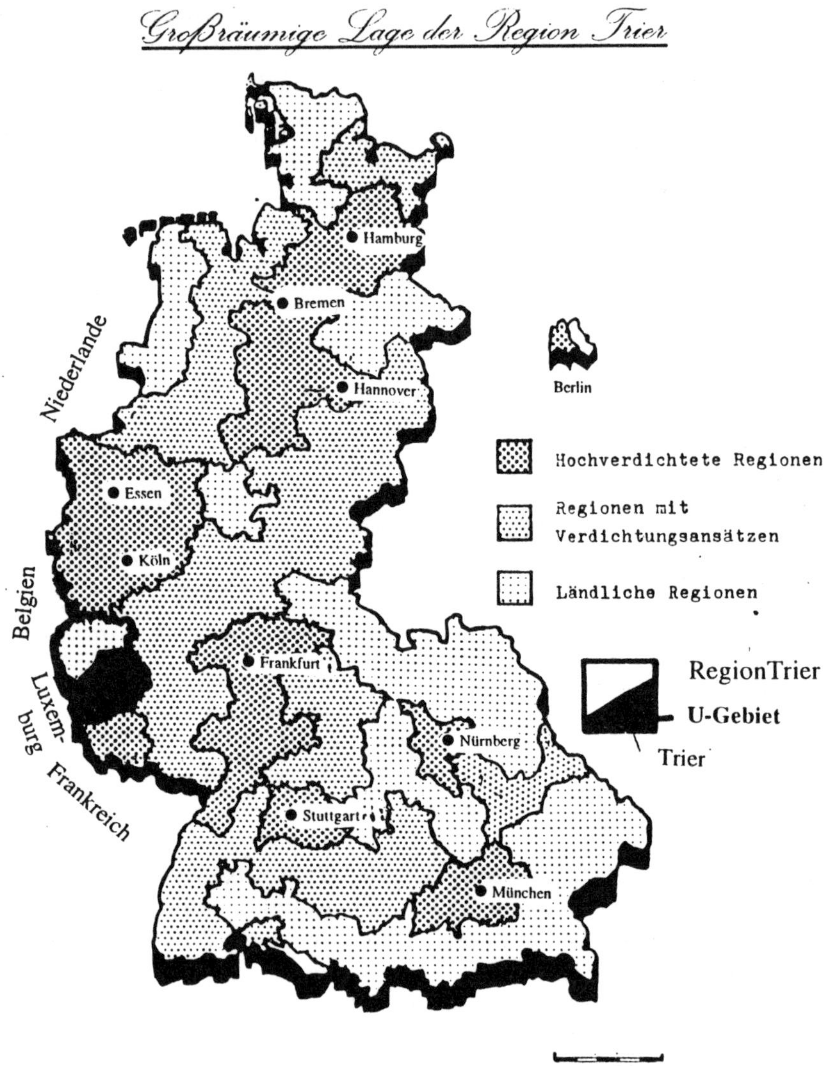
Großräumige Lage der Region Trier
Hamburg
Bremen
Hannover
Berlin
Essen
Köln
Frankfurt
Nürnberg
Stuttgart
München
Niederlande
Belgien
Luxem-
burg
Frankreich
Hochverdichtete Regionen
Regionen mit
Verdichtungsansätzen
Ländliche Regionen
RegionTrier
U-Gebiet
Trier
100 km

2). Es bleibt trotz erheblicher Anstrengungen weiterhin hinter der durchschnittlichen gesamtwirtschaftlichen Entwicklung zurück (vgl. auch Osmenda 1984; Planungsgemeinschaft 1987, 2ff.; Garcon 1992, 112).
Historisch hat die Modernisierung des ländlichen Raums in der Region gegenüber dem Bundesgebiet verspätet eingesetzt und ist immer noch rückständig. Insgesamt hat die Landwirtschaft in der Region ihre einst dominierende Stellung als Erwerbsgrundlage für die Bevölkerung der Region verloren, obwohl ihr Anteil auch heute noch über Bundes- und Landesdurchschnitt liegt. Ursache für das starke Zurückbleiben der Modernisierung in der Landwirtschaft und für die ungünstige Struktur der Landwirtschafsbetriebe - sehr hoher Anteil kleiner Betriebe - dürfte der latente Mangel an außerlandwirtschaftlichen Arbeitsplätzen (d.h. letzten Endes der allgemeine Entwicklungsrückstand der Region) sein, so daß viele landwirtschaftliche Betriebsinhaber geradezu gezwungen sind, an einer Erwerbsgrundlage festzuhalten, die für sie bereits unzureichend geworden ist. So zeigt sich diese doppelte Strukturschwäche auch in einem vergleichsweise langsameren Abbau unrentabler Kleinbetriebe zugunsten aufstockender Haupterwerbsbetriebe einerseits, einer zögerlichen Umstellung der Produktion auf flächenunabhängige Bewirtschaftungsformen (z.B. Veredelungsbetriebe) andererseits. Dieser Zusammenhang wird daran deutlich, das im Oberzentrum Trier die höchsten, in den siedlungschwachen Räumen der Westeifel dagegen die geringsten Abnahmeraten landwirtschaftlicher Betriebe vorliegen.

Der landwirtschaftlichen Modernisierung parallel ging in der Region ab 1960 der starke Ausbau industrieller Arbeitsplätze, der sogar bis in die 1980er Jahre anhielt, als im Land (Rheinland/Pfalz) bereits rückläufige Tendenzen zu verzeichnen waren. In der Zeit nach 1960 wachsen die industriellen Arbeitsplätze gegenüber dem Land stark überdurchschnittlich an, wobei man aber das sehr niedrige Ausgangsniveau der agrarisch strukturierten Region berücksichtigen muß. Nach 1973 hat die Entwicklung eine Zeit stagniert, um dann Ende der 70er Jahre bis etwa 1983/84 wieder überdurchschnittliche Zuwachsraten -auch im Gegensatz zum Landestrend - aufzuweisen. Auch die Betriebsgrößen haben insgesamt zugenommen, obwohl im Vergleich zum Land die klein- und mittelbetriebliche Struktur der Unternehmen der Region deutlich ist (vgl. Planungsgemeinschaft 1987, 10ff.).

Zwar ist die sektorielle Struktur in der Region weitgehend ausgeglichen, doch sind wachstumsstarke Branchen gering vertreten (vgl. Planungsgemeinschaft 1987, 8f.). Konjunkturempfindlichere Branchen der Verbrauchsgüter-, Genuß- und Nahrungsmittelindustrie dominieren (vgl. Nebe 1990, 4). Es herrschen kleine und mittlere Betriebe bis 200 Beschäftigte vor, die Beschäftigungsverluste hatten. Dies hängt auch mit einem hohen Anteil von Zweigbe-

Karte 2

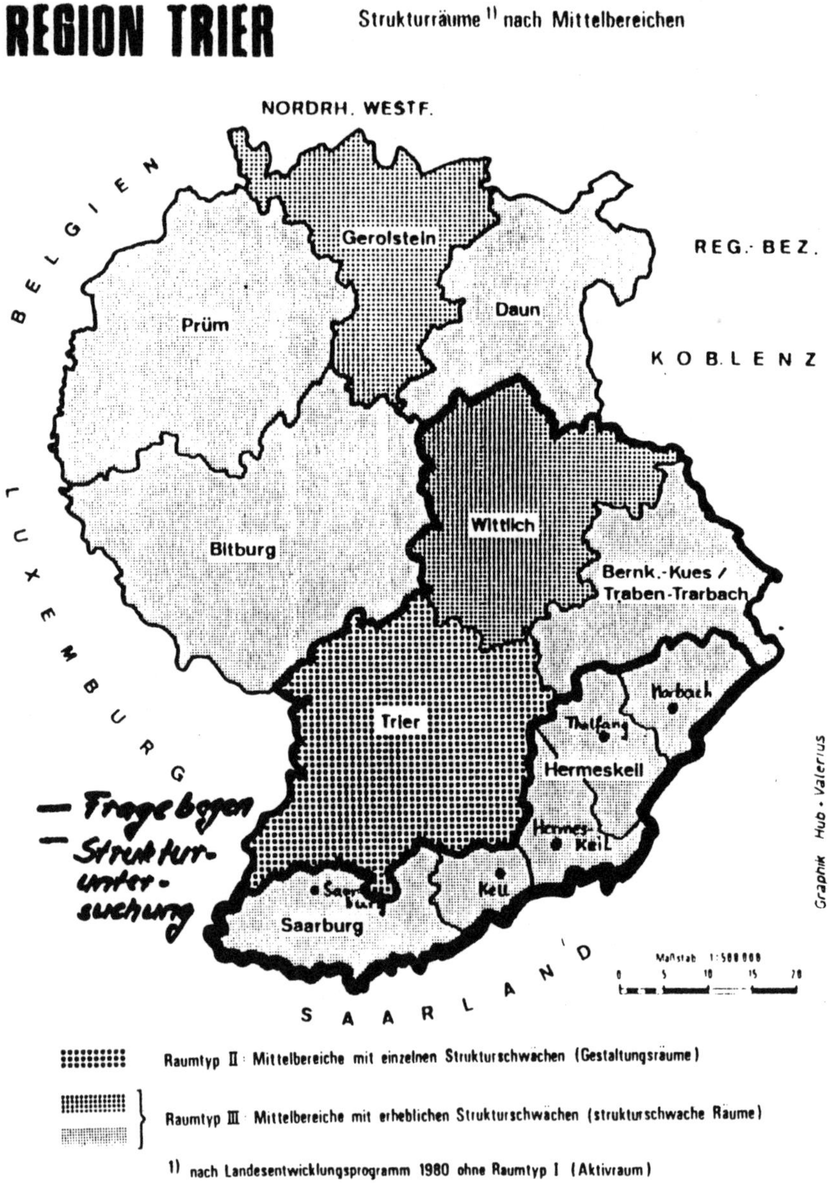
REGION TRIER
Strukturräume 1) nach Mittelbereichen
NORDRH. WESTF.
BELGIEN
LUXEMBURG
REG.-BEZ.
KOBLENZ
SAARLAND
Gerolstein
Prüm
Daun
Bitburg
Wittlich
Bernk.-Kues / Traben-Trarbach
Trier
Morbach
Thalfang
Hermeskeil
Hermeskeil
Kell
Saarburg
Saarburg
— Fragebogen
— Strukturuntersuchung
Graphik Hub. Valerius
Maßstab 1:500 000
0 5 10 15 20
Raumtyp II: Mittelbereiche mit einzelnen Strukturschwächen (Gestaltungsräume)
Raumtyp III: Mittelbereiche mit erheblichen Strukturschwächen (strukturschwache Räume)
1) nach Landesentwicklungsprogramm 1980 ohne Raumtyp I (Aktivraum)

trieben in der Region zusammen, was auch zu einer geringeren Dichte von Leistungs- und Verwaltungstätigkeiten beiträgt.

Die wirtschaftliche Leistungskraft als ein weiterer Indikator hat zwar im letzten Jahrzehnt (1980-1988) um über ein Drittel (36,8%) zugenommen (vgl. Garcon 1992, 109), doch absolut gesehen liegt der Wert immer noch niedrig im Bundesvergleich.

Die Arbeitslosenquote war in den 1980er Jahren weit überdurchschnittlich (vgl. Planungsgemeinschaft 1985b, 1986, 1987), liegt für 1992 mit 6% in der Region etwa im Durchschnitt Westdeutschlands. Sie ist seit 1986 rückläufig; zugleich ist ein kontinuierlicher Beschäftigtenzuwachs zu verzeichnen (vgl. Garcon 1992, Nebe 1990).

Die Arztdichte ist wie das Angebot an sozialen Einrichtungen befriedigend. Die Nahversorgung mit Waren des täglichen Bedarfs ist in den 1980er Jahren kontinuierlich zurückgegangen und wird als "gefährdet" eingestuft (vgl. Planungsgemeinschaft 1991, 4). 77% der Gemeinden der Region haben bis 1990 sämtliche Angebote der Grundversorgung an Lebensmitteln verloren, so daß sich etwa ein Fünftel der Bevölkerung der Region außerorts versorgen müssen (Planungsgemeinschaft 1991, 8). Dies setzt eine höhere Mobilität voraus; jedoch liegt die PKW-Dichte unter dem Landesdurchschnitt (in der Region 49 PKW pro 100 Einwohner; landesweit 52 im Jahr 1990) und die Versorgung im ÖPNV (Öffentlicher Personennahverkehr) gilt im Landesvergleich als unterdurchschnittlich (Planungsgemeinschaft 1991, 13).

Die vorliegende Studie bezieht sich einerseits auf zwei Landkreise als Ganze - hier wurde die Aktenerhebung zur Sozialhilfepopulation vorgenommen -, andererseits auf fünf Verbandsgemeinden im Hochwald - hier wurde die Befragung zur Lebenssituation durchgeführt - (siehe Karte 2). Bei einer genaueren Betrachtung der Orte zeigt sich eine große Vielfalt dessen, was Gemeinde im ländlichen Raum sein kann. Sie reicht von kleinen Dörfern in sehr ländlich geprägten Teilen des Landkreises bis zu Umlandgemeinden des Oberzentrums, die überwiegend von Pendlern bewohnt werden. Auch schließt das Gebiet beider Kreise fünf Kleinstädte ein, die zwischen 5000 und 15000 Einwohnern haben. Es zeigt sich denn auch, daß beide Gemeindetypen sich in Bezug auf die Sozial- und Problemstruktur von Sozialhilfe unterscheiden, daß jedoch innerhalb der dörflichen Gemeinden keine wesentlichen Unterschiede zu erkennen sind (vgl. unten Kap II und III). Dies mag freilich auch damit zu tun haben, daß insgesamt die Umlandgemeinden in der Minderzahl sind.

Zu einigen Indikatorgruppen liegen Aggregatdaten auf Verbandsgemeinde-Ebene vor; sie werden im folgenden wiedergegeben, wenn Verbandsgemeinden des Untersuchungsgebiets betroffen sind.

Die Entwicklung der Beschäftigung in der Region war - im Gegensatz zum Land und Bund - bis etwa 1983 positiv, stagnierte 1984 bis 1988 und ist seitdem ansteigend. Dabei ist die Entwicklung im produzierenden Gewerbe ungünstiger als im Dienstleistungsbereich. Die erneute Trendwende ab 1988 (die sich auch an den rückläufigen Arbeitslosenzahlen ablesen läßt) ließ während der Laufzeit des Projekts die Arbeitslosigkeit in der untersuchten Region zurückgehen (vgl. Arbeitsamt Trier 1992; Garcon 1992), freilich kam der stärkere Rückgang erst nach Abschluß der Feldarbeit 1990.

Der Anteil der Beschäftigten ohne Berufsausbildung ist in der Region etwas höher (37%) als der Landesdurchschnitt (35,7%). Außer im Sektor Verkehr/ Nachrichtenübermittlung ist er in allen Wirtschaftszweigen höher als der Landesdurchschnitt. Nach Wirtschaftszweigen haben die Landwirtschaft (55,6%) und verarbeitendes (42,8%) und Baugewerbe (36,6%) die höchsten Anteile. Insgesamt ging dieser Anteil in der Region gegenüber 1978 um etwa 4 - 5 Prozentpunkte zurück.

Die Arbeitslosen-Quoten lagen während der Planungsphase des Projekts [1987/88] im engeren wie im weiteren Untersuchungsgebiet über dem Bundes- wie dem Landesdurchschnitt, wobei ein Rückgang gegenüber den Vorjahren um 2-3 Prozentpunkte zu verzeichnen war. Die Landkreise Bernkastel-Wittlich (12,3%) und Trier-Saarburg (10,9%) hatten innerhalb der Region niedrige Arbeitslosenquoten, lagen - wie die gesamte Region - aber immer noch weit über dem Landesdurchschnitt (vgl. Planungsgemeinschaft 1985b, 1986, 1987; Garcon 1992; Nebe 1990).

Die Jugendarbeitslosigkeit (Jugendliche bis 20 Jahre) lag u.a.in den Verbandsgemeinden Kell, Hermeskeil, Thalfang, Morbach, Neumagen-Dhron, Bernkastel-Kues und Traben-Trarbach über 12%.

Die höchsten Quoten an Dauerarbeitslosen (über 27% in 1985) hatten Trier, Trier-Land, Schweich, Ruwer, Kell, Hermeskeil, während Thalfang und Morbach, die im Jahr zuvor höhere Quoten hatten, nun unter 27% blieben.

Ab 1985 liegt der Anteil der Arbeitslosen ohne Berufsausbildung in der Region über dem Durchschnitt des Landes (44,4%). In den Verbandsgemeinden Trier-Land, Ruwer, Schweich, Kell, Hermeskeil, Thalfang, Morbach und Daun sowie Trier-Stadt werden dabei Anteile von über 50% aller Arbeitslosen (bis hin zu 58,7%) erreicht. In der Arbeitsamtsregion Trier sind von allen Arbeitslosen 1990 45,7% ohne abgeschlossene Berufsausbildung (vgl. Arbeitsamt Trier 1992; Planungsgemeinschaft 1985b, 1987).

Während der Anfangsphase des Projekts ist in den Untersuchungsgebieten allgemein die Arbeitslosigkeit zurückgegangen (1989/1990) und auch die Anteile der Langzeitarbeitslosen haben sich vermindert. Besonders die Anteile jüngerer Arbeitsloser (bis 25 Jahre) haben sich erheblich vermindert, ebenfalls die Anteile der 25- bis 35-Jährigen und der 45- bis 55-Jährigen, während der Anteilswert der über 55-jährigen Arbeitslosen an allen Arbeitslosen sich erhöht hat. Der Anteil der Langzeitarbeitslosen verminderte sich 1990 auf 25,7% aller arbeitslos Gemeldeten (vgl. Arbeitsamt Trier 1992).

Insgesamt scheint sich in den ländlich strukturierten Regionen die Arbeitslosigkeit in einem geringeren Maße als in urbanen Regionen auf die Sozialhilfequote auszuwirken. Die weit über dem Bundesdurchschnitt liegende Arbeitslosigkeit in der Region stand neben einem unter dem Bundesdurchschnitt liegenden Anteil der Ursachengruppe "Verlust des Arbeitsplatzes" in der Sozialhilfestatistik. Nach der Ursachenstatistik des Landkreises Trier-Saarburg machte 1989 die Ursache der Sozialhilfebedürftigkeit "Verlust des Arbeitsplatzes" nur etwa 20% der Sozialhilfeempfänger aus (bundesweit ca. 35%). Der Anstieg von einem Niveau um die 10% dieser Ursachenkategorie fand 1984 statt, das Maximum wurde 1985 mit 21,5 % erreicht, seitdem liegen die Zahlen etwa konstant. Parallel hat allerdings die Ursachenkategorie "Trennung von Eheleuten" ab etwa 1984/85 um etwa 10 Prozentpunkte zugenommen, auf nun (1988) 33,1% aller Sozialhilfeempfänger. Es ist unklar, ob hier ein Zusammenhang besteht.

Auch in den anderen ländlichen Landkreisen der Region sind die Verhältnisse ähnlich: die Ursachenrubrik "Arbeitslosigkeit" umfaßt 20-25% aller Sozialhilfeempfänger, die Zahlen für "Trennung" liegen gleichhoch oder höher.

3. Ziele und Anlage der Untersuchung

Der ländliche Raum stellt in vielfacher Hinsicht eine zunehmende Herausforderung für die Sozialarbeit/Sozialpädagogik dar.

Die Modernisierung des ländlichen Raumes bei fortbestehenden Tendenzen "sozialer Beharrung" (Brock/Vetter 1986) hat deutlicher in den Blick treten lassen, daß die am Modell urbaner Gesellschaften entwickelte moderne Sozialarbeit/Sozialpädagogik im ländlichen Raum an Grenzen stößt und vor großen Herausforderungen steht (vgl. ISS 1986; Gängler 1993). Sozialstaatliche Hilfen (insbesondere die Sozialhilfe) und sozialstaatliche Dienste stoßen im ländlichen Raum auf besondere Akzeptanzprobleme.

"Land" stellt sich vor diesem Hintergrund als ein *sozialer Raum* dar, der durch erhebliche soziale Modernisierungs- und Wandlungsprozesse einerseits, durch in der aktuellen Entwicklung dramatisierte Akzeptanzprobleme sozialstaatlicher Leistungen und Dienste andererseits zu charakterisieren ist, so daß sich die Schere zwischen sozialstaatlich bzw. sozialpädagogisch relevanten Problemlagen und Hilfemöglichkeiten offensichtlich öffnet und professionelle

Hilfeformen und ländliche (Selbsthilfe-) Mentalität in problematischer werdendem Gegensatz stehen (vgl. Gängler 1990, 1993).

Sozialpädagogische Experten sind sich einig in der Diagnose, daß soziale Probleme auf dem Land zunehmen (vgl. Hutter 1985; ISS 1986; Karolus/-Schwalb 1989). Kennzeichnend für die 1980er Jahre erscheint ihnen die Kumulation sozialer Probleme, das Zusammentreffen ökonomischer, individueller und sozialer Problemsituationen.

Die vorliegende Studie untersucht Lebenslagen und Handlungsmöglichkeiten von sozial schwachen Personen und Familien in einer ländlichen Region, dem Hunsrück. Dabei werden insgesamt fünf unterschiedliche Methodenansätze verwendet mit dem Ziel, auch die subjektive und soziale Dimension von Lebenslagen und individuelle und soziale (familiale, dörfliche) Handlungsspielräume möglichst facettenreich zu erfassen, u.a. um Anregungen zur Verbindung lokaler Selbsthilfemöglichkeiten und professioneller Dienste geben zu können.

Ziel der Studie war auch der Vergleich materiell unterschiedlicher Lebenssituationen von Personen bzw. Familien in strenger bis milder Armut - neben Sozialhilfebeziehern und Arbeitslosen wurden auch andere Gruppen mit geringem Einkommen einbezogen. So sollten Unterschiede zwischen armen und armutsnahen Lebenslagen deutlich werden. Dabei stehen in den quantitativen Untersuchungen stärker die Strukturen der Problemlagen, Dimensionen von benachteiligten Lebenslagen und ländliche Kompensationsmöglichkeiten, in den qualitativen Untersuchungen stärker die Wahrnehmung und Bearbeitung der Probleme durch die betroffenen Individuen, Familien und das soziale Umfeld im Mittelpunkt. Um die Ergebnisse besser einschätzen zu können, werden Vergleiche empirischer Daten einerseits durch eine städtische Kontrollgruppe, andererseits mit Ergebnissen repräsentativer bundesweiter Untersuchungen (Sozioökonomisches Panel, ALLBUS) durchgeführt. Dem umfassenden Begriff von Lebenslage entspricht ein Mehrmethodenansatz. Ein kombinierter Einsatz von quantitativen und qualitativen Methoden soll den Zusammenhang von materieller Problemlage einerseits, individueller, familialer und sozialer Problembewältigung bzw. -gestaltung sowie der vermuteten Möglichkeit des Rückgriffs auf materielle und immaterielle Ressourcen traditioneller und neuer Netzwerke andererseits einzuschätzen erlauben, so daß die soziokulturelle Spezifität ländlicher Problembearbeitung erkennbar wird. Die fünf Methoden sind: Expertenbefragung zur Exploration des Forschungsfeldes, Strukturuntersuchung ländlicher Sozialhilfe durch Aktenauswertung, Fragebogenuntersuchung bei Sozialhilfeempfängern und Langzeitarbeitslosen, Dorfuntersuchung und qualitative Tiefeninterviews mit Menschen in Problemlagen. Das engere Untersuchungsgebiet, in dem außer der Strukturuntersuchung alle Teilstudien stattfanden, umfaßt 5 räumlich aneinanderliegende ländliche Verbandsgemeinden im Hunsrück (sie bilden einen Teil der Region Hochwald zwischen der Saar und dem Erbeskopf - der höchsten Erhebung im Mittelgebirge Hunsrück), am südöstlichen Rand der Landkreise Bernkastel-Wittlich und Trier-Saarburg gelegen. Insgesamt sind es 106 Dörfer und zwei ländliche Kleinstädte von je ca. 5.000 Einwohnern.

Die *Expertenbefragung* sollte eine erste Exploration des bislang so gut wie nicht erschlossenen Forschungsfeldes sein und einen vorläufigen Überblick über die Problemsituationen, betroffene Gruppen sowie Art und Ausmaß der Problemlagen sowie Bedarfe und Selbsthilfepotentiale ermöglichen. Sie sollte darüber hinaus über die dörflichen Experten einen ersten Zugang zu einigen Betroffenen verschaffen, um explorative Interviews durchzuführen. In Gesprächen mit über 50 Experten wurden sowohl Professionelle (Mitarbeiter der ländlichen Allgemeinen Sozialen Dienste, Sozial- und Arbeitsämter, Jugendpfleger usw.), die "klassischen" dörflichen Honoratioren (Lehrer, Pfarrer, Arzt, Bürgermeister) und auch andere Personen aus dem dörflichen Leben befragt, von denen gute Informiertheit angenommen werden konnte. Es ergab sich eine Kluft zwischen den Informationen der Professionellen des Allgemeinen Sozialen Dienstes, die die Einschätzungen etwa von Problemkumulationen auf dem Land bestätigten und den Darstellungen insbesondere der Honoratioren vor Ort, die Menschen in sozialen Problemen als im wesentlichen integriert darstellten. Die Honoratioren vermittelten weithin das Bild einer (noch) heilen dörflichen Welt (vgl. dazu Vaskowics/Weins 1983, denen Honoratioren als ländliche Experten gelten).

Die zweite Forschungsmethode, die *Dorfuntersuchung,* stellt zum Teil eine Verlängerung der Expertenbefragung dar. Ziel war, über verschiedene Zugänge, einmal die dörflichen Experten, zum anderen über Betroffene, die über andere Methoden bekannt waren, und über weitere Verweise aus beiden Gruppen, eine vollständige Ermittlung und Befragung von sozial Schwachen vorzunehmen und die Dunkelziffer von Sozialhilfe exemplarisch an zwei Dörfern zu untersuchen. Hinzukommen sollten weitere Methoden der teilnehmenden Beobachtung, des Feldexperiments usw., so daß der dörfliche Umgang mit Sozialhilfebezug und Arbeitslosigkeit erschlossen werden kann.

Mit der *Fragebogenuntersuchung* wird eine standardisierte Befragung einer in der Sozialforschung äußerst schwer zu erreichenden Zielgruppe durchgeführt. Der Zugang wurde möglich über die Sozialämter von 5 ländlichen Verbandsgemeinden, nachdem Datenschutzprobleme beseitigt waren. Es wurde ein Honorar von DM 25,- pro Interview bezahlt, um die Bereitschaft der Interviewpartner zu erhöhen und auch, um ein gewisses Entgelt für das circa einstündige Interview zu geben. Die Beteiligung lag bei etwa 43% als

Reaktion auf 3 Anschreibeaktionen und wurde durch weitere Verweise aus der Zielgruppe noch erhöht. Mithilfe einer sog. Netzwerkfrage konnten weitere Personen mit geringem Einkommen erreicht werden. Diese Frage erbrachte etwa 40% weiterer Verweise, wovon einige "echte" Dunkelziffer, die meisten jedoch weitere sozial Schwache bis zur milden Armutsgrenze waren. Die Untersuchung erfaßt mithin einerseits sowohl den Bereich der sog. "bekämpften Armut" (=Sozialhilfebezug), den der Dunkelziffer, wie den der milden Armut.

Der Fragebogenkonstruktion zugrunde liegt ein "qualitativer" Armutsbegriff, der Armut nicht allein als Einkommensarmut bestimmbar werden läßt, sondern als Kombination von Mangellagen in entscheidenden Lebensdimensionen, wie z.B. Ausbildung, Arbeit, Wohnen, Haushaltssituation, Gesundheit, soziale Integration und der Zeitdimension versteht. Der Fragebogen zielt auch auf die Bestimmung von Kompensationsmöglichkeiten einzelner Unterversorgungsdimensionen. Als Ergebnisse lassen sich benennen: Insgesamt liegt eine große Spannbreite der Lebensverhältnisse innerhalb der bekämpften Armut vor; vor allem in dörflichen Gemeinden können familiale Hilfestrukturen Benachteiligungen abmildern, in den ländlichen Kleinstädten dagegen haben nichtfamiliale Netzwerkhilfen größere Bedeutung. Die am meisten benachteiligte Gruppe sind nicht die alten Menschen, sondern Familien. Die "ländliche" Mentalität führt zum Verzicht auf Beihilfen und professionelle Hilfen. Zwischen Sozialhilfeempfängern und Nicht-Hilfeempfängern gibt es keine deutlichen Unterschiede der Lebenslagen und Benachteiligungen. Erhebliche kleinregionale Unterschiede bestehen zwischen ländlichen Kleinstädten, die in vielen Bereichen schon sehr "städtisch" sind und den dörflichen Gemeinden, sowohl in Bezug auf die Problemlagen wie auf Bewältigungsmöglichkeiten.

Die *Strukturuntersuchung* durch Erhebung von Sozialamtsakten sollte ursprünglich nur eine Einschätzung der Repräsentativität der Fragebogenuntersuchung ermöglichen. Sie wurde dann im Verlauf der Studie ausgeweitet zur Vollerhebung als Stichtagserhebung in zwei Landkreisen (ca. 1.600 Fälle), um einen Überblick über die Struktur einer ländlichen Sozialhilfepopulation nach den Dimensionen Haushaltsstruktur, Altersstruktur, Familien- und Wohnsituation, Einkommenstypik, Ausbildungs- und Arbeitssituation, räumliche Mobilität, Lebenszyklus, Zeitdauer der Hilfeabhängigkeit und Beihilfenbeantragung u.a. zu erhalten.

Die Strukturuntersuchung zeigt, daß zwar im ländlichen Raum nach der Zahl der Fälle (Sozialhilfe-Haushalte) alte Frauen eindeutig die dominierende Gruppe sind, daß jedoch, wenn man auf die Personen im Hilfebezug insgesamt abstellt, auch hier die "modernen" Problemlagen der Alleinerziehenden und der Arbeitslosen im Vordergrund stehen. Es gibt eindeutige strukturelle Unterschiede zwischen der Population in Dorf und Kleinstadt, auch eine graduelle Abstufung der Strukturprofile zwischen Umland- und ländlichen Gemeinden. Der Anteil der bei Verwandten Wohnenden (mit Formen des Wohnrechts, des mietfreien Wohnens und z. T. des Hausbesitzes) ist mit 30% sehr hoch und konzentriert sich schwerpunktmäßig auf die dörflichen Gemeinden und auf die Gruppe der Alten; verwandtschaftliche Hilfe steht weit an erster Stelle; es gibt nicht - wie anfangs vermutet - eine Mobilität in der Richtung vom Dorf in die Kleinstadt, die mit dem Sozialhilfebezug in Verbindung steht; vielmehr gibt es eine eher ungerichtete kleinräumige Mobilität. Einmalige Beihilfen werden überwiegend von Familien und Alleinerziehenden wahrgenommen und kaum von den Alten. Zu sehen sind auch deutliche Unterschiede in der Vergabepraxis von einmaligen Beihilfen durch die Sozialämter sowie in der Inanspruchnahme anderer vorrangiger Transferleistungen durch die Sozialämter.

Die *Tiefeninterviews* mit Betroffenen hatten das Ziel, die Erfahrungen der Zielgruppe selbst, ihre Wahrnehmung ihrer Situation, ihre Problembewältigungsmöglichkeiten, also ihre aktiven Bewältigungsformen, also die subjektive Dimension der Auseinandersetzung mit Problemlagen und der Gestaltung von Handlungs- und Bewältigungsspielräumen auf individueller, familialer und sozialer Ebene zu erforschen. Da in allen Interviews Tiefenstrukturen in der Auseinandersetzung mit den Problemlagen Arbeitslosigkeit und Sozialhilfebezug zum Vorschein kommen, handelt es sich um die Analyse individueller und sozialer Deutungsmuster. Interviewtechnik (vgl. Witzel 1982; Schütze 1983) und Interpretationsverfahren (vgl. Heinze/Klusemann 1980; Soeffner 1979; Oevermann u.a. 1979) mußten diesem Umstand Rechnung tragen (vgl. Reichertz 1986).

Die Interviews zeigen, daß es starke geschlechtsspezifische Unterschiede in der Wahrnehmung und Bewältigung von Arbeitslosigkeit und Sozialhilfebezug gibt. Die ursprüngliche Hypothese, daß die anhaltende Massenarbeitslosigkeit "traditionale" Deutungsmuster wie "Wer Arbeit sucht, findet auch welche", erodieren lasse, ließ sich nicht aufrechterhalten. Vielmehr scheinen solche Muster unverändert wirksam und mächtig, und Unterschiede bzw. Wandel erfolgen über den Wechsel der Generationen bzw. lebensweltliche Ausdifferenzierungsprozesse.

Empirische Forschung im Rahmen der Sozialarbeit/Sozialpädagogik richtet sich auf soziale Probleme, auf den individuellen und sozialen (gesellschaftlichen) Umgang damit und reflektiert in diesem Kontext Möglichkeiten der Veränderung auf individueller, sozialer und gesellschaftlicher Ebene. Forschung der Sozialarbeit /Sozialpädagogik ist nicht festgelegt auf bestimmte quantitative oder qualitative Verfahren, es ist im Einzelfall und nach der jeweiligen Fragestellung und dem Forschungsgegenstand zu entscheiden, welche Verfahren verwendet werden. Da Forschung im Kontext der Sozialarbeit/Sozialpädagogik meist eine lebensweltbezogene Forschung ist, bietet sich die Kombination quantitativer und qualitativer Verfahren zur Erforschung der Vermittlung individueller und struktureller Ebenen an.

4. Exploration oder Lebensweltanalyse: Die Expertenbefragung

4.1 Methodische Vorbemerkungen

Die Deutungsmuster in Bezug auf Arbeitslosigkeit und Sozialhilfebezug, die wir bei den "Betroffenen" vorfinden, haben ihre Entsprechung bei den dörflichen Experten - also den "Mitbewohnern" dörflicher Lebenswelt -. Sie sind nicht spezifisch für die dörflichen "Außenseiter", sondern für die Lebenswelt insgesamt.

Rückblickend läßt sich heute sagen, daß die Methode der Expertengespräche einerseits nicht den damals erhofften Zweck erreichte, daß sie sich jedoch mit den problemzentrierten Interviews (vgl. Kap. V) und der Dorfuntersuchung (vgl. Kap. IV) als weiteren qualitativen Methoden zur Lebensweltanalyse zusammenfügt. Zusammengenommen geben sie Auskunft über die Überforderung einer sozial relativ geschlossenen Lebenswelt durch Prozesse der Modernisierung, wobei von seiten der Betroffenen meist stärker die individuelle, von Seiten der einheimischen Experten eher die dörfliche Perspektive beigesteuert wird. Deutlich wurde auch: es gibt die dörfliche Lebenswelt, das dörfliche Milieu noch. Sozialmoralische Milieus werden hier in Anlehnung an Lepsius verstanden als soziale "Einheiten, die durch die Koinzidenz mehrerer Strukturdimensionen wie Religion, regionale Tradition, wirtschaftliche Lage, kulturelle Orientierung, schichtspezifische Zusammensetzung der intermediären Gruppen gebildet werden" (Lepsius 1979). Die Feldexploration zeigt, daß diese noch recht geschlossene Welt im Modernisierungsschock (vgl. Gängler 1993) steht.

Expertengespräche sind eine Methode der Exploration. Im Forschungsprozeß sind sie dann sinnvoll, wenn der Wissensstand über die Strukturen des zu untersuchenden Problems unzureichend ist (vgl. auch Merton/Fiske/-Kendall 1956; Merton/Kendall 1978; Brosi/Hembach/ Peters 1981; Meuser/-Nagel 1991; Kraimer 1994, 169ff.). Im wenig bearbeiteten Forschungsfeld "Sozialhilfebezug und Arbeitslosigkeit im ländlichen Raum" konnte das Instrument "Expertengespräche" versprechen, sowohl der Gewinnung, der

Absicherung wie der Gewichtung von Hypothesen zu dienen[1]. Die Expertengespräche sollten einen vorläufigen Überblick über die Problemsituationen, betroffene Gruppen sowie Art und Ausmaß der Problemlagen sowie Bedarfe und Selbsthilfepotentiale liefern. Damit sollte die theoretische und regionsbezogene Exploration (vgl. I. 1 und I. 2) differenziert werden. Zugleich sollte über die einheimischen Experten ein Kontakt zu einigen Betroffenen hergestellt werden, um erste narrative Interviews führen zu können.

Die in der Literatur verfügbaren Argumentationen zur Auswahl von Experten (vgl. z. B. Drewe 1974) entsprechen im Prinzip den Methoden zur Auswahl von Eliten und nennen drei Grundtechniken zur Identifizierung, nämlich die Reputationstechnik, die Entscheidungstechnik und die Positionstechnik[2]. Nach dieser Argumentation sind das Ansehen, die Funktion und Einflußmöglichkeiten entscheidende Kriterien der Expertenauswahl. Die Definitionen sind nicht trennscharf (vgl. Drewe 1974).

Aufgrund der Literaturlage (Ilien/Jeggle 1978a, vor allem aber Vaskowics/-Weins' Untersuchung von 1983 zur ländlichen Obdachlosigkeit und Armut) ließen sich von den Experten aus dem Dorf konkrete und detaillierte Kenntnisse von Problemlagen, Personen und Problembearbeitungsformen im Dorf erwarten (das Bamberger Projekt hatte sogar einen Großteil des Feldzugangs über Experten erreicht). Die Auswahl der Experten schloß also die klassischen dörflichen Honoratioren ein wie Arzt, Pfarrer, Bürgermeister, Lehrer, daneben andere Leute aus den Dörfern, die gut informiert zu sein versprachen - z. B. durch Funktionen in der Gemeinde oder in Vereinen -, sowie Angehörige der professionellen Dienste, die mit sozialen Problemen im ländlichen Raum zu tun haben, also Jugendpfleger, Mitarbeiter des Allgemeinen Sozialen Dienstes, der Sozialstationen, der Sozialamtsverwaltungen und der Arbeitsamtsnebenstellen vor Ort.

Die Gespräche mit über 50 Experten wurden mit einem Leitfaden geführt (vgl. Anhang; seine Gliederung entspricht der folgenden Untergliederung der

1 Gewinnung von Hypothesen: wie hängen die bisher erkannten Elemente der Forschungsfrage zusammmen und wie können diese Zusammenhänge weiter konkretisiert werden in Richtung auf Arbeitshypothesen?; Absicherung von Hypothesen: wie können Wirkungszusammenhänge aufgezeigt werden, die in einem relativ sicheren Satz von Hypothesen zusammengefaßt werden können?; Gewichtung von Hypothesen: für welche Gruppen hat welches Problem welche Bedeutung, wie ist dieses Bedeutungsgewicht einzuschätzen, und weshalb ist das so? (vgl. Drewe 1974).

2 Reputationstechnik: Personen, die im Urteil der Bewohner eines Dorfes oder anderer Experten über relevante Informationen verfügen; Entscheidungstechnik: Personen, die an Entscheidungen in Bezug auf bestimmte Probleme teilnehmen; Positionstechnik: Personen, die mit Einflußmöglichkeiten in Bezug auf den fraglichen Bereich aufgrund ihrer Position ausgestattet sind. (vgl. Drewe 1974).

Ergebnisdarstellung). Die Gespräche fanden durchweg in der Wohnung bzw. im Büro der Experten statt. Die Interviewer (in der Regel zwei) waren der Verfasser und Studenten, die die Untersuchung mit vorbereitet hatten. Die etwa 90-minütigen Gespräche wurden in der Regel (zwei Professionelle verweigerten den Mitschnitt) auf Band aufgenommen, nochmals abgehört und in einer Kurzform von 2-5 Seiten protokolliert, die wesentliche Aussagen anhand des Leitfadens bzw. des inhaltlichen Gesprächsverlaufs festhielt.

Es ergab sich eine Kluft zwischen den Darstellungen der Mitarbeiter der professionellen Dienste im ländlichen Raum, die die Einschätzungen etwa von Problemkumulationen auf dem Land bestätigten und den Darstellungen insbesondere der Honoratioren vor Ort, die Menschen in sozialen Problemsituationen als im wesentlichen integriert darstellten. Hier zeigte sich eine entscheidende Besonderheit der Expertenbefragung: die einheimischen Experten sind nicht nur informierte Personen, sie sind zugleich auch Mitglieder der dörflichen Lebenswelt. Ihre Darstellungen sind nicht lediglich Einschätzungen des dörflichen Lebens, sondern stellen zugleich auch handfeste Handlungsmuster und Problembearbeitungsformen ihrer Lebenswelt, des dörflichen Sozialraums dar. So stellte sich die intentierte Exploration als materiale Lebensweltanalyse dar.

An die Ergebnisse der Befragung kann nicht der Maβstab der Repräsentativität angelegt werden. Sie ermöglichen Trendaussagen und Strukturaussagen. Quantifizierungen werden lediglich in der Form vorgenommen, daβ sie als Mehrheits- oder Minderheitsmeinung ausgewiesen werden und Trends und Tendenzen widerspiegeln.

4.2 Die Problemsicht der Experten.

4.2.1 Das dörfliche Leben in der Sicht der Experten[1]

Den ländlichen Charakter eines Dorfes machen die Experten einmal an regionalen und infrastrukturellen Gegebenheiten, zum anderen an den besonderen Lebens- und Kulturformen fest.

Als bedeutsam für das dörfliche Leben werden die regionale Lage und die Anbindung an den städtischen Raum sowie die Gröβe des Ortes angesehen. Mit der Anbindung an den städtischen Raum und der relativen Nähe zu den Zentren (Oberzentrum, Mittelzentren, Kleinzentren) sind die Faktoren des Arbeitsmarktes und des Arbeitsplatzangebots und auch der Erreichbarkeit von sozialen Einrichtungen und Diensten bezeichnet. Es ist auch davon auszu-

1 Die weibliche Form ist mitgemeint; der Lesbarkeit halber wird darauf verzichtet, sie jeweils mit anzuführen.

gehen, daβ in stadtnahen Gemeinden gröβere Neubaugebiete mit höheren Anteilen an "Zugezogenen" vorzufinden sind. Je kleiner ein Ort ist, desto geringer ist die Zahl der dort ansässigen und aktiven Vereine. Doch ein Gesangs- bzw. Musikverein, ein Sportverein und die Freiwillige Feuerwehr sei in jedem Dorf vorhanden. Nach Einschätzung eines Sozialamtsleiters besteht eine Tendenz, daβ es in kleineren Dörfern weitaus weniger Sozialhilfeempfänger gibt als in gröβeren, d. h. in Dörfern mit einer Einwohnerzahl unter 200 seien keine Sozialhilfeempfänger anzutreffen.

Für die Einbindung in das dörfliche Sozialgefüge sind nach Meinung der Experten die Faktoren Alter - Generationsunterschiede markieren differente Erfahrungen und Einstellungen (so gibt es z.B. für Jugendliche eine eigene, durch verstärkte Mobilität mitbedingte, über den dörflichen Rahmen hinausgehende Kultur)-, das Geschlecht - mit Verweis auf die im ländlichen Raum noch stärker ausgeprägte traditionelle Rollenverteilung- und der Status als "Alteingesessene" oder als "Zugezogene" bedeutsam. Bei den "Zugezogenen" können der Beruf (z.B. Lehrer als Beruf mit höherem Status) oder spezielle Fähigkeiten (z.B. sehr gut Fuβball spielen) integrationsfördernd sein und einen "gehobeneren" Platz in der dörflichen Hierarchie ermöglichen.

Die Experten betonen mehrheitlich, daβ das Vereinsleben im dörflichen Sozialgefüge einen sehr hohen Stellenwert hat. Das Vereinsleben wird als sehr rege eingeschätzt, es aktiviert die Menschen und bindet sie ins dörfliche Sozialgefüge ein. In erster Linie werden kulturelle Vereine wie Gesangs- und Musikvereine, Sportvereine und die freiwilligen Feuerwehren genannt. Die Vereine zeigen neben ihren eigentlichen Aufgaben und Aktivitäten auch Engagement auf kommunaler Ebene und erbringen damit Arbeiten, die sonst nicht zu leisten wären (z. B. Bau eines Sportheims).

Neben der allgemeinen Einschätzung, daβ es Unterschiede von Dorf zu Dorf gibt, differenzieren einige Experten weiter. So wird vermerkt, daβ das Dorfleben nicht einheitlich "gut" oder "schlecht" ist, daβ es sehr wohl Straβen bzw. Straβenzüge gibt, in denen "sehr viel läuft" (z.B. gegenseitige Einladungen zu Festen wie Hochzeit, Taufe, Kommunion usw.; unterschiedlichste Formen der Nachbarschaftshilfe und Straβen- oder Dorffeste), daβ es aber auch "Ecken" gibt, wo nur wenige Kontakte untereinander bestehen. Das hat mit der Mentalität, alten Familienrivalitäten, manchmal auch mit dem Umstand zu tun, daβ Neuzugezogene mit "Alteingesessenen" räumlich zusammentreffen.

Vereinzelt wird von Experten auch Kritik an "starren" dörflichen Sozialstrukturen geäuβert. Die Vereinsarbeit sei z. B. oft zu traditionell ausgerichtet, schlieβe somit bestimmte Gruppen mit deren speziellen Bedürfnissen aus ("jüngere" und "moderne" Leute). Verdeutlicht wird diese Problematik am

Beispiel von nicht-traditionell orientierten Frauengruppen und mit Hinweis auf wachsende Nachwuchsprobleme in den Vereinen.

4.2.2 Soziale Probleme und ihre Auswirkungen

Die Experten nennen hier die Bereiche Armut (Arbeitslosigkeit und Sozialhilfebedürftigkeit) und Sucht.

Armut

In der dörflichen Wahrnehmung werden weniger die materielle Situation der von Armutslagen Betroffenen als die sozialen Probleme gesehen. Zwar wirkt sich für die Familien bzw. die einzelnen Betroffenen die schwierigere wirtschaftliche Situation nach Meinung einiger Experten mit zunehmender Dauer auf die mit Konsum verbundenen Freizeitaktivitäten und somit auf die Integration im dörflichen Leben und die darin bestehenden Sozialbeziehungen aus (hier wird auf die wachsende Schuldnerproblematik verwiesen). Doch hat die materielle Armutslage keinen negativen Einfluß auf die soziale Integration.

Subsistenzwirtschaftliche Aktivitäten wie Gartenanbau, Kleintierhaltung, Holzsammeln, die zu einer Entlastung der Einkommenssituation beitragen, werden von den Experten bestätigt, jedoch können sie ihr Ausmaß und somit ihre Bedeutung nicht einschätzen. Dem informellen Erwerbsbereich mit seinen unterschiedlichen Verdienstmöglichkeiten messen sie demgegenüber eine größere Bedeutung zu. Zwar sind im Zuge der wirtschaftlichen Entwicklungs- und Umstrukturierungsprozesse viele Zuverdienst- und Nebenerwerbsplätze - speziell im landwirtschaftlichen Sektor - weggefallen, doch würden nach wie vor Erwerbsmöglichkeiten (saisonaler Weinbau, Mithilfe beim Hausbau, Putztätigkeiten, Arbeiten im forstwirtschaftlichen Bereich u.a.) genutzt.

Einige Experten heben die positiven Begleiteffekte informeller und subsistenzwirtschaftlicher Arbeit für das Selbstbild und Selbstwertgefühl der Betroffenen hervor. Sie brauchen sich nicht als arbeitslos zu etikettieren und erfahren zugleich für ihr Aktiv- und Tätigsein in der dörflichen Gemeinschaft Anerkennung und Akzeptanz. Bei den Jugendlichen gelte dies nur für die besser Qualifizierten.

Von Armutslagen Betroffene wohnen nach Kenntnis der Experten eher in Mietwohnungen mit überwiegend schlechtem baulichem Zustand bzw. mit geringer und unkomfortabler Ausstattung (z.B. Kohleheizungen). Doch auch beim Wohnen in Eigentum bzw. mit Wohnrecht - alte Menschen wohnen häufig in dieser Wohnform - sei der Zustand überwiegend schlecht, bzw. renovierungsbedürftig.

Psycho-soziale Auswirkungen

Bei von Armutslagen Betroffenen sehen die Experten mit zunehmender Dauer erhebliche Auswirkungen im innerfamiliären Bereich. Angesprochen werden hier Beziehungsprobleme, Erziehungsschwierigkeiten und Verhaltensauffälligkeiten der Kinder, nachhaltiges Leistungsversagen und in Extremfällen Mißhandlungen sowie Suchtprobleme (meist Alkoholismus) und soziale Deprivation bei Eltern und Kindern.

Der Zusammenhang von sozialen Problemen und individuellen Folgen wird differenziert gesehen. Die Experten verweisen sowohl auf kausale Zusammenhänge wie auch auf die Bedeutung vorheriger psychischer und familiärer Dispositionen. In jedem Falle sehen sie die privaten Lebensbeziehungen als sehr stark belastet an.

Das traditionelle dörfliche Leben mit verwandtschaftlichen und nachbarschaftlichen Hilfen spiele - so die Experten - eine größere Rolle bei der Bewältigung von Armutslagen, als dies in der Stadt gegeben sei. Die Hilfemöglichkeiten können beeinflußt werden von den Faktoren: 1. Dauer und Ausmaß der Problemlage; 2. Status Alteingesessen-Zugezogen; 3. Verschuldung.

Die einheimischen Experten betonen, daß die Arbeitslosigkeit bzw. Armut an sich wenig oder keinen Einfluß auf die Integration im dörflichen Leben habe und nicht zu Stigmatisierungen für die Betroffenen führe. Einige weisen darauf hin, daß sich dies mit zunehmender Dauer der Problemlage und vor allem mit Begleitproblemen (Alkoholismus, Verhaltensauffälligkeiten etc.) ändere. Sehr genau werde auf das persönliche Verhalten geschaut.

Auffällig war, daß viele der einheimischen Experten von sozialen Problemen oder Verhaltensauffälligkeiten von Personen wußten, jedoch z. B. nicht sicher waren, ob sie arbeitslos sind.

In der Sicht der Experten ist zentral, ob die Betroffenen über Generationen hinweg ortsansässig waren bzw. ob sie als Zugezogene gelten. Für den dörflichen Status wird auch bedeutsam, ob vor dem Zuzug bereits Kontakte und Verwandtschaftsbeziehungen im Dorf bestanden. Der Grad an Integration in die sozialen Strukturen und Positionen des dörflichen Sozialgefüges vor bzw. bei Eintritt der Problemlage gilt den Experten mithin als entscheidend für die Reaktionen der dörflichen Umwelt.

Die "dörfliche" Einstellung zu Arbeitslosigkeit und Armut wird in der Expertenmeinung unterschiedlich gewertet. Einerseits gelte dieses Thema immer noch als Tabu - mit Einschränkungen bei Jugendarbeitslosigkeit und Arbeitslosigkeit infolge offenkundiger körperlicher bzw. psychischer Beeinträchtigungen. Offene Kommunikation und Auseinandersetzung mit der Problematik sei kaum zu erkennen. Trotz der Erfahrung anhaltend hoher

Massenarbeitslosigkeit sei für die Wahrnehmung des Problems von entscheidender Bedeutung, inwiefern es als selbstverschuldet angesehen werde. Die Aussage "Wer Arbeit sucht, findet auch welche", gilt als in diesem Zusammenhang charakteristische Äußerung. Andererseits werde jedoch auch für die Reaktion und Bewertung gegenüber von Arbeitslosigkeit/Armut Betroffenen entscheidend, daß sie als aktiv und tätig erlebt werden (z.B. Arbeiten am Haus, im Garten) und darüber Anerkennung erfahren. Die Experten heben hervor, daß die unmittelbare Erfahrung von Arbeitslosigkeit im Bekannten- und Freundeskreis und somit die Konfrontation mit der Problematik zur Veränderung der Einstellungen geführt habe und zu einer verstärkten Auseinandersetzung mit der Thematik beitrage.

Hier wird ein Widerspruch in der dörflichen Wahrnehmung deutlich, da zum einen hervorgehoben wird, daß Arbeitslose bzw. von Armutslagen Betroffene als integriert zu betrachten sind und daß sich die Einstellung ihnen gegenüber verändert hat, auf der anderen Seite werden individuelle Schuldzuweisungsmuster betont. Eine Erklärung kann darin gesehen werden, daß starke Unterschiede zwischen den Betroffenengruppen gemacht werden (Alte, Alleinerziehende etc.), d.h. daß nach den Problemlagen differenziert wird, zum anderen bestehen unterschiedliche Meinungen und Einstellungen hinsichtlich der Problematik (konservativ versus modern). Auf diesen Zusammenhang wird noch näher eingegangen.

Suchtprobleme

Die Äußerungen der Experten konzentrieren sich hier in erster Linie auf den Alkohol. Nach nahezu einhelliger Meinung ist das Alkoholproblem das zentrale und wachsende allgemeine Problem im ländlichen Raum. Aber auch in Verbindung mit Problemlagen wie Armut und Arbeitslosigkeit wird der Droge Alkohol eine hohe Bedeutung zugemessen: Die Experten argumentieren hier durchweg differenziert: sie lehnen monokausale Erklärungsmuster wie "Arbeitslosigkeit verursacht Alkoholismus" oder umgekehrt "Alkoholismus verursacht Arbeitslosigkeit" ab und verweisen auf Bedingungsgefüge und dynamische Kreisläufe, wo Arbeitslosigkeit und Suchtprobleme das Familienleben sehr stark belasten und zu einer Vielzahl von psycho-sozialen Konflikten führen (z.B. Gewalttätigkeiten, Mißhandlungen, Verwahrlosungserscheinungen bei Kindern).

In der Einstellung zu Alkohol und zum Alkoholkonsum sehen viele Experten spezifische Unterschiede zwischen Stadt und Land. Sie betonen den generell hohen Stellenwert und den rituellen Charakter, der dem Alkoholkonsum im dörflichen Leben (z.B. im Rahmen der Vereinsaktivitäten) zukommt.

Sie verweisen auf die höhere Akzeptanz- und Toleranzschwelle bei Schlägereien oder bei Gewalt gegen Frauen und Kinder.

Andere Äußerungen zeigen eine Differenzierung traditioneller Muster. Sie betonen das gewachsene Problembewußtsein hinsichtlich des Alkoholkonsums, und begründen dies mit verstärkter Aufklärung z.B. über Medien. Als Beispiele werden Jugendliche und Frauen angeführt, die in Kneipen keinen Alkohol trinken und dennoch nicht von den Aktivitäten und der Geselligkeit ausgeschlossen werden; zum anderen wird von ehemaligen Alkoholikern berichtet, die keinen Alkohol mehr zu sich nehmen und ebenfalls "akzeptiert" und nicht zum Alkoholkonsum animiert werden.

Soziale Problemgruppen

Neben sozialen Problemen werden als Problemgruppen ausführlicher erwähnt und angesprochen: a) Behinderte, Alte; b) Alleinerziehende; c) Jugendliche Arbeitslose; d) Betroffene von Verschuldungsproblemen; e) Asylanten, Aussiedler; f) Betroffene von "Multi-Problemlagen".

a) In Bezug auf Alte und Behinderte zeichnen die Experten ein typisch ländliches (Alters-) Bild. Ältere Dorfbewohner bzw. physisch und psychisch Behinderte werden nach einhelliger Meinung und Erfahrung innerhalb der Familien oder zumindest - da die verschiedenen Generationen nicht mehr so häufig wie früher im Familienverband zusammenleben - durch Verwandte im Ort betreut und versorgt; sie sind als in das dörfliche Sozialgefüge integriert zu sehen (wobei vereinzelt Einschränkungen hinsichtlich der Integration geistig Behinderter gemacht werden, die als problematischer gilt). Heimunterbringungen sind bei den angesprochenen Personengruppen selten. Einige Experten glauben, daß die Heimunterbringung von alten Menschen als Versorgungsalternative meist schon aus Kostengründen nicht erwogen werden kann. Doch lockert sich dies tendenziell auf; es wird auf die Entwicklung verwiesen, entferntere Verwandte ("lediggebliebene Onkel und Tanten") in einem Heim unterzubringen.

Ein im sozialpsychiatrischen Dienst des Gesundheitsamts tätiger Sozialarbeiter, der auch mit der Heimunterbringung von alten Menschen betraut ist, führt an, daß die Pflege und Versorgung alter Menschen unter dem Gesichtspunkt der sozialen Kontrolle zu betrachten ist ("Verwandtschaft läßt man nicht im Stich"). Die Belastungen der Familien, in erster Linie der Frauen, sei oft sehr groß. Er sieht die materielle Versorgung zwar als gewährleistet an, verweist jedoch auf Defizite in der Zufriedenheit mit der persönlichen Betreuung und Zuwendung, die von den Verwandten nicht mehr zu leisten ist (auch das Motiv zur Erwerbsarbeit von Frauen spielt hier eine Rolle).

Die Arbeit der Sozialstationen (Betreuung von Alten und Pflegebedürftigen) wird von den Experten überwiegend positiv gewertet und unter dem Aspekt der Entlastung der mit der Pflege belasteten Familien gesehen. Während die Sozialstationen die mehr pflegerischen Tätigkeiten übernehmen (wie z.B. Spritzen setzen bei Diabetikern, Waschen der Pflegebedürftigen), gibt es parallell dazu die Aktivitäten ehrenamtlicher Frauenverbände z.B. der Pfarrgemeinde, die Hilfs- und Betreuungsarbeiten (wie z.B. Essen kochen, Einkäufe erledigen) übernehmen.

Ein Experte war jedoch der Ansicht, daß die Sozialstationen zur Auflösung familialer und nachbarschaftlicher Hilfen beigetragen hätten. Er berichtet von Fällen, wo sich Verwandte mit dem Hinweis auf die Sozialstation ihren Hilfeverpflichtungen entzogen haben.

b) Die Zahl der Alleinerziehenden auf dem Lande, fast ausschließlich Frauen, nimmt nach Einschätzung der Experten zu. Es sind in erster Linie angesichts steigender Scheidungs- und Trennungsraten Frauen, die sich nicht bewußt und freiwillig für das Alleinerziehen entschieden haben. Die dörfliche Position gegenüber bewußt und freiwillig Alleinerziehenden muß offen bleiben. Die Experten hatten dazu keine Erfahrungen.

Nach der Scheidung/Trennung intensivieren Alleinerziehende häufig den Kontakt zur Verwandtschaft bzw. vor allem die sehr jungen Frauen zur Herkunftsfamilie. Es wird ihnen - so die Experten - im Dorf zunehmend weniger mit Vorurteilen begegnet.
Problematisch wirken sich die strukturellen Defizite im Bereich der Kinderversorgung (Kindergarten, Hort, Krabbelstube etc.) sowie auf dem Arbeitsmarkt (fehlende oder finanziell nicht lohnende Halbtagsstellen) aus. Die dadurch verstärkte Abhängigkeit und Konzentration auf den Familienverband erweise sich als konfliktträchtig für die persönlichen Beziehungen. Einige Experten betonen ein verstärktes Streben nach Selbständigkeit bei Alleinerziehenden.

c) Nach wie vor dramatisch wird die Situation der langzeitarbeitslosen Jugendlichen gesehen. Dies sind meist Jugendliche ohne Schul- bzw. mit Sonderschulabschluß, ohne Berufsausbildung bzw. solche, die eine oder mehrere Integrationsmaßnahmen abgebrochen haben. Sie entstammen nicht selten Problemfamilien mit niedrigem Bildungsniveau und geringem Einkommen, in denen auch andere soziale Probleme (z.B. Alkoholismus) gewissermaßen zur "Familientradition" gehören.

Nach der Erfahrung der meisten Experten kommt es bei den arbeitslosen Jugendlichen, die fast immer bei ihren Familien leben, zu einer Vielzahl von materiellen und psycho-sozialen Problemen. Genannt werden Rückzugstendenzen, d.h. die Jugendlichen kapseln sich ab, isolieren sich, da sie auf Dauer nicht mit dem statusbesetzten Freizeit- und Konsumverhalten der Gleichaltrigen (Fahrzeug, Kleidung, Discos, Reisen etc.) mithalten können. Diese Rückzugstendenzen werden vor allem bei den Mädchen gesehen, die im Familienverband gewissermaßen "abtauchen" und hier gemäß dem traditionellen Frauenbild über Mithilfe im Haushalt eine Möglichkeit der Legitimation sehen. Ihre oft einzige Perspektive ist die, über Heirat und Familiengründung ihre wirtschaftliche Versorgung zu sichern.

Arbeitslose Jugendliche haben nach den Beobachtungen der Experten unterschiedliche Motive, einer informellen Arbeit nachzugehen. Während die besser qualifizierten Jugendlichen übergangsweise eine solche Tätigkeit ausüben und davon ausgehen, in absehbarer Zeit einer ihrer Qualifikation entsprechenden Tätigkeit nachgehen zu können, sehen die Experten bei den gering bzw. nichtqualifizierten Jugendlichen ohne professionelle Unterstützung keine Motivation, aktiv an ihrer Lebensperspektive zu arbeiten: d.h. diese Jugendlichen verbleiben in diesen Jobs, um sich ihr Taschengeld bzw. ihren Lebensunterhalt auf diese Weise zu verdienen.

Fast alle Experten sehen bei den gering bzw. nichtqualifizierten Jugendlichen erlebte psychische und soziale Deprivationen (Minderwertigkeitsgefühle, Zukunfts- und Perspektivlosigkeit). Auch fragwürdiges Freizeitverhalten wird beobachtet: Videokonsum und "Rumhängen", erheblicher Alkoholkonsum als Kompensation und als Statusgebaren (große Mengen von Alkohol zu vertragen gilt als Zeichen von Stärke und Männlichkeit). Oft entsteht durch das Leihen von kleineren Geldbeträgen im Freundes- und Bekanntenkreis eine Verschuldung (ca. 2000 bis 3000 DM), die wiederum zu Konflikten in den persönlichen Beziehungen und oft letztendlich zu der zu vermeiden versuchten Isolation führt.

Gleichwohl wird von den Experten betont, daß Arbeitslosigkeit nichts an den starken Bindungen über dörfliche Kultur und Cliquen ändere und daß das Ausschöpfen informeller Arbeitsmöglichkeiten ("Sich durchschlagen mit Jobs") den Jugendlichen die Möglichkeit biete, in ihrer gewohnten Umgebung zu bleiben. Die qualifizierteren Jugendlichen - die sich auf diese Weise auch nicht als arbeitslos betrachten - sähen dies als Übergangslösung an und zögen auch einen Wegzug aus dem Dorf in Betracht, während die gering oder nicht qualifizierten Jugendlichen dies als ihre einzige Perspektive ansehen.

d) Vor dem Hintergrund einer wachsenden allgemeinen ökonomischen Unsicherheit, die längerfristige finanzielle Planungen erschwert, berichten die Experten von einer zunehmenden Schuldenproblematik. Sie gehen von einer hohen Dunkelziffer aus. Der Kreis der davon Betroffenen geht nach ihrer Erfahrung weit über die Gruppe der von Arbeitslosigkeit und Sozialhilfebedürftigkeit Betroffenen hinaus.

So wird von Familien in Neubaugebieten berichtet, die sich beim Wohnungsbau bzw. beim Kauf von Konsumgütern (z.B. Wohnungsausstattung) finanziell überlastet haben und durch einen unvorhergesehenen Verdienstausfall ihren finanziellen Verpflichtungen nicht mehr nachkommen können.

Diese Belastungen führen oft zu psycho-sozialen Problemen. Professionelle Hilfe werde erst dann in Anspruch genommen, wenn alle übrigen Ressourcen erschöpft sind und wenn die Fassade nicht mehr aufrecht zu erhalten ist. Nach Erfahrung der Experten häufen sich - solange wie möglich vor der Öffentlichkeit verborgen - Probleme wie Mißhandlungen von Frauen und Kindern, Scheidung/Trennung, Alkoholismus und auch Suizid, die die privaten Sozialbeziehungen überfordern und in den Augen der Experten nur mit professioneller Hilfe zu bewältigen sind. Sie verweisen hier auf die Bedeutung und den nötigen Ausbau prophylaktischer Hilfen.

Als weitere Problemgruppe werden Sozialhilfeempfänger genannt, die sich bereits in Armutslagen befinden und sich dann ("ab und an im Kaufrausch") über Konsumkredite (z.B. über Versandhäuser) bzw. Kredite bei unseriösen Instituten in eine nicht mehr zu bewältigende Verschuldungssituation bringen.

e) Die Integration von Asylanten und Aussiedlern wird differenziert bewertet. Auf der einen Seite sehen die Experten ein erhebliches Maß an Vorurteilen und Ablehnung und auch Abschottungstendenzen, speziell gegenüber Asylanten, was ihrer Erfahrung nach vor allem mit Sprachschwierigkeiten und den Anpassungsschwierigkeiten unterschiedlicher Kulturkreise begründet ist. Auf der anderen Seite berichten sie von Einzelfällen, in denen u.a. über Nachbarschaftshilfen oder auch über das Engagement eines Familienmitglieds in der örtlichen Jugendarbeit eine Integration gelungen ist.

f) Die Experten weisen auf eine quantitativ schwer einzuschätzende Anzahl von Familien und Einzelpersonen hin, bei denen sich Problemlagen wie Arbeitslosigkeit bzw. Sozialhilfebedürftigkeit, Erziehungs-, Beziehungs- und Suchtprobleme und die damit auftretenden Verhaltensauffälligkeiten dramatisch entwickeln und ausdrücken. Oft handele es sich dabei um Familien, bei denen diese Problemlagen bereits seit Generationen bestehen.

Für Jugendliche dieser Familien bestünden immense Schwierigkeiten, in den Arbeitsmarkt und das Berufsleben integriert zu werden. Es fehle an Grundvoraussetzungen (z.B. Pünktlichkeit, Arbeitstugend), so daß sie oft Maßnahmen nicht zu Ende führen.

Die Einschätzung der Integrationschancen dieser Personen ist unterschiedlich. Zum einen berichten die Experten, daß dies z.B. im Vereinsleben möglich ist (Sportverein, Fußballverein) und daß vor allem auch Kontakte zwischen diesen Familien bestehen. Zum anderen wird die Position vertreten, daß eine Integration nicht möglich sei, weil sie als Fremdkörper im sozialen Gefüge des Dorfes betrachtet werden, über deren Weggang die Mehrheit der Bewohner froh wäre. In diesem Zusammenhang erwähnt eine Expertin, daß sie auch im ländlichen Raum städtischer Entwicklung vergleichbare Ansätze von Ghettoisierung in zwei Dörfern beobachte.

4.2.3 Soziale Dienste

Die Mehrheit der Experten betont, daß sich die sozialen Dienste und Einrichtungen im städtischen Raum, d.h. in den Mittelzentren und vor allem im Oberzentrum befinden. Für den ländlichen Raum - vor allem im psychosozialen Sektor - konstatieren sie eine Unterversorgung. Auch die an den Bedürfnissen und Möglichkeiten der ländlichen Bevölkerung vorbeigehende "Komm-Struktur" der sozialen Dienste wird kritisiert.

Soziale Dienste seien zu wenig erreichbar, vor allem beim Angewiesensein auf den öffentlichen Personennahverkehr entstehe ein erheblicher Zeit- und Kostenaufwand. Dies und der geringere Grad an Informiertheit und Aufgeklärtheit im ländlichen Raum drücke sich darin aus, daß das Klientel der sozialen Dienste zu ca. vier Fünfteln aus dem städtischen Raum komme.

Ergänzend berichten die professionellen Experten, daß sie von Problemen oft nur per Zufall erfahren. Sie führen dies auf strukturelle Defizite, d.h. auf ungenügende Vernetzung, Koordination und Kommunikation zwischen den unterschiedlichen Trägern und Einrichtungen, sowie zwischen der ländlichen Sozialverwaltung in den Verbandsgemeinden und den zahlreichen freien und kommunalen Diensten, die unterschiedlichste Hilfen anbieten, zurück.

Auch wegen der Überlastung der Sozialverwaltung (noch potenziert derzeit durch die Vielzahl der Aus- und Übersiedler) und fehlender sozialpädagogischer Schulung erfolgt eine Hinzuziehung professioneller Dienste fast immer zu spät, wenn ein Problem kaum noch bearbeitbar sei. Mehrfachprobleme (z.B. Alkoholismus eines Elternteils plus Schulprobleme der Kinder) werden zudem unkoordiniert von mehreren freien Trägern bearbeitet, so daß die Hilfen insgesamt wenig effektiv sind.

Bewährt haben sich nach überwiegender Einschätzung der Experten die Sozialstationen und auch die mobilen Einsatzdienste. Doch sei auch hier noch mehr Präsenz und Bürgernähe bzw. eine engere Zusammenarbeit zwischen der Selbsthilfe vor Ort (freie Gruppen, ehrenamtliche Helfer, Pfarrgemeinde etc.) und den professionellen Diensten wünschens- und erstrebenswert.

Neben diesen strukturellen Problemen, die auch als Indiz für eine erhebliche Dunkelziffer bei der Inanspruchnahme von Leistungen wie z.B. der Sozialhilfe angesehen werden, sehen die Experten erhebliche Unterschiede in der Mentalität von Stadt- und Landbevölkerung. Sie betonen die im ländlichen Raum stärkere Tendenz, Probleme aus eigener Kraft zu lösen und Hilfsangebote öffentlicher und freier Träger nur im äußersten Notfall zu beanspruchen. Doch werden sowohl das Alter als auch die Art der Leistung als relativierende Kriterien genannt. So wird bei jüngeren Personen eine geringere Behördenscheu und höhere Inanspruchnahme materieller Leistungen gesehen. Die Annahme von Pflegegeldern unterliege genereller Akzeptanz.

Insgesamt gehen die Experten davon aus, daß soziale Probleme im ländlichen Raum länger verdeckt bleiben und die Betroffenen Anonymität zu wahren suchen. So treten Probleme erst zu Tage, wenn die Selbsthilferessourcen erschöpft und die Problemlagen ohne professionelle Hilfen nicht mehr zu bewältigen sind.

Das strukturelle Problem sozialer Dienste im ländlichen Raum wird von den professionellen Experten deutlich formuliert. Faßt man die angesprochenen strukturellen Probleme sowie die spezifische dörfliche Mentalität gegenüber sozialen Problemen und bestehenden Hilfsmöglichkeiten zusammen, so steht eine näher an den Bedürfnissen orientierte Reform sozialer Dienste im ländlichen Raum vor dem Problem, zugleich mit der Neuorganisierung von Ämtern und Diensten eine Form des Zugangs zu den Klienten zu finden, die professionelle Dienste nicht erst eintreten läßt, wenn die Selbsthilferessourcen von Familie, Nachbarschaft und Dorf erschöpft und überfordert sind, sondern beide Hilfeformen einbindet und integriert. Eine solche dorfnahe und der Mentalität ensprechende Vermittlungsinstanz zwischen Betroffenen und professionellen Diensten nehmen in einigen Fällen ländliche Selbsthilfegruppen (Alleinerziehenden-, Seniorenclubs) und einzelne gut geleitete Pfarrgemeinden ein.

4.3 Lebensweltanalyse statt Exploration

Die großen Erwartungen an die Expertengespräche hinsichtlich einer ersten Problemübersicht und hinsichtlich des Zugangs zu einigen Betroffenen (Sozialhilfeempfänger, Arbeitslose, Personen mit vergleichbar geringem Einkommen) konnten in der intendierten Form nicht erfüllt werden.

Das vordergründig positive Bild, das die einheimischen Experten zu vermitteln suchten, demzufolge Arbeitslose und Sozialhilfeempfänger integriert sind, und erst hinzukommende Problemlagen wie z.B. Gewalt in der Familie oder

Alkoholismus die dörfliche Integration negativ beeinflussen, ließ sich bei näherer Betrachtung nicht aufrechterhalten. Die ansässigen Experten konnten zum einen keine Ansprechpartner benennen und zeigten zudem selbst im Verlauf der Gespräche auffallende Verleugnungs- und Ausgrenzungstendenzen. Wir mußten zu dem Schluß kommen, daß Einkommensprobleme, Sozialhilfe und Arbeitslosigkeit keine Themen sind - ausgenommen in allgemeinen, nicht personenbezogenen Diskussionen - über die im dörflichen Sozialgefüge offen gesprochen wird und daß soziale Problemlagen, wenn sie nicht zu leugnen und zu verharmlosen sind, eher "Dorffremden" und "Zugezogenen" zugeschrieben werden. Da dies jedoch, wie durch die gleichzeitig betriebene Pretest-Strukturuntersuchung deutlich wurde, in dieser Form nicht stimmte, liegt der Gedanke nahe, daß das Bestreben, die dörfliche Welt "heil" sein zu lassen, eine spezifische dörfliche Umgangs- und Bewältigungsform mit und von sozialen Problemen ist, die für die Betroffenen eher einen ihre Problemlagen verschärfenden Charakter haben dürfte.

Die vergleichende Auswertung der Expertengespräche ergab eine Kluft zwischen den Informationen der Professionellen, die die Einschätzungen etwa von Problemkumulationen auf dem Land bestätigten und den Darstellungen insbesondere der Honoratioren vor Ort, die Menschen in sozialen Problemen als im wesentlichen integriert darstellten. Die Experten der Allgemeinen Sozialen Dienste (die in der Regel selbst nicht auf dem Dorf wohnen) bestätigten im wesentlichen die aus der Literatur bekannten Sachverhalte der Zunahme von Problemkumulationen auf dem Land, der Kombination von Problemlagen wie Verschuldung, Drogenkonsum, Arbeitslosigkeit, Familienproblemen usw (vgl. ISS 1986; Gängler 1990; Böhnisch u.a. 1991). Rückblickend erscheint wichtig, daß einige von den Professionellen genannte Problemlagen, wie Überschuldung in Neubaugebieten, Jugendarbeitslosigkeit mit der Folge des Rückzugs der Mädchen in die Familie, Konsum weicher Drogen in unserer Feldarbeit nicht auftauchten. Dies bedeutet, da wir nur Sozialhilfebezug und kodifizierte Arbeitslosigkeit untersucht haben, daß es noch eine Reihe weiterer ländlicher Problemzusammenhänge gibt, die neben unserem Untersuchungsgegenstand von Armut und Arbeitslosigkeit bestehen und die wir nicht erfaßt haben.

Die Honoratioren und Einheimischen vermittelten demgegenüber das Bild einer (noch) heilen dörflichen Welt (vgl. dazu Vaskowics/Weins 1983, denen Honoratioren als Experten gelten). Sie betonten, daß die Tatsache der Arbeitslosigkeit oder des Sozialhilfebezugs an sich wenig oder keinen Einfluß auf die Integration im dörflichen Leben habe und nicht zu Ausgrenzungen oder Stigmatisierungen für die Betroffenen führe. Der Einschätzung folgte aber oft die Darstellung, daß insgesamt das Thema Arbeitslosigkeit oder

Armut im Dorf noch immer als Tabu gilt, über das es keine offene Kommunikation und Auseinandersetzung gibt. So wurde deutlich, daβ die positiven Darstellungen der einheimischen Experten sich nur auf die "einfachen" Fälle von Arbeitslosigkeit und Sozialhilfebezug beziehen, und daβ ihnen "harte" Problemlagen in der Regel gar nicht bekannt werden.

Die Einheimischen und Honoratioren kennzeichnete die Meinung, soziale Problemlagen seien dorffremd, sobald sie auf einzelne (uns bekannte) Fälle angesprochen wurden, bei denen Sozialhilfebezug oder Arbeitslosigkeit länger andauern, also auf strukturelle statt individuelle Probleme verweisen. Das gebe es nur bei Zugezogenen oder anderen Gruppen. Diese Tendenz der Verleugnung bzw. Verschiebung war kennzeichnend für alle Einheimischen. Sie stellt sich dar als Widersprüchlichkeit der dörflichen Problemwahrnehmung, die aber zugleich Problembearbeitung und -bewältigung ist. Inhaltlich bedeutet diese Position das Festhalten an der Gewiβheit, daβ diese sozialen Probleme, wenn sie denn überhaupt im dörflichen Kontext auftauchen, auch mit den bewährten Formen individueller, familialer und dörflicher Hilfe erfolgreich bearbeitet werden können. Die "Unkenntnis" der dörflichen Honoratioren stellt sich nicht als ein Problem individuellen *Nichtwissens* dar, sondern als strukturelles Problem des traditionellen dörflichen Umgangs mit sozialen Problemen. Die Deutungsmuster in Bezug auf Arbeitslosigkeit und Sozialhilfebezug, die wir bei den "Betroffenen" in den narrativen Interviews (vgl. unten Kap V.) vorfinden, haben ihre Entsprechung bei den dörflichen Experten - also den "Mitbewohnern" dörflicher Lebenswelt -. Sie sind nicht spezifisch für die dörflichen "Auβenseiter", sondern für die Lebenswelt.

Insgesamt konnte so das Instrument Expertenbefragung nicht die erwartete Absicherung und Gewichtung der Hypothesen von einem sich wandelnden Umgang mit neuen sozialen Problemen bringen. Aber eine andere Erkenntnis zeichnete sich ab. Es gibt eine strukturelle Ausblendung von Problemen materieller Not im Kontext von Alimentierung im dörflichen Kommunikationszusammenhang. Die Ausblendung ist die Folge der überkommenen Mentalität des *Für sich selbst Sorgens.* Zugespitzt gesagt, erwies es sich als Fehleinschätzung, von den Experten im Dorf eine Erhellung vieler Fragen zu erwarten, die wir uns gestellt hatten. Stattdessen ergab sich, daβ die Widersprüche der Realität: also des dörflichen Lebens selbst, der Dorfbewohner, ihrer Wahrnehmungen und Einschätzungen in der Expertenbefragung reproduziert wurden. So genommen, ist aber gerade diese Enttäuschung ein wichtiges Ergebnis. Der Gewinn dieser Methode lag weniger in dem, was aufgrund der sozialwissenschaftlichen Theorie von dieser Form der Feldexploration erwartet werden konnte, nämlich der differenzierteren Problemsicht, die Hypothesenpräzisierung möglich macht. Er lag vielmehr darin, daβ wir die widersprüchlichen Problemwahrnehmungs- und -bearbeitungsformen schon in der Exploration "vorgeführt" bekamen und darüber einige Mechanismen erkennen konnten, die gleichsam unter der Oberfläche liegen und die sich später auch in der Arbeit mit anderen Methoden wiederfinden ließen. Unter der Hand gewann die Methode der Expertengespräche einen anderen Charakter, sie war nicht mehr als Exploration zu verstehen, sie wurde Teil der Lebensweltanalyse (der materialen Forschung) selbst.

Als Ergebnis wurde in der Expertenuntersuchung deutlich, daß die Professionellen der sozialen Dienste die aus der Literatur bekannten Sachverhalte wachsender sozialer Brüche und Friktionen bestätigten. Daß wir diese - wohl vor allem bei Neusiedlern vorkommenden Probleme - in unserer Untersuchung nicht wiedergefunden haben, verweist auf eine Reihe *neben* Sozialhilfebezug und Arbeitslosigkeit bestehender sozialer Probleme im ländlichen Raum. Sozialstaatliche Dienste scheinen - wir können das freilich nicht unabhängig beurteilen - hier eher zu greifen. Demgegenüber bestehen in der herkömmlichen Dorfbevölkerung ebenfalls soziale Probleme wie Sozialhilfebezug, Dunkelziffer und Arbeitslosigkeit, jedoch ließen hier die Aussagen der dörflichen Experten aufscheinen, daß das dörfliche Gemeinwesen nach wie vor eine problematische Umgangsform mit solchen sozialen Schwierigkeiten hat. Tendenzen zur Verleugnung, zur Verschiebung auf *Dorffremde* paaren sich mit einer strukturellen Ausblendung der Wahrnehmung materieller Not, so daß eine strukturbedingte *Unkenntnis* vornehmlich materieller sozialer Probleme bei den einheimischen Experten zu konstatieren ist. Da diese Orientierung zugleich eine dörfliche Umgangsform mit Problemen materieller Not darstellt, ist zu erwarten, daß - da die Betroffenen ebenso wie die Experten Mitglieder der dörflichen Lebenswelt sind - der dorföffentlichen Verleugnung und Verschiebung das Verheimlichen und Verstecken sowie die mentalitätsbedingte Scheu gegenüber Alimentierung (insbesondere Sozialhilfebezug) entsprechen. Dies werden andere methodische Zugänge deutlicher aufweisen.

Die regional-lebensweltliche Konstitution sozialer Probleme schließt mithin einen Mechanismus der Verleugnung und Ausgrenzung sozialer Problemlagen ein, der hier als Kürzel für eine komplexe Dialektik von Integration und Ausgrenzung durch die ländliche Gemeinde steht. Wir werden anhand der Strukturuntersuchung (Kap.II) noch einen weiteren regionalen Akteur kennenlernen, nämlich die Sozialverwaltung als weitere soziale Probleme definierende und setzende soziale Instanz.

II. Strukturen ländlicher Sozialhilfe

1. Methodische Vorbemerkungen

Entwicklungstendenzen der Sozialhilfe

1990 - im Jahr der Untersuchung - lebten so viele Menschen wie nie zuvor von Sozialhilfe. 3,8 Millionen Personen - jeder 16. Bürger - bezogen im Lauf des Jahres Leistungen der Sozialhilfe. Laufende Hilfe zum Lebensunterhalt (HLU) erhielten 2,8 Millionen Menschen, das ist jeder 22. Bürger der alten BRD. Der starke Anstieg der Sozialhilfebezieherzahl resultiert zu Beginn der 80er Jahre; er ist erst 1991 - wahrscheinlich vorläufig - zum Stillstand auf hohem Niveau gekommen.

Während in den sechziger Jahren - nach der Einführung des neuen Bundessozialhilfegesetzes 1962 - die Empfängerzahlen zunächst auf einem niedrigen Stand verharrten (ca. 800.000 Personen in der *Hilfe zum Lebensunterhalt*; mit der *Hilfe in besonderen Lebenslagen* 1,4 Millionen) und nur langsam anstiegen, erreichten sie 1975 die Zwei-Millionen Grenze. In den achtziger Jahren beginnt ein drastischer Anstieg der Empfängerzahlen bis auf 3,8 Millionen 1990 (alte Länder), eine Steigerung von etwa 80% binnen 10 Jahren. Stärker noch als die Gesamtzahlen stiegen die Empfängerzahlen der laufenden Hilfe zum Lebensunterhalt. Etwa Mitte der siebziger Jahre hatten sie die Millionengrenze überschritten, 1990 lagen sie bei 2,9 Millionen Personen. Im Jahrzehnt von 1980 bis 1990 hat sich die Personenzahl der HLU mehr als verdoppelt. Die relativ stärkere Zunahme der Empfänger von HLU gegenüber der HbL hat den Anteil der Bezieherzahl laufender Hilfe zum Lebensunterhalt an der gesamten Sozialhilfe von etwa der Hälfte zu Beginn der siebziger Jahre auf drei viertel 1990 erhöht (vgl. Hauser/Hübinger 1993, 49ff; Iben 1989; Chassé 1993b, 209f.; Hanesch u.a. 1994, 217ff.).

Jedoch ist nicht allein die Steigerung der Sozialhilfeempfängerzahlen bemerkenswert. Die innere Gliederung der Hilfeempfänger in der Hilfe zum Lebensunterhalt hat sich wesentlich verändert: Der Anteil der im erwerbsfähigen Alter stehenden Personen ist von 36% 1972 auf über 60% 1990 angestiegen. Parallel hat sich der Anteil der alten Menschen im Sozialhilfebezug (HLU) von etwa einem Drittel 1972 auf 12% 1990 verringert, obwohl sich die absoluten Zahlen dieser Gruppe nur geringfügig vermindert haben. Stark erhöht hat sich der Anteil der Kinder und Jugendlichen; sie machen 1990 fast 40% aller Personen im Hilfebezug (HLU) aus (vgl. Stat. Bundesamt 1992b, 42f.). Der früher hohe Anteil der Frauen innerhalb der Hilfe zum Lebensunterhalt ist von nahezu zwei Dritteln 1970 auf 54% 1990 gesunken;

diese Quote entspricht nahezu dem demographischen Anteil der Frauen in der BRD von 52 Prozent.

Es sind vor allem zwei neue Gruppen, die nunmehr die Sozialhilfe (HLU) dominieren. Vor allem spielte das Anwachsen der Arbeitslosigkeit zusammen mit entsprechenden Kürzungen der Sozialleistungen der Bundesanstalt für Arbeit eine entscheidende Rolle für die Zunahme der Arbeitslosen in der Sozialhilfe; ihr Anteil lag 1990 bei 32% (vgl. Niedrig 1993; Stat. Bundesamt 1992b). Zuletzt gingen diese Anteile zurück, doch dürfte die Quote bundesweit derzeit noch bei 30% liegen.

Die zweite wichtige Gruppe, die in der Sozialhilfepopulation stark angewachsen ist, sind die Alleinerziehenden. Diese Gruppe umfaßt etwa ein Fünftel aller Sozialhilfebezieher der Hilfe zum Lebensunterhalt (HLU).

Als Trend läßt sich festhalten, daß eine bedrohliche Entwicklung immer mehr Menschen im erwerbsfähigen Alter - und ihre Kinder - in die Sozialhilfe bringt, und daß die Sozialhilfe sich vom letzten sozialen Netz zur eigenständigen Grundsicherung für immer mehr Menschen entwickelt hat.

Sozialhilfebezug ist kein Randgruppen- oder Minderheitenphänomen mehr. Immer mehr Menschen geraten in die Situation, dauerhaft oder zeitweilig auf dieses letzte Netz angewiesen zu sein, und zunehmend ist von dieser Entwicklung die erwerbstätige bzw. erwerbsfähige Bevölkerung und ihre Kinder betroffen. Diese Entwicklung wird seit längerem unter dem Stichworten "Neue Armut" (vgl. Balsen u.a. 1984) und "Infantilisierung der Armut" (vgl. Hauser 1990) diskutiert. Weiterhin läßt sich aus den skizzierten strukturellen Veränderungen ersehen, wie sehr sich die Sozialhilfe von ihrer ursprünglichen Funktion einer Restsicherung (vgl. Chassé 1988, 128f.; Strang 1970) entfernt hat. In der Intention des Gesetzgebers von 1961 sollte ihr die Funktion eines "Ausfallbürgen" bei atypischen und individuellen Notlagen zukommen, der einspringt, wenn die vorgelagerten Systeme der Sozialen Sicherung nicht greifen. Die vorliegende Untersuchung wird zeigen, wie sehr sich die Sozialhilfe für eine erhebliche Zahl von Menschen zu einer Grundversorgungsleistung auf Dauer entwickelt hat. Freilich ist sie dazu von ihrer jetzigen Form und von ihrem Versorgungsniveau her keineswegs in der Lage (vgl. Hauser/Hübinger 1993, 420ff.). Der Sozialhilfeträger ist genötigt, mit vergleichsweise hohem Verwaltungs- und Prüfungsaufwand auf den Einzelfall einzugehen, der zunehmend eine standardisierbare Lebenslage darstellt. Der Hilfeempfänger hat seinerseits hohe "Aufwendungen" in Form von Zeit und Beratung (vgl. Kuphal 1989, 279ff.), um seine Rechte und Möglichkeiten ausschöpfen zu können und hat Statusverlust und Diskriminierung (vgl. dazu unten Kap. V.) zu tragen.

Besonderheiten der Sozialhilfestatistik

Seit 1963 gibt es die amtliche Sozialhilfestatistik, die jährlich vom Statistischen Bundesamt in Kooperation mit den Statistischen Landesämtern neu erstellt wird. Sie besteht aus den Erhebungsteilen Sozialhilfeausgaben und -einnahmen sowie Anzahl und Strukturmerkmale der Hilfeempfänger. Seit einigen Jahren ist die Sozialhilfestatistik in der Diskussion (vgl. Buhr/Ludwig/Leibfried 1990, 1992; Wolff/Beck 1993; Hanesch u.a. 1994, 224ff.; Simons 1993), da sie angesichts des raschen Wandels der Struktur der Hilfeempfänger und der Sozialhilfe selbst zu wenig Informationen über zentrale Sachverhalte liefert. In der Fachdiskussion wird u.a. bemängelt die ungenügende Information über Haushaltsstruktur bzw. familiäre Situation der Hilfebezieher, die unzureichende Erfassung von Ursachen des Hilfebezugs (insbesondere der Arbeitslosigkeit), Dauer des Hilfebezugs und Gründe der Leistungsbeendigung, die Art und die Höhe des Leistungsbezugs gegliedert nach Personen- bzw. Haushaltsgruppen. Die amtliche Statistik erfaßt unterschiedslos alle Empfänger von Sozialhilfe, die im Lauf des Berichtsjahres Hilfe bezogen haben, gleich ob die Hilfe über den gesamten Jahreszeitraum oder nur kurzfristig - so z. B. auch überbrückungsweise - geleistet wurde. Auch Mehrfachzählungen - etwa bei verschiedenen Sozialhilfeträgern oder Leistungformen - sind möglich. Diese Kumulationsmöglichkeit verzerrt die Statistik; die so ermittelten Daten reichen ferner nicht hin, um die Dynamik von Zugang, Unterbrechung, Wechsel und Abgang zu erfassen. Diese Diskussion hat 1993 zu einer Veränderung der amtlichen Statistik geführt, die ab 1994 umgesetzt werden soll (vgl. Wolff/Beck 1993), jedoch sind entsprechende differenzierte Auswertungen erst für 1996 zu erwarten.

Die ungenügende amtliche Statistik war mit ein Motiv für die beiden Landkreise, eine Totalerhebung als Stichtagsuntersuchung zu unterstützen. Sie versprachen sich davon eine bessere Kenntnis der Struktur und von Entwicklungsdaten der Hilfeempfängerpopulation. Auch in den beiden ländlich strukturierten Landkreisen war die Zahl der Sozialhilfeempfänger (HLU) seit etwa 1980 dramatisch angestiegen und belastete die Kommunen sehr stark. Deutlich waren vor allem die starken Zuwächse bei den Zahlen der Arbeitslosen und der Alleinerziehenden (Trennung/Scheidung als Hilfeursache). Weitere Informationen, insbesondere über spezifisch ländliche Strukturen und auch Hilfepotentiale sollte die Untersuchung erbringen.

Ziele, Instrumente und Gegenstand der Strukturuntersuchung

Die "Strukturuntersuchung" stellt eine quantitative Querschnittsanalyse dar. Ihr Ziel ist, die wesentlichsten Strukturmerkmale aller Empfängerhaushalte von Hilfe zum Lebensunterhalt außerhalb von Einrichtungen in 2 vollständig erfaßten Landkreisen an einem Stichtag zu erheben. Somit lassen sich die bedeutsamsten Strukturausprägungen von Sozialhilfe auf dem Land abbilden und ihre Verteilung quantitativ bestimmen. Folgende Merkmalsdimensionen wurden nach dem Pretest von 400 Sozialamtsakten im Pretest als wesentlich erachtet und als zuverlässig ermittelbar eingeschätzt:

- die *Haushaltsstruktur* und *demographische* Daten der Sozialhilfeempfänger
- ihre *Wohnsituation* hinsichtlich des Eigentümer- oder Mieterstatus und die Kostenübernahme durch die Sozialverwaltung
- *Wohnformen* mit bzw. bei Verwandten
- die Zusammensetzung des *Einkommens*
- *Dauer des Sozialhilfebezugs* sowie Unterbrechungsgründe und -häufigkeit
- Art und Ausmaß der Inanspruchnahme von *einmaligen Beihilfen*
- die Heranziehung zu *gemeinnütziger Arbeit* mit und ohne Kürzung der Sozialhilfe
- die *Ursache* der Sozialhilfebedürftigkeit
- die *Nationalität* des Hilfeempfängers.

Über diese prozeßproduzierten Daten hinaus, die bei Antragstellung der Sozialhilfe wegen der Ermittlung der Empfangsberechtigung und der Leistungshöhe obligatorisch erhoben werden, wurden einige weitere Fragen gestellt, die die Sachbearbeiter wegen der Kleinheit der Gemeinden und der persönlichen Kenntnis der Hilfeempfänger in der Regel als Informationsträger geben konnten:

- ob *Hilfe oder Betreuung* notwendig ist und wer sie leistet,
- *ausbildungs-* und *berufsbiographische Daten*
- Dauer der *Arbeitslosigkeit* und eventuelle *Qualifizierungsmaßnahmen*
- Zeitpunkt, Grund und Lokalisierung des *Zuzugs*.

Diese Operationalisierung der Untersuchungsbereiche ähnelt dem von Hübinger u.a. (1987) für Bremen vorgeschlagenen Muster (vgl. auch Hübinger u.a. 1989), nimmt aber auch Anregungen anderer Untersuchungen auf (vgl. Strang/Klagge 1985; Brühl 1986). Es wurde ein kurzer Erhebungsbogen mit 28 Fragen erstellt - ein mit 4 Seiten beidseitig bedruckter Papierbogen -. Er wurde von den Sachbearbeitern der Sozialverwaltung ausgefüllt und nach einer Plausibilitätskontrolle durch das Projekt ergänzt bzw. korrigiert (vgl. Bogen im Anhang).

Zum Verlauf der Untersuchung

Die Strukturuntersuchung untersuchte in 2 Landkreisen mit 16 Verbandsgemeinden zusammengenommen 306 Dörfer und 7 ländliche Kleinstädte. Dabei wurden im Landkreis Trier-Saarburg 833 HLU-Empfänger-Haushalte (Fälle) erfaßt, im Landkreis Bernkastel-Wittlich 765 HLU-Empfänger-Haushalte, zusammen mithin 1598 Fälle. In diesen Haushalten leben insgesamt 3060 Personen im Sozialhilfebezug.

Diese Sozialhilfeempfänger verteilen sich im Landkreis Trier-Saarburg auf 7 Verbandsgemeinden, wovon 4 Verbandsgemeinden ländliche Kleinstädte als Mittelzentrum haben, jedoch auch noch jeweils bis zu 30 Dörfer darüber hinaus umfassen. Insgesamt finden sich im Landkreis Trier-Saarburg 160 Dörfer und 4 ländliche Kleinstädte. Im Landkreis Bernkastel-Wittlich verteilen sich die Hilfeempfänger auf 8 Verbandsgemeinden und eine verbandsfreie Gemeinde (Morbach), wobei es sich um insgesamt 146 Dörfer sowie 2 ländliche Kleinstädte und eine Kreisstadt in einem ländlich strukturierten Landkreis (Wittlich) handelt[1].

Stichtag für die Aktenerhebung war für den Landkreis Trier-Saarburg der 1. 4. 1990, für den Landkreis Bernkastel-Wittlich der 1. 7. 1990. In der

1 Einige Erläuterungen zur Gemeindestruktur in Rheinland-Pfalz erscheinen hier erforderlich: Im Zuge der Verwaltungsreform sind die Städte, Landkreise und Gemeinden in Rheinland-Pfalz 1971 neu gegliedert worden. Die Untergliederung der Landkreise in Verbandsgemeinden schließt früher selbständige Gemeinden (Gemeinden können aus mehreren Dörfern bestehen) zusammen in eine Verwaltungseinheit: die Verbandsgemeinde. Die Verbandsgemeinde besteht ihrerseits im Durchschnitt aus 15 - 30 Ortsgemeinden, wobei jede Ortsgemeinde auch mehrere Dörfer einschließen kann. Die Gemeinde hat einen nebenamtlichen Bürgermeister, den sogenannten Ortsbürgermeister oder Ortsvorsteher. Er stellt die vorörtliche Außenstelle der Verbandsgemeindeverwaltung dar und ist unmittelbarer Ansprechpartner der Bürger. Die Verwaltung ist jedoch in der Verbandsgemeinde zentralisiert, so z.B. das Einwohnermeldeamt, das Wohnungsamt, das Bauamt, das Kastasteramt usw. und auch das Sozialamt. Diese Ämter unterstehen dem Verbandsgemeindebürgermeister, der auch das Personal auswählt. Zugleich sind diese örtlichen Behörden der über den Verbandsgemeindebürgermeister vermittelten Anweisungs- und Aufsichtsbefugnis des Landkreises, d.h. der Landkreisverwaltung mit dem Landrat an der Spitze, unterworfen. Dabei ist der Landkreis der örtliche Träger der Sozialhilfe. Die Kleinstädte innerhalb der Landkreise sind entweder selbständige Verbandsgemeinden, die nur die Stadt enthalten, oder es sind, wenn es ländliche Kleinstädte sind, Verbandsgemeinden, die neben der ländlichen Kleinstadt noch 20 - 25 Dörfer und damit ein relativ großes Territorium einschließen. Eine verbandsfreie Gemeinde ist eine Gemeinde, in der nur eine zentrale Verwaltungseinheit für alle eingegliederten Ortsgemeinden besteht. Die Differenzierung zwischen Verbandsgemeinde als übergeordneter Gliederung und den Gemeinden als Untergliederung entfällt hier. Diese besondere Verwaltungsform hat für die eingeschlossenen Gemeinden gewisse Vorteile, die jedoch im Einzelfall zu entscheiden sind. Das soll hier aber kein Thema sein. Für unsere Fragestellung der Sozialhilfe ist dies auch ohne Belang.

Hauptuntersuchung ergaben sich unvorhergesehene Schwierigkeiten in der Zusammenarbeit bzw. Abstimmung mit den Verbandsgemeinden. Einmal geriet wegen Finanzierungsproblemen der genau auf die Ferienzeiten im Sommer 1990 abgestimmte Zeitplan ins Wanken und mußte neu mit den Sozialverwaltungen abgesprochen werden. Zudem gab es bei einigen Sozialverwaltungen unterschiedlich starke Widerstände genereller Art gegen die Untersuchung. So waren, um die Erhebung als Totalerhebung zweier Landkreise nicht durch das Ausscheren einzelner Verbandsgemeinden zu gefährden, Zugeständnisse in der Durchführung der Befragung nötig. Die Strukturanalyse konnte deswegen nicht mit einem einheitlichen Erhebungsverfahren durchgeführt werden, sondern mit drei verschiedenen. Dies nötigte uns zu zeitintensiven Nachkontrollen, um die unterschiedliche Datenqualität auf einen einheitlichen Standard anzuheben.

Insgesamt wurden nun
- in ca. 70% der Fälle die Bogen zunächst von den Sachbearbeitern eigenständig ausgefüllt, von Projektmitarbeitern kontrolliert und im Dialogverfahren überprüft, vervollständigt und auf ein einheitliches Niveau gebracht,
- ca. 20% im Dialogverfahren zwischen Projektmitarbeitern und Sachbearbeitern der Sozialämter erarbeitet,
- ca. 10% der Erhebung durch eigene Akteneinsicht der Projektmitarbeiter in einem Sozialamt durchgeführt.

Das veränderte Verfahren hat dazu geführt, daß zwar die Verbandsgemeinden arbeitsmäßig weniger belastet wurden, dafür aber ein größerer Teil der Erhebungsarbeit auf Seiten des Projekts verblieb.

Es gab zunächst extreme Unterschiede in der Qualität der ausgefüllten Strukturbögen. Dies mag mit der unterschiedlichen Qualifikation der Sachbearbeiter, ihrem unterschiedlichen Interesse und mit der Dauer der Zugehörigkeit zu ihrer Dienststelle zusammenhängen. Entsprechend unterschiedlich ist der individuelle Kenntnisstand ihrer Fälle. Ein enormer amtsinterner Arbeitsdruck (insbesondere wegen der in diesem Sommer sehr hohen Belastung durch Aus-, Übersiedler und Asylanten) wurde häufig geltend gemacht. Diese Unterschiede in der Datenqualität wurden mit einem erheblichen Arbeitsaufwand des Projekts beseitigt. Dazu wurde das Verfahren einer dialogischen Nachkontrolle verwandt, bei dem alle Angaben eines Bogens von geschulten Projektmitarbeitern zusammen mit dem Sozialamtsachbearbeiter durchgegangen, überprüft u. ggf. korrigiert wurden. Auf diese Weise wurde ein einheitliches Qualitätsniveau der Datenerhebung gewährleistet. Erst das Verfahren der dialogischen Nachkontrolle der von den Verbandsgemeinden ausgefüllten Erhebungsbögen hat sichergestellt, daß in jedem einzelnen Fall die Probleme und Besonderheiten angesprochen und diskutiert und in einheitlicher Weise in die Strukturbögen übersetzt wurden.

Dabei haben sich in den zwei Landkreisen sehr unterschiedliche Praxen der 16 Sozialämter gezeigt, sowohl was die Handhabung obligatorischer gesetzlicher Hilfen (z.B. Regelung des Groβelternpflegegeldes, Mischsätze zwischen Haushaltsvorstand und Angehörigen), als auch was die Handhabung einmaliger Beihilfen und Ermessensspielräume der Ämter anbetrifft. Auch bei der Einschätzung (Rubrizierung) der Ursache der Hilfebedürftigkeit stellten wir in der Feldarbeit erhebliche Unterschiede in den Entscheidungskriterien sowohl zwischen den Verbandsgemeinden als auch zwischen einzelnen Sachbearbeitern in einer Verbandsgemeinde fest. Derselbe Fall würde von einem anderen Sachbearbeiter derselben Gemeinde oder in einer anderen Verbandsgemeinde unter einer anderen Ursachenrubrik "verbucht".

Die Strukturanalyse ist eine Totalerhebung fast aller Bezieher der laufenden Hilfe zum Lebensunterhalt an einem Stichtag. Die Zahl der Haushalte, die bei der Stichtagsuntersuchung laufende Hilfe zum Lebensunterhalt (auβerhalb von Einrichtungen) beziehen, beträgt nur 57,09% der Zahl jener, die insgesamt im gleichen Jahr Hilfe erhielten. Es gibt also einen beachtlichen Anteil von Beziehern kurzfristiger Hilfen. Zu berücksichtigen ist freilich, daß Asylbewerber *mit laufendem Verfahren* nicht in die Untersuchung einbezogen waren (ca. 10%), da das Ziel der Untersuchung die Erforschung der Struktur der einheimischen ländlichen Bevölkerung im Hilfebezug war. Die kurzfristigen Hilfen sind, sofern sie am Stichtag geleistet wurden, zwar mit erfaβt, nicht erfaβt sind jedoch die im Verlauf des Jahres gewährten Leistungen, mit denen das Sozialamt in Vorleistung tritt gegenüber anderen der Sozialhilfe vorrangigen sozialen Transfers, wie z.B. Arbeitslosengeld oder -hilfe, deren Bearbeitung in der Regel 6 - 8 Wochen dauert, so daβ in diesem Fall das Sozialamt in Vorleistung tritt. Diese Fälle, die auch in die Statistik eingehen, sind allerdings nicht als echte Sozialhilfefälle zu werten, da die Vorleistung des Sozialamtes sofort, wenn die eigentliche Hilfeleistung - wie z.B. Arbeitslosengeld - eintrifft, zurückgezahlt wird. Den örtlichen und überörtlichen Trägern der Sozialhilfe ist in diesem Fall keine echte Leistung entstanden, da der als Vorschuβ gezahlte Betrag ja später wieder zurückgefordert wird. In der Sozialhilfestatistik werden also auch Fälle mitberücksichtigt, in denen keine substantielle Sozialhilfe geleistet wurde. Der Anteil dieser Fälle scheint beträchtlich zu sein, ist aber hier nicht genauer bestimmbar.

Insgesamt ist die Dauer von Armutslagen in der BRD wenig erforscht. Die Bremer Sozialhilfestichprobe ergab einen hohen Anteil kurzfristiger Sozialhilfebezieher (ca. 50%, vgl. Leisering/Voges 1992), wovon ein großer Teil nur Überbrückung bis zur Entscheidung über andere Sozialleistungen benötigte.

Auch andere Untersuchungen (vgl. Habich/Krause 1992, Berntsen/Rendtel 1991) legen eine Polarisierung in eine große Gruppe kurzfristig und eine Gruppe langfristig Armer nahe.

Wie erwähnt, überschätzt grundsätzlich die amtliche Sozialhilfestatistik als Jahresgesamterhebung die Anzahl der laufenden Fälle in der Hilfe zum Lebensunterhalt, da alle Fälle, in denen Sozialhilfeleistungen gezahlt wurden, an das Statistische Landesamt gemeldet werden, auch dann, wenn diese Leistungen wieder zurückgezahlt wurden oder werden, so daβ die örtlichen und überörtlichen Träger der Sozialhilfe substantiell keine Leistungen erbracht haben. Die Fälle kurzfristigen Sozialhilfebezugs sind in der Untersuchung unterrepräsentiert, da nur der Teil erfaßt wurde, der am Stichtag in kurzfristigem Bezug ist. Doch sind Stichtagsuntersuchungen grundsätzlich aussagekräftiger in Bezug auf Strukturdaten (vgl. auch Hanesch u. a. 1994, 224f.).

Gegenüber der amtlichen Statistik, die die kurzfristigen Bezieher - unabhängig von der Substantialität gezahlter Sozialhilfe - mit berücksichtigt, ist in der Strukturuntersuchung die durchschnittliche die Verweildauer in der Sozialhilfe höher. Ein Groβteil der Hilfebezieher in der laufenden Hilfe zum Lebensunterhalt befindet sich über lange Zeit im Bezug (durchschnittlich 6 Jahre; vgl. unten Abschnitt 2.3).

Methodische Probleme der Strukturuntersuchung

Die Auswertung von Sozialhilfeakten konfrontiert die Forschung mit besonderen methodischen Problemen. Insbesondere sind die Entstehungsbedingungen von Aktendaten für den Forscher nicht kontrollierbar, und darin ist ein besonderes Problem zu sehen (vgl. Hübinger u.a. 1987, 70ff.; Müller 1980, 29; Müller/Müller 1984). In der Auswertung von Sozialhilfeakten hat es die Forschung mit *fremdproduzierten Daten* zu tun, die nicht für wissenschaftliche Zwecke, sondern im Zuge des Verwaltungsprozesses entstanden sind und spezifischen Entstehungsbedingungen unterliegen. Die Sozialhilfeverwaltung als Vollzugsverwaltung generiert diese Daten anläβlich der Abwicklung von Verwaltungsvorgängen, d.h. der Überprüfung der Berechtigung zum Sozialhilfebezug und der Berechnung der Sozialhilfeleistung. Dies bedeutet, daβ die Forschung mit einem Material arbeitet, das nach Kriterien erstellt wird, wie sie der Verwaltungsprozeβ auf dem Sozialamt hervorbringt, nicht dagegen mit einem Material, das nach Forschungskriterien bestimmt ist. Informations- und Erledigungsstrategien von Verwaltungssachbearbeitern und Informationsstrategien der Klienten sind einige der Faktoren, die die Qualität der Akte bestimmen.

Zunächst läβt sich sagen, daβ die Strukturuntersuchung nur einige selektive Informationen über die Wirklichkeit der Sozialhilfeempfänger hergeben kann (vgl. Müller/Müller 1984, 40). Dies liegt an der Begrenztheit dieser Forschungsmethode, dem partiellen Erkenntniswert prozeßproduzierter Daten. In der Explorationsphase des Projekts stellte die Verwendung der Aktenanalyse als methodisches Instrument ein Verfahren dar, um die Klärung einiger Forschungsfragen voranzutreiben; in der Hauptphase sollte sie für die untersuchte Region repräsentative Strukturdaten erbringen; dabei hat sie eine Ergänzungsfunktion innerhalb des Gesamtprojekts (vgl. Gerth 1975, 528) und muß durch weitere Methoden ergänzt werden, die Triangulation und Relativierung ermöglichen (vgl. Lukas 1978, 289).

Der *Aussagewert von aus Akten erhobenen Daten* der Sozialverwaltung (vgl. Hübinger u.a. 1987) stuft sich ab einerseits in die obligatorischen Angaben, die die Sozialverwaltung in jedem Fall zur Überprüfung der Sozialhilfeberechtigung und zur Berechnung des Sozialhilfebedarfs benötigt - es sind dies die elementaren demographischen Daten des Antragstellers bzw. seiner Bedarfsgemeinschaft, sowie seine Einkommensverhältnisse, einige Informationen über seine Wohnsituation, da bei Mietverhältnissen die Übernahme der Mietkosten - z.T. incl. der Heizungskosten - und beim Wohnen im eigenen Haus oder in Haus oder Wohnung von Verwandten die anteilsweise Übernahme der Hauskosten bzw. Hausnebenkosten zu überprüfen ist. Andere Angaben sind zwar für die Verwaltungsprüfung nicht erforderlich, aber dennoch vorhanden. Hier werden die Angaben abgefragt, jedoch auch die Möglichkeit einer "nicht bekannt"- Antwort gegeben. Ein drastisches Beispiel für diese Sachlage ist die berufliche Qualifikation des Antragstellers von Sozialhilfe. Angaben zur schulischen und beruflichen Ausbildung sind für die Verwaltungsroutine in der Regel nicht erforderlich, da sie - wenn das Sozialamt seine Funktion lediglich als Leistungsverwaltung versteht - außerhalb des Arbeitsfeldes der Sozialverwaltung liegen. Dies ist natürlich insofern problematisch, als über die Hälfte der Sozialhilfeempfänger in der Untersuchung im erwerbsfähigen Alter stehen und zumindest mittelfristig (z.B. bei Alleinererziehenden) Maßnahmen bzw. Anstöße zu ihrer beruflichen Reintegration gegeben werden sollten. Noch stärker gilt dies für die Gruppe der Arbeitslosen, bei denen die Kenntnis der beruflichen und schulischen Qualifikation Voraussetzung dafür ist, angemessene Maßnahmen oder Hilfen zur Integration oder Weiterqualifizierung zu ergreifen. In der Untersuchung wirkt sich dies so aus, daß es einen hohen Anteil an "nicht bekannt"-Nennungen im Bezug auf die berufliche Ausbildungssituation der Sozialhilfeempfänger gibt. Die "nicht bekannt"-Quote ist selbst bei den Gruppen, die im Erwerbsalter stehen, und für die die Sozialhilfe als transitorisch anzusehen wäre, recht hoch. Insgesamt sind die Angaben zur Qualifikation mithin nicht gleich valide, wie die zur Haushaltssituation, zur Einkommenssituation und zur Wohnsituation.

Ebenfalls in der Regel vorhanden sind in den Akten Angaben zur Herkunft (Geburtsort) der Hilfeempfänger bzw. dazu, ob sie innerhalb des Sozialhilfebezugs den Wohnort gewechselt haben. Die Mobilität kann mithin als Bereich gelten, in dem die Sozialhilfeakten relativ sichere Informationen enthalten. Während sich zunächst aufgrund des Pretests des Erhebungsinstrumentes der Eindruck ergab, daß die ländlichen Sozialhilfesachbearbeiter in der Regel gut informiert sind über die familialen Lebensumstände (insbesondere bei den Sozialhilfeempfängern, die bei Verwandten wohnen), hat sich dies in der Hauptuntersuchung als sehr unterschiedlich bei den einzelnen Verbandsgemeinden herausgestellt. Die Fragen nach der Hilfe/Unterstützung durch Verwandte sowie nach der Existenz weiterer Verwandter im Ort kann daher insgesamt als weniger valide angesehen werden. Hier ist der Kenntnisstand - über alle untersuchten Verbandsgemeinden der beiden Landkreise gesehen - sehr unterschiedlich.

Eine weitere Dimension ist die Heranziehung von Sozialhilfeempfängern zu gemeinnütziger Beschäftigung nach §19 BSHG. Zu diesem Punkt sind die Angaben sicher, da solche vorkommenden Fälle schon auf dem Laufblatt (Aktendeckel) dokumentiert sind, und normalerweise das geringe Arbeitsentgeld auch außerhalb der Sozialhilfeberechnung verbleibt. Insbesondere sollte bei dieser Frage überprüft werden, inwieweit - wie die Kreisverwaltungen beider Landkreise mündlich berichteten - neuerdings zunehmend auf tarifvertraglich abgesicherte Arbeitsverträge gemäß §19 übergegangen wird und die niedrig entlohnten gemeinnützigen Tätigkeiten (für 1 DM bis 1,50 DM Stundenlohn) zurückgedrängt würden. Dies war übrigens nicht der Fall.

Da die Inanspruchnahme von Beihilfen auf der Leistungskarte der Sozialhilfeakte verzeichnet ist, ist dieser Fragebereich (der Inanspruchnahme von einmaligen Beihilfen) ebenfalls recht sicher.

Die Angaben zur *Dauer der Arbeitslosigkeit* sind in vielen Fällen - zumindest des kürzeren Sozialhilfebezuges bis zu einigen Jahren - aus den Akten ersichtlich. Lediglich bei Fällen sehr langen Sozialhilfebezugs (mehr als fünf Jahre) sind die Angaben zur Arbeitslosigkeit unsicher.

Als eine weitere Frage wurden Angaben über sonstige Probleme der Hilfeempfänger erhoben, wobei diese Frage halboffen war: es wurde nach Alkohol, Schulden, psychischen Krankheiten, gesundheitliche Beeinträchtigung und sonstigen Bemerkungen zur persönlichen Situation des Hilfeempfängers gefragt. Inwieweit die - insgesamt recht seltenen - Angaben der Sozialverwaltung zutreffend sind, läßt sich hier nicht überprüfen. Eine Auswertung schien unter dem Gesichtspunkt sinnvoll, welche Zuschreibungen (z.B. von Alkohol oder psychischer Krankheit) die Sozialhilfeverwaltungen bei gewissen Problemkonstellationen gehäuft vergeben.

So ergab sich folgende **Struktur des Erhebungsinstruments:**

1. Demographische Angaben zur Bedarfsgemeinschaft und zur Haushalts situation
2. Wohnsituation
3. Hilfe und Betreuung durch Verwandte (im Haushalt, im Ort oder durch Nachbarn oder Sozialstationen) sowie die Frage, ob es Verwandte am Ort gibt.
4. Berufliche Ausbildung und Erwerbssituation vor dem Sozialhilfebezug
5. Einkommenssituation
6. Die Inanspruchnahme von Beihilfen
7. Mobilität
8. Dauer der Sozialhilfe und Unterbrechungen im Sozialhilfebezug
9. Gemeinnützige Maßnahmen nach §19 BSHG
10. Ursachenrubrizierung durch die Verbandsgemeinden
11. Sonstige Angaben
12. Die Nationalität der Hilfeempfänger
13. Wohnort: Gemeinde, Landkreis und Verbandsgemeindezuordnung

Einige Daten konnten jeweils nur für den Haushaltsvorstand aufgenommen werden, so der Familienstand, der Beruf bzw. die Art der letzten ausgeübten Tätigkeit, ebenfalls die Bereiche Beschäftigungssituation und Mobilität sowie die Dauer des Hilfebezuges. Dies war aufgrund der Aktenlage nicht anders möglich. Bei der Wohn- und Einkommenssituation, den Sozialleistungen und den Gründen für den Sozialhilfebezug war indes die Bedarfsgemeinschaft die Bezugsgröße.

Die Darstellung der Ergebnisse wird sich daher auf die validen Teile der Untersuchung, insbesondere der Struktur der Bedarfsgemeinschaften, ihrer Wohnsituation, ihrer Ursachenrubrizierung, ihrer Einkommenssituation, auf die Dauer des Sozialhilfebezuges, auf die Mobilität, auf Maßnahmen nach §19, auf die Beihilfeninanspruchnahme sowie auf die Erwerbssituation innerhalb der Sozialhilfe als die "harten" Bereiche der Auswertung konzentrieren.

Systematische Fehler der Sozialhilfestatistik

Wie schon erwähnt, enthielt die Ursachenzuordnung der Verbandsgemeinden zunächst zahlreiche problematisch bzw. fehlerhaft eingeordnete Fälle, in beiden untersuchten Landkreisen waren dies ca. 30% fehlerhaft zugeordnete Fälle. Es lassen sich vier systematische Fehler unterscheiden, die Statistik beeinflussen.

1. Nicht-Aktualisierung der Ursachengruppen (z. B. ein ehemals Arbeitsloser kommt ins Rentenalter und erhält Rente); 2. formales Verständnis der

Ursachenrubrizierung (z. B. kommen Alte ohne Rente zu den Sonstigen oder Arbeitslose ohne AFG-Leistungen dito); 3. unzeitgemäße Vorgaben der Statistik (z. B. ledige Alleinerziehende nicht rubrizierbar); 4. falsche Entscheidung zwischen Möglichkeiten wegen unklarer Vorgabe.

Zum Teil liegt dies an unterschiedlichen, subjektiven Zuordnungskriterien der Sachbearbeiter, zum Teil an unzeitgemäßen Vorgaben der Sozialhilfestatistik (vgl. dazu Wolff/Beck 1993). Für die EDV-Auswertung war eine Bereinigung unumgänglich, um einheitliche Ausgangsbedingungen herzustellen.

Die Verzerrungen konzentrierten sich am stärksten auf die Ursachengruppen der Alleinerziehenden, der Sonstigen und der Arbeitslosen. In der bisherigen Ursachenrubrizierung der Sozialhilfestatistik kommt der Terminus der Alleinerziehung als Hauptursache der Sozialhilfebedürftigkeit überhaupt nicht vor. Trennung/Scheidung (=Tod oder Ausfall des Ernährers) betrifft nur einen Teil der Fälle, da hier die größer werdende Gruppe der ledigen Alleinerziehenden nicht erfaßt werden kann. Diese Gruppe wird häufig zu den Sonstigen getan - mangels einer passenderen Rubrik -, und läßt sich dann aus der Ursachengliederung der Sozialhilfestatistik kaum noch herauslesen. Um diese Unstimmigkeit zu vermeiden, wurde von uns eine neue Rubrik "Alleinerziehende" gebildet, die diese Fälle und jene der herkömmlichen "Ausfall des Ernährers" und "Getrennt/Geschieden" zusammenfaßt.

"Unzureichend versichert und Versorgt" konnte im wesentlichen aus der amtlichen Ursachenzuschreibung übernommen werden; es sind Personen, die erwerbsunfähig bzw. im Rentenalter sind und deren Versorgungsleistungen nicht zureichen.

"Arbeitslose" sind überwiegend Leistungsbezieher nach AFG, jedoch auch Personen, die aus dem Leistungsbezug der Arbeitsverwaltung aus den unterschiedlichsten Gründen herausgefallen sind, bei denen jedoch das Fehlen der Erwerbstätigkeit der Hauptgrund des Sozialhilfebezugs ist.

Die Ursachengruppe der "Sonstigen" stellte sich als eine Verlegenheitsrubrik dar, in die wegen der Unklarheit der vorliegenden Ursachenrubrizierung alle Zweifelsfälle hineingeraten. Deswegen ist diese Rubrik in den letzten Jahren auch auf über ein Drittel aller Sozialhilfebezieher angewachsen, womit die Sozialhilfestatistik allmählich mehr und mehr aussagelos wird. In unserer Untersuchung haben wir die Rubrik der Sonstigen aufgegliedert und sind zu folgenden Untergruppen gekommen: Die Asylanten (in sich untergliedert nach anerkannten, geduldeten und Kontingentflüchtlingen) machen insgesamt nur 4,6% aller Fälle aus; Asylbewerber mit noch laufendem Verfahren sind -wie schon mehrfach erwähnt - in unserer Untersuchung nicht berücksichtigt, da es um die Lebenssituation deutscher Sozialhilfebezieher im ländlichen Raum geht. Größer ist der Anteil der Fälle, in denen *lediglich Kinder Sozialhilfe* erhalten.

Es sind 5,1%. Diese Gruppe, immerhin jeder zwanzigste Fall, erhält Sozialhilfe, weil der Unterhalt für die Kinder vom leiblichen Vater nicht gezahlt wird oder werden kann, ohne Berücksichtigung der Einkommenssituation des neuen elterlichen Haushalts. Häufig sind es Stieffamilien, in denen der neue Vater den Unterhalt der aus der alten Familie stammenden Kinder nicht übernommen hat. Von ihrer materiellen Situation her sind diese Haushalte nicht typisch für Sozialhilfebezieher; sie wurden deswegen bei einigen Berechnungen ausgeschlossen - dies wird dann kenntlich gemacht. Ebenfalls 5,1% machen die geistig Behinderten im Sozialhilfebezug aus. Eine weitere Gruppe sehen wir in älteren Frauen - hier Scheidungsopfer genannt -, die in der Regel keine berufliche Ausbildung und Tätigkeit haben und bei der gegenwärtigen Arbeitsmarktlage mit einem Alter über 50 chancenlos sind (3,6% aller Fälle). Die eigentlich Sonstigen (für uns nicht zuordenbare Fälle, am ehesten der amtlichen Ursachenrubrik der "Krankheit" zugehörig) machen nur 1,5% aus.

2. Charakteristika der ländlichen Sozialhilfepopulation

Die Struktur der Sozialhilfepopulation in unserem Untersuchungsgebiet (S. Abb. II/1) unterscheidet sich von der bundesweiten Gliederung durch den extrem hohen Anteil der unzureichend Versichert und Versorgten von 36,4% aller Haushalte (=Bedarfsgemeinschaften, Fälle; bundesweit 12%, vgl. Niedrig 1993). An zweiter Stelle folgen die Alleinerziehenden mit einem Wert von 21,5%. Bundesweit sind die Anteile wohl niedriger (die amtliche Statistik erfaßt Alleinerziehende in größeren Haushalten nicht; daher ist der Vergleich problematisch). Die Arbeitslosen folgen an dritter Stelle mit 20,6%, an vierter folgen mit 17,1% die Sonstigen. Unzureichendes Erwerbseinkommen hat in unserer Region einen Anteil von 4,4%; die Sonstigen differenzieren wir nach einer eigenen Einteilung in -Asylanten (Asylbewerber mit noch laufendem Verfahren waren in dieser Untersuchung nicht berücksichtigt, die Rubrik Asyl faßt mithin nur anerkannte oder geduldete Asylanten sowie Kontingentflüchtlinge zusammen), -Fälle, in denen nur Kinder Sozialhilfe erhalten, -Behinderte, die nicht in die Werkstatt für Behinderte (WfB) gehen, die eigentlich -Sonstigen (am nähesten der alten Ursachenrubrik der Krankheit) sowie -Scheidungsopfer (nachfamiliale Frauen im Alter über 50, ohne Chancen auf dem Arbeitsmarkt).

Als spezifisch ländliche Struktur stellt sich bei dieser ersten Betrachtungsebene zunächst der extrem hohe Anteil der alten Menschen im Sozialhilfebezug dar, der um mehr als das dreifache über den bundesweiten Werten liegt. Ebenfalls bemerkenswert ist der im ländlichen Raum recht hohe Anteil der geistig Behinderten, die noch in starkem Maße bei ihren Herkunftsfamilien leben - gleichgültig ob sie in die WfB gehen oder nicht - während sie in verdichteten Räumen wesentlich häufiger in Einrichtungen untergebracht sind und daher in der "Hilfe zum Lebensunterhalt außerhalb von Einrichtungen" nicht mehr auftauchen. Demgegenüber liegt der Anteil der neuen Problemlage Arbeitslosigkeit im Sozialhilfebezug deutlich unter den bundesweiten und leicht unter den landesweiten Werten (bundesweit 32%, Rheinland-Pfalz 24% 1990). Der Anteil der Alleinerziehenden (unvollständige Familien sowie Ledige mit Kindern) liegt - soweit die Angaben aus statistischen Gründen überhaupt vergleichbar sind - sowohl über den bundesweiten wie über den landesweiten Werten[1].

Abb. II/1

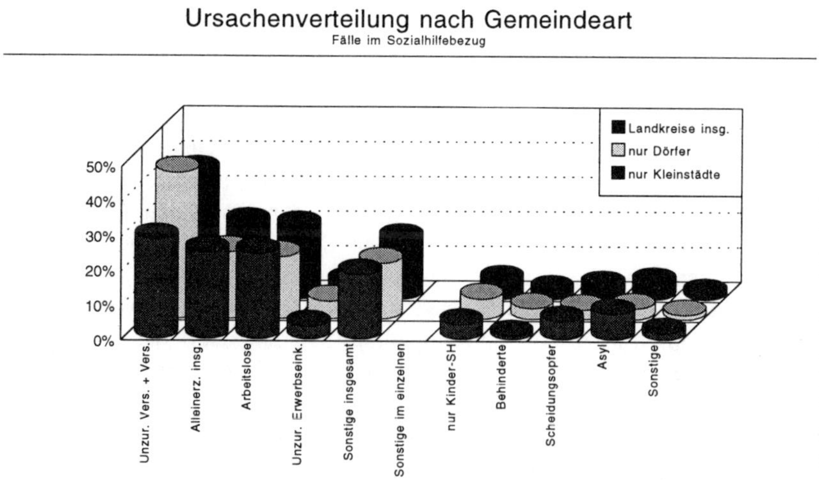

Landkreise insg.	36,4%	21,5%	20,6%	4,4%	17,1%		5,1%	2,3%	3,6%	4,6%	1,5%
nur Dörfer	42%	19,2%	17,8%	5,1%	16%		5,8%	3,1%	2,7%	3,1%	1,3%
nur Kleinstädte	28,6%	24,8%	24,5%	3,6%	18,5%		4,2%	1%	5,1%	7,3%	1,8%

n = 1598

1 Quellen: Stat. Bundesamt 1992b, S. 42 ff.; MASFG Rheinland/Pfalz 1993, S. 205 f.; Stat. Landesamt Rheinland/Pfalz o. J.; Stat. Landesamt Rheinland-Pfalz 1991: eigene Berechnungen mit Daten des Statistischen Landesamts Rheinland-Pfalz.

Kleinräumig - im Übergang von ländlichen Kleinstädten zu dörflichen Gemeinden - zeigen sich nicht nur Unterschiede in der Struktur der Sozialhilfepopulation, sondern auch in den Haushaltsstrukturen, den Wohnformen, der Größe der Bedarfsgemeinschaften, dem Wohnen bei Verwandten, bei der Hilfe und Betreuung durch Angehörige und der Mobilität. Während sich in den Dörfern noch nennenswerte traditionale Strukturen zeigen, sind diese in den Kleinstädten bereits wesentlich schwächer aufzufinden (und im Oberzentrum, wie die Fragebogenuntersuchung zeigt, dann fast gar nicht mehr). Innerhalb des ländlichen Raums bestehen mithin deutliche kleinregionale Differenzierungen[1]. Sie bedeuten, daß innerhalb des ländlichen Raums zwischen ländlichen Kleinstädten und dörflichen Gemeinden markante sozialstrukturelle Grenzlinien verlaufen, die unterschiedliche Problem- und Hilfestrukturen bezeichnen. Der Fokus der Betrachtung auf die kleinregionalen Unterschiede soll im folgenden bei den wichtigsten Untersuchungsdimensionen beibehalten werden.

Abbildung II/1 zeigt die Verteilung der Sozialhilfeempfänger differenziert nach den kleinstädtischen und den dörflichen Gemeinden. Zwei Drittel aller "unzureichend Versichert und Versorgten" lebt in dörflichen Gemeinden, während nur ein gutes Drittel in den ländlichen Kleinstädten zu finden ist. Bei den Alleinerziehenden ist die Verteilung zwischen Kleinstädten und Dörfern in etwa ausgeglichen, ebenso bei den Arbeitslosen. Die unzureichend Erwerbstätigen dagegen sind nur zu einem Drittel in den ländlichen Kleinstädten, dagegen zu zwei Dritteln in den dörflichen Gemeinden zu finden. Die Sonstigen wiederum verteilen sich etwa ausgeglichen.

Betrachtet man die Gemeindetypen je für sich, so ist die Gliederung nach Ursachengruppen signifikant unterschiedlich[2]. In den ländlichen Kleinstädten sind von allen dort im Sozialhilfebezug lebenden 28,6% unzureichend versichert und versorgt, 24,5% alleinerziehend, 24,5% arbeitslos, 3,6% mit unzureichendem Erwerbseinkommen und 18,5% Sonstige. In den dörflichen Gemeinden sind dagegen die alten Menschen (unzureichend Versichert und Versorgt) mit 42,0% die bei weitem stärkste Gruppe, Alleinerziehende kommen mit 19,2%, Arbeitslose mit 17,8% mit wesentlich geringeren Anteilen als in den Kleinstädten und auch bundesweit vor, während die Gruppe mit

1 Methodisch wurde die Auswertung der vorliegenden Untersuchung vorwiegend mit Kreuztabellen, Chi-Quadrat- und Cramers-V-Tests sowie einfachen Varianzanalysen durchgeführt, je nach dem unterschiedlichen Skalenniveau. So gut wie alle genannten Ausprägungen sind nach statistischen Tests (Chi-Quadrat bzw. Cramers-V) zwischen ländlichen Kleinstädten und dörflichen Gemeinden hochsignifikant unterschiedlich.

2 $p = 0.00000$.

unzureichendem Erwerbseinkommen einen höheren Anteil als in den Kleinstädten haben (5,1%). Die Sonstigen erreichen hier 16%. Verglichen mit dem Bundesdurchschnitt sind die neuen Problemlagen der Alleinerziehenden und Arbeitslosen in den dörflichen Gemeinden schwächer vertreten als in den Kleinstädten. Wir finden also innerhalb des ländlichen Raumes erhebliche strukturelle Unterschiede. Am deutlichsten wird das bei der Gruppe der alten Menschen, die bundesweit die kleinste Gruppe (geworden) ist (11,8%, 1990), in den dörflichen Gemeinden jedoch mit weitem Abstand dominiert.

Auch differenziert nach den regionalen Einheiten, den Verbandsgemeinden, zeigen sich erhebliche strukturelle Unterschiede[1]. Die Variationen in der Zusammensetzung der Sozialhilfepopulation sind bei den Gruppen der alten Menschen, der Arbeitlosen und der Alleinerziehenden erheblich. So hat z.B. die Gemeinde Kell - als ein Extrem - einen Anteil von 54% unzureichend Versichert und Versorgte. Demgegenüber steht die Verbandsgemeinde Wittlich-Stadt als anderes Extrem mit nur 27,9% Anteil dieser Gruppe, die innerhalb der Landkreise den niedrigsten Wert hat. Im Vergleich zu bundesweiten Zahlen sind die Werte für die untersuchte Region extrem hoch und liegen etwa beim über Dreifachen der Werte für die BRD (alt) 1990.

Die Anteile der Alleinerziehenden liegen näher beieinander, und streuen nur zwischen 15,1% (Morbach) und 26,7% (Manderscheid). Der Wert von 21,5% für die Landkreise erscheint höher als der bundesweite Wert, jedoch erlaubt die Statistik gerade bei den Alleinerziehenden keinen eindeutigen Vergleich.

Arbeitslosigkeit als Ursache für den Sozialhilfebezug variiert mit Anteilen zwischen 4,0% (VG Kell) und 39,4% (VG Traben-Trarbach). Der Durchschnitt von 20,6% für die gesamte Untersuchungsregion liegt erheblich niedriger als der Wert für die Bundesrepublik (alt) von 1990, der bei etwas über 32% lag.

Unzureichendes Erwerbseinkommen als Ursache des Sozialhilfebezuges liegt insgesamt bei 4,4% und streut zwischen 0.0% (VG Kell) und 9,9% (VG Saarburg).

Vergleich mit bundesweiten und landesweiten Entwicklungen.

Die erheblichen regionalen Disparitäten innerhalb des Bundesgebietes führen u. a. zu starken Unterschieden der Sozialhilfequoten und der strukturellen Gliederung der Empfänger (vgl. Krug/Rehm 1987). Rheinland-Pfalz liegt mit

1 Die Unterschiede nach Ursachenrubriken sind innerhalb der kleinstädtischen Sozialhilfeempfänger nicht, innerhalb der dörflichen Sozialhilfeempfänger dagegen hoch signifikant, d. h. die strukturellen Unterschiede innerhalb der Dörfer sind erheblich. Während jedoch zwischen kleinstädtischen und dörflichen Gemeinden typische Differenzierungen bestehen, sind die Unterschiede innerhalb der dörflichen Gemeinden statistisch regellos.

	BRD (alt)*	Rheinl.-Pfalz 1990**
Arbeitslosigkeit	32,1%	24,0%
Ausfall des Ernährers	10,4%	18,0% Alleinerz.*
Tod des Ernährers	0,7%	(in Ausfall des Ern. enthalten)
unzureichend vers. und versorgt	10,4%	16,0%
unzureichendes Erwerbseinkommen	5,8%	4,0%
unwirtschaftliches Verhalten	0,5%	1,0%
Krankheit	5,3%	7,0%
Sonstige	34,8%	29,0%

* Quelle: Niedrig 1992, S. 204
** Statistische Berichte Rheinl.-Pfalz

Tab. 1: Vergleich Teilgruppen der Sozialhilfe: BRD - Rheinland/Pfalz 1990

einer Quote von 2,85% HLU im unteren Bereich. Innerhalb des Landes sind die Quoten in den Landkreisen erheblich geringer angestiegen und auch 1990 auf niedrigerem Niveau als in den kreisfreien Städten. Für unser Untersuchungsgebiet beträgt die Sozialhilfequote nach den Gesamtjahreszahlen 23,25 Promille, für unsere Stichtagsuntersuchung 13,20 Promille.

In der Struktur der HLU-Empfänger zeigt sich in Rheinland-Pfalz eine abgeschwächte und verzögerte Angleichung an den Bundestrend (vgl. Tab. 1). Auch hier sind die Anteile der Arbeitslosen und Alleinerziehenden stark angestiegen, haben die Haushaltstypen der Familien mit Kindern und unvollständigen Familien, sowie die Einzelpersonen im Erwerbsalter weit überproportional zum Gesamtanstieg der Hilfeempfänger zugenommen. Der Anteil der unzureichend Versicherten und Versorgten liegt deutlich höher als bundesweit. Auch innerhalb des Landes Rheinland-Pfalz bestehen nach den räumlichen Strukturen deutliche Disparitäten im Sozialhilfebezug.

Die Struktur auf der Grundlage der Personen im Sozialhilfebezug

Anders sehen die Proportionen aus, wenn man nicht auf die Fälle, sondern auf die im Sozialhilfebezug stehenden Personen abstellt. Da insbesondere bei den Arbeitslosen und den Alleinerziehenden fast durchweg *Familien* bzw. Kinder mit betroffen sind, verschieben sich die Gewichtungen erheblich (siehe Abb.II/2).

Auf der Basis der betroffenen Personen sind nunmehr die Alleinerziehenden-Haushalte mit fast einem Drittel (30,8%) die stärkste Gruppe der Sozial-

Abb. II/2

Ursachenverteilung nach Gemeindeart
Personen im Sozialhilfebezug

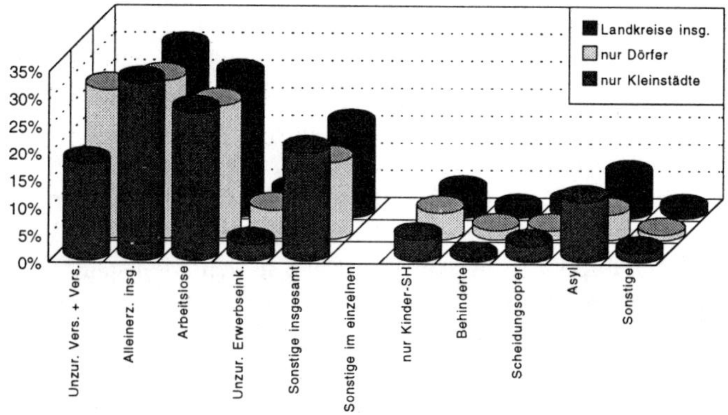

Landkreise insg.	23%	30,5%	25,6%	4,2%	16,6%		4,5%	1,2%	2,2%	7,5%	1,3%
nur Dörfer	27,2%	29%	24,4%	5,3%	14,1%		4,9%	1,7%	1,7%	4,7%	1%
nur Kleinstädte	17,7%	32,4%	27,1%	2,9%	19,9%		4%	0,5%	2,8%	11%	1,6%

n = 3060

hilfebezieher. An zweiter Stelle folgen die Arbeitslosen-Haushalte mit einem Viertel aller Personen im Hilfebezug (25,6%) und die zuvor dominierenden unzureichend Versicherten und Versorgten haben nunmehr nur noch einen Anteil von zwischen einem Fünftel und einem Viertel (23,0%). Die Betrachtungsweise aufgrund der betroffenen Personen halten wir für angemessener als die Betrachtungsweise nach den Fällen, da hier deutlicher wird, daß in vielen Fällen des Sozialhilfebezugs vollständige und unvollständige *Familien* betroffen sind. Auch wird deutlich, daß - im Gegensatz zur Betrachtung auf der Basis der Bedarfsgemeinschaften - die große Mehrzahl der Betroffenen zu einem Haushaltsvorstand im Erwerbsalter gehört.

Im *kleinräumigen Vergleich* auf der Basis der Personen (vgl. Abb. II/2) relativieren sich die meisten der zuvor auf der Basis der Fälle deutlichen Unterschiede zwischen kleinstädtischen und dörflichen Gemeinden. Hier wie dort sind Alleinerziehende Familien mit stärkeren Anteilen in den ländlichen Kleinstädten vertreten, auch Arbeitslose haben in den Kleinstädten einen höheren Anteil, doch haben sich die Differenzen der Anteile stark nivelliert. Die sehr unterschiedlichen Quoten der alten Menschen (unzureichend versichert und versorgt) sind dagegen hier geblieben: in den Dörfern stellen sie mit über einem Viertel aller Personen (27,2%) die zweitstärkste Personengruppe im Hilfebezug nach dem Alleinerziehenden, in den ländlichen Kleinstädten gehört nur knapp jede sechste Person im Hilfebezug zu dieser Gruppe (17,7%). Der Anteil der Sonstigen ist in den ländlichen Kleinstädten mit fast einem Fünftel aller Hilfebezieher (19,9%) wesentlich höher als in den dörflichen Gemeinden, wo er nur 14,1% erreicht. Dies liegt einmal daran, daβ die Asylanten, die häufig Familien haben und also mit dem Gewicht der Personenzahl stärker zählen, häufiger in ländlichen Kleinstädten leben. Die Behinderten, die nicht in die WfB gehen und bei Verwandten leben, sind zwar überwiegend (zu 80,6%) in dörflichen Gemeinden anzutreffen, jedoch ist hier in der Regel die Personenzahl mit der Zahl der Fälle identisch, so daβ diese Gruppe prozentual weniger ins Gewicht fällt. Doch hat diese Gruppe auch nach der Personenzahl einen mehr als dreimal so hohen Anteil wie in den Kleinstädten.

Insgesamt zeigt der kleinregionale Vergleich, daβ die stärksten strukturellen Unterschiede zwischen den Gemeindetypen bei der Gruppe der unzureichend Versichert und Versorgten und bei den geistig Behinderten zu finden sind, die in den dörflichen Gemeinden unseres ländlichen Untersuchungsgebietes einen viel stärkeren Anteil haben.

2.1. Demographische Merkmale

2.1.1 Alter

Tabelle 1a zeigt die Altersgliederung der Haushaltsvorstände. Auf dieser Basis ergibt sich zunächst ein starkes Gewicht der jüngeren Altersgruppen bis 44 Jahre, die insgesamt fast 50% der Haushaltsvorstände ausmachen. Auf der anderen Seite ist der Anteil der Betagten (75 und mehr Jahre alt) mit fast einem Fünftel (18,6%) erheblich.

Insgesamt sind 65,4% aller Haushaltsvorstände im Sozialhilfebezug im erwerbsfähigen Alter von 18 bis 60 Jahren.

Gewichtet man mit der Personenzahl der Bedarfsgemeinschaften, nimmt also als Basis alle Personen im Sozialhilfebezug, so ergibt sich eine noch deutlichere Proportion zugunsten des Erwerbsalters. Dann sind mehr als 60% aller in der Sozialhilfe befindlichen Personen unter einem Haushaltsvorstand bis zu einem Alter von 44 Jahren. Setzt man die Erwerbsaltersgrenze bei 60 Jahren an, so sind 80,8% aller Personen im Sozialhilfebezug in den untersuchten beiden Landkreisen unter einem Haushaltsvorstand im erwerbsfähigen Alter. Mithin läßt sich sagen, daß für vier Fünftel aller Personen im Sozialhilfebezug in unseren ländlichen Landkreisen grundsätzlich ein Verlassen der Sozialhilfe anzustreben und möglich ist.

Tabelle 1a: Altersgliederung der Haushaltsvorstände nach Gemeindetyp

Alters-gruppen	Fälle	%	nur Er-wachsene	Klein-stadt	Dorf
nur Kinder in SH	82	5,1	-	4,2%	5,8%
bis 24 Jahre	107	6,7	7,1%	6,9%	6,6%
25 - 34 Jahre	321	20,1	21,2%	22,2%	18,2%
35 - 44 Jahre	243	15,2	16,0%	18,4%	12,9%
45 - 54 Jahre	184	11,5	12,1%	15,2%	8,8%
55 - 59 Jahre	112	7,0	9,0%	6,0%	7,8%
60 - 64 Jahre	96	6,0	4,7%	6,3%	5,8%
65 - 74 Jahre	171	10,7	11,3%	9,4%	11,6%
75 und äl-ter	282	17,6	18,6%	10,9%	22,5%
	n = 1598	100,0	n = 1516	100,0%	100,0%
				n = 1598	

Quelle: eigene Berechnungen. Strukturuntersuchung 1990.

Der Anteil der Betagten verringert sich bei dieser Betrachtungsweise auf 9,8% aller Personen im Sozialhilfebezug. Er liegt damit deutlich über dem Anteil der Betagten in unserer untersuchten Region (6,6%) sowie in Rheinland-Pfalz (7,1%). Diese Personengruppe ist in der Sozialhilfe (HLU) überrepräsentiert Im Vergleich zur Altersgliederung des Bundeslandes und des Untersuchungsgebietes (vgl. Abbildung II/3) wird erkennbar, daß Kinder unter 14 Jahre mit dem mehr als doppelten Anteil im HLU-Bezug vertreten sind als ihrem Anteil an der Bevölkerung des Untersuchungsgebietes entspricht. Die Darstellung zeigt, daß auch in Bezug auf die Altersstruktur die HLU-empfänger keinen repräsentativen Querschnitt der Bevölkerung ausmachen. Die Jugendlichen (15-24 Jahre) sind leicht unterdurchschnittlich, die 25-44-jährigen ebenfalls leicht unterdurchschnittlich, die 45-59jährigen stark unterdurchschnittlich und die über 65-jährigen leicht überdurchschnittlich vertreten. Die geringe Differenz der Altersgruppierung läßt den hohen Anteil der über 75-jährigen an den über 60-jährigen nicht deutlich werden (vgl. dazu: Abbildung II/4 und II/5). Im Vergleich zur bundesweiten Altersstruktur der HLU-Empfänger außerhalb von Einrichtungen zeigt sich eine weitgehende Übereinstimmung, lediglich die

Abb. II/3

Vergleich der Altersgruppierung

der Bevölkerung von Rheinland-Pfalz, im Untersuchungsgebiet und der HLU-Empfänger

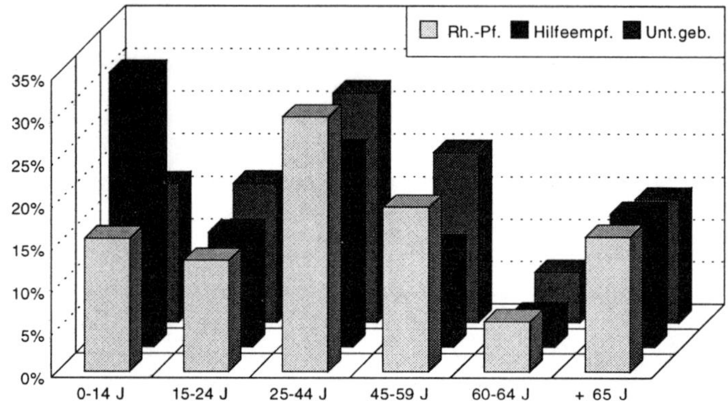

Unt.geb.	16,3%	16,4%	27%	20%	5,9%	14,5%
Hilfeempf.	32,3%	13,5%	23%	11,8%	3,8%	15,7%
Rh.-Pf.	15,7%	13,1%	30%	19,4%	5,9%	15,9%

Anteile der über 60-jährigen (bedingt vor allem durch die hohe Quote der Betagten in unserer Untersuchungsregion) liegen in den beiden Landkreisen deutlich höher. Auch in unserer ländlichen Region hat sich mithin - lediglich gebrochen durch den stärkeren Anteil älterer Hilfebezieher - der bundesweite Trend einer sehr starken Strukturverschiebung der Sozialhilfepopulation zur Altersgruppe der bis 45-jährigen (noch deutlicher bei den Haushaltsvorständen, vgl. Tab. 1a) und zur "Infantilisierung" der Armut (vgl. Hauser 1990) - zu einer überproportionalen Betroffenheit von Kindern - durchgesetzt. Dies gilt abgeschwächt auch für den dörflichen Teilraum (vgl. Tabelle 1a).

Im Vergleich zur landesweiten Altersstruktur der Sozialhilfeempfänger zeigt sich ebenfalls eine weitgehende strukturelle Übereinstimmung. In ländlichen Bundesländern mit einem hohen Anteil von Landkreisen dürfte die Quote der HLU-Bezieher im Rentenalter durchweg über dem Bundesdurchschnitt liegen und muß generell von einem überproportional hohen Anteil von Frauen im Rentenalter ausgegangen werden. Drei Erklärungsansätze können für das besondere Phänomen ländlicher weiblicher Altersarmut angeführt werden (vgl. auch unten im Abschnitt 2.6.3 den Teil "Mithelfende"):

Tabelle 2: Altersgruppierung im Vergleich

	Bevölkerung BRD (alt) 31.12.-1990*	Bevölkerung Rheinl.-Pfalz 31.12.-1990*	Bevölkerung Unter-such.-gebiet VZ 1987	HLU-Empfänger Unter-such.-gebiet
0 - 14 Jahre	15,4%	15,7%	16,3%	32,3%
15 - 24 Jahre	13,6%	13,1%	16,4%	13,5%
25 - 44 Jahre	30,2%	30,0%	27,0%	23,0%
45 - 59 Jahre	20,0%	19,4%	20,0%	11,8%
60 - 64 Jahre	5,5%	5,9%	5,9%	3,8%
65 und älter	15,3%	15,0%	14,5%	15,7%

* Quellen: Statistisches Jahrbuch der BRD für 1993,
Statistisches Jahrbuch für Rheinland-Pfalz, 1990
fortgeschriebene Volkszählung 1990 (1987)
eigene Berechnungen.

-erstens wurden gerade die Betagten, die noch zu Zeiten traditionaler Wirtschaftsform im ländlichen Raum arbeiteten, von den Rentenverbesserungen nicht erfaßt;
-zweitens die durch die Kindererziehung und/oder Pflege von Angehörigen gebrochene Erwerbsbiographie von Frauen;
-drittens sind infolge niedrigerer Löhne bzw. Erwerbseinkommen die durchschnittlichen Renten im ländlichen Raum niedriger und daher insbesondere für Frauen - auch Witwen - öfter unzureichend.

Die *Betroffenheitsquote von Sozialhilfebezug/HLU* (vgl. Tab. 3) liegt nach der Stichtagserhebung für das gesamte Untersuchungsgebiet bei 1,32%; die statistische Quote nach der Jahresgesamtzahl (HLU) 21,4 im Untersuchungsgebiet 1990 (Rheinland-Pfalz 28,5 Promille). Doch kann die sehr unterschiedliche Betroffenheit einzelner Altersgruppen an diesem Indikator sehr deutlich abgelesen werden: Kinder unter 14 Jahre sind doppelt so häufig wie alle Sozialhilfe-Empfänger betroffen; die Altersgruppen von 25-44 Jahre sind leicht unterdurchschnittlich, die 45-54-jährigen stark unterdurchschnittlich (halber Durchschnittswert!), die über 60-jährigen insgesamt leicht überdurchschnittlich betroffen. Bei genauerer Differenzierung sind die 60-64-jährigen stark unterdurchschnittlich, die 65-74-jährigen leicht unterdurchschnittlich und die über

75-jährigen stark überdurchschnittlich (ca. 50% über Durchschnittswert!) betroffen. Kinder und Betagte sind in der ländlichen Sozialhilfe-Population mithin überproportional im Bezug von HLU vertreten.

Tabelle 3: Sozialhilfequoten nach Altersgruppen

	Personen	Prozent		Quote*
0 bis 7 Jahre	490	16,01		
8 bis 14 Jahre	498	16,27	0-14:	2,62%
15 bis 18 Jahre	210	6,86		
19 bis 24 Jahre	203	6,63	15-24:	1,09%
25 bis 34 Jahre	398	13,01		1,13%
35 bis 44 Jahre	305	9,97		1,12%
45 bis 54 Jahre	222	7,25		0,69%
55 bis 60 Jahre	169	5,52		1,18%
61 bis 64 Jahre	86	2,81		0,63%
65 bis 74 Jahre	190	6,21		1,03%
75 und älter	289	9,44		1,90%
	----	------		-------
	3060	100,00		1,32%

*Anteil der HLU-Empfänger an der Wohnbevölkerung dieser Altersgruppe im Untersuchungsgebiet
Quelle: Statistisches Landesamt Rheinland-Pfalz, eigene Berechnungen

Die Übersicht (Tab. 3; vgl. auch Abb.II/7) zeigt, daß 39,15% aller Personen im Sozialhilfebezug in den untersuchten beiden Landkreisen minderjährige Kinder im Alter bis zu 18 Jahren sind. Vier Zehntel aller Menschen im Sozialhilfebezug sind Kinder. 16% aller Sozialhilfeempfänger sind Kinder unter 7 Jahren. Weitere 16,3% aller Sozialhilfeempfänger sind Kinder im Schulalter: zwischen 8 und 14 Jahren.

Nimmt man noch die Jugendlichen (Alter bis zu 25 Jahren) hinzu, so ergeben sich über 45% aller Sozialhilfeempfänger: Fast die Hälfte aller Sozialhilfeempfänger sind Kinder oder Jugendliche.

Der Anteil der Personen im Rentenalter erscheint nun weit weniger dramatisch als auf der Basis der Fälle. 18,46% aller Sozialhilfeempfänger im Untersuchungsgebiet sind über 60 Jahre alt.

Im Verhältnis zur BRD und zu Rheinland-Pfalz liegt die *Altenquote* unseres Untersuchungsgebietes zunächst leicht niedriger (s. Abb.II/5). Innerhalb der HLU-Population jedoch erreicht die Altenquote fast den anderthalbfachen Wert des Untersuchungsgebietes, wobei dies ausschließlich auf die mehr als doppelt so hohe Quote in dörflichen Gemeinden zurückzuführen ist, während die ländlichen Kleinstädte durchschnittliche Werte aufweisen (vgl. Abb. II/5 und II/4).

Die *Betagtenquote* (Anteil der über 75jährigen an den über 60-jährigen) ist 60,3%, also dramatisch im Vergleich zu Landes- und Bundeszahlen. Abbildung II/4 zeigt, daß demographisch sich die Betagtenquote im Untersuchungsgebiet nur geringfügig von den bundes- und landesweiten Werten unterscheidet.

Innerhalb der HLU-Empfänger ist dagegen der Anteil der über 75-jährigen an den über 60-jährigen erheblich höher und sehr deutlich ist auch der kleinräumliche Unterschied zwischen Kleinstädten und Dörfern.

Abb. II/4

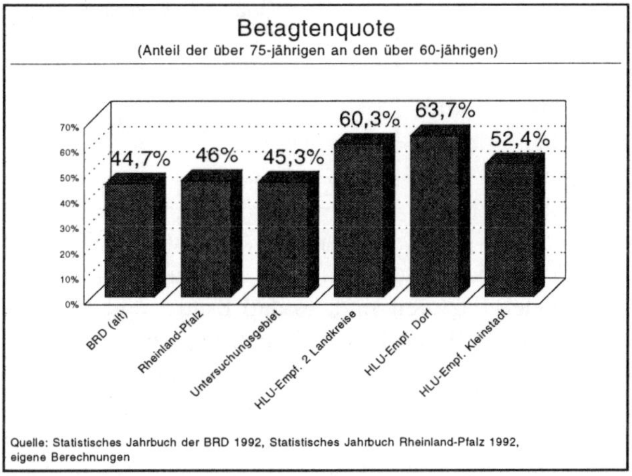

Trotz des für das Untersuchungsgebiet hohen Anteils alter Menschen im Sozialhilfebezug kann von einem besonderem ländlichen Armutsrisiko im Alter nur in Bezug auf die *dörfliche* Sozialhilfepopulation gesprochen werden (Abb. II/5 und II/7). Der Vergleich mit der allgemeinen Altersstruktur des Untersuchungsgebiets zeigt, daβ die alten Menschen in den ländlichen Kleinstädten nicht, in den dörflichen Gemeinden jedoch stark überproportional im Sozialhilfebezug vertreten sind, während ihr Anteil im Untersuchungsgebiet nur wenig von Landes- und Bundesanteil abweicht (Abb. II/4 und II/5), allerdings ist der Anteil der Betagten im Hilfebezug (die Teilgruppe der über 75-jährigen) überdurchschnittlich (Quote 18,97; vgl. auch Tab. 3). Eine überproportionale Betroffenheit von Sozialhilfebezug zeigt sich ebensfalls deutlich bei den Kindern,mit einem Schwerpunkt bei Kindern im Vorschul- und Grundschulalter (0-14 Jahre): sie sind mit dem doppelten Quotenwert der gesamten Population betroffen (Quote der Kinder 26,22 Promille). Die "jüngeren" Altersgruppen bis 45 Jahre sind im Vergleich zur gesamten Sozialhilfequote (vgl. Abb. II/6, II/7, Tab. 3) dagegen leicht unterdurchschnittlich vertreten (Gesamtquote 13,2 Promille).Die nähere Analyse der Struktur der Sozialhilfebezieher kommt also zu Ergebnissen, die konträr zu dem ersten Eindruck liegen, aufgrunddessen die alten Menschen im Sozialhilfebezug die dominierende und schwerpunktmäßig von Sozialhilfebezug betroffene Gruppe seien. Demgegenüber zeigt sich bei tieferer Analyse, daß auch im ländlichen Raum die modernen Problemlagen der Arbeitslosigkeit und der Alleinerziehung - ähnlich dem bundesweiten Trend- die strukturell die Sozialhilfepopulation bestimmenden Faktoren sind, so daß Kinder und Jugendliche die am stärksten von Sozialhilfebezug betroffenen Altersgruppen sind.

Abb. II/5

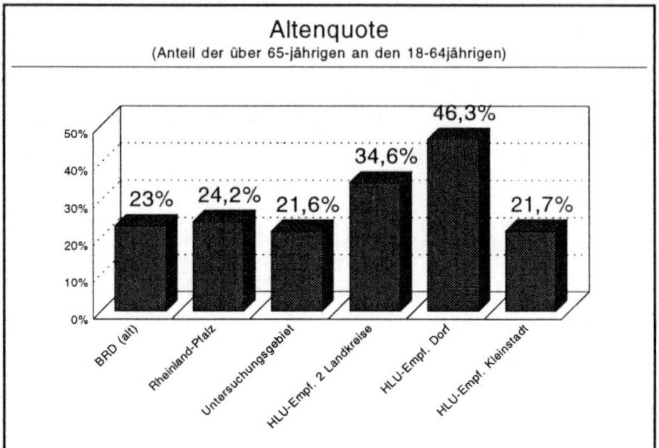

Quelle: Statistisches Jahrbuch der BRD 1992, Statistisches Jahrbuch Rheinland-Pfalz 1992, eigene Berechnungen

Im *kleinregionalen Vergleich* der Gemeindetypen Kleinstadt und Dorf auf der Basis der Fälle (Bedarfsgemeinschaften) (s. Abb. II/6) zeigt sich eine deutlich unterschiedliche Struktur vor allem bei den jüngeren Altersgruppen (bis 54 Jahre) sowie bei den älteren Altersgruppen über 65 Jahre[1]. Vor allem bei den jüngeren Altersgruppen der 25-34jährigen und der 35-44jährigen sowie der 45-54jährigen sind erhebliche strukturelle Unterschiede zwischen den Gemeindetypen erkennbar, und zwar sind jeweils in den ländlichen Kleinstädten die jüngeren Altersgruppen in höheren Anteilen vertreten. Dem entspricht der höhere Anteil sowohl von Arbeitslosen wie von Alleinerziehenden in den regionalen Teilräumen. Ab der Altersgruppe von 65 Jahren und insbesondere bei den Betagten wird deutlich, daß hier die Quoten dieser Altersgruppen an allen Sozialhilfeempfängern des jeweiligen Gemeindetypes stark unterschiedlich sind. Der Anteil der Betagten ist in den dörflichen Gemeinden mehr als doppelt so hoch wie in den kleinstädtischen.

Abbildung II/7 zeigt die Altersverteilung auf der Basis der Personen. Sie relativiert die vorangehende Graphik auf der Basis der Fälle leicht, bestätigt jedoch den Trend. Bei den jüngeren Altersgruppen bis zu 44 Jahren sind die

1 Die Unterschiede sind signifikant.

Abb. II/6

Alter des Haushaltsvorstandes

Fälle nach Gemeindeart

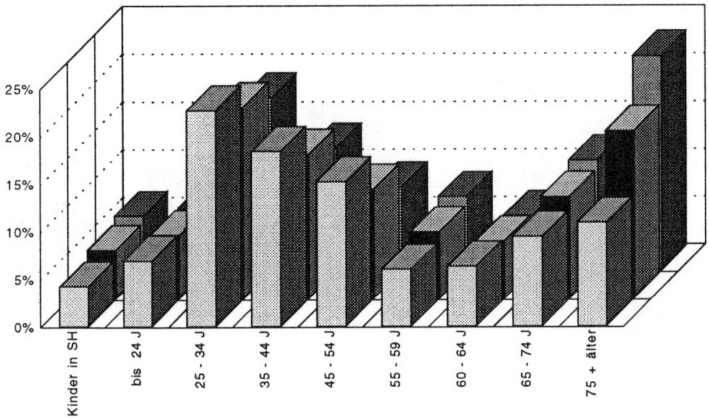

	Kinder in SH	bis 24 J	25 - 34 J	35 - 44 J	45 - 54 J	55 - 59 J	60 - 64 J	65 - 74 J	75 + älter
Dorf	5,8%	6,6%	18,2%	12,9%	8,8%	7,8%	5,8%	11,6%	22,5%
Insgesamt	5,1%	6,7%	20,1%	15,2%	11,5%	7%	6%	10,7%	17,6%
ländl. Kleinstadt	4,2%	6,9%	22,7%	18,4%	15,2%	6%	6,3%	9,4%	10,9%

n = 1598

jeweiligen Anteile in den ländlichen Kleinstädten leicht höher als in den dörflichen Gemeinden; bei den 45-54-Jährigen deutlich höher. Bei den folgenden Altersgruppen von 55-65 Jahren liegen die Quoten nahe beieinander. Jedoch beginnt bei der Altersgruppe von 65-74 ein deutlicher Anstieg innerhalb der dörflichen Gemeinden beim Anteil dieser Altersgruppen. Vor allem bei den Betagten ist in den dörflichen Gemeinden ihr Anteil an allen Sozialhilfeempfängern mehr als doppelt so hoch wie in den ländlichen Kleinstädten.

Der Vergleich nach Personen zeigt also strukturelle Unterschiede in der Altersgliederung nach Gemeindetypen, die vor allem im stärkeren Gewicht der Altersgruppen der 35-54jährigen in den ländlichen Kleinstädten sowie im stärkeren Gewicht der über 65jährigen in den dörflichen Gemeinden, noch verstärkt bei den Betagten deutlich werden.

Alter und Haushaltsform

Mit Alter und Familienzyklus verändern sich die Haushaltsformen. Die Einzelpersonen haben einen mit dem Alter kontinuierlich steigenden Anteil, der bis zu über 80% bei den Betagten erreicht (s. Abb. II/8). Die Anteile der Ein-

Abb. II/7

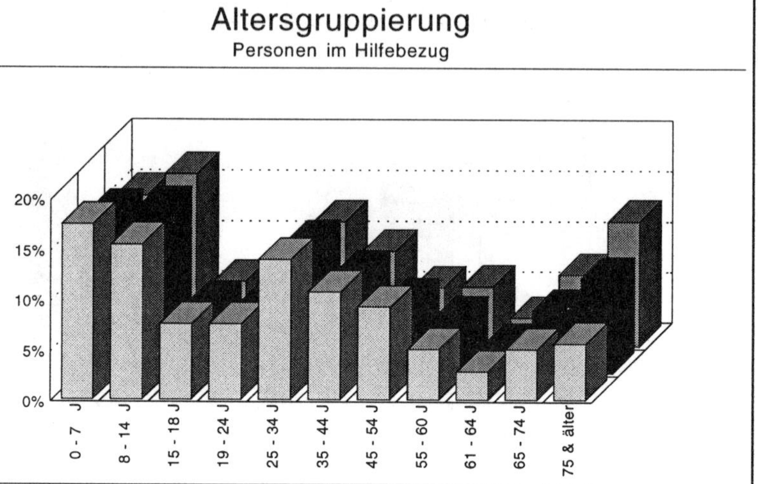

	0 - 7 J	8 - 14 J	15 - 18 J	19 - 24 J	25 - 34 J	35 - 44 J	45 - 54 J	55 - 60 J	61 - 64 J	65 - 74 J	75 & älter
Dorf	14,9%	17%	6,4%	6%	12,3%	9,4%	5,8%	5,9%	2,8%	7,1%	12,4%
Insgesamt	16%	16,3%	6,9%	6,6%	13%	10%	7,3%	5,5%	2,8%	6,2%	9,4%
Kleinstadt	17,4%	15,4%	7,5%	7,5%	13,9%	10,7%	9,2%	5%	2,8%	5%	5,6%

n = 3060

Personen-Haushalte sind bei den unteren Altersgruppen gering; von den bis 24-jährigen Empfängern wohnen fast ein Viertel (24,3%) als Einzelempfänger in größeren Haushalten. Der Anteil der Ein-Personen-Haushalte steigt erst ab der Altersgruppe ab 45 Jahre nennenswert an (auf 29,3%) und nimmt bei den höheren Altersgruppen weiter zu; auch der Anteil der Einzelpersonen steigt ab den 45-jährigen kontinuierlich an. Die älteste Gruppe besteht zu fast gleichen Teilen aus Ein-Personen-Haushalten und Einzelpersonen in größeren Haushalten. Bei den jüngeren Altersgruppen haben die Alleinerziehenden bis zum Alter von 44 Jahren einen weit dominierenden Anteil. Er wird erst in der Altersgruppe der 45 bis 54jährigen von dem der Einzelpersonen im Hilfebezug übertroffen. Die vollständigen Kernfamilien (Ehe- oder Partnerpaare mit Kindern) haben in den mittleren Altersgruppen der 25 bis 44jährigen einen erheblichen Anteil (wenn auch kleiner als der der Alleinerziehenden). Der Anteil der Geschwisterhaushalte nimmt ab den Altersgruppen 55-60 stark zu und erreicht sein Maximum bei den Betagten.

Abb. II/8

Altersgruppen nach Haushaltsformen

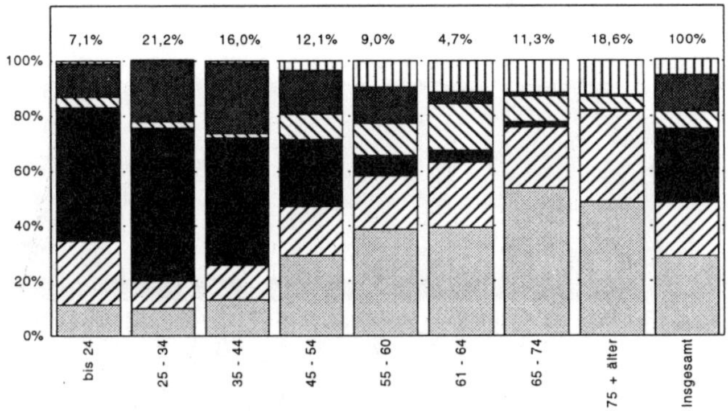

	bis 24	25 - 34	35 - 44	45 - 54	55 - 60	61 - 64	65 - 74	75 + älter	Insgesamt
Geschwister-HH	0,9%	0%	0,8%	3,3%	9,5%	11,3%	11,7%	12,4%	5,6%
(Ehe-)Paare m.K.	12,1%	22,1%	25,5%	15,8%	13,1%	4,2%	1,2%	0,7%	13,3%
(Ehe-)Paare o.K.	3,7%	2,2%	1,6%	9,2%	11,7%	16,9%	9,4%	5%	6,3%
Alleinerziehende	48,6%	55,8%	46,5%	24,4%	7,3%	4,2%	1,8%	0,4%	26,8%
Einzelpers. in HH	23,4%	10%	12,4%	17,9%	19,7%	23,9%	22,2%	33%	19,5%
1 Personen-HH	11,2%	10%	13,2%	29,3%	38,7%	39,4%	53,8%	48,6%	29%

n=1516

Exkurs zur Problematik der Betagten

Ein Spezifikum des ländlichen Raumes stellt der hohe Anteil Betagter (über 75-Jähriger) innerhalb der Sozialhilfe dar, die in den dörflichen Gemeinden z.T. sehr starke Anteile der gesamten Sozialhilfepopulation ausmachen. Dieses Phänomen dürfte damit zusammenhängen, daß die alten Menschen im hohen Alter im ländlichen Raum noch im höherem Maße entweder bei Verwandten wohnen, oder/und von Verwandten betreut werden (Hilfe oder Pflege erhalten), so daß hier in höherem Maße als in kleinstädtischen Gemeinden eine Einweisung ins Alters- bzw. Pflegeheim vermieden bzw. hinausgeschoben werden kann. Die folgende Darstellung soll die besonderen Strukturprobleme der Betagten im ländlichen Raum in den beiden untersuchten Landkreisen näher beleuchten.

Es wird sich zeigen, daß die Hochbetagten insbesondere im ländlichen Raum im hohem Maße bei Verwandten wohnen, in hohem Maße Hilfe der Pflege von Verwandten erhalten, und in sehr geringem Maße Beihilfen beanspruchen.

Abbildung II/9 gibt die Anteile der Betagten in den untersuchten 16 Verbandsgemeinden wieder. Deutlich ist die starke Streuung der Anteile Betagter, die zwischen 12,0% (VG Ruwer) und 32,0% (VG Kell) liegen. Über 75-

Abb. II/9 Betagtenanteile in Verbandsgemeinden

Anteil der Betagten (über 75 Jahre) an den Sozialhilfeempfängern (HLU)
in den Verbandsgemeinden beider Landkreise Trier-Saarburg und Bernkastel-Wittlich.

ländl. Kleinstadt | Gesamte VG | Dorf

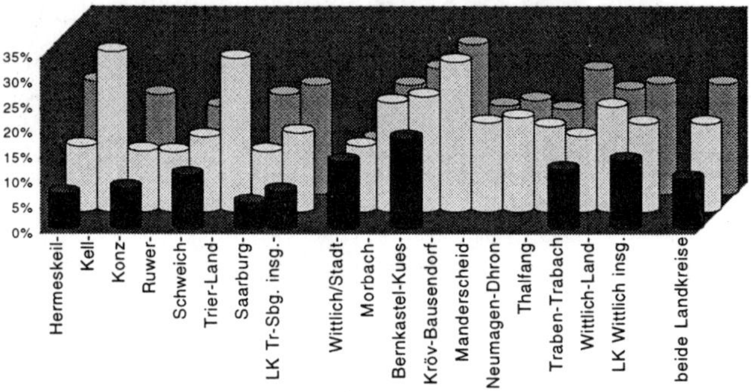

	Hermeskeil	Kell	Konz	Ruwer	Schweich	Trier-Land	Saarburg	LK Tr-Sbg. insg.		Wittlich/Stadt	Morbach	Bernkastel-Kues	Kröv-Bausendorf	Manderscheid	Neumagen-Dhron	Thalfang	Traben-Trabach	Wittlich-Land	LK Wittlich insg.		beide Landkreise
Dorf	22,6		20%		17,6		20%	21,9		11,1	21,9	25,2	30%	17,8	18,9	17,1	25%	21,1	22,2		22,1
Gesamte VG	13,1	32%	12,2	12%	15%	30,7	12,1	15,8		13,2	21,9	23,1	30%	17,8	18,9	17,1	15,2	21,1	17,6		17,6
ländl. Kleinstadt	7,1%		8,2%		10,9		5,3%	7,6%		13,6		18,2					12%		13,8		10,1

* Quelle: Strukturuntersuchung 1990, eigene Berechnungen *

jährige Hilfebezieher machen also in den Verbandsgemeinden jeden achten bis fast jeden dritten Sozialhilfefall (HLU) aus. Die Schichtung spiegelt die unterschiedliche Charakteristik der Verbandsgemeinden von dörflichen bis zu Umlandgemeinden nahe dem Oberzentrum.

In der kleinräumigen Betrachtung (s. Abb. II/6) zeigt sich, daß die Anteile der Betagten in ländlichen Kleinstädten in aller Regel sehr gering sind, während die Betagten in den dörflichen Gemeinden durchweg recht hohe Anteile erreichen. Im Durchschnitt über beide untersuchte Landkreise erreichen die über 75-jährigen - jetzt nur die ländlichen Kleinstädte und ihre Population im Sozialhilfebezug betrachtet - einen Anteil von 10,9% (bezogen auf die Gesamtheit der in den ländlichen Kleinstädten wohnenden Sozialhilfeempfänger). Demgegenüber erreichen die Betagten in den dörflichen Gemeinden - bezogen auf die Gesamtheit aller in dörflichen Gemeinden wohnenden Sozialhilfeempfänger - einen Anteil von 22,5%, also mehr als das Doppelte.

Unsere Untersuchung hat nur die HLU-Bezieher innerhalb der Verbandsgemeinden erfaßt. Die HbL und insbesondere die Hilfe zur Pflege wurde nicht untersucht. Es ist zu vermuten, daß in den ländlichen Kleinstädten der Anteil der Hochbetagten deswegen geringer ist, weil diese Personen nicht mehr in der HLU, sondern in der HbL sind. Die vorgestellten Daten lassen sich daher so interpretieren, daß insgesamt vor allem in den ländlichen Verbandsgemeinden wegen des hohen Anteils von Betagten ein erhebliches kommunalpolitisches Problempotential besteht: es muß mit einer abnehmenden Neigung gerechnet werden, alten Personen im gleichen oder im eigenen Haushalt zu helfen, zu pflegen, zu betreuen. Dies könnte mittelfristig dazu führen, daß sich für die Landkreise eine erhebliche Verschiebung dieser Personengruppe von der HLU in die HBL ergibt, die mit einer erheblichen Kostenausweitung verbunden sein dürfte. Es sei hier darauf hingewiesen, daß in aller Regel ältere Personen nur als einzelne Sozialhilfe erhalten, und daß diese "Fälle" in sehr vielen Fällen mietfrei oder mit Wohnrecht wohnen, so daß über den Regelsatz hinaus keine weiteren Kosten entstehen. Demgegenüber liegen die Kosten für eine stationäre Unterbringung etwa beim Zehnfachen.

Die über 75-Jährigen wohnen in signifikant höherem Maße bei Verwandten als die übrigen Sozialhilfeempfänger. 45,7% aller über 75-jährigen in beiden Landkreisen wohnen bei Verwandten. Auch hier sind die Unterschiede zwischen ländlichen Kleinstädten einerseits und dörflichen Gemeinden andererseits erheblich. Von den in ländlichen Kleinstädten lebenden Hochbetagten wohnen 80,0% alleine und 20,0% bei Verwandten. Von den in dörflichen Gemeinden lebenden Hochbetagten leben 47,3% alleine, und 52,7% bei Verwandten.

Über beide Landkreise haben wir 18,6% betagte Sozialhilfeempfänger. Davon haben insgesamt 24,1% keine Hilfe nötig, von 14,5% ist dieser Sachverhalt nicht bekannt und 61,3% erhalten Hilfe und Betreuung der unterschiedlichsten Art.

Von allen in ländlichen Kleinstädten lebenden Betragten haben dort 41,4% keine Hilfe nötig, von 6,7% ist dieser Sachverhalt nicht bekannt, und 51,7% erhalten Hilfe/Betreuung.

Von den in dörflichen Gemeinden lebenden Betagten haben 19,4% keine Hilfe nötig, von 16,7% ist dieser Sachverhalt nicht bekannt, und 64,0% erhalten Hilfe/Betreuung. (vgl. auch unter 2.2 die Abschnitte "Hilfe und Betreuung" und "Wohnen bei Verwandten").

2.1.2 Geschlecht

Die Haushaltsvorstände der ländlichen Sozialhilfepopulation sind zu über zwei Dritteln weiblich (68,6%)[1]. Die Dominanz der weiblichen Haushaltsvorstände in unserem Untersuchungsgebiet zeigt das besondere Armutsrisiko älterer Frauen im ländlichen Raum an.

Tabelle 4: Geschlecht und Ursachenrubrik

Ursachengruppen (ohne die Fälle "nur Kinder im SH-Bezug")	Geschlecht des Haushaltsvorstands		TOTAL
	weiblich	männlich	
Unzureichend Versichert und Versorgte	80.0% 44.7%	20.0% 24.4%	100.0% 38.3%
Alleinerziehende	99.4% 32.9%	.6% .4%	100.0% 22.7%
Arbeitslose	27.4% 8.7%	72.6% 50.2%	100.0% 21.7%
Unzureichendes Erwerbseinkommen	54.9% 3.7%	45.1% 6.7%	100.0% 4.7%
Sonstige	54.5% 10.0%	45.5% 18.3%	100.0% 12.6%
Zusammen (n=1516)	68.6% 100.0%	31.4% 100.0%	100.0% 100.0%

* Quelle: Strukturuntersuchung 1990; eigene Berechnung

Für Frauen liegt das Armutsrisiko in der unzureichenden Altersversorgung und in der Alleinerziehung, während es bei den Männern überwiegend die Arbeitslosigkeit ist, die zur Inanspruchnahme von Sozialhilfeleistungen führt, und in weit geringerem Maße als bei den Frauen eine unzureichende Altersversorgung.

Die Geschlechtsverteilung in Bezug auf Teilgruppen der Sozialhilfeempfänger erweist sich als überaus heterogen (s. Tab. 4). Kaum überspitzt könnte man sagen, daß das Risiko, wegen unzureichender Altersversorgung auf Sozialhilfe angewiesen zu sein, in ganz starkem Maße (80%!) die Frauen trifft. Noch deutlicher sind bei den Ein-Eltern-Familien fast 100% der Betroffenen Frauen. Bei der Arbeitslosigkeit dagegen sind die Männer mit dreiviertel aller Fälle in der klaren Mehrzahl. Beim zu niedrigen Erwerbseinkommen verteilt sich dieses Risiko in etwa gleich zwischen den Geschlechtern.

---

1 Die Aussage gilt ebenfalls, wenn man alle Personen im Hilfebezug einbezieht. Der Befund würde sich nur leicht verschieben, wenn alle Personen im Sozialhilfebezug berücksichtigt werden könnten. Da das Geschlecht der Kinder nicht erhoben wurde, ist dies präzise nicht möglich. Unterstellt man eine annähernd gleiche Geschlechtsverteilung der Kinder, würden sich 62,98% Frauen und 39,02% Männer ergeben. Bundesweit im Sozialhilfebezug HLU 1990 liegt die Verteilung mit 53,1% Frauen und 46,9% Männer inzwischen fast gleich. Das starke Übergewicht der Frauen in der ländlichen Region zeigt insbesondere das spezifische Armutsrisiko älterer Frauen im ländlichen Raum an. Vgl. dazu auch unten 2.2.

Auch in der Altersstruktur spiegeln sich die geschlechtlich unterschiedlich verteilten Problemlagen: Von den Haushaltsvorständen unter 60 Jahren sind 61,2% weiblich und 38,8% männlich; von den über sechzigjährigen Haushaltsvorständen 81,6% Frauen und 18,4% Männer. Von allen (erwachsenen) weiblichen Haushaltsvorständen sind 56,9% unter 60 und 43,1% über 60 Jahre alt; von allen männlichen Haushaltsvorständen 78,8% unter 60 und 21,2% über 60 Jahre alt.

2.1.3 Der Familienstand

Abb. II/10 und II/11 zeigen die sehr unterschiedlichen Profile der Familienstände bei Männern und Frauen im Sozialhilfebezug. Abbildung II/11 macht anschaulich, daß die Frauen in allen Familienstandssituationen (mit Ausnahme der Verheirateten, bei denen in der Regel der Mann als Haushaltsvorstand gilt) überwiegen. Bei den meisten Familienstandssituationen (den getrennt Lebenden, den Geschiedenen und den Verwitweten) dominieren die Frauen mit einem Anteil von rund 90% gegenüber nur 10% Männern. Die Überrepräsentation der Frauen bei diesen Familienständen ist höchst prägnant.
An dieser strukturellen Besonderheit der ländlichen Sozialhilfepopulation wird die durch Verbesserungen der Rentenbemessung und der Kindererziehungsleistung nicht bzw. unzureichend erfasste Teilgruppe der alten Menschen mit unzureichender Altersversorgung sichtbar.

Bei der Population ist auffällig, daβ ein erheblicher Anteil der älteren Menschen im Sozialhilfebezug ledig ist, was historisch - regionale Gründe darin hat, daβ diese Menschen - ihr Erwerbsleben lag noch in der Zeit subsistenzorientierter Produktion - sehr häufig im landwirtschaftlichen oder handwerklichen Familienbetrieb mithelfend ihr Erwerbsleben verbrachten.

Vergleich mit der Gesamtbevölkerung der BRD (alt)

Der Vergleich mit Daten der Bundesrepublik macht deutlich, daß es sich bei den Empfängern der Hilfe zum Lebensunterhalt keineswegs um einen repräsentativen Querschnitt der Bevölkerung handelt, sondern bestimmte Problemlagen stark überrepräsentiert sind[1]. Ledige Haushaltsvorstände sind in unserer Sozialhilfepopulation mit fast dem doppelten Anteil gegenüber der Bevölkerung der Bundesrepublik vertreten.

Obwohl auch bei den Ledigen insgesamt gesehen die Frauen in der großen Mehrheit sind, haben die Männer (abgesehen von der Gruppe der Verheirate-

1 vgl. zu den folgenden Aussagen Tabelle 4 zur Gliederung nach Geschlecht, Tabelle 5 zur differenten Verteilung nach dem Familiensstand, Tabelle 6 zur innerregionalen und Tabelle 7 zur Altersschichtung.

Abb. II/10

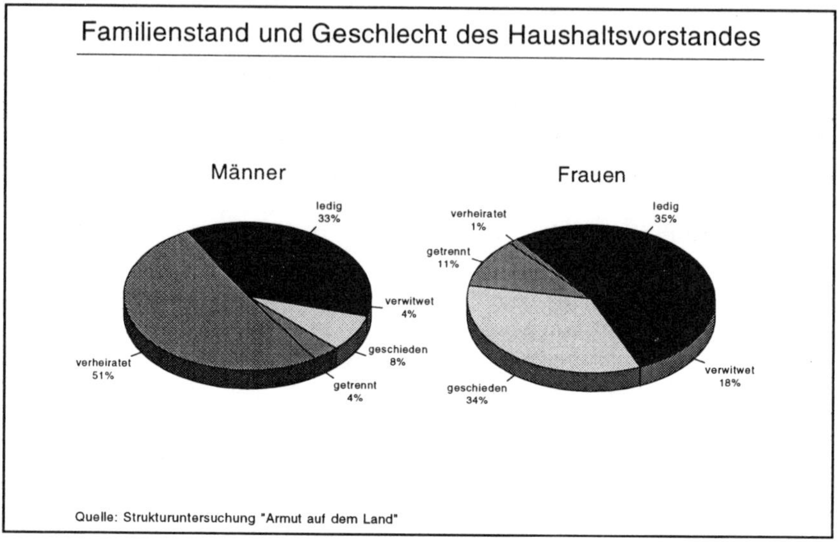

Abb. II/11

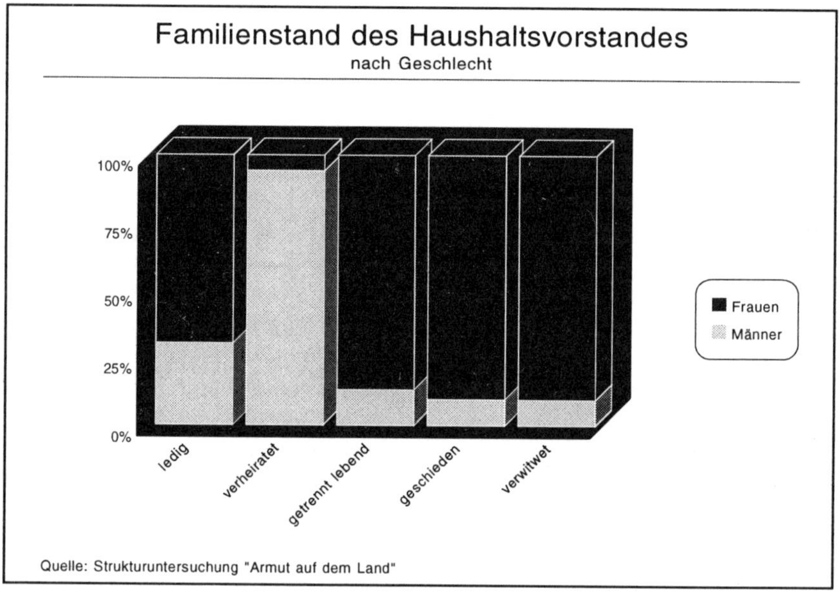

Abb. II/12

Familienstand des Haushaltsvorstandes

Vergleich: Haushalte BRD / ländliche Sozialhilfeempfänger

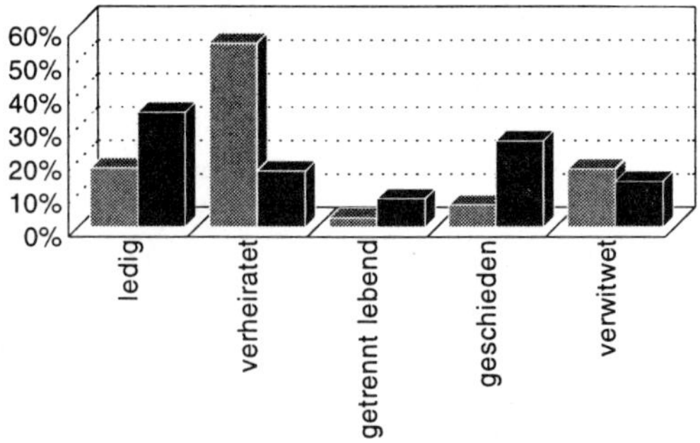

	ledig	verheiratet	getrennt lebend	geschieden	verwitwet
BRD 1987	17,8%	55,1%	2,8%	6,8%	17,5%
Projekt "A.a.d.L."	34,5%	17%	8,6%	26%	13,9%

Quelle: Allbus 1987 und eigene Berechnungen
Basis: nur erwachsene Haushaltsvorstände (n=1516)

ten) hier ihren höchsten Anteil. Ein Fünftel der Arbeitslosen (20,8%) ist ledig (S. Tab. 5); dies sind überwiegend jüngere Menschen (vgl. Tabelle 7). Bei den Alleinerziehenden finden sich 12,6% aller Ledigen. Die Anteile lediger Alleinerziehender nehmen auch im ländlichen Raum zu; es sind etwa ein Fünftel aller Alleinerziehenden.

Fast die Hälfte (46,3%) aller Ledigen im Hilfebezug sind Einzelpersonen mit unzureichender Rente. Diese Gruppe hat in der Regel in der traditionalen Produktionsform der Vergangenheit gearbeitet und dort keine bzw. nur unzulängliche Sozialversicherungsansprüche erworben.

Bei den Ledigen ist eine klare Polarisierung zwischen den jüngeren Altersgruppen und den älteren zu erkennen (vgl. Tabelle 7). Während die mittleren Altersgruppen hier nur schwach vertreten sind, erreichen die Altersgruppen der 65 bis 74jährigen und insbesondere der älter als 75jährigen sehr starke Anteile. Von den Ledigen gehören fast die Hälfte zur Teilgruppe der unzureichend Versichert- und Versorgten. Insbesondere die Betagten, sind, wie Tabelle 7 zeigt, zu fast der Hälfte ledig. Es handelt sich hier um Personen mit unzureichender Altersversorgung, die ganz überwiegend noch im Familienverband leben und auch sehr häufig von diesen Angehörigen versorgt und betreut werden. Strukturell dürfte es sich bei dem hohen Anteil der älteren ledigen Personen im Sozialhilfebezug um ein Folgeproblem des Übergangs von einer innerhalb der Subsistenzwirtschaft gewährleisteten Altersversorgung zu einer sozialstaatlichen Altersversorgung handeln. Gerade die ledigen älteren Personen sind sehr häufig Mithelfende im Familienbetrieb gewesen.

Die verheirateten Haushaltsvorstände sind in unserer Sozialhilfepopulation sehr stark unterrepräsentiert. Bei dieser Gruppe sind die jüngeren und mittleren Altersgruppen sehr stark vertreten. So hat die Altersgruppe der 25- bis 34jährigen mit 26,7% den stärksten Anteil, die Gruppe der 35 bis 44jährigen hat 22,9% Anteil an den Verheirateten, und die 45 bis 54jährigen 16,3%. Darüber sinken die Werte kontinuierlich ab. 50,8% aller Verheirateten im Sozialhilfebezug sind Arbeitslose, und hier sind in starkem Maβe Kinder vom Sozialhilfebezug und der Arbeitslosigkeit betroffen. Eine weitere große Gruppe mit 26,4% findet sich bei unzureichenden Versicherungs- und Versorgungsansprüchen, es sind Rentnerehepaare mit unzureichender Rente.

Die Geschiedenen und getrennt lebenden Haushaltsvorstände sind unter den Sozialhilfeempfängerhaushalten beider Landkreise deutlich überrepräsentiert. Während bundesweit nur 2,8% der Haushaltsvorstände getrennt leben, sind es in dieser Untersuchung 8,6%. Noch deutlicher ist das Verhältnis bei den Geschiedenen. Hier sind es 26% in unserer Sozalhilfe-Untersuchung, während auf Bundesebene dagegen nur 6,8% ausgewiesen werden. (Vgl. Abb. II/12). Von den Geschiedenen sind 47,5% Alleinerziehende, aber ein Fünftel (20,3%) der Geschiedenen haben unzureichende Versicherungs- und Versorgungsansprüche; und 14,2% der Geschiedenen sind arbeitslos.

Auch bei den getrennt Lebenden gibt es einen deutlichen Schwerpunkt in den jüngeren Altersgruppen. Die getrennt Lebenden bis 44 Jahre machen allein bereits fast drei Viertel aller getrennt Lebenden im Hilfebezug aus. Der Schwerpunkt liegt bei der Altersgruppe der 25 bis 34jährigen (36,9% aller getrennt Lebenden). Hier sind überwiegend Kinder mit vom Sozialhilfebezug betroffen. Bei den getrennt Lebenden sind naturgemäß Alleinerziehende die stärkste Untergruppe (vgl. Tabelle 5). Sie machen 62,3% aller getrennt Lebenden in unserer Population aus. Einen weiteren nennenswerten Anteil haben hier die arbeitslosen getrennt Lebenden mit 15,4%.

Zwar leben die Geschiedenen rechtlich in einer anderen Situation als die getrennt Lebenden. Doch sind beide Gruppen überwiegend alleinerziehend. Von der Gruppe der Ledigen mit Kindern unterscheiden sie sich dadurch, daß ihre Mitglieder im Schnitt etwas älter sind.

Daneben gibt es unter den Geschiedenen und getrennt Lebenden eine Teilgruppe, die allein lebt (weil z.B. die Kinder bereits das Haus verlassen haben).

Bei den geschiedenen Haushaltsvorständen ist ebenfalls eine deutliche Konzentration bei den jüngeren und mittleren Altersgruppen zu sehen. Über ein Viertel aller Geschiedenen (26,9%) im Sozialhilfebezug sind 25 bis 34 Jahre, die nächste Altersgruppe der 35 bis 44jährigen folgt mit einem fast gleichen Anteil von 25,9%. Bei der Altersgruppe der 45 bis 54jährigen sinkt die Gruppengröße mit 16,8% bereits merklich ab, dies setzt sich bei den 55 bis 60-jährigen (12,9%) fort. Von den Geschiedenen sind nur kleine Teilgruppen in den älteren Altersgruppen. In ihrer großen Mehrzahl sind sie im mittleren Alter; es handelt sich dann meist um alleinerziehende Elternteile. Im etwas höheren Alter sind es oft sog. "Scheidungsopfer", d.h. Frauen, die zwar Kinder aufgezogen haben, die längst das Haus verlassen haben, deren letzte berufliche Tätigkeit aber oft Jahrzehnte zurückliegt, und die deswegen sehr geringe Chancen auf dem Arbeitsmarkt haben.

In unseren beiden Landkreisen sind die Verwitweten im Sozialhilfebezug etwas geringer vertreten, als es dem Anteil dieses Familienstandes im Bundesdurchschnitt entspricht. Insofern schließt der Familienstand der Verwitwung kein überdurchschnittliches Sozialhilferisiko ein. Doch sind 87,7% der Verwitweten im Sozialhilfebezug unzureichend versichert oder versorgt.

Die Verwitweten konzentrieren sich naturgemäß auf die oberen Altersgruppen. Mehr als drei Viertel aller Verwitweten im Sozialhilfebezug sind älter als 65 Jahre und es sind mehrheitlich Frauen.

Tabelle 5: Familienstand und Ursachengruppe

Ursachengruppen	Familienstand					TOTAL
	ledig	verheiratet	getrennt lebend	geschieden	verwitwet	
Unzureichend Versichert u. Versorgt	41.7% 46.3%	11.7% 26.4%	1.0% 4.6%	13.8% 20.3%	31.8% 87.7%	100.0% 38.3%
Alleinerziehende	19.2% 12.6%	1.2%* 1.6%	23.5% 62.3%	53.5% 46.7%	2.6% 4.3%	100.0% 22.7%
Arbeitslose	33.1% 20.8%	39.8% 50.8%	6.1% 15.4%	17.0% 14.2%	4.0% 6.2%	100.0% 21.7%
zu niedriges Erwerbseinkommen	57.7% 7.8%	14.1% 3.9%	5.6% 3.1%	22.5% 4.1%		100.0% 4.7%
Sonstige	34.0% 12.4%	23.6% 17.4%	9.9% 14.6%	30.4% 14.7%	2.1% 1.9%	100.0% 12.6%
TOTAL (n=1516)	523 34.5% 100.0%	258 17.0% 100.0%	130 8.6% 100.0%	394 26.0% 100.0%	211 13.9% 100.0%	1516 100.0% 100.0%

(Berechnung ohne die Fälle, in denen nur Kinder Sozialhilfe erhalten)
* Ehepartner in JVA o. ä.

Quelle: Strukturuntersuchung 1990, eigene Berechnungen. Erste Zahl eines Blocks: Anzahl absolut; zweite Zahl: Reihenprozente; dritte Zahl: Spaltenprozente.

Kleinregionale Unterschiede

Der strukturelle Unterschied in der Verteilung der Familienstände ist nach den Gemeindetypen hoch signifikant (p=.0000). Die ledigen Haushaltsvorstände haben unter allen dörflichen Sozialhilfefällen eine Quote von fast vier Zehnteln, während in den kleinstädtischen Gemeinden der Anteil weniger als ein Drittel beträgt. Von allen ledigen Haushaltsvorständen in Sozialhilfebezug wohnen, wie Tabelle 6 zeigt, knapp zwei Drittel in Dörfern, und nur gut ein Drittel in den ländlichen Kleinstädten. Dies geht zum großen Teil auf den höheren Anteil von älteren Personen ohne zureichende Altersversorgung zurück, zum kleineren Teil auf den hier größeren Anteil der Behinderten.

Bei den Verheirateten unterscheiden sich die Anteile zwischen ländlichen Kleinstädten und dörflichen Gemeinden nur geringfügig, um 0,5%. Die regionale Verteilung der Verheirateten ist ausgeglichener: 43% davon wohnen in ländlichen Kleinstädten, 57% in den Dörfern.

Bei den getrennt Lebenden liegt der Anteil dieser Untergruppe an der Gesamtzahl der Sozialhilfeempfänger des jeweiligen Gemeindetyps deutlich auseinander. In den ländlichen Kleinstädten machen die getrennt Lebenden 11,1% aus, während in den dörflichen Gemeinden nur 6,7% der dort lebenden Sozialhilfeempfänger (Haushaltsvorstände) getrennt lebend sind. Während hier also die ländlichen Kleinstädte den vierfachen Anteil an getrennt Lebenden in bezug auf den Bundesdurchschnitt erreichen, erreichen die dörflichen Gemeinden bezogen auf den Bundesdurchschnitt nur mehr als den doppelten Anteil. Bei den getrennt Lebenden, die insgesamt 8,6% ausmachen, lebt gut die Hälfte (54,6%) in den Kleinstädten und knapp die Hälfte (45,4%) in den Dörfern. Bei den Geschiedenen, die insgesamt 26% der Population ausmachen, konzentriert sich die räumliche Verteilung etwas stärker auf die Kleinstädte mit 53,0%, während die Dörfer nur 57,0% dieser Gruppe haben.

Auch bei den Geschiedenen gibt es deutliche Unterschiede zwischen ländlichen Kleinstädten und Dörfern. In den ländlichen Kleinstädten erreicht der Anteil der Geschiedenen von allen Sozialhilfeempfängern (hier nur Haushaltsvorstände) fast ein Drittel mit 32,6%, während er in den dörflichen Gemeinden nur ein gutes Fünftel (21,1%) ausmacht. Auch die Anteile der Verwitweten sind deutlich unterschiedlich. In den ländlichen Kleinstädten macht die Verwitwung als Armutsrisiko nur 10,3% der dortigen Sozialhilfeempfänger (bezogen auf die erwachsenen Haushaltsvorstände) aus, während in den dörflichen Gemeinden ein Anteil von 16,6% erreicht wird. Dies deutet daraufhin, daß in den dörflichen Gemeinden der Anteil unzureichender Alterversorgung von Witwen wesentlich höher liegt als in den ländlichen Kleinstädten, weil vermutlich schon die Bezugsrente niedrig war. Bei den Verwitweten, die insgesamt 13,9% der Fälle ausmachen, ist das Verhältnis der innerregionalen

Tabelle 6: Familienstand des Haushaltsvorstandes

Familienstand	Gemeindetyp		TOTAL	BRD 1987
	Kleinstadt	Dorf		
ledig	184 35.2% 28.7%	339 64.8% 38.7%	523 100.0% 34.5%	17,8%
verheiratet	111 43.0% 17.3%	147 57.0% 16.8%	258 100.0% 17.0%	55,1%
getrennt lebend	71 54.6% 11.1%	59 45.4% 6.7%	130 100.0% 8.6%	2,8%
geschieden	209 53.0% 32.6%	185 47.0% 21.1%	394 100.0% 26.0%	6,8%
verwitwet	66 31.3% 10.3%	145 68.7% 16.6%	211 100.0% 13.9%	17,5%
TOTAL	641 42.3% 100.0%	875 57.7% 100.0%	1516 100.0% 100.0%	100,0%

(Berechnungen nur für erwachsene Haushalts-Vorstände; n=1516)
Quellen: ALLBUS 1987; Strukturuntersuchung: eigene Berechnungen.
Erste Zahl eines Dreierblocks: Anzahl absolut, zweite Zahl: Reihenprozente, dritte Zahl: Spaltenprozente.

Verteilung krass: 31,3% davon leben in den ländlichen Kleinstädten, und 68,7% in den Dörfern. Die Ledigen und die Verwitweten sind im Dorf stark überrepräsentiert. Es sind überwiegend Frauen (vgl. Tabellen 4 und 6).

Insgesamt erreicht die familiale Trennung als Ursache des Sozialhilfebezuges (wenn man die Familienstände getrennt lebend und geschieden zusammennimmt), in den ländlichen Kleinstädten einen wesentlich größeren Anteil als in den dörflichen Gemeinden. Weit überrepräsentiert sind in den dörflichen Gemeinden die ledigen Sozialhilfeempfänger-Haushaltsvorstände, die überwiegend unzureichend versichert und versorgt sind.

Die *Betrachtung der demographischen Merkmale* ergab kurz zusammengefaßt folgendes Bild: Strukturell sind unter den dörflichen HLU-Haushaltsvorständen ledige und verwitwete deutlich stärker vertreten als in ländlichen Kleinstädten. Die dörfliche Armut - so ließe sich pointieren - ist noch stark weiblich und im Unterschied zur allgemeinen Entwicklung in der BRD Altersarmut. Das Strukturbild zeigt, daβ im ländlichen - und noch stärker im dörflichen - Raum ein bemerkenswerter Anteil der Personen im Sozialhilfe-

Tabelle 7: Altersgruppe und Familienstand

Altersgruppe* (der Haushalts-vorstände)	Familienstand					TOTAL
	ledig	verheiratet	getrennt lebend	geschieden	verwitwet	
BIS 24 Jahre	69.2% 14.1%	8.4% 3.5%	15.9% 13.1%	6.5% 1.8%		100.0% 7.1%
25 BIS 34 Jahre	30.2% 18.5%	21.5% 26.7%	15.0% 36.9%	33.0% 26.9%	.3% .5%	100.0% 21.2%
35 BIS 44 Jahre	20.2% 9.4%	24.3% 22.9%	12.3% 23.1%	42.0% 25.9%	1.2% 1.4%	100.0% 16.0%
45 BIS 54 Jahre	20.7% 7.3%	22.8% 16.3%	12.5% 17.7%	35.9% 16.8%	8.2% 7.1%	100.0% 12.1%
55 BIS 60 Jahre	23.4% 6.1%	24.1% 12.8%	3.6% 3.8%	37.2% 12.9%	11.7% 7.6%	100.0% 9.0%
61 BIS 64 Jahre	35.2% 4.8%	21.1% 5.8%	5.6% 3.1%	16.9% 3.0%	21.1% 7.1%	100.0% 4.7%
65 BIS 74 Jahre	42.7% 14.0%	9.4% 6.2%	1.2% 1.5%	18.1% 7.9%	28.7% 23.2%	100.0% 11.3%
ÄLTER ALS 75 Jahre	47.9% 25.8%	5.3% 5.8%	.4% .8%	6.7% 4.8%	39.7% 53.1%	100.0% 18.6%
TOTAL (n=1516*)	34.5% 100.0%	17.0% 100.0%	8.6% 100.0%	26.0% 100.0%	13.9% 100.0%	100.0% 100.0%

Quelle: Strukturuntersuchung 1990; eigene Berechnungen
* Die Fälle, in denen "nur Kinder HLU" beziehen, sind aus der Berechnung ausgenommen.

bezug mit unzureichender Alterssicherung ledig ist. Hier handelt es sich überwiegend um Personen, deren Erwerbsleben noch in Zeiten der traditionalen Produktion lag. Häufig sind es ehemals mithelfende Familienangehörige, die keine oder nur unzureichende Ansprüche an eine Rentenversorgung erworben haben. Ein weiteres knappes Drittel der Personen mit unzureichender Altersversorgung sind verwitwet - überwiegend Frauen -. Ihr strukturell etwas höherer Anteil in dörflichen Gemeinden dürfte mit den dort niedrigeren Rentenansprüchen des verstorbenen Lebenspartners zusammenhängen.
Neben diesen Strukturen, die auf eine in der traditionalen Lebensform essentiell angelegte strukturelle Unterversorgung im Alter hinweisen, die sich abschwächen wird, zeigen sich auch deutlich neue Problemlagen. So sind z. B. mehr als die Hälfte aller Verheirateten im Sozialhilfebezug arbeitslos. Hier sind also sehr häufig auch Kinder mitbetroffen.

Ferner ist hier zu nennen der Anteil von knapp einem Fünftel (19,2%) lediger Alleinerziehender an allen Alleinerziehenden. Bei dieser neueren Entwicklung zeigt sich eine deutliche Abstufung zwischen den kleinstädtischen und den dörflichen Gemeindetypen.

2.2 Formen des Zusammenlebens

2.2.1 Haushalte und Bedarfsgemeinschaften

In der Regel sind diejenigen Personen, die in einem Haushalt zusammenleben, auch diejenigen, die Sozialhilfe erhalten. Es gibt aber eine ganze Reihe von anderen Konstellationen des Zusammenlebens.

Tabelle 8: Größe der Bedarfsgemeinschaften

Haushaltsgröße	Hilfeempf. HLU		BRD 1990
Haushaltsgröße	Basis: Fälle	Basis: Personen	
1 Hilfeempfänger	53,9%	28,2%	35,3%
2 Hilfeempfänger	20,3%	21,2%	30,0%
3 Hilfeempfänger	14,6%	22,8%	16,8%
4 Hilfeempfänger	6,4%	13,5%	12,6%
5 Hilfeempfänger	2,5%	6,5%	
mehr als 5 Hilfeempf.	2,2%	7,8%	5,3%
	n = 1598	n = 3060	

Quellen: Statistisches Bundesamt (Hrsg.): Statistisches Jahrbuch für 1993, S. 70; Strukturuntersuchung 1990, eigene Berechnungen.

Während etwa Fälle, in denen ein Paar unverheiratet zusammenlebt und z. B. nur Frau und Kinder Hilfe erhalten, eher selten sind, kommt es bei Einzelpersonen im Hilfebezug sehr häufig vor, daß sie zwar alleine Hilfe beziehen (also in der Sprache des Sozialhilferechts eine Bedarfsgemeinschaft von einer Person darstellen), aber in einem größeren Haushalt wohnen, in dem keine weiteren Personen Hilfe erhalten.

Mehr als die Hälfte der ländlichen Bedarfsgemeinschaften (Hilfefälle) sind Einzelpersonen bzw. Einzelempfänger (s. Tabelle 8). Ein Fünftel aller Bedarfsgemeinschaften besteht aus zwei Personen und ein gutes Siebtel aus drei Personen. Haushalte über vier Personen haben nur einen Anteil von 4,7%, dieser Anteil liegt unter dem aller BRD-Haushalte: Kinderreiche Familien bzw. große Haushalte haben *keinen* überdurchschnittlichen Anteil an ländlichen Sozialhilfebeziehern. 95% aller Bedarfsgemeinschaften umfassen bis zu vier Personen. Im Vergleich zu allen BRD-Haushalten sind Einzelpersonen zwar deutlich stärker vertreten und größere Haushalte unterrepräsentiert. Doch lebt ein großer Teil der Einzelbezieher von Sozialhilfe und auch ein Teil mehrköpfiger Bedarfsgemeinschaften in größeren Nicht-Sozialhilfe-Haushalten (vgl. dazu unten 2.2 und Kap. III, 2.8; 2.11.).

Tabelle 9: Haushaltsgröße nach Teilgruppen

(Teilgruppe)	*(Durchschnitt)*
unzureichend versichert und versorgt	1,21 Personen
Alleinerziehende insgesamt	2,72 Personen
Arbeitslose	2,38 Personen
unzureichendes Erwerbseinkommen	1,83 Personen
darunter: unzureichenes Erwerbseinkommen	2,10 Personen
Alleinerziehende ganztags	2,31 Personen
Behinderte WfB	1,00 Personen
Sonstige insgesamt	1,86 Personen
darunter: Scheidungsopfer	1,18 Personen
Asyl	3,08 Personen
nur Kinder im Sozialhilfebezug	1,70 Personen
Behinderte, nicht WfB	1,00 Personen

Nach Teilgruppen sind die Bedarfsgemeinschaften deutlich unterschiedlich groß (Tab. 9). Der Durchschnitt liegt bei 1,91 Personen; der Median ist 1,0[1].

Über ein Viertel der Haushalte im Sozialhilfebezug (27,8%) sind "echte" Ein-Personen-Haushalte (s. Abb. II/13). Weitere 4,1% sind zwar Ein-Personen-Haushalte, wohnen aber bei Verwandten. 14% sind Einzelempfänger in größeren Nichtsozialhilfe-Haushalten. Ehepaare bzw. Partnerpaare ohne Kinder im Haushalt haben mit 5,6% einen äußerst geringen Anteil an der Sozialhilfepopulation, insbesondere im Vergleich zu bundesweiten Daten, wo diese Konstellation einen viel größeren Teil der Bevölkerung ausmacht. Dies gilt in gleichem Maße für die Ehepaare und Partnerpaare mit Kindern, die in unserer Sozialhilfepopulation nur einen Anteil von 12,5% erreichen, während sie bundesweit um 50% liegen. Geschwisterhaushalte haben in der Untersuchung einen Anteil von 5,3%, und liegen damit um ein mehrfaches über dem ent-

1 Bezogen auf die HLU-Empfänger ländlicher Kleinstädte und dörflicher Gemeinden ist die Haushaltsgröße auf dem 5%-Niveau leicht unterschiedlich: Sie beträgt in den ländlichen Kleinstädten 2,00 Personen, in den dörflichen Gemeinden 1,85 Personen (P=.0184). Nach Verbandsgemeinden streuen die durchschnittlichen Haushaltsgrößen (wiederum Sozialhilfe-Bedarfsgemeinschaften!) zwischen 1,62 (VG Kell, die VG mit dem höchsten Anteil Alter Personen) und 2,16 (VG Konz, die eine größere Kleinstadt einschließt und nah am Oberzentrum liegt). Die Haushaltsgrößen sind auf dem 5% -Niveau signifikant unterschiedlich (p=.03-30). Im Vergleich zwischen ländlichen Kleinstädten und dörflichen Gemeinden sind die durchschnittlichen Größen der Bedarfsgemeinschaften nach Ursachengruppen wie nach Haushaltstypen innerhalb der Gemeindetypen hochsignifikant unterschiedlich und zwischen ihnen signifikant.

Abb. II/13

Haushaltstyp und Gemeindetypus

auf Basis der Fälle (Bedarfsgemeinschaften)

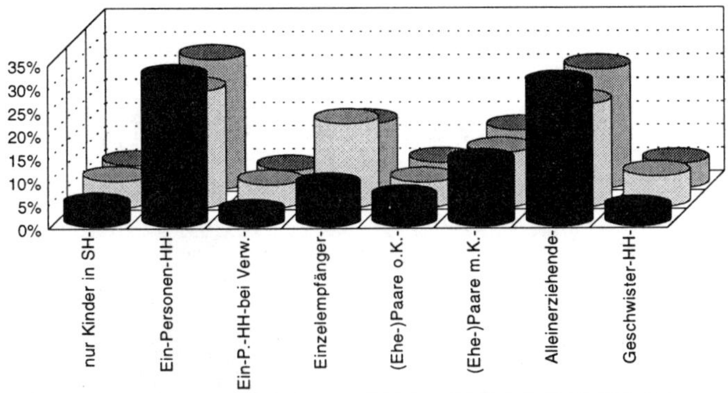

Insgesamt	5,1%	27,8%	4,1%	14%	5,6%	12,5%	25,5%	5,3%
Dorf	5,8%	25,1%	5%	18,1%	5,5%	11,8%	22,1%	6,7%
Kleinstadt	4,2%	31,7%	2,8%	8,4%	5,8%	13,5%	30,2%	3,4%

n = 1598

sprechenden Anteil bundesweit. Es handelt sich offensichtlich um eine spezifisch ländliche Haushaltsform. Unvollständige Familien mit Kindern (Alleinerziehende) machen in der Untersuchung mehr als ein Viertel aller Bedarfsgemeinschaften (25,5%) aus. Sie sind damit neben den Einzelpersonen im Sozialhilfebezug die stärkste Gruppe (s. Abb.II/13).

Von den Einzelpersonen im Sozialhilfebezug sind fast die Hälfte ledig. Hier zeigt sich die "ländliche" Struktur unserer Population, die zahlreiche ledige ältere Einzelpersonen (meist ehemals Mithelfende im Familienbetrieb) und auch Behinderte einschließt. Von diesen ledigen Einzelpersonen wohnt mehr als die Hälfte bei Verwandten. Nachfamiliale Einzelpersonen machen ein weiteres gutes Fünftel aller Bedarfsgemeinschaften aus; im Unterschied zu den Ledigen wohnen jedoch diese Einzelpersonen mehrheitlich alleine.

Ehepaare und vollständige Familien mit Kindern sind als Haushaltstyp im Sozialhilfebezug mit Werten um 5% und 10% deutlich geringer vertreten als im Bundesdurchschnitt.

Alleinerziehende sind im Sozialhilfebezug gegenüber dem bundesweiten Anteil dieser Haushaltsform stark überrepräsentiert. Ledige Alleinerziehende

machen etwa ein Fünftel aller Alleinerziehenden (19,0%) aus, während nachfamiliale Alleinerziehende die klare Mehrheit stellen.
Jeder zwanzigste Empfängerhaushalt im ländlichen Untersuchungsgebiet ist ein Geschwisterhaushalt (zusammenlebende ältere Einzelpersonen); diese Form der Altersbewältigung konzentriert sich deutlich auf die dörflichen Gemeinden.

Abb.II/14

Haushaltstyp und Gemeindetypus

auf Basis der Personen

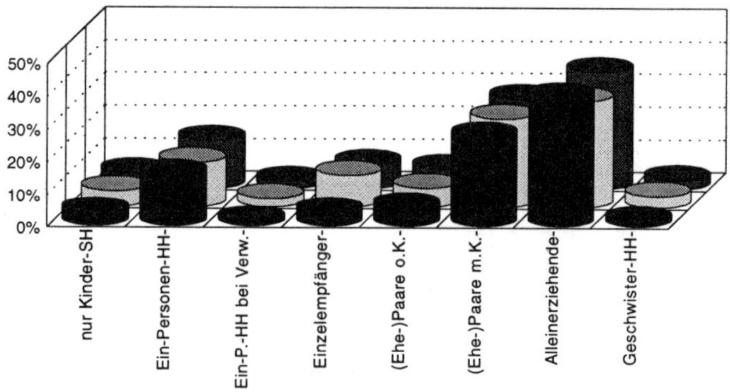

Insgesamt	4,5%	14,5%	2,1%	7,3%	5,9%	27,3%	35,6%	2,8%
Dorf	4,9%	13,6%	2,7%	9,8%	5,9%	27,1%	32,5%	3,6%
Kleinstadt	4%	15,8%	1,4%	4,2%	5,8%	27,5%	39,5%	1,7%

n = 3060

Im *kleinräumlichen Vergleich* (vgl. Abb.II/13) wird deutlich, daβ die Einzelpersonen im Sozialhilfebezug in den dörflichen Gemeinden einen gröβeren Anteil (18,1% bezogen auf alle dörflichen Hilfebezieher-Bedarfsgemeinschaften; mit Geschwisterhaushalten 24,8%) haben. Ehepaare mit Kindern haben demgegenüber in den kleinstädtischen Gemeinden einen leicht höheren Anteil als in den dörflichen Gemeinden. Alleinerziehende haben unter den kleinstädtischen Sozialhilfeempfängern einen Anteil von 30,2%, während ihr Anteil an den dörflichen Hilfebeziehern nur 22% beträgt. Auch der Anteil der Geschwisterhaushalte ist in den dörflichen Gemeinden fast doppelt so hoch wie in den kleinstädtischen. Die Betrachtung der Typen von ländlichen Bedarfsgemeinschaften im Sozialhilfebezug ergibt, daß Einzelpersonen und Alleinerziehende die Haushaltstypen mit den höchsten Anteilen sind. Eine Sonderform der Einzelpersonen-Bedarfsgemeinschaften stellen die Geschwisterhaushalte dar; sie sind eine ländliche Besonderheit.

Die Haushaltsformen nach ihren Personenanteilen

Abbildung II/14 zeigt das relative Gewicht der Haushaltsformen nach ihrer Personenzahl. Die Haushaltsform der unvollständigen Familien (Alleinerziehende) umfaßt mehr als ein Drittel (35,5%) aller Personen im Sozialhilfebezug und ist damit der stärkste Haushaltstyp in der Untersuchung. Ehepaare mit Kindern machen mehr als ein Viertel (27,3%) aller Personen im Sozialhilfebezug aus. Beide Haushaltsformen mit Kindern machen fast zwei Drittel aller Hilfebezieher aus. Die zuvor dominierenden Ein-Personen-Haushalte im Hilfebezug folgen nun erst an dritter Stelle und haben nun einen weit weniger dramatischen Anteil von 14,5% bzw. 16,6% aller Personen im Sozialhilfebezug. Die Geschwister-Haushalte sind insgesamt auf 2,8% zurückgefallen, die Fälle "nur Kinder im Hilfebezug" erreichen nun noch 4,5%.

Auch im *kleinregionalen Vergleich* gleichen sich die Unterschiede, die sich in der Abbildung II/13 auf Basis der Bedarfsgemeinschaften (Fälle) zeigten, bei der Betrachtungsweise nach dem Personengewicht stärker an. Die Einzelpersonen im Hilfebezug haben in den ländlichen Kleinstädten einen Anteil von 4,2%, in den dörflichen Gemeinden von 9,8%. Der Anteil der Ehepaare mit Kindern ist in beiden Gemeindeformen nun nahezu gleich, bei den Alleinerziehenden hat sich bei jeweils relativ gestiegenem Anteil der Unterschied zwischen Kleinstadt und Dorf erhalten[1].

2.2.2 Wohnen bei Verwandten[2]

Eine Besonderheit des ländlichen Raumes stellt es dar, daß Sozialhilfeempfänger bei Verwandten wohnen, die ihrerseits keineswegs im Sozialhilfebezug sind. Dies gilt am häufigsten für Einzelpersonen, die sozusagen als Ein-Personen-Bedarfsgemeinschaft Sozialhilfe beziehen und oft in größeren Haushalten bei Verwandten wohnen[3].

---

1 Die Unterschiede sind hoch signifikant: Abb. II/13: = p=.00017; Abb. II/14: p=.00000.

2 Daß Sozialhilfeempfänger bei Verwandten wohnen, kommt im Untersuchungsgebiet in knapp einem Drittel aller Fälle vor, macht also einen beträchtlichen Anteil aus. Dieser Anteil dürfte -zumindest auf die dörflichen Gemeinden bezogen - eher zu niedrig angesetzt sein.

3 Zur Sozialhilfegewährung beim Wohnen bei Verwandten sind einige Anmerkungen nötig. Aus der Perspektive der Sozialverwaltung kann ein Hilfeempfänger (bzw. ein Bedarfsgemeinschafts-Haushalt aus mehreren Personen) sowohl als selbständiger wie als unselbständiger

Ein weiteres Spezifikum des ländlichen Raumes stellen die Geschwisterhaushalte dar, die in unserer Untersuchung einen Anteil von 5,6% aller Bedarfsgemeinschaften (Fälle) einnehmen. Es handelt sich hier in der Regel um Einzelpersonen, die mit einem oder mehrerern Geschwistern ohne Familie wohnen. Handelt es sich um Geschwister mit Familie, wurden diese Haushalte nicht als Geschwisterhaushalte charakterisiert.

Insgesamt wohnen fast ein Drittel (29,8%) aller Hilfefälle ("nur Kinder im Sozialhilfebezug" sind hier nicht berücksichtigt) bei Verwandten. Die Mehrzahl von fast drei Vierteln (71,9%; n=325) erhält den Sozialhilferegelsatz für Haushaltsangehörige. Ein Viertel (25,7%; n=116) erhält den Regelsatz eines Haushaltsvorstands. 2,4% (n=11) erhalten einen Mischsatz, der zwischen beiden Regelsätzen liegt.

Wie Tabelle 10 zeigt, wohnen Sozialhilfebezieher am häufigsten bei Geschwistern, mit einem Anteil von knapp einem Drittel, am zweithäufigsten bei Eltern mit einem Anteil von etwa einem Viertel, ferner bei Kindern, mit einem Anteil von etwa einem Fünftel sowie bei entfernteren Verwandten, mit einem Anteil von mehr als einem Zehntel.

Empfänger betrachtet werden. Von einem selbständigen Haushalt geht die Sozialverwaltung in der Regel dann aus, wenn der Sozialhilfeempfänger innerhalb des Hauses bzw. der Wohnung, das/die er mit den Nicht-Sozialhilfeempfängern teilt, eine abgeschlossene Wohneinheit hat, die über eine eigene Kochgelegenheit, Kühlschrank usw. verfügt. In diesen Fällen gilt der Sozialhilfeempfänger dann als voll sozialhilfeberechtigt und erhält den Regelsatz eines Haushaltsvorstands. Entsprechendes gilt für größere Sozialhilfebedarfsgemeinschaften.

Liegt eine abgeschlossene Wohneinheit mit der Möglichkeit der eigenständigen Haushaltsführung (das meint insbesondere die Möglichkeit der eigenständigen Zubereitung von Mahlzeiten und der eigenständigen Vorratshaltung) nicht vor, bzw. glaubt die Sozialverwaltung dies, so erhält der Hilfeempfänger nur einen verminderten Sozialhilferegelsatz. Auch dann, wenn in einer solchen Konstellation nur eine Person im Sozialhilfebezug ist, betrachtet die Sozialverwaltung diese Person dann als einen Haushaltsangehörigen (obwohl es innerhalb der Bedarfsgemeinschaft gar keine weiteren Haushaltsangehörigen gibt). Der Betreffende erhält dann nur den verminderten Sozialhilfesatz für einen Haushaltsangehörigen, der um etwa DM 100,-- (zur Zeit der Erhebung) unter demjenigen des Regelsatzes für die erste Person einer Bedarfsgemeinschaft - den sogenannten Haushaltsvorstand - liegt. Diese Regelung enthält offensichtlich willkürliche Elemente. Die Einschätzung der jeweiligen Haushaltskonstellation ist der Sozialverwaltung überlassen. In der Regel überprüft sie die Situation mit Hilfe von Hausbesuchen und trifft bzw. revidiert dann ihre Entscheidung.

Legt man das BSHG wörtlich aus, so existiert bei Hilfeempfängern, die bei Verwandten wohnen und nur den verminderten Regelsatz erhalten, kein Haushaltsvorstand, bzw. nur ein fiktiver. Dieser fiktive Haushaltsvorstand ist aber seinerseits nicht im Sozialhilfebezug. Um die übergroße Konfusion, die aus diesem Sachverhalt für die Verwendung des Begriffes Haushaltsvorstand droht, zu vermeiden, sind wir auch in den Fällen, wo der Hilfeempfänger nicht den vollen Satz für einen "Haushaltsvorstand" erhält, jedoch der einzige Hilfeempfänger im Haushalt ist, stillschweigend davon ausgegangen, diesen Hilfeempfänger als Haushaltsvorstand zu bezeichnen. Eine andere Verfahrensweise würde eine heillose Verwirrung hervorrufen.

Tabelle 10: Wohnen bei welchen Verwandten?

Art der Verwandten oder sonstigen Personen	Gemeindeform		TOTAL
	ländliche Kleinstadt	dörfliche Gemeinde	
Eltern	33 27.5%	85 25.2%	118 25.8%
Geschwister	28 23.3%	110 32.6%	138 30.2%
Kinder	26 21.7%	71 21.1%	97 21.2%
Großeltern		2 0.6%	2 0.4%
entfernte Verwandte	12 10.0%	48 14.2%	60 13.1%
Sonstige	16 13.8%	20 6.0%	36 8.0%
Verwandschaftsgrad nicht bekannt	1 0.8%		1 0.2%
TOTAL	116 100%	336 100%	452 100%

Quelle: Strukturuntersuchung 1990; eigene Berechnung.

Im *kleinregionalen Vergleich* zeigt sich diese Wohnform als deutlich dörfliche Ressource. 72,5% aller Fälle des Wohnens bei Verwandten kommen in dörflichen Gemeinden vor und nur 27,5% in städtischen Gemeinden.

In den kleinstädtischen Gemeinden wohnen nur 21,5% bei Verwandten, von allen in Dörfern wohnenden Bedarfsgemeinschaften unseres Untersuchungsgebietes dagegen 42%. (Der Unterschied ist signifikant.)

Betrachtet man den gleichen Sachverhalt auf der Basis von Personen im Sozialhilfebezug, so hat das Wohnen bei Verwandten insgesamt noch einen Anteil von 22,9%. Weil die vollständigen und unvollständigen Familien am häufigsten in Mietverhältnissen wohnen, während überwiegend Einzelpersonen im Sozialhilfebezug bei Verwandten wohnen, vermindern sich die Anteile des Wohnens bei Verwandten durch die Betrachtung auf der Basis der Personenzahl erheblich. Im gesamten Untersuchungsgebiet leben insgesamt 77,1% aller Personen im Sozialhilfebezug nicht bei Verwandten, 16,8% als Haushaltsangehörige bei Verwandten, 5,7% als oder unter einem Haushaltsvorstand bei Verwandten, und 0,5% erhalten einen Mischsatz. Im kleinregionalen Vergleich ergibt sich, daβ nunmehr von den in ländlichen Kleinstädten wohnenden Sozialhilfeempfänger 14,8% bei Verwandten wohnen, von den dörflichen Sozialhilfeempfängern dagegen 29,3%.

Die Struktur der Sozialhilfehaushalte, die bei Verwandten wohnen

Das Wohnen bei Verwandten konzentriert sich auf einige Familienstands- und Haushaltstypen (S. Abb. II/15). Von allen Ledigen wohnen 54,1% bei Verwandten. Der größte Teil davon (85,5%) wird als Haushaltsangehöriger geführt.

Abb. II/15

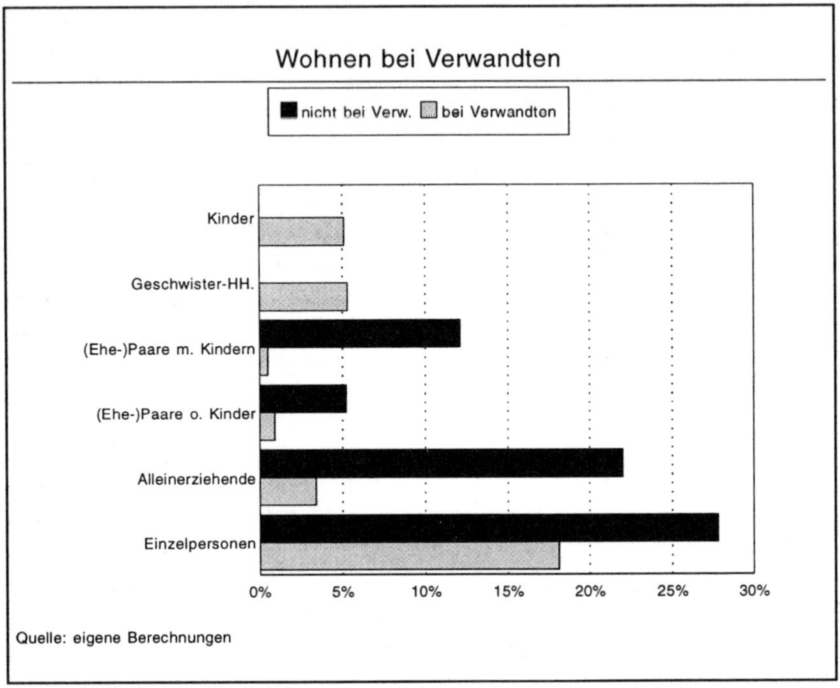

Auch Verwitwete wohnen zu fast einem Drittel (31,8%) bei Verwandten. Davon erhalten etwa zwei Drittel den Sozialhilfesatz für Haushaltsangehörige. Ältere Ledige und Verwitwete wohnen im hohen Maß bei Verwandten.

Von den Verheirateten wohnen nur 7% bei Verwandten, von den getrennt Lebenden sind es 11,5%, von den Geschiedenen dagegen 17,5%. Mehr als die Hälfte der ledigen Einzelpersonen wohnt bei Verwandten. Von den nachfamilialen Einzelpersonen (getrennt/geschieden/verwitwet) wohnt ein knappes Drittel bei Verwandten.

Bei den Ehepaaren ohne Kinder (d. h. ohne Kinder im Haushalt) kommt das Wohnen bei Verwandten, die nicht im Sozialhilfebezug stehen, in etwa einem Achtel aller Fälle dieser Haushaltsform vor. Es sind überwiegend ältere Paare, die häufig bei erwachsenen Kindern und deren Familie wohnen. Bei Ehepaaren mit Kindern (im Haushalt) ist naturgemäß der Anteil derer, die bei Verwandten wohnen, verschwindend gering.

Von den nachfamilialen Alleinerziehenden leben nur knapp 10% bei Verwandten. Dagegen wohnen von den ledigen Alleinerziehenden etwa ein Drittel bei Verwandten.

Geschwisterhaushalte machen in der ländlichen Untersuchungsregion etwa jeden zwanzigsten Fall (5,6%) aus.

Von allen Personen bzw. Bedarfsgemeinschaften, die bei Verwandten wohnen, sind mehr als die Hälfte (52,4%) unzureichend Versichert und Versorgte, 13,3% Arbeitslose (d.i. 18,23% aller Arbeitslosen), 10,6% Alleinerziehende, 14,6% Behinderte; die übrigen sind Sonstige.

In den ländlichen Kleinstädten, die insgesamt einen geringeren Anteil des Wohnens bei Verwandten haben (18,1% gegenüber 38,4% der dörflichen Sozialhilfe-Empfänger), sind es 46,6% unzureichend Versichert und Versorgte, 19,8% Arbeitslose, 7,8% Alleinerziehende und 11,2% Behinderte.

In den dörflichen Gemeinden sind von allen bei Verwandten Wohnenden 54,5% unzureichend Versichert und Versorgte, 11% Arbeitslose, 11,6% Alleinerziehende und 15,7% Behinderte.

Zwar konzentriert sich das Wohnen bei Verwandten auf die jüngeren und die älteren Altersgruppen, doch hat es auch in den mittleren Altersstufen bemerkenswerte Anteile von im Mimimum jedem sechsten Hilfefall (16,9%; vgl. Abbildung II/16). Nachfolgend wird die Gruppenzugehörigkeit dieser Personen aufgelistet; es zeigt sich, daß insbesondere Arbeitslose und Alleinerziehende bedeutende Anteile haben.

Insgesamt konzentriert sich das Wohnen bei Verwandten auf einige Haushaltstypen. Einzelpersonen, die bei nicht im Hilfebezug wohnenden Verwandten leben, bilden die klare Mehrheit im Sozialhilfebezug.

Von den bis 24-jährigen, die bei Verwandten Wohnen, sind 28,2% Alleinerziehende, 35,9% Arbeitslose und 18% Behinderte. Sie wohnen zu 61,5% bei Eltern, zu 12,9% bei sonstigen Verwandten und zu 25,6% bei sonstigen Personen.

Von den 25-34-jährigen sind 43,3% Alleinerziehende, 17,9% Arbeitslose und 29,9% Behinderte (80,6% bei Eltern, 10,5% bei sonstigen Verwandten, 9% bei sonstigen Personen).

Von den 35-44-jährigen sind 36,6% Arbeitslose, 14,6% Alleinerziehende und 41,5% Behinderte (65,5% bei Eltern, 12,2% bei anderen Verwandten, die Übrigen bei sonstigen Personen).

Von den 45-54-jährigen sind 23,8% unzureichend Versichert und Versorgte, 21,4% Arbeitslose, 2,4% Alleinerziehende und 30,9% Behinderte (23,8% bei Eltern, 38,1% bei Geschwistern, 23,8% bei Kindern, 7,1% bei sonstigen Verwandten, 7,1% bei sonstigen Personen).

Von den 55-60-jährigen sind 45,2% unzureichend Versichert und Versorgte, 14,3% Arbeitslose und 11,9% Behinderte (7,1% bei Eltern, 47,6% bei Geschwistern, 33,3% bei Kindern, 4,8% bei sonstigen Verwandten, 7,1% bei sonstigen Personen).

Von den 61-64-jährigen sind 58,1% unzureichend Versichert und Versorgte, 12,9% Arbeitslose und 12,9% Behinderte.

In den Altersgruppen darüber sind nur Unzureichend Versichert- und Versorgte.

Abb. II/16

Wohnen bei Verwandten

Altersverteilung nach Gemeindeart (Basis: Fälle)

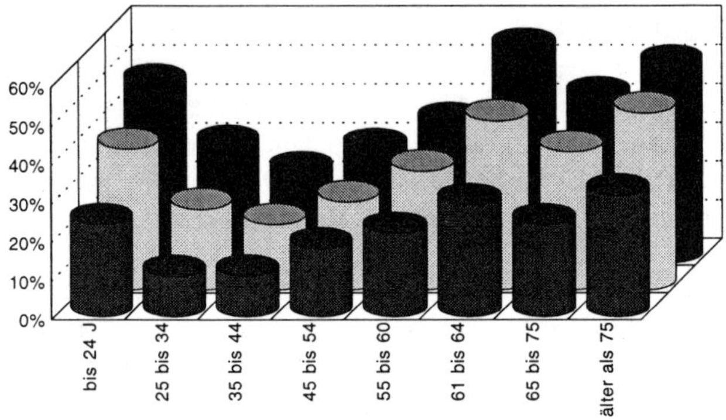

	bis 24 J	25 bis 34	35 bis 44	45 bis 54	55 bis 60	61 bis 64	65 bis 75	älter als 75
Dorf	45,9%	30,2%	23,3%	29,3%	36%	55%	42,6%	50,7%
Insgesamt	36,4%	20,9%	16,9%	22,8%	30,7%	43,7%	35,7%	45,7%
ländl. Kleinstadt	23,9%	10,5%	10,6%	17,6%	21,6%	29%	23,8%	31,5%

n = 1516

Trotz der bemerkenswerte Stärke familialer Ressourcen gibt es auch im ländlichen Raum eine ganze Reihe von Sozialhilfeempfängern, die weder auf innerhaushaltliche noch auf örtliche verwandtschaftliche Ressourcen zurückgreifen können. So leben z.B. knapp 40% der in der nachfamilialen Phase befindlichen Einzelpersonen (verwitwet, geschieden, getrennt lebend) nicht nur allein, sondern haben auch keine Verwandten im Ort. Noch höher ist der Anteil bei den Alleinerziehenden. 49,6% der nachfamilialen Alleinerziehenden haben keine Verwandten im Ort, so daß die Möglichkeit der Unterstützung bei der Kinderbetreuung durch Verwandte erschwert ist. Besser stehen die ledigen Alleinerziehenden dar, von denen nur 25% ohne Verwandte am Ort leben. Auch bei der Gruppe der Ehe- oder Partnerpaare mit Kindern gibt es zu über 50% keine Verwandten am Ort, so daß bei diesen Haushaltstypen die Möglichkeit, in der Kinderbetreuung auf verwandtschaftliche Hilfen zurückzugreifen, im hohem Maße nicht gegeben ist.

2.2.3 Ländliche Wohnformen

Auch bei den Formen des Wohnens zeigen sich strukturelle Besonderheiten des ländlichen Raums. Während Sozialhilfebezieher in aller Regel in Formen der Miete wohnen, spielen im ländlichen Raum das mietfreie Wohnen, das Wohnen mit Wohnrecht und der Hausbesitz eine nennenswerte Rolle. Das Wohnen in Miete hat insgesamt nur einen Anteil von zwei Dritteln (66,7%) an unserer Population. Mietfreies Wohnen kommt in 13,1% aller Fälle, Hausbesitz in 10,3% aller Fälle und Wohnrecht in 9,9% vor (s. Abb. II/17).

Abb. II/17

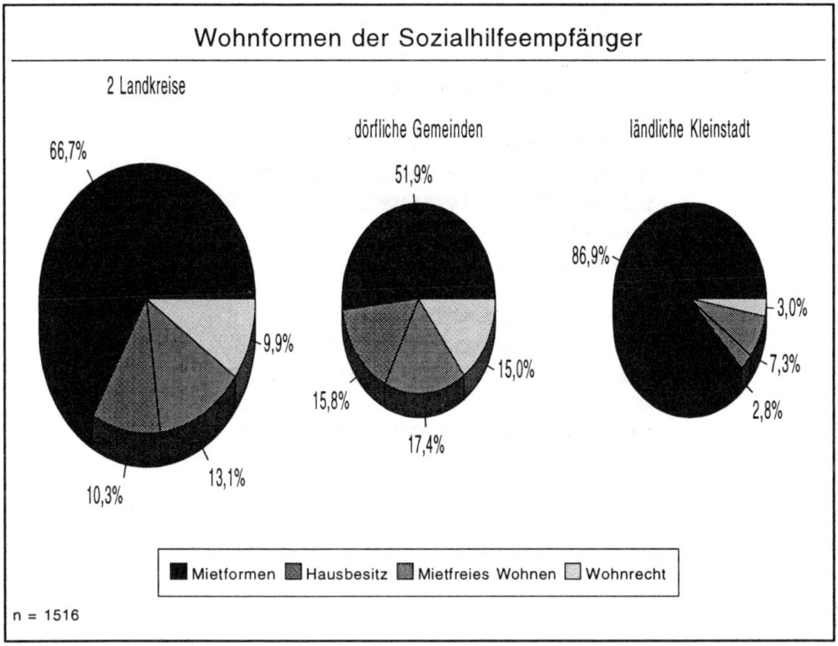

Dabei zeigen sich *kleinregional* erhebliche Unterschiede. Von allen kleinstädtischen Haushalten im Sozialhilfebezug wohnen fast neun Zehntel (86,9%) in Miete, während es in den dörflichen Gemeinden nur etwa die Hälfte (51,9%) sind. Das mietfreie Wohnen hat in den ländlichen Kleinstädten nur eine Quote von 7,3%, kommt demgegenüber in den dörflichen Gemeinden mit 17,4% auf den zweieinhalbfachen Anteil.

Hausbesitz kommt in ländlichen Kleinstädten nur bei 2,8% aller Sozialhilfe-Haushalte vor, hat aber in den dörflichen Gemeinden mit 15,8% mehr als den fünffachen Anteil. Wohnrecht ist in den ländlichen Kleinstädten mit 3,0% in sehr geringem Ausmaß vertreten; in den dörflichen Gemeinden hat es dagegen mit 15% den fünffachen Wert und macht mithin etwas weniger als jeden 6. Haushalt aus.

Abb. II/18

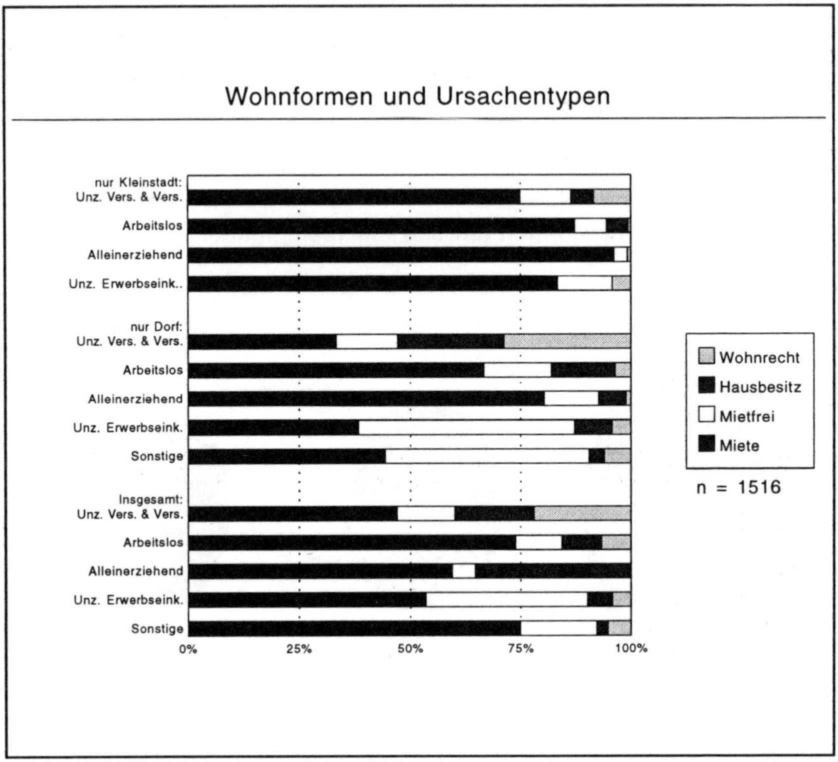

Hausbesitz, mietfreies Wohnen und das Wohnen mit Wohnrecht sind überwiegend eine dörfliche Ressource. In den ländlichen Kleinstädten kommen diese Wohnformen nur mit erheblich niedrigeren Anteilen vor; im Oberzentrum kommen sie überhaupt nicht mehr vor (vgl. Kap. III).

Die relativ hohe Quote des Hausbesitzes unter den dörflichen Sozialhilfebeziehern (etwa jeder 6. Haushalt dort) darf nicht darüber hinwegtäuschen, daß infolge fehlender Ressourcen die Hausbesitzer oft in ihrem Wohnstandard benachteiligt sind. Sehr häufig fehlen die Mittel zur Instandhaltung und zur Modernisierung, so daß sich diese Haushalte im Wohnungsstandard oft schlechter stellen als diejenigen in Miete (vgl. Kap III).
Gleichwohl läßt sich bei den Wohnformen des mietfreien Wohnens und des Wohnrechts von ländlichen Hilfestrukturen sprechen. Sie sind überwiegend auf die dörfliche Gemeinde konzentriert und gehen in der Regel mit dem Wohnen bei Verwandten und auch zum Teil mit verwandtschaftlicher Hilfe und Betreuung einher.

Sehr häufig überträgt die Sozialverwaltung in diesen Fällen die Nebenkosten des Wohnens auf die Angehörigen (die nicht im Sozialhilfebezug sind) und zahlt die Nebenkosten des Wohnens (Grundsteuern, Müllabfuhr, Anliegergebühren usw.) sowie die Heizungskosten nicht.

Abbildung II/18 zeigt die unterschiedliche Verteilung der Wohnformen in Bezug auf kleinräumlich differenzierte Ursachengruppen. In den dörflichen Gemeinden wohnen nur die Alleinerziehenden zu über drei Viertel und die Arbeitslosen zu etwa zwei Drittel in Formen der Miete; bei allen anderen Gruppen haben Wohnrecht, mietfreies Wohnen und Hausbesitz zusammen die dominierenden Anteile. Am ausgeprägtesten ist dies bei den "unzureichend Versichert und Versorgten"; nur knapp ein Drittel dieser Gruppe wohnt in einem Mietverhältnis. In den ländlichen Kleinstädten fällt der Anteil von Mietformen bei keiner Gruppe unter 75%.

2.3 Die Dauer des Sozialhilfebezugs

Die Dauer von Armutslagen ist in der Bundesrepublik nur wenig erforscht und zwar sowohl in bezug auf länger andauernden Sozialhilfebezug wie dauerhafte relative Armut. Die Ergebnisse des Sozioökonomischen Panels lassen eine recht große fluktuierende Gruppe innerhalb des niedrigen Einkommensbereichs und eine kleinere in dauerhafter Armut (bei oder unterhalb der 40%-Grenze) erkennen (vgl.Habich/Krause 1992, 482ff.; Habich/Noll 1992, 437ff.) Unsere Untersuchung zeigt, daß ein erheblicher Teil der Hilfebezieher sich über einen längeren Zeitraum im Hilfebezug befindet und nicht nur die alten Menschen, sondern auch jüngere über Jahre im Hilfebezug bleiben.
Die Ergebnisse der Stichtagserhebung sind insofern nicht umstandslos zu verallgemeinern, als unsere Untersuchung nur 57% aller im Lauf des Jahres im Untersuchungsgebiet gemeldeten Sozialhilfefälle erfaßt (vgl. auch Buhr/-Ludwig 1991; Ludwig 1992). Der Anteil der Asylbewerber mit noch laufendem Verfahren ist auf unter 10% zu veranschlagen. Es ist anzunehmen, daß der Großteil der fehlenden ca. 33% nur überbrückungsweise Sozialhilfe erhalten. Jedoch sind darüber genaue Aussagen kaum möglich. Von den erfaßten Fällen haben nur 1,25% Sozialhilfe als wahrscheinliche Überbrückung Inanspruch genommen: Sie haben Rente oder Arbeitslosengeld usw. beantragt. Freilich muß dies nicht ohne weiteres bedeuten, daß sie nach der Bewilligung dieser vorrangigen Leistungen nicht mehr im Sozialhilfebezug sind; Rente oder Arbeitslosengeld können ja auch unterhalb des Bedarfs der Sozialhilfe liegen. Dies läßt sich aufgrund unserer Daten nicht entscheiden.

Von allen untersuchten Sozialhilfefällen (n = 1598) sind 21,6% bis zu einem Jahr im Sozialhilfebezug, weitere 21,3% ein bis drei Jahre im Hilfebezug, und 57,1% mehr als drei Jahre im Hilfebezug (vgl. Tab. 10a). Mehr als 7 Jahre im Hilfebezug sind knapp ein Drittel aller Sozialhilfefälle. Die durchschnittliche Dauer des Hilfebezugs beträgt 6,24 Jahre, der Median ist 3,92. Ohne die Fälle, in denen lediglich Kinder - deren Familien in günstigeren Lebensumständen leben können - Sozialhilfe erhalten, ist die durchschnittliche Dauer des Sozialhilfebezugs 6,38 Jahre, der Median 3,96.

Die Betroffenheit von länger andauerndem Sozialhilfebezug ist nach Teilgruppen stark unterschiedlich. Für die Gruppe der unzureichend Versichert und Versorgten ergibt sich eine durchschnittliche Sozialhilfebezugsdauer von 10,55 Jahren, der Median liegt bei 9,25. 78,5% dieser Gruppe sind länger als 3 Jahre im Sozialhilfebezug, knapp 50% sind länger als 10 Jahre im Hilfebezug, allein 28,1% dieser Gruppe sind über 15 Jahre im Bezug von Sozialhilfe (vgl. auch den erheblichen Anteil an Betagten in dieser Gruppe).
Von den Alleinerziehenden sind insgesamt ein gutes Drittel (37,5%) länger als 3 Jahre im Hilfebezug, etwa ein Drittel ist zwischen 1 und 3 Jahre im Bezug von Sozialhilfe (33,4%) und ein knappes Drittel (29,1%) bis zu einem Jahr im Sozialhilfebezug. Der Durchschnitt liegt bei 3,19 Jahren, der Median ist 2,04.

Von den Arbeitslosen im Sozialhilfebezug sind etwa vier Zehntel (39,2%) länger als drei Jahre im Sozialhilfebezug, ein gutes Drittel (34,7%) ist bis zu einem Jahr im Hilfebezug, ein gutes Viertel (26,1%) zwischen 1 und 3 Jahren. Der Durchschnitt liegt bei 2,99 Jahren, der Median ist 1,92.

Da wir in der Gruppe mit unzureichendem Erwerbseinkommen auch die Behinderten eingegliedert haben, die in der WfB arbeiten, ist eine zusammenfassende Darstellung dieser Gruppe hier nicht sinnvoll. Die Nicht-Behinderten mit unzureichendem Erwerbseinkommen sind nur mit einem Anteil zwischen 20 und 30% länger als 3 Jahre im Sozialhilfbezug; die Behinderten WfB sind dagegen zu 61,1% über 3 Jahre im Sozialhilfebezug. Von den Erwerbstätigen im Sozialhilfebezug ist die Mehrzahl (über 40%) nur bis zu einem Jahr im Hilfebezug, ein weiteres knappes Drittel zwischen 1 und 3 Jahren.

Von der Gruppe der Sonstigen insgesamt sind 61,2% länger als 3 Jahre im Hilfebezug, ein knappes und ein gutes Fünftel sind 1 bzw. bis 3 Jahre von Sozialhilfe abhängig. Der Durchschnitt ist 5,23 Jahre, der Median 3,92.

Insgesamt ergibt die Darstellung nach Gruppen eine deutliche Polarisierung zwischen den einzelnen Teilgruppen der Sozialhilfebezieher. Als Trendaussage läßt sich festhalten, daß tendenziell die Arbeitslosen und die Alleinerziehenden im Sozialhilfebezug eher mittelfristig von Armut bzw. Sozialhilfebezug (d. h. durchschnittlich 3 Jahre!) betroffen sind, während die unzureichend Versicherten in unserem ländlichen Untersuchungsgebiet sich überwiegend extrem langfristig im Sozialhilfebezug befinden. Dies gilt auch für

Tabelle 10 a: Dauer des Sozialhilfebezugs nach Teilgruppen

Ursachengruppe	Klassifizierte Sozialhilfedauer							total
	BIS 1 J	1 BIS 3 J	3 BIS 5 J	5 BIS 7 J	7 BIS 10 J	10 BIS 15 J	UEBER 15 J	
1.Unzur.Vers.+Versorgt	10.3%	11.2%	9.3%	9.6%	12.4%	19.1%	28.1%	100.0%
2.Alleinerziehend	29.9%	33.0%	15.3%	8.5%	7.8%	4.8%	.7%	100.0%
2.1.Allein.erwerbst.HT	21.4%	28.6%	35.7%	7.1%	7.1%			100.0%
2.2.Allein.arbeitsl.	25.0%	38.9%	22.2%	5.6%	8.3%			100.0%
3.Arbeitslose	34.7%	26.1%	18.5%	9.7%	6.7%	4.3%		100.0%
4.Unzur.Erwerbseink.	45.5%	31.8%	4.5%	9.1%	4.5%	4.5%		100.0%
4.1.Erwerb.Allein.GT.	38.5%	30.8%		7.7%	23.1%			100.0%
4.2.Behinderte WfB	16.7%	22.2%	5.6%	11.1%	22.2%	11.1%	11.1%	100.0%
5.Sonstige	50.0%	25.0%	8.3%	4.2%	4.2%	4.2%	4.2%	100.0%
5.1.Scheidungsopfer	12.3%	19.3%	14.0%	14.0%	14.0%	12.3%	14.0%	100.0%
5.2.Asyl	12.2%	25.7%	39.2%	10.8%	8.1%	4.1%		100.0%
5.3.nur Kinder erhalten Sozialhilfe	22.0%	23.2%	26.8%	13.4%	9.8%	4.9%		100.0%
5.4.Behinderte n. WfB	11.1%	2.8%	5.6%	13.9%	27.8%	19.4%	19.4%	100.0%
Alle (n=1598)	21.6%	21.3%	15.0%	9.8%	10.4%	10.4%	11.6%	100.0%

Quelle: Strukturuntersuchung 1990; eigene Berechnung.

die im ländlichen Raum noch recht große Gruppe der Behinderten, die meist bei Angehörigen lebt. Unzureichendes Erwerbseinkommen hat insgesamt die höchsten Anteile im kurzfristigen Bezug und scheint eher eine transitorische Lebenssituation zu sein.

Die Dauer des Sozialhilfebezugs beträgt für das gesamte Untersuchungsgebiet durchschnittlich 6,24 Jahre, wobei die Durchschnitte nach den ländlichen Kleinstädten mit 5,18 und den dörflichen Gemeinden mit 7,00 Jahren deutlich unterschiedlich sind[1]. Dies geht auf den in dörflichen Gemeinden höheren Anteil der alten Menschen und der Behinderten im Sozialhilfebezug zurück.

Nach Haushaltstypen stellt sich die durchschnittliche Sozialhilfebezugsdauer ebenfalls als stark unterschiedlich dar (s. Tab.11):

Tabelle 11: Durchschnittliche Sozialhilfebezugsdauer und Haushaltstypen

	insgesamt	**nur Kleinstädte**	**nur Dörfer**
nur Kinder im Hilfebezug	3,67 Jahre	3,60	3,70
Einzelpersonen	8,41 Jahre	6,88	9,38
(Ehe-)Paare ohne Kinder	5,04 Jahre	4,07	5,49
Ehepaare mit Kindern	2,98 Jahre	3,29	2,72
Alleinerziehende inges.	3,43 Jahre	3,52	3,45
Geschwisterhaushalte	12,51 Jahre	10,30	13,33

Die unterschiedlichen durchschnittlichen Sozialhilfebezugsdauern nach den Haushaltstypen spiegeln die unterschiedliche Struktur der Sozialhilfepopulationen in kleinstädtischen und dörflichen Gemeinden wieder. Die Gliederung nach Teilgruppen zeigt ebenfalls starke Unterschiede in der durchschnittlichen Bezugsdauer (s. Tab. 12).

Diejenigen Teilgruppen, die bei der gegenwärtigen Struktur der sozialen Sicherung auf andauernden Hilfebezug HLU angewiesen sind, wie Behinderte und unzureichend Versichert und Versorgte, haben die deutlich höchsten Durchschnittswerte. Zu den übrigen Gruppen, die insgesamt deutlich kürzer im Sozialhilfebezug sind, ist freilich zu bemerken, daβ hier die Streuung innerhalb dieser Gruppen z.T. erheblich ist. Der Durchschnittswert läβt die z.T. erhebliche Streuung innerhalb der Teilgruppen nicht deutlich werden.

1 Die durchschnittliche Sozialhilfedauer ist zwischen den ländlichen Kleinstädten und den dörflichen Gemeinden signifikant unterschiedlich (P =.00000).
Nach Verbandsgemeinden streut die durchschnittliche Bezugsdauer zwischen 3,24 (VG Saarburg) als Minimum und 8,08 (VG Kell) als Maximum. Diese erheblichen Unterschiede erklären sich durch die unterschiedliche Struktur der Population in den Verbandsgemeinden.

Tabelle 12: Teilgruppen und durchschnittliche Dauer des Hilfebezugs

Teilgruppen	**durchschnittliche Sozialhilfedauer**
unzureichend versichert und versorgt	10,55 Jahre
Alleinerziehende	3,19 Jahre
Arbeitslose	2,99 Jahre
unzureichendes Erwerbseinkommen	4,70 Jahre
darunter Behinderte WfB	6,63 Jahre
Sonstige insgesamt	5,23 Jahre
darunter nur Kinder im SH	3,67 Jahre
Behinderte nicht WfB	9,97 Jahre
Asylanten (anerkannt, geduldet)	3,90 Jahre
Scheidungsopfer	7,12 Jahre
Sonstige	3,09 Jahre

Unterbrecher[1]

Von allen Sozialhilfeempfängern haben 6,8% (n = 108) ihren Sozialhilfebezug unterbrochen. Bei 4,3% gab es eine einmalige, bei 2,4% eine mehrfache Unterbrechung.

50% aller Unterbrecherfälle sind Arbeitslose (hinzu kommen noch 2,6% arbeitslose Alleinerziehende). 19,4% der Unterbrecher sind Alleinerziehende, 15,7% unzureichend versichert und versorgt; die übrigen verteilen sich mit kleinen Anteilen auf nahezu alle Gruppen.

Ohne die Unterbrecher erhöht sich die Sozialhilfedauer für alle Sozialhilfebezieher auf durchschnittlich 6,4 Jahre .

Die Unterbrecher sind ihrerseits zu 45,4% unter 3 Jahre im Sozialhilfebezug, die zweite Hälfte ist im längerfristigen Bezug. Durchschnittlich sind die Unterbrecher 2,28 Jahre im Hilfebezug.

Bei den Gründen der Unterbrechung steht die Arbeitsaufnahme mit 55,5% an erster Stelle. Das Einsetzen von Unterhaltszahlungen (6,5%), Nachzahlung von vorrangigen Transfers (5,6%) folgen an weiteren Plätzen; 26,9% sind sonstige Ursachen, die nicht klassifizierbar sind. Heirat spielt mit 3,7% eine geringe Rolle.

Greifen wir die Alleinerziehenden unter den Unterbrechern heraus, so war hier in 29,2% dieser Fälle Arbeitsaufnahme der Grund für das zeitweise Herauskommen aus dem Sozialhilfebezug. Das Einsetzen von Zahlungen konnte

1 Unterbrecher wurden als *ein* Fall gewertet. Nach der Unterbrechung wurde nicht neu zu zählen begonnen, sondern es wurde der erste Eintritt in die Sozialhilfe gewertet. Die sozialhilfelose Zeit vor dem Wiedereintritt wurde abgezogen.

bei 16,6% offenbar zeitweise die Abhängigkeit von der Sozialhilfe beseitigen. Heirat spielte bei 8,3% eine Rolle; die übrigen 45,8% sind sonstige, nicht weiter klassifizierbare Ursachen.

Greifen wir die Gruppe der Arbeitslosen unter denen heraus, die zeitweise nicht im Sozialhilfebezug waren, so ist hier in 81,5% die zeitweise Aufnahme einer Arbeit der Grund für die Unabhängigkeit vom Sozialhilfebezug gewesen. Bei weiteren 5,6% hat eine Nachzahlung dazu geführt, daß keine Sozialhilfe mehr bezogen wurde. In den übrigen Fällen spielen sonstige, nicht sinnvoll zu klassifizierende Gründe eine Rolle.

2.4 Hilfe und Betreuung

Tabelle 13: Helfertypen und Gemeindeform

Wer leistet Hilfe/ Betreuung ?	Gemeindetypus		Total
	Klein-stadt	Dorf	
Nachbarn und/oder Sonstige Personen Sozialstationen	45 43.3% 31.9%	59 56.7% 18.6%	104 100.0% 22.7%
Verwandte im selben Ort	42 33.3% 29.8%	84 66.7% 26.5%	126 100.0% 27.5%
Verwandte im selben Ort UND Nachbarn/ Sonstige/Sozialstation	5 50.0% 3.5%	5 50.0% 1.6%	10 100.0% 2.2%
Verwandte im Haushalt	41 22.4% 29.1%	142 77.6% 44.8%	183 100.0% 40.0%
Verwandte im selben Haushalt UND Nachbarn/ Sozialstation	2 28.6% 1.4%	5 71.4% 1.6%	7 100.0% 1.5%
Verwandte im gleichen Ort UND Nachbarn/ Sozialstation	6 31.6% 4.3%	13 68.4% 4.1%	19 100.0% 4.1%
Verwandte im Haushalt UND Verwandte im ORT UND Nachb./Soz.Dienst		9 100.0% 2.8%	9 100.0% 2.0%
zusammen	141 30.8% 100.0%	317 69.2% 100.0%	458 100.0% 100.0%

Darstellung ohne "nur Kinder im Hilfebezug"
Quelle: Strukturuntersuchung, eigene Berechnung.
Erste Zahl einer Dreierblocks: Anzahl absolut; zweite Zahl: Reihenprozente; dritte Zahl: Spaltenprozente. (c Ftab32a2)

Innerfamiliale bzw. verwandtschaftliche Hilfe ist im ländlichen Raum noch selbstverständlicher und alltäglicher als in verdichteten Räumen. Es ist insbesondere dieser Sachverhalt, der zu dem hohen Anteil der Betagten und der geistig Behinderten in der Sozialhilfepopulation beiträgt: Im ländlichen Raum werden bedürftige Menschen noch in sehr starken Maße von Familienangehörigen versorgt, gepflegt und betreut, so daß eine Einweisung in ein Pflegeheim oder eine andere Einrichtung weitgehend hinausgeschoben oder vermieden wird. Dabei zeigt unsere Analyse deutlich, daß diese Hilfeleistungen fast ausschließlich von Familienangehörigen geleistet werden, und soziale Dienste nur in sehr seltenen Fällen in Anspruch genommen werden. Hilfe oder Betreuung erhalten insgesamt 29,8% (n = 458) der erwachsenen Sozialhilfeempfänger. Dabei sind die Fälle der "nur Kinder im Sozialhilfebezug" unberücksichtigt. Verwandte im Haushalt (40%) und Verwandte im Ort (27,5%) haben hier eine dominierende Rolle. Jedoch haben auch nicht verwandte Personen oder soziale Dienste (Nachbarn oder Sozialstationen) mit einem Anteil von einem guten Fünftel (22,7%) eine beträchtliche Bedeutung. Kombinationen der Helferarten machen insgesamt nur einen sehr geringen Anteil aus. Insbesondere die Kombination Verwandte im Haushalt mit familienfremder Hilfe (hier ist z.B. die Möglichkeit der Unterstützung durch Sozialstationen erfaßt) spielt mit 1,5% (7 Fälle) eine sehr geringe Rolle. Wenn Hilfeempfänger durch Verwandte im Haushalt unterstützt werden, kommt eine externe Unterstützung nur äußerst vereinzelt hinzu. Der hohe Anteil der Verwandtschaft bei den Helfern wird deutlich, wenn man alle Rubriken zusammenzieht, in denen Verwandte Unterstützungsleistungen erbringen. Das macht dann bereits fast 80% aller Fälle aus.

Als Ergebnis zeigt sich, daß Hilfe und Betreuung im ländlichen Raum überwiegend durch Verwandte geleistet wird. Sozialstationen werden kaum als Ergänzung verwandtschaftlicher Hilfe in Anspruch genommen, eher als Ersatz, nämlich dann, wenn keine Verwandte in räumlicher Nähe leben.
Von denen, die Hilfe/Betreuung *ausschließlich* durch nicht verwandte Personen oder Sozialstationen erhalten, haben 70,2% keine Verwandten am Ort. Das sind zu über 70% Alleinstehende bzw. alleinlebende Paare. Sie wohnen zu 76,9% in Formen der Miete und zu 15,4% im eigenen Haus. Diese Personen müssen in hohem Maße deswegen auf nicht verwandtschaftliche Hilfe zurückgreifen, weil keine Verwandten in räumlicher Nähe wohnen. Auch dies zeigt den hohen Stellenwert familialer Hilfe.

Von allen Personen, die Hilfe erhalten, sind 16,8% geistig behindert; sie werden überwiegend von Angehörigen im gleichen Haushalt betreut. 61,4% sind ältere Menschen (unzureichend versichert und versorgt), die in Folge gesundheitlicher bzw. altersbedingter Gebrechen Hilfe bzw. Betreuung benötigen. Mehr als ein Drittel (37,8%) derer, die Hilfe/Betreuung erhalten, sind 75 Jahre und älter. Über 60% dieser Gruppe sind über 60 Jahre alt.

Die Mehrzahl (59,4%) der Fälle, die Hilfe/Betreuung erhalten, sind der Gruppe der unzureichend Versichert und Versorgten zuzurechnen. Die zweitgrößte Gruppe machen die Sonstigen aus (auch hier sind es überwiegend ältere Personen, daneben Behinderte) mit 14,4%. Bemerkenswert ist der Anteil der Arbeitslosen mit 10,0%. Alleinerziehende (8,1%) und unzureichend Erwerbstätige (8,1%) sind Gruppen mit geringeren Anteilen. Pflegegeld beziehen 4,8%.

Gesundheitliche Beeinträchtigungen werden in 16,3% der Fälle genannt, psychische Krankheit als möglicher Anlaß der Hilfe/Betreuung wird in 5,5%

dieser Fälle genannt. Die übrigen Antworten lassen keinen Bezug zu möglichen Anlässen von Hilfe/Betreuung erkennen. Überwiegend dürften es altersbedingte Ursachen sein, wie auch der hohe Anteil der über 75-jährigen zeigt. Über die Hälfte (53,5%) derer, die Hilfe oder Betreuung erhalten, lebt bei Verwandten. Mietfrei oder mit Wohnrecht wohnen insgesamt 45,6% dieser Gruppe. Im eigenen Haus wohnen 13,5%; 40,8% wohnen in Formen der Miete.

Es sind weit überwiegend Einzelpersonen, die Hilfe erhalten. So stellen die bei Verwandten lebenden Einzelpersonen die stärkste Teilgruppe (38,8%). "Echte" Ein-Personen-Haushalte haben fast ein Drittel Anteil (32,1%), gefolgt von den Geschwisterhaushalten (12,0%).

Die Mehrzahl der Betreuten wohnt in dörflichen Gemeinden (69,2%); es sind zu fast drei Vierteln Frauen (73,1%). Die Verteilung auf die Landkreise ist in etwa gleich.

Mehr als die Hälfte derer, die Hilfe erhalten, ist ledig (54,8%). Hier zeigt sich der hohe Anteil lediger Frauen im höheren Alter, sowie der Behinderten. Ein Fünftel sind verwitwet (20,7%), etwa ein Achtel geschieden (13,3%). Verheiratete (7,0%) und getrennt lebende (4,1%) haben nur geringe Anteile.

Die Struktur der Helfer ist innerhalb der ländlichen Region deutlich unterschiedlich[1] (s. Tab. 13). In den *kleinstädtischen Gemeinden* sind nicht verwandte Personen oder soziale Dienste (Nachbarn/Sonstige oder Sozialstationen) mit 31,9% die stärkste Helfergruppe. Verwandte im selben Ort folgen mit 29,8% an zweiter Stelle, Verwandte im Haushalt liegen nur knapp darunter mit 29,1%. Die Kombination von verwandtschaftlicher und familienfremder Hilfe kommt nur in 1,4% der Fälle vor, in denen Hilfe geleistet wird. Daβ sich Verwandte im Ort und Verwandte im Haushalt abwechseln bzw. ergänzen ist demgegenüber mit 4,3% bereits deutlich häufiger.

In den *dörflichen Gemeinden* sind die Verwandten im Haushalt mit knapp der Hälfte (44,8%) die gröβte Helfergruppe. An zweiter Stelle folgen die Verwandten im selben Ort mit einem guten Viertel der Helfer (26,5%). Einen wesentlich geringeren Anteil haben familienfremde Personen und Sozialstationen mit einem knappen Fünftel (18,6%). Die sich abwechselnde bzw. ergänzende Hilfe durch Verwandte im Haushalt und Verwandte im Ort hat einen

1 Innerhalb der Verbandsgemeinden streuen die Anteile der Fälle (Bedarfsgemeinschaften), die Hilfe/Betreuung erhalten, ganz erheblich zwischen 11,3% (VG Konz) und 51,1% (VG Saarburg). Insgesamt erhalten 29,8% Hilfe oder Betreuung. Dieser Befund korrespondiert mit der erheblich ungleichen Altersstruktur der einzelnen Verbandsgemeinden. Vor allem in den ländlichen Verbandsgemeinden ist - wie zuvor gezeigt wurde - der Anteil der Betagten (über 75 Jahre) beträchtlich, so daβ sich damit zum groβen Teil auch die Streuung der Hilfenehmer über die Verbandsgemeinden erklärt.

Anteil von 4,1%, während die Kombination von familienfremden und Verwandten im Haushalt (1,6%) sowie Verwandten im Haushalt, Verwandten im Ort und Familienfremden/Sozialstationen mit 2,8% insgesamt geringe Anteile haben. Auch hier wird deutlich, daβ nichtfamiliale Helfer nur in geringem Maβe als Ergänzung familialer Hilfe in Anspruch genommen werden und daβ in der übergroβen Mehrzahl der Fälle ausschlieβlich verwandtschaftliche Hilfe geleistet wird.

2.4.1 Hilfe durch Verwandte am Ort

Tabelle 14 zeigt für die Haushalte, die nicht bereits bei Verwandten wohnen, ob sie Verwandte am Ort haben. 41,8% aller nicht bei Verwandten wohnenden Ein-Personen-Haushalte haben keine Verwandten am Ort. Von den (Ehe)-Paaren mit Kindern sind es mehr als die Hälfte (56,5%) (bei 15,7% Nichtbekannt-Angaben) und von den Alleinerziehenden fast die Hälfte (45,9%).

Tabelle 14: Gibt es Verwandte am Ort?

- nur Fälle, die nicht bei Verwandten wohnen -

Haushaltstyp (grob)	Verwandte am Ort			total
	ja	nein	nicht bekannt	
Ein-Personen-Haushalt	196 44.0% 46.6%	186 41.8% 37.6%	63 14.2% 42.6%	445 100.0% 41.8%
(Ehe)Paare o.Kinder	31 40.3% 7.4%	40 51.9% 8.1%	6 7.8% 4.1%	77 100.0% 7.2%
(Ehe)Paare m.Kindern	53 27.7% 12.6%	108 56.5% 21.8%	30 15.7% 20.3%	191 100.0% 18.0%
Alleinerziehende	141 40.2% 33.5%	161 45.9% 32.5%	49 14.0% 33.1%	351 100.0% 33.0%
total	421 39.6% 100.0%	495 46.5% 100.0%	148 13.9% 100.0%	1064* 100.0% 100.0%

* Berechnung ohne die Fälle, in denen nur Kinder Sozialhilfe erhalten

Quelle: Strukturuntersuchung (stab39a); eigene Berechnung

Lesehinweis: Erste Zahl eines Dreierblocks: Anzahl absolut; zweite Zahl: Reihenprozente; dritte Zahl: Spaltenprozente

Insgesamt sind die "nicht bekannt"-Nennungen bei den Geschwisterhaushalten am größten (35%). Auch bei den Alleinerziehenden, die bei Verwandten wohnen, ist die Quote mit über einem Viertel recht hoch. Offenbar interessiert die Sozialverwaltung in den Fällen, wo Hilfebezieher bereits in irgendeiner Form

Tabelle 15: Verwandte am Ort

	Fälle	%
Verwandte am Ort haben	603	43,9
nur ländliche Kleinstadt	265	47,2
nur Dorf	338	41,6
keine Verwandte am Ort haben	521	37,9
nur ländliche Kleinstadt	233	41,5
nur Dorf		35,5
nicht bekannt	249	18,1
nur Kleinstadt	63	11,2
nur Dorf	186	22,9

Berechnung ohne Aussiedler, Übersiedler, Asylanten (n = 1373)

bei Verwandten wohnen, die Existenz weiterer Verwandte am Ort nicht. Die Sozialverwaltung geht dann davon aus, daß nötige bzw. mögliche Hilfeleistungen von den Verwandten erbracht werden, mit denen die Hilfeempfänger zusammen wohnen. Weitere mögliche Unterstützungsgeber am Ort sind dann offenbar nicht von Interesse.

Von den dörflichen Sozialhilfeempfängern hat ein deutlich höherer Anteil Verwandte am Ort. Auffällig ist auch, daß der Anteil der "nicht bekannt"-Antworten sich zu drei Vierteln auf das Dorf konzentriert. Hier handelt es sich vermutlich um Fälle, in denen die Sozialhilfesachbearbeiter wenig Kontakt zu ihren Hilfeempfängern haben, weil die Sozialhilfe aufgrund einmal eingereichter und nur fortgeschriebener Unterlagen (wie Rentenbescheide usw.) ohne weitere Prüfung kontinuierlich ausgezahlt wird.

2.4.2 Exkurs: Der Kenntnisstand der Sozialhilfe-Verwaltungen

Der Informationsstand der Sozialverwaltungen über Hilfemöglichkeiten im sozialen Umfeld der Hilfebezieher stellt sich als extrem unterschiedlich dar, wie sich an den Anteilen der "nicht-bekannt" Aussagen zur Frage zeigt, ob Hilfebezieher, die nicht bei Verwandten wohnen, gleichwohl Verwandte an ihrem Wohnort haben. Der Anteil der "nicht bekannt"-Nennungen streut sehr stark (vgl. Tab. 16). Die Streuung liegt zwischen 3,4% und mehr als zwei Dritteln (68,2%) "nicht bekannt"-Nennungen, wobei nicht wenige Verwaltungen "nicht bekannt"-Quoten weit über 30% haben.

Die erhebliche Schwankungsbreite dieser Quoten läßt sich auch vor dem Hintergrund der Stadt-Land-Typisierung sehen: In der Regel haben die "ländlichen" Verbandsgemeinden wesentlich geringe Zahlen an "nicht bekannt"-Nennungen: so z.B. Manderscheid, Neumagen Dhron, Thalfang, Traben-Trabach. Andererseits gibt es allerdings auch gemischte Verbandsgemeinden (d.h. Dörfer und Kleinstadt innerhalb der Verbandsgemeinde) mit recht geringen "nicht bekannt"-Nennungen: so z.B. Saarburg mit ca. 10%, Bernkastel Kues mit 5%. Demgegenüber ist aber auch festzustellen, daß eine überwiegend städtische Verbandsgemeinde wie Konz auch nur einen Wert von gut 7% von "nicht bekannt"-Nennungen hat. In dieser Verbandgemeinde kennen die SachbearbeiterInnen ihre Klientel sehr gut. Der Anteil der "nicht bekannt"-Antworten beträgt im Landkreis Trier-Saarburg (28,0%) etwa das vierfache des Landkreises Bernkastel-Wittlich (7,3%).

Tabelle 16: Kenntnisstand der Sozialverwaltung

Verbandsgemeinde	Verwandte am Ort			TOTAL
	ja	nein	nicht bekannt	
Hermeskeil	44.1% 8.6%	17.8% 4.0%	38.1% 18.1%	100.0% 8.6%
Kell	93.5% 7.1%	6.5% .6%		100.0% 3.4%
Konz	37.3% 11.4%	55.1% 19.6%	7.6% 5.6%	100.0% 13.5%
Ruwer	19.7% 2.2%	12.1% 1.5%	68.2% 18.1%	100.0% 4.8%
Schweich	40.0% 7.3%	28.2% 6.0%	31.8% 14.1%	100.0% 8.0%
Trier-Land	17.1% 2.2%	17.1% 2.5%	65.8% 20.1%	100.0% 5.5%
Saarburg	63.2% 12.3%	26.5% 6.0%	10.3% 4.8%	100.0% 8.5%
Wittlich Stadt	50.0% 9.8%	46.6% 10.6%	3.4% 1.6%	100.0% 8.6%
Morbach	40.6% 4.3%	40.6% 5.0%	18.8% 4.8%	100.0% 4.7%
Bernkastel-Kues	43.3% 8.6%	51.7% 11.9%	5.0% 2.4%	100.0% 8.7%
Kröv-Bausendorf	54.3% 4.1%	45.7% 4.0%		100.0% 3.4%
Manderscheid	27.5% 1.8%	62.5% 4.8%	10.0% 1.6%	100.0% 2.9%
Neumagen-Dhron	61.3% 3.2%	38.7% 2.3%		100.0% 2.3%
Thalfang	28.6% 1.3%	67.9% 3.6%	3.6% .4%	100.0% 2.0%
Traben-Trarbach	56.5% 8.6%	39.1% 6.9%	4.3% 1.6%	100.0% 6.7%
Wittlich Land	37.1% 7.1%	48.3% 10.7%	14.7% 6.8%	100.0% 8.4%
TOTAL	43.9% 100.0%	37.9% 100.0%	18.1% 100.0%	100.0% 100.0%

* Strukturuntersuchung 1990, eigene Berechnung (STAB.35) *

Dies macht den unterschiedlichen Kenntnisstand deutlich. Was die Angaben zum Landkreis Trier-Saarburg angeht, so ist aufgrund der Unterschiede zu den Angaben vom Landkreis Bernkastel-Wittlich zu erwarten, daß der Anteil derer, die Verwandte im Ort haben, etwas größer als angegeben ist, und daß der Anteil derer, die keine Verwandte am Ort haben, ebenfalls erheblich größer als angegeben ist, wodurch die "nicht bekannt"-Antworten dann weiter reduziert würden.

Insgesamt macht die Betrachtung sichtbar, wie unterschiedlich der Kenntnisstand über die nähere familiale Situation der Sozialhilfeempfänger seitens der Sozialhilfeverwaltung ist. Es gibt eine ganze Reihe von Sozialverwaltungen, die über das nähere soziale Umfeld ihrer Hilfeempfänger kaum informiert sind. Dies kann man weitergehend so interpretieren, daß ihnen auch Kenntnisse über mögliche soziale Probleme - sowie damit zusammenhängend über mögliche soziale Unterstützungsmöglichkeiten - weitgehend fehlen.

2.5 Haushalte mit Kindern

Die Zunahme der Kinder im Sozialhilfebezug - von Hauser als "Infantilisierung der Armut" bezeichnet (vgl. u.a. Hauser 1990) - stellt eine Begleiterscheinung des Strukturwandels der Sozialhilfe dar. Sie ist Konsequenz der Zunahme von Arbeitslosen und Alleinerziehenden in den achtziger Jahren in der Sozialhilfe. Wie schon erwähnt, machen auch in unserer ländlichen Sozialhilfepopulation Kinder fast vier Zehntel aller Menschen im Hilfebezug aus. Hier sollen nun einige weitere Informationen zu den Haushalten gegeben werden, in denen Kinder im Sozialhilfebezug aufwachsen.

Haushalte mit *minderjährigen* Kindern, in denen zusätzlich auch jugendliche Kinder über 18 Jahren leben können, machen (n=579) mehr als ein Drittel (36,23%) aller Sozialhilfefälle bzw. 38,19% aller Fälle mit *erwachsenem* Haushaltsvorstand (die Fälle, in denen *nur* Kinder Sozialhilfe beziehen, bleiben unberücksichtigt) aus. Von allen Haushalten mit einem Haushaltsvorstand im Erwerbsalter (18 bis 60 Jahre) sind es sechs Zehntel (59,8%), in denen minderjährige Kinder in der Lebensbedingung Sozialhilfebezug aufwachsen.

Im Durchschnitt haben die Haushalte, die Kinder im Sozialhilfebezug groß ziehen, 1,85 Kinder. Etwas höhere Zahlen zeigen sich bei den Aus- und Übersiedlern mit durchschnittlich 1,90 Kindern. Asylanten haben im Durchschnitt 2,62 Kinder. Hier sind die Haushalte mit mehr als 4 Kindern mit etwa 17% etwas stärker vertreten als bei den Aus- und Übersiedlern und bei den deutschen Haushalten.

Mehr als die Hälfte (58,7%) aller Haushalte mit Kindern im Sozialhilfebezug sind Haushalte von Alleinerziehenden, und ein Viertel (25,8%) sind Haushalte von Arbeitslosen. Den dritten Rang nehmen die Sonstigen (Aus- und Übersiedler, Asylanten) mit 9,2% ein. Haushalte mit unzureichendem Erwerbseinkommen stellen 8,6% aller Haushalte mit Kindern im Sozialhilfebezug; unzureichend Versichert und Versorgte machen 3,5% der Haushalte mit Kindern aus.

Die Mehrzahl der Haushalte mit minderjährigen Kindern im Sozialhilfebezug (44,0%) hat ein Kind, ein gutes Drittel (35,1%) zwei Kinder, drei oder vier Kinder haben ein knappes Fünftel (18,0%). Mehr als vier Kinder haben nur 2,9% aller Haushalte mit Kindern.

Weit mehr als ein Drittel der Haushalte mit Kindern sind im langfristigen Sozialhilfebezug von mehr als 3 Jahren (38,1%). Der Großteil ist unter drei Jahre im Hilfebezug, ein knappes Drittel bis zu einem Jahr (30,6%), eine leicht größere Gruppe (31,3%) zwischen einem und drei Jahren (s. Tab. 17).

Tabelle 17: Dauer des Hilfebezugs und Kinderzahl

Dauer des Sozialhilfebezugs bei Haushalten mit minderjährigen Kindern unter 18.

Dauer des Sozialhilfebezugs in Jahren	Gesamtzahl der Kinder im Hilfebezug				Total
	Ein Kind	Zwei Kinder	3-4 Kinder	5 und mehr Kinder	
BIS 1 Jahr	95 53.7% 37.3%	57 32.2% 28.1%	22 12.4% 21.2%	3 1.7% 17.6%	177 100.0% 30.6%
1 BIS 3 Jahre	82 45.3% 32.2%	59 32.6% 29.1%	36 19.9% 34.6%	4 2.2% 23.5%	181 100.0% 31.3%
3 BIS 5 Jahre	34 33.0% 13.3%	40 38.8% 19.7%	25 24.3% 24.0%	4 3.9% 23.5%	103 100.0% 17.8%
5 BIS 7 Jahre	16 33.3% 6.3%	21 43.8% 10.3%	8 16.7% 7.7%	3 6.3% 17.6%	48 100.0% 8.3%
7 BIS 10 Jahre	16 36.4% 6.3%	17 38.6% 8.4%	9 20.5% 8.7%	2 4.5% 11.8%	44 100.0% 7.6%
ueber 10 Jahre	12 46.2% 4.7%	9 34.6% 4.4%	4 15.4% 3.8%	1 3.8% 5.9%	26 100.0% 4.5%
Zusammen	255 44.0% 100.0%	203 35.1% 100.0%	104 18.0% 100.0%	17 2.9% 100.0%	579 100.0% 100.0%

Quelle: Projekt Armut auf dem Land; eigene Berechnung
Lesehinweis: Erste Zahl eines Dreierblocks: Anzahl absolut; zweite Zahl: Reihenprozente; dritte Zahl: Spaltenprozente.

Bei Haushalten mit Kindern spielt das Wohnen bei Verwandten keine entscheidende Rolle; es sind nur ein Zehntel dieser Haushalte, die bei Verwandten wohnen. Die Mehrzahl dieser Haushalte sind jüngere ledige Alleinerziehende.

Das Wohnen bei Verwandten nimmt mit zunehmender Kinderzahl ab. Je mehr Kinder ein Sozialhilfehaushalt hat, desto seltener wird es, daß er bei Verwandten wohnt.

In zwei Dritteln der Sozialhilfe-Haushalte mit minderjährigen Kindern (66,0%) wachsen Kinder nur mit einem Elternteil auf. Die übrigen 34% sind Ehe- oder Partnerpaare.

Haushalte mit minderjährigen Kindern im Sozialhilfebezug wohnen überwiegend (zu 87%) in Formen der Miete. 6,4% haben Hausbesitz. Die Fälle des mietfreien Wohnens (6,1%) und des Wohnrechts (0,5%) machen nur einen geringen Anteil aus.

In welcher Lebensphase befinden sich die Kinder? Ihr Alter hat Bedeutung für die Form und Intensität der Betreuung durch die Eltern und für die Möglichkeit einer Erwerbstätigkeit.

Abbildung II/19:

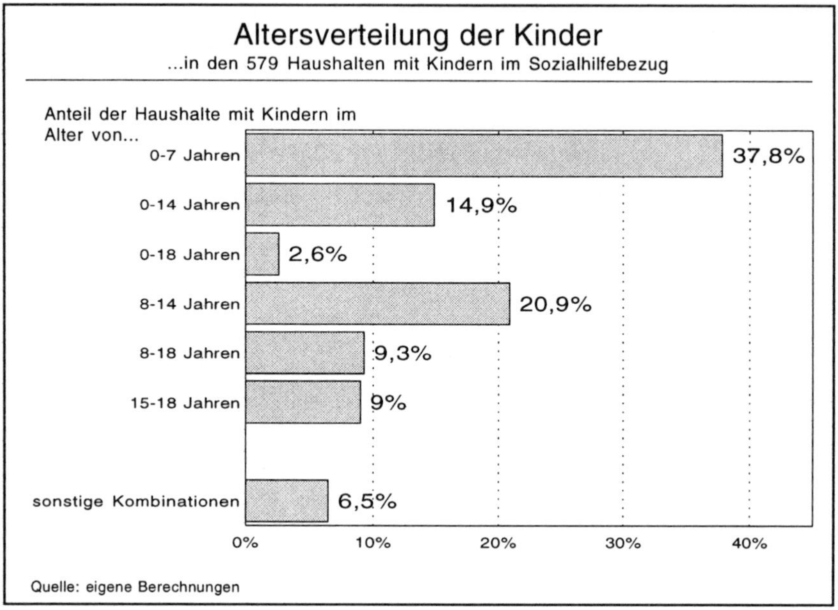

Von allen Haushalten mit minderjährigen Kindern (s. Abb. II/19) stellen die mit Kindern im Kleinkind- bzw. Vorschulalter (0-7 Jahre) mit weit über einem Drittel die stärkste Gruppe (37,8%). In diesen Haushalten lebt mehrheitlich (zu 68,0%) nur ein Kind, zu einem knappen Viertel zwei Kinder (24,7%) und nur zu 6,4% drei oder mehr Kinder. Wegen des niedrigen Alters der Kinder sind 81,7% dieser Haushalte unter drei Jahre im Sozialhilfebezug (im Durchschnitt 1,66 Jahre). Fast zwei Drittel dieser Gruppe sind Alleinerziehende, mehr als ein Viertel (27,1%) Haushalte von Arbeitslosen. Ledige Alleinerziehende machen mit 28,4% eine starke Teilgruppe dieser Haushalte mit jüngeren Kindern aus; von ihnen wohnen auch 27,4% bei Verwandten.

Die Haushalte mit Kindern im Schulalter zwischen acht und vierzehn Jahren stellen etwa ein Fünftel (20,9%) aller Haushalte mit minderjährigen Kindern im Hilfebezug. Zu über der Hälfte (57,0%) lebt ein Kind, zu mehr als einem

Drittel (34,7%) sind zwei Kinder und seltener drei oder mehr Kinder (9,2%) im Haushalt. Diese Haushalte sind bereits deutlich länger im Sozialhilfebezug als die erste Gruppe; 47,1% beziehen mehr als drei Jahre Sozialhilfe, je ein gutes Viertel (26,4%) ist bis zu einem Jahr bzw. ein bis drei Jahre Hilfebezieher (durchschnittlich 3,96 Jahre). Auch diese Gruppe besteht mehrheitlich aus Alleinerziehenden (59,5%) und zu einem Fünftel aus Arbeitslosen (22,3%). Die Haushalte mit Kindern im Vorschul- *und* Schulalter (0-14 Jahre) machen etwa ein Siebtel aller Haushalte mit minderjährigen Kindern aus (14,9%). In fast der Hälfte (48,8%) sind zwei, in fast einem weiteren Drittel drei (29,1%), in einem Siebtel (14,0%) vier und in 8,1% fünf oder sechs Kinder im Haushalt. 40,7% dieser Gruppe sind länger als drei Jahre von Sozialhilfe abhängig; ein Viertel (25,6% bis zu einem Jahr, ein Drittel (33,7%) ein bis drei Jahre (im Durchschnitt 2,89 Jahre).

Haushalte mit nur jugendlichen Kindern (14-18 Jahre) stellen ein knappes Zehntel aller Haushalte mit minderjährigen Kindern (9,0%). Überwiegend ist hier ein Kind im Haushalt (67,3%), in einem knappen Drittel (32,7%) zwei Kinder. Diese Haushalte sind zu weit mehr als der Hälfte im langfristigen Sozialhilfebezug über drei Jahre (55,8%); nur 13,5% sind unter einem Jahr, nur etwa ein Drittel (30,8%) ein bis drei Jahre im Sozialhilfebezug (durchschnittlich 4,62 Jahre).

Insgesamt sind die Haushalte mit Kindern im Durchschnitt 1,89 Jahre im Hilfebezug, der Median ist 2,00 Jahre. Haushalte mit Kindern haben mithin eine deutlich niedrigere Durchschnittsdauer des Sozialhilfebezugs als alle Sozialhilfeempfänger und auch eine deutlich niedrigere als die Sozialhilfeempfänger im Erwerbsalter (unter 60 Jahre), deren Durchschnitt bei 3,94 Jahren liegt (Median 2,5).

2.6 Ausbildung und Erwerbstätigkeit

2.6.1 Die berufliche Ausbildung[1] der Sozialhilfeempfänger

Von den Haushaltsvorständen im Alter bis zu 60 Jahren haben 30,9% eine abgeschlossene berufliche Ausbildung, bei den über 60-Jährigen dagegen nur 13,5%. Die berufliche Ausbildung der ländlichen Hilfeempfänger erscheint so zunächst als ein Kohortenproblem. Die älteren Jahrgänge haben in Zeiten ihr Erwerbsleben durchlebt, in denen eine berufliche Ausbildung in geringerem

1 Auf die Frage nach der schulischen Ausbildung hatten wir in der Aktenerhebung verzichtet, weil hier der Kenntnisstand der Sozialverwaltung unbefriedigend ist.

Maße üblich und erforderlich war, zumal für Frauen. Von den Haushaltsvorständen im Erwerbsalter (60 Jahre) haben die Männer mit 40,6% einen deutlich höheren Anteil an Berufsausbildung als die Frauen mit 24,8% (Werte ohne nicht-bekannt-Angaben). Bei den über 60-jährigen haben die (wenigen) Männer zu 38,2% eine Berufsausbildung, die Frauen (die hier 82,3% der über 60-jährigen - ohne nicht-bekannt-Angaben - stellen) dagegen nur zu 8,2%.

Tabelle 18

Berufliche Ausbildung nach Teilgruppen

	Ausbildung				total	berufl. Ausbild. ohne "nicht bekannt"
	abgeschlossene Ausbildung	keine abgeschlossene Ausb.	in Ausbildung/ Maßnahme	nicht bekannt		
Unzur.Vers.+Versorgt	53 9.1% 19.7%	297 51.1% 38.3%		231 39.8% 51.2%	581 100.0% 38.3%	15,1%
Alleinerz. insgesamt	67 19.5% 24.9%	189 54.9% 24.4%	2 .6% 10.0%	86 25.0% 19.1%	344 100.0% 22.7%	26,2%
Arbeitslose	111 33.7% 41.3%	150 45.6% 19.3%	2 .6% 10.0%	66 20.1% 14.6%	329 100.0% 21.7%	42,5%
Unzur.Erwerb.insg.	8 11.3% 3.0%	46 64.8% 5.9%	7 9.9% 35.0%	10 14.1% 2.2%	71 100.0% 4.7%	14,8%
Sonstige insgesamt	30 15.7% 11.2%	94 49.2% 12.1%	9 4.7% 45.0%	58 30.4% 12.9%	191 100.0% 12.6%	24,2%
total	269 17.7% 100.0%	776 51.2% 100.0%	20 1.3% 100.0%	451 29.7% 100.0%	1516 100.0% 100.0%	

Quelle: Strukturuntersuchung 1990, eigene Berechnungen

Während die jungen Haushaltsvorstände (bis 24 Jahre) nur zu 17,7% über eine abgeschlossene Berufsausbildung verfügen, haben die folgenden Altersgruppen der 25-34-jährigen zu 33,1%, die 35-44-jährigen zu 37,8%, die 45-54-jährigen zu 28,6%, die 55-60-jährigen zu 27,1%, die 61-64-jährigen zu 31,8%, die 65-74-jährigen zu 12,6% und die über 75-jährigen zu 9,0% einen beruflichen Abschluß. Demnach ist insgesamt der Anteil beruflicher Abschlüsse unter den Sozialhilfe-Haushaltsvorständen sehr niedrig (Anteil in der Gesamtbevölkerung über 15 Jahre 1989 62,5%; vgl. Statistisches Bundesamt 1993, 84). Ein Zusammenhang zwischen Sozialhilfebezug und niedrigem beruflichen Qualifikationsniveau scheint mithin zu bestehen (vgl. Schott-Winterer 1990, 63). Fehlende berufliche Qualifikation führt zu einer Benachteiligung am Arbeitsmarkt und kann verstärkt zu unregulären Beschäftigungsverhältnissen mit größerem Arbeitslosigkeitsrisiko und niedriger Entlohnung führen[1].

Tabelle 18 zeigt die berufliche Ausbildung unter Einbezug von nicht-bekannt-Nennungen und in Ausbildung/Maßnahmen Befindlichen. Es ergeben sich deutliche Unterschiede zwischen den Gruppen. Haushaltsvorstände mit abgeschlossener beruflicher Ausbildung haben mit 17,7% einen recht geringen Anteil. Innerhalb der Gruppe mit beruflicher Ausbildung ist die Verteilung nach dem Geschlecht ausgeglichen. Von *allen* Männern haben 28,6% eine berufliche Ausbildung, von den Frauen nur 12,8%.

Keine abgeschlossene berufliche Ausbildung haben insgesamt 51,2% unserer Population. Davon entfallen drei Viertel (74,0%) auf Frauen und nur 26,0% auf Männer. Selbst wenn man den insgesamt höheren Anteil der Frauen in unserer Population von 68,6% (in bezug auf den um die Kinder verminderten Datensatz) bedenkt, zeigt sich doch insgesamt, daß die Frauen in höherem Maße, als ihrem Anteil entspricht, keine abgeschlossene Berufsausbildung haben. Nur zum Teil hängt das mit dem hohen Anteil älterer Frauen mit unzureichender Altersversorgung zusammen; auch bei den Frauen im Erwerbsalter ist die berufliche Qualifikation geringer.

Zum Anteil der Nicht-bekannt-Angaben der beruflichen Ausbildung
Bei den Personen im Erwerbsalter ist der Anteil der "nicht bekannt"-Nennungen noch sehr erheblich. So ist bei den Arbeitslosen eine Quote von einem Fünftel "nicht bekannt"-Nennungen eigentlich unverständlich, da hier ja die Sozialverwaltung darüber informiert sein müßte, ob eine berufliche Ausbildung vorliegt oder nicht. Dies wäre ja für mögliche Anstrengungen, die Hilfeempfänger wieder ins Arbeitsleben zu integrieren, von eminenter Bedeutung.

Gleiches gilt für die Alleinerziehenden im Sozialhilfebezug: eine Quote von 24,9% "nicht bekannt"-Antworten weist daraufhin, daß die Sozialhilfeverwaltungen es in der Regel versäumen, sich über Möglichkeiten der beruflichen Integration ihrer Population Gedanken zu machen.

Der höchste Anteil der "nicht bekannt"-Nennungen mit 39,9% liegt bei den unzureichend Versichert und Versorgten vor. Dies ist insofern plausibel als dieser Sachverhalt für den Sozialhilfebezug in der Regel keine Rolle mehr spielt. Insofern ist in dieser Gruppe der hohe Grad der Kenntnislosigkeit der Sozialverwaltung über die berufliche Qualifikation ihrer Population verständlich und nachvollziehbar.

Auch zwischen den Verbandsgemeinden sind die Unterschiede bei "nicht bekannt"-Angaben zur beruflichen Ausbildung erstaunlich hoch. Hier reicht die Spannweite von 5,6% aller Fälle in dieser Verbandsgemeinde bei Bernkastel Kues bis zu 63% "nicht bekannt"-Angaben (bezogen auf die Verbandsgemeinden) bei den Gemeinden Ruwer, Trier Land und Wittlich Land. Diese Differenzen sind nicht mehr nur durch die unterschiedliche (Alters-) Struktur der Population in den Verbandsgemeinden zu erklären. Zwar ist generell der Anteil der "nicht bekannt"-Antworten bei

1 Dies zeigt sich unter anderem sehr deutlich an der unterschiedlichen Verweildauer in Sozialhilfebezug je nach beruflicher Qualifikation. Haushaltsvorstände mit abgeschlossener Berufsausbildung im Erwerbsalter bis 60 Jahre sind durchschnittlich 2,93 Jahre im Hilfebezug, Haushaltvorstände ohne Berufsausbildung 4,62 Jahre. Der Unterschied ist hoch signifikant (p=.0000).

den jüngeren Altersgruppen geringer: bei den unter 25jährigen liegt er bei 15%, steigt dann allmählich bis zu der Altersgruppe der 55-60jährigen auf 30%. Bei allen älteren Altersgruppen liegt er weit höher und erreicht sein Maximum bei der Gruppe der Hochbetagten (älter als 75 Jahre) mit 44,0%. Dennoch bleibt der hohe Anteil der "nicht bekannt"-Antworten in den erwerbsfähigen Altersgruppen bemerkenswert.

Die krassen Unterschiede zwischen den Verbandsgemeinden machen deutlich, daß von den ländlichen Sozialverwaltungen Sozialhilfe oft nur als Leistungsverwaltung verstanden und praktiziert wird. Trotz des hohen Anteils an nicht-bekannt-Antworten bleibt insgesamt der Eindruck einer vergleichsweise sehr schlechten beruflichen Ausbildungssituation vor allem der Haushaltsvorstände im Erwerbsalter, die die Chancen auf dem Arbeitsmarkt stark beeinträchtigt.

Tabelle 19

Berufliche Ausbildung und Teilgruppe
- Ohne nicht-bekannt-Nennungen -

	berufliche Ausbildung	
Ursachengruppe grob	abgeschlossene Ausbildung	keine abgeschlossene Ausbil.
Unzureichend Versichert und versorgt	15.1%	84.9%
Alleinerziehende insgesamt	26.2%	73.8%
Arbeitslose	42.5%	57.5%
Unzureiches Erwerbseinkommen	14.8%	85.2%
Sonstige insgesamt	24.2%	75.8%

Quelle: Strukturuntersuchung 1990 (stab.33)

2.6.2 Erwerbstätigkeit vor dem Sozialhilfebezug

Fast drei Viertel (72,9%) aller Haushaltsvorstände sind vor dem Sozialhilfebezug erwerbstätig gewesen.

65% waren hauptberuflich erwerbstätig gewesen; überwiegend in sozialversicherungspflichtigen Tätigkeiten. 41,7% haben an- oder ungelernt gearbeitet. Facharbeiter und Handwerker kommen nur mit geringen Prozentanteilen vor, Angestellte haben einen Anteil von 13,1%. Bemerkenswert ist inbesondere, daβ Landwirte und Winzer im Sozialhilfebezug (HLU) nur mit verschwindenden Anteilen von 0,8% vorkommen, obwohl vor allem kleinere landwirtschaftliche oder Weinbaubetriebe im Untersuchungsgebiet durchaus ökonomische Schwierigkeiten haben (die Personen, die früher mithelfend im landwirtschaftlichen oder sonstigen Familienbetrieb gearbeitet haben, werden unten gesondert dargestellt. Es handelt sich um zusammengenommen 7,9%, so daβ es eine nennenswerte Gruppe im Sozialhilfebezug ist). Ehemals selbständige und freiberuflich Tätige (die in der Regel nicht sozialversicherungspflichtig tätig waren, und deswegen oft keine Absicherung für Arbeitslosigkeit, Alter und Krankheit haben) haben einen Anteil von zusammengenommen 8,4%. Hieran wird deutlich, daβ - wenn man von den zuletzt genannten Sondergruppen absieht - die Mehrzahl der Sozialhilfeempfänger sozialversicherungspflichtig gearbeitet hat, und die Ursache des Sozialhilfebezuges häufig in unzureichenden Leistungen nach AFG, der Altersversorgung oder der fehlenden Absicherung Alleinerziehender zu sehen ist.

2.6.3 Mithelfende im Familienbetrieb

In ländlichen Verbandsgemeinden haben Personen, die früher im Familienbetrieb mitgeholfen haben, z.T. beträchtliche Anteile an der Fallzahl der ländlichen Sozialhilfeempfänger (s. Abb. II/20).

Abbildung II/20:

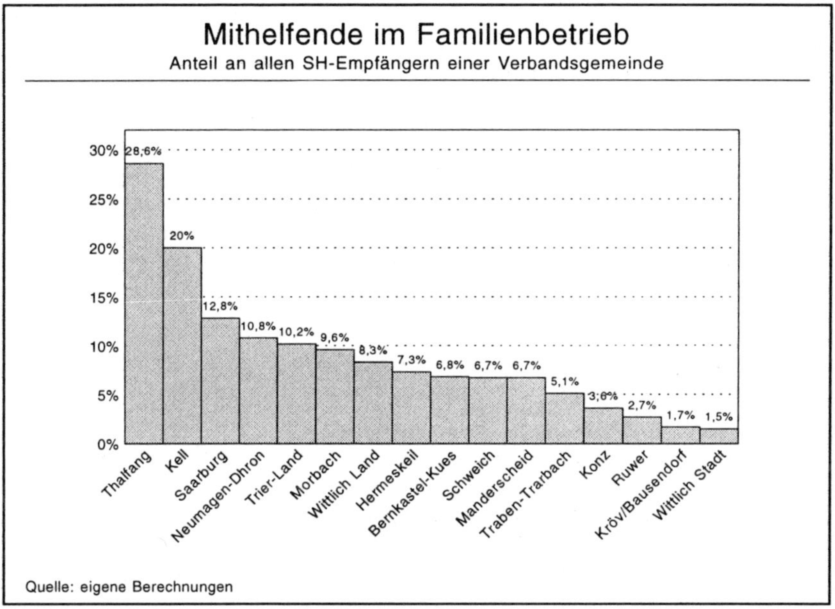

Quelle: eigene Berechnungen

Die Anteile der in Familienbetrieben tätig gewesenen an der gesamten Sozialhilfepopulation (Bedarfsgemeinschaften) der Verbandsgemeinden streuen zwischen 1,7 bis hin zu 28,6% (vgl. Abb. II/20).

Die Mehrzahl der ehemals Mithelfenden sind Frauen (85,6% der Mithelfenden), eine Minderheit bilden die (14,4%) Männer. Mehrheitlich wurde (zu 89,8%) in landwirtschaftlichen Familienbetrieben und in einem Zehntel aller Fälle (zu 10,2%) in handwerklichen oder sonstigen Familienbetrieben mitgeholfen. Von denen, die in landwirtschaftlichen Familienbetrieben tätig waren, sind 84,9% (90 Fälle) Frauen, und 15,1% (16 Fälle) Männer. Von denen, die in einen nicht landwirtschaftlichen Familienbetrieb mitgearbeitet haben, sind 91,7% Frauen (11 Fälle) und 8,3% Männer. Beide Arten von Familienbetrieben zusammengenommen, machen die Frauen bei weitem den Großteil dieser Gruppe aus: sie nehmen mit 101 Fällen und 85,6% gegenüber 17 Fällen und

14,4% (Männer) die überwiegende Mehrheit derer ein, die in Familienbetrieben mithelfend waren.

Die Mehrzahl - fast zwei Drittel - sind ledig (63,6%; gut ein Viertel aller in Familienbetrieben Mithelfenden sind verwitwet (26,3%). Getrennt Lebende (0,8%) und Geschiedene (6,8%) machen zusammen nur 7,6% aus. Verheiratete haben nur einen Anteil von 2,5%.

Ledige Frauen, die den Großteil ihres Arbeitslebens mithelfend im Familienbetrieb verbracht haben, bestimmen den Großteil dieser Gruppe mit fast zwei Dritteln.

Nur 11,9% der Mithelfenden leben in ländlichen Kleinstädten, dagegen 88,1% auf dem Dorf.

Unter 65 Jahren alt sind 24 (20,3%) dieser Gruppe; 79,7% sind im Rentenalter. Von den "Jüngeren" ist die Mehrzahl im Alter über 55 Jahren. Ihnen dürfte es schwer fallen, mit einer beruflichen Tätigkeit im Familienbetrieb bei dem gegenwärtigen Arbeitsmarkt eine Stelle außerhalb der traditionalen Wirtschaft zu finden. Ein großer Teil der ehemals Mithelfenden befindet sich nun im betagten Alter. Das Mithelfen im Familienbetrieb ist im starkem Maße ein Kohortenproblem. Es dürfte in der Regel mit einer mangelnden Sozialversicherungspflicht bzw. zu geringen Beiträgen einher gegangen sein. Ein Fünftel (20,3%) der ehemals Mithelfenden hat kein Einkommen außer der Sozialhilfe, zwei Drittel (67,8%) haben Renten, die unzureichend sind.

Die meisten (73,7%) dieser Gruppe haben neben der Mithilfe im Familienbetrieb keine andere Tätigkeit ausgeübt (87 Fälle). 12,7% (15 Fälle) haben neben der Mithilfe im Familienbetrieb als An- und Ungelernte in - vermutlich sozialversicherungspflichtigen - anderen Tätigkeiten gearbeitet.

Die Sozialhilfedauer dieser Gruppe ist recht hoch, etwa 65% dieser Gruppe sind seit über 7 Jahren im Sozialhilfebezug. Ein deutlicher Schwerpunkt ist dabei ab einem über 10jährigen Sozialhilfebezug zu sehen: mehr als 50% dieser Gruppe sind länger als 10 Jahre im Sozialhilfebezug. Über 15 Jahre sind es immerhin 32,2%.

31,3% dieser Teilgruppe leben alleine. Weitere 39,9% leben als Einzelbezieher von Sozialhilfe bei Verwandten. Geschwisterhaushalte machen mit 22,9% dieser Gruppe einen beträchtlichen Anteil aus. Die übrigen Haushaltsformen, wie Ehepaare mit und ohne Kinder sowie unvollständige Kernfamilien machen zusammen unter 5 Prozentpunkte aus.

Der Anteil derjenigen, die in Formen der Miete wohnen, ist mit 20,3% relativ gering. 28% wohnen im eigenen Haus. Der Rest dieser Gruppe wohnt mit Wohnrecht (33,1%) oder mietfrei (18,6%).

2.6.4 Erwerbstätigkeit im Sozialhilfebezug

Von den Sozialhilfebeziehern bis 60 Jahren ist insgesamt jeder Fünfte (20,2%) erwerbstätig im Hilfebezug. Davon sind 4,1% ganztags, 1,4% halbtags, 11,0% nebenher und 3,6% in der Werkstatt für Behinderte erwerbstätig (s. Tab. 20).

Tabelle 20

Erwerbstätigkeit im Sozialhilfebezug (nur unter 60-jährige)

Erwerbstätigkeit der Hilfempfänger (HV) Art der Tätigkeit	Gemeindetypus		Insgesamt
	Kleinstadt	Dorf	
nicht erwerbstätig	47.3% 79.1%	52.7% 80.5%	100.0% 79.8%
hauptberuflich erwerbstätig	36.6% 3.2%	63.4% 5.0%	100.0% 4.1%
halbtags erwerbstätig	64.3% 1.9%	35.7% 1.0%	100.0% 1.4%
nebenher erwerbstätig	60.6% 13.9%	39.4% 8.3%	100.0% 11.0%
Werkstatt für Behinderte	25.0% 1.9%	75.0% 5.2%	100.0% 3.6%

Quelle: Strukturuntersuchung 1990; eigene Berechnung.

Von den bis 60-jährigen erwachsenen Haushaltsvorständen sind in ländlichen Kleinstädten insgesamt 20,9% erwerbstätig, davon 3,2% ganztags, 1,9% halbtags, 13,9% nebenher und 1,9% in der Werkstatt für Behinderte.

In den dörflichen Gemeinden sind von den Haushaltsvorständen im Erwerbsalter 5,0% hauptberuflich, 1,0% halbtags, 8,3% nebenher und 5,2% in der WfB tätig; zusammen 19,5%. Die Differenz zwischen Dorf und Kleinstadt insgesamt ist gering, aber die Anteile der Nebentätigkeiten sind in den dörflichen Gemeinden niedriger, auch die Anteile der halbtags Erwerbstätigen, während die Quote der Behinderten in der WfB gegenüber der Kleinstadt doppelt so hoch ist.

2.7 Einkommensformen

Wir schließen bei den folgenden Rechnungen zum Einkommen die Fälle aus, in denen nur Kinder Sozialhilfe beziehen (n = 82, 5,1%), da ihre Einkommenssituation mit der erwachsener Sozialhilfebezieher kaum vergleichbar ist. Die Fälle der "nur Kinder im Sozialhilfebezug" erhalten zu 41,5% nur Kin-

dergeld, zu 4,9% nur Wohngeld, zu 18,3% nur Kindergeld und Wohngeld, zu 13,4% Unterhalt oder Unterhaltszuschuß, zu 3,7% Waisenrente und zu 18,3% andere Einkommen (Großelternpflegegeld, Steuervorteil, Sonstiges).
Von den zu betrachtenden Fällen mit erwachsenem Haushaltsvorstand (n = 1516) haben 7,2% keinerlei Einkommen - außer eben dem Sozialhilfebezug. Dies bedeutet, daß sie über keinerlei andere staatliche Transfers, nicht einmal über Hilfen zur Wohnung (Wohngeld) usw. verfügen. Sie haben vor allem kein eigenes Transfereinkommen, wie etwa Rente, Arbeitslosengeld oder -hilfe usw., das den Lebensunterhalt zu sichern intendiert. Im Vergleich zu bundesweiten (17%) und landesweiten (20%) Quoten ist dieser Anteil niedrig (vgl. Stat. Bundesamt 1992b; Niedrig 1992; MASFG Rheinland/Pfalz 1993). Vermutlich sind es sehr häufig Personen bzw. Haushalte im kurzfristigen Bezug, die auf andere Sozialleistungen warten, auf die sich diese hohen Anteile beziehen. Für diese Annahme spricht auch das Nachrangprinzip der Sozialhilfe, das Hilfebezieher verrpflichtet, zunächst vorrangige andere Sozialleistungen wie Wohngeld, Kindergeld usw. zu beantragen.

Weitere 9,7% der Population erhalten nur Wohngeld. Zusammengenommen machen die beiden vorgenannten Gruppen, die entweder kein Einkommen haben oder nur Wohngeld erhalten, bereits 16,9% (256 Fälle) der gesamten Population aus. Eine weitere Gruppe erhält nur Kindergeld: 2,1% (32 Fälle). Nimmt man die Fälle hinzu, die nur Kindergeld und Wohngeld erhalten (110 Fälle): 7,3% so ergibt sich eine weitere große Gruppe: zusammengenommen (nur Kindergeld bzw. nur Kindergeld und Wohngeld) 142 Fälle und 9,4% der gesamten Population. Eine weitere Gruppe von (n = 124) hat entweder unterschiedliche Kombinationen der vorgenannten Transfers und/oder weitere Einkommen wie Nießbrauch, Steuervorteil, Unterstützung von Verwandten, Ausbildungsunterstützung/Lohn anderer Familienangehöriger usw..
Nimmt man alle vorgenannten Gruppen zusammen, so machen sie 34,4% der gesamten Sozialhilfepopulation beider Landkreise aus. Schließt man also weitere nicht existenzsichernde Einkommensformen aus, wie z.B. Nießbrauch, landwirtschaftliches Vermögen, Pacht usw., so haben mehr als ein Drittel (34,3%) aller Fälle keinen existenzsichernden Transfer bzw. Arbeitseinkommen. In fast zwei Dritteln (65,7%) aller Sozialhilfefälle versagt mithin das vorgelagerte soziale Sicherungssystem insofern, als es keine bedarfsdeckende Grundsicherung erreicht und durch Sozialhilfe aufgestockt werden muß.

Betrachtet man die einzelnen Ursachengruppen daraufhin, in welchem Maße sie - unzureichende - die Existenz zu sichern intendierende Transfers haben, so ergeben sich erhebliche Unterschiede zwischen den Gruppen. Von den Unzureichend Versicherten und Versorgten haben 85,2% - zu niedrige - Renten, 14,8% nur sonstige Einkommen oder Transfers. Von den Alleinerziehenden erhalten 68,9% Unterhalt bzw. Unterhaltsvorschuß, 31,5% haben nur sonstige Transfers oder Einkommen.

Die Arbeitslosen haben in hohem Maße (14,9%) kein Einkommen außer der Sozialhilfe. 54,1% aller Arbeitslosen haben keine existenzsichernden Transfers außer der Sozialhilfe.

Von den Erwerbstätigen mit unzureichendem Erwerbseinkommen haben 6 (8,5%) Behinderte, die in der WfB arbeiten, kein Arbeitseinkommen, bzw. es wird mit dem Essen verrechnet. Von den sonstigen haben nur 24,1% existenzsichernde Transfers oder Einkommen.

Nach Haushaltstypen sind es überwiegend Einzelpersonen im Hilfebezug sowie Ehepaare ohne Kinder und Geschwisterhaushalte (also eigentlich auch wieder Einzelpersonen im Hilfebezug), die kein Einkommen außer der Sozialhilfe haben.

Diejenigen, die nur Wohngeld auf die Sozialhilfe angerechnet erhalten, sind ebenfalls überwiegend Einzelpersonen (81,6% dieser Gruppe), Ehepaare ohne Kinder, sowie Geschwisterhaushalte.

Tabelle 21 zeigt, daß es drei große Teilgruppen sind, in denen kein Einkommen vorkommt: Es sind einmal die unzureichend Versichert und Versorgten, von denen 7,6% kein Einkommen außer der Sozialhilfe haben, ferner die Arbeitslosen, von denen 14,9% kein Einkommen außer der Sozialhilfe haben. Daneben die Gruppe der Sonstigen, bei denen 8,4% kein Einkommen außer der Sozialhilfe hat.

Von denen, die lediglich Wohngeld auf die Sozialhilfe angerechnet erhalten, fallen ebenfalls diese 3 Gruppen ins Auge. Bei den unzureichend Versichert und Versorgten erhalten 3,8% lediglich Wohngeld (haben also auch keinerlei Renten oder andere Einkommen), bei den Arbeitslosen sind es 20,7% dieser Gruppe, so daß - wenn man den Anteil von keinem Einkommen hinzunimmt, bereits mehr als 1 Drittel der Arbeitslosen kein Einkommen oder keine existenzsichernden Transfers haben. Eine fast ebenso große Gruppe, die lediglich Wohngeld bzw. Hauslastenausgleich angerechnet auf die Sozialhilfe erhält, findet sich bei den Sonstigen. Davon sind etwas mehr als die Hälfte anerkannte oder geduldete Asylanten, jedoch auch zu einem Anteil von 40% dieser Gruppe die sogenannten Scheidungsopfer (Frauen, die als Hausfrauen gelebt haben und nach der Scheidung ohne Einkommen zurückgeblieben sind).

Von der Gruppe, die lediglich Kindergeld auf die Sozialhilfe angerechnet erhält, fallen einmal die Alleinerziehenden ins Auge: immerhin 3,8% haben außer dem Kindergeld kein anderes Einkommen als die Sozialhilfe. Eine weitere große Gruppe findet sich bei den Sonstigen; dies sind überwiegend Behinderte, die nicht in die WfB arbeiten gehen, sondern bei Verwandten wohnen, und die lediglich Kindergeld und Sozialhilfe erhalten.

Tabelle 21

Einkommensformen im Sozialhilfebezug

Einkommensarten	Teilgruppe					Total
	Unzur.Vers. +Versorgt	Alleinerz. insgesamt	Arbeitslose	Unzur.Er-werbseink.	Sonstige insgesamt	
andere Einkommen	3.1%	9.3%	8.5%	4.2%	22.5%	8.2%
kein Einkommen	7.6%		14.9%		8.4%	7.2%
Kindergeld+Wohngeld		18.0%	8.5%	2.8%	9.4%	7.3%
nur Wohngeld	3.8%		20.7%		29.8%	9.7%
nur Kindergeld	.3%	3.8%	1.5%	1.4%	5.8%	2.1%
Rente(n)	83.3%	1.7%	.3%	1.4%	6.8%	33.3%
AFG-Leistungen	.5%	.9%	39.5%		6.8%	9.8%
Unterhalt/-vorschuß	1.4%	66.3%	6.1%		8.9%	18.0%
Arbeitseinkommen				90.1%		4.2%
Bafög					1.6%	.2%
Total (absolut)	581	344	329	71	191	1516
(Spalte)	38.3%	22.7%	21.7%	4.7%	12.6%	100.0%
(Reihe)	100.0%	100.0%	100.0%	100.0%	100.0%	100.0%

Quelle: eigene Berechnungen.

7,3% aller erwachsenen Sozialhilfeempfänger-Fälle erhalten nur Kindergeld und Wohngeld angerechnet auf die Sozialhilfe und haben keine weiteren Einkommen. Fast ein Fünftel (18,0%) der Alleinerziehenden fallen unter diese Gruppe. Nimmt man die hinzu, die ausschließlich Kindergeld erhalten, so haben über ein Fünftel aller Alleinerziehenden keine Transfers, die auf die Existenzsicherung in dieser Lebenslage gerichtet sind. Bei den Arbeitslosen sind es ebenfalls 8,5% dieser Gruppe. Ein weiterer nennenswerter Anteil findet sich bei den Sonstigen; hier handelt es sich überwiegend um Asylanten.

Zusammenfassend läßt sich sagen, daß die Gruppe der Sonstigen zu über drei Viertel kein existenzsicherndes Einkommen außer der Sozialhilfe hat. Innerhalb der Gruppe der Sonstigen sind insbesondere die Gruppe der sogenannten Scheidungsopfer, der Asylanten sowie der Behinderten ohne angerechnete oder nicht angerechnete Einkommen, die die Existenz zu sichern intendieren.

Auch bei den Arbeitslosen sind es lediglich 45,9%, die Leistungen nach AFG vor der Sozialhilfe haben.

Auch die Alleinerziehenden verfügen immerhin noch zu 31,1% nicht über ein Einkommen, die die Existenz bzw. den Unterhalt der unvollständigen Familien zu sichern intendieren - ausgenommen hier wiederum die Sozialhilfe, die dies nur in problematischer Weise leisten kann.

So gesehen stellen sich im Vergleich nach Ursachengruppen die unzureichend Versichert und Versorgten mit einer Quote von 14,8% Anteil an dieser

Gruppe, die kein oder kein existenzsicherndes Einkommen haben, noch recht gut da. Diese Vergleiche sind freilich insofern relativ, als ja bei allen betrachteten Gruppen das vorhandene Einkommen nicht ausreicht, um den Lebensunterhalt zu sichern und deswegen ergänzende oder vollständige Sozialhilfe in Anspruch genommen werden muß.

Kleinregionaler Vergleich

Im kleinregionalen Vergleich zwischen ländlichen Kleinstädten und dörflichen Gemeinden ergeben sich deutliche Unterschiede. In den ländlichen Kleinstädten sind es nur 3,9%, die kein Einkommen haben außer der Sozialhilfe, in den dörflichen Gemeinden sind es 9,6% (jeweils bezogen auf alle erwachsenen Hilfeempfänger der Gemeindeformen). Nur Kindergeld und Wohngeld erhalten in den ländlichen Kleinstädten 9,2%, in den dörflichen Gemeinden 5,8%. Nur Wohngeld bzw. Lastenausgleich erhalten in den ländlichen Kleinstädten 13,4% und in den dörflichen Gemeinden 7,0%. Ausschließlich Kindergeld erhalten in den ländlichen Kleinstädten 0,9%, in den dörflichen Gemeinden 3,0% (hier wird es sich überwiegend um geistig Behinderte handeln).

Kein Einkommen oder keine existenzsichernden Transfers haben in den ländlichen Kleinstädten 37,6%, in den dörflichen Gemeinden 32,1% der jeweiligen Hilfeempfänger in den Gemeindeformen. Dieser Unterschied ist auf dem 5%-Niveau signifikant.

2.8 Die Inanspruchnahme von Beihilfen

2.8.1 Brennstoffbeihilfen

In Mietwohnungen mit einer Heizungsanlage gilt die warme Wohnung als Mietgegenstand, hier sind in der Regel die Kosten der Heizung in den Mietnebenkosten enthalten und werden mit den Mietkosten vom Sozialamt übernommen. Hilfebezieher in Wohnungen, in denen die Bewohner selber mit Hilfe von Holz, Kohle oder Öl heizen, haben demgegenüber Anspruch auf eine jährliche Heizkostenbeihilfe zu Anfang des Winters, die pauschaliert nach der Haushaltsgröße ist. Sehr oft genügt diese pauschale Heizkostenbeihilfe nicht, wie unsere Fragebogenuntersuchung zeigt, um die Heizkosten tatsächlich in ausreichender Höhe zu decken. Die Sozialhilfeempfänger haben dann die weitergehende Möglichkeit, die die Pauschale übersteigenden tatsächlichen

Kosten geltend zu machen (mit Belegen) und sich die Differenz nachzahlen zu lassen. Dies kommt allerdings recht selten vor. Doch werden auch in etwa jedem zwanzigsten Fall von der Sozialverwaltung keine Brennstoffbeihilfen gezahlt. Dies konzentriert sich auf einige Wohntypen.

Tabelle 22

Brennstoffbeihilfe und Wohnformen

Wohnform	Brennstoffbeihilfe					TOTAL
	Kinder mit Großeltern Pflegegeld	In Miet- bzw. Haus-nebenkosten enthalten	pauschale Heizkosten-beihilfe	höhere Kosten geltend gemacht	keinerlei Brennstoff-beihilfe	
MIETFORMEN		58.8% 98.5%	36.6% 46.0%	4.1% 72.9%	.5% 5.6%	100.0% 65.0%
MIETFREIES WOHNEN	2.0% 100.0%	1.6% .6%	69.3% 21.3%	1.6% 6.8%	25.6% 73.0%	100.0% 15.9%
WOHNRECHT		2.6% .6%	88.5% 16.7%	5.8% 15.3%	3.2% 5.6%	100.0% 9.8%
INSGESAMT		.7% .2%	88.0% 16.0%	2.0% 5.1%	9.3% 15.7%	100.0% 9.4%
	.3% 100.0%	38.7% 100.0%	51.7% 100.0%	3.7% 100.0%	5.6% 100.0%	100.0% 100.0%

* Strukturuntersuchung 1990, eigene Berechnung (STAB.52) *

Tabelle 22 zeigt die Inanspruchnahme bzw. Nichtinanspruchnahme der einzelnen Brennstoffbeihilfeformen.

a) Insgesamt 65% der gesamten Sozialhilfepopulation beider Landkreise wohnen in Formen der Miete. Die Mehrzahl dieser Gruppe (58,8%) wohnt offensichtlich in Wohnungen mit zentraler Heizung, und hier werden die Heizkosten mit der Sozialhilfe übernommen. Mehr als ein Drittel (36,6%) heizen selbst und erhalten eine pauschalierte Heizkostenbeihilfe. Die höheren tatsächlichen Kosten geltend gemacht haben nur insgesamt 4,1% der Mieter.

b) Formen mietfreien Wohnens machen insgesamt 15,9% der Population aus. Hier gibt es einige wenige Fälle, in denen nur Kinder Sozialhilfe erhalten und die Brennstoffbeihilfen mit einem pauschalierten und erhöhten Großelternpflegegeld (eine Sonderregelung in Rheinland-Pfalz) abgegolten sind. In einer weiteren sehr geringen Anzahl (1,6%) von Fällen werden Brennstoffkosten als Nebenkosten des mietfreien Wohnens gezahlt. In 69,3% der Fälle, die mietfrei wohnen, wird die pauschale Heizkostenbeihilfe gezahlt, und die Empfänger geben sich damit zufrieden bzw. reichen mit der Heizkostenpauschale aus. In nur wenigen Fällen (1,6%) werden höhere tatsächliche Kosten geltend gemacht. In ingesamt einem Viertel (25,6%) der Fälle des mietfreien Wohnens werden keinerlei Brennstoffbeihilfen gezahlt. Hier geht die Sozialverwaltung davon aus, daß die Verwandten, bei denen gewohnt wird, diese Kosten übernehmen.

c) Sozialhilfeempfänger im eigenen Haus erhalten zu 88% pauschale Heizkostenbeihilfe (dies weist auf den hohen Anteil einer Heizungsform ohne Komfort bei dieser Teilgruppe hin). Bei einem sehr kleinen Teil der Fälle wird die Brennstoffbeihilfe mit den Hausnebenkosten übernommen. Nur etwa jeder zwanzigste (5,8%) dieser Gruppe macht höhere tatsächliche Kosten geltend. In 3,2% der Fälle, die im eigenen Haus wohnen, zahlt das Sozialamt keine Brennstoffbeihilfe.

Insgesamt machen die Fälle der Hilfeempfänger, die im eigenen Haus wohnen, 9,8% der Population aller Sozialhilfeempfänger in beiden Landkreisen aus.

d) Die Gruppe der mit Wohnrecht Wohnenden erhält in der sehr großen Mehrheit (88%) pauschale Heizkostenbeihilfe. Nur selten (2%) werden höhere Kosten geltend gemacht. Dagegen werden in fast jedem zehnten Fall (9,3% dieser Gruppe) keine Brennstoffbeihilfen gezahlt.

Die große Mehrzahl derer, die keine Brennstoffbeihilfe erhalten, stellen die Fälle des mietfreien Wohnens und des Wohnrechts dar (zusammen fast 89%). Es handelt sich um Fälle, in denen das Sozialamt keinerlei Nebenkosten des gesamten Wohnens für die bei Verwandten mietfrei lebenden Sozialhilfeempfänger übernimmt, sondern dies den Verwandten überläßt. Auch bei Hilfeempfängern, die mietfrei in der Mietwohnung von Verwandten wohnen, ist dies häufig so. In diesen Fällen geht offenkundig die Sozialverwaltung davon aus, daß die ihrerseits in einer Mietwohnung lebenden Verwandten die Heizungskosten für die Hilfeempfänger mit tragen. Auch beim Wohnen mit Wohnrechtwerden in fast jedem zehnten Fall (9,3%) keine Brennstoffbeihilfen gezahlt. Auch hier scheint die Vereinbarung der Sozialverwaltung mit den Angehörigen, daß Nebenkosten des Wohnens von der Sozialverwaltung nicht getragen werden, die Brennstoffkosten einzuschließen.

Von den Hilfebeziehern, die keine Brennstoffbeihilfen erhalten, wohnen 89,9% bei Verwandten. Von dieser Gruppe erhalten insgesamt 77,5% nur den Sozialhilfesatz für einen Haushaltsangehörigen (also einem um etwa DM 100,00 verminderten Sozialhilferegelsatz). Nur 12,4% dieser Gruppe erhalten den vollen Satz für einen Haushaltsvorstand. Obwohl in diesen Fällen die Sozialverwaltung von der Führung eines selbständigen Haushalts ausgeht, wird hier Brennstoffbeihilfe nicht gewährt. In 10,1% der Fälle dieser Gruppe wohnen die Hilfeempfänger nicht bei Verwandten, und es ist kein Grund zu erkennen, warum ihnen keine Heizungskosten entstehen und die Sozialverwaltung keine Heizungskosten übernimmt.

Nach Haushaltsformen sind in 23,6% der Fälle, die keinerlei Brennstoffbeihilfe erhalten, nur Kinder Sozialhilfeempfänger. Dies kann erklären, welche Haushalte in Mietwohnungen keine Brennstoffbeihilfe erhalten. Hier nehmen offensichtlich die Eltern nur die Sozialhilfe für die Kinder in Anspruch, und es handelt sich in vielerlei Hinsicht um Sonderfälle (die Eltern können ein Einkommen weit über Sozialhilfeniveau haben). Darüber hinaus erhalten insbesondere Einzelpersonen in größeren Haushalten, die bei Verwandten wohnen, in einem hohen Maße keine Brennstoffbeihilfe: 43,9% der Gruppe ohne Brennstoffbeihilfe. Die Verwandten dieser Einzelpersonen haben mit der Übernahme der Nebenkosten des Hauses auch die Verpflichtung übernommen haben, für die Beheizung zu sorgen.

2.8.2 Die Beihilfen zur Bekleidung

Im Unterschied zur Brennstoffbeihilfe werden Beihilfen zur Bekleidung ausschließlich auf Antrag gewährt. Der Antrag muß begründet sein und die Kosten der Bekleidung dürfen gewisse übliche Sätze nicht überschreiten.

Tabelle 23

Bekleidungsbeihilfe im kleinregionalen Vergleich

Gemeindetypus	Bekleidungsbeihilfe				TOTAL
	Kinder mit Großeltern pflegegeld	häufig: 2mal im Jahr +öfter	selten	nie	
Ländliche Kleinstadt		54.0% 54.4%	25.4% 32.8%	20.6% 33.5%	100.0% 41.9%
Dörfliche Gemeinde	.5% 100.0%	32.5% 45.6%	37.5% 67.2%	29.5% 66.5%	100.0% 58.1%
Insgesamt	.3% 100.0%	41.5% 100.0%	32.4% 100.0%	25.8% 100.0%	100.0% 100.0%

Quelle: Strukturuntersuchung 1990, eigene Berechnung.

Insgesamt sind die Beihilfen zur Bekleidung also anders geartet als die Brennstoffbeihilfen, die pauschaliert gewährt werden. Zugespitzt formuliert könnte man sagen, daß hier behördliche Hürden und Filter eingebaut sind, die die - Beihilfeninanspruchnahme erschweren. Der folgende Überblick zeigt, daß sie recht wirksam sind:

Zusammengenommen nehmen über die Hälfte (58%) der Sozialhilfeempfänger nur selten, d.h. weniger als 1x im Jahr oder nie Bekleidungsbeihilfen in Anspruch.

Bei der recht hohen durchschnittlichen Sozialhilfebezugsdauer von gut sechs Jahren muß dies bedeuten, daß sie sich im Bereich der Bekleidung stark einschränken müssen, auf Neuanschaffungen verzichten, sich diese Gegenstände des täglichen Bedarfs von der für den unmittelbaren Lebensunterhalt bestimmten Sozialhilfe absparen, oder auf monetäre oder materielle Zuwendungen von Verwandten usw. angewiesen bleiben. Tabelle 23 zeigt die Verteilung der Inanspruchnahme von Bekleidungsbeihilfe auch im kleinregionalen Vergleich. Die dörflichen Sozialhilfeempfänger nehmen Bekleidungsbeihilfen deutlich seltener in Anspruch.

2.8.3 Die Inanspruchnahme von Sonstigen Hilfen

Auch sonstige Hilfen (wie z. B. Hilfe zur Haushaltsausstattung usw.) werden von der Sozialverwaltung nur auf Antrag gewährt. Diese sonstigen Hilfen werden wesentlich seltener in Anspruch genommen als die Bekleidungsbeihilfen. Dies zeigt folgende Übersicht der Inanspruchnahme (s. Tab. 24):

Tabelle 24

Inanspruchnahme sonstiger Hilfen durch Sozialhilfebezieher

Gemeindetyp	Sonstige Hilfen				TOTAL
	Kinder mit Grosselternpflege	häufig: 2mal im Jahr +öfter	selten	nie	
Ländliche Kleinstadt		24.4% 61.0%	33.8% 43.5%	41.9% 34.7%	100.0% 41.9%
Dörfliche Gemeinde	.5% 100.0%	11.2% 39.0%	31.6% 56.5%	56.6% 65.3%	100.0% 58.1%
TOTAL	.3% 100.0%	16.7% 100.0%	32.5% 100.0%	50.4% 100.0%	100.0% 100.0%

Quelle: Strukturuntersuchung 1990, eigene Berechnung.

Mehr als die Hälfte der gesamten Population hat nie sonstige Hilfen zur Haushaltsausstattung in Anspruch genommen. Zusammen 83% haben selten oder nie solche Hilfen in Anspruch genommen. Nur etwa 17% der gesamten Sozialhilfepopulation beider Landkreise haben häufiger diese Hilfen in Anspruch genommen.

Tabelle 24 zeigt auch die kleinregional unterschiedliche Inanspruchnahme der sonstigen Hilfen. Hilfebezieher der Kleinstädte nehmen die sonstigen Hilfen mehr als doppelt so häufig in Anspruch als Hilfeempfänger in dörflichen Gemeinden.

Inanspruchnahme sonstiger Hilfen nach Verbandsgemeinden

Nach Verbandsgemeinden sind die Unterschiede krasser als bei den Bekleidungsbeihilfen, deswegen hier eine knappe Darstellung: es gibt Verbandsgemeinden, in denen kein Sozialhilfeempfänger eine Hilfe zur Haushaltsausstat-

Tabelle 25
Sonstige Beihilfen nach Verbandsgemeinden

Verbandsgemeinde	Sonstige Hilfen			
	Kinder mit Großeltern pflegegeld	häufig: 2mal im Jahr +öfter	selten	nie
Hermeskeil		21.9%	48.2%	29.9%
Kell				100.0%
Konz		31.1%	32.0%	36.9%
Ruwer		16.0%	41.3%	42.7%
Schweich		8.3%	22.5%	69.2%
Trier-Land		12.5%	15.9%	71.6%
Saarburg		16.3%	46.1%	37.6%
Wittlich Stadt		11.8%	25.7%	62.5%
Morbach	4.1%	19.2%	26.0%	50.7%
Bernkastel-Kues	.7%	6.8%	12.9%	79.6%
Kröv-Bausendorf		10.0%	73.3%	16.7%
Manderscheid		4.4%	55.6%	40.0%
Neumagen-Dhron		5.4%	16.2%	78.4%
Thalfang		2.9%	8.6%	88.6%
Morbach		43.4%	24.2%	32.3%
Wittlich Land	.8%	13.5%	53.4%	32.3%
Insgesamt	.3%	16.7%	32.5%	50.4%

* Quelle: Strukturuntersuchung 1990 (STAB.61) *

tung in Anspruch genommen hat. Andere, insbesondere ländliche, Verbandsgemeinden erreichen sehr hohe Werte der Nichtbeanspruchung, die von drei Viertel bis neun Zehnteln aller Fälle gehen.

Auch diese Ergebnisse verweisen wieder darauf, daß die Nichtinanspruchnahme der sonstigen Hilfen sich keineswegs allein auf die ländliche Struktur der Verbandsgemeinden bzw. die Haushaltsstruktur der Sozialhilfepopulation zurückführen läßt, sondern die Sozialamtspraxis (Handhabung der Hilfegewährung, Art und Form der Beratung und Information über die Beihilfen) eine entscheidende Bedeutung hat.

2.8.4 Die Inanspruchnahme von Beihilfen nach Teilgruppen und Haushaltstypen

In der folgenden Übersicht sind die Inanspruchnahme von Bekleidungs- und sonstigen Beihilfen zur Haushaltsausstattung zusammengefaßt, die nur auf Antrag gewährt werden. Die Übersicht 27 macht deutlich, daß insbesondere

Familien mit Kindern und Alleinerziehende diese nur auf Antrag gewährten Beihilfen häufiger in Anspruch nehmen, während Einzelpersonen im Sozialhilfebezug und Geschwisterhaushalte in sehr hohem Maße keine Beihilfe beanspruchen. Dabei werden die unterschiedlichen Kombinationen der Beihilfe-Inanspruchnahme als Skala interpretiert; so läßt sich die deutlich unterschiedliche Beihilfebeanspruchung noch deutlicher machen (je höher die Zahl der Beihilfepunkte, desto öfter werden Beihilfen in Anspruch genommen). Es sind vorwiegend die Alleinerziehenden sowie die Arbeitslosenhaushalte und die Sonstigen, die häufiger Beihilfen beanspruchen. Die Gruppe der "unzureichend Versichert und Versorgten" und "Unzureichendes Erwerbseinkommen" sind dagegen bei der Beihilfe-Beantragung sehr zurückhaltend.

Die Beihilfeninanspruchnahme sinkt ab dem Rentenalter ganz stark ab. Die Beihilfeinanspruchnahme korrespondiert negativ mit dem Alter (r= -.3157**) und positiv mit der Haushaltsgröße (r=.4395**).

Es zeigen sich erhebliche strukturelle Unterschiede zwischen den kleinstädtischen und den dörflichen Sozialhilfeempfängern. Während im kleinstädtischen Sozialraum 50% der Population eher häufiger Beihilfen Inanspruch nehmen, nehmen im dörflichen Sozialraum fast 60% eher nie oder selten Beihilfen in Anspruch. Die Unterschiede sind signifikant (p=.00000).

Nach Teilgruppen zeigt sich eine stark ungleiche Inanspruchnahme von Beihilfen, wie folgende Übersicht zeigt (s. Tabellen 26 und 27).

Tabelle 26: Indexwerte der Beihilfenahme nach Teilgruppen

Teilgruppe	Indexwert	Standardabweichung
unzureichend versichert und versorgt	1,452	1,586
Alleinerziehende insgesamt	3,095	1,679
Arbeitslose	2,635	1,846
unzureich. Erwerbseinkommen	1,63	1,569
Sonstige insgesamt	2,522	1,718
(p=.0000).		

Die alten Menschen im Sozialhilfebezug nehmen deutlich weniger Beihilfe in Anspruch als Gruppen, in denen häufiger Kinder im Haushalt vorkommen. Dies wird noch deutlicher, wenn nach Haushaltsformen gegliedert wird (Tab. 27). Ehepaare mit Kindern, dicht gefolgt von den Alleinerziehenden, erreichen die höchste Punktzahl bei der Beihilfen-Inanspruchnahme und haben den mehr als doppelten Wert der Einzelpersonen im Sozialhilfebezug. Die Geschwisterhaushalte liegen noch wesentlich unter dem Wert der Einzelpersonen. Der

Tabelle 27: Indexwerte der Beihilfenahme nach Haushalten

Indexwerte Beihilfen	*Dorf*	*Klein-stadt*	*Ins-gesamt*
nur Kinder im Hilfebezug	1,714	3,036	2,194
"echte" Einzelpersonen	1,537	2,089	1,800
Ein-Pers.-HH bei Verw.	1,326	2,421	1,646
Einzelempfänger	0,946	1,768	1,152
Ehepaare ohne Kinder	2,098	2,923	2,456
Ehepaare mit Kindern	3,354	3,689	3,505
Alleinerziehende	2,771	3,262	3,014
Geschwisterhaushalte	0,871	1,304	0,988
(p=.00000)			

Unterschied nach den Haushaltstypen ist hoch signifikant. Es wird deutlich, daβ insbesondere die Einzelpersonen und Geschwisterhaushalte im Sozialhilfebezug, die durchschnittlich schon sehr lange im Sozialhilfebezug sind, am wenigsten Beihilfe in Anspruch nehmen, obwohl bei ihnen die Notwendigkeit des Ersatzes abgetragener Kleidung oder verbrauchter Einrichtungsgegenstände höher ist.

Dies zeigt auch eine einfache Varianzanalyse, die deutlich macht, daβ Beihilfen umso weniger Inanspruch genommen werden, je länger der Sozialhilfebezug andauert. Dabei haben diejenigen, die Beihilfen häufig Inanspruch nehmen eine signifikant niedrigere Dauer des Sozialhilfebezuges, während diejenigen, die nie Beihilfen Inanspruch nehmen, den absolut höchsten Wert haben.

Die Beihilfeinanspruchnahme steigt linear mit der Haushaltsgröße an, und zwar von 1,53 Beihilfepunkten bei einer Person auf 4,23 Punkte bei 7 Personen (p = .0000).

Vergleicht man innerhalb der Haushaltstypen die Beihilfeinanspruchnahme nach Gemeindetypus, ergeben sich in allen Haushaltsformen niedrigere Werte für dörfliche Sozialhilfebezieher, höhere für kleinstädtische. Dies gilt auch innerhalb der Altersgruppen sowie bei einer dichotomischen Altersgruppierung nach Erwerbsalter (unter 60) und Rentenalter. Erstaunlich ist, daß sich die Verbandsgemeinde als bestimmender Einflußfaktor zeigt; die Beihilfebeanspruchung hängt deutlich von der jeweiligen Sozialamtspraxis ab.

Bei den Wohntypen, bei denen die Nebenkosten durch Verwandte übernommen wurden, ist sowohl in der Kleinstadt wie im Dorf die Beihilfeinanspruchnahme geringer als bei den bei Verwandten Wohnenden ohne Nebenkostenabwälzung auf Verwandte. Im Dorf ist die Differenz zwischen beiden Werten deutlich höher (1.14 zu 1.72).

Dagegen ist es nicht so, daß Hilfeempfänger, die bei subsidiar verpflichteten Verwandten wohnen, weniger Beihilfen beanspruchen als jene, die bei nicht subsidiär verpflichteten Verwandten wohnen. Vielmehr nehmen die bei verpflichteten Verwandten Wohnenden Beihilfen häufiger in Anspruch (Kleinstadt 3.63 zu 1.30; Dorf 1.41 zu 1.02).

Bei der Inanspruchnahme von Beihilfen zeigen sich mithin scharf geschnittene Grenzlinien zwischen den Haushaltsformen, den Kohorten, sowie im kleinregionalen Vergleich ländlicher Kleinstädte und dörflicher Gemeinden. Es sind vor allem die jüngeren Kohorten, die zugleich meist Haushalte mit Kindern sind, die um die Möglichkeit der Beihilfeinanspruchnahme wissen und dies auch häufiger tun. Es sind vor allem die älteren Kohorten im langen Sozialhilfebezug, die häufig um die Möglichkeit der Beihilfen nicht wissen, und auch dann, wenn sie es wissen, vor dem Hintergrund der dörflich-ländlichen Mentalität dazu neigen, für sich selbst zu sorgen und auf Beihilfen verzichten.

2.9 Herkunft und Mobilität

Zwar sind insgesamt die Hälfte (50,2%) aller Hilfebezieher zugezogen, doch steht in den meisten Fällen der Zuzug nicht in einem erkennbaren Zusammenhang zu dem Sozialhilfebezug oder der Arbeitslosigkeit. Unsere ursprüngliche Hpothese, es gebe eine Richtung der Mobilität aus den Dörfern in die Kleinstädte oder das Oberzentrum, muß aufgrund der Ergebnisse der Strukturuntersuchung zurückgewiesen werden. Die Mobilität innerhalb des ländlichen Raums ist vielmehr ungerichtet.

Die nähere Untersuchung zeigt, daß - von den naturgemäßen Ausnahmen wie Aussiedlern, Übersiedlern und Asylanten abgesehen - die Mobilität der Sozialhilfebezieher überwiegend kleinregional ist. Fast 80% aller Hilfebezieher der Untersuchung sind entweder an ihrem Geburtsort wohnhaft oder stammen aus der näheren Region, d. h. sind nur im näheren Umkreis von etwa 20 Kilometern umgezogen.

Von allen Sozialhilfeempfängern sind 92,4% deutsch (alte Bundesländer, neue Bundesländer sowie Aussiedler), und 7,6% haben andere Nationalitäten. Von den so bestimmten Deutschen (n = 1476) sind 82,9% entweder in der Region gebürtig oder aus der Region in ihren jetzigen Wohnort zugezogen, 13,6% aus dem Gesamtgebiet der BRD (neu) zugezogen und 3,5% aus dem Ausland. Von den übrigen (also nicht deutschen) Nationalitäten sind 25,4% aus Gemeinden in der Region zugezogen, 7,4% aus der BRD (neu) und 67,2% aus dem Ausland (hier ist daran zu erinnern, daβ wir Asylbewerber mit noch

Tabelle 28:
Herkunft nach Verbandsgemeinden

Verbandsgemeinde	ZUZUG			total
	nicht zugez.	zugezogen		
	Herkunft	Herkunft		
	aus Region	aus Region	nicht aus Region	
Hermeskeil	51.1% 9.0%	30.7% 8.9%	18.2% 7.3%	100.0% 8.6%
Kell	84.0% 5.4%	4.0% .4%	12.0% 1.7%	100.0% 3.1%
Konz	39.6% 11.3%	40.5% 19.0%	19.8% 12.8%	100.0% 13.9%
Ruwer	57.3% 5.5%	30.7% 4.9%	12.0% 2.6%	100.0% 4.7%
Schweich	47.5% 7.3%	37.5% 9.5%	15.0% 5.2%	100.0% 7.5%
Trier-Land	51.1% 5.8%	31.8% 5.9%	17.0% 4.4%	100.0% 5.5%
Saarburg	65.2% 11.8%	14.2% 4.2%	20.6% 8.4%	100.0% 8.8%
Wittlich Stadt	29.4% 5.1%	46.3% 13.3%	24.3% 9.6%	100.0% 8.5%
Morbach	49.3% 4.6%	26.0% 4.0%	24.7% 5.2%	100.0% 4.6%
Bernkastel-Kues	44.9% 8.5%	23.1% 7.2%	32.0% 13.7%	100.0% 9.2%
Kröv-Bausendorf	58.3% 4.5%	13.3% 1.7%	28.3% 4.9%	100.0% 3.8%
Manderscheid	40.0% 2.3%	31.1% 3.0%	28.9% 3.8%	100.0% 2.8%
Neumagen-Drohn	73.0% 3.5%	10.8% .8%	16.2% 1.7%	100.0% 2.3%
Thalfang	31.4% 1.4%	48.6% 3.6%	20.0% 2.0%	100.0% 2.2%
Traben-Trarbach	42.4% 5.4%	27.3% 5.7%	30.3% 8.7%	100.0% 6.2%
Wittlich Land	51.1% 8.7%	28.6% 8.0%	20.3% 7.8%	100.0% 8.3%
Total (n=1598)	48.8% 100.0%	29.7% 100.0%	21.5% 100.0%	100.0% 100.0%

Quelle: Strukturuntersuchung 1990, eigene Berechnung.

laufenden Verfahren nicht in die Untersuchung einbezogen hatten). Der Anteil von einem Viertel, der innerhalb der Region umgezogen ist, zeigt, daβ Ausländer im Sozialhilfebezug auch innerhalb der Region die Wohnung wechseln.

Von den deutschen Sozialhilfeempfänger sind 54,9% nicht zugezogen - also nach wie vor an ihrem Geburtsort wohnhaft - und 45,1% zugezogen.
Betrachtet man nur die im weiteren Sinne deutsche Sozialhilfepopulation (n = 1476) so ergibt sich nach Ursachenrubriken folgende Verteilung: unzureichend versichert und versorgt 38,8%, alleinerziehende 22,8%, Arbeitslose 21,0%, unzureichendes Erwerbseinkommen 4,8%, Sonstige 12,7%. Die Unterschiede zu der Struktur aller Sozialhilfeempfänger sind gering. Am deutlichsten ist die Abweichung der Gruppe der Sonstigen, die kleiner geworden ist, wenn man nur die deutschen Sozialhilfeempfänger betrachtet. Die Deutschen im weiteren Sinne wohnen zu 62,6% in Formen der Miete. Bei den übrigen - also den Ausländern wohnen 93,4% in Formen der Miete.
Tabelle 28 zeigt die regionale Herkunft und das Verhältnis zwischen in ihrem Wohnort gebürtigen und zugezogenen Sozialhilfeempfängern in den Verbandsgemeinden.

Ein Extrem ist die Verbandsgemeinde Kell, in der 91,3% gebürtigen Sozialhilfeempfänger 8,7% Zugezogene gegenüberstehen. Das gegenteilige Extrem ist die Verbandsgemeinde Wittlich Stadt, in der 31,4% gebürtige Sozialhilfeempfängern 68,6% Zugezogene gegenüberstehen. Freilich ist Wittlich Kreisstadt des Landkreises Bernkastel-Wittlich, so daß hier die Verhältnisse etwas anders sind als in den übrigen ländlichen Kleinstädten. Die übrigen Verbandsgemeinden liegen dazwischen.

Insgesamt stammen die Sozialhilfeempfänger überwiegend aus der Region (80%), die Mobilität ist kleinräumig.
Von den so bestimmten Deutschen sind 16,0% gleichzeitig mit dem Sozialbeginn zugezogen an ihren jetzigen Wohnort im Untersuchungsgebiet. Eine Konzentration des Zuzugs auf Kleinstädte oder Dörfer läβt sich hierbei nicht erkennen. Unsere frühere Hypothese, Dorfbewohner könnten mit Sozialhilfebeginn häufiger in ländliche Kleinstädte ziehen, muß hier zurückgewiesen werden. Die Zuzüge erfolgen kleinregional, ohne daß ein Schwerpunkt etwa vom Dorf in die Kleinstadt oder vom Dorf oder der Kleinstadt ins Oberzentrum zu erkennen ist; diese Mobilität ist ungerichtet.

Nimmt man alle Zugezogenen heraus, so ist deren letzter Wohnort zu 57,9% in der Region, zu 25,7% in der BRD (neu) und zu 16,4% im Ausland gewesen. Die Mehrzahl der Zugezogenen ist mithin aus der Region selbst zugezogen. Von den Deutschen (s.o.) sind 82,9% aus der Region, 13,6% aus der BRD (neu) und 3,5% aus dem Ausland, gebürtig bzw. zugezogen. Die deutschen Sozialhilfeempfänger im ländlichen Raum sind überwiegend regional

um- bzw. zugezogen. Von allen Zugezogenen haben nur ein Viertel (25,7%) Verwandte im Ort. Dies läßt sich so interpretieren, daß der Zuzug aus familiären Gründen (Heirat, Zuzug zu Verwandten) nicht im Zusammenhang mit dem Sozialhilfebezug steht. 21,8% aller Zugezogenen - unabhängig vom Zeitpunkt des Zuzugs - wohnen bei Verwandten. Von denen, die bei Verwandten wohnen, wohnen 47,8% in Formen der Miete, 45,5% mietfrei, 0,6% haben Hausbesitz, 6,2% wohnen mit Wohnrecht. Der hohe Anteil des mietfreien Wohnens bei Verwandten von fast der Hälfte dieses Teils der Zugezogenen zeigt, daß die Nutzung familiärer Ressourcen (mietfreies Wohnen) ein wichtiges Motiv für die Mobilität im ländlichen Raum ist.
Von allen Zugezogenen sind 13,9% unter 26 Jahre alt, 25,4% 25 bis 34 Jahre alt, 19,9% 35 bis 44 Jahre alt und 12,5% 45 bis 54 Jahre alt. Insgesamt sind also vier Fünftel (80%) aller Zugezogenen im Erwerbsalter; ein deutlicher Schwerpunkt liegt bei den unter 45-jährigen.

3. Ergebnisse der Strukturuntersuchung

Bei näherer Betrachtung zeigt die Struktur der Sozialhilfepolulation im ländlichen Untersuchungsgebiet dieser Studie die Dominanz "moderner" Problemlagen wie Alleinerziehung und Arbeitslosigkeit, freilich neben einer dörflichen (sehr stark weiblichen) Altersarmut - die bundesweit seit Jahren in den Hintergrund getreten ist (vgl. Hauser/Hübinger 1993, 58). Von Sozialhilfebezug überdurchschnittlich betroffen zeigen sich insbesondere Kinder und Jugendliche sowie betagte ältere. Frauen sind als Alleinerziehende und als Menschen mit unzulänglicher Alterssicherung besonders benachteiligt. Trotz der starken Altersarmut befindet sich die große Mehrzahl der von Sozialhilfe abhängigen Personen im ländlichen Raum unter einem Haushaltsvorstand im Erwerbsalter, so daß der Hilfebezug lebensphasen- (Alleinerziehende) oder Problemlagenbezogen (Arbeitslose) bleiben sollte. Die durchschnittliche Sozialhilfedauer ist mit 6 Jahren recht hoch, auch jüngere Menschen, Arbeitslose und Alleinerziehende, sind durchschnittlich 3 Jahre im Hilfebezug. Kleinräumig sind zwischen ländlichen Kleinstädten und dörflichen Gemeinden deutliche und signifikante Unterschiede in der Struktur der Hilfeempfänger und den "Selbsthilferessourcen" des ländlichen Raums zu beobachten. Selbsthilfekräfte sind zu erkennen im hohen Anteil des Wohnens bei Verwandten, von mietfreiem Wohnen und Wohnen mit Wohnrecht und in der großen Bedeutung innerfamilialer Hilfe und Betreuung.

Als regionale Akteure setzen die einzelnen Sozialverwaltungen unterschiedliche Akzente auf Beratung der Hilfebezieher, Information, "Atmosphäre" im Amt. Auch die Erwartung, daß Angehörige Teile des Lebensunterhalts (Heizung, Anschaffungen in Haushalt usw.) für die Hilfebezieher übernehmen, also die Subsidiaritätsunterstellung, wird unterschiedlich benutzt.
Übergreifend kann man sagen, daß die Ämter einerseits eine Politik der weitgehenden Inpflichtnahme subsidiärer -verwandtschaftlicher- Konstellationen und andererseits des weitgehenden Für-sich-selbst-Sorgens der Betroffenen betreiben. Beihilfepolitik bleibt eingeordnet in diese strategische Konstellation.

Die Distanz gegenüber dem Sozialamt zeigt sich u. a. in der sehr starken Nichtbeanspruchung einmaliger Beihilfen, die zwar auch von den Faktoren Haushalts- (Familien-)form, Alter, übergreifend jedoch auch vom kleinregionalen Gemeindetypus sowie von den Praxen der Sozialverwaltung bestimmt werden (vgl. auch Ringbeck 1993, 31; BMJFG 1985, 93; Stumpfögger/Wiethoff 1989, 116 ff.). Dies und die häufige Unkenntnis der ländlichen Sozialämter in Bezug auf elementare Daten (z. B. Existenz weiterer Verwandte im Ort, berufliche Bildung, Arbeitserfahrungen besonders bei Menschen im Erwerbsalter, usw.) belegt die Hypothese, daß die Sozialverwaltung funktional lediglich als *monetäre* Leistungsverwaltung arbeitet. Die Frage ist freilich, ob dies angesichts der Dominanz "moderner" Problemlagen im ländlichen Raum, für die auch angesichts des Anteils von 80% aller hilfebeziehenden Personen im Erwerbsalter der Sozialhilfebezug eigentlich nur transitorisch sein sollte, noch angemessen ist. Struktur und Problemprofile des Großteils der Hilfeempfänger legen eine aktive kommunalpolitische Strategie nahe (vgl. Karsten/Otto 1990; Hanesch 1989; Hanesch/Laumen 1989). Der Allgemeine Soziale Dienst ist der Sozialverwaltung im ländlichen Raum nur lose angekoppelt, so daß er weder ein Korrektiv der strukturellen Mängel der Sozialverwaltung in Bezug auf Beratung usw. über materielle Leistungen darstellt noch psychosoziale Notlagen über die Sozialverwaltung erkennen und bearbeiten kann. Die organisatorische Trennung zwischen den in den Verbandsgemeinden angesiedelten Sozialverwaltungen einerseits und dem an das Jugendamt der Kreisverwaltung angeschlossenen Allgemeinen Sozialen Dienst erschwert eine Kooperation zusätzlich. Neben diesen organisationsstrukturellen Schwierigkeiten, die auch in Neuorganisationsmodellen nur gemildert werden konnten (vgl. Deutscher Verein 1979; Kreutzer 1981; Kühn 1980; KGSt 1987; Ehlert/Kantel 1990) spielt nach unserer Erfahrung eine entscheidende Rolle die fehlende pädagogische Qualifikation der Mitarbeiter der Sozialverwaltung (vgl. dazu ausf. Ringbeck 1993, 80 ff.). Da ihre Ausbildung ganz vorrangig auf das korrekte Verwaltungshandeln zielt, fehlt es gegenüber der Klientel der Sozialhilfe an der Möglichkeit des Erkennens von psychosozialen Problemen. Auch von

ihrem eigenen existentiellen Status als Beamte oder fest Angestellte des öffentlichen Dienstes - sowie als Angehörige der situierten Kleinstadt- oder Dorföffentlichkeit - haben sie kaum Nähe zu der Erfahrung, wie rasch Lebensprobleme unterschiedlicher Art zu materiellen Notlagen führen können. Gerade Alleinerziehende oder Arbeitslose wurden uns gegenüber nicht selten von Mitarbeitern einiger Sozialverwaltungen in die Nähe eines Asozialen-Milieus gestellt: wer in eine solche Notlage kommt, kann doch nur selber schuld sein.
Der Status der Sozialabteilung am untersten Ende der kommunalen Verwaltungshierarchie, die oft große Fluktuation des Personals, die personelle Unterausstattung und der hohe Krankenstand beeinträchtigen zudem die Arbeitsbedingungen und das Selbstverständnis der Mitarbeiter.

Zwar ist Gänglers (1990, 1993) Einschätzung zuzustimmen, daß die in der Weimarer Zeit entwickelten Strukturen der Sozialen Dienste auf (groß-)städtische Brennpunkte bezogen entwickelt und nicht für das Land spezifisch modifiziert worden seien. Dies gilt am ehesten für den Allgemeinen Sozialen Dienst, der offensichtlich im ländlichen Raum stärker die Neusiedlerfamilien erreicht (vgl. ISS 1986). In Bezug auf die Sozialverwaltung läßt sich jedoch kein spezifisch ländliches Defizit erkennen, vielmehr handelt es sich bei der (fehlenden) Anbindung von Sozialverwaltung und ASD um ein allgemeines Problem der Ausgestaltung der Sozialhilfe, das zur Filterung von Ansprüchen (vgl. Leibfried 1976; BMJFG 1985; Kühn 1985) und zur geringeren Beanspruchung auch der persönlichen Hilfen führt (vgl. Ringbeck 1993, 31). Im ländlichen Raum kommen zu diesem "Gestaltungsaspekt" (vgl. Gängler 1993, 222) die räumliche Distanz ("Organisationsaspekt") und die ländliche Kommunikationsstruktur des Verschweigens und Ausgrenzens von sozialen Problemen ("Vermittlungsaspekt") als Spezifika hinzu. Nach unserer Erfahrung verstärken sich einerseits das Selbstverständnis der Sozialverwaltung als überwiegend monetäre Leistungsverwaltung und die oft rigide Praxis und andererseits die soziale Distanz ländlicher Hilfeempfänger gegenseitig, so daß z. B. Beihilfen stark unterbeansprucht werden, jedoch ist andererseits diese ländliche soziale Distanz ein eigenständiger Aspekt ländlicher Mentalität, auf den sich soziale Dienste beziehen müssen (vgl. Gängler 1993, 223). Ihr gehört eine grundsätzliche Reserve insbesondere gegenüber dem Sozialhilfebezug zu, weil diesem kein soziales Äquivalent (wie etwa Arbeit für Rente oder ALG) entspricht, sie ist also Resultat der ländlichen Mentalität, die das *Für sich selbst sorgen können in jeder Lebenslage* als Lebensprinzip einer vergangenen Lebensweise hochhält.

III. Benachteiligte Lebenslagen im ländlichen Raum

1. Methodische Vorbemerkungen

1.1 Zur Theorie der Lebenslage

Soziale Evolutionsprozesse der Lebensweise und aktuelle mehrschichtige soziale Krisenphänomene machen Lebenslagen zum Brennspiegel vielfältiger sozialer Widersprüche, wie die Diskussion um soziale Ungleichheit, soziale Benachteiligung und Armut immer wieder zeigt. Faktoren dieser Veränderungen neben der ökonomischen Entwicklung und der veränderten Regulationsform (vgl. Schaarschuch 1990, 156ff.) sind der Wandel der Familienformen, der Wandel von Kindheit und Jugend, die Erosion des Normalarbeitsverhältnisses, die Biographisierung des Lebenslaufs, Enttraditionalisierungs- und Individualisierungsprozesse sozialer Lagen und Lebensformen. Benachteiligte Lebenslagen sind analytisch im Spannungsverhältnis von sozialen Lebensformen, vergesellschafteter privater Sphäre, Sozialpolitik und öffentlichen Institutionen verortet. Die sozialpädagogische Perspektive auf Lebenslagen analysiert diese als soziale Orte, an denen staatliche Gestaltungs- und Ordnungsinstrumente ansetzen (Sozial-, Familien-, Jugend-, Arbeitspolitik), in denen sich der soziale Wandel der Lebensweisen, Wertorientierungen, Sinnfindungen und Lebensstile niederschlägt. Lebenslage wird also als Fokus zahlreicher Wandlungsprozesse zwischen wohlfahrtsstaatlichen Veränderungen und sozialen Entwicklungen, Krisen und sozialpädagogischen Interventionen thematisiert.

Lebenslagen in den 1980er Jahren

Modernisierung als Kontinuitätsbruch - diese Perspektive hat in der sozialwissenschaftlichen Diskussion an Boden gewonnen. Der gesellschaftstheoretische Diskurs bettet die Analyse der Lebenslagen als Strukturelement in eine breit gefächerte Bestandsaufnahme des Umbruchs der Sozialstruktur ein.
Im Aufwind industriegesellschaftlichen Wachstums in den 1960er und 1970er Jahren schienen die Errungenschaften der Nachkriegsentwicklung - Wohlstand und Teilhabe - noch verallgemeinerbar und gesellschaftlicher Ausgleich für alle durchsetzbar. In den 1980er Jahren wird in nun knapperen Zeiten soziale Ungleichheit neu zum sozialen und wissenschaftlichen Problem. Sozialwissenschaftlich wirft dies die Frage auf, ob und wie die Horizonte personaler Entfaltung und gesellschaftlicher Gestaltung anders gezogen werden. Zwar wird

die gesellschaftliche Differenzierung über die Profilierung und Pluralisierung der Lebensformen und Lebensstile breiter, jedoch ist die Öffnung lebensweltlicher Spielräume allein zunächst noch keine Antwort auf strukturelle Sperren sozialer Schließung (vgl. Chassé u.a. 1992).

Seit Beck (1983, 1986) gibt es eine anhaltende Diskussion über die Folgen der Modernisierung (im Sinne von Individualisierung und Enttraditionalisierung) für den Aufgabenzuschnitt der Sozialarbeit/Sozialpädagogik. Mit der Veränderung der Lebenslagen, Lebenstile und der Problemlagen sieht sich die Soziale Arbeit herausgefordert, in neuer Weise und in neuen Formen ihr Arbeitsfeld und ihren Gegenstand zu bestimmen (vgl. z. B. Thiersch 1992a, 1992b; Rauschenbach 1990, 1992; Otto 1991; Rauschenbach/Gängler 1992; Schaarschuch 1990; Karsten/Otto 1987, 1990; Böllert/Otto 1989).

In der deutschen Sozialwissenschaft zeichnet sich seit den 1980er Jahren daher der Abschied von der konventionellen klassen- und schichtenbezogenen Sozialstrukturanalyse (vgl. Haller 1983, 1986) und die Hinwendung zu lebensweltlichen Vergesellschaftungsformen ab, für die die Begriffe Milieu, Lebenstil, Subkultur stehen (vgl. Vetter 1991). Doch sollten diese neuen Entwicklungen nicht unter einer Verlust-, sondern mit einer Neubildungsperspektive betrachtet werden. "Denn Auflösung zu diagnostizieren bedeutet, neue gesellschaftliche Entwicklungen mit alten Instrumenten zu analysieren. Nur die Schaffung neuer Begriffe, Modelle und Methoden macht aber neue Strukturen sichtbar. Erst der Blick auf sozio-kulturelle Neuformierungsprozesse zwingt zur Entwicklung neuer soziologischer Instrumente - oder zur Weiterentwicklung alter, wie (...) im Falle des Milieu- und Lebensstilbegriffs." (Hradil 1992a, 18). Lebenslagen als Bündel sozialökonomisch bedingter und sozialpolitisch gesteuerter Ressourcen und Handlungsspielräume vermitteln zwar wohl nach wie vor die Entfaltungsmöglichkeiten von Lebensstilen und die Teilhabe an Gesellschaft und Milieu. Doch ist der Zusammenhang von "objektiven" Faktoren und "subjektiven" Handlungsräumen indirekter und vermittelter geworden. Auf der Grundlage dieses neu bestimmten Konnexes können Lebensstile dann verstanden werden als "typische Grundstruktur der Alltagsorganisation von Menschen (...), die relativ unabhängig von 'objektiven' Determinanten zustande kommt" (Hradil 1992a, 28). Auch der Milieubegriff "zielt auf die Verschränkung und gegenseitige Beeinflussung solcher 'objektiver' sozialer Lagen mit Syndromen (latenter und manifester) 'subjektiver' Faktoren" (Hradil 1992a, 31), doch wird hier die Ebene der sozialintegrativen Vermittlung in den Vordergrund gestellt; sie sind handlungstheoretisch begründet. "Milieu als kollektive Vergesellschaftungsform weist auf die Abgegrenztheit eines Lebensraums hin, in dem dauerhafte ('sässige') Erlebnis- und Lebenszusammenhänge aufgrund der Direktheit von face-to-face Interaktionen vermittelt und spezifische Normalitätserwartungen sozialisiert werden" (Hörning/Michailow 1990, 504).

In der Diskussion um *soziale Ungleichheit* (z. B. Haller 1983, 1986; Kreckel 1985, 1992; Hradil 1987a, 1988, 1992, 1992a) wird das Verhältnis vertikaler und horizontaler, herkömmlicher und neuer Ungleichheitsstrukturen thematisiert. Die Vielfalt ungleichheitsrelevanter Faktoren hat dazu geführt, daß das Klassenmodell an Erklärungskraft verliert und das Schichtmodell seine Beschreibungsfunktion nur unzureichend erfüllen kann. Auch Vorstellungen einer unmittelbaren Prägung von Kulturformen und Verhaltensmustern durch die vertikale Abstufung arbeitsvermittelter Ressourcen und Lebensverhältnisse (vgl. als Überblick Voß 1984) erscheinen angesichts neuerer empirischer Befunde (vgl. z. B. Berger/Hradil 1990; Bertram/Dannenbeck 1990; Hradil 1990; Berger 1987) problematisch. Als neue bzw. neu beachtete ungleichheitsrelevante Faktoren gelten etwa Geschlecht, Nationalität, regionale Disparitäten (vgl. Kreckel 1992). Hradil schlägt angesichts dieser Situation ein "Konzept der sozialen Lage" vor, das an die Stelle herkömmlicher schichtungssoziologischer Modelle sozialer Ungleichheit treten soll. Es umfaßt, um neue Differenzierungsprozesse adäquat wiederzugeben, drei Ebenen: die strukturellen Lebensbedingungen, wo eine Bündelung ungleicher Lebensbedingungen erfolgt, die "Ebene milieuspezifischer Lebenswelten" als Ort der Vermittlung zwischen strukturellen Ausgangslagen und individueller Relevanz von Strukturbedingungen, und drittens die "Ebene individueller Lebenslagen", auf der das relativ eigenständige Umgehen mit objektiven Lebensbedingungen seinen Platz hat (vgl. Hradil 1983, 112 ff.; Hradil 1987a, 151 ff.). Insgesamt hat Hradils Konzept mehr beschreibenden als analytischen Charakter (vgl. Müller 1992a, 48).

Für eine theoretische Fundierung von Lebenslagekonzepten für die *Ungleichheitsforschung* sind nach Müller Fortschritte auf drei Ebenen erforderlich (1992b, 48): Erstens auf der Ebene einer komplexen Konzeptualisierung des makrostrukturellen Rahmens, die sozialökologische und sozialpolitische Aspekte und institutionelle Rahmenbedingungen sowie die Transfers des Wohlfahrtsstaates einbezieht und theoretisch vermittelt, so daβ Struktur und Wirksamkeit des Wohlfahrtsstaats als Agentur zur Verteilung von Lebenschancen und Gestaltung von Lebenslagen deutlich werden. Auch die ungleichheitsrelevante Bedeutung strukturierter Arbeitsmärkte und betrieblicher Arbeitskraftrekrutierungsstrategien, konjunkturelle Arbeitsmarktentwicklungen und das internationale System sozialer Ungleichheit sind einzubeziehen. Erst vor diesem Hintergrund können horizontale und vertikale Disparitäten eingeschätzt werden. Zweitens sind zentrale intermediäre Instanzen als Gelenkstück zwischen Ungleichheitsstruktur und schichtspezifischem Verhalten eine

Analyseebene. Hier ist vor allem an Familie und Haushalt sowie Netzwerkbeziehungen vor dem Hintergrund der Zugehörigkeit zu sozialen Gruppen und Milieus zu denken. Drittens ist die Ebene der subjektiven Verhaltensausformung (subjektiven Bedeutung) sozialer Ungleichheit und gesellschaftlicher Benachteiligung zu analysieren. Hier wird auf die vermittelnde Funktion von Milieu- und Gruppenzugehörigkeit (vgl. Lepsius 1973, 68) und daraus resultierenden unterschiedlichen Verhaltensmustern, Lebensstilen und Handlungsmöglichkeiten abgestellt (vgl. dazu Müller 1992b, 48f.).

In der *theoretischen und empirischen Armutsforschung* ist das Lebenslagekonzept an die Stelle von Einkommenskonzepten getreten. Lebenslagen gelten nun als ein umfassendes, tendenziell qualitatives (d. i. über den Bereich des Einkommens hinaus mehrere -die wichtigsten- Bereiche heutigen individuellen und sozialen Lebens erfassendes) Konstrukt von Benachteiligung und Unterversorgung (vgl. z. B. Hauser u.a. 1981; DPWV 1989; Iben 1989, 1992a; Döring/Hanesch/Huster 1990; Hanesch 1989; Caritasverband 1992; Glatzer/-Hübinger 1990; Hauser/Hübinger 1993; Hanesch u.a. 1994). Gegenüber Einkommenskonzepten besteht der Fortschritt darin, daβ das Konzept multidimensional ist und ökonomische, nichtökomische und immaterielle Dimensionen (wie z.B. Gesundheit, Wohlbefinden) umfaßt. Gleichwohl gilt das Haushaltseinkommen nach wie vor als zentrale Ressource. Das Konzept soll die lebenslagespezifischen Grenzen von Handlungsspielräumen, sowohl innerhalb der subjektiven Wahrnehmung als auch der tatsächlichen Handlungen (und Handlungsbegrenzungen) einzuschätzen erlauben.

In diesen Lebenslagekonzepten sind Armutslagen[1] inferiore Lebenslagen, die

---

1 Krause/Schäuble (1988) verstehen unter Wohlfahrtslagen die über Einkommen und Vermögen vermittelten materiellen und immateriellen Lebenschancen; Lebenslagen stellen unterschiedliche Lebensmöglichkeiten innerhalb einer Wohlfahrtslage dar (Krause/Schäuble 1988, 209f). Dabei ermitteln sie in ihrer Untersuchung eine starke Koppelung der Lebenslage einzelner Personen an den Haushalt (der Haushalt ist Analyseeinheit), er vermittelt mithin die sozialen Chancen des einzelnen. In der Wohlfahrtslage Armut herrschen bei Krause/Schäuble gröβere Mehrpersonenhaushalte vor, Einpersonen -Haushalte sind unterdurchschnittlich betroffen (dies widerspricht allen anderen empirischen Erhebungen). Defizite der beruflichen Ausbildung sind kennzeichnend, die Bezugsperson ist häufig Arbeiter oder arbeitslos. Innerhalb der Wohlfahrtslage Armut, die die vertikale gesellschaftliche Differenzierung darstellt, finden sie sehr heterogene Merkmalsstrukturen der Armutsbevölkerung: Je ungünstiger die Wohlfahrtslage, desto gröβer die soziale Heterogenität mit Ausnahme der Senioren (vgl. 1988, 254).
Soziale Indikatoren für ausgewählte objektive Lebensbedingungen nach Einkommensquintilen verwenden Hauser/Glatzer (1989, 398) auf der Datenbasis des Wohlfahrtssurveys (n=2000). Wegen der geringen Stichprobe ist eine weitere Aufgliederung benachteiligter Bevölkerungsgruppen über das unterste Einkommensfünftel hinaus unmöglich.Zapf u.a. (1987) haben anhand eines Statusgruppenmodells 22 soziale Lagen nach Einkommen, Alter, Lebenszufriedenheit und Zukunftssorgen beschrieben. Eine Armutslage kommt dabei nicht vor, es lassen sich aber die Gruppen nennen, die niedriges Einkommen oder subjektive Problemlagen haben.

materiell und immateriell unterhalb von Minimalstandards angesiedelt sind. Die Bestimmung dieser Minima ist ein theoretisch und empirisch ungelöstes Problem, wobei auf den einzelnen Ebenen die Konsense unterschiedlich entwickelt sind[1]. Lebenslageforschung müßte die "inferioren Lebenslagen" im Abstand zum Wohlstand aufzeigen, die Entwicklung beobachten und Aufklärung leisten. Zuschnitte von Lebenslagen sind ungeklärt. "Wie sich der Handlungskontext bei der Armutsbevölkerung im Vergleich zu anderen Lagen unterscheidet, ist eine bisher wenig geklärte Frage" (Glatzer/Hübinger 1990, 50).

In der Diskussion um *Sozialberichterstattung und Armutsberichterstattung* (auf den unterschiedlichen Ebenen: Bund, Länder, Kommunen) wird die Forderung einer lebenslagenbezogenen Berichterstattung auch als Instrument sozialpädagogischer Planung (z. B. Altenhilfe, Jugendhilfe, Jugendberufshilfe, Arbeit mit benachteiligten Gruppen usw.) diskutiert (vgl. z. B. Karsten/Otto 1990, Hanesch/Laumen 1989, Scherer 1992 zu kommunalen Sozialberichten).

Hübinger (1989) erstellt im Westerwald (n=21) ein multidimensionales Benachteiligungsprofil von Sozialhilfebeziehern (Qualifikation, Einkommen, Wohnung, Gesundheit, soziale Integration, Wohlbefinden, Netzwerkhilfe) und kommt über die Definition von Minimalstandards zu Deprivationsprofilen, die Kumulation von Benachteiligungen sichtbar machen: Sie liegen in den Bereichen Bildung, der Wohnsituation, dem Einkommen und dem Wohlbefinden. Der Zeitfaktor ist wesentlich (Dauer des Sozialhilfebezugs). Auch diese Studie zeigt stärker die Heterogenität der Armutspopulation; vor allem die Bewältigungsformen sind höchst unterschiedlich.

Insgesamt erlauben diese bisherigen Ansätze nicht, die lebenslagespezifischen Handlungsspielräume in ihren Unterschieden zu bestimmen und die Möglichkeiten zu Interessendurchsetzung oder Lebenszielverwirklichung einzuschätzen, sowie die ursächlichen Faktoren zu gewichten.

1 Der Fortschritt in der Armutsforschung der 1980er Jahre, der auch mit veränderten Problemlagezuschnitten einhergeht, ist im erreichten Konsens zu sehen, daß Armut nicht länger bloß als Einkommensarmut (nach dem Ressourcenansatz) verstanden werden kann. Armut als ökonomische Unterversorgung (Einkommensarmut) erfaßt grundsätzlich zahlreiche weitere Bereiche von Unterversorgung und Benachteiligung nicht. Der weiterentwickelte Lebenslageansatz fragt nach der tatsächlichen Versorgungslage in zentralen Lebensbereichen. Dieser Ansatz ist also mehrdimensional, insofern als er materielle und immaterielle, ökonomische und psychosoziale Dimensionen umgreift. Als zentrale Lebensbereiche gelten in unserer Gesellschaft die Felder Arbeit, Bildung und Qualifikation, Wohnen, Gesundheit und die Teilhabe am gesellschaftlichen, politischen und kulturellen Leben. Armut wird also in dieser Perspektive als Unterversorgung in einem oder mehreren der zentralen Lebensbereiche gesehen, und Mängel oder Unterversorgungssituationen in einem oder mehreren der zentralen Lebensbereiche können als Aspekt einer generell deprivierten (=armen) Lebenslage analysiert werden. Wie gerade der wichtige Band von Döring/Hanesch/Huster 1990 zeigt, bleibt aufgrund der Material- und Forschungslage ein so verstandenes Lebenslagekonzept zunächst jedoch eher ein heuristisches Prinzip denn ein material ausgefülltes Konzept.

Sozialpolitischer Diskurs

Als theoretischer Begriff zielt Lebenslage darauf, die Merkmale der Lebenssituation zu umfassen, die den individuellen (oder kollektiven) Spielraum für die Befriedigung von Interessen bestimmen. Im Hinblick auf den empirischen Charakter dieser Studie sollen hier der sozialpolitische und der sozialpädagogische Diskurs näher betrachtet werden. Die wissenschaftliche Sozialpolitik hat sich zuletzt in den siebziger Jahren um eine Reformulierung der Sozialpolitiktheorie bemüht. Dabei ging es, wie bereits in den fünfziger Jahren, um eine Umorientierung von einer kompensatorischen und reaktiven zu einer gestaltenden, präventiven Politikform (vgl. Tennstedt 1976; Ferber 1977; Standfest 1979). Wie im soziologischen Diskurs wurde auch hier von Mehrdimensionalität von Lebensbezügen ausgegangen, so daß sich Sozialpolitik auf mehrere Dimensionen von Lebenslagen zugleich beziehen muß. Dabei liegen unterschiedliche Betonungen auf den psychosozialen Bedürfnissen von Erziehung, Pflege, Beratung, Betreuung (vgl. Ferber 1977), der Arbeitswelt (Böhle 1977) oder umfassender einer Neuformulierung von Sozialpolitik als Dienstleistungs- anstelle der gegenwärtigen Einkommensstrategie (vgl. Badura/Gross 1976). Als gemeinsames Merkmal der unterschiedlichen Ansätze ist die Betonung der Mehrdimensionalität und der Komplexität der Lebenssituationen zu sehen, auf die Sozialpolitik sich beziehen soll. Die Lebenslageperspektive stellt sich daher bei aller inneren Differenzierung schon Ende der siebziger Jahre als prinzipielle Alternative zu Auffassungen dar, nach denen Sozialpolitik wesentlich als eine Politik der Einkommensverteilung gesehen wird und sozialpolitische Maßnahmen eindimensional konzipiert werden. Wenn nicht Einkommen, sondern Lebenslagen verteilt werden (vgl. Weisser 1954b, 42), zielt Sozialpolitik auf "sozial schwache Schichten" (vgl. Weisser 1956b, 411). Die systematische Abgrenzung zur Sozialen Arbeit wird dann im Ansatzpunkt von Hilfe gesehen: Adressaten von Sozialpolitik seien Schichten, die sich durch "restringierte Lebenslagen" auszeichnen (vgl. Weisser 1956b, 411f.; Nahnsen 1988, 652); Adressaten sozialer Arbeit seien einzelne in individuellen Notlagen (zur Kritik vgl. Schaarschuch 1990, 143f.). Die der klassischen Sozialpolitik (Achinger, Weisser, Nahnsen) folgenden Konzepte orientieren sich stärker an Determinanten von Lebenslagen und objektiv bestimmten Interessen. Der subjektive Aspekt wird erst von Lompe u.a. (1987) als subjektive Wahrnehmung von Bedürfnisbefriedigungsmöglichkeiten eingebracht. In der Wohlfahrts- bzw. Sozialindikatorenforschung ist diese subjektive Aspekt im Zusammenhang objektiver Lebensbedingungen und individueller Wahrnehmung definitorisch und analytisch einbezogen (vgl. Krupp/Zapf 1977). Heutige Analysen der Wohlfahrtsforschung (vgl. z. B. Krupp/Hanefeld 1987; Zapf u.a. 1987; Rendtel/Wagner 1991) arbeiten systematisch mit Indikatoren subjektiven Wohlbefindens, etwa mit Skalen von "Zufriedenheit und Sorgen".

Seine erste Ausprägung hat das Konzept der Lebenslage bei Neurath erfahren. Im Zusammenhang mit Untersuchungen zur Kriegswirtschaft von 1909, die die Bedeutung unmittelbarer (nicht geld- bzw. marktvermittelter) Produktion und Verteilung zum Gegenstand hatten, und der Forderung einer umfassenden Planungsgrundlage für einen Wirtschaftsplan (Neurath 1919, 220) entwickelt Neurath seine Vorstellung eines Lebenslagekatasters (1925, 36). Im Kontext der Überlegungen zu einer Naturalwirtschaft (der geplanten Wirtschaftsform mit Naturalrechnung) stehen seine Konzeptionierungen von Planungsgrundlagen an zentraler Stelle (vgl. Amann 1983, 128 ff.). Lebenslagen sind theoretisch nur vor dem Hintergrund der Lebensordnung, d. h. der Gesamtheit der "Maßnahmen, Einrichtungen, Gebräuche (...) einer Menschengruppe" als Bedingung zu verstehen. Vor dem Hintergrund dieser abgrenzbaren ökonomisch-sozialen historischen Verhältnisse finden sich unterschiedliche Lebenslagen als Spezifizierungen der gesellschaftlichen Bedingungen menschlichen Lebens, der konkreten Lebenssituation. Lebenslagen sind der "Inbegriff aller Umstände, die verhältnismäßig unmittelbar die Verhaltensweise eines Menschen, seinen Schmerz, seine Freude bedingen." (1931, 125). Zur Lebenslage gehören Struktur und Umfang von Lebenschancen und Lebensgütern ebenso wie hinderliche Bedingungen. Diese Perspektive schließt makro- wie mikrotheoretische Begriffsebenen ein. Die empirische Analyse richtet sich auf wirtschaftliche, politische und rechtliche wie soziale, - heute würden wir sagen: lebensweltbezogene - milieubezogene, biographische, subjektive Momente. Neurath konzeptualisiert Lebenslage als Inbegriff der gesellschaftlichen Umstände, als Resultat sozialer Verhältnisse - nicht einer aktuellen Situation - und die "Lebensstimmung" (1931, 212) soll als subjektive Dimension eventuelle objektivistische Tendenzen der Analyse korrigieren. Analytisch und methodisch-empirisch lassen sich Lebenslagen nur in Bezug auf Kollektive bzw. Gruppen, nicht jedoch auf Individuen beziehen und vergleichen (1925, 37). Die theoretischen Kennzeichnungen von Lebenslage als vieldimensionaler (die relevanten Bereiche der Lebensverhältnisse einschließender) Kategorie (1937, 142) führt forschungsmethodisch zur Konsequenz der Forderung einer Vermeidung isolierter Betrachtung von einzelnen lebenslagerelevanten Faktoren und daher einer qualitativen, d. i. die Gesamtheit der Faktorenbündel berücksichtigenden Dimensionierungsstrategie von Lebenslage (1937, 146 ff.). So können z. B. Lebensstimmungen nur in aggregierter Form, nach ihrer Höhe, nicht jedoch nach ihrer Struktur und ihrer Qualität, verglichen und in eine Rangfolge gebracht werden (1925, 30, 34f.), Skalierungen sind nur auf Ordinalskalenniveau möglich. Lebensstimmungsreliefs (1925, 34) können nur auf der Basis von Lebenslagekatastern - also empirisch direkt erfaßbaren Dimensionen *erschlossen* werden; direkter Beobachtung bzw. Erfassung sind sie nicht zugänglich. Kernpunkt dieser methodologischen Überlegungen stellt die systematische, theoriegeleitete Verkoppelung der Analyse von Lebensstimmungen mit objektiven sozialen Bedingungen von Lebenslagen dar (vgl. 1937, 141). In dieser frühen Formulierung des Lebenslagekonzepts sind verschiedene analytische Ebenen zusammengeschlossen. Bei Neurath impliziert das Konstrukt Lebenslage eine dreifache Perspektive: es berücksichtigt objektive Lebensbedingungen ebensowohl wie gruppenspezifische subjektive Orientierungen, Einstellungen, Präferenzen sowie die vermittelnde Instanz von Milieu und Kultur.

Bei Weisser stellt die Marktwirtschaft den theoretischen Hintergrund dar. Er bestimmt als Gegenstand der Sozialpolitik die Lebenslagen sozial schwacher Schichten (vgl. 1956b, 411). Für Sozialpolitik im Weisserschen Verständnis geht es mithin nicht allgemein um die Gestaltung sozialer Lebensverhältnisse "der Bevölkerung überhaupt, sondern nur um die Gesamtheit der Maßnahmen zur Gestaltung der Lebenslagen der 'sozial Schwachen und Gefährdeten'" (vgl. Weisser 1978, 275). Dies ist zunächst ein formales Abgrenzungskriterium, da Fragen nach Intention und Funktion sowie der Effektivität von Maßnahmen bei Weisser nicht Gegenstand sind (vgl. auch Amann 1983, 141). Weissers Bestimmung von Lebenslage hat viele Versionen; häufig zitiert wird die folgende: "Als Lebenslage gilt der Spielraum, den die äußeren Umstände dem Menschen für die Erfüllung der Grundanliegen bieten, die ihn bei der Gestaltung seines Lebens leiten oder bei möglichst freier und tiefer Selbstbesinnung zu konsequentem Handeln hinreichender Willensstärke leiten würden" (1978, 275). Im Unterschied zu Neurath ist nicht die Realität, sondern die Potentialität des Spielraums konstitutiv. Die tatsächliche Lebenslagenverteilung wird nicht nur von Vermögen und Einkommen, sondern auch von Ausbildungschancen, Arbeitslosigkeit, Geschlecht usw. bestimmt (vgl. etwa die Darstellungen in 1954a, 44ff. Daß Frauen "genötigt sind zu arbeiten", gilt ihm freilich als negative Lebenslagebestimmung). Lebenslagen werden als Einheit bewertet - nicht nach einzelnen Faktoren - und in dem Bild des Spielraums ist auf die sozialpolitische Bedeutung von Struktur und Größe des spezifischen sozialen Möglichkeitsraums zur Interessenbefriedigung hingewiesen (vgl. auch Andretta 1991, 49 ff.) Der Begriff der Grundanliegen umfaßt die strukturellen Dimensionen, die "äußeren Umstände" wie die Bedürfnisse der einzelnen. Weil Weisser glaubt, Wissenschaft könne hinsichtlich bestimmter Lebenslagebereiche gleichsam objektive Interessen eruieren, kommt es zur Beurteilung der Lebenslagebereiche nur auf den Möglichkeitsraum, nicht auf seine tatsächliche Nutzung an. Die Operationalisierung dieses Konzepts steht vor dem zusätzlichen Problem, die Bewertungen des Forschers ausweisen und integrieren zu müssen. Wegen der Antinomie von Faktizität und Potentialität ist es zu einer empirischen Umsetzung nicht gekommen. Die offengehaltene Spannung zwischen faktischen und virtuellen Interessen geht auf Weissers anthropologische Figur von Grundbedürfnissen zurück. Es gibt daher keine - wie bei Neurath - Korrektivfunktion individueller Wahrnehmung. Die Relativität des Vergleichs unterschiedlicher Lebenslagen mit differenter Struktur und Interessengestaltung wird trotz anderer Begründung ähnlich vorsichtig wie bei Neurath gesehen, wenngleich Weisser etwa regionale Ungleichheiten der Lebenslage sieht (z. B. 1954a, 1090f.). Sozialpolitisches Handeln zielt auf sozial schwache bzw. gefährdete Lebenslagen (1954b, 411) - hierbei sieht er einen graduellen Unterschied im Spielraum - und damit auf eine Situation, die "als nicht zumutbar angesehen wird" bzw. noch unter dem als nicht zumutbar angesehenen Niveau liegt. Andretta ist zuzustimmen, daß "Versuche, das WEISSERsche Lebenslagekonzept für die sozialpolitische Praxis nutzbar zu machen, letztlich an dem im theoretischen Begründungszusammenhang WEISSERs angelegten Dilemma mangelnder Operationalisierbarkeit scheiterten" (1991, 76; H.i.O.).

Wie Weisser bezieht Nahnsen Lebenslagen auf den Spielraum des einzelnen, den die soziale Strukturiertheit der Lebenssituation zur Befriedigung bzw. Entwicklung seiner Interessen bietet. Lebenslagen stellen so für Nahnsen den "Gesamtinbegriff der sozialen Chancen des einzelnen" dar (Nahnsen 1975, 148), die mit Sozialpolitik als "Inbegriff von Veranstaltungen zur planmäßigen Beeinflussung von Lebenslagen" in einer Dynamik wechselseitiger Beeinflussung verbunden sind (vgl. 1975, 149). Lebenslagen sind nicht in Aspekten, sondern nur als Einheit zu fassen. In dieser Einheit treffen soziale und sozialpolitische Probleme und Strategien zusammen. Die Einheit der Lebenslage ist dadurch "in sich gegliedert und strukturiert" (vgl. Schaarschuch 1990, 139).

Nahnsen (1971, 101f; 1975, 148f.) verweist in Weiterentwicklung von Weisser auf die soziale Bestimmtheit von Interessen, die daher nur bedingt zur Einschätzung der Lebenslage tauglich seien (1975, 149f.). Das kritische Moment in Weissers Konzeption, nicht faktische Interessen oder auch Nicht-Interessen bzw. Nicht-Bedürfnisse als Beurteilungsmaßstab zunehmen, stärkt sie einerseits dadurch, daß in der konzeptuellen Reflexion die Herstellung der Möglichkeit, Interessen zu entfalten, mit einbezogen wird. Zur Bewertung von Lebenslagen gehört auch die Frage nach den Chancen, die Lebenslagen zur Interessenbildung und -realisierung bieten. Damit ist die anthropologische Falle Weissers umgangen, der einen invarianten Bestand von Grundanliegen - die der Forscher erkennen könne - annimmt. Diese Neubestimmung führt zu einem Skeptizismus bezüglich der Frage, wichtige Interessen einer Menschengruppe könnten eindeutig und zuverlässig ermittelt werden. Auf der anderen Seite ermöglicht Nahnsens Weiterführung - die Realisierung von Interessen wird als untrennbar von den Bedingungen ihrer Entfaltung gesehen - die Strukturierung von "Einzelspielräumen der Lebenslage" (1975, 150), eine Konkretisierung, die Operationalierungsmöglichkeiten ermöglicht. Entsprechend der komplexeren, nicht anthropologisch, sondern soziologisch gestützten Konzeption schlägt Nahnsen fünf analytische Dimensionierungsbereiche vor, den Versorgungs- und Einkommensspielraum, den Kontakt- und Kooperationsspielraum, den Lern- und Erfahrungsspielraum, den Regenerations- und Mußespielraum und den Dispositionsspielraum (1975, 150). Sicherlich ist die Kritik an Nahnsens Skizze berechtigt, daß eine systematische Abgrenzung zwischen den Bereichen fehle, keine Gewichtung vorliege (vgl. Schäuble 1984, 242 f.) und die Bedingungskomplexe der Einzelspielräume konkretisiert werden müßten (vgl. Lompe u.a. 1987, 99). Doch sind dies sicherlich zunächst einmal zentrale Lebensdimensionen, die auch stark dependent sind, und, wie die Studie von Lompe u. a. zeigt, auch der empirischen Umsetzung zugänglich sind (vgl. Lompe u.a. 1987, 13f., 98). "Trotz forschungspraktischer Schwierigkeiten bei der Umsetzung und Operationalisierung bietet das Konzept das Inventar, um den Spielraum darzustellen, den der einzelne innerhalb gesellschaftlicher Verhältnisse zur Gestaltung seiner Existenz vorfindet und auch (entgegen dem Verständnis von Weisser) tatsächlich verwertet." (Lompe 1987, 98). Letzteres ist eine problematische Einschränkung, da es zum Kernpunkt von Weisser und Nahnsen gehört, daß es gerade nicht auf die reale Nutzung des Spielraums ankommt, sondern auf seine Größe und Struktur. Diese Differenz hat mit der Abgrenzung von Sozialpolitik und Sozialer Arbeit und dem Offenhalten von Partikularität bzw. Kontingenz zu tun.

Amann (1983, 148) weist darauf hin, daß das Nicht-Nutzen von Spielräumen einerseits selbst erklärungsbedürftig, da historisch strukturiert sei - "die Trennlinien zur Unterscheidung von Existenzgrenzen, Lebensstilen und Status- und Prestigepotentialen" sind selbst gesellschaftliche Normen (1983, 148) - sie sind andererseits selbst Produkt auch sozialpolitischer Intervention - der "je gesellschaftlich vermittelten und anerkannten Techniken der Verarbeitung und Bewältigung von konflikthaften Situationen" (1983, 148). Die Differenz selbst ist erklärungsbedürftig, weil gesellschaftlich-historisch konstituiert.

Lebenslagen können kumulative soziale Benachteiligung (biographisch z. B. Krieg, lange Perioden hoher Arbeitslosigkeit) wie Bevorzugung einschließen, sie verändern sich im Lauf eines Lebens. Lebenslageanalyse sollte von umschreibbaren Bereichen der Realität ausgehen. Zu diesen Lebenslagedimensionen gehören neben der Einkommens- und Vermögensverteilung auch das

Bildungssystem, der Bereich Familie und Primärstrukturen, Berufs- und Arbeitswelt, medizinische und soziale Versorgung sowie Wohnen und Ernährung. Entscheidend sei, daß einzelne Ebenen auf unterschiedlichen Abstraktionsstufen beschreibbar und mit sozialwissenschaftlichen Objekttheorien auf den differenten Ebenen analysierbar und theoretisierbar sind. Eine Zusammenfassung und Einschätzung ist nur in Bezug auf Lebenslagegesamtheiten sinnvoll, deren Analyse und Typologie theoriegeleitet auf die Gesamtsituation ausgerichtet sein muß (1983, 152). "Lebenslagen sind die je historisch konkreten *Konstellationen* von *äußeren Lebensbedingungen*, die Menschen im Ablauf ihres Lebens vorfinden, sowie die mit diesen äußeren Bedingungen *in wechelseitiger Abhängigkeit* sich entwickelnden *kognitiven und emotionalen Deutungs- und Verarbeitungsmuster*, die diese Menschen hervorbringen." (1983, 147; H. i. O.) Sie legen nicht nur - wie schon bei Weisser, Nahnsen - "Start- und Entwicklungschancen fest, die determierenden Charakter erlangen" und positiv wie negativ kumulieren (können) (vgl. 149ff.). Sie schließen auch systematisch die Deutungen bzw. Deutungsmuster der Individuen mit ein. Dann hat das Lebenslagekonzept nicht mehr nur die Bedeutung, schwergewichtig sozialpolitische Gestaltung durch empirisches Entscheidungsmaterial zu ermöglichen. Es stellt zugleich das zentrale Erkenntnisobjekt (sozial-)wissenschaftlicher Forschung bereit. So kommen "im Lebenslagezusammenhang nicht nur staatliche Intervention ins Blickfeld (...), sondern auch privates, nicht professionelles Handeln" (1983, 152). Für die konkrete Analyse hält Amann "mindestens drei Operationsschritte" erforderlich, nämlich die Zusammenfassung abgrenzbarer äußerer Bedingungen der Lebenslage in Typologien - dazu gehören auch regionale Unterschiede, die Versorgung mit sozialen Diensten - , die Darstellung objektiver Dimensionen der Lebenslage durch Aggregatdaten und Interpretationen und Deutungen der einzelnen (1983, 155f.).

Sozialpädagogischer Diskurs

Böhnisch (1982) integriert in die sozialpädagogische Formulierung des Lebenslageansatzes neuere theoretische Arbeiten zur Sozialpolitik, insbesondere Lenhard/Offes Konzept (1977). Sozialpolitik hat grob drei Felder, sie beeinflußt die soziale Reproduktion, die ökonomische Entwicklung und sie leistet soziale Integration (Böhnisch 1982, Kap.3). Diese spezifische Vergesellschaftungsform zielt auf eine "sozialpolitische Formel der Balance" (Böhnisch 1982, 67) von systematisch zunächst unabhängigen Momenten, nämlich der sozialen Entwicklung und wohlfahrtsstaatlichen Interventionen. Da Lebenslagen ihrerseits die "soziale Reproduktion des Wirtschaftsprozesses gewährleisten, andererseits (...) sich in ihnen dadurch Grundlagen für weiterführende soziale Ansprüche und Antriebe" entwickeln (1982, 80), stellt Lebenslage unter dem Aspekt historischer Entwicklung und systematischer Analyse selbst ein Moment der Entwicklungsdynamik dar. Lebenslagen sind deswegen grundlegend widersprüchlich; sie sind der soziale Ort der Brüche und Friktionen des gesellschaftlichen Entwicklungsprozesses. Böhnisch nennt "die Brüche zwischen Institutionen und Lebenswelten, zwischen Person und Funktion, zwischen Kollektivität und Individualisierung, zwischen Öffentlichkeit und Privatheit, zwischen Arbeit und Identität". Lebenslagen spiegeln mithin "die Doppelgesichter dieses Vergesellschaftungsprozesses wider (1982, 80f.) Die "historische Grundstruktur" von Lebenslagen wird einmal durch die Art und Weise, wie Lebensbereiche gesellschaftlichen Entwicklungen unterworfen sind, bestimmt, aber auch durch typische Muster sozialstaatlicher Vergesellschaftung. Werden aber Lebenslagen konstitutiv durch die Subjekte bzw. Milieus und ihre Deutungen und Handlungen sowohl mitgestaltet wie verändert, können sie nicht mehr als Spielräume, die als vorgegebene ausgestaltet, gefüllt und wahrgenommen werden, analysiert werden. Sie sind weniger Spielräume, sondern vielmehr soziale Balancen, in denen Lebensbewältigung vor dem Aspekt der Interessenentfaltung (1982, 81) steht.

Während der Sozialstaat bis in die Mitte der 1970er Jahre prinzipiell auf die Reintegration in die Arbeitsgesellschaft setzen konnte, ist diese Reintegrationsperspektive heute nicht mehr gegeben. So ist der Sozialstaat in zunehmendem Maße weniger fähig, optimistische Lebensentwürfe vorzugeben oder zu stabilisieren. Die Konsequenz dieser Veränderung des Typus von Sozialintegration für die Soziale Arbeit wird als "Lebensbewältigung" begrifflich gefaßt.

Je deutlicher institutionelle (u.a. sozialstaatliche) Anerkennung und die tatsächlichen Chancen zur Integration divergieren, müssen Muster der Lebensbewältigung sich *neben* dem Normallebenslauf orientieren. Lebensbewältigung (Böhnisch/Schefold 1985) bezieht sich auf die Handlungsstrategien, die die einzelnen in der Auseinandersetzung mit ihrer Lebenslage entwickeln. Theoretischer Hintergrund ist die Einsicht in den Verlust des Normallebenslaufs mit seinen Vorgaben, aber auch Sicherheiten. Weil die Zukunft für den einzelnen nicht mehr institutionell verfügbar oder garantierbar ist (vgl. Evers/Nowotny 1987), wird die Bewältigung der aktuellen Lebenssituation, das "Überleben", zur vordringlichsten Aufgabe des einzelnen.

Schaarschuch (1990) integriert diese Lebenslageansätze in ein Konzept der Reproduktionsweise. Der "produktive, aktive Charakter des Reproduktionsvermögens, der Reproduktionsstrategien" gilt ihm "nicht nur als Akzidenz, sondern als Konstituens" (1990, 142). Die im Konzept der Lebenslage von Neurath bis Nahnsen enthaltene Kategorie des subjektiven Spielraums wird hier radikalisiert: Lebenslage als Einheit von Einzelspielräumen "erzeugt das

Bild, als seien die objektiven Bedingungen, nach denen die konkreten Lebenslagen strukturiert sind, wie ein fest umrissener Rahmen vorgegeben, innerhalb dessen nur der Binnenraum, nicht aber dessen Grenzen, subjektiver Veränderung zugänglich sei." Theoretisch ist jedoch die "Veränderung der Reproduktionsbedingungen selbst" einzubeziehen. Das Lebenslagekonzept ist doppelt konstituiert: es ist einerseits ein verstehendes, d. h. sich auf Deutungen, Wahrnehmungsweisen und Deutungsmuster von Individuen bzw. Lebenswelten beziehendes, es ist andererseits auf die theoretische und empirische Analyse von "Strukturen, institutionellen Verfahrensweisen, politischen Verhältnissen, kulturellen Gepflogenheiten, 'moralischen Ökonomien' usw." verwiesen (Schaarschuch 1990, 144).

So ist die Perspektive des Subjekts in diesem Konzept konstitutiv. Wie sich freilich die verschiedenen Momente der Lebenslage, das konstitutive Verhältnis von sozial objektiver Totalität und sozialer Subjektivität in Bezug auf Entwicklungsmöglichkeiten und die Veränderung von Lebensbedingungen selbst verhalten, ist - da historisch - auch eine empirische Frage. Das Lebenslagekonzept bezieht sich auf strukturelle bzw. lebensphasenspezifische soziale Probleme. In sozialpädagogischer Perspektive sind Lebenslagen Profile der Bewältigungsmöglichkeiten von sozialen Problemen. Das Forschungsinteresse richtet sich auf miteinander vermittelte Dimensionen: materielle Aspekte von Lebenslage und Handlungspielräumen, institutionelle und lebensweltliche Definitionen sozialer Probleme, institutionelle und lebensweltliche Bewältigungsformen, subjektive Spielräume in und gegen lebensweltliche Strukturen.

Zur Bedeutung qualitativer Forschung in der Sozialarbeit/Sozialpädagogik

Die Verlagerung der theoretischen Perspektive auf die Integrations- und Syntheseleistungen der Subjekte entspricht den erweiterten Spielräumen der Individuen, die nun in neuen Formen die Vermittlung von System- und Sozialintegration leisten müssen.[1]

1 In der akademischen Diskussion der Sozialarbeit/Sozialpädagogik haben die oben diskutierten neuen Anforderungen an subjektive Vermittlungsleistungen zu einer Schwerpunktsetzung in den Theoriediskursen um den Bildungsbegriff (vgl. Sünker 1989, Winkler 1988), den Begriff der Moral und des Kommunitarismus (vgl. Brunkhorst/Otto 1989; Brumlik 1989, 1992; Böllert 1989) und den Begriff der Subjektivität (Winkler 1988; Dewe/Scherr 1990) geführt. Individuelle Bildungsprozesse werden lebensgeschichtlich als primär im Kontext des Alltagslebens verortet angesehen, so daß dort auch die Möglichkeiten und Ansatzpunkte für Bildung gesehen werden müssen. Die gesellschaftlichen Bedingungen individuellen Alltags werden zugleich als sozial ungleich strukturierte Kontexte der Ermöglichung von Subjektivivität gesehen. Neu ist, daß Bildung (und Lernen) als Aspekt von Subjektivität, von Alltag und von gesellschaftlichen Strukturen und Prozessen (als Bildungsprozesse ermöglichend, beschneidend

Die für den hier problematisierten Zusammenhang wichtige Frage ist die nach der Bedeutung qualitativer Methoden und der Bedeutung des Begriffs Lebensweltanalyse im Kontext benachteiligter Lebenslagen. Als Lebenswelt werden hier die Inbegriffe der subjektiven Wahrnehmung, Deutung und Bewertung verstanden, die subjektive Seite der Vermittlung von Mikro-, Meso- und Makroebene in Kommunikation und Interaktion. Es ist analytisch verkürzt, Lebensweltanalyse ausschließlich auf hermeneutische Verfahren zu beschränken (so z.B. Haupert/Kraimer 1991). Das Lebenslagekonzept ist kein ausschließlich verstehendes (vgl. auch Böhnisch 1982, 80f.), und hermeneutische Analyse, die bei der Explikation des Sinns von Rede oder Text verbleibt, ist unkritisch, weil in die subjektive Art und Weise der Verarbeitung von sozialen und individuellen Bedingungen auch soziale Strukturen, institutionelle Verfahrensweisen, sozialpolitische Formierungen, kulturell-milieuspezifische Gepflogenheiten eingehen, die durch theoretische, durch Institutionenanalyse usw. systematisch einbezogen werden müssen (vgl. Schaarschuch 1990, 152). Aber der Stellenwert qualitativer Verfahren und die Art und Form ihres Zusammenbindens mit quantitativen statistischen Daten ist in den bisherigen Arbeiten zusammenhängend nicht angegangen worden; vielmehr bestehen beide Methoden nebeneinander. Vorliegende Studie versucht eine Integration. Im hier zugrundeliegenden Verständnis können die durch standardisierte Instrumente erfaßbaren Lebenslagebereiche ebenso wie die durch qualitative Verfahren faßbaren nur Teilaspekte einer Lebenslagedarstellung sein.

1.2 Zur Operationalisierung von Lebenslage

Im folgenden werden einige Vorschläge zur Operationalisierung aus der Diskussion um die Begriffe Lebenslage und Handlungsspielräume aufgegriffen. In der vorliegenden Studie sind die Dimensionen von Lebenswelt und subjektiver Wahrnehmung vorwiegend den qualitativen Untersuchungsteilen (vgl. Kap. I.4, IV, V) vorbehalten. Hier geht es zunächst um die "objektiven" Aspekte der Dimensionierung des Fragebogens -des Untersuchungsinstruments.

Nach Zapf u.a. (1987) umfaßt Lebenslage die objektiven Lebensbedingungen sowie deren subjektive Wahrnehmung und Bewertung. Lebensstile sind "indi-

---

oder beschränkend) gesehen wird. Die Krise traditionaler Normalitätsmodelle wird also auch als Chance der Subjekte (und der Sozialen Arbeit), als Lernprovokation, als Möglichkeitsraum aufgefaßt, und sozialer Arbeit obliegt nun stärker "eine aktive Gestaltung von Lebensweisen" anstelle der "Anpassung an fremddefinierte Lebensentwürfe" (vgl. Böllert 1992). Sie ist daher auf Lernprozesse mit offenem Ausgang verwiesen, die eine herkömmliche Erfolgskontrolle - Messen am vorgegebenen Ziel- nicht zulassen.

viduelle Gestaltungsleistungen (auf der Mikroebene) im Rahmen milieuspezifischer Wahlmöglichkeiten und Zwänge (mittlere Ebene) sowie gesamtgesellschaftliche Niveaus und Erfahrungen (Makroebene)" (Zapf u.a. 1987, 14f). Auf der empirischen Ebene gehören für Zapf u.a. zu den wichtigsten Konstruktionselementen von Lebensstilen:

- die Familien- und Haushaltsstruktur
- die Muster des Konsums
- die sozialen Beziehungen und die Mitgliedschaften der Haushaltsangehörigen
- die Wohnform, Einrichtung und Ausstattung
- die Werteinstellungen
- die Lebensziele und Lebenspläne, z.B. Zeit- und Planungshorizonte (Zapf u.a. 1987, 15ff.).

Die objektiven Dimensionen der Lebenslage beziehen sich auf beobachtbare Lebensverhältnisse. Zur Konzeptualisierung liegen bisher relativ wenige Vorschläge vor (so Zapf u.a. 1987; Lompe u.a. 1987; Hradil 1987a). Nach Zapf u.a. kann die Dimension der objektiven Lebensbedingungen wie folgt in Indikatoren umgesetzt werden:

- für den Bereich Wohnen: die Wohnungsausstattung;
- für den Bereich soziale Kontakte: die Häufigkeit von Geselligkeit und Besuchen bei Verwandten und Freunden;
- für den Bereich Gesundheit: schwere gesundheitliche Beeinträchtigung bei der Erfüllung täglicher Verrichtungen.

Aus den differenzierten Erörterungen im Diskussionsbeitrag von Hradil (1987a) lassen sich für die Fragestellung einer Dimensionierung folgende Überlegungen herausziehen: Es gibt Ursachenfelder sozialer Ungleichheit, die gleichsam quer zu den alten Ungleichheitsstrukturen stehen, so daß Disparitäten von Lebenslagen innerhalb einer sozialen Schicht auftreten können. Diese horizontalen Unterschiede tragen unter anderem auch zur Differenzierung von Verhaltens- und Lebensstilen innerhalb gleicher sozialer Gruppen bei. Zur konzeptuellen Umsetzung macht Hradil Vorschläge, von denen einige für den vorliegenden Forschungszusammenhang bedeutsam sind:
1. Dimensionenwahl und Definition sollte an den spezifischen empirischen Gegebenheiten eines gesellschaftlichen Zusammenhangs, d.h. konkret hier im Hinblick auf konkrete Gruppen von Menschen erfolgen.
2. Das Zusammentreffen und -wirken aller relativ günstigen und ungünstigen Faktoren muß erfaßt werden.

3. Die Auswirkungen ungleicher Lebensbedingungen sollten ebenso wie das unterschiedliche individuelle Umgehen damit untersuchbar sein (Betonung auch der Subjektivität).
4. Das heißt auch, daß Mentalitäten und Lebensstile (z.B. ländliche) nicht epiphänomenal, sondern mit eigenständigem Rang innerhalb von Sozialstrukturkonzeptionen behandelt werden müssen. (vgl. Hradil 1987a, 97f).

In den Schlußfolgerungen kommt er zu einer ähnlichen Konzeptualisierung wie Zapf u.a. (vgl. Hradil 1987a, 147f.). Abgekürzt ergibt sich daraus für uns die Folgerung, innerhalb der Konstellationen benachteiligender Lebensbedingungen prinzipiell die spezifischen Kontextbedingungen mit zu untersuchen, die Differenzierungen in sozialen Lagen bzw. unterschiedliche objektive (materielle) und subjektive (soziale) Problembewältungsmöglichkeiten bedeuten können. Insbesondere ist auf funktionale Äquivalente abzustellen, d.h. es sind Substitutions- oder Kompensationsmöglichkeiten der einzelnen Lebens- und Handlungsbedingungen mit zu untersuchen. Für die Konzeptualisierung bedeutete das, die Indikatoren so anzulegen, daß sie - obwohl bezogen auf Menschen in recht homogener ökonomischer Lage: sehr niedriges Einkommen - die Differenzierung der Lebenssituation in Bezug auf wichtige Bereiche der materiellen Lebenssituation und sozialer Partizipation erfassen und die eventuellen Spielräume und Handlungsmöglichkeiten deutlich werden lassen. Es galt also, allgemein gesprochen, die jeweils vorhandenen Ausprägungen der einzelnen ungleichen Lebensbedingungen einzelner Menschen oder Haushalte differenziert zu erfassen.

Bei der Konstruktion der Indikatoren zu den einzelnen Bereichen wurde auch auf die Vergleichbarkeit dieser Indikatoren mit allgemeineren Untersuchungen (Sozioökonomisches Panel und Mikrozensus sowie ALLBUS) geachtet, damit bei der Interpretation der Ergebnisse Relationierungen und Vergleiche möglich sind.

Theoretische und methodologische Überlegungen zur Fragebogenuntersuchung

Die Konstruktion der Fragebogenuntersuchung ging von der Überlegung aus, empirische Lebenslageforschung als Vergleichsgruppenforschung zu betreiben. Es sollten deshalb nicht nur die vom Sozialamt oder Arbeitsamt alimentierten Personen und Haushalte mit geringem Einkommen an der Sozialhilfe-(40%)-Grenze untersucht werden, sondern auch Personen und Haushalte, die in besserer Einkommenssituation und daher - vermutlich -in besseren Lebensumständen leben (bis zur 60%-Grenze). Deswegen wurde in den Fragebogen eine sogenannte Netzwerkfrage aufgenommen, d.h. eine Frage nach Leuten mit ähnlich niedrigem Einkommen wie die befragten Personen. Auf diese

Weise hatten wir beim Pretest einige Adressen erhalten, die der Dunkelziffer zuzurechnen sind, aber auch solche, die ein höheres Einkommen als die Hilfebezieher hatten. Wir hofften daher einerseits, mit diesem Verfahren zumindest Näherungsaussagen über die Dunkelziffer im ländlichen Raum machen zu können. Hypothese war, daß sich die nicht Sozialhilfe beziehenden Personen und Familien in besserer Lebenslage und Sozialhilfe beziehende Personen und Haushalte in wichtigen Faktoren unterscheiden müßten. Diese Unterschiede könnten dann Hinweise auf die Einflußfaktoren und ihr Gewicht geben. Die Vergleichsgruppe sollte zu den einkommensschwachen Haushalten ebenso wie die Sozialhilfebezieher gerechnet werden können. Dann kann untersucht werden, wie und warum aus der potentiellen Sozialhilfebedürftigkeit einerseits faktischer Sozialhilfeempfang wird, andererseits, wie und warum von anderen Personen und Haushalten die Gefährdung ohne Sozialhilfeempfang bewältigt werden konnte bzw. wird. Auch die Dunkelziffer dürfte so quantitativ und ihrer Motivation nach (objektive und subjektive Gründe der Nichtinanspruchnahme) deutlicher werden.

Aus den Explorationen des Pretests ergaben sich einige Hypothesen zur Unterscheidung der Problemlagen, die zum Teil auch durch die Expertengespräche bestätigt wurden. So war zu vermuten, daß bei den langfristig arbeitslosen Sozialhilfeempfängern und bei den Arbeitslosenhilfeempfängern neben der Problemlage Einkommensarmut weitere Probleme vorliegen, etwa gesundheitliche, familiale und psychische Probleme. Ein Teil der langfristig Arbeitslosen dürfte zusätzlich Möglichkeiten informeller Beschäftigung - vermittelt auch über die dörfliche Integration - und eventuell von kleiner Subsistenzwirtschaft (Gartenbau, kleine Landwirtschaft, Brennstoffbeschaffung) haben. Trotz ähnlicher Einkommensverhältnisse schien die Wohnsituation (eigenes Haus, Miete, Wohnen bei Verwandten, Wohnqualität) und die materielle Haushaltssituation sehr unterschiedlich zu sein. Die dörfliche Integration hat für diese unterschiedlichen Formen der Problembewältigung sowohl ursächlichen wie vermittelnden Einfluß. Diese qualitativen Ergebnisse der Voruntersuchung waren in ihren quantitativen Relationen in der Hauptuntersuchung zu ermitteln.

Ähnliche aus der bisherigen Explorationarbeit des Projektes begründete Hypothesen ergaben sich für andere Gruppen innerhalb der Sozialhilfe. Für die Getrennt/Geschiedenen scheinen Unterschiede vom Verbleiben im Dorf (d.h. Wohnen bei Eltern oder Verwandtschaft) einerseits und Wegzug ins Mittelzentrum in Mietwohnungen andererseits Unterschiede in der materiellen Situation ebenso zu bedingen wie in der materiellen Haushaltssituation. Es zeichnete sich ab, daß der Verbleib im Dorf die Mobilisierung verschiedener Ressourcen personeller Art (Hilfe von Verwandtschaft und Nachbarschaft zur

Kinderbetreuung, soziale Kontakte) wie materieller Art (mögliche materielle Hilfen, Mitfahrgelegenheiten, Ökonomie durch gemeinsames Wohnen mit Verwandten usw.) ermöglicht, während dies bei den ins Mittelzentrum Gezogenen nicht oder im geringerem Ausmaß der Fall sein dürfte. Vielleicht ergeben sich jedoch im Mittelzentrum andere Erleichterungen der Lebensführung und andere soziale Kontaktmöglichkeiten. Art und Intensität der Kontakte zum Heimatdorf sind eine weitere wichtige Dimension. Für die Gruppe der alten Menschen ergeben sich ähnliche Hypothesen und Fragestellungen. Auch hier ist bei der Gruppe der bei Verwandten oder Kindern Wohnenden anzunehmen, daß ihre materielle und die Haushaltssituation sowie die familiale und dörfliche Integration relativ gut ist. Für die Gruppe der allein einen Haushalt führenden sind die Unterschiede je nach Wohnungssituation (ob eigenes Haus oder Miete) und Wohnort (Dorf oder Mittelzentrum) zu ermitteln. Zu klären war ferner bei Gebrechlichkeit oder auch teilweiser Pflegebedürftigkeit die Versorgung durch Angehörige sowie durch öffentliche Dienste. Insgesamt ergab sich, daß der Fragebogen die Unterschiede der materiellen Lebenssituation nach den Dimensionen Wohnungssituation, Haushaltssituation, Mobilisierung personeller und materieller Ressourcen durch Familie, Verwandtschaft, Nachbarschaft, zusätzliche Problemlagen und ihre Bewältigung sowie Art und Intensität sozialer Integration erheben sollte. Das Ziel dieser Dimensionierung ist dann, unterschiedliche Spielräume und Bewältigungsformen erkennen zu können.

Nicht alle Teile des Konzepts waren in der konkreten Feldarbeit auch umsetzbar.

1. Im ländlichen Raum war eine Vollerhebung in 5 Verbandsgemeinden möglich; dort wurden n=169 Interviews mit Sozialhilfeempfängern realisiert[1]

---

1 Aus Datenschutzgründen wurden die Sozialhilfeempfänger mit einem von uns formulierten Brief über die Verbandsgemeinden angeschrieben (wir haben die Adressen erst dann erfahren, wenn sich die Betroffenen zur Teilnahme an der Untersuchung durch eine Rückantwort an das Forschungsprojekt bereiterklärten). In dem Brief wurde in kurzer Form der Zweck der Untersuchung dargestellt, der Datenschutz zugesichert, und ein Honorar von DM 25.- für das Interview geboten.
Dies hatte sich im Pretest als notwendig herausgestellt, um überhaupt die Teilnahmebereitschaft zu stimulieren. Dem Schreiben des Forschungsprojekts lag in der Regel ein Brief der Verbandsgemeinde bei, unterschrieben vom Bürgermeister, in dem die Betroffenen ermuntert wurden, an der Untersuchung teilzunehmen, da sie letztlich ihnen selbst nutze. Auch wurde hier noch einmal das Verfahren der Adressenhandhabung dargestellt, um der Zielgrppe deutlich zu machen, warum sie über die Verbandsgemeinde einen Brief der Universität erhielten.
Diese Anschreibeaktion wurde dann noch jeweils zweimal wiederholt. Auch dies hatte sich im Pretest als notwendig herausgestellt. Insgesamt war der Rücklauf auf die erste Anschreibeaktion etwa bei 15%, auf die zweite bei 20%, auf die dritte bei 10%. Die Interviews selbst wurden grundsätzlich bei den Befragten durchgeführt. Durch ein Versehen einer Verbandsge-

und n=38 mit Nicht-Sozialhilfeempfängern als erster Vergleichsgruppe (Dunkelziffer und milde Armut)[1].
2. Als zweite Vergleichsgruppe wurden Langzeitarbeitslose in Maßnahmen zur Wiedereingliederung interviewt (n=57); davon waren n=7 zugleich im Sozialhilfebezug und n=50 ohne Sozialhilfebezug mit einem durchschnittlich höheren Einkommen. Freilich war es nicht möglich, diese Gruppe in der identischen Region wie Gruppe 1) zu befragen, es mußte auf den benachbarten (tiefer im Hunsrück gelegenen) Landkreis Birkenfeld ausgewichen werden[2].
3. Die dritte Vergleichsgruppe ließ sich nicht als konsistente Gruppe realisieren. Geplant war, eine ausreichend große Gruppe von ins Oberzentrum zugezogenen Sozialhilfeempfänger auszuwählen. Dies scheiterte insofern, als sich

---

meinde enthielt die Stichprobe 6 Interviews mit geistig Behinderten. Diese werden bei den meisten Auswertungen *nicht* berücksichtigt, so daß 163 Hilfebezieher verbleiben.

1 Die Mehrzahl der genannten 240 Netzwerkadressen waren ihrerseits Sozialhilfeempfänger, so daβ mit der Netzwerkfrage weniger die ursprüngliche Intention der Aufhellung der Dunkelziffer erreicht wurde, als die Ausschöpfungsquote der Grundgesamtheit der Sozialhilfeempfänger erhöht wurde.

2 Jedoch war es auch hier nicht möglich - wie ursprünglich vorgesehen - parallel eine Vollerhebung nach Akten der gesamten Fälle von Langzeitarbeitslosen zu machen. Auch war es nicht möglich, die Arbeitslosen in einer analogen Anschreibeaktion für die Teilnahme zu gewinnen. Hier hat das Landesarbeitsamt Datenschutzgründe einerseits, die personelle Überlastung andererseits als Grund angegeben. Jedoch wurde uns ermöglicht, in Reintegrationsmaβnahmen für Langzeitarbeitslose das Vorhaben persönlich vorzustellen und für die Mitarbeit an der Untersuchung zu werben. Die Teilnehmer der Kurse wurden vor dem angesagten Besuch bereits von den sozialpädagogischen Mitarbeitern der Reintegrationskurse über das Projekt und die Absicht der Untersuchung sowie über die Konditionen des Interviews informiert. Die Interviews fanden während der Maβnahmen statt. Auch hier wurde ein Honorar von DM 25.- aus Gründen der Gleichartigkeit der Interviewzugänge gezahlt. Insgesamt wurden 11 verschiedene Kurse aufgesucht im Zeitraum zwischen August 1990 und Dezember 1990. Die Interviewer hatten die Vorgabe, ein kleines Vorgespräch über die Einkommensituation einzuleiten. So sollte festgestellt werden, ob der potentielle Kandidat für ein Interview innerhalb der Einkommensgrenze von 60% des durchschnittlich gewichteten Haushaltseinkommens liegt. Dazu wurde den Interviewern die Vorgabe gegeben, grob etwa das eineinhalbfache des Sozialhilferegelsatzes plus Miete für den jeweiligen Haushaltstyp zu überschlagen. Überschritten die Interessenten für ein Interview dieses Einkommen, so wurde das Interview nicht durchgeführt. Trotz dieser Vorgaben haben sich bei einigen Interviews in der EDV-Rechnung Überschreitungen der Einkommensgrenzen herausgestellt. Dies lag zum einen daran, daβ aufgrund der Komplexität der Sozialhilfeberechnung in der realen Interviewsituation die Schätzung des Einkommens - vor allem wenn das Einkommen in der Nähe der Höchstgrenze lag - die Überschlagsrechnung zu ungenau blieb. Zum anderen lag es daran, daβ sich aufgrund der Gestaltung des Fragebogens in einigen Fällen eine "gute Atmosphäre" zwischen Interviewer und Befragtem entwickelt hat, so daβ diese zusätzlich am Schluβ des Interviews schwarze Einkommen u. ä. nannten, während sie zuvor oft nur die Höhe der Leistungen nach AFG als Einkommen genannt hatten.

nur insgesamt 21 Interviews realisieren ließen[1]. Auch die nachgeschobene Zufallsauswahl Trierer Sozialhilfeempfänger[2], die 94 Adressen umfaßte, konnte wegen einer extrem hohen Ausfallquote nur 21 Interviews realisieren. Insgesamt liegen 42 Interviews mit Sozialhilfebeziehern des Oberzentrums Trier vor. Sie werden dann als Vergleichsgruppe herangezogen, wenn es um regionale Unterschiede geht. Mit den Nichtsozialhilfeempfängern (Netzwerk) liegen 57 Trierer Interviews vor, die aber unterschiedlichen Teilstichproben zugehören und daher für harte statistische Auswertungen nicht zuverlässig genug sind. Auch sind hier die Grundgesamtheiten außer bei der Sozialhilfe-Zufallsauswahl unbestimmt.

Wegen Überschreitens der Einkommensgrenze von 60% des gewichteten durchschnittlichen Einkommens wurden 26 Fälle von Nichthilfebeziehern aus der Analyse ausgeschlossen. Von den Teilgruppen verblieben 35 Arbeitslose in Maßnahmen (1. Vergleichsgruppe) und 30 ländliche Nichtsozialhilfe-Empfänger im Untersuchungsgebiet der fünf Verbandsgemeinden. Auf diese Teilgruppen wird bei Stichprobenvergleichen zurückgegriffen.

Zusammenfassend bleibt festzuhalten, daß wir eine statistisch "saubere" und hinreichend große ländliche Sozialhilfepopulation haben, bei der zudem die Grundgesamtheit über die Strukturuntersuchung bekannt und bestimmt ist.

---

1 Als Grundgesamtheit dieser Teilstichprobe wurden alle diejenigen Personen bzw. Haushalte (Fälle) bestimmt, die seit 1987 nach Trier zugezogen waren. Hier verfügte die Sozialverwaltung des Oberzentrums über eine Liste von insgesamt ca. 400 Adressen. Da wir aufgrund des Pretests mit einem geringeren Rücklauf rechneten als in den ländlichen Gemeinden, haben wir zu Beginn der Feldarbeit im Frühjahr 1990 die in den ersten Monaten des Jahres 1990 nach Trier zugezogenen Hilfeempfänger bzw. Antragsteller sowie die in 1989 Zugezogenen als Zielgruppe genommen. Es handelte sich zusammen um 140 Adressen. Bei einer erwarteten Ausschöpfung zwischen 30% und 40% waren nach unserer Meinung ca. 50 Interviews zu realisieren, was für die Vergleichsgruppe eine für statistische Zwecke ausreichende Größe erschien. Das Vorhaben erwies sich jedoch in der Feldphase deswegen als nicht realisierbar, weil die Anzahl neutraler Ausfälle (nicht mehr im Sozialhilfebezug, verzogen, Adresse nicht mehr gültig usw.) extrem hoch war. Als wir dies nach und nach (mit den verschiedenen Wellen der Anschreiben) bemerkten, haben wir zunächst die Zielgruppe ausgedehnt auf die Jahrgänge der in 1988 und 1987 Zugezogenen. Jedoch erwies sich das Adressenmaterial der Sozialverwaltung wegen des nun länger zurückliegenden Zeitraums als noch in weit höherem Maße als fehlerhaft.

2 Es wurde aus einer vollständigen EDV-Liste aller Trierer Sozialhilfeempfänger eine Zufallsauswahl mit Zurücklegen nach dem Zufallszahlenprinzip gezogen. Die Anschreibeaktion wurde wie bei den ländlichen Verbandsgemeinden durchgeführt. Doch gab es auch hier erhebliche Komplikationen, die letztlich das geplante Design unrealisierbar werden ließen.
Einmal erwies sich die Liste der HLU-Empfänger vom Adressenmaterial her als fehlerhaft, so daß es sehr viele neutrale Ausfälle gab (verzogen, nicht auffindbar), die in der verfügbaren Zeit nicht zu beheben waren, weil wegen der Größe der Trierer Sozialverwaltung zahlreiche Akten zumindest zeitweise unauffindbar blieben. Dann verließ die Sekretärin des Dezernenten ihre Stelle ohne Ersatz für eine längere Fortbildung, so daß die Sache hoffnungslos wurde.

Demgegenüber genügen die Vergleichsgruppen nicht den gleichen "harten" Bestimmungskriterien und sind relativ klein, so daß im Stichprobenvergleich nur Trendaussagen möglich werden.

1.3 Zum Aufbau des Fragebogens

Der Fragebogen besteht aus Fragengruppen, die sich auf einzelne Lebenslagebereiche beziehen. Die demographischen Standardfragen (Geschlecht, Alter, Haushaltsmitglieder, Familienstand, Erwerbsstatus usw.) haben wir weitgehend aus dem ALLBUS übernommen, um eine Vergleichbarkeit der Daten und insbesondere der Haushalts- und Familientypologie mit bundesweit repräsentativen Daten erreichen zu können. Die von ALLBUS übernommenen demographischen Vorgaben wurden ergänzt durch eine Fragenbatterie zum Schulbesuch bzw. schulischen Abschlußniveau der Kinder, die sich im Haushalt befinden sowie zu ihrem beruflichen Abschlußniveau bzw. Status.

Die übrigen Teile des Fragebogens beziehen sich auf einzelne Lebenslagebereiche, wie etwa Wohnung (Wohnungsgröße, Wohnungszustand, Wohnungsausstattung, Alter des Gebäudes usw.), auf Fragen zur beruflichen Perspektive (Wiederaufnahme der Erwerbstätigkeit nach der Phase der Kinderziehung z.B.), für Arbeitslose eine Erhebung der Arbeitslosigkeitskarriere der letzten 15 Jahre, der Einschätzung der Reintegrationschancen, der Nebentätigkeiten, des Zeitraums und der Art der letzten hauptberuflichen Erwerbstätigkeit usw. Die Fragen nach dem beruflichen Status, der schulischen und beruflichen Qualifikation wurden auch für den Ehe- bzw. Lebenspartner gestellt.

Ein weiterer Bereich bezog sich auf die Herkunft, den Geburtsort, die Dauer des Wohnens im jetzigen Ort sowie die Umzugsmotive. Verglichen werden sollte auch - falls ein Wohnungswechsel der Anlaß für den Umzug war - die Qualität der alten und neuen Wohnung. Es schließen sich an Fragen nach der Zufriedenheit mit dem Wohnort, die teils halboffen, teils skaliert sind.

Von den Geräten bzw. Dingen der elementaren Haushaltsführung (vom Kühlschrank bis zum Radio) wurden insgesamt 13 Haushaltsgeräte erfragt, gefolgt von der Frage nach Ratenzahlungen dieser oder anderer Gebrauchsgeräte.

In diesem Zusammenhang wurde auch danach gefragt, in welchen Bereichen der Haushaltsführung die Befragten sich gegenwärtig Dinge nicht leisten können, und in welchen Lebensbereichen (von der Ernährung bis zum Urlaub) sie sich wie sehr einschränken müssen. Auch nach dem Besitz eines Verkehrsmittels sowie der Möglichkeit der Mitbenutzung der Fahrzeuge von Verwandten usw. sowie der Mitnahmemöglichkeiten wurde gefragt.

Da die Einkaufsmöglichkeiten in der ländlichen Region oftmals sehr eingeschränkt sind, wurde das Einkaufsverhalten differenziert nach Frischwaren, dauerhaften Lebensmitteln sowie Bekleidung, Elektrogeräten und Einrichtungsgegenständen erfragt. Auch wurde gefragt, mit welchem Verkehrsmittel Einkäufe an anderen Orten erledigt werden, und ob die Befragten sich Dinge mitbringen lassen. Auch Art und Intensität der Vorratshaltung sowie Existenz eines eigenen Nutzgartens und dessen Größe wurde erfragt.

Einen weiteren Bereich stellte die Gesundheit dar. Hier wurde mit einer fünfstufigen Skala die Selbsteinschätzung der Gesundheit erfragt, eine anerkannte Minderung der Erwerbstätigkeit überprüft, Hilfe- oder Pflegenotwendigkeiten des Befragten oder anderer Haushaltsangehörigen, die Anzahl der Arztbesuche sowie gesundheitliche Beschwerden.

In einem Kartenspiel wurden Belastungssituationen des einzelnen oder der Familie (vom fehlenden Kontakt bis zum Medikamentenproblem in der Familie) in vielfältigen Kombinationsmöglichkeiten erfragt.

Der Bereich der sozialen Integration wurde in mehreren Dimensionen im Fragebogen angesprochen. Einerseits wurde erfragt, ob es im Ort oder im näheren Umkreis Verwandte gibt, ferner wurde die Kontakthäufigkeit zu den unterschiedlichen Verwandten sowie zu Freunden und Bekannten und zu Nachbarn erfragt. Etwas später wurde auch danach gefragt, inwieweit andere Sozialhilfeempfänger oder Arbeitslose den Befragten bekannt sind. Als weiterer Bereich wurden Mitgliedschaften und die Häufigkeit von Aktivitäten in Vereinen aller Art erfragt, daneben auch die Teilnahme an geselligen Veranstaltungen (von Volksfesten bis zu Discos) und ihre Häufigkeiten als weiterer Bereich der sozialen Integration.

Einen der letzten Bereiche stellten die Fragen zum Einkommen dar, in denen sowohl nach dem monatlichen Haushaltseinkommen wie nach der Art und Höhe der einzelnen Teilbeträge gefragt wurde. Wichtig war auch zu erfahren, wie lange das monatliche Einkommen schon in etwa der jetzigen Höhe liegt. Ferner wurden die monatlichen Festausgaben nach einzelnen Rubriken (von den Stromkosten bis zu den Brennstoffkosten) erfragt, und das verbleibende monatliche Nettoeinkommen. Um das Vorhandensein und die Höhe von Ersparnissen zu sondieren, wurde gefragt, ob eine plötzlich auftretende materielle Notlage das Aufbringen von DM 3000,-- erlauben würde. Auch der Beginn des Sozialhilfebezugs wurde nach Monat und Jahr gefragt.

Gegen Schluß des Interviews wurde die sogenannte Netzwerkfrage gestellt, es wurde hier nach Personen oder Familien mit einem ähnlich niedrigen Einkommen wie die Befragten gefragt. Zum Abschluß des Interviews wurde die Bereitschaft zu einem qualitativen Interview sondiert.

An den Fragebogen schließt sich ein zweiseitiger Interviewerbogen an, in dem der Interviewer den Haustyp und das Wohnumfeld des Befragten beschreibt, die Interviewsituation, besondere Vorkommnisse, die Bereitschaft des Befragten zu antworten, und eine Einschätzung der Angaben gibt. Ferner war die Dauer des Interviews und die Aufenthaltsdauer in der Wohnung vom Interviewer festzuhalten. Diese Fragen sollten nach Abschluß des Interviews, außerhalb der Wohnung und ohne Kenntnis des Befragten vom Interviewer[1] beantwortet werden[2].

Für die sehr unterschiedliche Teilgruppen waren zahlreiche Filter in den Fragebogen einzubauen. Dieses Vorgehen ist von der Zielgruppe her sinnvoll und richtig, kollidiert freilich mit den Anforderungen statistischer Analyseverfahren, da es fehlende Werte erzeugt. Diesen Konflikt wollten wir nicht dadurch lösen, daß das analytische Instrumentarium nivelliert wurde. Wir haben daher in Kauf genommen bei einigen sehr speziellen Fragen weniger valide Antworten zu erhalten.

Die Komplexität des Erhebungsinstruments ergibt sich aus der häufigen Verwendung der Filter. Im Einsatz ist der Fragebogen wesentlich kürzer als bei Lesen, weil aufgrund der Filterführung viele Fragen zu überspringen sind:

---

1 Durch technische Schwierigkeiten der Verlängerung des Projekts standen nur 7 Interviewer zur Verfügung. Dazu daher einige Ausführungen. Die Qualität der Daten, die durch Interviews zustandekommen, hängt entscheidend davon ab, wie gut der Interviewer seine Aufgabe versteht und bewältigt. So klar die Zielsetzung einer Studie und eines Fragebogens dem Forscher selbst sein mag, dies muß für den Interviewer nicht immer der Fall sein. Diese Überlegung hatte zur Konsequenz, daß einmal an allen Stellen des Interviews, wo Unklarheiten möglich waren, zahlreiche Kommentare für den Interviewer eingearbeitet wurden, die die Art der Frage, die Art des Interviewerverhaltens, das erwartet wurde, und die Art der Antwortvorgaben deutlich machte (Mehrfachnennungen, halboffene Fragen usw.).
Es wurde eine zunächst eintägige Interviewerschulung durchgeführt, in deren Rahmen die Interviewer in die Ziele der Untersuchung und die Besonderheiten des Fragebogens eingewiesen wurden. Dabei haben die Interviewer im Laufe dieses Tages den Fragebogen mehrmals durchgespielt. Im Verlauf der Feldarbeit fanden kontinuierliche Nachschulungen statt. Wir hatten keine erfahrenen Interviewer zur Verfügung (mit wenigen Ausnahmen). Dies kam durch die Besonderheit des Projektes zustande, das auf den Einsatz der Projektmitarbeiter und einiger kooperierender Studenten angewiesen war. Im folgenden erwies sich dieses doch vielleicht als Vorteil, da in der Feldphase zahlreiche Sonderfälle auftraten, die Erfassungs- (und später selbstverständlich auch Kodierungs-) Probleme machten. Diese konnten mit der Projektleitung abgesprochen, geklärt und an die Interviewer weitergegeben werden. In dieser Weise hat eine kontinuierliche Interviewerschulung in dem Sinn stattgefunden, daß zahlreiche Hürden und Klippen, die inbesondere durch Sonderfälle in unserem Feld bedingt waren, innerhalb der überschaubaren Interviewergruppe durch Absprachen und Kommunikation angegangen werden konnten. (Eine Varianzanalyse zeigte denn auch, daß es zwar erhebliche Unterschiede etwa bzgl. der Interviewdauer oder der Aufenthaltsdauer in der Wohnung des Interviewten zwischen den Interviewern gibt, daß diese jedoch geringere Bedeutung haben als die Gruppenzugehörigkeit und das Alter der Interviewten.)

2 Die Interviews dauerten durchschnittlich 71 Minuten, die Aufenthaltsdauer in der Wohnung der Befragten war durchschnittlich 85 Minuten. Die Dauer des Interviews nimmt mit dem Alter der Befragten deutlich zu. In 89,3% der Interviews wurde die Bereitschaft der Befragten als "Gut" eingeschätzt, in 7,6% als "mittelmäßig", in 0,6% als schlecht. Nach Einschätzung der Interviewer sind 83,3% der Interviews als zuverlässig einzuschätzen, 4,4% als weniger zuverlässig und die übrigen in Teilbereichen (Ratengeschäfte, Einkommen) weniger zuverlässig.

So wird z.B. nach der Frage nach dem Status im Erwerbsleben für alle nicht Arbeitslosen der Arbeitslosenbogen übergangen.

1.4 Grundgesamtheit und Stichprobe

Die Strukturuntersuchung als Vollerhebung erfaßt alle Sozialhilfeempfänger in den 5 Verbandsgemeinden. Nehmen wir nun hier die Fälle aus, in denen nur Kinder Sozialhilfe empfangen, die geistig Behinderten sowie die Asylanten mit noch laufenden Verfahren (was die ursprüngliche Grundgesamtheit unserer Fragebogenerhebung war), so erhalten wir insgesamt 359 Sozialhilfefälle in den 5 Verbandsgemeinden.

Abb. III/1:

Ausschöpfungsquote nach Ursachengruppen
in den 5 Verbandsgemeinden

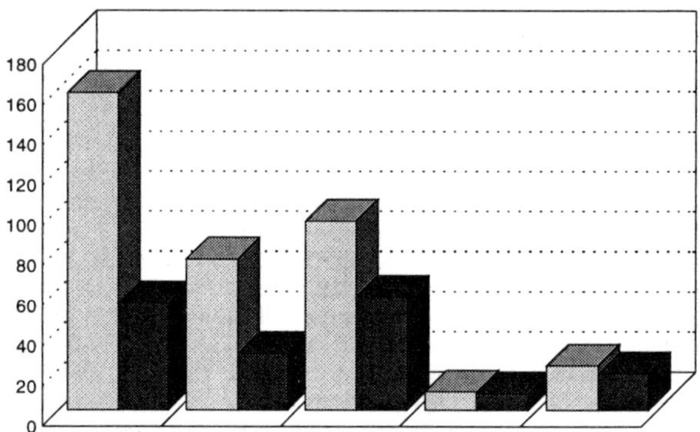

	Unzureichend V.+ V.	Arbeitslose	Alleinerziehende	Erwerbstätige	Sonstige
Grundgesamtheit	158	75	94	9	22
Fragebogen	53	28	56	8	18

Quelle: eigene Berechnungen

Im Rahmen der Fragebogenuntersuchung konnten im gleichen Untersuchungsgebiet 163 Interviews realisiert werden. Das ergibt eine Ausschöpfung von 45,40%. Doch sind nicht alle Gruppen in gleicher Weise in der Fragebogenuntersuchung vertreten. Dies ist naheliegend, wenn man bedenkt, daß die Bereitschaft zu einem längeren Interview nicht in allen Teilgruppen gleich ausgeprägt ist und auch angesichts des sehr hohen Anteils an hochbetagten Personen in der Grundgesamtheit.

Abbildung III/1 zeigt bereits einige deutliche Unterschiede. So ist in der Grundgesamtheit der Anteil der unzureichend Versichert und Versorgten (überwiegend alte Menschen mit unzureichender Rente) mit 44% am größten, während er in der Fragebogenuntersuchung mit 32,5% einen um über 10 Prozentpunkte unter der durchschnittlichen Ausschöpfungsquote liegenden Anteil hat. Insbesondere ältere Menschen sind in der Fragebogenuntersuchung in geringerem Maße erfaßt. Freilich sind von den unzureichend Versicherten und Versorgten auch fast die Hälfte (44,3%) betagt, also älter als 75 Jahre. Der Vergleich nach Altersgruppen (s. unten) wird hier noch nähere Aufschlüsse geben.

Alleinerziehende haben in der Grundgesamtheit ingesamt einen Anteil von 26,5%. Sie sind damit nach den Alten mit unzureichender Rente die zweitstärkste Gruppe in der ländlichen Sozialhilfepopulation. In der Fragebogenuntersuchung erreichen die Alleinerziehenden dagegen einen Anteil von 34,4%. Diese Gruppe hat in höherem Maße an der Fragebogenuntersuchung teilgenommen, als es ihrem Gewicht in der Grundgesamtheit entspricht. Als Hypothese zur Erklärung ließe sich anführen, daß einmal die Alleinerziehenden - meist im jüngeren Alter - aufgeschlossener gegenüber Befragungen und empirischen Untersuchungen sind. Auch könnte es sein, daß wir diese Gruppe insbesondere mit der kritischen Distanzierung gegenüber dem Sozialamt angesprochen haben - die Anschreibebriefe wiesen deutlich darauf hin, daß der Brief zwar über die Sozialverwaltung versandt, das Projekt aber ansonsten nichts mit der Sozialverwaltung zu tun habe -, so daß sie in der Teilnahme an der Befragung eine Möglichkeit sahen, ihre Lebenssituation und ihre Erfahrungen mit dem Sozialamt einmal einer neutralen Instanz darzustellen.

Arbeitslose sind in der Grundgesamtheit mit 20,9% die drittstärkste Gruppe. In der Fragebogenuntersuchung nehmen sie dagegen nur einen Anteil von 17,2% ein, auch hier ist die Ausschöpfungsquote mit 38% unterdurchschnittlich. Die Arbeitslosen im Hilfebezug sind in unserer Untersuchung gegenüber ihrem wahren Anteil an der Grundgesamtheit etwas unterrepräsentiert, wenn auch nur in leichtem Maße. Hier mag eine Rolle spielen, daß bei Arbeitslosen die Scheu gegenüber Befragungen größer ist.

"Unzureichendes Erwerbseinkommen" als Ursache der Sozialhilfebedürftigkeit macht in der Grundgesamtheit insgesamt 2,6% aus; die Sonstigen haben in der Grundgesamtheit ingesamt einen Anteil von 6,1%. In der Fragebogenuntersuchung haben wir dagegen einen Anteil von 11% der Fälle, wo eine klare Zuordnung zu den übrigen Ursachen von Sozialhilfebedürftigkeit nicht möglich ist. Beide Gruppen haben sehr geringe Fallzahlen (n = 9 und n = 22).

Abb. III/2:

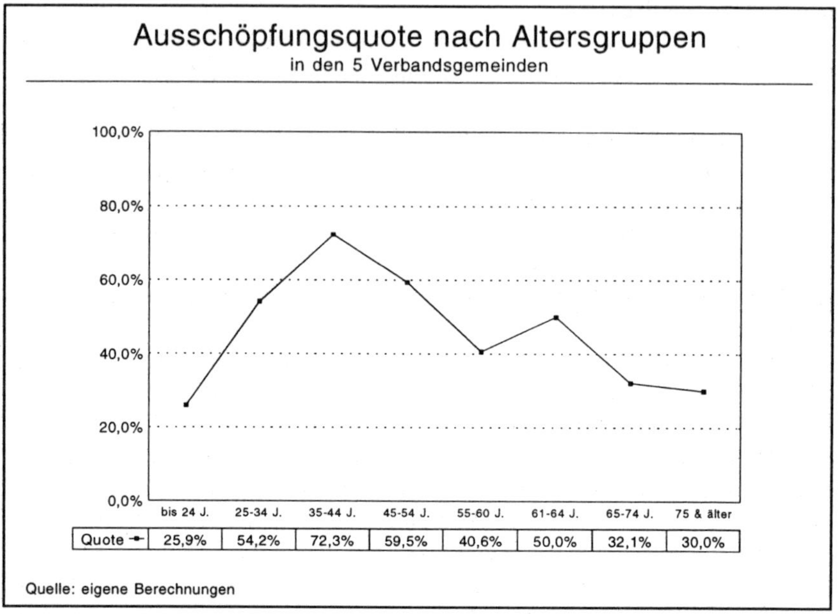

Die Ausschöpfungsquoten liegen sehr hoch mit über 80%. Von dieser Gruppe wird in der Fragebogenuntersuchung der Großteil erfaßt. Insgesamt hat die Fragebogenuntersuchung die Teilgruppen der unzureichend Versicherten und Versorgten stark unterdurchschnittlich, der Arbeitslosen unterdurchschnittlich, die Alleinerziehenden leicht überdurchschnittlich und Erwerbstätige und Sonstige stark überdurchschnittlich (ja fast vollständig) erfaßt. Abbildung III/2 zeigt die Ausschöpfungsquote nach Altersgruppen. Hier wird deutlich, daß die Altersgruppe der 35-44-jährigen die stärkste Beteiligung an der Untersuchung erreicht und vor allem die jüngsten und die ältesten Altersgruppen eine weit unterdurchschnittliche Beteiligung haben.

Sozialhilfedauer

Abbildung III/3 vergleicht die Sozialhilfedauer der Grundgesamtheit und der Befragten der Fragebogenuntersuchung.

Die beiden Gruppen, die bis zu einem Jahr oder ein bis drei Jahre in der Sozialhilfe sind, sind in der Fragebogenuntersuchung durchschnittlich erfaßt. Bereits in der nächsten Gruppe, die 3 bis 5 Jahre im Sozialhilfebezug stehen, erfaßt die Fragebogenuntersuchung einen kleineren Anteil. Ab hier kehrt sich der Trend um. Bei den Personen, die länger als 7 Jahre im Sozialhilfebezug

Abb. III/3:

Sozialhilfe-Zeitdauer

in den 5 Verbandsgemeinden

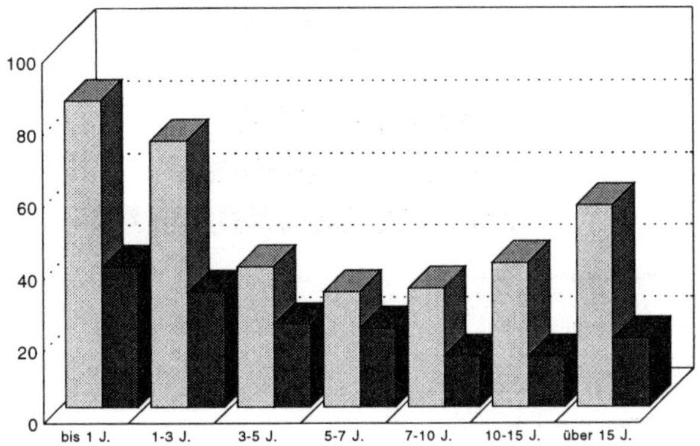

	bis 1 J.	1-3 J.	3-5 J.	5-7 J.	7-10 J.	10-15 J.	über 15 J.
Grundgesamtheit	85	74	39	32	33	40	56
Fragebogen	39	32	23	22	14	14	19

Quelle: eigene Berechnungen

sind, ist die Neigung, an der Fragebogenuntersuchung teilzunehmen, offensichtlich geringer gewesen als bei den anderen Teilgruppen. Am deutlichsten ist das bei der Gruppe, die über 15 Jahre im Sozialhilfebezug steht. Sie hat im Untersuchungsgebiet der 5 Verbandsgemeinden einen Anteil von 15,6%, wird aber in der Fragebogenuntersuchung nur mit 11,7% erfaßt. Diese Gruppe ist weitgehend mit den älteren und sehr alten Personen im Hilfebezug identisch (etwa die Hälfte der unzureichend Versicherten und Versorgten ist über 75 Jahre alt). Insgesamt werden also die Gruppen im kürzeren Bezug (bis 3 Jahre) etwa durchschnittlich, die von 3-7 Jahren stark überdurchschnittlich, die im langfristigen Sozialhilfebezug stark unterdurchschnittlich erfaßt.

Haushaltsstrukturen im Vergleich

Der Haushaltstyp "Ehepaare" ist bundesweit in der allgemeinen Bevölkerungsumfrage der Sozialwissenschaften mit 28,5% aller Haushalte vertreten, in unserer Untersuchung nur mit 5,5%. Für diese Haushalte besteht ein geringes Sozialhilferisiko, so daß sie in unserer Untersuchung unterrepräsentiert sind. Dies hatte sich bereits in der Strukturuntersuchung ergeben (vgl. Kap. II. 3).

Ein-Personen-Haushalte sind im Gebiet der alten BRD mit 26,5% vertreten, haben in unserer Untersuchung dagegen nur einen Anteil von 23,9%. Der

Abb. III/4:

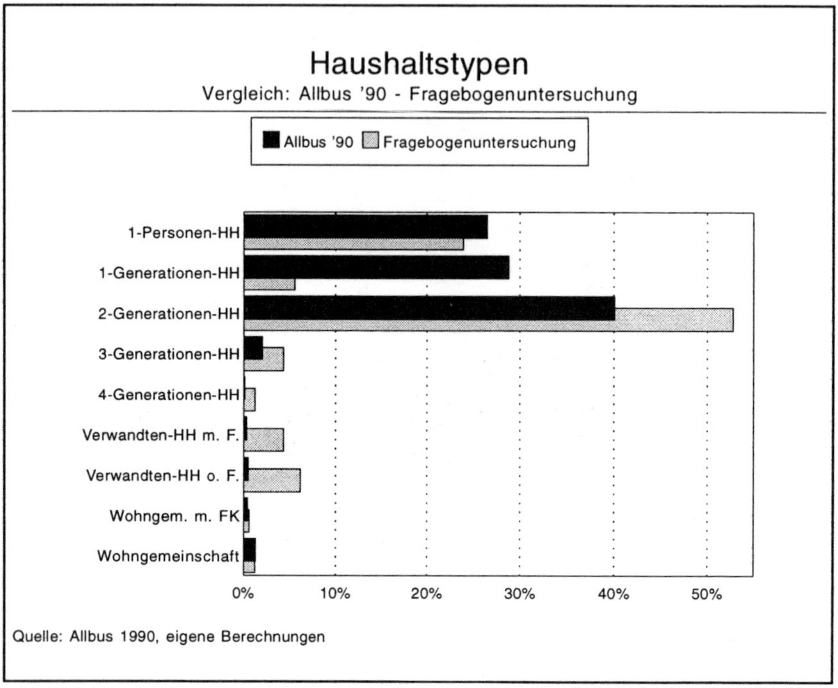

auch gegenüber dem Untersuchungsgebiet niedrigere Anteil dieser Haushaltsform[1] hängt wohl auch damit zusammen, daβ ein groβer Teil der älteren Menschen im Sozialhilfebezug zusammen mit Verwandten lebt, ohne unbedingt mit ihnen einen Geldhaushalt zu teilen.

Der Porst'sche Haushaltstyp der "Zwei-Generationen- Haushalte" (in der Regel Familien mit Kindern) nimmt in der allgemeinen Bevölkerungsumfrage der Sozialwissenschaften insgesamt 40,1% der klassifizierten Haushalte ein, in unserer Untersuchung 42,8%. Diese leichte Überrepräsentation weist darauf hin, daβ in diesem Haushaltstyp ein besonderes Armutsrisiko vorhanden ist (es sind stärker Alleinerziehenden-Haushalte als Familien mit Kindern).

1 Die Graphik stellt die Haushaltstypologie nach Porst (1984) in der Version der Haushaltgrobtypologie von ALLBUS 1990 den Populationsanteilen in unserer Fragebogenuntersuchung gegenüber. ALLBUS (Allgemeine Bevölkerungsumfrage der Sozialwissenschaften) ist eine zweijährlich durchgeführte Umfrage des Zentrums für Umfragen und Meinungsforschung in Mannheim, die wechselnde Schwerpunkte der Befragung hat und der Fachöffentlichkeit zur Verfügung gestellt wird. Die Standarddemographie dieser Erhebung ist identisch mit der der Fragebogenuntersuchung, so daß ein direkter Vergleich möglich ist.

Bei den folgenden Haushaltstypen (Drei-Generationen-Haushalte, Verwandten-Haushalte mit und ohne Familienkern; Wohngemeinschaften mit Familienkern; Wohngemeinschaften) sind die Anteile in der allgemeinen Bevölkerungsumfrage bei den Drei-Generationen-Haushalten bei 2,0%, bei den übrigen durchweg unter einem Prozent. In unserer Untersuchung liegen sie dagegen erheblich darüber zwischen 1,2% und 6,1%. Dies zeigt, daβ im ländlichen Raum Drei-Generationen-Haushalte und Haushaltskonstellationen mit entfernteren Verwandten häufiger sind als bundesweit.

Insgesamt zeigt sich, daß Personen im mittleren Alter überdurchschnittliche Teilnahmequoten, ältere Personen dagegen niedrigere erreichen. Auch Personen mit langandauerndem Hilfebezug sind unterdurchschnittlich vertreten. Die Teilgruppen der Erwerbstätigen im Hilfebezug (zu niedriges Erwerbseinkommen), der Sonstigen und die Alleinerziehenden haben dagegen die höchste Teilnahmequote.

Auf eine Gewichtung der Ergebnisse haben wir verzichtet; die folgende Darstellung sollte vor diesem Hintergrund gesehen werden.

2. Aspekte von Lebenslagen

2.1 Schulische und berufliche Ausbildung

Schulische Ausbildung

Schulische und berufliche Ausbildung[1] können als zentrale Ressourcen gelten, die die Chancen auf eine qualifizierte berufliche Tätigkeit mit einem entsprechenden besseren Erwerbseinkommen eröffnen. Bildung vergrößert auch die Teilhabemöglichkeiten am sozialen, kulturellen und politischen Leben.

Wie schon in der Strukturuntersuchung wird bei der Betrachtung der schulischen und beruflichen Ausbildungsituation unserer ländlichen Sozialhilfeempfänger deutlich, daß ihr Ausbildungniveau niedriger als in der Gesamtbevölkerung liegt (vgl. Abb III/5). Der Anteil der niedrigen bzw. fehlenden Qualifikation in unserer Population ist ungewöhnlich hoch. Die Quote derer, die keinen Schulabschluß bzw. nur Haupt- und Sonderschulabschluß haben, ist mit 90,2% beträchtlich. Das ist zwar zum Teil ein Kohortenproblem, wie Abb.

1 In neun Fällen von Arbeitslosenfamilien wurden nicht die Angaben der Interviewpartner, sondern die des arbeitslosen Partners berücksichtigt.

Abb. III/5:

Schulausbildung

Sozialhilfe 5 VG: n = 163
Nichtsozialhilfe 5 VG: n = 30
Arbeitslose ohne SH: n = 35
Trier insgesamt: n = 42

Sozialhilfeempfänger in den 5 Verbandsgem. — nach Stichproben

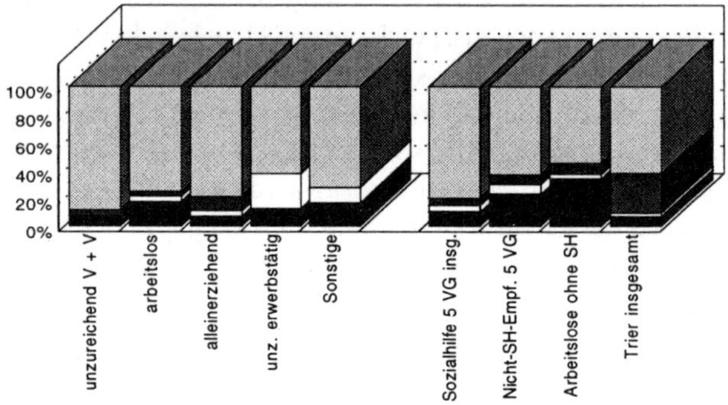

	unzureichend V + V	arbeitslos	alleinerziehend	unz. erwerbstätig	Sonstige	Sozialhilfe 5 VG insg.	Nicht-SH-Empf. 5 VG	Arbeitslose ohne SH	Trier insgesamt
Haupt/Sonders.	88,7%	75%	78,6%	62,5%	72,2%	79,8%	63%	54,2%	61,9%
Realschule	3,8%	3,5%	10,7%	0%	0%	5,5%	6,8%	8,6%	28,6%
Gymnasium	0%	3,6%	3,6%	25%	11,1%	4,3%	6,8%	2,9%	2,4%
kein Abschluß	7,5%	17,9%	7,1%	12,5%	16,7%	10,4%	23,3%	34,3%	7,1%

Quelle: Projekt "Armut auf dem Land" eigene Berechnungen

III/6 zeigt, doch ist auch in der jüngeren Teilgruppe der Anteil derer mit einem Realschul- oder Gymnasialen Abschluß von 12,2% noch recht niedrig.

Betrachtet man die Teilgruppen der Sozialhilfeempfänger, so haben lediglich die Alleinerziehenden, die Sonstigen und die Gruppe mit unzureichendem Erwerbseinkommen etwas höhere Quoten mit besserer schulischer Ausbildung.

Berufliche Ausbildung

Die berufliche Ausbildung der ländlichen Sozialhilfeempfänger (s. Abb. III/7) liegt insgesamt mit einem Anteil von 36,2%, die eine Berufsausbildung auf dem Niveau eines Lehrberufs oder mehr haben, deutlich unter vergleichbaren Zahlen für die bundesrepublikanische Bevölkerung (bei der Gesamtbevölkerung über 15 Jahren 62,5%; Stat. Bundesamt 1993, S. 84). Auch hier zeigt die Differenzierung nach dem Erwerbsalter einen deutlich besseren Stand bei der jüngeren Altersgruppe, doch bleibt auch hier der Wert von 41,7% mit einer beruflichen Ausbildung weit unter dem Ausbildungsstand der Gesamtbevölkerung. In der Sozialhilfe konzentrieren sich also Gruppen, die in der schulischen und beruflichen Bildung benachteiligt sind.

Abb. III/7:

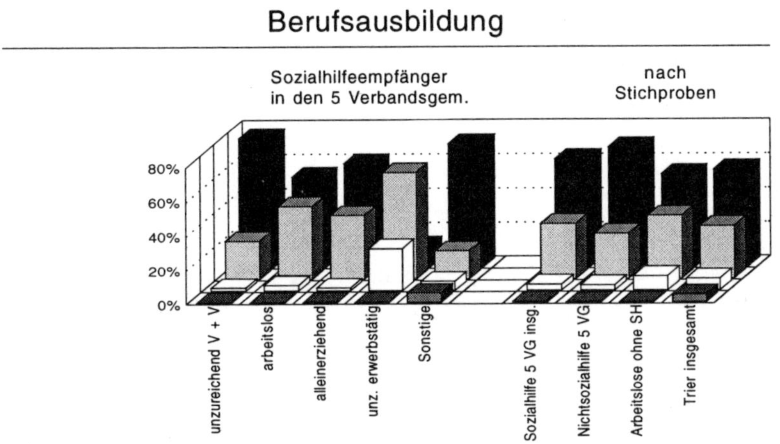

	unzureichend V + V	arbeitslos	alleinerziehend	unz. erwerbstätig	Sonstige		Sozialhilfe 5 VG insg.	Nichtsozialhilfe 5 VG	Arbeitslose ohne SH	Trier insgesamt
un-/angelernt	75,5%	53%	60,7%	12,5%	72,2%		63,2%	70%	54,3%	57,1%
Lehre	22,6%	42,8%	37,5%	62,5%	16,7%		32,5%	26,7%	37,1%	31%
höher qualifiziert	1,9%	3,5%	1,8%	25%	5,6%		3,7%	3,3%	8,6%	7,1%
in Ausbildung	0%	0%	0%	0%	5,6%		0,6%	0%	0%	4,8%

Quelle: Projekt "Armut auf dem Land"
eigene Berechnungen

Ausbildung[1] insgesamt

Von den ländlichen Sozialhilfeempfängern verfügen nur 37,7% sowohl über einen schulischen Abschluß wie eine berufliche Ausbildung mindestens auf dem Niveau eines Lehrberufs (vgl. Abb III/6); nimmt man nur die unter 60-jährigen, ist diese Quote mit 43,9% deutlich höher.

Nach Teilgruppen (s. Abb. III/7) haben die Arbeitslosen im Sozialhilfebezug zu mehr als der Hälfte eine vergleichsweise günstige Ausbildungssituation, noch deutlich darüber liegt die Gruppe der Erwerbstätigen im Hilfebezug mit unzureichendem Einkommen (die Qoten sind wegen der geringen Fallzahl dieser Teilgruppe mit Vorsicht zu interpretieren). Die Alleinerziehenden im Hilfebezug liegen mit einem Anteil von 39,3% darunter.

1 Aus den Angaben zu schulischer und beruflicher Ausbildung wurde ein zusammenfassenden Indikator gebildet. Keine Ausbildung bedeutet dabei, daß kein Schulabschluß und keine berufliche Ausbildung vorliegt; nur Schulausbildung bedeutet, daß zwar ein Schulabschluß, jedoch keine Berufsausbildung vorliegt, Schule und Beruf 1 meint einen Schulabschluß und eine Berufsausbildung; Schule und Beruf2 meint einen Schulabschluß und einen höheren beruflichen Abschluß, wie Meisterprüfung, Fachschulausbildung usw. Für die Zuordnung war die Überlegung entscheidend, daß ein höherer schulischer Abschluß in der Regel dann keinen Vorteil bringt, wenn ihm keine berufliche Ausbildung gefolgt ist.

Abb. III/6:

Ausbildung der Sozialhilfeempfänger in den 5 Verbandsgemeinden

Ausbildungsstand (n=163)	Alter binaer		Total
	unter 60	ueber 60	
SCHULE			
kein Abschluss	12.2%	6.3%	10.4%
Haupt-/Sonderschulabschl	75.7%	89.6%	79.8%
Realschule	6.1%	4.2%	5.5%
Gymnasium	6.1%		4.3%
BERUF			
kein Berufsabschluss	56.1%	77.1%	62.3%
Lehre	38.6%	22.9%	34.0%
hoeherer Abschluss	5.3%		3.7%
AUSBILDUNG			
keinerlei Abschluss	8.8%	6.3%	8.0%
nur Schulausbildung	47.4%	70.8%	54.3%
(Schule) und Beruf1	38.6%	22.9%	34.0%
Schule und Beruf2	5.3%		3.7%

Schule und Beruf 1: Schulabschluß und mindestens Lehre
Schule und Beruf 2: Schulabschluß und höhere Berufsausbildung

Stichprobenvergleich

Im Stichprobenvergleich zeigen sich zwar Unterschiede, doch insgesamt haben alle Teilstichproben eine erhebliche Unterversorgung im Qualifikationsbereich.

Schulische Bildung

Bei den Nicht-Sozialhilfeempfängern der 5 Verbandsgemeinden (n =30) sind die Quoten nur unwesentlich von den Sozialhilfeempfängern verschieden. Allerdings ist der Anteil derer, die keinen schulischen Abschluß haben, mit 23,3% hier besonders hoch (S. Abb. III/5).

Noch drastischer ist dieser Sachverhalt bei der zweiten Vergleichsgruppe, den Arbeitslosen in Maßnahmen. Der Anteil derer ohne schulischen Abschluß ist hier mit 34,3% extrem hoch. Zusammen haben 88,6% dieser Arbeitslosen keinen oder nur einen Abschluß bis Hauptschulniveau. Etwa die Hälfte der nach Trier Zugezogenen hat einen höheren schulischen Abschluß. Der Zuzug könnte einerseits damit zu tun haben, er könnte auch - damit verbunden - in einem Besuch höherer Schulen der Kinder begründet sein. Insgesamt haben hier immerhin 31% einen höheren Schulabschluß.

Berufliche Ausbildung

Mit den ländlichen Sozialhilfeempfängern der 5 Verbandsgemeinden verglichen haben die Nichtsozialhilfebezieher der 5 Verbandsgemeinden einen leicht niedrigeren Stand in der beruflichen Ausbildung (vgl. Abb III/7); die Arbeitslosen in Maßnahmen haben ein höheres Ausbildungsniveau, sind jedoch deutlich polarisiert in ungelernte, eine große Gruppe mit Berufausbildung und eine kleine Gruppe mit einer höheren beruflichen Ausbildung. Die Trierer Sozialhilfebezieher liegen bei der beruflichen Ausbildung unter dem Stand der ländlichen Hilfeempfänger, was mit dem höheren Anteil der Alleinerziehenden zu tun hat, die einem höheren Schulabschluß keine Berufsausbildung folgen lassen konnten.

Vergleicht man Sozialhilfeempfänger und Nicht-Sozialhilfebezieher, so ergibt sich für die Nicht-Sozialhilfebezieher insgesamt ein etwas höherer Anteil an beruflicher Qualifikation, nämlich 36,2% (Sozialhilfebezieher) zu 46,5% (Nicht-Sozialhilfebezieher) mit einer beruflichen Ausbildung auf dem Niveau von Lehre oder höher (vgl. Abb III/8).

Gesamte Ausbildung

Auch im Vergleich der Gesamtausbildung ergeben sich für die Nicht-Sozialhilfeempfänger insgesamt leicht höhere Qualifikationen bei einem unterschiedlichen Profil, wie Abbildung III/8 zeigt.

Abb. III/8:

Gesamtausbildung

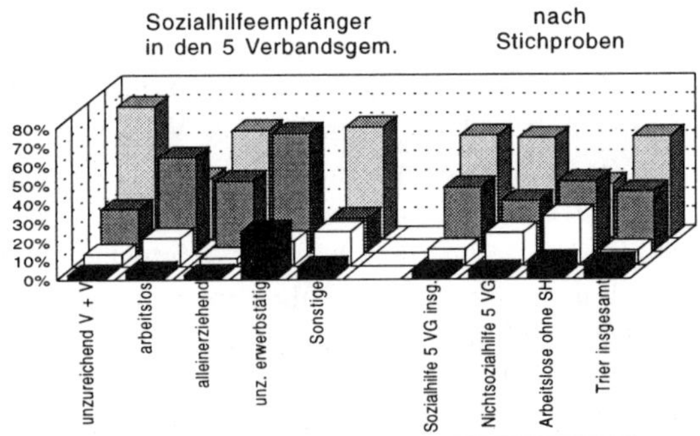

		unzureichend V + V	arbeitslos	alleinerziehend	unz. erwerbstätig	Sonstige		Sozialhilfe 5 VG insg.	Nichtsozialhilfe 5 VG	Arbeitslose ohne SH	Trier insgesamt
nur Schulausbildung	▨	69,8%	32,1%	57,1%	0%	58,8%		54,3%	53%	28,6%	53,7%
Schule und Beruf(1)	▩	22,6%	50%	37,5%	62,5%	17,6%		34%	26,7%	37,1%	31,7%
keine Ausbildung	□	5,7%	14,2%	3,6%	12,5%	17,6%		8%	16,7%	25,7%	7,3%
Schule und Beruf(2)	■	1,9%	3,5%	1,8%	25%	5,9%		3,7%	3,3%	8,6%	7,3%

Schule & Beruf:
(1) Hauptschulabschluß und Lehre oder mehr
(2) höherer Schulabschluß und Lehre
keine Ausb.: weder Schulabschluß noch berufliche Ausbildung

Quelle: Projekt "Armut auf dem Land" eigene Berechnungen

2.2 Die Wohnsituation von Sozialhilfebeziehern und Benachteiligten

Einen der wichtigsten Bereiche der Lebenslage stellt die Wohnungssituation dar. Die Qualität der Wohnung wirkt sich auf das individuelle Wohlergehen aus und ist eine elementare Bedingung für das Aufwachsen von Kindern.

Die Wohnformen (Miete, Wohnrecht/mietfrei, Kost und Logis) unterscheiden sich signifikant nach den Ortstypen ländliche Kleinstadt und dörfliche Gemeinden bei unserer zentralen Stichprobe der ländlichen Sozialhilfebezieher in 5 Verbandsgemeinden. Während in den beiden untersuchten ländlichen Kleinstädten die Mietwohnverhältnisse mit 93,5% deutlich dominieren, haben sie bei unserer dörflichen Population nur einen Anteil von gut der Hälfte (57,4%). Dagegen haben mietfreies oder Wohnen mit Wohnrecht sowie Hausbesitz einen wesentlich stärkeren Anteil von über 40% (s. Abb III/9). Nach Teilgruppen unserer Population sind es in starkem Maβe die unzureichend Versichert und Versorgten, die mit Wohnrecht, mietfrei oder in eigenen Häusern, wohnen. Jedoch haben auch die anderen dörflichen Teilgruppen nennenswerte Anteile.

Dörfliche Hilfebezieher wohnen durchweg häufiger in älteren Häusern, während die kleinstädtischen Hilfebezieher weit mehrheitlich in nach dem Krieg erbauten Häusern wohnen (Abb. III/9). Auch hier sind es in hohem Maße die alten Menschen (Teilgruppe unzureichende Versorgung), die zu über zwei Dritteln in solchen Gebäuden leben.

Auch bei den Haustypen zeigen sich deutliche kleinregionale Unterschiede. Fast ein Drittel (31,7%) aller dörflichen Sozialhilfebezieher wohnen in ehemaligen landwirtschaftlichen Wohngebäuden. Weit mehr als die Hälfte wohnen in Ein- oder Zweifamilienhäusern. Jedoch ist das Alter dieser Häuser deutlich höher (s. Abb. III/9), insbesondere bei den ehemaligen landwirtschaftlichen Wohngebäuden, als etwa in ländlichen Kleinstädten, und dies erklärt die schlechte Wohnsituation einiger Teilgruppen, auf die noch eingegangen wird.

In den beiden ländlichen Kleinstädten wohnen dagegen weit über die Hälfte aller Sozialhilfebezieher in Mehrfamilienhäusern. Während mehr als ein Drittel (s. Abb. III/9) in Häusern mit drei bis vier Wohnungen wohnt, wohnen mehr als ein Viertel in Gebäuden mit fünf bis acht oder mehr Wohnungen, also in aller Regel in neueren Bauten des sozialen Wohnungsbaus. Ansätze zu einer Brennpunktbildung sind hier zumindest in einer der beiden ländlichen Kleinstädte zu erkennen.

Die Sozialhilfeempfänger des Oberzentrums wohnen zu mehr als 90% in Häusern mit mehr als drei bis vier Wohnungen, davon mehr als ein Fünftel in Wohnblocks des sozialen Wohnungsbaus, und fast ein Drittel wohnt in Häusern mit neun und mehr Wohnungen, alo den im Oberzentrum in einigen

Abb. III/9

Wohnformen, Alter des Hauses, Haustypen und Mängelindex der Sozialhilfebezieher der 5 Verbandsgemeinden (n=163)

INDIKATOREN Haustyp Alter des Hauses Wohnform Mängelindex 1	Teilgruppen										total
	unz. V.V.		arbeitslos		Alleinerziehende		erwerbstaetig		Sonstige		
	Orte		Orte		Orte		Orte		Orte		
	DORF	KLEIN-STADT	DORF	KLEIN-STADT	DORF	KLEIN-STADT	DORF	KLEIN-STADT	DORF	KLEIN-STADT	
HAUSTYP											
landw. Wohngebaeude...	52.5%		6.3%	8.3%	18.2%		20.0%		42.9%		20.2%
freist.1-2-Fam.haus...	32.5%	15.4%	50.0%	25.0%	66.7%	21.7%	80.0%		57.1%	27.3%	39.3%
Wohnh.Reih.o.Doppelh..	7.5%	7.7%	25.0%	33.3%	6.1%	13.0%		33.3%		9.1%	11.7%
Wohnh.m.3-4 Wohnung...	5.0%	23.1%	18.8%	16.7%	9.1%	47.8%		66.7%		36.4%	18.4%
Wohnh.m.5-8 Wohnung...	2.5%	53.8%		8.3%		17.4%				18.2%	9.2%
Wohnh.9 u.m.Wohnung...				8.3%						9.1%	1.2%
Haus ist gebaut..											
vor 1919.............	52.5%	7.7%	43.8%	16.7%	24.2%	4.3%	20.0%		42.9%	45.5%	30.1%
1919-1948............	20.0%	7.7%	18.8%	33.3%	21.2%	21.7%	40.0%		14.3%	18.2%	20.2%
1949-1971............	17.5%	38.5%	31.3%	50.0%	27.3%	69.6%	20.0%	100.0%	28.6%	18.2%	34.4%
nach 1971............	10.0%	46.2%	6.3%		27.3%	4.3%	20.0%		14.3%	18.2%	15.3%
Wohnform											
Miete................	37.5%	84.6%	68.8%	91.7%	69.7%	100.0%	100.0%	100.0%	57.1%	90.9%	71.2%
Eigentum.............	10.0%		18.8%		9.1%				14.3%		6.7%
mietfrei.............	47.5%	7.7%	6.3%	8.3%	21.2%				14.3%	9.1%	19.0%
Kost u. Logis........	5.0%	7.7%	6.3%						14.3%		3.1%
Wohnungsmängelindex 1 (5 Bereiche)											
keine Mängel.........	35.0%	53.8%	18.8%	33.3%	30.3%	17.4%			28.6%	27.3%	28.8%
1	22.5%	38.5%	43.8%	25.0%	36.4%	17.4%	40.0%	66.7%	28.6%	45.5%	31.3%
2	17.5%	7.7%	25.0%	25.0%	21.2%	26.1%	60.0%	33.3%	42.9%	18.2%	22.7%
3	15.0%		12.5%	16.7%	12.1%	30.4%				9.1%	13.5%
4	10.0%					8.7%					3.7%

Quelle: eigene Berechnungen.

Abb. III/10

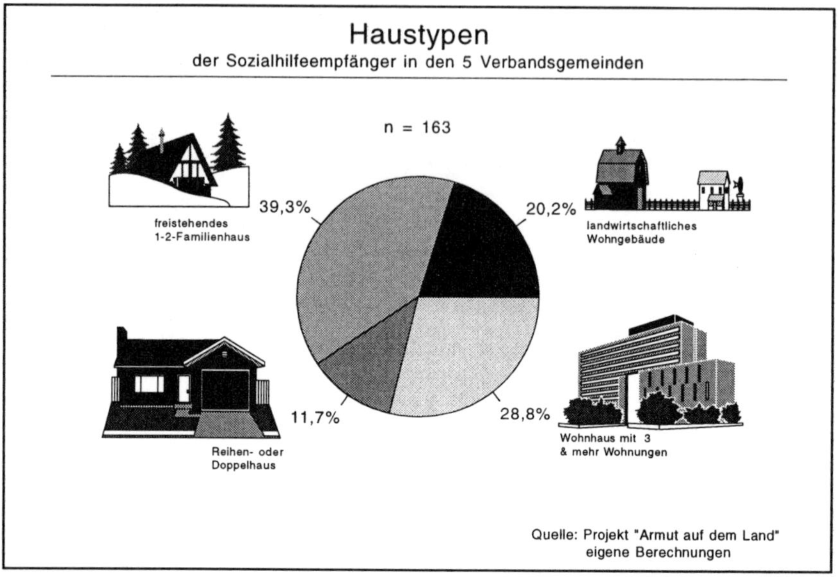

Abb. III/11

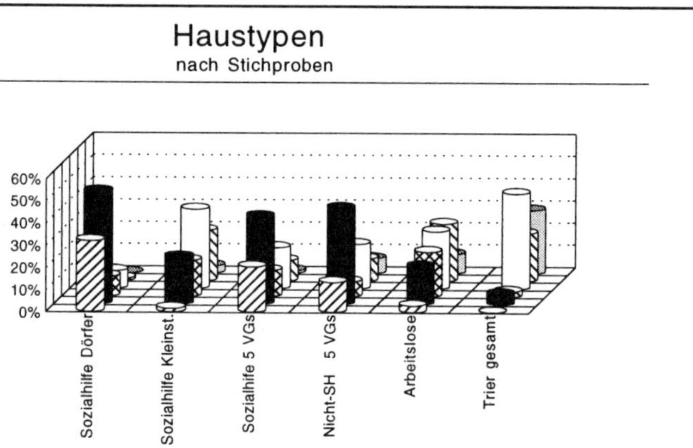

	Sozialhilfe Dörfer	Sozialhilfe Kleinst.	Sozialhife 5 VGs	Nicht-SH 5 VGs	Arbeitslose	Trier gesamt
Haus m. 9 & mehr Wohn.	0%	3,2%	1,2%	6,7%	8,6%	28,6%
Haus mit 5-8 Wohnungen	1%	22,6%	9,2%	10%	25,7%	21,4%
Haus mit 3-4 Wohnungen	7,9%	35,5%	18,4%	20%	25,7%	42,9%
Reihen/Doppelhaus	8,9%	16,1%	11,7%	6,7%	20%	2,4%
1-2 Familienhaus	50,5%	21%	39,3%	43,3%	17,1%	4,8%
landw. Wohngebäude	31,7%	1,6%	20,2%	13,3%	2,9%	0%

Quelle: Projekt "Armut auf dem Land", eigene Berechnungen

Stadtteilen verbreiteten Hochhäusern; dies geht häufig mit einer besseren Qualität der Wohnung einher.

Wohnungsgröße

Mehr als ein Fünftel (22,1%) aller Sozialhilfeempfänger unseres ländlichen Untersuchungsgebietes (n = 163) hat weniger als einen Raum pro Kopf zur Verfügung, lebt also in zu kleinen Wohnungen (s. Abb. III/12). Bei den einzelnen Untergruppen sind die Anteile extrem ungleich. Die unzureichend Versichert und Versorgten haben mit einem Anteil von 13,2% den besten Stand, gefolgt von den Sonstigen mit 16,7%. Arbeitslosenhaushalte leben zu mehr als vier Zehnteln (42,9%), Alleinerziehende zu einem Fünftel (19,6%) und Erwerbstätige im Sozialhilfebezug zu mehr als einem Drittel (37,5%) in zu kleinen Wohnungen.

Abb. III/12: Wohnungssituation der Sozialhilfebezieher in den 5 VGs

INDIKATOREN Wohnungsgröße San. Ausstattung Heizungsform bauliche Mängel Nebenräume Mängelindex	Teilgruppen					total
	unz. V.V.	Arbeitslose	Allein-erziehende	Erwerbstätige	Sonstige	Alle
Räume pro Kopf						
weniger als 1 Raum pro Kopf	13.2%	42.9%	19.6%	37.5%	16.7%	22.1%
1 Raum	24.5%	42.9%	28.6%	12.5%	22.2%	28.2%
mehr als 1 Raum	62.3%	14.3%	51.8%	50.0%	61.1%	49.7%
kein BAD/WC	9.4%	3.6%	7.1%		5.6%	6.7%
keine mod.Heizform	50.9%	42.9%	51.8%	62.5%	38.9%	49.1%
schwere baul.Maengel	22.6%	35.7%	44.6%	62.5%	27.8%	35.0%
keine Nebenräume	13.2%	3.6%	16.1%	12.5%	16.7%	12.9%
Wohnungsmängelindex						
keine Mängel	39.6%	25.0%	25.0%		27.8%	28.8%
1.00	26.4%	35.7%	28.6%	50.0%	38.9%	31.3%
2.00	15.1%	25.0%	23.2%	50.0%	27.8%	22.7%
3.00	11.3%	14.3%	19.6%		5.6%	13.5%
4.00	7.5%		3.6%			3.7%

Quelle: Fragenbogenuntersuchung 1990, eigene Berechnungen.

"Mehr als einen Raum zur Verfügung" haben die unzureichend Versichert und Versorgten zu fast zwei Dritteln; sie sind in diesem Teilbereich am besten versorgt (vgl. Abb. III/12). Jedoch haben auch die Alleinerziehenden zu mehr als der Hälfte mehr als einen Raum pro Kopf zur Verfügung, auch die Sonstigen und die Erwerbstätigen haben hier eine gute Situation. Es gibt mithin starke Polarisierungen zwischen und innerhalb der Teilgruppen. Bei den Alleinerziehenden etwa hat knapp ein Fünftel weniger als einen Raum, mehr als ein Viertel einen Raum pro Kopf, so daß man sagen kann, daß etwa die Hälfte der Alleinerziehenden in beengten Wohnverhältnissen lebt, die gute andere Hälfte hat mehr als einen Raum zur Verfügung. Innerhalb der Teilgruppen zeigen sich mithin mehr oder weniger scharfe Polarisierungen.

Nach Haushaltstypen sind es insbesondere die Paare mit Kindern, die in zu kleinen Wohnungen leben (vgl. III/13). Mehr als die Hälfte dieses Haushaltstyps hat weniger als einen Raum pro Kopf (53,3%).

Abb. III/13

Haushaltstypen in den 5 VGs: Wohnungssituation

INDIKATOREN Raumzahl pro Kopf Bad/WC in der Wohnung Heizungsform Nebenräume vorhanden bauliche Mängel	Haushaltstypen						total
	Allein-lebende	Paare ohne Kind	Paare mit Kind(ern)	Allein-erzie-hende	Mehrge-neratio nenhaus halte	sonsti-ge Verw.HH	
Raeume pro Kopf							
weniger als 1 Raum pro Kopf..............	5.1%		53.3%	17.6%	28.6%	25.0%	22.1%
1 Raum................	23.1%	66.7%	30.0%	25.5%	21.4%	30.0%	28.2%
mehr als 1 Raum.......	71.8%	33.3%	16.7%	56.9%	50.0%	45.0%	49.7%
kein BAD/WC in Whg....	10.3%			5.9%	14.3%	10.0%	6.7%
Heizungsform							
Heizung auf heutigem Stand.............	56.4%	55.6%	43.3%	54.9%	57.1%	35.0%	50.9%
keine mod.Heizform....	43.6%	44.4%	56.7%	45.1%	42.9%	65.0%	49.1%
Baulicher Zustand ?							
keine/leichte Maengel.	76.9%	88.9%	56.7%	51.0%	71.4%	75.0%	65.0%
schwere baul.Maengel..	23.1%	11.1%	43.3%	49.0%	28.6%	25.0%	35.0%
Nebenraeume							
vorhanden.............	79.5%	77.8%	93.3%	84.3%	100.0%	95.0%	87.1%
keine Nebenraeume.....	20.5%	22.2%	6.7%	15.7%		5.0%	12.9%
Wohnungsmängelindex 1 (5 Bereiche)							
keine Mängel..........	43.6%	11.1%	16.7%	25.5%	35.7%	30.0%	28.8%
1.00..................	20.5%	33.3%	36.7%	31.4%	35.7%	40.0%	31.3%
2.00..................	15.4%	55.6%	40.0%	23.5%	14.3%		22.7%
3.00..................	12.8%		6.7%	15.7%	14.3%	25.0%	13.5%
4.00..................	7.7%			3.9%		5.0%	3.7%
Mängelindex 2 (3 Bereiche)							
keine Mängel..........	46.2%	11.1%	23.3%	31.4%	42.9%	30.0%	33.1%
1 Mangel..............	23.1%	55.6%	30.0%	29.4%	28.6%	40.0%	30.7%
2.00..................	25.6%	33.3%	40.0%	27.5%	21.4%	10.0%	27.0%
3.00..................	5.1%		6.7%	11.8%	7.1%	20.0%	9.2%

Quelle: Fragebogenuntersuchung 1990, eigene Berechnung.

Sanitäre Ausstattung

Insgesamt 6,7% aller Sozialhilfeempfänger unseres ländlichen Untersuchungsgebietes verfügen über kein Bad (oder Dusche) oder ein WC innerhalb der Wohnung (vgl. III/12). Fast jeder 10. alte Mensch im Sozialhilfebezug (9,4%) hat kein Bad oder WC in der Wohnung zur Verfügung. Von den Alleinerziehenden sind es 7,1%, den Arbeitslosenhaushalten 3,6%, den Sonstigen 5,6% (bei den Erwerbstätigen kommt dies nicht vor).

Abb. III/14

Die Wohnungssituation der Sozialhilfebezieher (5 VGs) nach Altersgruppen

	ALTERSGRUPPEN								total
	BIS 24 J	25 BIS 34 J	35 BIS 44 J	45 BIS 54 J	55 BIS 60 J	61 BIS 64 J	65 BIS 74 J	75 J UND AELTER	
weniger als 1 Raum pro Kopf..............	28.6%	28.2%	35.3%	13.6%		44.4%	11.1%	9.5%	22.1%
1 Raum................	28.6%	25.6%	32.4%	36.4%	38.5%	11.1%	11.1%	33.3%	28.2%
mehr als 1 Raum.......	42.9%	46.2%	32.4%	50.0%	61.5%	44.4%	77.8%	57.1%	49.7%
Bad/WC in Wohnung.....	100.0%	97.4%	94.1%	86.4%	100.0%	88.9%	100.0%	81.0%	93.3%
kein BAD/WC...........		2.6%	5.9%	13.6%		11.1%		19.0%	6.7%
Heizung auf heutigem Stand..............	57.1%	43.6%	47.1%	54.5%	61.5%	66.7%	50.0%	52.4%	50.9%
keine mod.Heizform....	42.9%	56.4%	52.9%	45.5%	38.5%	33.3%	50.0%	47.6%	49.1%
keine/leichte Maengel.	42.9%	64.1%	47.1%	68.2%	69.2%	77.8%	83.3%	76.2%	65.0%
schwere baul.Maengel..	57.1%	35.9%	52.9%	31.8%	30.8%	22.2%	16.7%	23.8%	35.0%
Nebenraeume vorhanden............	85.7%	84.6%	88.2%	81.8%	100.0%	88.9%	88.9%	85.7%	87.1%
keine Nebenraeume.....	14.3%	15.4%	11.8%	18.2%		11.1%	11.1%	14.3%	12.9%
Wohnungsmaengelindex1 (5 Bereiche)									
keine Maengel.........	14.3%	17.9%	20.6%	27.3%	38.5%	55.6%	50.0%	33.3%	28.8%
1.00..................	42.9%	41.0%	29.4%	22.7%	30.8%	22.2%	22.2%	33.3%	31.3%
2.00..................	28.6%	28.2%	29.4%	27.3%	15.4%	11.1%	16.7%	9.5%	22.7%
3.00..................	14.3%	12.8%	14.7%	22.7%	15.4%		11.1%	9.5%	13.5%
4.00..................			5.9%			11.1%		14.3%	3.7%
Maengelindex2 (3 Bereiche)									
keine Maengel.........	14.3%	28.2%	23.5%	31.8%	38.5%	55.6%	50.0%	38.1%	33.1%
1 Mangel..............	42.9%	33.3%	32.4%	27.3%	30.8%	22.2%	27.8%	28.6%	30.7%
2.00..................	42.9%	30.8%	26.5%	36.4%	15.4%	22.2%	16.7%	23.8%	27.0%
3.00..................		7.7%	17.6%	4.5%	15.4%		5.6%	9.5%	9.2%

Quelle: Fragebogeuntersuchung 1990, eigene Berechnung.

Heizungsform

Keine moderne Heizungsform haben von allen ländlichen Sozialhilfeempfängern 49,1%. Hier ist die Streuung geringer: Die unzureichend Versichert und Versorgten haben zu 50,9% keine moderne Heizungsform, d.h. diese Gruppe ist in starkem Maße auf das Heizen mit Holz und Kohle verwiesen. Auch die Alleinerziehenden haben zu 51,8% mit veralteten und beschwerlichen Formen der Heizung zu tun. Die Arbeitslosen stellen sich mit 42,9% etwas besser, während die Erwerbstätigen im Sozialhilfebezug (bei freilich sehr geringen Zahlen n = 8) zu 62,5% und die Sonstigen zu 38,9% über keine der heutigen Lebensform entsprechende Heizung verfügen.

Nebenräume

Über keine Nebenräume verfügen insgesamt 12,9% aller Sozialhilfeempfänger. Insbesondere für die Haushalte mit Kindern erscheint jedoch das Vorhandensein von Nebenräumen (d.h. Keller, Speicher und dergleichen zusätzlich zu den Wohnräumen) einerseits zur Brennstoffbevorratung und andererseits zum Trocknen von Wäsche wichtig. Von den Alleinerziehenden haben 16,1% keine Nebenräume zur Verfügung, sind mithin z. B. beim Wäschewaschen darauf angewiesen, die Wäsche innerhalb der Wohnräume zu trocknen.

Bauliche Mängel

Bei 35% aller ländlichen Sozialhilfeempfänger weist die Wohnung bzw. das Gebäude schwere bauliche Mängel auf, wie z.B. "Feuchtigkeit in Wohnräumen", "Mängel an Wänden, Decken, Dachstuhl", "defekte oder fehlende Installationen" bzw. "Haus oder Wohnung insgesamt sanierungsbedürftig" (s. Abb.III/12). Die einzelnen Teilgruppen der Sozialhilfeempfänger sind in unterschiedlichem Maβ betroffen: die unzureichend Versichert und Versorgten wohnen zu mehr als einem Fünftel (22,6%) in Wohnungen mit einem schwerwiegenden baulichen Mangel, die Arbeitslosenhaushalte zu mehr als einem Drittel (35,7%), die Alleinerziehenden zu fast der Hälfte (44,6%), die Erwerbstätigen zu fast zwei Dritteln (62,5%) und die Sonstigen zu mehr als einem Viertel (27,8%). Insbesondere bei der Gruppe der Alleinerziehenden und der unzureichend Versichert und Versorgten sowie den Arbeitslosen werden hohe Anteile erreicht. Hier handelt es sich in hohem Maβe um Familien - so daβ auch Kinder von dem schlechten Zustand der Wohnung bzw. des Hauses mitbetroffen sind - oder um alte Menschen, auf deren Gesundheitszustand sich etwa Feuchtigkeit u.a. besonders auswirkt.

Insgesamt stellt sich die Qualität der Wohnungsversorgung der untersuchten ländlichen Sozialhilfebezieher als deutlich unter vergleichbaren bundesweiten Qualitätsniveaus liegend dar. Bundesweit verfügen rund 3/4 aller Wohnungen über Sammelheizung sowie Bad oder Dusche und WC innerhalb der Wohnung (vgl. Stat. Bundesamt 1992a, 146ff.). Die Anteilswerte der Sozialhilfeempfänger liegen deutlich darunter. Zum baulichen Zustand fehlen bundesweite Vergleichswerte, doch ist anzunehmen, daβ bundesweit der Anteil der Wohnungen mit schweren baulichen Mängel von einem Drittel bei weitem nicht erreicht wird.

Nach Haushaltstypen sind auch hier die Paare mit Kindern und die Alleinerziehenden besonders betroffen (s. Abb. III/13). 43,3% der Paare mit Kindern unserer ländlichen Sozialhilfestichprobe wohnen in Wohnungen mit schweren baulichen Mängeln, und von den Haushaltstypen der Alleinerziehenden ist es fast die Hälfte (49%). (Der Unterschied zwischen den Teilgruppen ist hier auf dem 5% Niveau signifikant.) Auch von zu kleiner Wohnungsgröβe (Räume pro Kopf) sind die Paare mit Kindern sowie die Alleinerziehenden signifikant häufiger betroffen. In der Tendenz leben die jüngeren Altersgruppen häufiger in zu kleinen Wohnungen, während insbesondere bei den Älteren die Wohnungsgröße mehr als ausreichend ist. Als besonders benachteiligte Gruppen stellen sich vor allem die Haushalte mit Kindern heraus.

Mietbelastung
Die durchschnittliche Mietbelastung beträgt 5,52 DM pro Quadratmeter, wobei es signifikante Unterschiede zwischen den Teilgruppen der Sozialhilfebezieher nicht gibt. Jedoch sind die Miethöhen deutlich unterschiedlich zwischen dörflichen und kleinstädtischen Gemeinden.

Wohnungsmängelindex
Bildet man aus den genannten 5 Dimensionen der Wohnungsausstattung eine Summe, so sind alle Sozialhilfeempfänger durchschnittlich mit 1,26 Mangelpunkten versehen (s. auch Abb. III/12 und 13). Signifikante Unterschiede zwischen den Teilgruppen zeigen sich nicht. Jedoch haben von allen Teilgruppen der Sozialhilfeempfänger die Alleinerziehenden mit 1,4 Mangelpunkten die höchsten Werte; nach Haushaltstypen stehen (Ehe-)Paare mit Kindern mit 1,60 Mängelpunkten am schlechtesten da.

Nach Haushaltstypen haben Einzelpersonen insgesamt den besten Standard nach diesem Wohnungsindex. 43,6% aller ländlichen Alleinlebenden im Sozialhilfebezug wohnen in Wohnungen ohne Mängel (im Sinne der oben beschriebenen fünf Teilbereiche). Auch die Mehrgenerationen-Haushalte wohnen zu über einem Drittel (35,7%) in Wohnungen ohne Mängel. Demgegenüber haben Haushalte mit Kindern erhebliche Benachteiligungen hinzunehmen. Von den Paaren mit Kindern haben nur 16,7% *keine* Mängel im Wohnungsniveau, von den Alleinerziehenden ist es nur ein Viertel (25,5%). Von den Paaren mit Kindern haben mehr als ein Drittel einen erheblichen Mangel und vier Zehntel (40,0%) zwei erhebliche Mängel in der Wohnungsausstattung. 6,7% haben sogar in drei Teilbereichen Mängel der Wohnungssituation. Fast ein Drittel der Alleinerziehenden (31,4%) haben einen, mehr als ein Fünftel (23,5%) in zwei Teilbereichen, mehr als ein Siebtel (15,7%) in drei Teilbereichen und 3,9% in vier Teilbereichen Mängel der Wohnungssituation.

Um die Wohnqualität auf extreme Mängel zu überprüfen, wurde bei einem dreistufigen Index (Wohnungsmängelindex 2) auf den Bereich "keine Nebenräume" verzichtet und die Bereiche "Heizungsform" und "sanitäre Ausstattung" zusammengezogen.

Setzt man einen qualitativen Wohnungsmängelindex also zusammen aus den drei Bereichen "zu wenig Räume pro Person", "Wohnungsstandard nicht auf heutigem Stand (kein WC/Bad in der Wohnung, Heizung mit festen Brennstoffen)" sowie "baulicher Zustand sehr schlecht", so sind 36,2% aller unserer ländlichen Sozialhilfeempfänger nicht von Wohnungsmängeln betroffen (s. Abb. III/12, 13). 19,0% leben in einer Wohnung mit schlechtem baulichen Zustand und unzureichendem Wohnungsstandard, 16% leben in einer Wohnung unter dem Wohnungsstandard, 6,1% leben in zu kleinen Wohnungen, 6,7% leben in zu kleinen Wohnungen mit unzulänglichem Wohnungsstandard, weitere 6,7% leben in Wohnungen mit schlechtem baulichen Zustand, und 7,4% leben in zu kleinen Wohnungen mit schlechtem baulichem Zustand unter den derzeitigen Standards. Die übrigen verteilen sich auf andere Kombinationen dieser Mängel mit geringen Anteilen.

Geht man von einem fünfstufigen Index aus, der die fünf oben beschriebenen Teilbereiche erfaßt, so leben insgesamt 68,7% aller ländlichen Sozialhilfeempfänger in Wohnungen, die in mindestens einem Bereich nicht den heutigen Anforderungen entsprechen (s. Abb. III/12).

Eine klare Regelmäßigkeit im Grad oder in der Art der Benachteiligung zwischen den Teilgruppen der Sozialhilfeempfänger läßt sich nicht erkennen. Es besteht freilich ein signifikanter Unterschied zwischen dörflichen Gemeinden und ländlichen Kleinstädten, wobei in letzteren der Wohnungsstandard besser ist. Ein deutlicher Zusammenhang besteht auch zwischen der Qualität der Wohnungsversorgung und dem Alter des bewohnten Hauses. Der Wohnungszustand ist in jüngeren Häusern signifikant besser. Dies weist darauf hin, daß viele Sozialhilfeempfänger, die entweder in Eigentum oder zur Miete in älteren Häusern wohnen, nicht über die Mittel zu einer Modernisierung verfügen. Signifikante Unterschiede ergeben sich demgegenüber bei einzelnen Teilbereichen, wie z.B. der unzureichenden Wohnungsgröße, bei der die Arbeitslosenhaushalte gegenüber den anderen Gruppen deutlich stärker benachteiligt sind. Auch beim baulichen Zustand besteht ein auf dem 5% Niveau signifikanter Unterschied nach den Wohnkategorien; die Mieter sowie die mietfrei Wohnenden wohnen deutlich häufiger in Wohnungen mit sehr schlechtem baulichen Zustand.

Stichprobenvergleich

Im Vergleich zwischen den einzelnen Stichproben zeigen sich zwar Unterschiede zwischen den einzelnen Bereichen der Wohnungsqualität, jedoch im Gesamtstandard keine erheblichen Besserstellungen bzw. Benachteiligungen der einzelnen Stichproben (vgl. III/15).

Nimmt man den Bereich des Wohnungsstandards (Bad und WC in der Wohnung sowie moderne Heizungsformen), so sind lediglich die Trierer Sozialhilfeempfänger signifikant besser gestellt. Dies dürfte damit zusammenhängen, daß sie etwa zur Hälfte aus Zugezogenen bestehen, die erst in letzter Zeit ins Oberzentrum gekommen sind.

Abb. III/15

Wohnungssituation nach Stichproben

INDIKATOREN	einkommensbereinigte Stichproben						total
	Sozialhilfe 5VGs (n=163)	Netz-werk 5 VGs	Arbeitlose o. SoHi-bezug	Trier SoHi insges	Sonst. ohne SoHi	Uebrige SoHI	
weniger als 1 Raum pro Kopf..............	22.1%	33.3%	14.3%	31.0%		23.1%	23.0%
1 Raum................	28.2%	33.3%	45.7%	40.5%	37.5%	38.5%	33.3%
mehr als 1 Raum.......	49.7%	33.3%	40.0%	28.6%	62.5%	38.5%	43.6%
Bad/WC in Wohnung.....	93.3%	86.7%	91.4%	90.5%	75.0%	84.6%	91.1%
kein BAD/WC...........	6.7%	13.3%	8.6%	9.5%	25.0%	15.4%	8.9%
Heizung auf heutigem Stand..............	50.9%	46.7%	45.7%	83.3%	75.0%	61.5%	55.7%
keine mod.Heizform....	49.1%	53.3%	54.3%	16.7%	25.0%	38.5%	44.3%
keine/leichte Mängel..	65.0%	63.3%	80.0%	71.4%	62.5%	69.2%	67.7%
schwere baul.Mängel...	35.0%	36.7%	20.0%	28.6%	37.5%	30.8%	32.3%
Nebenräume vorhanden..	87.1%	86.7%	91.4%	78.6%	87.5%	92.3%	86.6%
keine Nebenräume......	12.9%	13.3%	8.6%	21.4%	12.5%	7.7%	13.4%
Wohnungsmängelindex 1							
keine Mängel..........	28.8%	13.3%	17.1%	26.2%	12.5%	30.8%	25.1%
1.00..................	31.3%	40.0%	40.0%	40.5%	50.0%	38.5%	35.4%
2.00..................	22.7%	30.0%	31.4%	23.8%	25.0%	7.7%	24.1%
3.00..................	13.5%	16.7%	11.4%	9.5%	12.5%	15.4%	13.1%
4.00..................	3.7%					7.7%	2.4%

Quelle: Fragebogenuntersuchung 1990, eigene Berechnung.

Die Unterschiede zwischen den Stichproben im Bereich des baulichen Zustands von Wohnung bzw. Haus sind demgegenüber nicht signifikant; doch sind quer durch alle Stichproben jeweils die Haushaltstypen mit Kindern benachteiligt. Hoch signifikant sind auch die Unterschiede nach den Agglomerationstypen, und zwar ergibt sich eine Verbesserung des Wohnungsstandards von den dörflichen Gemeinden hin zum Oberzentrum.

Die Benachteiligung bei der Raumzahl pro Kopf ist zwischen den Stichproben nichtsignifikant (jedoch wieder signifikante Unterschiede nach den Haushaltstypen). Insgesamt wohnen die im Oberzentrum Interviewten in kleineren Wohnungen. Dabei ist der Unterschied zwischen dörflichen Gemeinden und Kleinstädten groß, während die relative Differenz zwischen Kleinstadt und Oberzentrum gering bleibt.

Insgesamt zeigt der Wohnungsmängelindex 2 (3 Dimensionen, s. oben) deutliche Unterschiede zwischen den Stichproben: Die Sozialhilfeempfänger in den 5 Verbandsgemeinden haben durchschnittlich 1,06, die Nicht-Sozialhilfeempfänger im ländlichen Raum 1,23, die Arbeitslosen in Maßnahmen ohne Sozialhilfe 0,83 sowie die Trierer Sozialhilfeempfänger 0,76 Punkte an Wohnungsmängeln. Jedoch sind diese deutlich scheinenden Unterschiede ganz knapp nicht signifikant.

Beim aus 5 Dimensionen bestehenden Wohnungsmängelindex 1 ergibt sich ein gleiches Bild. Zwar bestehen deutliche Unterschiede zwischen den einzelnen Stichproben, jedoch weist die Varianzanalyse keine statistische Signifikanz aus. (Dies gilt für die meisten oben genannten Rechnungen auch innerhalb der Haushaltstypen. Zwar bestehen zwischen den Haushaltstypen deutliche Unterschiede, diese lassen sich jedoch nicht auf Stichproben und nicht auf Einkommenseinflüsse zurückführen. Dies scheint ingesamt auch das Gesamtergebnis vorwegzunehmen, daß zwar in einzelnen Lebenslagebereichen merkliche Unterschiede zwischen den einzelnen Stichproben bestehen, sich insgesamt jedoch kein deutlicher Trend und keine klaren Faktorenzuordnung erkennen läßt.)

Mehr als ein Viertel (28,8%) aller ländlichen Sozialhilfeempfänger wohnt in Wohnungen ohne Mängel. Die Vergleichsgruppe der Sozialhilfeempfänger des Oberzentrums liegt nur wenig (26,2%) darunter (vgl. III/15). Demgegenüber haben die Vergleichsgruppen der Nicht-Sozialhilfeempfänger deutlich niedrigere Anteile der Haushalte ohne Wohnungsmängel. Sie liegen etwa halb so hoch wie die der Sozialhilfeempfänger.

Jedoch wird bei einer Rechnungsform mit einem Index (sowohl Nr. 1 wie 2) deutlich, daß der höhere Anteil in guter Wohnsituation wohnenden Sozialhilfeempfänger kompensiert wird durch einen entsprechend höheren Anteil von Hilfeempfängern in schlechter Wohnsituation. Beim Stichprobenvergleich mit Mittelwerten ergeben sich daher keine signifikanten Unterschiede zwischen den Teilgruppen. Abbildung III/15 zeigt aber, daß die Profile der Wohnungsmängel durchaus ungleich zwischen den Stichproben sind. Dies kann die Darstellung mit Mittelwerten nicht aufzeigen.

In der *Gesamteinschätzung* stellt sich die Wohnungssituation der ländlichen Sozialhilfeempfänger als bemerkenswert schlecht dar. Im alten Bundesgebiet waren im Jahr 1987 71,7% der Mietwohnungen und 76,9% der Eigentümerwohnungen mit Sammelheizung, Bad oder Dusche und WC in der Wohnung versehen (vgl. Statistisches Bundesamt 1992a, S. 143). Demgegenüber liegt bei unserer Population ländlicher Sozialhilfe der Wohnungsstandard weit unter diesen Werten. Nur knapp die Hälfte aller ländlichen Sozialhilfeempfänger erreichen eine moderne Wohnungsausstattung, die heutigen Ansprüchen an Heizung und sanitäre Ausstattung entspricht. Insbesondere die Eigentümer-Haushalte der Sozialhilfeempfänger sind deutlich schlechter gestellt. Sie wohnen häufiger in alten Häusern und ihnen fehlen die Mittel für eine angemessene Instandhaltung bzw. Modernisierung. Von dieser Situation sind besonders im dörflichen Raum die alten Menschen im Hilfebezug betroffen (Personen über 65 Jahre haben zwar große, jedoch recht häufig schlecht ausgestattete Wohnungen in schlechtem Zustand).

2.3 Belastungen durch Ratenzahlungen

Ratenzahlungen im Sozialhilfebezug kommen bei den ländlichen Sozialhilfebeziehern zu über einem Viertel (27,6%) vor. Sie konzentrieren sich auf einige Haushaltstypen und Altersgruppen. Von allen Haushalten der (Ehe)-Paare mit Kindern im Hilfebezug haben zur Zeit der Untersuchung mehr als ein Drittel (36,7%) Ratenzahlungen abzuleisten; von allen Alleinerziehenden-Haushalten 47,1% (S. Abb. III/16). Entsprechend konzentrieren sich Ratenzah-

Abb. III/16:

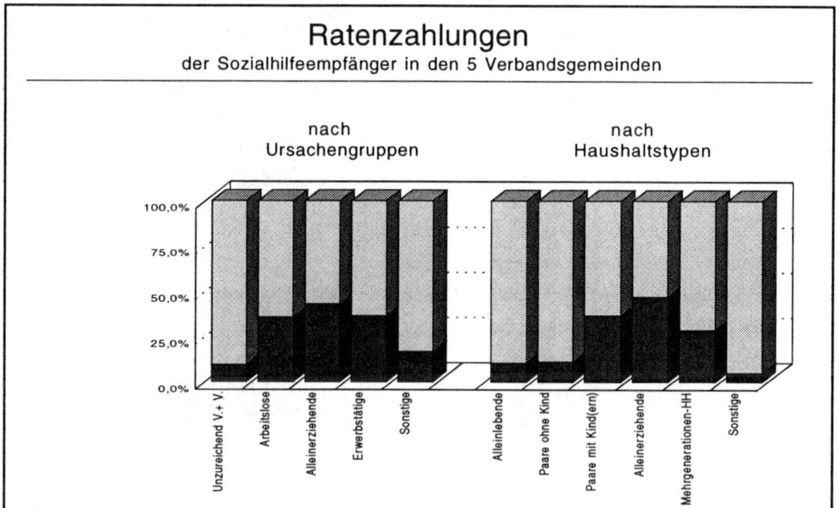

	Unzureichend V.+ V.	Arbeitslose	Alleinerziehende	Erwerbstätige	Sonstige		Alleinlebende	Paare ohne Kind	Paare mit Kind(ern)	Alleinerziehende	Mehrgenerationen-HH	Sonstige
keine Ratenzahlung	90,6%	64,3%	57,1%	62,5%	83,3%		89,7%	88,9%	63,3%	52,9%	71,4%	95,0%
Ratenzahlung(en)	9,4%	35,7%	42,9%	35,7%	16,7%		10,3%	11,1%	36,7%	47,1%	28,6%	5,0%

Quelle: Projekt 'Armut auf dem Land', eigene Berechnungen

lungen auf die Altersgruppen im mittleren Alter (25-45 Jahre), in der Familienphase; dies gilt auch für die Stichproben der Nichtsozialhilfebezieher. Die Anzahl der Ratenkäufe nimmt mit der Sozialhilfebezugsdauer zu. Abgezahlt werden überwiegend elementare Geräte und Einrichtungsgegenstände, die das Sozialamt auf dem Wege einmaliger Beihilfen hätte finanzieren müssen, weitere Einrichtungsgegenstände, Bekleidung (hier wurde nicht unterschieden, für welches Haushaltsmitglied - z. B. die Kinder - gekauft wurde) und andere überwiegend elementare Dinge der Haushaltseinrichtung.

Betrachtet man, wofür Hilfeempfänger während des Hilfebezugs Ratenkäufe (alle -auch erledigten- Ratenkäufe) getätigt haben, so ergibt sich ein deutliches

Abb. III/17:

Verteilung der Ratenzahlung
nach Verwendungszweck

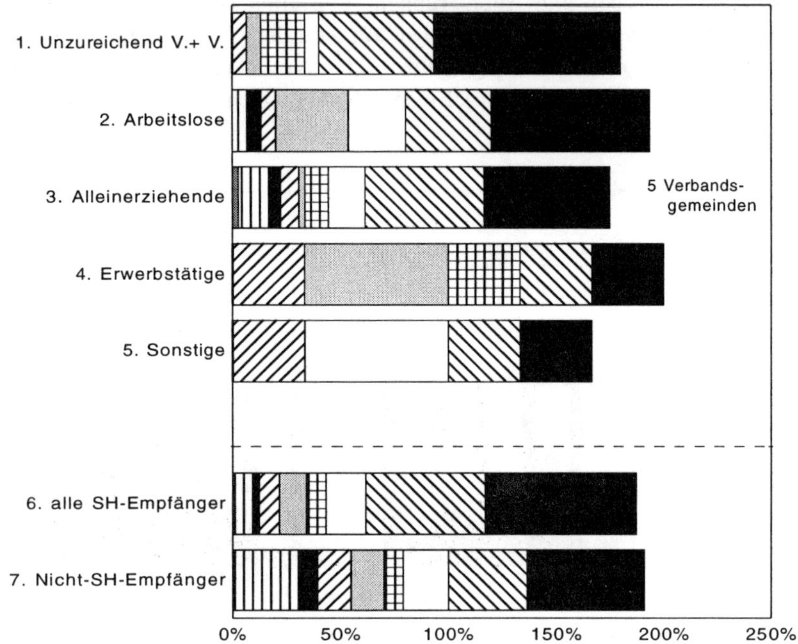

	1.	2.	3.	4.	5.	6.	7.
HH-Geräte (1)	86,7%	73,3%	58,3%	33,3%	33,3%	70,1%	54,5%
Unterh.-Elektronik	53,3%	40%	55,6%	33,3%	33,3%	55,7%	36,4%
HH-Geräte (2)	6,7%	26,7%	16,7%	0%	66,7%	18,1%	21,2%
Kleidung	20%	0%	11,1%	33,3%	0%	9,3%	9,1%
PKW	6,7%	33,3%	2,8%	66,7%	0%	12,4%	15,2%
Kredit	6,7%	6,7%	8,3%	33,3%	33,3%	9,3%	15,2%
HH-Austattung	0%	6,7%	5,6%	0%	0%	3,1%	9,1%
Sonstiges	0%	6,7%	13,9%	0%	0%	8,2%	30,3%
nicht bekannt	0%	0%	2,8%	0%	0%	1%	0%

Quelle: Projekt "Armut auf dem Land"
eigene Berechnungen

Haushaltsgeräte (1): Elektroherd, Waschmaschine, elementare Möbel, Staubsauger
Haushaltsgeräte (2): Trockner, Spülmaschine, Tiefkühltruhe
Haushaltsausstattung: Erstausstattung des Haushaltes
Unterhaltungselektronik: Farbfernseher, Videogerät, Stereoanlage
Die Prozentangaben beziehen sich auf alle Fälle einer Teilgruppe; Mehrfachnennungen waren möglich.

Übergewicht elementarer Einrichtungsgegenstände, die das Sozialamt hätte finanzieren müssen. Von allen Sozialhilfeempfängern, die Ratenkäufe getätigt haben, haben 70,1% elementare Haushaltsgeräte wie Elektroherd, Waschmaschine usw., die das Sozialamt auf dem Wege einmaliger Beihilfen zur Haushaltsaustattung hätte finanzieren müssen, auf eigene Rechnung auf Raten gekauft. Hier zeigt sich im Gesamtvergleich ein deutlicher Unterschied zu den Nicht-Sozialhilfeempfängern unserer Untersuchung, die nur zu gut der Hälfte ihre Ratenkäufe für diesen Zweck verwenden brauchten (Abbildung III/17). Auch bei weiteren Gerätetypen zeigen sich deutliche Unterschiede zwischen den Sozialhilfeempfängern und den Nicht-Sozialhilfeempfängern. Mehr als die Hälfte aller Sozialhilfeempfänger haben unterhaltungselektronische Geräte (Fernseher usw.) im Hilfebezug auf Raten kaufen (müssen), während es bei den Nicht-Sozialhilfeempfängern nur mehr als ein Drittel sind. Fast jeder 10. Sozialhilfeempfänger hat im Hilfebezug Bekleidung auf Raten gekauft.

Innerhalb der Teilgruppen der ländlichen Sozialhilfeempfänger bestehen erhebliche Unterschiede. So haben fast neun Zehntel aller Ratenkäufer der unzureichend Versichert und Versorgten während des Hilfebezuges elementare Haushaltsgeräte, wie Elektroherd usw. auf Raten gekauft. Einerseits mag die hohe Zahl dieser auf Raten gekauften Geräte bei dieser Teilgruppe damit zusammenhängen, daβ ein so elementares Geräte wie die Waschmaschine für Ein-Personen-Haushalte bzw. Einzelpersonen im Hilfebezug - die in dieser Teilgruppe dominieren - von der Sozialverwaltung nicht finanziert wird, zum anderen damit, daß hier die höchste Sozialhilfebezugsdauer erreicht wird. Auf die Dauer mögen sich diese Menschen nicht damit abfinden, ihre Wäsche im Zuber reinigen zu müssen. Auch die Teilgruppe der Arbeitslosen kauft zu fast drei Vierteln solche elementaren Geräte selbst auf Raten, die Teilgruppe der Alleinerziehenden zu mehr als der Hälfte (Abb. III/17). Die Teilgruppen, in denen sich vollständige oder unvollständige Familien konzentrieren, kaufen auch weitere Haushaltsgeräte, wie Tiefkühltruhe, Wäschetrockner usw. in höherem Maβe im Hilfebezug. Dies deutet darauf hin, daβ insbesondere für Familien mit Kindern Geräte zur Tiefkühlbevorratung von Lebensmitteln und zum schnelleren Trocknen von Wäsche lebenswichtiger sind. Der Anteil der im Sozialhilfebezug gekauften Unterhaltungselektronik ist über alle Teilgruppen recht hoch, und im Gesamtvergleich zwischen allen Sozialhilfeempfängern (mehr als jeder Zweite) mit allen Nicht-Sozialhilfeempfängern (mehr als jeder Dritte) erheblich.

Im Profil der gekauften Dinge ergeben sich deutliche Unterschiede zwischen Sozialhilfe- und Nichtsozialhilfeempfängern mit einem Einkommen bis hin zur 60% -Einkommensgrenze (Abb. III/17). Bei den Nichtsozialhilfeempfängern stehen Geräte der Unterhaltungselektronik usw. viel stärker im Vordergrund.

Die Verteilung der Ratengeschäfte auf die einzelnen Gerätegruppen ist im Stichprobenvergleich deutlich unterschiedlich:

Wofür werden Ratenkäufe getätigt? (Basis: Fälle)

Stichproben	Sozialhilfe 5 VG's (%)	Nicht-Sozialhilfe 5 VG's (%)	Arbeitslose in Maßnahmen (%)	Trier Sozialhilfe (%)
Haushaltsgeräte 1	36,2	24,1	23,8	43,9
Haushaltsgeräte 2	10,0	10,3	9,5	9,8
allg. Haushaltsausstatt.	2,3	6,9	4,8	0.0
Unterhaltungselektronik	27,7	10,3	28,6	34,1
PKW	6,9	17,2	0,0	4,9
Kleidung	6,2	6,9	4,8	2,4
Kredit	5,4	13,8	4,8	2,4
Sonstiges	4,6	10,3	23,8	2,4

Sozialhilfeempfänger kaufen zu wesentlich größeren Anteilen elementare Haushaltsgeräte auf Raten, als die Nicht-Sozialhilfeempfänger und die Arbeitslosen in Maßnahmen. Elementare Haushaltsgeräte - die auf dem Weg einmaliger Beihilfe die Sozialverwaltung finanzieren müßte - machen mit einem Drittel aller Ratenkäufe die stärkste Sachgruppe bei den Sozialhilfebeziehern aus. Dabei unterscheiden sich die ländlichen und die städtischen (Oberzentrum Trier) Sozialhilfeempfänger, doch bei beiden Gruppen haben elementare Geräte und Einrichtungsgegenstände die Spitzenposition der auf Raten im Hilfebezug gekauften Dinge.

Unterhaltungselektronik, die in der Regel an zweiter Stelle steht, müssen die ländlichen Sozialhilfebezieher im Vergleich zu den ländlichen Nicht-Sozialhilfebeziehern in größerem Maße auf Raten anschaffen. Sie werden freilich übertroffen von den Arbeitslosen in Maßnahmen. Diese Gruppe verwendet mehr als ein Viertel (28,6%) aller genannten Ratenkäufe (das ist die stärkste Untergruppe) für Käufe in der Unterhaltungselektronik. Bei der allgemeinen Haushaltsausstattung - bei allgemein niedrigen Werten - liegen die Sozialhilfeempfänger wesentlich unter denen der Nicht-Sozialhilfeempfänger. Sie erhalten vermutlich ihre Einrichtungsgegenstände viel stärker gebraucht, anstatt sie auf Raten zu erwerben. Auch bei den auf Raten gekauften Kleidungsstücken liegen die Sozialhilfeempfänger über den Werten aller anderen Gruppen. Der Kauf eines "schönen" Kleidungsstückes, der vielleicht vom Sozialamt nicht finanziert wird, weil das Teil zu teuer, "zu schön" usw. ist, spielt also hier eine gewisse Rolle.

Abb. III/18: Ratenbelastung nach Haushaltstyp

Höhe der Ratenzahlung absolut und im Anteil am Nettoein-kommen	Haushaltsformen (Sozialhilfebezieher der 5 VGs						Alle
	Allein-lebende	Paare ohne Kind	Paare mit Kind(er n)	Allein-erzie-hende	Mehrgen eration enhaus-halt	sonst. Verw. Haus-halte	
Hoehe der Ratenzahlung							
keine Raten...........	89.7%	88.9%	63.3%	52.9%	71.4%	95.0%	72.4%
bis 50 DM.............	5.1%			9.8%	7.1%		4.9%
51 bis 100 DM.........	2.6%		6.7%	11.8%	7.1%		6.1%
101 bis 150 DM........			3.3%	7.8%		5.0%	3.7%
151 bis 200 DM........	2.6%		10.0%	11.8%	7.1%		6.7%
201 bis 500 DM........		11.1%	13.3%	5.9%	7.1%		5.5%
ueber 500 DM..........			3.3%				.6%
Hoehe der Ratenbelastung zu Nettoeinkommen							
keine Raten...........	89.7%	88.9%	63.3%	52.9%	71.4%	95.0%	72.4%
bis 10 %..............			10.0%	21.6%	21.4%		10.4%
bis 20%...............	7.7%		16.7%	21.6%	7.1%	5.0%	12.9%
ueber 20%.............	2.6%	11.1%	10.0%	3.9%			4.3%

Datenquelle: Fragebogenuntersuchung 1990; eigene Berechnung

Die durchschnittliche *Ratenhöhe* beträgt bei den Sozialhilfebeziehern der fünf Verbandsgemeinden 165 DM, streut jedoch nach Haushaltsformen sehr stark. In Bezug zum Nettohaushaltseinkommen (nach Abzug der vom Sozialamt übernommenem Miet- bzw. Wohnkosten), also dem für den eigentlichen Lebensunterhalt bestimmten Hilfeteil, geben die Haushaltstypen der Paare mit Kindern und Alleinerziehenden durchschnittlich 13,0% ihres Nettoeinkommens für Ratenzahlungen aus (vgl. Abb. III/18). Durchschnittlich sind die Nicht-Sozialhilfeempfänger mit wesentlich höheren Ratenzahlungen belastet (DM 308) als die Sozialhilfeempfänger (DM 165). Im regionalen Vergleich ergibt sich zwischen den dörflichen (DM 197) und den kleinstädtischen Sozialhilfeempfängern (DM 107) eine durchschnittlich höhere Ratenbelastung der Dörfler. Dies gilt ebenfalls für die Nicht-Sozialhilfeempfänger, bei allerdings z.T. erheblichen Unterschieden zwischen den einzelnen Untergruppen (vgl. III/19).

Die durchschnittliche Gesamtschuldenhöhe aller Sozialhilfebezieher liegt bei DM 1562,42, während demgegenüber die Nicht-Sozialhilfeempfänger eine durchschnittliche Gesamtschuldenhöhe von DM 3388,41, mehr als dem Doppelten, haben.

Eine *Überschuldung* ist bei den Sozialhilfeempfängern insgesamt selten. Meist liegt in diesen Fällen der Anlaß der Verschuldung vor dem Sozialhilfebezug, war mit der Haushaltsgründung verbunden und unerwartet eintretende Risiken (Scheidung, Trennung, Arbeitslosigkeit) haben die Tilgung erschwert oder unmöglich gemacht. Folgender Fall ist zwar nicht typisch in der Höhe der Verschuldung, aber für die Umstände, unter denen die Schuldenbelastung entstanden ist.

Fall Nr. 63: Ein 40jähriger Arbeitsloser, der nun im Sozialhilfebezug bei der Familie einer Schwester wohnt, hat 1979, als er noch als Fabrikarbeiter arbeitete, eine Wohnungseinrichtung für etwa DM 11.000,00 gekauft, und dafür eine Kredit aufgenommen. 1980 ist er erstmals arbeitslos geworden, hat bis 1982 mit Unterbrechungen verschiedene Stellen als Fabrikarbeiter gehabt. Ab 1982 ist er arbeitslos und hat seitdem keine dauerhafte Beschäftigung gefunden. Zuletzt hatte er etwa DM 1.800 netto verdient. In den Jahren 1983 bis 1986 war er mit gemeinnützigen Tätigkeiten nach §19 BSHG in der Gemeinde beschäftigt. Als großes Hindernis seiner Arbeitssuche erweist sich seine Immobilität: er hat nämlich kein Fahrzeug, um von seinem Dorf aus zu möglichen Arbeitsstellen zu kommen. Das Dorf ist auch schlecht an den öffentlichen Personennahverkehr angeschlossen. In den 10 Jahren der Arbeitslosigkeit konnte er an dem Kredit nichts bezahlen. Die ursprüngliche Summe von DM 11.000 hat sich in der Zwischenzeit mit Zins und Zinseszins zu einer Gesamtschuld von etwa DM 43.000 ausgeweitet. Er hat keine Schuldnerberatung in Anspruch genommen, kann im Sozialhilfebezug nichts zahlen und sieht dem wachsenden Schuldenberg hilflos zu. Die Möbel hat er vor Jahren, als er arbeitslos wurde, für DM 500 verkauft.

2.4 Haushaltsausstattung

Wir hatten hypothetisch angenommen, daß dem (andauernden) Sozialhilfebezug eine Minderausstattung de Haushalts entspreche. Die meisten Haushalte in unserer untersuchten Population haben keine Unterversorgung in den *elementaren* Geräten und Einrichtungsgegenständen der Haushaltsausstattung (S. Abb. III/20), die unter BRD-Durchschnittsniveau liegt. Beim Vergleich mit repräsentativen bundesweiten Daten (vgl. Stat. Bundesamt 1989, 113 f.; Angaben für 1989), ergeben sich bei elementaren Haushaltsgeräten bzw. -einrichtungsgegenständen keine deutlichen Unterschiede zwischen den bundesdeutschen Gesamtzahlen und unserer Population. Bei ingesamt 6 elementaren Haushaltsgeräten bzw. Einrichtungsgegenständen, nämlich Kühlschrank, Elektroherd, Waschmaschine, Polstermöbel, Staubsauger und Fernseher (schwarzweiß/Farbe) wird eine Vollausstattung im statistischen Sinne erreicht, da diese Haushalte der ländlichen Sozialhilfebezieher zu mehr als 85% über die Geräte verfügen (Abb.III/20). Keine Vollversorgung im statistischen Sinne erreicht dagegen das Telefon mit 75,5% (hier Mitbenutzung eingerechnet) gegenüber 92% bundesweit. Auch die bundesweit verbreitere Tiefkühltruhe ist nur in 49,1% der ländlichen Hilfebezieherhaushalte vorhanden. Geräte mit vom Hilfebezieher zu tragenden Folgekosten sind in Sozialhilfehaushalten in geringerem Maße vorhanden.

Luxuriösere Haushaltsgeräte wie Spülmaschine und Wäschetrockner bleiben mit 12,9% und 21,5% deutlich unter entsprechenden Anteilen bundesweit. Auch elektronische Geräte wie Video (28,2%) und Stereoanlage (30,1%) erreichen niedrigere Anteile.

Alter der Geräte

Inhaltlich bedeutet dies, daβ Benachteiligung bzw. Armut (bzw. Sozialhilfebezug) nicht über den Mangel an elementaren Haushaltsgeräten und Einrichtungsgegenständen bestimmbar ist. Es ist stattdessen eher so, daβ eine einfachere Qualität und eine einfachere Ausstattung der Geräte vorliegt, daβ jedoch die Scheidelinie zwischen Armut und Nichtarmut nicht zwischen Besitz und Nichtbesitz zu ziehen ist. Doch läβt sich das Alter der Geräte und Einrichtungsgegenstände als Armutsmerkmal kennzeichnen. So ist das Durchschnittsalter der erfragten elementaren Geräte und Einrichtungsgegenstände bei bis zu dreijährigem Sozialhilfebezug 5,3 Jahre, bei über 3 Jahren Hilfebezug dagegen 9,5 Jahre. Auch wenn man alle vorhandenen Dinge der Haushaltsausstattung einbezieht, liegt deren durchschnittliches Alter mit 5,5 Jahren bei bis zu dreijährigem, und mit 9,0 Jahren bei über drei Jahre andauerndem Hilfebezug signifikant auseinander. Auch andauernde Arbeitslosigkeit führt dazu, daβ Einrichtungsgegenstände seltener oder nicht ersetzt werden: das Durchschnittsalter der Geräte/Gegenstände beträgt bei Arbeitslosigkeit unter 3 Jahren 5,2 Jahre, bei längerer Arbeitslosigkeit 9,4 Jahre.

Status der Geräte

Auch im Status der Geräte und Einrichtungsgegenstände läßt sich Armut charakterisieren. Der Anteil der neu erworbenen bzw. gebrauchten, geschenkten, vom Sperrmüll oder Möbellager stammenden Möbel und Geräte ist unterschiedlich.

Die ländlichen Sozialhilfeempfänger haben durchschnittlich knapp zwei Drittel ihrer Geräte oder Einrichtungsgegenstände neu erworben (63,5%), während etwas mehr als ein Drittel (36,5%) gebraucht war, bzw. vom Sperrmüll oder Möbellager stammt.

Abb. III/20: Durchschnittliche Geräteausstattung der Haushalte

Ausstattungsgrad bezüglich verschiedener Haushaltsgeräte	GROBSTICHPROBEN				TOTAL
	Sozialhilfe-empfänger, 5 Verbands-gemeinden (n=163)	Nicht-Sozial-hilfeempfäng. 5 Verbands-gemeinden (n=30)	Arbeitslose in Maßnahm. ohne Sozialhilfe (n=35)	Trier Sozial-hilfe-empfänger (n=42)	
KÜHLSCHRANK					
Ausstattung der Haushalte	97,5 %	96,7 %	100,0 %	100,0 %	97,6 %
Besitz	74,2 %	80,0 %	65,7 %	78,6 %	73,0 %
Mitbenutzung	23,3 %	16,7 %	34,3 %	21,4 %	24,6 %
TIEFKÜHLTRUHE					
Ausstattung der Haushalte	49,1 %	53,3 %	45,7 %	38,1 %	48,5 %
Besitz	35,0 %	43,3 %	25,7 %	38,1 %	35,2 %
Mitbenutzung	14,1 %	10,0 %	20,0 %		13,3 %
STAUBSAUGER					
Ausstattung der Haushalte	90,2 %	90,0 %	94,3 %	78,6 %	89,1 %
Besitz	71,2 %	76,7 %	57,1 %	73,8 %	68,6 %
Mitbenutzung	19,0 %	13,3 %	37,1 %	4,8 %	20,5 %
SPÜLMASCHINE					
Ausstattung der Haushalte	12,9 %	16,7 %	8,6 %	9,5 %	14,0 %
Besitz	8,6 %	13,3 %	5,7 %	9,5 %	9,9 %
Mitbenutzung	4,3 %	3,3 %	2,9 %		4,1 %
ELEKTROHERD					
Ausstattung der Haushalte	93,3 %	100,0 %	100,0 %	97,6 %	95,6 %
Besitz	70,6 %	80,0 %	65,7 %	78,6 %	70,6 %
Mitbenutzung	22,7 %	20,0 %	34,3 %	19,0 %	24,9 %
WASCHMASCHINE					
Ausstattung der Haushalte	90,2 %	90,0 %	82,9 %	88,1 %	88,7 %
Besitz	69,3 %	73,3 %	42,9 %	83,3 %	66,9 %
Mitbenutzung	20,9 %	16,7 %	40,0 %	4,8 %	21,8 %
WÄSCHETROCKNER					
Ausstattung der Haushalte	21,5 %	23,3 %	11,4 %	11,9 %	20,1 %
Besitz	16,6 %	16,7 %	5,7 %	11,9 %	15,0 %
Mitbenutzung	4,9 %	6,7 %	5,7 %		5,1 %
POLSTERMÖBEL					
Ausstattung der Haushalte	90,2 %	96,7 %	77,1 %	78,6 %	87,0 %
Besitz	73,6 %	86,7 %	48,6 %	73,8 %	70,6 %
Mitbenutzung	16,6 %	10,0 %	28,6 %	4,8 %	16,4 %
VIDEOGERÄT					
Ausstattung der Haushalte	28,2 %	43,3 %	34,3 %	33,3 %	32,4 %
Besitz	18,4 %	26,7 %	31,4 %	31,0 %	23,2 %
Mitbenutzung	9,8 %	16,7 %	2,9 %	2,4 %	9,2 %
SCHWARZ/WEIß-FERNSEHGERÄT					
Ausstattung der Haushalte	13,5 %	23,3 %	28,6 %	23,8 %	18,8 %
Besitz	11,0 %	20,0 %	25,7 %	21,4 %	16,4 %
Mitbenutzung	2,5 %	3,3 %	2,9 %	2,4 %	2,4 %
FARBERNSEHGERÄT					
Ausstattung der Haushalte	83,4 %	83,3 %	80,0 %	73,8 %	82,3 %
Besitz	64,4 %	70,0 %	60,0 %	64,3 %	64,2 %
Mitbenutzung	19,0 %	13,3 %	20,0 %	9,5 %	18,1 %
FARB- ODER SW-FERNSEHGERÄT					
Ausstattung der Haushalte	95,1 %	100,0 %	100,0 %	88,1 %	95,6 %
Besitz	75,5 %	86,7 %	80,0 %	78,6 %	77,8 %
Mitbenutzung	20,2 %	13,3 %	22,9 %	11,9 %	19,5 %
STEREOANLAGE					
Ausstattung der Haushalte	30,1 %	36,7 %	51,4 %	45,2 %	37,5 %
Besitz	23,3 %	30,0 %	48,6 %	38,1 %	31,4 %
Mitbenutzung	6,7 %	6,7 %	2,9 %	7,1 %	6,1 %
RADIOGERÄT					
Ausstattung der Haushalte	70,6 %	83,3 %	82,9 %	59,9 %	73,4 %
Besitz	59,5 %	73,3 %	65,7 %	57,1 %	62,1 %
Mitbenutzung	11,0 %	10,0 %	17,1 %	2,4 %	11,3 %
TELEFON					
Ausstattung der Haushalte	75,5 %	76,7 %	71,4 %	78,6 %	76,5 %
Besitz	58,3 %	60,0 %	34,3 %	73,8 %	56,7 %
Mitbenutzung	17,2 %	16,7 %	37,1 %	4,8 %	19,8 %

Mehrgenerationen-Haushalte und sonstige Verwandten-Haushalte haben insgesamt die höchsten Anteile neu gekaufter Geräte (88,3% und 74,3%), während die Haushalte mit Kindern (Ehepaare 64,0%, Alleinerziehende 61,5%) deutlich darunter liegen und Ehepaare ohne Kinder weniger als die Hälfte (47,7%) neu kaufen konnten (die Unterschiede sind jedoch nicht signifikant).

Status der Haushaltsgeräte in den Stichproben

	Sozialhilfe 5 VGs (%)	Nicht-Sozialhilfe 5 VGS (%)	Arbeitslose in Maßnahmen (%)	Trier SoHi (%)
neu gekauft	63,5%	61,2	68,3	58,6
gebraucht gekauft	12,9	10,1	9,8	16,2
neu geschenkt	4,2	2,9	1,6	5,1
gebraucht geschenkt	12,9	17,3	19,5	15,2
vom Amt gekauft	4,8	2,9	0,0	4,5
vom Sperrmüll	0,3	1,4	0,0	0,0
vom Möbellager	1,4	4,3	4,8	0,5

Die Anteilswerte beziehen sich auf jeweils alle erfragten Geräte/Einrichtungsgegenstände.
Quelle: Fragebogenuntersuchung 1990; eigene Berechnungen.

Haushalte mit Kindern haben einerseits zwar durchschnittlich die höchsten Zahlen (seinerzeit) neu gekaufter Geräte/Einrichtungsgegenstände (Ehepaare mit Kindern 3,26; Alleinerziehende 3,21), sie haben aber zugleich die höchsten Quoten gebraucht angeschaffter bzw. geschenkter Geräte (Ehepaare mit Kindern 1,83; Alleinerziehende 2,06). Die Quoten neuer und gebrauchter Geräte sind nach Haushaltstypen signifikant unterschiedlich (neue Geräte p = 0.0002; gebrauchte Geräte p = 0.0000).
Im Stichprobenvergleich zeigen sich hier keine signifikanten Unterschiede. Auch nach Einkommensschwellen ergeben sich keine deutlichen Differenzen. Jedoch sind Unterschiede durchgängig nach Haushaltsformen sichtbar (p = 0.0000). Insbesondere die Haushalte mit Kindern, die mehr Einrichtungsgegenstände benötigen, erreichen auch die höchsten Werte in der durchschnittlichen Zahl der Geräte/Einrichtungsgegenstände, die gebraucht oder geschenkt sind bzw. vom Sperrmüll oder Gebrauchtmöbellager kommen.

Ressourcen der Haushalte

Allerdings kommt der Befund einer insgesamt durchschnittlichen quantitativen Haushaltsausstattung der ländlichen Hilfeempfänger nur dadurch zustande, daß auf die *Verfügbarkeit (=Vorhandensein)* der Geräte und Einrichtungsge-

Abb. III/21: Besitz und Verfügbarkeit von Haushaltsgeräten

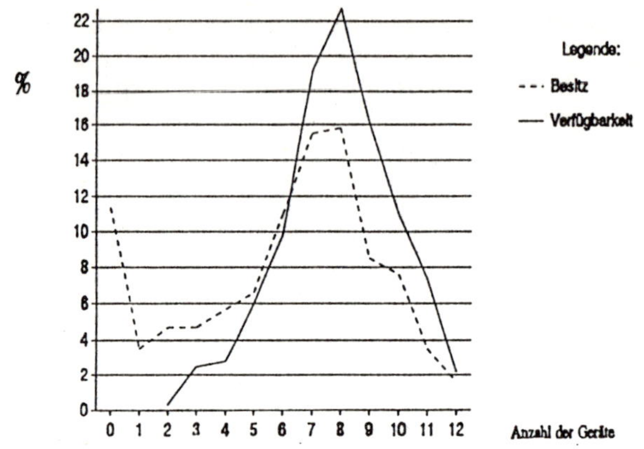

genstände im Gesamthaushalt (im Unterschied zur Bedarfsgemeinschaft im Hilfebezug) abgestellt wird. Ein großer Teil der Befragten (41%) *besitzt* unterdurchschnittlich (auch elementare) Geräte und Einrichtungsgegenstände, kann jedoch über die *Mitbenutzung* im *Wohn- bzw. Gesamthaushalt* über deutlich mehr Dinge *verfügen* (S. Abb. III/20 und Abb. III/21). Dies gilt vornehmlich für jüngere und ältere Hilfebezieher, die bei Verwandten wohnen. Materielle Benachteiligung kann mithin in einem erheblichem Maße im Haushaltskontext gemildert bzw. abgefedert werden.

Abb. III/21 zeigt die Verfügbarkeit und den Besitz von Geräten. Während der Mittelwert bei der Verfügbarkeit 7,76 Geräte beträgt, beträgt er beim Besitz 5,9 (der Median bei der Verfügbarkeit ist 8, beim Besitz 7). Ein Spezifikum der ländlichen Sozialhilfepopulation ist darin zu sehen, daß durch das häufige Vorkommen des Wohnens bei Verwandten ein Zugriff auf Geräte möglich ist, die nicht im Besitz der Hilfebezieher sind, so daß Mängel in der persönlichen Haushaltsausstattung durch die Verfügbarkeit dieser Geräte im Haus oder der Wohnung von Verwandten kompensiert werden können. Durch diesen Sachverhalt werden die oben vorgestellten Ergebnisse relativiert, die eine insgesamt durchschnittliche Ausstattung mit Haushaltsgegenständen und Geräten ausweisen.

Bei der Gegenüberstellung von Verfügbarkeit und Besitz der ländlichen Hilfebezieher zeigen sich erhebliche Unterschiede zwischen den Teilgruppen: Am deutlichsten ist dies bei den geistig Behinderten, die hier ausnahmsweise dargestellt werden. Sie besitzen keine eigenen Geräte/Einrichtungsgegenstände, können aber auf die Geräte von Verwandten zugreifen. Bei den unzureichend

	Verfügbarkeit: durchschnittliche Gerätezahl	Besitz: durchnittliche Gerätezahl
Gesamtgruppe Sozialhilfe 5 VG	7,8	5,93
Behinderte	9,67	0,00
Unzureichende V+V	7,22	4,98
Arbeitslosenhaushalte	7,90	5,90
Alleinerziehende	8,44	7,24
Erwerbstätige	7,85	6,62
Sonstige	7,15	5,15

Versichert und Versorgten ergibt sich eine relativ kärgliche Haushaltsausstattung mit durchschnittlich weniger als 5 Geräten, jedoch können sie ihre Situation um über zwei Gerätepunkte verbessern durch den Zugriff auf Geräte von Verwandten. Ähnlich ist der Sachverhalt auch bei den Arbeitslosenhaushalten, freilich ist hier die Differenz etwas geringer. Bei den Alleinerziehenden macht die Verbesserung nur noch etwas über einem Gerätepunkt aus. Das gleiche gilt für die Erwerbstätigen, während die Haushalte der Sonstigen sich wiederum um etwa zwei Gerätepunkte verbessern können.

Abbildung Nr. III/22 zeigt die Verfügbarkeit von Haushaltsgeräten nach Haushaltsgrobtypen einerseits und Stichproben andererseits. Sehr deutlich wird, daß die Unterschiede zwischen den Haushaltstypen im Grad der Haushaltsausstattung wesentlich größer sind als zwischen den Stichproben innerhalb der Haushaltstypen. Als durchgängiger Trend quer über alle Haushaltstypen ergibt sich ferner, daß die dörflichen Sozialhilfeempfänger bei den Haushaltstypen der Alleinlebenden, der Paare mit Kindern sowie insgesamt eine durchschnittlich leicht bessere Haushaltsgeräteausstattung als die Sozialhilfeempfänger des Oberzentrums haben. In der Regel liegen die Ausstattungsquoten der Nicht-Sozialhilfeempfänger in den 5 Verbandsgemeinden (Netzwerkinterviews) nur leicht über denen der Sozialhilfeempfänger, und ebenso liegen nur bei einigen Haushaltstypen die Gerätezahlen der Arbeitslosen in Maßnahmen ohne Sozialhilfe über denen der ländlichen Sozialhilfeempfänger.

Eine entsprechende Rechnung quer über alle Stichproben nach Einkommensgrenzen zeigt, daß die Unterschiede in der Ausstattungsquote der Haushalte innerhalb der Haushaltstypen nach Einkommensgrenzen wenig unterschiedlich sind. Eine Varianzrechnung zeigt, daß die Unterschiede zwar sichtbar, jedoch nicht signifikant bleiben.

Zusammenfassend läßt sich festhalten, daß einerseits Haushalte mit Kindern eine bessere Ausstattungsquote haben als Alleinlebende bzw. Paare ohne Kind (was sowohl Paare im jüngeren Alter, die noch keine Kinder haben ein-

Abb. III/22:

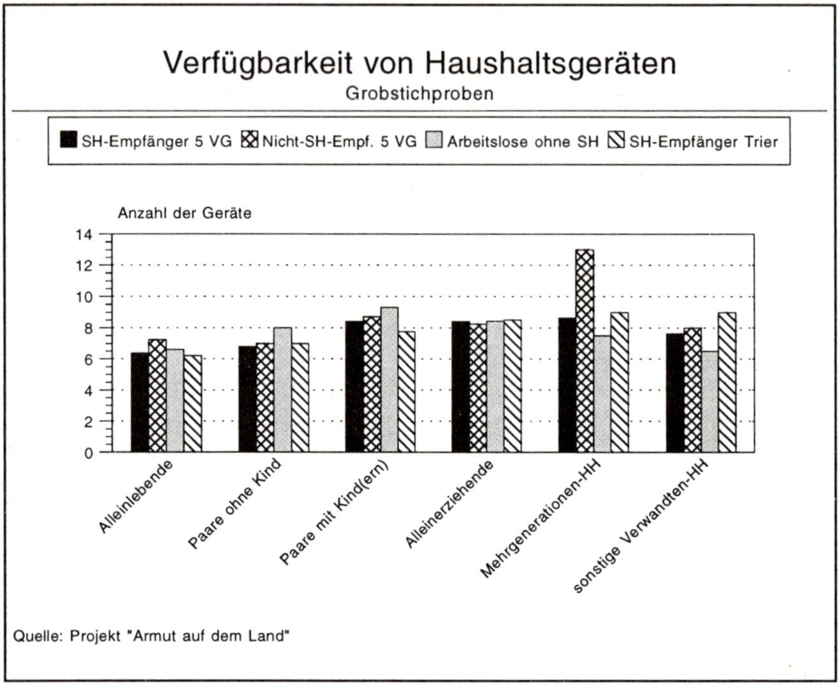

schließt, wie ältere Paare, bei denen die Kinder den Haushalt verlassen haben). Auch Haushalte, die mehrere Generationen umfassen und sonstige Verwandtenhaushalte - also größere Haushalte - haben insgesamt eine bessere Ausstattung als die Alleinlebenden bzw. die Paare ohne Kind. Die Ausstattungsquote scheint also sehr stark einerseits mit dem Familienzyklus bzw. der Personenzahl im Wohnhaushalt zu korrelieren (r = 0.62). Eine Varianzanalyse zeigt denn auch, daß der Einfluß des Faktors Personenzahl höher ist als der Einfluß des Faktors Einkommen - zumindest im von uns untersuchten Bereich bis zu 60% des gewichteten durchschnittlichen Haushaltseinkommens.

2.5 Einschränkungen in der Lebensführung

Sozialhilfeempfänger müssen sich in allen wesentlichen Bereichen der Lebensführung einschränken. Dabei sind die einzelnen Lebensbereiche unterschiedlich betroffen (Abb. III/23). Innerhalb der Stichprobe der ländlichen Sozialhilfeempfänger in den fünf Verbandsgemeinden zeigen sich zwischen den Teil-

Abb. III/23:

Einschränkungen der Sozialhilfebezieher in den 5 Verbandsgemeinden

Nach eigener Einschätzung "sehr eingeschränkt" sind in den jeweiligen Bereichen...

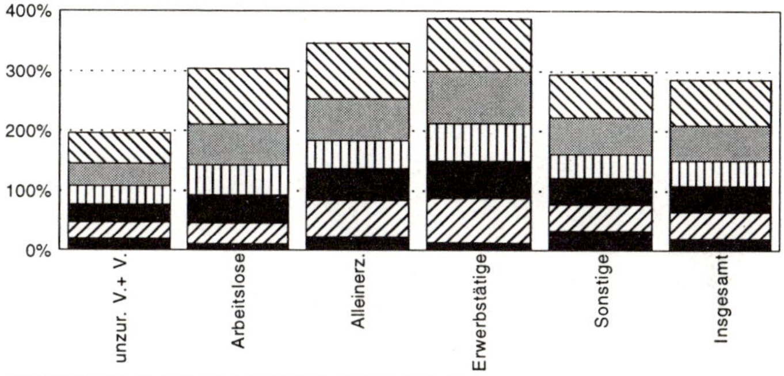

	unzur. V.+ V.	Arbeitslose	Alleinerz.	Erwerbstätige	Sonstige	Insgesamt
Reisen	50,9%	92,9%	92,9%	87,5%	72,2%	76,7%
Freizeit	37,7%	67,9%	69,6%	87,5%	61,1%	58,9%
HH-Geräte	30,2%	50%	46,4%	62,5%	38,9%	41,7%
Möbel	30,2%	46,4%	53,6%	62,5%	44,4%	44,2%
Kleidung	28,3%	35,7%	60,7%	75%	44,4%	44,8%
Ernährung	18,9%	10,7%	23,2%	12,5%	33,3%	20,2%

Quelle: Projekt "Armut auf dem Land", eigene Berechnungen

gruppen erhebliche Unterschiede. Die höchsten Einschränkungskumulationen erreichen die Erwerbstätigen im Hilfebezug, dicht gefolgt von den Alleinerziehenden, den Arbeitslosen-Haushalten und den Sonstigen, während die unzureichend Versichert und Versorgten deutlich niedrigere Werte erreichen ($p = .0000$)[1]. Innerhalb der ländlichen Hilfebezieher ist eine Diskriminierung nach Einkommensschwellen (40 bis 60%) in Bezug auf die Nennungen "sich sehr einschränken müssen" nicht signifikant.

Von allen ländlichen Sozialhilfeempfängern müssen sich in der *Ernährung* mehr als die Hälfte (56,4%) *"etwas oder sehr"* einschränken (Abb. III/24). Nach Teilgruppen müssen sich hier die Sonstigen, die Erwerbstätigen sowie

1 Die Signifikanzwerte beziehen sich auf Mittelwertrechnungen mit dem Item "Einschränkungen". Es wurde ein Index aus der Summe der Nennungen "sich sehr einschränken müssen" und "sich etwas einschränken müssen" gebildet, der einfache Varianzrechnungen erlaubt. Signifikante Unterschiede beim Mittelwertvergleich werden im folgenden angegeben.

Abb. III/24: Einschränkungen der Sozialhilfebezieher in den 5 Verbandsgemeinden nach Teilgruppen

Teilbereiche der Lebensführung	Teilgruppen					
	unzur. V. u. V.	Arbeits-lose	Allein-erzieh.	Erwerbs-tätige	Sonstige	Alle
ERNÄHRUNG						
keine Einschränkung	52.8%	46.4%	37.5%	25.0%	38.9%	43.6%
etwas	28.3%	42.9%	39.3%	62.5%	27.8%	36.2%
sehr	18.9%	10.7%	23.2%	12.5%	33.3%	20.2%
KLEIDUNG						
keine Einschränkung	34.0%	25.0%	7.1%		16.7%	19.6%
etwas	37.7%	39.3%	32.1%	25.0%	38.9%	35.6%
sehr	28.3%	35.7%	60.7%	75.0%	44.4%	44.8%
MÖBEL						
keine Einschränkung	49.1%	21.4%	17.9%	25.0%	44.4%	31.9%
etwas	20.8%	32.1%	28.6%	12.5%	11.1%	23.9%
sehr	30.2%	46.4%	53.6%	62.5%	44.4%	44.2%
HHAUSHALTSGERÄTE USW						
keine Einschränkung	49.1%	32.1%	32.1%	12.5%	27.8%	36.2%
etwas	20.8%	17.9%	21.4%	25.0%	33.3%	22.1%
sehr	30.2%	50.0%	46.4%	62.5%	38.9%	41.7%
FREIZEIT						
keine Einschränkung	54.7%	10.7%	8.9%	12.5%	33.3%	27.0%
etwas	7.5%	21.4%	21.4%		5.6%	14.1%
sehr	37.7%	67.9%	69.6%	87.5%	61.1%	58.9%
REISEN						
keine Einschränkung	41.5%	3.6%	5.4%		11.1%	17.2%
etwas	7.5%	3.6%	1.8%	12.5%	16.7%	6.1%
sehr	50.9%	92.9%	92.9%	87.5%	72.2%	76.7%

Quelle: Fragebogenuntersuchung, eigene Berechnungen. [139]

die Alleinerziehenden am stärksten einschränken. Die Unterschiede zwischen den Teilgruppen sind nicht signifikant. Besonders betroffen sind im Bereich "Ernährung" die Haushaltsformen mit Kindern, also die Alleinerziehenden (60,8%) und die (Ehe-)Paare mit Kindern (73,3% dieser Haushaltsform). Nach Haushaltsformen (Abb. III/25) müssen sich am stärksten die Paare ohne Kind, die (Ehe-)Paare mit Kindern sowie Einelternfamilien bei der Ernährung einschränken (p=.0504). Auch die Unterschiede nach Einkommensgrenzen zeigen eine deutlich abnehmende Einschränkung bei höherem Einkommen, wenn auch knapp nicht signifikant.

Bei der *Bekleidung* müssen sich über vier Fünftel (80,4%) aller Hilfeempfänger etwas oder sehr einschränken, wobei nahezu die Hälfte (44,8%) sich sehr einschränken muß. Die Einschränkungen bei der *Kleidung* sind nach den Teilgruppen stark unterschiedlich. Am stärksten müssen sich in diesem Bereich die Erwerbstätigen einschränken, gleich dahinter folgen die Alleinerziehenden sowie die sonstigen Haushalte (p = .0002). Nach Haushaltstypen müssen sich bei der Bekleidung am stärksten die Alleinerziehenden einschränken, an zweiter Stelle folgen die Paare mit Kindern, danach die Paare ohne Kind. Die übrigen Haushaltsformen zeigen deutlich geringere Einschränkungsquoten (p= .0001). Besonders betroffen sind auch hier wieder die Haushaltstypen der Paare mit Kindern (86,7% müssen sich einschränken, 46,7% müssen sich sehr einschränken), sowie die Alleinerziehenden, bei denen sich 62,7%

Abb. III/25:

Einschränkungen (Sozialhilfe 5 Verbandsgemeinden) nach Haushaltstypen

Einschränkung in Teilbereichen der Lebensführung	Haushaltstypen						total
	Allein-lebende	Paare ohne Kind	Paare mit Kind(ern)	Alleiner-ziehende	Mehrgenera-tionen-HH	sonstige Verw.HH	
ERNÄHRUNG							
keine	43.6%	44.4%	26.7%	39.2%	50.0%	75.0%	43.6%
etwas	25.6%	22.2%	60.0%	39.2%	28.6%	25.0%	36.2%
sehr	30.8%	33.3%	13.3%	21.6%	21.4%		20.2%
KLEIDUNG							
keine	23.1%	22.2%	13.3%	3.9%	35.7%	50.0%	19.6%
etwas	38.5%	33.3%	40.0%	33.3%	28.6%	35.0%	35.6%
sehr	38.5%	44.4%	46.7%	62.7%	35.7%	15.0%	44.8%
MOEBEL							
keine	38.5%	22.2%	20.0%	19.6%	35.7%	70.0%	31.9%
etwas	15.4%	33.3%	30.0%	23.5%	42.9%	15.0%	23.9%
sehr	46.2%	44.4%	50.0%	56.9%	21.4%	15.0%	44.2%
HH-GERÄTE USW							
keine	35.9%	33.3%	13.3%	27.5%	64.3%	75.0%	36.2%
etwas	15.4%	11.1%	40.0%	21.6%	21.4%	15.0%	22.1%
sehr	48.7%	55.6%	46.7%	51.0%	14.3%	10.0%	41.7%
FREIZEIT							
keine	38.5%	22.2%	20.0%	9.8%	35.7%	55.0%	27.0%
etwas	10.3%	11.1%	10.0%	19.6%	21.4%	10.0%	14.1%
sehr	51.3%	66.7%	70.0%	70.6%	42.9%	35.0%	58.9%
REISEN							
keine	23.1%	22.2%	6.7%	5.9%	28.6%	40.0%	17.2%
etwas	5.1%	11.1%	6.7%		14.3%	15.0%	6.1%
sehr	71.8%	66.7%	86.7%	94.1%	57.1%	45.0%	76.7%

Quelle: Fragebogenuntersuchung 1990, eigene Berechung. [140]

sehr einschränken müssen und insgesamt 96,1% sich sehr oder etwas einschränken müssen. Diskriminierungen nach Einkommensschwellen zeigen sich in diesem Bereich nicht. Bei den *Altersgruppen* werden deutliche Unterschiede sichtbar: die höchsten Einschränkungs-Werte erreichen die 35- bis 44-jährigen, die 45- bis 54-jährigen und 55- bis 60-jährigen liegen nahe bei diesen Werten. Bei den über 60-jährigen liegen die Einschränkungen im Bereich der Kleidung deutlich niedriger (p = .0013). Die Einschränkungen im Teilbereich der Bekleidung in bezug auf die *Sozialhilfedauer* sind bis zu 5-jährigem Bezug hoch, ab 5jährigem Sozialhilfebezug sinken die Einschränkungsnennungen deutlich ab (p = .2364).

Bei der *Haushaltsausstattung mit Möbeln und anderen Einrichtungsgegenständen* müssen sich fast sieben Zehntel (68,1%) aller Sozialhilfeempfänger etwas oder sehr einschränken. Von den Teilgruppen müssen sich die Alleinerziehenden, die Arbeitslosen und die im Hilfebezug Erwerbstätigen mit unzureichendem Arbeitseinkommen am stärksten einschränken; mit deutlichem Abstand folgen die unzureichend Versicherten und die Sonstigen-Haushalte (p = .0119). Nach Haushaltsformen (Abb. III/25) sind es am stärksten die Alleinerziehenden, Haushalte mit Kindern sowie die Paare ohne Kind, die sich in sehr hohem Maße beschränken müssen, während die übrigen Haushaltsformen deutlich niedrigere Werte haben (p = .0013). Auch hier sind wieder die Haushaltstypen mit Kindern und Nachfamilienhaushalte besonders betroffen (zu je fast 80%). Nach Einkommensschwellen zeigt sich in diesem Teilbereich kein bedeutsamer Unterschied. Nach Altersgruppen müssen sich in diesem Teilbereich vor allem die jüngeren Altersgruppen bis 44 Jahren am stärksten einschränken, während die darüber liegenden Altersgruppen deutlich geringere Werte haben (p = .0063).

Bei der Ausstattung mit *Haushaltsgeräten* müssen sich insgesamt fast zwei Drittel (63,8%) aller Hilfeempfänger etwas oder sehr einschränken; hier sind es die Teilgruppen der Erwerbstätigen, der Alleinerziehenden, der Arbeitslosenhaushalte und der Sonstigen, die sich am stärksten einschränken müssen. Auch hier zeigen sich nach Haushaltstypen wieder die Paare mit Kindern, die Alleinerziehenden und die Paare ohne Kind als die von Einschränkungen am stärksten betroffenen Gruppen (p = .0001).

Auch im Bereich der *Freizeitgestaltung* müssen sich fast drei Viertel (73%) aller ländlichen Hilfeempfänger einschränken. Auch hier zeigen sich deutliche Differenzierungen zwischen den Teilgruppen: die Erwerbstätigen, die Alleinerziehenden und die Arbeitslosen-Haushalte stellen sich als die am stärksten eingeschränkten Teilgruppen dar, während alte Menschen und Sonstige erheblich weniger Einschränkungen nennen (p = .0006). Nach Haushaltsformen (Abb. III/25) sind es wiederum die Alleinerziehenden, die Paare mit Kindern und die Paare ohne Kind, die deutlich höhere Werte an Einschränkungsnennungen als die übrigen Haushaltstypen erreichen (p = .0033). Die Einkommensschwellen diskriminieren hier nicht. Bei den Altersgruppen konzentrieren sich die Einschränkungen auf die 25- bis 54-jährigen, während die Werte bei den darüber liegenden Altersgruppen stark abnehmen (p = .0000). Die Einschränkungen im Bereich der Freizeit nehmen mit dem Sozialhilfebezug bis zu 5 Jahren kontinuierlich zu und sinken darüber ab, mit einem starken Knick ab einer Bezugsdauer von über 10 Jahren (p = .0013).

Im Teilbereich des *Reisens* müssen sich über vier Fünftel (82,8%) aller ländlichen Hilfeempfänger erheblich einschränken; bei diesem Bereich werden die stärksten Einschränkungen erreicht. In diesem Teilbereich müssen sich die Erwerbstätigen und die Alleinerziehenden sowie die Arbeitslosen-Haushalte jeweils sehr stark einschränken. Nach Haushaltstypen sind es am stärksten die Alleinerziehenden, gefolgt von den Paaren mit Kindern, die die höchsten Werte erreichen, während die Paare ohne Kind und die Alleinlebenden niedrigere, und die Mehr-Generationen- und sonstigen Verwandten-Haushalte abgeschlagene Werte erreichen (p = .0002). Bei den Paaren mit Kindern sind es nur 6,7%, die angeben, sich nicht einschränken zu müssen, bei den Alleinerziehenden sind es nur 5,9%, die dieses angeben. Dagegen geben 94,1% aller Alleinerziehendenhaushalte an, sich in diesem Bereich sehr einschränken zu müssen, und 86,7% aller Paare mit Kindern geben eine große Einschränkung

Abb. III/26:

Einschränkungen der Sozialhilfebezieher in den 5 Verbandsgemeinden nach der Dauer des Sozialhilfebezugs

Teilbereiche der Lebensführung	Sozialhilfedauer							
	0 bis 1 Jahr	1 bis 3 Jahre	3 bis 5 Jahre	5 bis 7 Jahre	7 bis10 Jahre	10 bis 15 Jahre	über 15 Jahre	Zusammen
ERNÄHRUNG								
keine Einschränkung	38.5%	31.3%	47.8%	45.5%	42.9%	64.3%	52.6%	43.6%
etwas	56.4%	37.5%	30.4%	22.7%	35.7%	14.3%	31.6%	36.2%
sehr	5.1%	31.3%	21.7%	31.8%	21.4%	21.4%	15.8%	20.2%
KLEIDUNG								
keine Einschränkung	17.9%	12.5%	8.7%	27.3%	14.3%	42.9%	26.3%	19.6%
etwas	30.8%	31.3%	47.8%	22.7%	57.1%	28.6%	42.1%	35.6%
sehr	51.3%	56.3%	43.5%	50.0%	28.6%	28.6%	31.6%	44.8%
MÖBEL								
keine Einschränkung	23.1%	34.4%	21.7%	31.8%	35.7%	42.9%	47.4%	31.9%
etwas	23.1%	18.8%	26.1%	36.4%	35.7%	21.4%	10.5%	23.9%
sehr	53.8%	46.9%	52.2%	31.8%	28.6%	35.7%	42.1%	44.2%
HAUSHALTSGERÄTE USW.								
keine Einschränkung	30.8%	40.6%	26.1%	36.4%	35.7%	35.7%	52.6%	36.2%
etwas	25.6%	25.0%	17.4%	18.2%	35.7%	14.3%	15.8%	22.1%
sehr	43.6%	34.4%	56.5%	45.5%	28.6%	50.0%	31.6%	41.7%
FREIZEIT								
keine Einschränkung	20.5%	15.6%	8.7%	27.3%	35.7%	50.0%	57.9%	27.0%
etwas	10.3%	12.5%	17.4%	22.7%	14.3%	7.1%	15.8%	14.1%
sehr	69.2%	71.9%	73.9%	50.0%	50.0%	42.9%	26.3%	58.9%
REISEN								
keine Einschränkung	7.7%	12.5%	8.7%	18.2%	21.4%	42.9%	31.6%	17.2%
etwas	5.1%	9.4%		13.6%	7.1%	7.1%		6.1%
sehr	87.2%	78.1%	91.3%	68.2%	71.4%	50.0%	68.4%	76.7%

[142] Quelle: Fragebogenuntersuchung; eigene Berechnungen

an (Abb. III/25). Nach Einkommenschwellen zeigen sich hier keine deutlichen Unterschiede. Nach Altersgruppen sind es vor allem die 25 bis 44jährigen, die sich in diesem Bereich am stärksten einschränken müssen. Nimmt man alle 6 Teilbereiche von Einschränkungen zusammen, so zeigen sich die Teilgruppen der Erwerbstätigen, der Alleinerziehenden und der Arbeitslosen als am stärksten eingeschränkt. Die Gruppe der Sonstigen folgt mit leichtem Abstand,

Abb. III/27:

Einschränkungen nach Einkommensgruppen (alle Stichproben)

Bereiche der Lebensführung	Einkommensschwelle				Alle
	Sozial-hilfe-grenze	50% - Grenze	60% - Grenze	darüber	
ERNÄHRUNG					
keine Einschränkung	36.3%	41.4%	58.3%	66.0%	46.9%
etwas	36.3%	39.4%	30.0%	30.0%	35.0%
sehr	27.5%	19.2%	11.7%	4.0%	18.0%
KLEIDUNG					
keine Einschränkung	17.6%	18.2%	30.0%	28.0%	21.9%
etwas	29.4%	37.4%	40.0%	38.0%	35.4%
sehr	52.9%	44.4%	30.0%	34.0%	42.8%
MÖBEL USW:					
keine Einschränkung	25.5%	31.3%	46.7%	38.0%	33.4%
etwas	25.5%	27.3%	21.7%	18.0%	24.1%
sehr	49.0%	41.4%	31.7%	44.0%	42.4%
HAUSHALTSGERÄTE					
keine Einschränkung	38.2%	36.4%	40.0%	40.0%	38.3%
etwas	20.6%	27.3%	31.7%	26.0%	25.7%
sehr	41.2%	36.4%	28.3%	34.0%	36.0%
FREIZEIT					
keine Einschränkung	27.5%	19.2%	28.3%	36.0%	26.4%
etwas	15.7%	21.2%	28.3%	18.0%	20.3%
sehr	56.9%	59.6%	43.3%	46.0%	53.4%
REISEN					
keine Einschränkung	15.7%	11.1%	8.3%	10.0%	11.9%
etwas	7.8%	6.1%	6.7%	8.0%	7.1%
sehr	76.5%	82.8%	85.0%	82.0%	81.0%

Quelle: Fragebogenuntersuchung; eigene Berechnung [141]

während die alten Menschen (unzur. V. u. V.) deutlich geringere Einschränkungen geltend machen (p = .0003). Nach Haushaltsformen sind die Paare mit Kindern, dicht gefolgt von den Alleinerziehenden die Gruppen mit den höchsten Einschränkungsquoten (Abb. III/25). Es folgen mit leichtem Abstand die Paare ohne Kind sowie die Alleinlebenden (p=.0000). Innerhalb der ländlichen Sozialhilfeempfänger ist eine Diskriminierung nach Einkommensschwellen in bezug auf die Nennungen "sich sehr einschränken müssen" nicht signifikant. Bei der Dauer des Sozialhilfebezugs steigen die Quoten des "sich sehr einschränken müssens" bis zum Hilfebezug von fünf Jahren an, um danach kontinuierlich abzusinken (p = .1957).

Einschränkungen nehmen mit der *Dauer des Sozialhilfebezugs* zu (S. Abb. III/26); oberhalb der Bezugsdauer von 7 Jahren lassen die Einschränkungsquoten nach. Varianzanalysen zeigen, daß hier kein Einfluß des Alters oder der Haushaltsformen besteht, so daß eher die Vermutung naheliegt, daß sich Personen im längerfristigen Sozialhilfebezug auf einen niedrigeren Bedürfnisniveau einrichten. Dies zeigt die Veränderung des Einschränkungsprofiles, bei dem in den Bereichen Freizeit, Reisen sowie der Haushaltsgeräteausstattung die Angaben "keine Einschränkung" zunehmen, was objektiv im Widerspruch zur tatsächlichen Haushaltsausstattung (s.o., Kap. 2.4) steht.

Vergleich nach Einkommensgruppen

Über alle Stichproben - dies scheint deswegen sinnvoll, weil nach Einkommensgrenzen eine deutliche Unterscheidung zwischen Sozialhilfeempfängern und Nicht-Sozialhilfeempfängern sich als nicht diskriminierend herausstellt - zeigen sich deutliche Unterschiede der Einschränkungen nach der Einkommensstufung: Haushalte, die an der Sozialhilfegrenze (40% des gewichteten durchschnittlichen Haushaltseinkommens) leben, haben die höchsten Einschränkungsziffern, mit wachsendem Einkommen sinken die Einschränkungsquoten kontinuierlich ab (p = .0500). Dies gilt quer durch alle Stichproben. In allen betrachten Lebensbereichen (S. Abb. III/27) wird mit steigendem Einkommen eine deutliche Verminderung der Einschränkungen sichtbar, außer beim Reisen. Hier macht sich bemerkbar, daß auch bei einem Einkommen an der 60%-Grenze noch eine erhebliche Benachteiligung in diesem Lebensbereich zu erkennen ist. Betrachtet man diesen Zusammenhang nach dem verbleibenden Pro-Kopf-Einkommen des jeweiligen Haushalts, so zeigt in den meisten Bereichen ein deutlicher Zusammenhang, außer wiederum beim Reisen. Auch im Stichprobenvergleich (S. Abb. III/28) ergeben sich trotz der Einkommensstreuung innerhalb der Stichproben sichtliche Unterschiede.

Nicht nur die Hilfebezieher mit einem Einkommen an der 40%-Sozialhilfegrenze, sondern auch die Vergleichsgruppen müssen sich mehr oder weniger einschränken in wichtigen Bereichen der Lebensführung. Deutlicher als bei anderen Lebenslageteilbereichen zeigen sich hier markante Grenzlinien sowohl zwischen den Stichproben, nach Haushaltsformen wie nach Einkommensschwellen (s. auch Abb.III/28).

Mittelwertrechnungen über alle sechs Teilbereiche zeigen auf dem 5%-Niveau signifikante Unterschiede zwischen den Stichproben (p = .0200). Auch nach Haushaltstypen haben insgesamt die Alleinerziehenden, die Paare ohne Kind sowie die Paare mit Kindern die höchsten Werte an "einschränken müssen". Dieser Unterschied ist ebenfalls hoch signifikant (p = .00000).

Abb. III/28:

Einschränkungen in der Lebensführung nach Stichproben

Einschränkungen in Teilbereichen der Lebenslage	einkommensbereinigte Stichproben- ohne Behinderte						total
	Sozialhilfe 5VGs (n=163)	Netzwerk 5VGs	Arbeitlose o. Sohi	Trier SoHi insges	Übrige NW ohne SoHi	Übrige SoHI	
ERNÄHRUNG							
keine	43.6%	36.7%	62.9%	47.6%	12.5%	57.1%	45.3%
etwas	36.2%	36.7%	31.4%	31.0%	75.0%	14.3%	35.4%
sehr	20.2%	26.7%	5.7%	21.4%	12.5%	28.6%	19.3%
KLEIDUNG							
keine	19.6%	26.7%	37.1%	9.5%	25.0%		20.7%
etwas	35.6%	30.0%	37.1%	26.2%	25.0%	71.4%	34.4%
sehr	44.8%	43.3%	25.7%	64.3%	50.0%	28.6%	44.9%
MOEBEL							
keine	31.9%	33.3%	40.0%	19.0%	50.0%	57.1%	32.3%
etwas	23.9%	16.7%	28.6%	26.2%	37.5%	14.3%	24.2%
sehr	44.2%	50.0%	31.4%	54.8%	12.5%	28.6%	43.5%
HHGERAET							
keine	36.2%	30.0%	40.0%	42.9%	25.0%	71.4%	37.5%
etwas	22.1%	23.3%	42.9%	23.8%	50.0%	28.6%	26.0%
sehr	41.7%	46.7%	17.1%	33.3%	25.0%		36.5%
FREIZEIT							
keine	27.0%	23.3%	20.0%	19.0%	37.5%	14.3%	24.6%
etwas	14.1%	13.3%	51.4%	14.3%	25.0%	57.1%	20.0%
sehr	58.9%	63.3%	28.6%	66.7%	37.5%	28.6%	55.4%
REISEN							
keine	17.2%	3.3%	2.9%	9.5%	12.5%		12.3%
etwas	6.1%	10.0%	8.6%	4.8%	12.5%	14.3%	7.0%
sehr	76.7%	86.7%	88.6%	85.7%	75.0%	85.7%	80.7%

144 Quelle: eigene Berechnungen; Fragebogenuntersuchung.

Mittelwertvergleiche nach Stichproben

Einschränkungen bei der Ernährung sind nicht nach Teilstichproben, jedoch nach Einkommensschwellen hoch signifikant (p = .0001; s. auch Abb. III/27).

Einschränkungen bei der Kleidung sind nach Teilstichproben (p = .0129) und nach Einkommensgrenzen (p = .0168) deutlich unterschiedlich.

Einschränkungen im Bereich der Möbel sind nach Teilstichproben (p = .0024), jedoch nicht nach Einkommensschwellen (p = .0562) unterschiedlich.

Im Bereich der Haushaltsgeräte müssen sich die Teilstichproben zwar unterschiedlich einschränken (p = .0882), und auch nach Einkommensschwellen zeigen sich Unterschiede, die jedoch nicht signifikant sind.

Im Bereich der Freizeit zeigen sich keine signifikanten Unterschiede zwischen den Teilstichproben, auch nicht nach Einkommensgrenzen. Dies liegt jedoch daran, daß sich in diesen Bereichen alle untersuchten Stichproben erheblich einschränken müssen.

Gleiches gilt für den Bereich Reisen. Auch hier zeigen sich weder nach Teilstichproben noch nach Einkommensschwellen deutliche Unterschiede, vielmehr liegen die Einschränkungsquoten deutlich beieinander.

2.6 Gesundheit

Gesundheit stellt einen entscheidenden Faktor für das persönliche Wohlbefinden und damit die Lebenslage dar. Auch die Chancen auf dem Arbeitsmarkt werden vom gesundheitlichen Zustand beeinflußt. Von den ländlichen Sozialhilfebeziehern (geistig Behinderte sind hier nicht berücksichtigt) haben 16,6% eine anerkannte Erwerbsminderung über 50% (im allgemeinen Sprachgebrauch Schwerbehindert), d. h. deutlich mehr als bundesweit (ca. 9%; vgl. Andersen/Elkeles 1992, 509). Mehr als ein Viertel aller Alten (28,3%), Sonstigen (27,8%) und fast jeder siebte Arbeitslose im Hilfebezug (14,3%) sind zu 50 oder mehr Prozent erwerbsgemindert (s. Abb. III/29 und III/30).

Minderung der Erwerbsfähigkeit/Schwerbehinderung

Das Sozioökonomische Panel (SOEP (West)) kommt für 1989 auf einen Anteil von 18% der Bevölkerung, die erwerbsgemindert/schwerbehindert sind (vgl. Andersen/Elkeles 1992; 509). Bei den ländlichen Hilfeempfängern kommen zu dem Sechstel (16,6%) mit einer Schwerbehinderung noch 4,3% mit einer Erwerbsminderung unter 50%, sodaß jeder Fünfte Hilfebezieher (20,9%) erwerbsgemindert ist[1].

Wie Abb. III/30a zeigt, sind mehr als ein Viertel der "Unzureichend Versichert und Versorgten" und der "Sonstigen" und etwa jeder siebte Arbeitslose im Sozialhilfebezug erwerbsgemindert, während die übrigen Teilgruppen nicht oder nur in geringem Maße betroffen sind. Nimmt man nur die unter 60-Jährigen - also Hilfebezieher im Erwerbsalter - ergibt sich ein deutlich höherer Anteil von Erwerbsgeminderten/Schwerbehinderten als bundesweit. Der Anteil der Erwerbsgeminderten/Schwerbehinderten bei den ländlichen Hilfebeziehern liegt nur bei den älteren Personen nahe am Bundesdurchschnitt: in den Altersgruppen bis 39 Jahre 6% (BRD 4%); 40 - 59 Jahre 31,9% (BRD 12%) und 60 Jahre und älter 30% (BRD 31%; vgl. Anderson/Elkeles 1992, 509). Bei den Gruppen im Erwerbsalter liegen die Anteile deutlich über den bundesweiten Werten. Dies bedeutet, daβ ein Teil unserer Population infolge von Erwerbsminderung bei der Suche nach einer Erwerbsmöglichkeit benachteiligt ist.

Von den alten Menschen im Hilfebezug brauchen 37,8% Hilfe oder Pflege; dies ist überwiegend im Bereich täglicher Verrichtungen und Besorgungen nötig. In dieser Teilgruppe (der Alten) sind 3,8% dauerhaft bettlägerig (pflege-

1 Die Veröffentlichung des SOEP differenziert nicht nach der Schwere der Erwerbsminderung/-Schwerbehinderung.

Abb. III/29:

Gesundheitszustand nach Ursachengruppen

in 5 Verbandsgemeinden

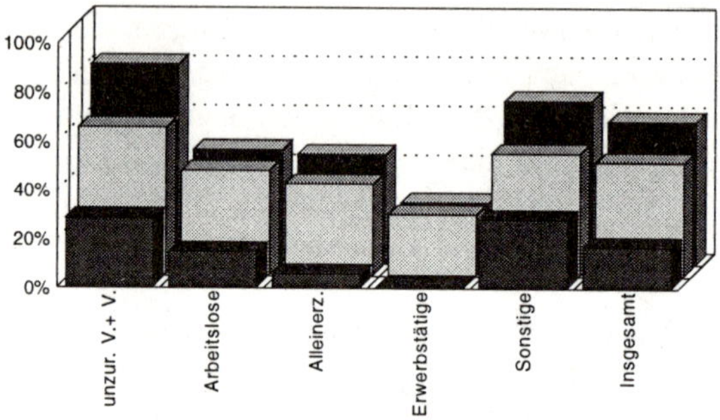

	unzur. V.+ V.	Arbeitslose	Alleinerz.	Erwerbstätige	Sonstige	Insgesamt
negative Selbsteinsch.	81,1%	46,4%	44,6%	25%	66,7%	58,3%
chron. Krankheit	60,4%	42,9%	37,5%	25%	50%	46,6%
Erwerbsminderung*	28,3%	14,3%	5,4%	0%	27,8%	16,6%

* mindestens 50%
n = 163
Quelle: Projekt "Armut auf dem Land", eigene Berechnungen

Abb. III/30:

Gesundheit

in den 5 Verbandsgemeinden

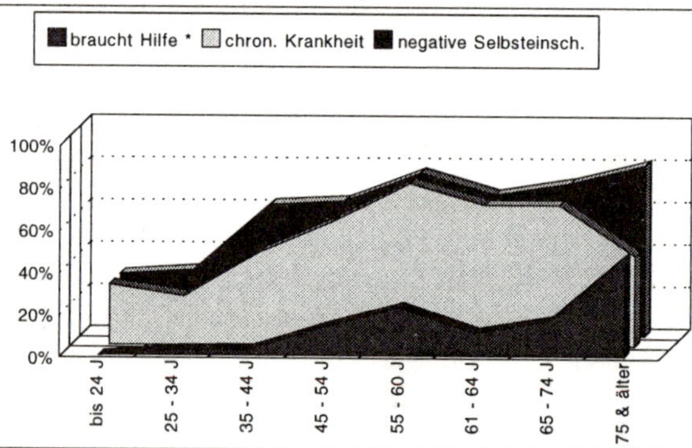

	bis 24 J	25 - 34 J	35 - 44 J	45 - 54 J	55 - 60 J	61 - 64 J	65 - 74 J	75 & älter
negative Selbsteinsch.	28,6%	30,8%	61,8%	63,6%	76,9%	66,7%	72,2%	81%
chron. Krankheit	28,6%	23,1%	44,1%	59,1%	76,9%	66,7%	66,7%	42,9%
braucht Hilfe *	0%	2,6%	2,9%	13,6%	23,1%	11,1%	16,8%	47,5%

* Hilfe im Haushalt und/oder bei Besorgungen
n = 163
Quelle: Projekt "Armut auf dem Land", eigene Berechnungen

bedürftig), 18,9% benötigen Hilfe im Haushalt, 9,4% Hilfe bei Erledigungen außerhalb des Hauses und 5,7% beides. Diese Hilfe wird überwiegend von Verwandten, Freunden/Bekannten und Nachbarn (Schwerpunkt bei Verwandten) und nur in 5,6% aller Hilfefälle *auch* von Sozialstationen oder ambulanten sozialen Diensten erbracht.

Anteile chronisch Kranker

Für das Jahr 1989 ergibt das sozioökonomische Panel (SOEP (West)) einen Anteil von 40% an chronisch Kranken der Gesamtbevölkerung; dieser Anteil ist zwischen 1984 und 1989 leicht angestiegen (vgl. Andersen/Elkeles 1992, 509). Die Autoren bemerken zu dem Ergebnis von 40% chronisch Kranken in der Gesamtbevölkerung, daß es überraschend hoch erscheinen mag, jedoch durch andere Erhebungen bestätigt bzw. sogar noch übertroffen werde (Andersen/Elkeles 1992, 509). Ein solches stabiles Muster entspräche der Bedeutung, die chronische Krankheiten in modernen Industriegesellschaften hätten. Hohe Anteile chronisch Kranker seien ein Ergebnis gesellschaftlicher Entwicklung, bei der die traditionellen, umweltbedingten, akuten Infektionskrankheiten an Bedeutung verlieren, die Lebenserwartung steige und das medizinische Versorgungssystem ein hohes Produktivitätsniveau erreicht habe (a.a.O., 510). Im Vergleich mit dieser bundesweiten Entwicklung stellt sich der Anteil von 46,6% von ländlichen Hilfebeziehern mit chronischen Krankheiten als nicht völlig überraschend dar. Die ländlichen Hilfebezieher zeichnen sich ja einerseits durch einen hohen Anteil Älterer und Betagter aus. Auch die Arbeitslosen im Sozialhilfebezug sind durch hohe gesundheitliche Beeinträchtigungen gekennzeichnet (Gruppe der sogenannten Schwervermittelbaren, sogenannte Problemgruppen des Arbeitsmarktes).

Gerade bei der Gruppe der Langzeitarbeitslosen im Hilfebezug gibt es einen erheblichen Anteil, der aufgrund gesundheitlicher Beeinträchtigungen den ursprünglichen Beruf bzw. die ursprüngliche Erwerbstätigkeit nicht mehr ausüben kann und nunSchwierigkeiten hat, eine den körperlichen Möglichkeiten entsprechende Arbeit zu finden. Etwa ein Fünftel der Arbeitslosen mußte aufgrund gesundheitlicher Beeinträchtigungen die Arbeit aufgeben bzw. den Beruf oder die Arbeit wechseln. Chronische Krankheiten geben von dieser Gruppe mehr als vier Zehntel (42,9%) an. Hier scheinen sich gesundheitliche Beeinträchtigungen aufgrund schwerer körperlicher Arbeit zu konzentrieren (wegen niedriger Fallzahl erscheint uns dies Ergebnis nicht sehr gut gesichert), während bei der Vergleichsgruppe der Arbeitslosen in Maßnahmen (ohne Sozialhilfe) nur etwa ein Siebtel (14,3%) chronische Krankheiten angeben.

Bei dieser Teilgruppe der ländlichen Arbeitslosen im Sozialhilfebezug erschweren die Beeinträchtigungen im Gesundheitszustand die Arbeitssuche.

Sie haben die Arbeit deswegen verloren oder aufgeben müssen; zugleich liegen die AFG-Leistungen unter dem Bedarf. Hier und bei den anderen Betroffenen kommen gesundheitliche Beeinträchtigungen zu den übrigen Benachteiligungen hinzu. Auch kann angenommen werden, daß Sozialhilfebezieher in höherem Maße gesundheitlich besonders verschleißenden Berufs- bzw. Arbeitsbelastungen ausgesetzt waren, als Folge des durchschnittlich niedrigen Qualifikationsniveaus unserer Population und des hohen Anteils schwerer körperlicher Tätigkeiten.

Abb. III/30A:

Chronische Krankheit und Selbsteinschätzung der Gesundheit

Aspekte von Gesundheit	Teilgruppen (Sozialhilfebezieher der 5 Verbandgem.)					Alle
	unz. V.V.	Arbeitslose	Alleinerziehende	Erwerbstätige	Sonstige	
positive Selbsteinschätz.	18.9%	53.6%	55.4%	75.0%	33.3%	41.7%
negative Einschätzung	81.1%	46.4%	44.6%	25.0%	66.7%	58.3%
keine Erwerbsminderung	67.9%	71.4%	92.9%	100.0%	72.2%	79.1%
Minderung unter 50%	3.8%	14.3%	1.8%			4.3%
Minderung über 50%	28.3%	14.3%	5.4%		27.8%	16.6%
Nicht Hilfebedürftig	62.3%	100.0%	96.4%	100.0%	83.3%	84.7%
dauerhaft bettlägerig	3.8%					1.2%
öfter bettlägerig					5.6%	.6%
braucht Hilfe im Haushalt	18.9%		1.8%		11.1%	8.0%
braucht Hilfe bei Besorgungen	9,4%					3,1%
braucht Hilfe sowohl im Haushalt wie draußen	5.7%		1.8%			2.5%
gesundheitl. Beschwerden	90.6%	75.0%	57.1%	37.5%	94.4%	74.2%
chronische Krankheit(en)	60.4%	42.9%	37.5%	25.0%	50.0%	46.6%
davon: eingeschränkte Bewegungsfähigkeit	49.1%	53.6%	14.3%	12.5%	33.3%	34.4%
: nervliches Leiden	7.5%	3.6%	14.3%	12.5%	27.8%	11.7%
: Epilepsie					5.6%	.6%
: Suchtprobleme			1.8%	12.5%	5.6%	1.8%
: Anderes	9.4%	7.1%	5.4%		16.7%	8.0%
Arztbesuche im letzten Halbjahr durchschnittl.	9.3	8.5	5.1	4.4	10.1	7.5

Quelle: Fragebogenuntersuchung; eigene Berechnungen. [201]

Ein deutlicher Unterschied existiert zwischen den Geschlechtern. Während bundesweit die Anteile chronisch Kranker um 5% bei stärkerer Betroffenheit von Frauen auseinanderliegen (Männer 37%, Frauen 42%; vgl. Andersen/-Elkeles 1992, 509), gibt es in der ländlichen Sozialhilfe einen Abstand von 11% bei stärkerer Betroffenheit der Männer (55% zu 44%; keine Signifikanz).

Zufriedenheit mit der Gesundheit

Fast zwei Drittel (62%) der westdeutschen Bevölkerung sind mit ihrer Gesundheit eher zufrieden, weitere 8% hochzufrieden (Andersen/Elkeles 1992, 506). Ländliche Hilfebezieher sind deutlich weniger mit ihrem Gesundheitszustand zufrieden; unsere Population liegt (wenn man unsere 5-stufige Skala bis zum Wert normal als positiven Bereich zusammenfaßt) mit 41,7% weit unter bundesweiten Werten. Angesichts der Häufigkeit gesundheitlicher Benachteiligungen in unserer Zielpopulation kann dies erklärlich sein. Erhebliche Unterschiede zeigen sich einerseits innerhalb der Teilgruppen ländlicher Hilfebezieher (vgl. Abb. III/30a). Die Teilgruppen der "Alten" und der "Sonstigen" schätzen weit überwiegend ihre Gesundheit negativ ein, die übrigen überwiegend positiv. Die jüngeren Altersgruppen bis 39 Jahre schätzen ihren Gesundheitszustand zu fast zwei Dritteln (65,2%) positiv, die 40-59-Jährigen zu drei Vierteln (74,5%) negativ, und die ab 60-Jährigen zu 74% negativ ein.

Doch auch zwischen den Stichproben ergeben sich erhebliche Unterschiede. Mit Ausnahme der Arbeitslosen in Maßnahmen (ohne Hilfebezug) liegen nicht nur die ländlichen Sozialhilfebezieher der fünf Verbandsgemeinden, sondern alle Stichproben im negativen Bereich (vgl. Abb. III/31a), d. h. mehr als jeder zweite Befragte schätzt seinen Gesundheitszustand negativ ein. Bei den Sozialhilfeempfängern der 5 Verbandsgemeinden liegt gut die Hälfte (58,3%) im Bereich einer negativen Selbsteinschätzung. Bei der Vergleichsgruppe der Nicht-Sozialhilfeempfänger in den 5 Verbandsgemeinden überwiegt die negative Selbsteinschätzung noch stärker mit einem Anteil von fast zwei Dritteln (63,3%). Auch die Hilfebezieher des Oberzentrums schätzen ihre Gesundheit mehrheitlich negativ ein (52,4%). Demgegenüber liegt die Vergleichsgruppe der Arbeitslosen in Maßnahmen mit nur 20%, die ihren Gesundheitszustand als negativ einschätzen, in etwa im Bundesdurchschnitt. Diese Stichprobenunterschiede sind signifikant (P = 0.0013). Dagegen ergibt sich zwischen den Gemeindeformen Dorf und ländliche Kleinstadt keine deutliche Differenz sowohl bei der Zufriedenheit mit der Gesundheit wie bei der Häufigkeit chronischer Krankheiten.

Inanspruchnahme von Gesundheitsleistungen

Nach dem SOEP (West) haben im Jahr 1989 insgesamt 73% der westdeutschen Bevölkerung im letzten Quartal einen Arzt aufgesucht (vgl. Andersen/-Elkeles 1992, 513). Dabei differieren die Zahlen nach Geschlecht etwas (Männer 79%, Frauen 66%), sie differieren nach Altersgruppen (unter 40: 60%; 40-60 Jahre: 68%; über 60 Jahre 85%) stark. Durchschnittlich wurden im Quartal (1989) 5,0 Arztbesuche vorgenommen.

Ländliche Hilfebezieher haben zu 82,2% (im letzten Halbjahr) einen Arzt aufgesucht, die unter 40-jährigen zu 74,2%, die 40-60-jährigen zu 91,5% und die über 60-jährigen zu 84%. Ländliche Hilfebezieher suchen durchschnittlich häufiger Ärzte auf.

Für ländliche Sozialhilfebezieher ermittelten wir einen Durchschnitt von 7,5 Arztbesuchen auf 6 Monate. So scheint unsere Population im Vergleich zu einem bundesweiten Ergebnis eine unterdurchschnittliche Arztfrequenz zu haben[1]. Auch ergeben sich erhebliche Unterschiede in der Häufigkeit von Arztbesuchen je nach der Selbsteinschätzung des Gesundheitszustandes. Für

Abb. III/31

Erwerbsminderung, chronische Krankheiten und Selbsteinschätzung nach Stichproben

Gesundheit und einzelne Indikatoren	einkommensbereinigte Stichproben						Alle
	SoHilfe 5 VGs n=163)	Netzwerk 5VGs	Arbeitsl. o.SoHi	Trier So-Hi insge.	Übrige NW o.SoHi	Uebrige SoHi	
Selbsteinschätzung der Gesundheit positiv	41.7%	36.7%	80.0%	47.6%	50.0%	42.9%	47.0%
negative Einschätzung	58.3%	63.3%	20.0%	52.4%	50.0%	57.1%	53.0%
keine Erwerbsminderung	79.1%	73.3%	80.0%	78.6%	75.0%	100.0%	78.9%
unter 50% erwerbsgemin.	4.3%	6.7%	11.4%	2.4%			4.9%
über 50% erwerbsgemind.	16.6%	20.0%	8.6%	19.0%	25.0%		16.1%
gesundheitliche Beschwerden	74.2%	83.3%	54.3%	71.4%	75.0%	71.4%	72.3%
Erwerbsminderung und chronisch krank	14.7%	16.7%	2.9%	14.3%	25.0%		13.3%
nicht erwerbsgemindert aber chronisch krank	31.9%	33.3%	11.4%	28.6%		28.6%	28.1%
nur erwerbsgemindert	6.1%	10.0%	17.1%	7.1%			7.7%
chronische Krankheit(en)	46.6%	50.0%	14.3%	42.9%	25.0%	28.6%	41.4%
davon: eingeschränkte Bewegungsfähigkeit	34.4%	40.0%	31.4%	16.7%	25.0%	57.1%	32.3%
:nervliches Leiden	11.7%	20.0%	5.7%	19.0%	25.0%		13.0%
:Epilepsie	.6%					14.3%	.7%
:Suchtprobleme	1.8%						1.1%
:Anderes	8.0%		11.4%	16.7%	12.5%		8.8%
Arztbesuche im letzten Halbjahr durchschnittl.	7.5	13.3	7.7	8.9	8.0	10.6	8.4
keine Arztbesuche	17.8%	13.3%	22.9%	7.1%	12.5%	15.4%	16,2
nur Hausarzt	41.7%	23.3%	37.1%	42.9%	37.5%	53.8%	39,9
H-/F-Arzt u.Krankenhaus	31.9%	53.3%	31.4%	35.7%	37.5%	23.1%	34,4
nur F-Arzt/nur Krhs	8.6%	10.0%	8.6%	14.3%	12.5%	7.7%	9,6

Quelle: Fragebogenuntersuchung; eigene Berechnungen.

die Befragten ländlichen Hilfebezieher mit positiver Selbsteinschätzung ergibt sich eine durchschnittliche Zahl von Arztbesuchen von 4,0 innerhalb der letzten 6 Monate, für die Befragten mit negativer Selbsteinschätzung ihres Gesundheitszustandes eine durchschnittliche Zahl von 10,1 Arztbesuchen. Merkliche Unterschiede zwischen Dorf und ländlicher Kleinstadt zeigen sich nicht.

1 Freilich sind die Items nicht direkt vergleichbar, und wahrscheinlich wird bei unserer Frage nach der Anzahl der Arztbesuche im letzten halben Jahr die tatsächliche Arztfrequenz eher unterschätzt.

Art der aufgesuchten Ärzte/"Krankenkarrieren"

Von allen Arztbesuchen wurden wurde fast jeder Zweite nicht beim Hausarzt, sondern beim Facharzt oder im Krankenhaus absolviert. Hier scheinen mithin Krankheiten vorzuliegen, die eine fachärztliche bzw. ambulante oder stationäre Behandlung im Krankenhaus nötig machen. Zur besseren Einschätzung dieses Sachverhalts fehlen freilich Vergleichswerte.

Fast ein Drittel (31,9%) der ländlichen Hilfebezieher hat eine Krankenkarriere in dem Sinne durchgemacht, daß sie von dem Hausarzt an einen Facharzt und z. T. von dort an ein Krankenhaus weiter verwiesen wurden. Nimmt man die 8,6% noch hinzu, die innerhalb der letzten 6 Monate nur einen Facharzt aufgesucht oder nur im Krankenhaus - ambulant oder stationär - behandelt wurden, so sind es über vier Zehntel (40,5%) aller Hilfebezieher. Der Anteil von 8,6% unserer Population, die eine stationäre Krankenhausbehandlung erfahren haben, ist hoch: nach dem SOEP (West) waren 1988 12,5% der Befragten im Jahr der Befragung für mindestens eine Nacht in ein Krankenhausaufgenommen worden. Im Vergleich mit diesen Zahlen ist unsere Population in höherem Maße im Krankenhaus gewesen. Freilich ist zu beachten, daß sich unser Befragungszeitraum auf ein halbes Jahr erstreckt.

2.7 Soziale Integration

Der Anteil derer, die nur geringe soziale Kontakte haben ist in der Sozialhilfepopulation nicht sehr hoch (s. Abb. III/31a), und deutliche Unterschiede etwa zu den Arbeitslosen in Maßnahmen im Grad der sozialen Integration lassen sich nicht finden. Dieses Ergebnis (das auch durch mehrere Kontrollrechnungen erhärtet wurde) steht im Widerspruch zu Ergebnissen der bisherigen Arbeitslosenforschung. Unterschiede zwischen Sozialhilfeempfängern und Nicht-Sozialhilfeempfängern lassen sich dagegen in den Profilen der sozialen Integration erkennen: so spielen für die Sozialhilfeempfänger die Kontakte zu Verwandten durchweg eine größere Rolle, während etwa für die Arbeitslosen in Maßnahmen die Kontakte zu Freunden und Bekannten einen höheren Anteil haben. Diese Unterschiede dürften mit der Lebensform sowie mit dem Alter erklärbar sein. Im regionalen Vergleich zeigt sich demgegenüber, daß die im Oberzentrum lebenden Sozialhilfeempfänger insgesamt einen wesentlich höheren Anteil an sozial wenig Integrierten haben, und daß die Kontakte zu Freunden und Bekannten gegenüber denen zu Verwandten eine wesentlich höhere Bedeutung haben, als im ländlichen Raum. Hier kann also der regionale Vergleich nicht nur Unterschiede im Grad der sozialen

Abb. III/31a:

Kontaktprofil ländlicher Sozialhilfeempfänger
(nur tägliche Kontakte)

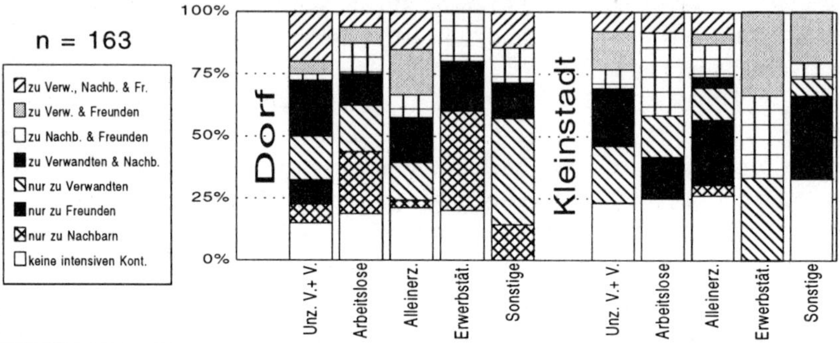

	Dorf: Unz. V.+ V.	Dorf: Arbeitslose	Dorf: Alleinerz.	Dorf: Erwerbstät.	Dorf: Sonstige	Kleinstadt: Unz. V.+ V.	Kleinstadt: Arbeitslose	Kleinstadt: Alleinerz.	Kleinstadt: Erwerbstät.	Kleinstadt: Sonstige
zu Verw., Nachb. & Fr.	20%	6,3%	15,2%	0%	14,3%	7,7%	8,3%	8,7%	0%	0%
zu Verw. & Freunden	5%	6,3%	18,2%	0%	0%	15,4%	0%	4,3%	33,3%	27,3%
zu Nachb. & Freunden	2,5%	12,5%	9,1%	20%	14,3%	7,7%	33,3%	13%	33,3%	9,1%
zu Verwandten & Nachb.	22,5%	12,5%	18,2%	20%	14,3%	23,1%	0%	4,3%	0%	0%
nur zu Verwandten	17,5%	18,8%	15,2%	0%	42,9%	23,1%	16,7%	13%	33,3%	9,1%
nur zu Freunden	10%	0%	0%	0%	0%	0%	16,7%	26,1%	0%	45,5%
nur zu Nachbarn	7,5%	25%	3%	40%	14,3%	0%	0%	4,3%	0%	0%
keine intensiven Kont.	15%	18,8%	21,2%	20%	0%	23,1%	25%	26,1%	0%	45%

Quelle: Projekt "Armut auf dem Land", eigene Berechnungen

Integration, sondern auch im Profil (oder der Strukturierung) der sozialen Integration deutlich machen.

Den Bereich der sozialen Integration haben wir nach verschiedenen *Teildimensionen* untersucht. Als isoliert kann, wie gesagt, nur ein sehr geringer Anteil der Sozialhilfeempfänger angesehen werden. In der Regel sind die Kontakte zu Verwandten, Freunden und Bekannten sowie zu Nachbarn recht intensiv. Keine *intensiven* (d.i. tägliches oder fast tägliches Treffen, bei Nachbarn *Hausbesuche*) Kontakte haben etwa ein Fünftel aller Hilfeempfänger, was jedoch nicht bedeutet, daß sie keine Kontakte haben. Deutliche Unterschiede gibt es dagegen in den Kontaktprofilen (der Zusammensetzung und dem Gewicht der einzelnen Kontaktpartner) sowohl nach Teilgruppen wie im kleinregionalen Vergleich (Abbildung III/32).

Während die Teilgruppe der unzureichend Versichert und Versorgten (also der älteren Personen) die intensivsten Kontakte zu Verwandten und zu Nachbarn hat, haben bei den jüngeren Teilgruppen die sozial gewählten Kontakte zu Freunden und Bekannten eine weitaus größere Bedeutung, wenn auch die Verwandtschaft nach wie vor eine starke Rolle behält.

Im kleinräumlichen Vergleich haben die kleinstädtischen gegenüber den dörflichen Sozialhilfebeziehern durchweg höhere Anteile von keinen

Abb. III/32:

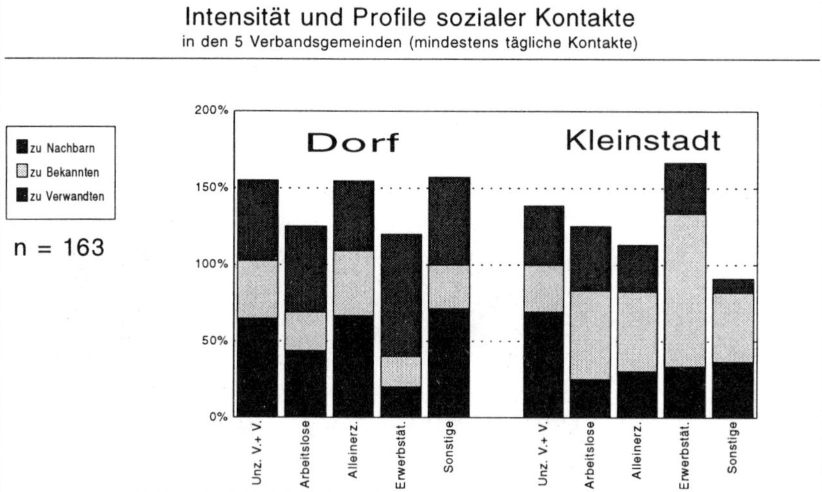

zu Nachbarn	52,5%	56,3%	45,5%	80%	57,1%		38,5%	41,7%	30,4%	33,3%	9,1%
zu Bekannten	37,5%	25%	42,4%	20%	28,6%		30,8%	58,3%	52,2%	100%	45,5%
zu Verwandten	65%	43,8%	66,7%	20%	71,4%		69,2%	25%	30,4%	33,3%	36,4%

Quelle: Projekt "Armut auf dem Land", eigene Berechnungen

intensiven Kontakten, die etwa bei einem Viertel liegen. Während bei den unzureichend Versichert und Versorgten die Kontakte zu Verwandten und die zu Nachbarn eine dominierende Rolle spielen, haben bei den jüngeren Teilgruppen die Freunde und die Nachbarn eine viel größere Bedeutung. Da aufgrund der bei unserer kleinstädtischen Sozialhilfepopulation anderen Wohnstruktur die Nachbarschaft durchweg größer und differenzierter ist, scheint hier die Hypothese, daß auch die Nachbarn zu einem starken Teil sozial gewählte Kontakte bedeuten, nicht abwegig. In der Intensität und im Profil der sozialen Kontakte zeigen sich mithin generationelle sowie kleinregionale Differenzierungen (s. Abb. III/32).

Die *Aktivität in Vereinen und die Teilnahme an geselligen Veranstaltungen* war ein weiterer untersuchter Bereich der sozialen Integration. Mitgliedschaft bzw. Aktivität in Vereinen spielt insgesamt in unserer ländlichen Population eine recht geringe Rolle. Da uns Vergleichszahlen fehlen, die auch alterspezifisch differenziert sein müßten, können wir diesen Befund jedoch schwer einschätzen. Deutlich ist jedoch, daß diejenigen, die in Vereinen aktiv sind, dort zum Teil sehr intensiv engagiert sind und recht häufig mehrere Termine

Abb. III/33:

Vereinstätigkeit und Geselligkeit

der Sozialhilfeempfänger in den 5 Verbandsgemeinden

Dorf

bis 39 J. | 40 bis 59 J. | über 60 J.

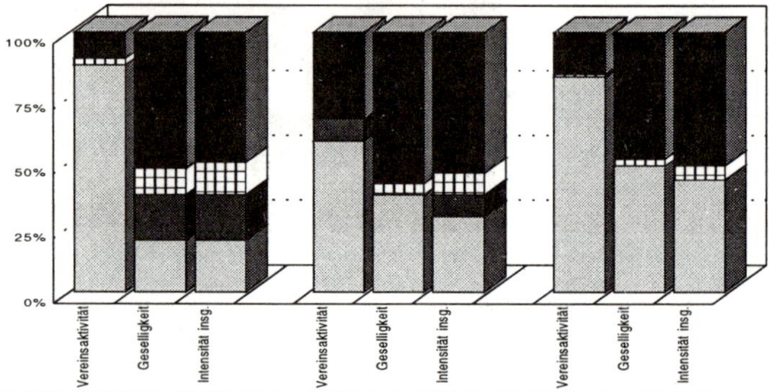

	bis 39 J. Vereinsaktivität	bis 39 J. Geselligkeit	bis 39 J. Intensität insg.		40 bis 59 J. Vereinsaktivität	40 bis 59 J. Geselligkeit	40 bis 59 J. Intensität insg.		über 60 J. Vereinsaktivität	über 60 J. Geselligkeit	über 60 J. Intensität insg.
mehrmals pro Jahr	10%	52,5%	50%		33,3%	58,3%	54,1%		16,2%	48,6%	51,3%
mehrmals pro Woche	2,5%	10%	12,5%		0%	4,2%	8,3%		1%	2,7%	5,4%
(fast) täglich	0%	17,5%	17,5%		8,3%	0%	8,3%		0%	0%	0%
keine Aktivität	87,5%	20%	20%		58,3%	37,5%	29,2%		83,8%	48,6%	43,2%

Kleinstadt

bis 39 J. | 40 bis 59 J. | über 60 J.

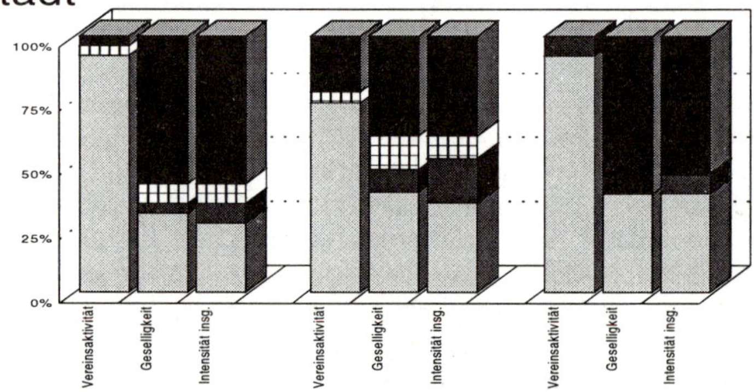

	bis 39 J. Vereinsaktivität	bis 39 J. Geselligkeit	bis 39 J. Intensität insg.		40 bis 59 J. Vereinsaktivität	40 bis 59 J. Geselligkeit	40 bis 59 J. Intensität insg.		über 60 J. Vereinsaktivität	über 60 J. Geselligkeit	über 60 J. Intensität insg.
mehrmals pro Jahr	3,8%	57,7%	57,7%		21,7%	39,1%	39,1%		0%	61,6%	53,9%
mehrmals pro Woche	3,8%	7,7%	7,7%		4,3%	13%	8,7%		0%	0%	0%
(fast) täglich	0%	3,8%	7,7%		0%	8,7%	17,4%		7,7%	0%	7,7%
keine Aktivität	92,3%	30,8%	26,9%		73,9%	39,1%	34,8%		92,3%	38,5%	38,5%

n = 163   Quelle: Projekt "Armut auf dem Land", eigene Berechnungen pro Woche für Vereinsaktivitäten aufwenden. Nach groben Altersgruppen zeigt sich dabei ein deutlicherer Schwerpunkt bei den mittleren Altersgruppen der 40 bis 60jährigen, während die jüngeren und die älteren Altersgruppen weniger in Vereinsaktivitäten integriert sind (Abb.III/33).

Von den dörflichen Hilfeempfängern in der mittleren Altersgruppe sind immerhin mehr als vier Zehntel in Vereinen aktiv, und fast 10% üben eine intensive Vereinstätigkeit aus. Ein Drittel geht immerhin mehrmals im Jahr zu Veranstaltungen bzw. Unternehmungen von dörflichen Vereinen.

Bei der kleinstädtischen Population ist die Struktur in Bezug auf grobe Altersgruppen ähnlich, doch ist insgesamt das Niveau an Vereinsaktivitäten deutlich geringer.

Verschiedene Formen der Geselligkeit (Stammtisch, Kaffeekränzchen aber auch Kirmes und andere Feste) haben insgesamt eine wesentliche größere Bedeutung. Hier zeigen sich deutliche Unterschiede sowohl nach Altersgruppen wie nach kleinräumiger Gliederung. Von den dörflichen Hilfeempfängern haben insbesondere die Jüngeren unter 40 Jahren zu mehr als einem Viertel intensive gesellige Aktivitäten (täglich bzw. mehrmals die Woche). Bei den älteren Altersgruppen ist die intensive gesellige Aktivität wesentlich

Abb. III/34:

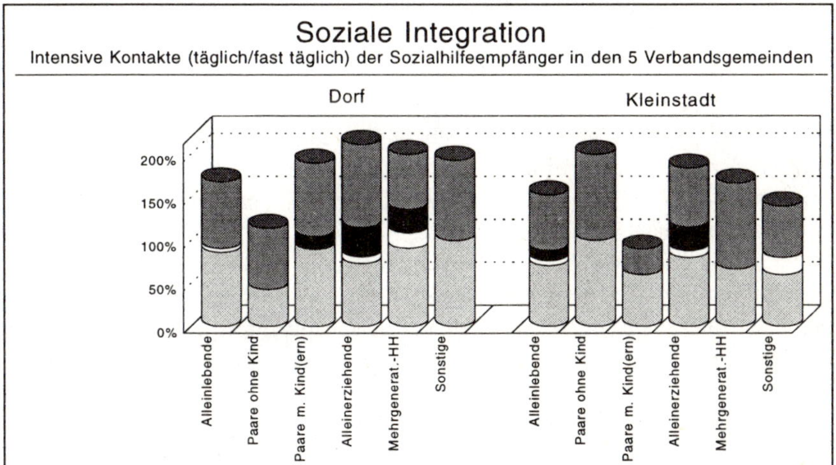

	Dorf: Alleinlebende	Paare ohne Kind	Paare m. Kind(ern)	Alleinerziehende	Mehrgenerat.-HH	Sonstige		Kleinstadt: Alleinlebende	Paare ohne Kind	Paare m. Kind(ern)	Alleinerziehende	Mehrgenerat.-HH	Sonstige
Unterstützung*	77,3%	71,4%	85%	96,2%	63,6%	93,3%		64,7%	100%	30%	68%	100%	60%
"informelle" Gesell.	0%	0%	15%	26,9%	27,3%	0%		11,8%	0%	0%	24%	0%	0%
"anonyme" Gesell.	0%	0%	0%	7,7%	0%	0%		0%	0%	0%	4%	0%	0%
Vereinstätigkeit	4,5%	0%	0%	7,7%	18,2%	0%		5,9%	0%	0%	8%	0%	20%
private Kontakte**	86,4%	42,9%	90%	73,1%	90,9%	100%		70,6%	100%	60%	80%	66,7%	60%

** zu Freunden, Bekannten, Verwandten und Nachbarn
* materielle Unterstützung, Automitbenutzung, Mitnahme etc.
Quelle: Projekt "Armut auf dem Land", eigene Berechnungen

geringer und liegt unter 5%. Gleichwohl nehmen mehr als die Hälfte der mittleren Altersgruppe und knapp die Hälfte der älteren Altersgruppen mehrmals im Jahr an geselligen Aktivitäten teil. Bei der kleinstädtischen Population ist die intensive gesellige Aktivität in der jüngeren Altersgruppe unter 40 nur etwa halb so groß wie in der entsprechenden dörflichen Altersgruppe. In der mittleren Altersgruppe liegen intensive gesellige Aktivitäten um mehr als das vierfache über dem Wert der gleichen dörflichen Altersgruppe, während sie in der älteren Gruppe gleich Null sind, dort haben jedoch die selteneren geselligen Aktivitäten einen Anteil von fast zwei Dritteln.

Informelle Geselligkeit

Geselligkeit kann der Besuch großer Veranstaltungen sein, wie eine dörfliche Kirmes und in diesem Sinne eher zu "anonymen" geselligen Kontakten führen. Geselligkeit kann sich aber auch auf einen kontinuierlichen Kreis richten, wie z.B. bei regelmäßigen Kaffeekränzchen, Stammtischen, Kartenspielen und anderen geselligen Anlässen. Dann handelt es sich um informelle Runden, in denen sich in der Regel die gleiche Personengruppe zu einer geselligen Aktivität trifft. Der Anteil dieser informellen geselligen Aktivitäten bei unserer Population ist nennenswert. In dörflichen Gemeinden (s. auch Abbildung III/34) haben mehr als ein Viertel der jüngeren Altersgruppe bis 39 Jahren solche intensiven geselligen Kontakte. Bei den älteren und mittleren Altersgruppen ist die Häufigkeit deutlich geringer; hier spielen die nicht organisierten Kontakte zu Verwandten, Freunden, Bekannten und Nachbarn eine größere Rolle als Formen informeller Geselligkeit.

Intensive informelle gesellige Veranstaltungen kommen bei unserer Population ländlicher Kleinstädte bei der jüngeren Altersgruppe in geringerem Maße als in den dörflichen Gemeinden vor (etwa halbe Intensität), während Geselligkeit bei der mittleren Altersgruppe einen Anteil von über einem Fünftel erreicht. Bei der älteren Altersgruppe sind informelle Geselligkeiten wieder selten, was jedoch nicht bedeutet, daß diese Personen keine Kontakte hätten (s.o.).

Ein zusammenfassender Überblick (S. Abb. III/34) zeigt die insgesamt hohe Zahl sozialer Kontakte, Vereinsaktivitäten und von Geselligkeit und Unterstützungen durch das soziale Umfeld. Dabei liegen kleinräumlich betrachtet die Gesamtzahlen intensiver Kontakte bei allen Haushaltstypen mit Ausnahme der Paare ohne Kinder (im Haushalt) bei den dörflichen Hilfeempfängern höher.

"Netzwerk"-Kenntnis

Das Kennen anderer Sozialhilfeempfänger bzw. anderer Arbeitsloser und der Kontakt mit ihnen kann für die Hilfeempfänger in mehreren Dimensionen bedeutsam sein. Zum einen kann die Kenntnis anderer Personen in gleicher oder ähnlicher Lebenslage das Selbstverständnis der eigenen Situation beeinflussen. Zum anderen können über die Kenntnis bzw. den Kontakt Erfahrungen mit der eigenen Lebenssituation, aber auch im Umgang mit der Sozialverwaltung, und zwar sowohl bei der laufenden Hilfe zum Lebensunterhalt wie bei den einmaligen Beihilfen sowie der Handhabung spezifischer Hilfen ausgetauscht werden. Unsere Felderfahrung zeigte, daß letzteres eine wichtige Bedeutung für die Weitergabe von Wissen über elementare Rechte der Sozialhilfeempfänger gegenüber der Sozialverwaltung hat. In einer der beiden untersuchten ländlichen Kleinstädte hat es sogar eine informelle "Sozialhilfeberatung" durch Hilfeempfänger, die sich selbst kundig gemacht hatten, gegeben. Auch der Austausch von mit der Sozialverwaltung bzw. einzelnen Sachbearbeitern gemachten Erfahrungen ist in diesem Zusammenhang wichtig.

Bei der Kenntnis anderer Menschen in gleicher Lebenssituation bestehen deutliche generationelle und kleinräumliche Unterschiede, wie Abb. III/35, 36 zeigen. Generell kennen dörfliche Hilfeempfänger signifikant häufiger keine anderen Sozialhilfeempfänger oder Arbeitslose, also Menschen in gleicher oder ähnlicher Lebenslage. Dies gilt für alle Teilgruppen der ländlichen Sozialhilfebezieher und dies gilt auch für die Altersgruppen (Abbildung III/35, III/36). Mehr als drei Viertel aller dörflichen unzureichend Versichert und Versorgten kennen keinen anderen Sozialhilfeempfänger. Von den dörflichen Arbeitslosen ist es die Hälfte, von den Alleinerziehenden dagegen nur etwa ein Drittel. Von den kleinstädtischen unzureichend Versichert und Versorgten kennt ein sehr gutes Drittel keine anderen Hilfeempfänger, von den Arbeitslosen sind es nur ein Viertel, von den Alleinerziehenden deutlich weniger als ein Fünftel. Insgesamt liegen die Werte der dörflichen Sozialhilfebezieher um mehr als das Doppelte über denen der kleinstädtischen Sozialhilfebezieher. Den dörflichen Hilfeempfängern fehlt in höherem Maße die Möglichkeit, über informelle Kontakte Erfahrungen im Umgang mit der eigenen Lebenssituation und dem Umgang mit der Sozialverwaltung zu sammeln, auszutauschen und zu kumulieren. Die kleinstädtischen Hilfeempfänger haben diese Möglichkeit demgegenüber in weitaus höherem Grade. Wie andere methodische Instrumente zeigen, ist die Nicht-Kenntnis von "Leidensgenossen" keineswegs nur ein Problem der geringen ländlichen Sozialhilfedichte, sondern in stärkerem Maße eines der Mentalität.

Abb. III/35:

Netzwerkkenntnis der Sozialhilfeempfänger in den 5 VG

Anteil derer, die keine anderen Sozialhilfeempfänger kennen (nach Altersgruppen)

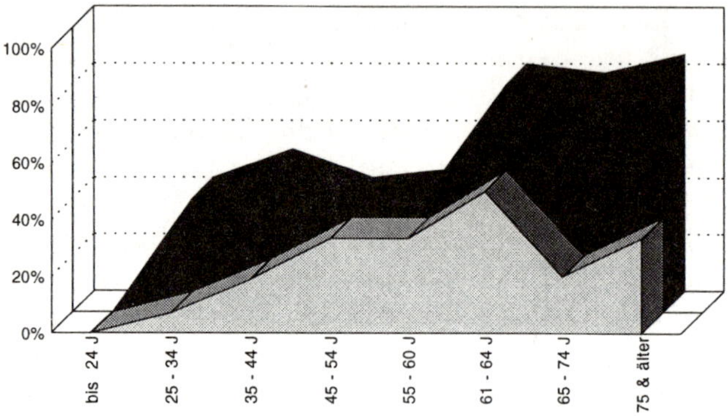

	bis 24 J	25 - 34 J	35 - 44 J	45 - 54 J	55 - 60 J	61 - 64 J	65 - 74 J	75 & älter
Dorf ■	0%	40%	50%	40%	42,9%	80%	76,9%	83,3%
Kleinstadt ▒	0%	7,1%	18,8%	33,3%	33,3%	50%	20%	33,3%

Quelle: Projekt "Armut auf dem Land", eigene Berechnungen

Abb. III/36:

Netzwerkkenntnis nach Altersgruppen

Anteil der "nein"-Antworten auf die Frage: "Haben Sie in Ihrem Verwandten- Freundes- oder Bekanntenkreis oder in Ihrer Nachbarschaft Leute, die Sozialhilfe oder Arbeitslosengeld oder Arbeitslosenhilfe beziehen?"

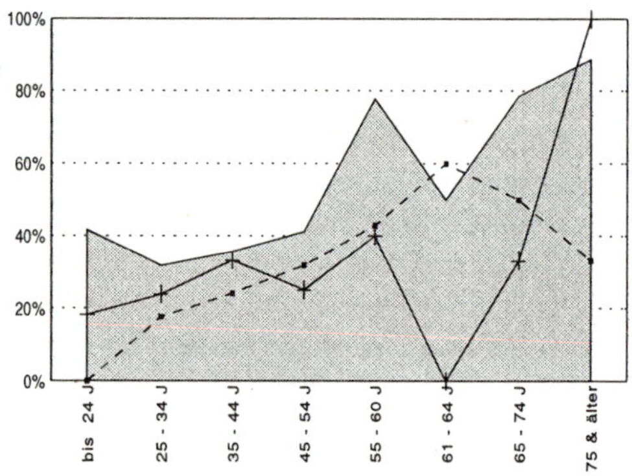

	bis 24 J	25 - 34 J	35 - 44 J	45 - 54 J	55 - 60 J	61 - 64 J	65 - 74 J	75 & älter
Dorf ▒	41,7%	31,7%	35,7%	41,2%	77,8%	50%	78,6%	88,9%
Oberzentrum +	18,2%	23,8%	33,3%	25%	40%	0%	33,3%	100%
Kleinstadt -▪-	0%	17,6%	24,1%	31,8%	42,9%	60%	50%	33,3%

Quelle: Projekt "Armut auf dem Land", eigene Berechnungen

Abb. III/37:

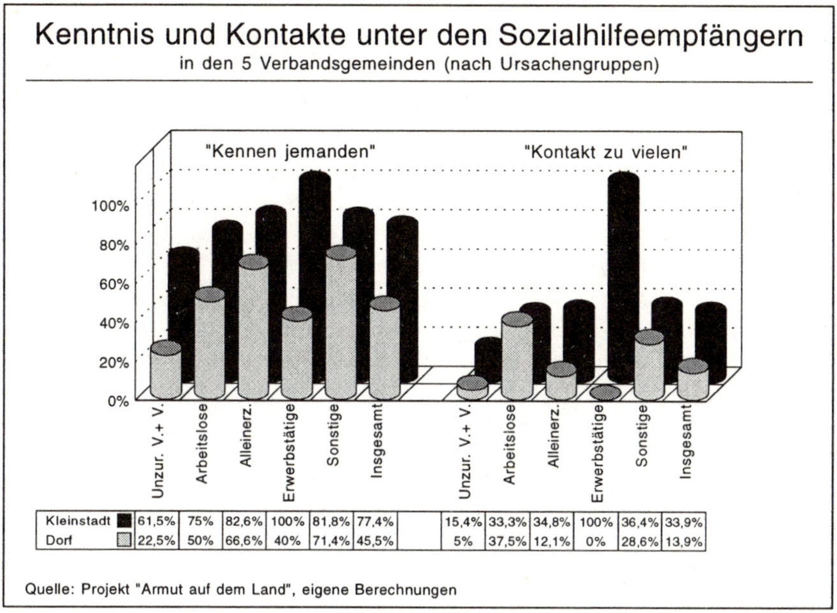

Kleinstadt	61,5%	75%	82,6%	100%	81,8%	77,4%		15,4%	33,3%	34,8%	100%	36,4%	33,9%
Dorf	22,5%	50%	66,6%	40%	71,4%	45,5%		5%	37,5%	12,1%	0%	28,6%	13,9%

Kontakte zu anderen Sozialhilfeempfängern haben daher mehr als ein Drittel der kleinstädtischen, dagegen nur knapp 14% der dörflichen Hilfeempfänger (S. Abb III/37).

Betrachtet man die Kenntnis anderer Hilfeempfänger nach Altersgruppen im kleinregionalen Vergleich, so zeigt sich innerhalb der dörflichen Hilfeempfänger eine deutliche Polarisierung in jüngere (unter 60jährige) und ältere Altersgruppen. Bei den jüngeren Altersgruppen liegen die Anteile derer, die keine anderen Hilfeempfänger kennen fast konstant bei 40%, während sie bei den über 60jährigen um 80% liegen. Im Vergleich mit der kleinstädtischen Altersdifferenzierung zeigen sich zunächst in der Kleinstadt durchweg niedrigere Werte, und hier ist kein eindeutiger Trend bei den Altersgruppen auszumachen.

Als Ergebnis läßt sich festhalten, daß die sehr geringe Kenntnis anderer Menschen im Sozialhilfebezug ein spezifisch dörfliches Problem ist, und dort insbesondere bei den über 60jährigen konzentriert auftritt. Kleinstädtische Sozialhilfebezieher kennen demgegenüber wesentlich häufiger andere Hilfeempfänger, und hier scheint diese Kenntnis unabhängiger vom Alter zu sein.

2.8 Mobilität ländlicher Sozialhilfeempfänger

Die schlechte Anbindung vieler dörflicher Gemeinden in den öffentlichen Personennahverkehr stellt eine deutliche Benachteiligung insbesondere der dörflichen Sozialhilfeempfänger dar, die in ihrer **Mobilität** bei Einkäufen und Besorgungen deutlich eingeschränkt sind. Die Verkehrsverbindungen sind zudem recht teuer und müssen aus dem für den elementaren Lebensunterhalt bestimmten Hilfeteil bezahlt werden. Eine Fahrt in die nächste ländliche Kleinstadt kann ohne weiteres zwischen DM 10,-- und DM 20,--, eine Fahrt ins Oberzentrum bis zu DM 30,-- kosten.

Von den dörflichen Sozialhilfebeziehern der 5 Verbandsgemeinden sind insgesamt ein knappes Drittel (30,7%) auf den öffentlichen Personennahverkehr angewiesen. Von den dörflichen Sozialhilfebeziehern sind die Teilgruppen der Sonstigen in ihrer Mehrzahl (85,7%) und die unzureichend Versichert und Versorgten zu weit mehr als einem Drittel (37,5%) auf den öffentlichen Personennahverkehr angewiesen (Abbildung III/38). Doch muß (mit Ausnahme der Sonstigen) bei allen Teilgruppen nur eine Minderheit tatsächlich auf die öffentlichen Verkehrsangebote zurückgreifen; die Mehrzahl der Hilfeempfänger kann auf *Netzwerkhilfen* zugreifen. So werden die unzureichend Versichert und Versorgten in genau der Hälfte aller Fälle mitgenommen, d.h. sie können bei Verwandten, Freunden, Bekannten oder Nachbarn in deren Fahrzeug mitfahren. Auch ein Drittel aller Alleinerziehenden im Sozialhilfebezug - hier ist nur von dörflichen Hilfeempfängern die Rede - kann auf die Mitnahmemöglichkeit zurückgreifen. Insgesamt steht etwas mehr als einem Drittel aller dörflichen Sozialhilfebezieher diese Möglichkeit offen.

Während die älteren Altersgruppen überwiegend mitgenommen werden, können die jüngeren Altersgsruppen in z.T. hohen Ausmaβ ein Fahrzeug von Verwandten, Freunden oder Nachbarn mitbenutzen, d.h. geliehen bekommen. Mehr als jede dritte dörfliche Alleinerziehende (36,4%) hat diese Möglichkeit.

Die *kleinstädtischen* Hilfempfänger unserer ländlichen Sozialhilfestichprobe sind zwar fast durchweg in höherem Maβe als die entsprechenden dörflichen Teilgruppen auf den öffentlichen Personennahverkehr (ÖPNV) angewiesen, doch ist dies Problem für Kleinstadtbewohner nicht so gravierend, da in der Regel alle wichtigen Geschäfte und andere Einrichtungen des öffentlichen Lebens (Behörden, Ärzte usw.) in Gehweite erreichbar sind. Sie erreichen insgesamt leicht höhere Anteile der Mitnahme und der Mitbenutzung, und deutlich niedrigere beim eigenen Fahrzeug.

Die Sozialhilfeempfänger des Oberzentrums (Trier) sind zu mehr als sechs Zehnteln auf öffentliche Verkehrsmittel angewiesen (61,9%). Jedoch ist in

einer größeren Stadt das Verwiesensein auf öffentliche Verkehrsmittel nicht als Einschränkung einzuschätzen. Freilich sollten hier für Sozialhilfeempfänger - wie auch im ländlichen Raum -
Ermäßigungen bzw. Nulltarife für die öffentlichen Verkehrsmittel eingeführt werden, da
sich die Fahrtkosten auch innerhalb der Stadt, zumindest von einigen Stadtteilen aus, ebenfalls zu erheblichen Beträgen summieren. Mitgenommen wird von den Hilfeempfängern des Oberzentrums mehr als jeder Zehnte (11,9%) und ein Auto mitbenutzen kann etwas mehr als jeder Sechste (16,7%).

Helferprofil
Die Hilfe durch den sozialen Nahkreis kompensiert, wie oben dargestellt wurde, in einer erheblichen Anzahl der Fälle die Benachteiligung durch das Angewiesensein auf den ÖPNV. Im Helferprofil zeigt sich, daß sowohl nach Teilgruppen der Sozialhilfebezieher wie nach Alter die Helfergruppen eine deutlich unterschiedliche Struktur haben. Während bei den Älteren überwiegend die Verwandtschaft sowie in weit geringerem Maße Nachbarn Mitnahmeleistungen erbringen, spielen bei den jüngeren Altersgruppen sozial gewählte Helfernetze (Freunde, Bekannte, Nachbarn) eine wesentlich größere Rolle. Der generationelle Wandel des Helferprofils läßt sich auch als Indikator für die zunehmenden Prozesse der Enttraditionalisierung im ländlichen Raum interpretieren.

Intensität der Hilfe
Die breite Mehrzahl wird von einer Helfergruppe, immerhin mehr als ein Viertel von zweien und etwas mehr als ein Zehntel von drei Helfergruppen unterstützt.

Nach Haushaltstypen betrachtet, zeigen sich starke Differenzierungen innerhalb der dörflichen Hilfebezieher. Von den sonstigen Verwandtenhaushal-

ten (zu denen wir vorallem die Geschwisterhaushalte gezählt haben) sind mehr als die Hälfte (53,3%) auf öffentliche Verkehrsmittel angewiesen. Von den Alleinlebenden sind es immerhin vier Zehntel (40,9%), jedoch kann hier fast die Hälfte (45,5% auf die Mitnahme durch nahestehende Personen zurückgreifen. Bei den Paaren mit Kindern ist ein Viertel auf öffentliche Verkehrsmittel angewiesen, bei den Alleinerziehenden sind es etwas mehr als ein Viertel (26,9%). Jeweils mehr als ein Drittel der Alleinerziehenden kann auf Hilfe durch Mitnahme oder Automitbenutzung (jeweils 34,6%) zurückgreifen. Hilfeempfänger in Mehrgenerationenhaushalten sind überhaupt nicht auf den

Abb. III/38

Mobilität
in den 5 Verbandsgemeinden

Sozialhilfeempfänger in den
5 Verbandsgemeinden

Dorf

Ursachengruppen | Altersgruppen | Status

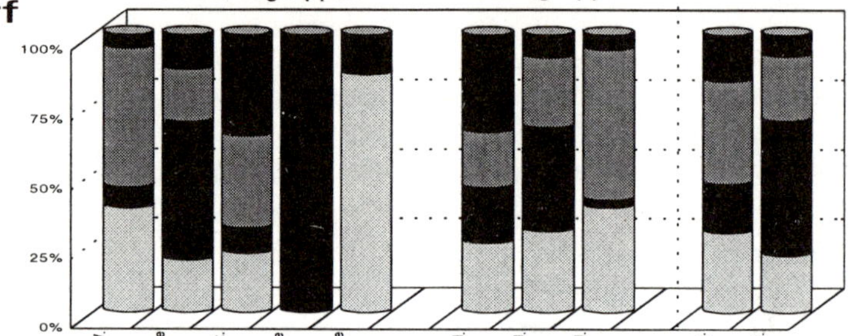

	Unzur. V.+ V.	Arbeitslose	Alleinerz.	Erwerbstätige	Sonstige		bis 39 J.	40 bis 59 J.	über 60 J.		SH-Empf. insg.	Nicht-SH-Empf.
Mitbenutzung	5%	12,5%	36,4%	20%	14,3%		35%	8,3%	5,4%		16,7%	7,7%
nur Mitnahme	50%	18,8%	33,3%	0%	0%		20%	25%	54,1%		37%	23,1%
eigenes Fahrzeug	7,5%	50%	9,1%	80%	0%		20%	37,5%	2,7%		17,6%	48,7%
ÖPNV	37,5%	18,8%	21,2%	0%	85,7%		25%	29,2%	37,8%		28,7%	20,5%

Sozialhilfeempfänger in den
5 Verbandsgemeinden

Kleinstadt

Ursachengruppen | Altersgruppen | Status

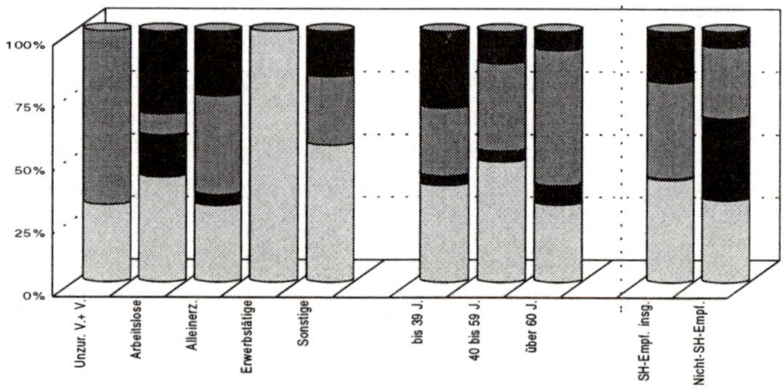

	Unzur. V.+ V.	Arbeitslose	Alleinerz.	Erwerbstätige	Sonstige		bis 39 J.	40 bis 59 J.	über 60 J.		SH-Empf. insg.	Nicht-SH-Empf.
Mitbenutzung	0%	33,3%	26,1%	0%	18,2%		30,8%	13%	7,7%		19,4%	6,5%
nur Mitnahme	69,2%	8,3%	39,1%	0%	27,3%		26,9%	34,8%	53,8%		35,8%	28,3%
eigenes Fahrzeug	0%	16,7%	4,3%	0%	0%		3,8%	4,3%	7,7%		0,6%	32,6%
ÖPNV	30,8%	41,7%	30,4%	100%	54,5%		38,5%	47,8%	30,8%		38,3%	32,6%

Quelle: Projekt "Armut auf dem Land", eigene Berechnungen

öffentlichen Personennahverkehr angewiesen: fast die Hälfte (45,5%) wird mitgenommen, mehr als ein Viertel kann ein Auto mitbenutzen (20,3%), die übrigen haben ein eigenes Fahrzeug.

Ein Stichprobenvergleich ist hier nur unter der Berücksichtigung des Gemeindetypus sinnvoll. Naturgemäß ist durchweg bei den Nicht-Sozialhilfeempfängern die Quote derer mit eigenem Fahrzeug deutlich höher als bei den Sozialhilfeempfängern, denen ja nur ausnahmsweise ein Fahrzeug zugestanden wird. Fast die Hälfte der dörflichen Nicht-Sozialhilfeempfänger verfügt über ein eigenes Fahrzeug. Von den kleinstädtischen Nicht-Sozialhilfeempfängern sind es ein knappes Drittel (32,6%), und auch im Oberzentrum liegt der Anteil der Nicht-Sozialhilfeempfänger mit eigenem Fahrzeug mit 28,6% deutlich über den entsprechenden Werten bei den Sozialhilfeempfängern (11,6%); jedoch sind hier die Fallzahlen recht niedrig, so daß diese Aussage nicht gut gesichert ist.

Ein Zusammenhang zwischen Einkommensschwellen und der Verfügbarkeit eines Fahrzeugs ist über alle Teilstichproben erkennbar; je höher das Einkommen, desto häufiger wird ein eigenes Fahrzeug benutzt (p = .0000).

Im Gesamtvergleich der Sozialhilfeempfänger mit den Nicht-Sozialhilfeempfängern zeigt sich, daß bei den Nicht-Sozialhilfeempfängern die Mobilität insgesamt höher ist. Nicht nur ergibt sich insgesamt ein höherer Anteil der Mobilen (nicht Angewiesensein auf ÖPNV), es ergibt sich auch ein höherer Anteil an der Verfügbarkeit von Fahrzeugen.

2. 9 Regionale Ressourcen

Wohnen bei Verwandten

Da das "Wohnen bei Verwandten"[1] bereits im Zusammenhang der Strukturuntersuchung dargestellt wurde (Kap. II, 2.2.2), sollen hier nur noch einige darüberhinausgehende Informationen vorgestellt werden. Auch in der Fragebogenuntersuchung sind es drei Gruppen der ländlichen Hilfebezieher, die besonders häufig bei Verwandten wohnen. 1. ältere Menschen, die sehr häufig in Formen des Wohnrechts oder mietfrei bei einzelnen ihrer Kinder

1 Als Wohnen bei Verwandten haben wir eine Form des Lebens (bei oder) mit Verwandten betrachtet, bei der die Befragten entweder als selbständiger Haushalt im Sinne des Sozialhilferechts oder in einer Haushaltsgemeinschaft bzw. als Teilhaushalt bei Verwandten leben. Nicht gemeint sind mit diesem Begriff Formen des Wohnens zusammen mit Verwandten, bei denen unsere Befragten weitere Verwandte (z.B. erwachsene und verdienende Kinder) im Haushalt leben haben, ohne mit ihnen eine Bedarfsgemeinschaft oder Geldgemeinschaft zu bilden.

leben. 2. junge Menschen, deren berufliche Verselbständigung noch nicht zur Ablösung vom Elternhaus geführt hat. Dies trifft insbesondere auf jüngere Arbeitslose zu. 3. jüngere, insbesondere ledige Alleinerziehende, die mit ihrem Kind zu den Eltern (zurück-)ziehen. So ist das Wohnen bei Verwandten einerseits durch die Lebenslage bestimmt, andererseits ist es auch eine regionale (ländliche) Ressource.

Das Wohnen bei Verwandten ist am häufigsten in dörflichen Gemeinden und nimmt mit steigender Agglomerationsstufe ab. Insgesamt ergeben sich für die dörflichen Gemeinden 44,2%, die ländlichen Kleinstädte 15,9%, das Oberzentrum 8,8% der Befragten, die bei Verwandten wohnen.

Bei den Sozialhilfeempfängern in den 5 Verbandsgemeinden (n = 163) unterscheiden sich die Anteile derer, die bei Verwandten wohnen, nach Dorf und Kleinstadt mit 41,6% zu 11,3% erheblich (p=.0000). Das Wohnen bei Verwandten erscheint als eine spezifisch dörfliche Ressource, der Unterschied zur ländlichen Kleinstadt ist hoch signifikant.

Von der Vergleichsgruppe der Trierer Sozialhilfeempfänger (n = 42) leben nur 4,8% bei Verwandten. Von den bis 39-jährigen leben 6,9% bei Verwandten, von den 40 bis 59-jährigen keiner (0%), von den über 60jährigen ebenfalls keiner (0%).

Bei den Nicht-Sozialhilfeempfänger in den 5 Verbandsgemeinden wohnen von allen Dörflern dieser Gruppe 26,3% bei Verwandten, von den Kleinstädtern keiner (0%).

Bei der Teilgruppe "Arbeitslose in Maßnahmen" wohnen von den Dörflern 60%, den ländlichen Kleinstädtern 40,7% und den im Oberzentrum wohnenden (allerdings nur 3 Fälle) 53,3% bei Verwandten. Der hohe Anteil des Lebens bei Verwandten geht hier auf den Anteil junger Menschen zurück, die noch bei den Eltern wohnen.

Das Abschwächen dieser ländlichen Ressource zeigt sich auch bei den Nichtsozialhilfebeziehern. Von den *Nicht-Sozialhilfeempfängern in den 5 Verbandsgemeinden* (n = 30) leben von den in dörflichen Gemeinden Wohnenden ein gutes Viertel (26,3%) bei Verwandten, von den in ländlichen Kleinstädten Wohnenden keiner (0%).

Von den *Arbeitslosen in Maßnahmen ohne Sozialhilfebezug* leben insgesamt fast die Hälfte (48,0%) bei Verwandten; auch hier sind die Anteile der in dörflichen Gemeinden (60%) und in Kleinstädten bei Verwandten Wohnenden (40,7%) deutlich verschieden.

Gerade im Stichprobenvergleich wird hier deutlich, daß mit zunehmender Agglomerationsstufe das Wohnen bei Verwandten selbst bei den Altersgruppen der Jüngeren wie der Älteren viel seltener wird, als dies in der ländlichen Region der Fall ist.

Abb. III/39 zeigt, daβ insbesondere bei den jüngeren und bei den älteren Altersgruppen das Wohnen bei Verwandten eine sehr große Bedeutung hat.

Abb. III/39: Wohnen bei Verwandten nach Altersgruppen und Haushalten

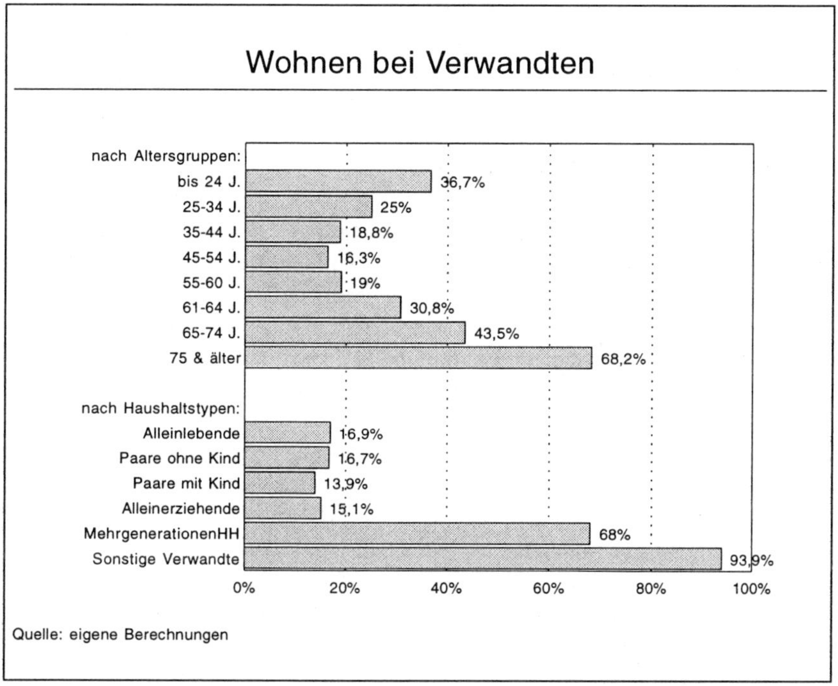

Die jüngeren Altersgruppen wohnen deswegen noch bei Verwandten, weil sie die Ablösung vom Elternhaus aus sozialen bzw. beruflichen Gründen (Arbeitslosigkeit) noch nicht erreicht haben, während die älteren Altersgruppen wieder bei Verwandten wohnen, weil in unserer ländlichen Population die familialen Bindungen noch eine höhere Konsistenz haben als bundesweit.

Insgesamt wird deutlich, daβ jüngere Leute viel häufiger noch bei ihren Eltern leben, und daß die durch die Arbeitslosigkeit aufgeschobene Ablösung vom Elternhaus nicht regionsspezifisch ist.

Bei den Haushaltstypen der Einzelpersonen, der Paare ohne Kind, Paaren mit Kind und Alleinerziehenden kommt das Wohnen bei Verwandten in etwa jedem sechsten Fall vor (Abb. III/39). Bei Mehr-Generationen-Haushalten (68%) und sonstigen Verwandtenhaushalten (93,9%) ist es naturgemäß häufiger.

Personen oder Haushalte, die bei Verwandten wohnen, sind in der Wohnqualität nicht besonders benachteiligt[1].

Einkaufsmöglichkeiten

Der Konzentrationsprozeß im Einzelhandel hat dazu geführt, daß in vielen dörflichen Gemeinden bereits keine Geschäfte für den täglichen Bedarf mehr existieren. Sozialhilfeempfänger, die in der Regel über kein eigenes Fahrzeug verfügen, sind daher insbesondere beim Kauf frischer Lebensmittel (Milch, Brot, Brötchen usw.) häufig auf fahrende Läden angewiesen, falls kein entsprechendes Geschäft mehr im Ort ist.

Wie Abb. III/40 zeigt, kaufen fast ein Fünftel (19,8%) aller dörflichen Sozialhilfebezieher unserer 5 Verbandsgemeinden frische Lebensmittel im fahrenden Laden. Mehr als ein Drittel (37,6%) kann freilich auf ein Geschäft in der Nähe, und weitere 8,9% auf einen Supermarkt am Ort zurückgreifen, während ein weiteres knappes Drittel frische Lebensmittel in einem anderen Ort kauft (31,7%). Demgegenüber kaufen 79% der kleinstädtischen Sozialhilfebezieher im Supermarkt am Ort ihre frischen Lebensmittel und weitere 17,7% in einem Geschäft in der Nähe.

Haltbare Lebensmittel kaufen demgegenüber fast drei Viertel (73,3%) aller dörflichen Hilfeempfänger in einem Supermarkt nicht am Ort, während demgegenüber fast alle kleinstädtischen (96,8%) Hilfeempfänger solche Einkäufe in einem Großmarkt am Ort erledigen können.

Insgesamt zeigen sich hier deutliche Unterschiede und sichtbare Benachteiligungen der dörflichen Hilfeempfänger durch die ausgedünnte Infrastruktur in ländlichen Gemeinden. Der Kauf von Bekleidung, Schuhen, Elektrogeräten und anderen Dingen, die es in der Regel in den dörflichen Gemeinden nicht gibt, wird von einer recht großen Gruppe dörflicher Hilfeempfänger in der nächsten Kleinstadt (40,6%) oder in einem Einkaufszentrum (10,9%) abgewickelt. Mehr als ein Viertel (28,7%) fahren dazu gelegentlich ins Oberzentrum. Bemerkenswert ist, daß ein nennenswerter Anteil solche Käufe

---

1 Angesichts des häufigen Wohnens bei Verwandten in den Formens des Wohnens mit Wohnrechts oder des mietfreien Wohnens im ländlichen Raum schien die Hypothese naheliegend, daß die dort bewohnten Häuser sehr häufig sehr alt sind, und daher in der Regel den Standards des heutigen Wohnens nicht entsprechen. Es wurde daher überprüft, ob innerhalb der Stichproben diejenigen, die bei Verwandten wohnen, signifikant häufiger in guten oder in schlechten Wohnungen wohnen, als diejenigen, die nicht bei Verwandten wohnen. Für keine der vier Stichproben ergab sich ein signifikanter Zusammenhang des Wohnstandards mit dem Wohnen bei Verwandten. Bei Verwandten Wohnende sind so benachteiligt wie andere Haushalte unserer Untersuchung. Dies gilt für alle Stichproben. Auch eine parallele Überprüfung des Wohnens bei Verwandten mit dem Wohnstandardindex (5 Werte) ergibt in keiner Stichprobe eine spezifische Besser- oder Schlechterstellung.

im Versandhandel tätigt (8,9% aller dörflichen Hilfeempfänger). Demgegenüber kann nahezu die Hälfte aller kleinstädtischen Sozialhilfebezieher (48,4%) diese Käufe im Wohnort erledigen, während etwa vier Zehntel (40,3%) zu diesem Zweck ins Oberzentrum fahren. Käufe beim Versandhandel sind bei den kleinstädtischen Hilfeempfängern mit 3,2% dieser Gruppe wesentlich seltener.

Abb. III/40

Einkaufsmöglichkeiten der Sozialhilfebezieher

Lebensmittel bzw. Bedarfsgegenstände werden gekauft im...	Ortstyp			Alle
	DORF	KLEIN STADT	OBERZEN TRUM	Pro- zent
FRISCHE LEBENSMITTEL				
trifft nicht zu.......	2.0%	1.6%		1.5%
fahrender Laden.......	19.8%	1.6%		10.2%
Geschäft in Naehe.....	37.6%	17.7%	50.0%	34.1%
Supermarkt am Ort.....	8.9%	79.0%	47.6%	38.0%
Supermarkt n. am Ort..	31.7%		2.4%	16.1%
HALTBARE LEBENSMITTEL				
trifft nicht zu.......	4.0%	1.6%		2.4%
fahrender Laden.......	2.0%			1.0%
Geschäft in Nähe.. ...	10.9%		16.7%	8.8%
Supermarkt am Ort.....	8.9%	96.8%	78.6%	49.8%
Supermarkt n. am Ort..	73.3%		2.4%	36.6%
Trier.................	1.0%	1.6%	2.4%	1.5%
KLEIDUNG;SCHUHE;SONST:				
trifft nicht zu.......	5.0%			2.4%
in nächster Kleinstadt	40.6%	6.5%		22.0%
in Trier..............	28.7%	40.3%	95.2%	45.9%
im Einkaufszentrum....	10.9%	1.6%		5.9%
Versandhaus...........	8.9%	3.2%		5.4%
hier im Ort...........	5.9%	48.4%	4.8%	18.5%

[148] Quelle: eigene Berechnungen.

Abb. III/41 zeigt das Einkaufsverhalten nach Teilgruppen und Gemeindetypen. Hier soll nur hervorgehoben werden, daβ die älteren Personen im Hilfebezug (unzureichend Versichert und Versorgte in dörflichen Gemeinden) frische Lebensmittel am häufigsten im fahrenden Laden (30,0%) kaufen, und nur zu etwas über einem Fünftel in einem anderen Ort einkaufen können, während die anderen Teilgruppen hier z.T. deutlich höhere Anteile erreichen. Mobilität und das Einkaufsverhalten hängen vermutlich zusammen.

Der Anteil der auβerhalb des Ortes gekauften haltbaren Lebensmittel ist insgesamt über alle Teilgruppen mit fast drei Vierteln (73,3%) recht hoch,

Abb. III/41

Wo werden Einkäufe getätigt (Ländliche Hilfebezieher 5 VGS)

	Teilgruppen					ALLE
	unz. V.V.	Arbeitslose	Allein-erzie-hende	erwerbs taetig	Sonsti-ge	
DORF						
FRISCHE LEBENSMITTEL						
trifft nicht zu.....	2.5%	6.3%				2.0%
fahrender Laden.....	30.0%	6.3%	15.2%	20.0%	14.3%	19.8%
Geschaeft in Naehe..	37.5%	25.0%	42.4%	20.0%	57.1%	37.6%
Supermarkt am Ort...	7.5%	6.3%	9.1%	40.0%		8.9%
Supermarkt n. am Ort	22.5%	56.3%	33.3%	20.0%	28.6%	31.7%
HALTBARE LEBENSMITT.						
trifft nicht zu.....	7.5%	6.3%				4.0%
fahrender Laden.....	5.0%					2.0%
Geschaeft in Naehe..	20.0%		6.1%		14.3%	10.9%
Supermarkt am Ort...	10.0%	6.3%	9.1%	20.0%		8.9%
Supermarkt n. am Ort	57.5%	87.5%	81.8%	80.0%	85.7%	73.3%
Trier (Oberzentrum).			3.0%			1.0%
KLEIDUNG						
trifft nicht zu.....	10.0%				14.3%	5.0%
in naechster Kleinst	42.5%	50.0%	36.4%	40.0%	28.6%	40.6%
in Trier...........	27.5%	25.0%	27.3%	60.0%	28.6%	28.7%
im Einkaufszentrum..	5.0%	18.8%	12.1%		28.6%	10.9%
Versandhaus.........	7.5%	6.3%	15.2%			8.9%
hier im Ort.........	7.5%		9.1%			5.9%
KLEINSTADT						
FRISCHE LEBENSMITTEL						
trifft nicht zu.....	7.7%					1.6%
fahrender Laden.....	7.7%					1.6%
Geschaeft in Naehe..	7.7%	33.3%	13.0%	33.3%	18.2%	17.7%
Supermarkt am Ort...	76.9%	66.7%	87.0%	66.7%	81.8%	79.0%
HALTBARE LEBENSMITT.						
trifft nicht zu.....	7.7%					1.6%
Supermarkt am Ort...	92.3%	100.0%	95.7%	100.0%	100.0%	96.8%
Trier..............			4.3%			1.6%
KLEIDUNG,SCHUHE USW.						
in naechster Kleinst		25.0%	4.3%			6.5%
in Trier...........	15.4%	25.0%	65.2%	33.3%	36.4%	40.3%
im Einkaufszentrum..	7.7%					1.6%
Versandhaus.........			4.3%		9.1%	3.2%
hier im Ort.........	76.9%	50.0%	26.1%	66.7%	54.5%	48.4%

[149] Quelle: Fragebogenuntersuchung 1990, eigene Berechnung

wobei wiederum die unzureichend Versichert und Versorgten mit 57,5% Käufen außerhalb des Ortes den niedrigsten Anteil erreichen. Insgesamt wird aber deutlich, daß die dörflichen Hilfeempfänger die Möglichkeiten preisgünstiger Einkäufe haltbarer Lebensmittel wahrnehmen (müssen).
Bei den kleinstädtischen Hilfebeziehern ergeben sich deutliche Unterschiede im Einkaufsverhalten dadurch, daß in der Regel alle Geschäfte des täglichen

Bedarfs in der Nähe oder zumindest am Ort vorhanden sind (s. Abb. 40). Auch Käufe von Bekleidung und Einrichtungsgegenständen werden in einem sehr starken Maße im gleichen Ort getätigt, die dörflichen Hilfebezieher fahren hierzu in wesentlich höherem Maße in die nächste Kleinstadt oder ins Oberzentrum.

Zusammengefaßt ergibt sich, daß etwa zwei Drittel aller dörflichen Hilfebezieher frische Lebensmittel am Ort kaufen (fahrende Läden hier mitgerechnet), während es in der Kleinstadt fast alle (98,4%) sind. Haltbare Lebensmittel kaufen etwas mehr als ein Fünftel aller dörflichen Hilfebezieher (21,8%) am Ort, während es von den kleinstädtischen Hilfebeziehern wiederum fast alle (96,8%) sind. Bekleidung, Schuhe und andere Einrichtungsgegenstände kaufen von allen dörflichen Hilfebeziehern fast neun Zehntel außerhalb des Ortes (89,1%), während es von den kleinstädtischen nur gut die Hälfte (51,6%) sind.

Selbstversorgung, Nutzgarten und Gartengröße

Von allen dörflichen Hilfeempfängern unserer untersuchten ländlichen Sozialhilfepopulation der fünf Verbandsgemeinden haben nahezu die Hälfte einen Nutzgarten (45,5%), während die kleinstädtischen Hilfebezieher nur zu 14,5% über einen Nutzgarten verfügen. Abb. III/42 zeigt, daß die Teilgruppen der unzureichend Versicherten, der Alleinerziehenden und der Erwerbstätige zu fast der Hälfte über einen Nutzgarten verfügen. Von den kleinstädtischen Hilfebeziehern erreichen wiederum die Erwerbstätigen mit einem Drittel sowie die Arbeitslosen-Haushalte mit einem Viertel nennenswerte Anteile.

Ein erheblicher Anteil der Nutzgärten ist recht klein, so daß eine deutliche Entlastung per naturaler Reproduktion hier nicht zu erwarten ist (s. Abb. III/42). Zählt man nur über 30qm große Nutzgärten, so haben nur ein knappes Drittel (30,8%) der dörflichen Hilfeempfänger und nur ein gutes Zwanzigstel (6,4%) der kleinstädtischen Hilfeempfänger einen Garten, dessen Erträge an Gemüse und Obst zu Gewicht schlagen können.

Nach Wohnformen betrachtet zeigen sich deutliche Unterschiede. Die mit Wohnrecht oder mietfrei Wohnenden haben die höchsten Anteile von Nutzgärten (61,3%). Auch die im eigenen Haus wohnenden Hilfeempfänger haben zu fast der Hälfte (45,5%) einen bewirtschafteten Nutzgarten, während die zur Miete Wohnenden nur zu 24,1% einen Nutzgarten betreiben (können). Insgesamt zeigen sich wieder deutliche Unterschiede zwischen den Gemeindeformen Dorf und ländliche Kleinstadt (s. Abb. III/42).

Obst und Gemüse aus dem eigenen Garten zu erwirtschaften, geben mehr als ein Drittel aller dörflichen (36,6%) aber nur jeder zwanzigste kleinstädtische Hilfeempfänger (4,8%) an.

Abb. III/42

Garten und Gartengröße im kleinregionalen Vergleich (Sozialhilfe 5 VGs)

Garten/Gartengröße und Gemeindeform	Teilgruppen					ALLE
	unzur. V. u. V.	Arbeitslose	Alleinerziehende	Erwerbstätige	Sonstige	
DORF						
KEIN GARTEN	52.5%	68.8%	51.5%	40.0%	57.1%	54.5%
bis 30 qm	17.5%	12.5%	12.1%	20.0%	14.3%	14.9%
bis 60 qm	12.5%	12.5%	15.2%	40.0%		13.9%
bis 100 qm	5.0%		15.2%		14.3%	7.9%
bis 300 qm	10.0%		3.0%			5.0%
ueber 300 qm	2.5%	6.3%	3.0%		14.3%	4.0%
KLEINSTADT						
KEIN GARTEN	92.3%	75.0%	87.0%	66.7%	90.9%	85.5%
bis 30 qm	7.7%	8.3%	8.7%	33.3%		8.1%
bis 60 qm			4.3%			1.6%
bis 100 qm		8.3%			9.1%	3.2%
bis 300 qm		8.3%				1.6%

[150] Quelle: Fragebogenuntersuchung 1990; eigene Berechnung.

Vorratshaltung und Eigenproduktion

Bei der Bevorratung von Lebensmitteln zeigen sich deutliche Unterschiede zwischen den ländlichen Gemeindeformen. Bemerkenswert erscheint zunächst die insgesamt weit unter bundesweiten Anteilen liegende Tiefkühlbevorratung durch unsere ländlichen Hilfeempfänger. Insgesamt ist es nur die Hälfte der ländlichen Population, wobei bei den dörflichen Bewohnern gut (53,5%) und bei den kleinstädtischen knapp die Hälfte (45,2%) tiefgekühlte Vorräte hält. Starke Unterschiede zeigen sich auch noch beim Einkochen (von Marmelade, Gemüse usw.), das von den dörflichen Hilfeempfängern fast jeder zweite (46,5%) von den kleinstädtischen dagegen nur jeder neunte (14,5%) betreibt. Andere Formen der Eigenproduktion sind eher selten (s. Abb. III/43). Das Lagern von Lebensmitteln ist in den dörflichen Gemeinden (mehr als jeder Zweite, 58,4%) wesentlich verbreiteter als in den kleinstädtischen (nahezu jeder Sechste, 17,7%).

Geschenke

Lebensmittel, Bekleidung oder sonstige Dinge erhalten von den dörflichen Hilfebeziehern 37,6%, von den kleinstädtischen 29,0% geschenkt. Insgesamt erhalten mehr als ein Drittel (34,4%) aller ländlichen Hilfeempfänger eine naturale Unterstützung dieser Art. Dabei wird in fast einem Drittel aller Fälle diese Unterstützung von Verwandten (29,4%), in 11% von Freunden oder Bekannten, und 4,9% von Nachbarn geleistet.

Abb. III/43

Vorratshaltung und Eigenproduktion im Vergleich (Hilfebezieher 5 VGs)

Teilbereiche der Vorratshaltung bzw. Eigenproduktion	Teilgruppen					Alle
	unzur. V. u. V.	Arbeits-lose	Alleiner-ziehende	Erwerbs-tätige	Sonstige	
DÖRFER						
KONSERVENVORRAT	67.5%	75.0%	87.9%	60.0%	100.0%	77.2%
TIEFKÜHLVORRAT	50.0%	62.5%	57.6%	20.0%	57.1%	53.5%
SELBST POEKELN	5.0%			20.0%		3.0%
Sonstiges	2.5%					1.0%
SELBST EINKOCHEN	50.0%	43.8%	45.5%	40.0%	42.9%	46.5%
LAGERN LEBENSMITTEL	72.5%	68.8%	42.4%	40.0%	42.9%	58.4%
FRISCHES OBST/GEMÜSE	50.0%	25.0%	54.5%	40.0%	57.1%	47.5%
KLEINSTADT						
KONSERVENVORRAT	76.9%	66.7%	78.3%	100.0%	63.6%	74.2%
TIEFKÜHLVORRAT	23.1%	58.3%	52.2%	66.7%	36.4%	45.2%
SELBST PÖKELN			4.3%			1.6%
SELBST EINKOCHEN	23.1%	16.7%	4.3%		27.3%	14.5%
LAGERN LEBENSMITTEL	30.8%		21.7%		18.2%	17.7%
FRISCHES OBST/GEMÜSE	7.7%	16.7%	17.4%	33.3%	9.1%	14.5%

[151] Quelle: Fragebogenuntersuchung; eigene Berechnungen.

Bezogen auf alle Fälle von Hilfe hat die Unterstützung durch Verwandte einen Anteil von 64,9%, durch Freunde und Bekannte von 24,3%, durch Nachbarn von 10,8%. Dabei ergeben sich deutlich unterschiedliche Profile der Helferquoten nach dem innerländlichen Gemeindetyp.

Von allen unter dörflichen Hilfeempfängern geleisteten Unterstützungen haben die Verwandten einen Anteil von 71,2%, Freunde und Bekannte von 21,2% und Nachbarn von 7,7%. Von allen bei kleinstädtischen Hilfeempfängern Hilfe erhaltenden wird 50% von Verwandten, 31,8% von Freunden und Bekannten und 18% von Nachbarn erbracht. Bei den kleinstädtischen Sozialhilfebeziehern, die materielle Hilfe erhalten, haben also die Freunde und Bekannten einen deutlich höheren Anteil, wenngleich Verwandte auch hier die dominierende Gruppe der Helfer bleiben.

Hilfeleistungen

Auf die Frage, ob sie von Angehörigen oder anderen Leuten noch Lebensmittel, Bekleidung, Schuhe oder sonst etwas erhalten, antworten von den bei Verwandten Wohnenden 27,3% mit ja, von den nicht bei Verwandten Wohnenden 39,3%. Dies deutet darauf hin, daβ die nicht bei Verwandten

Wohnenden in höherem Maße von Verwandten und sonstigen Personen unterstützt werden als diejenigen, die bei Verwandten wohnen.
Doch auch das Helferprofil ist unterschiedlich, wenn man die Antworten auf die Frage betrachtet: "Lassen sie sich gelegentlich etwas mitbringen, wenn jemand anderes zum Einkaufen geht?". Von den bei Verwandten Wohnenden lassen sich 60,2% etwas mitbringen, von den ohne Verwandten Wohnenden, 34,9%. Wer bei Verwandten wohnt, läßt sich in höherem Maße von Verwandten bei Einkäufen etwas mitbringen als diejenigen, die nicht bei Verwandten wohnen. In diesem Sinne stellt also das Wohnen bei Verwandten eine pragmatische Lebenshilfe dar. Das Wohnen bei Verwandten bedeutet die Nutzung von Ressourcen. Von Freunden oder Bekannten lassen sich beim Einkaufen mitbringen: von den bei Verwandten Wohnenden 12,5%; von den nicht bei Verwandten Wohnenden 52,7%. Wer nicht bei Verwandten wohnt, greift in höherem Maße auf die Hilfe von Freunden und Bekannten zurück. Von Nachbarn lassen sich, wenn der Nachbar zum Einkaufen geht etwas mitbringen: von den bei Verwandten Wohnenden 10,2%; von den nicht bei Verwandten Wohnenden 16,6%. Auch hier wird deutlich, daß diejenigen, die nicht bei Verwandten wohnen, sich in häufigerem Maße als jene der Hilfe von Nachbarn bei Einkäufen bedienen.

2.10 Einkommen und Lebenslagen

Zur Berechnung und Bestimmung dessen, was als Einkommensarmut gelten soll, werden unterschiedliche Maßstäbe herangezogen (vgl. ausf. Schulz 1989, S. 202f.). Allgemein anerkannt ist die Lösung von Hauser u.a. (1981), die von einer strengen, milden und relativen Armutsgrenze ausgehen, die bei 40, 50 und 60% des gewichteten durchschnittlichen Haushaltseinkommens liegen. Dabei gilt das durchschnittliche gewichtete Einkommen als Vergleichspunkt. Dieses Einkommen errechnet sich aus der Division des in der volkswirtschaftlichen Gesamtrechnung ausgewiesenen verfügbaren Einkommens der privaten Haushalte durch die Summe der Personengewichte. Die Personengewichte werden nach den Regelsatzproportionen der Sozialhilfe (HLU) bestimmt und liegen für den Haushaltsvorstand bei 1, für weitere Haushaltsmitglieder nach Alter zwischen 0.45 und 0.9. Von dem so ermittelten durchschnittlichen gewichteten Pro-Kopf-Einkommen werden dann relative Einkommensgrenzen von 40 bis 60% abgeleitet (Hauser u.a 1981, 112f.; Hauser/Hübinger 1993, 74ff.). In der Caritas-Untersuchung wurde die Armutsgrenze analog der Sozialhilfegewährung in einer gesplitteten Rechnung von Mietanteil des

Einkommens und frei verfügbarem Einkommensbetrag (Hauser/Hübinger 1993, 78) bestimmt. Unsere Untersuchung hat mit dem Unterschied der Mietberechnung eine analoge relative Einkommenskonzeption. Nach der Datenquelle des Sozioökonomischen Panels liegt für 1990 das durchschnittliche gewichtete Durchschnittseinkommen bei DM 1.566 (vgl. auch Hauser/-Hübinger 1993, 77). Unsere Studie bestimmt für einen Einpersonenhaushalt 1990 die Armutsgrenze von 40% (Sozialhilfeeckregelsatz für Rheinland-Pfalz) mit DM 446 und für 60% (milde Armut) bei DM 669. Nach dem BSHG zustehende Mehrbedarfe (z.B. für Ältere und Alleinerziehende) wurden einbezogen. Jedoch enthalten diese Schwellen keine Mietbelastung. Da die HLU in der Regel die aktuelle Miete übernimmt, wurde, um Vergleichbarkeit zu gewährleisten, wurde die *tatsächliche* Mietbelastung einbezogen.

Da unsere Untersuchung auch einen Vergleich der Lebenssituation von Sozialhilfeempfängern und Nicht-Sozialhilfeempfängern mit einem erwarteten besseren Einkommenszuschnitt intendiert, wurde die relative Einkommensgrenze bei 60% festgesetzt. 26 Personen bzw. Haushalte, die in der Befragung waren, aber ein höheres Einkommen hatten, wurden aus den Berechnungen ausgenommen, so daß 291 in der Untersuchung verbleiben.

Das Ergebnis unserer Untersuchung - daß nämlich signifikante Unterschiede in den untersuchten Lebenslagebereichen zwischen unseren Stichproben und auch nach den Einkommensgrenzen fast nicht nachzuweisen sind - bedeutet, daß im Bereich der unteren Einkommensgruppen (d. h. unterhalb von 60% des durchschnittlichen Einkommens) die einzelnen Lebenslagebereiche sich nicht meßbar unterscheiden; die vorhandenen Unterschiede stellen lediglich Schwankungen und Abweichungen dar, die zum Teil zufällig, zum Teil durch die zeitlich vorangegangene bessere oder schlechtere Einkommenssituation bedingt sind.

Allgemeine Probleme der Einkommensangabe

Die Lebenslage einer Person oder einer in einem Haushalt zusammengefaßten (und unterschiedlich zusammengesetzten) Personengruppe abzubilden, setzt die Erfassung des direkten und indirekten monetären Einkommenszuflusses voraus. Doch kann man in der Regel auf Seiten der Befragten kaum einen derart weiten Einkommensbegriff erwarten. Es dürfte eine Neigung bestehen, sich bei Einkommensangaben an regelmäßigen Einkommen aus Erwerbsarbeit oder kontinuierlichen sozialen Transfers zu orientieren. Auch hat sich durch den Ausbau des Sozialstaates die Zahl der Einkommen pro Haushaltsmitglied vermehrt. So können insbesondere bei größeren Haushalten einzelne Transfers "übersehen" werden. Ferner zählt das Einkommen zu den privaten Merkmalen einer Person, nach denen man nicht besonders gerne fragt, und nach denen man nicht besonders gerne gefragt wird. Zur Genauigkeit von Einkommensangaben in der empirischen Sozialforschung gibt es wenig Untersuchungen.

Vorliegende Studie befindet sich in diesem Bereich insofern in einer besonderen Situation, als die Mehrzahl unserer Befragten staatliche Transfers erhalten, die eine Bedürftigkeitsprüfung durch Sozialamt oder Arbeitsverwaltung voraussetzen. Die Sozialverwaltung hat dabei anrechenbare Transfers bereits berücksichtigt, ebenso hat sie das Vorhandensein von Ersparnissen überprüft. Es ist daher grundsätzlich davon auszugehen, daß bei Sozialhilfeempfängern die Einkommensangaben in der Regel korrekt sind. Sind auf die Sozialhilfe nicht anrechenbare Transfers vorhanden, so kann sich das Einkommen z.T. beträchtlich über die Grenze des Sozialhilferegelsatzes für den Haushalt erhöhen.

Auch bei den Arbeitslosen in Maßnahmen, die Leistungen nach AFG erhalten, ist in der Regel eine Einkommensüberprüfung durch die Arbeitsverwaltung erfolgt: wenn nicht mehr Arbeitslosengeld, sondern die subsidiäre Leistung der Arbeitslosenhilfe gezahlt wird. In diesen Fällen wird das Einkommen auch der Haushaltsangehörigen bzw. Verwandten überprüft.

Zusammenfassend läßt sich also für die große Gruppe der Sozialhilfeempfänger und der Arbeitslosen in Maßnahmen der Untersuchung sagen, daß hier eine günstigere Ausgangssituation für empirische Forschung vorliegt.

Diese Aussage gilt freilich nicht für die Netzwerk-Befragten außerhalb von Sozialhilfe und Arbeitslosenunterstützung. Hier treffen die dargestellen Schwierigkeiten zu. Einschränkungen sind hier für Teilgruppen zu machen, bei denen die Einkommenssituation einfacher und überschaubarer ist: so z.B. die Alten (außerhalb des Sozialhilfebezugs), die lediglich über Alterssicherungstransfers verfügen, und in der Regel keine weiteren Einkommen haben. Problematisch ist demgegenüber die - allerdings recht kleine - Gruppe der Familien, bei denen z.T. zahlreiche Transfers vorliegen, so daß die Möglichkeit der Ungenauigkeit hier viel größer ist.

Grundsätzlich besteht ferner die Schwierigkeit, daß nicht-monetäre Transfers, z.B. Geschenke sowie Hilfeleistungen nicht monetär gewichtet werden können. Auch bei einer naturalen Reproduktion, etwa durch den Garten oder gesammeltes Obst läßt sich das monetäre Äquivalent der Eigenproduktion kaum bestimmen. Sie blieben daher unberücksichtigt.

In der Feldarbeit waren wir darüber erstaunt, wie bereitwillig eine große Zahl der Befragten ihre Einkommensverhältnisse offen legte. Dies gilt insbesondere für die Sozialhilfeempfänger und zu einem großen Teil auch für die Arbeitslosen in Maßnahmen: sehr häufig ist es vorgekommen, daß uns die Befragten ihre Sozialamts- bzw. Arbeitsamtsbescheide vorlegt haben, aus dem eine genaue Aufstellung der angerechneten Transfers und der schlußendlich gezahlten Sozial- bzw. AFG-Leistung hervorging.

Allgemein läßt sich sagen, daß insbesondere bei den Sozialhilfeempfängern (zwei Drittel unserer Befragten) und den Arbeitslosen in Maßnahmen in den meisten Fällen nachvollziehbare und plausible Einkommensangaben gemacht wurden. Insgesamt war dadurch eine große Transparenz der Einkommensdimension gegeben. Insbesondere die Gruppe der Alleinerziehenden hatte in der Regel einen pfenniggenauen Überblick über ihre Einkommenssituation und die einzelnen Transfers.

Die erstaunliche Offenheit vieler befragter Sozialhilfeempfänger in der Einkommensdimension mag damit zusammenhängen, daß in dieser Gruppe das Bedürfnis hoch ist, mit der Offenlegung der - meist niedrigen - Einkommenssituation den universitären Interviewern die sehr enge Einkommenssituation zu dokumentieren. Hier mag auch eine Rolle spielen, daß in nicht wenigen Fällen von der Sozialverwaltung Einbehalte, Rückforderungen und Nichtzahlungen von zustehenden Zuschlägen vorkamen. Z.T. haben unsere Interviewer die Befragten auch auf solche Sachverhalte aufmerksam gemacht. Auch bei Netzwerkinterviews (kein Sozialhilfebezug) haben wir in der Regel eine gute Bereitschaft vorgefunden, differenzierte Einkommensangaben zu machen.

Zusammenfassend bestand bei den Befragten unserer Population überwiegend eine große Bereitschaft, exakte Einkommensangaben zu machen und aufgrund der besonderen Einkommenssituation können die Einkommensangaben im großen und ganzen als verläßlicher gelten als in allgemeineren Umfragen, die beim Einkommen auch hohe Verweigerungsquoten haben, wie z.B. ein Viertel beim ALLBUS.

Probleme des Haushaltsbegriffs

In der amtlichen Statistik wie in der Forschung (einschließlich der Markt- und Meinungforschung) wird die Abgrenzung zwischen "Familie" und Haushalt selten konsequent gehandhabt. Ein Haushalt ist eine "zusammenwohnende und eine wirtschaftliche Einheit bildende Personengemeinschaft... Zum Haushalt können verwandte und familienfremde Personen gehören..." (Stat. Bundesamt 1986, 50). Das Zusammenleben mehrerer, ja sogar einander fremder Einkommensbezieher ist nach dieser Definition ohne weiteres möglich (vgl. auch die Kritik in Krüger u.a.1986, 14). Beim Zusammenleben mehrerer Einkommensbezieher wird ohne weiteres von einem gemeinsamen Geldhaushalt - einer einzigen Haushaltskasse - und einem Wirtschaftssubjekt ausgegangen. Diese Voraussetzung erwies sich jedoch in unserer Untersuchung als wirklichkeitsfremd. Zusammenwohnende Personen, selbst Verwandte wie etwa

Eltern und Kinder, führen nicht immer einen gemeinsamen Geldhaushalt; vielmehr führen oft die Kinder eine eigene Kasse, zahlen nur "Kost und Logis" oder gehen gänzlich von der eigenständigen Verwendung ihres Einkommens aus. Junge Paare, die noch bei den Eltern leben, führen häufig ebenso wie die Eltern eine eigene Kasse.

Angesichts dieses Problems führt auch der Familienbegriff nicht weiter, nach dem Familien so bestimmt werden: "Ehepaare bzw. alleinstehende Väter und Mütter, die mit ihren ledigen Kindern zusammenleben... In der Familienstatistik wird von einem idealtypisch abgegrenzten Familienzyklus ausgegangen; das bedeutet, daß als Familien auch Ehepaare vor der Geburt eines Kindes gelten... sowie verheiratete Getrenntlebende, Verwitwete und Geschiedene... Nach dieser Abgrenzung des Familienbegriffs können in einem Privathaushalt mehrere Familien leben." (Stat. Bundesamt 1986, S. 51).

Statistische Aussagen setzen also - dies wäre die conclusio der Überlegungen - als ideale Basis einen Einfamilienhaushalt voraus, der in dieser reinen Form kaum auszumachen ist.

Zur Lösung dieser Fragen haben wir bei den Sozialhilfehaushalten unterschieden zwischen den Bedarfsgemeinschaften (die Personen im Haushalt, die Sozialhilfe beziehen) einerseits und dem Geldhaushalt bzw. dem Gesamthaushalt andererseits. Unproblematisch sind die Fälle, in denen der Sozialhilfehaushalt mit dem Gesamthaushalt identisch ist (z.B. Ein-Personen-Haushalte; Eltern mit Kindern). Wenn Sozialhilfeempfänger in größeren Haushalten leben, deren Angehörige ihrerseits nicht im Sozialhilfebezug sind, gibt es unterschiedliche Möglichkeiten. Einerseits kann der Sozialhilfeempfänger innerhalb des größeren Haushalts eine eigene Wirtschaftseinheit bilden: d.h. seinen Lebensunterhalt von der Sozialhilfe bestreiten, und keine weiteren monetären oder nicht monetären Austauschbeziehungen mit dem Gesamthaushalt haben. Dies ist z.B. dann der Fall, wenn eine alleinstehende ältere Person bei Kindern wohnt und einen eigenen Haushalt im Sinne des Sozialhilferechtes führt. Die Einkommensangaben beziehen sich dann nur auf die eine Person - die anderen gehören weder zur Bedarfsgemeinschaft noch zum Geldhaushalt -.

Es kann freilich auch sein, daß eine Sozialhilfe-Bedarfsgemeinschaft, die innerhalb eines größeren Haushaltes lebt, mit allen oder mit einigen Personen aus dem größeren Haushalt einen Geldhaushalt bildet, d.h. eine gemeinsame Kasse für den täglichen Lebensunterhalt führt. Ein Beispiel dafür ist das ländliche Geschwisterpaar, von dem ein Teil im Sozialhilfebezug ist, der andere Teil jedoch von anderen Transfers (in der Regel Rente) lebt. Nicht selten führen diese Personen dann einen gemeinsamen Geldhaushalt. Für den Sozialhilfeempfänger kann das eine Verbesserung seiner Lebenssituation (wenn die andere Person des Geldhaushaltes über ein höheres Einkommen verfügt) bedeuten; der gemeinsame Geldhaushalt kann auch zu einer Verschlechterung der materiellen Lebenssituation der Mitglieder führen.

In fast jedem zehnten Fall (9,63%) ist die Sozialhilfe-Bedarfsgemeinschaft nicht identisch mit dem Geldhaushalt. Von den 21 Fällen insgesamt verschlechtern sich durch das gemeinsame Wirtschaften mit Nicht-Sozialhilfeempfängern in ihrer Einkommenssituation 6 (28,6%), während sich die übrigen 15 Fälle verbessern (71,4%).

In den Fällen, in denen sich die Betroffenen einkommensmäßig verschlechtern, läßt sich von einer Dunkelziffer innerhalb des Wohnhaushaltes sprechen: die Familienangehörigen, die hier nicht im Sozialhilfebezug sind, tragen mit ihrem Einkommen weniger bei, als dem Regelsatz entspräche. Dadurch verschlechtert sich die Situation der Sozialhilfeempfänger im Bezug.

Bei allen Stichproben gibt es Haushaltsmitglieder (in der Regel erwachsene berufstätige Kinder), die zwar in dem Wohnhaushalt leben und einen Geldanteil für ihre Kost und Logis zahlen, die aber von der im Haushalt konsumierten Kost und dem Logis abgesehen ihren Lebensunterhalt alleine, selbständig und außerhalb des Haushaltes bestreiten. Wir haben uns dafür entschieden, diese Konstellation so zu betrachten, als seien die Ressourcen, die diese Familienangehörigen aus dem Haushalt herausziehen (Kost und Logis) mit dem abgegolten, was sie in den Haushalt einbringen. In der Regel haben wir von diesen verdienenden Haushaltsmitgliedern nur die Angaben über die Summe, die sie als Kost und Logis in den Haushalt einbringen, jedoch waren die Interviewten nur selten über das genaue Einkommen dieser Haushaltsmitglieder informiert, da dies zu deren eigener Verfügung steht.

Bei Sozialhilfeempfängern sind diese Familienmitglieder in der Bedarfsrechnung der Sozialverwaltung als Einkommensträger nicht berücksichtigt, lediglich ihr Miet-(Logis-) Anteil wird rechnerisch einbezogen. Wir sind analog verfahren; in gleicher Weise wurden entsprechende Fälle bei den Nicht-Sozialhilfeempfängern behandelt. Insgesamt handelt es sich um 12 solcher Fälle, 7 Fälle bei den Sozialhilfeempfängern (3,3%) und 4 Fälle bei den Nicht-Sozialhilfeempfängern (5,5% aller Nicht-Sozialhilfeempfänger).

Nicht anrechenbare Transfers und schwarze Einkommen

Einige sozialstaatliche Transfers werden auf die Sozialhilfe nicht angerechnet und verbleiben den Empfängern zusätzlich zum Sozialhilferegelsatz. Es sind dies insbesondere das Erziehungsgeld, die Kindererziehungsleistung, Pflegegeld der Hilfe in besonderen Lebenslagen sowie (seltener) eine Kriegshinterbliebenenrente. Je nach Haushaltsgröße und Haushaltskonstellation können diese nicht anrechenbaren Transfers dazu führen, daß auch

Sozialhilfeempfänger ihre Einkommenssituation bis an oder über die milde Armutsgrenze verbessern können. Dies kommt freilich nur in seltenen Fällen vor. Insgesamt gibt es in 62 Fällen (28,4% aller Sozialhilfeempfänger) Einkommen, die auf die Sozialhilfe nicht anrechenbar sind. Die Beträge reichen von einigen 10 bis zu einigen 100 DM. Überwiegend handelt es sich um das auf 18 Monate befristete Erziehungsgeld. Das Maximum wird von einer Kriegswitwe erreicht, die DM 860,-- an Hinterbliebenenrente erhält, die auf ihre Sozialhilfe nicht angerechnet wird.

Ein weiteres Problem stellen schwarze Einkommen dar, z.B. aus Nebenerwerb oder private Unterstützungen, die der Sozialverwaltung oder der Arbeitsverwaltung nicht bekannt sind und daher bei der Bedarfsberechnung nicht berücksichtigt werden. Der Zuwachs ist in der Regel geringfügig bei Beträgen von ca. DM 50; prozentual werden durchschnittlich 9,4% bei den Hilfebeziehern, 7,3% Verbesserung bei den Nicht-Sozialhilfeempfängern (bezogen auf das Nettoeinkommen ohne Miete) erreicht. Insgesamt sind es 23 Fälle, in denen ein schwarzes Einkommen erzielt wird. Davon sind 21 Fälle Sozialhilfeempfänger (9,6% der Sozialhilfeempfänger) und 2 Nicht-Sozialhilfeempfänger (2,7% der Nicht-Sozialhilfeempfänger. Freilich waren von den zuvor wegen zu hohem Einkommen aus der Darstellung ausgeschlossenen Nicht-Sozialhilfebeziehern 8, die wegen schwarzer Einkommen die Einkommensgrenze unserer Untersuchung überschritten.). Beim tatsächlichen Einkommen wurden diese Beträge berücksichtigt.

Zur Streuung der Einkommen

Bei der Gruppe der Sozialhilfeempfänger, die keinen gemeinsamen Geldhaushalt mit anderen Haushaltsangehörigen ohne Sozialhilfebezug bilden (n = 197) wurde eine Plausibilitätsprüfung der Einkommensangaben durchgeführt. Die angegebenen Einkommen wurden mit dem Sozialhilfebedarf für die Bedarfsgemeinschaft verglichen. Bei der Berechnung des Sozialhilfebedarfs wurden die entsprechenden Regelsätze für Haushaltsvorstände, Abzüge für Haushaltsangehörige, Kinder usw. sowie Mehrbedarfe berücksichtigt[1].

Das Haushaltseinkommen liegt in vielen Fällen unter der Bedarfssumme nach BSHG. Es ergaben sich z.T. erhebliche Differenzen, die im Einzelfall

1 Wenn die Miete vom Sozialamt direkt an den Vermieter überwiesen wurde, wurde die Miete bei der Berechnung des Bedarfs (der Hilfe zum Lebensunterhalt, die nur zur Bestreitung des Lebensunterhalts ausschließlich der Miete bestimmt ist) nicht berücksichtigt. In den Fällen, in denen die Miete von der Sozialverwaltung an die Sozialhilfeempfänger direkt gezahlt wird, um von diesen an den Vermieter weiter gezahlt zu werden, wurde die Miete von dem Bedarf abgerechnet, um die gleiche Situation zu erhalten.

z.T. aufzuklären waren. Die folgende Übersicht gibt einen Ausschnitt der Fälle, in denen die Differenz zwischen Bedarf und Sozialhilfezahlung durch Angaben der Befragten oder durch Interviewernotizen zu klären war:

Nr. 15	minus DM 188,--.	Kommentar: hier fehlen 2x Mehrbedarfszuschläge.
Nr. 18	minus DM 174,--	Kommentar: hier fehlen vermutlich Mehrbedarfszuschläge.
Nr. 23	minus DM 71,--	Kommentar: hier fehlt Zuschlag für Alleinerziehende.
Nr. 30	minus DM 145,--	Kommentar: hier fehlt Alleinerziehendenzuschlag.
Nr. 34	minus DM 312,--	Kommentar: hier wird die Miete nur teilweise übernommen und es liegt eine Kürzung der Sozialhilfe vor.
Nr. 56	minus 56,--DM	Kommentar: hier fehlt der Mehrbedarf für Ältere.
Nr. 60	minus DM 90,--	Kommentar: hier fehlt der Mehrbedarf für Ältere.
Nr. 66	minus DM 211,--	Kommentar: hier wird ein Teil der Sozialhilfe wegen Mietschulden Mietschulden einbehalten.
(...)		
Nr. 239	minus DM 173,-	Kommentar: kein Mehrbedarf für Alleinerziehende, DM 50,-- Kindergeld gepfändet.
Nr. 241	minus DM 300,--	Kommentar: Kürzung der Sozialhilfe von DM 300,--.
Nr. 251	minus 90 DM	Kommentar: kein Zuschlag für Alleinerziehende.
Nr. 271	minus DM 160,-	Kommentar: vermutlich kein Alleinerziehendenzuschlag.
Nr. 290	minus DM 208,--	Kommentar: DM 90,-- Einbehalt durch Sozialamt und kein Zuschlag für Alleinerziehende.
Nr. 302	plus DM 88,--	Kommentar: Erwerbstätigenzuschlag für Weiterbildung.

Insgesamt zeigen sich zahlreiche Fälle, in denen das tatsächliche Einkommen den Bedarf unterschreitet, weil Zuschläge nicht gewährt werden, die das Sozialamt nach BSHG geben müßte. Diese dürften bei der Bedarfsberechnung "übersehen" worden sein. Auch werden von der schon niedrigen Sozialhilfe Teile einbehalten, so daß sich das zum Lebensunterhalt bestimmte Einkommen noch unter den Regelsatz vermindert.

Einkommen unterhalb der Sozialhilfegrenze

Ein nennenswerter Teil der Sozialhilfebezieher verfügt nur über ein Einkommen unterhalb des Regelsatzbedarfs (vgl. Abb. III/44). Immerhin haben 19,4% aller Sozialhilfeempfänger in unserer Untersuchung ein tatsächliches Einkommen unterhalb von 90% des Sozialhilferegelsatzes; 7,5% haben ein Einkommen unterhalb von 80% des Sozialhilfebedarfs (vgl Abb. III/45). Einbehalte, Kürzungen und das "Vergessen" von Mehrbedarfen führen bei einer nennenswerten Zahl von Sozialhilfebeziehern zu einem Leben unterhalb der Sozialhilfegrenze.

Es sind überwiegend alte Menschen (34,9% aller Hilfebezieher mit einem unter dem Bedarf liegenden Einkommen) und Alleinerziehende (33,7%), deren Einkommen noch unter dem Sozialhilfebedarf bleibt. Arbeitslose (20,5%) und

Abb. III/44

Sonstige (10,8%) haben geringere Anteile, während bei den Erwerbstätigen im Hilfebezug dies naturgemäß durchweg nicht vorkommt. Mehr als die Hälfte der Fälle mit einem unter dem Bedarf liegenden Einkommen (50,6%) sind unter 45 Jahre alt, knapp ein Viertel (18%) bis 60 Jahre und die übrigen älter als 60 Jahre. Die Haushalte mit Kindern machen fast die Hälfte dieser

Abb. III/45

Einkommen in Prozent des Regelsatz-Bedarfs - freier Teil (ohne Miete)

	einkommensbereinigte Stichproben						Alle
Nettoeinkommen in Bezug auf Sozialhilfebedarf inProzent (ohne Miete)	Sozialhilfe 5VGs (n=163)	Nicht-SoHi 5VGs (n=30)	Arbeitslose o. Sohi (n=35)	Trier SoHi insges (n=42)	Übrige Netzwerk (n=13)	Übrige Sozialhilfe (n=8)	
unter 80 % des Bedarfs	7.5%	20.7%	2.9%	2.6%	12.5%		7.4%
unter 90% des Bedarfs.	11.9%	13.8%		2.6%		15.4%	9.2%
unter 95% des Bedarfs	8.7%	3.4%	2.9%	10.5%			7.1%
bis 100% SoHi-Bedarf .	11.9%	6.9%	5.7%	7.9%		23.1%	10.2%
100% und/oder mehr ...	60.0%	55.2%	88.6%	76.3%	87.5%	61.5%	66.1%
Zusammen............	100.0%	100.0%	100.0%	100.0%	100.0%	100.0%	100.0%

Quelle: eigene Berechnung [216]

innerhalb der Sozialhilfe zusätzlich benachteiligten Gruppe aus (Alleinerziehende 27,7%, Paare mit Kindern 16,9%).

Für die Nicht-Sozialhilfeempfänger zeigt sich ein Ergebnis von einem Viertel (24,6%), das der Dunkelziffer zuzurechnen ist (vgl. auch Abb. III/45). Sie haben ein Einkommen unter dem Regelsatzbedarf der Sozialhilfe. Diese Personen oder Haushalte leben mit einem Einkommen unterhalb des Sozialhilfebedarfs, sie realisieren jedoch ihren Anspruch nicht. Immerhin 16,4% der untersuchten Nichtsozialhilfebezieher haben ein Einkommen unterhalb von 90% des Sozialhilfe-Regelsatzes und 10,9% ein Einkommen unterhalb von 80% des Sozialhilfe-Regelsatzes.

Hier sind Arbeitslose (61,1%) und Alleinerziehende (16,7%) die stärksten Teilgruppen, während unzureichend Versichert- und Versorgte nur einen Anteil von 11,1% haben. Zwei Drittel dieser Dunkelziffer-Personen sind unter 45 Jahren alt (66,7%), ein weiteres Fünftel (22,2%) hat ein Alter bis 54 Jahren, etwa ein Zehntel (11,1%) sind 61 bis 64 Jahre alt. Paare mit Kindern (44,4%) und Alleinerziehende (22,2%) sind bei der Dunkelzifferpopulation die dominierenden Haushaltstypen. Kleinregional verteilen sich diese Haushalte ohne Schwerpunkte auf Dorf, Kleinstadt oder Oberzentrum.

Insgesamt wird deutlich, daß die Einkommenssituation sowohl bei den Sozialhilfeempfängern wie bei den Nicht-Sozialhilfeempfängern breit streut, und daß es Haushalte unter der Sozialhilfegrenze bei beiden Gruppen gibt.

Abb. III/46

Einkommensveränderung durch andere Transfers

Nichtangerechnete Transfers	alle Stichproben		Alle
	alle SoHis	alle Nicht-SoHis	
keine andren Transfers	64.6%	75.3%	67.4%
HbL, Erziehungsgeld, Kindererz. leistung...	11.8%	4.1%	9.8%
Pflegegelder	5.2%		3.9%
schwarze Arbeitseink..	9.9%	2.7%	8.1%
Kostgeld/Logis........	3.3%	5.5%	3.9%
private Unterstützung.	5.2%	12.3%	7.0%
Insgesamt	100.0%	100.0%	100.0%

Datenquelle: eigene Berechnungen [205]

Zur Streuung der tatsächlichen Einkommen

Nichtanrechenbare Transfers, schwarze Einkommen einerseits, Einbehalte, Kürzungen und Nichtzahlung von Sozialhilfeteilen durch die Sozialverwaltung andererseits führen zu einer erheblichen Differenzierung der Einkommen der Sozialhilfebezieher (Abb. III/46). Durchschnittlich erreichen Sozialhilfebezieher ein um 9% über dem Bedarf liegendes tatsächliches Einkommen.

Abb. III/47

Bedarf, tatsächliches Einkommen und Verhältnis beider nach Stichproben und Teilgruppen

Sozialhilfe- und Nichtsozialhilfe bezieher	Sozialhilfebedarf in DM pro Kopf der Bedarfsge.	Tatsächl. Einkommen pro Kopf in DM	Tatsächl. Prokopfeinkommen zu Bedarf -in Prozent
alle Sozialhilfebezieher			
Teilgruppe			
unz. V.V.	DM 506.49	DM 534.89	106.13%
Arbeitslose	DM 414.94	DM 459.97	111.11%
Alleinerziehende	DM 448.62	DM 528.20	117.67%
Erwerbstätige	DM 422.44	DM 642.69	153.15%
Sonstige	DM 433.22	DM 490.77	113.70%
alle Nicht-Sozialhilfezieher			
Teilgruppe			
unz. V.V.	DM 523.01	DM 643.57	123.36%
Arbeitslose	DM 421.05	DM 506.26	119.93%
Alleinerziehende	DM 428.73	DM 327.38	76.02%
Erwerbstätige	DM 414.09	DM 486.38	117.60%
Sonstige	DM 434.12	DM 529.41	121.95%

Quelle: Fragenbogenuntersuchung, eigene Berechnungen.

Es ist daran zu erinnern, daß bei unserer Berechnungsform nur der Regelsatz plus Zuschläge ohne Miete die Grundlage darstellt. Freilich werden hier dadurch, daβ Durchschnitte ausgewiesen werden, die Streuungen in den Teilgruppen verwischt. Doch kann diese Darstellung deutlich machen, daβ im Durchschnitt das tatsächliche Einkommen der Sozialhilfeempfänger leicht über dem Bedarf (d. h. dem Einkommen, das dem Sozialhilfe-Regelsatzbedarf entspricht) liegt. Dies hängt überwiegend damit zusammen, daβ Leistungen des Familienlastenausgleichs und der Rentenergänzung bei der Sozialhilfeberechnung auβer Betracht bleiben.

Absolut die gröβten Beträge beim Bedarf (vgl. Abb. III/47) hat die Teilgruppe der unzureichend Versichert und Versorgten, da hier Alterszuschläge den Bedarf erhöhen. In absoluten Beträgen liegt das Einkommen etwa der Arbeitslosen-Haushalte im Sozialhilfebezug durchschnittlich um 20% pro Kopf unter dem der Gruppe der unzureichend Versichert und Versorgten. Das Einkommen der Alleinerziehenden in den 5 Verbandsgemeinden liegt durchschnittlich um 10% unter dem der unzureichend Versichert und Versorgten (alle Angaben pro Kopf gerechnet).

Im Verhältnis sind Ein-Personen-Haushalte, die Mehrbedarfszuschläge erhalten, gegenüber größeren Haushalten mit Personen unterschiedlichen Alters im Vorteil, doch haben kleine Haushalte eine schlcechtere Haushaltsökonomie.

Neben diesen positiven Beeinflussungen der Einkommenshöhe der Sozialhilfeempfänger sind ebenfalls die negativen zu erwähnen. Die oben beschriebenen Kürzungen, Einbehalte sowie das nicht seltene "Vergessen" von den Hilfeempfängern zustehenden Zuschlägen (für Kindererziehung und Alterszuschläge insbesondere) führen bei einem nicht geringen Teil der Sozialhilfeempfänger dazu, daß ihr tatsächliches Einkommen den Sozialhilfe-Regelsatz nicht erreicht (vgl. Abb. III/45). Eine weitere Ebene in diesem Zusammenhang sind innerfamiliäre Probleme, die etwa dazu führen, daß Kinder mit eigenem Einkommen, die nicht zur Bedarfsgemeinschaft gerechnet werden, nicht das in den Haushalt einbringen, was ihrem Anteil am Sozialhilfebedarf entspräche, sondern geringere Beträge. Freilich sind dies prozentual viel weniger Fälle als die oben genannten.

Zusammenfassend läßt sich also interpretieren, daß verschiedene Maßnahmen des Familienlastenausgleichs und der Rentenergänzung auch für Sozialhilfeempfänger zu einer weiteren Differenzierung der Einkommen innerhalb des Sozialhilfebezugs beitragen, so daß Sozialhilfebezug nicht als eine einheitliche Einkommenslage anzusehen ist.

Abb. III/48: Können plötzliche materielle Notlagen bewältigt werden? (Sozialhilfe 5 VGs)

Angenommen, Sie kommen plötzlich in eine materielle Notlage und müßten sofort DM 3.000 aufbringen. Ist Ihnen das..	Teilgruppen					ALLE
	unzur. V. u. V.	Arbeitslose	Alleinerziehende	Erwerbstätige	Sonstige	
sofort möglich	10.2%	4.7%	6.6%	20.0%	4.2%	7.5%
mit Schwierigk. möglich.	18.6%	18.6%	15.8%	10.0%	12.5%	16.5%
nicht möglich	71.2%	76.7%	77.6%	70.0%	83.3%	75.9%

Quelle: eigene Berechnungen (Projekt "Armut auf dem Land") [220]

Doch sind die Rücklagen für plötzliche Notfälle gering (Abb. III/48). Die große Mehrzahl der Hilfebezieher könnte in einer Notlage, in der 3000 DM erforderlich sind, nicht oder nur mit Schwierigkeiten (Ausleihen bei nahestehenden Personen) zurechtkommen. Innerhalb der ländlichen Sozialhilfebezieher der 5 Verbandsgemeinden ragen neben den Erwerbstätigen im Hilfebezug die alten Menschen heraus: jeder Zehnte von ihnen kann sofort 3000 DM aufbringen; während alle ländlichen Sozialhilfezieher dies nur in wesentlich geringerem Maße können. Auch die Nichtsozialhilfebezieher sind insgesamt leicht besser, doch nicht entscheidend günstiger gestellt. Die Streuung unter ihnen ist größer.

Einkommen im Vergleich

Die bisherigen Ausführungen haben deutlich gemacht, daß bei Sozialhilfeempfängern eine beachtliche Einkommensstreuung vorliegt. Die Sozialhilfegrenze stellt mithin keineswegs eine scharfe Armutsschwelle dar, sondern umfaßt in sich ein breites Spektrum unterschiedlicher Einkommen.

Gleiches gilt für die Nicht-Sozialhilfeempfänger in unserer Untersuchung: Es ist keineswegs so - wie unsere Ausgangshypothesen nahelegten - daß die Nicht-Sozialhilfeempfänger durchweg in besseren Einkommensverhältnissen und infolgedessen in besseren Lebensverhältnissen leben. Vielmehr stellen die Nicht-Sozialhilfeempfänger ebenfalls eine Population mit einer beachtlichen Einkommensstreuung, die von einem Einkommen unterhalb der Sozialhilfegrenze bis zur milden Armut reicht, dar. Dieses Ergebnis, das auch mit den Auswertungen der übrigen Lebenslagebereiche zusammenstimmt, bedeutet, daß es eine scharfe Grenze zwischen Sozialhilfeempfängern und Nicht-Sozialhilfeempfängern (im Bereich niedriger Einkommen) nicht gibt. Vielmehr ist davon auszugehen, daß sowohl innerhalb der Sozialhilfeempfänger eine breite Streuung sowohl der Einkommen wie der Lebenslagen vorkommt, wie innerhalb der Nicht-Sozialhilfeempfänger. Lagen mit erheblicher Kumulation von Benachteiligung konzentrieren sich also nicht auf die Sozialhilfeempfänger allein, sondern verteilen sich sowohl auf einen Teil der Gruppe der Sozialhilfeempfänger wie auf einen Teil der Gruppe der untersuchten Nicht-Sozialhilfeempfänger. Mit anderen Worten gibt es in der von uns untersuchten Population keine strenge Grenzlinie zwischen strenger und milder Armut (unter 40% bis zu 60% des gewichteten durchschnittlichen Einkommens): dies gilt sowohl innerhalb der Sozialhilfeempfänger wie innerhalb der Nicht-Sozialhilfeempfänger. Wir müssen nach diesen Ergebnissen stattdessen davon ausgehen, daß die Trennungslinie zwischen strenger und milder Armut quer durch Sozialhilfeempfänger und untersuchte Nicht-Sozialhilfeempfänger läuft; doch auch hier entspricht dem höheren Einkommen kein deutlich höheres Niveau der übrigen Lebenslagenbereiche.

Die Ergebnisse zur Einkommensauswertung korrespondieren insofern mit den Ergebnissen zur großen Streuung innerhalb der Lebenslagebereiche sowohl zwischen wie innerhalb von Stichproben: *die Ausgangshypothese des Projektes, man könnte ohne weiteres die Lebenslagen von Sozialhilfeempfängern denen von Nicht-Sozialhilfeempfängern gegenüberstellen (und dabei voraussetzen, daß die Sozialhilfeempfänger nahezu durchweg unter Lebensverhältnissen der strengen Armut, und Nicht-Sozialhilfeempfänger nahezu durchweg unter Lebensverhältnissen der milden Armut leben) läßt sich nicht aufrecht erhalten.*

Die Heterogenität der Einkommen und der Lebenslagen bedeutet einerseits, daß der Bereich der strengen Armut zwar die Sozialhilfeempfänger einbezieht (bzw. einen Teil davon) jedoch auch eine ganze Reihe von Nicht-Sozialhilfebeziehern betrifft. Es bedeutet ferner, daß im Zwischenbereich zwischen strenger und milder Armut sowohl eine Teilgruppe der Sozialhilfeempfänger wie eine Gruppe von Personen, die keine Sozialhilfe beziehen, liegt. Es bedeutet des weiteren, daß ein Teil der Sozialhilfeempfänger im Bereich der milden Armut (also keineswegs der strengen) bzw. in einigen wenigen Extremfällen sogar noch darüber liegt.

Mit anderen Worten *bedeutet der Bezug von Sozialhilfe nicht nur einkommensmäßig keine einheitliche Lebenslage, sondern auch in Bezug auf die anderen untersuchten Bereiche von Lebenslage ein breites Band unterschiedlicher Lebensverhältnisse, deren Spannbreite (Streuung) erheblich ist.* Diese Streuung wird in unserer untersuchten ländlichen Population noch dadurch vergrößert, daß ein nennenswerter Teil der von untersuchten Sozialhilfeempfänger - obwohl als Einzelpersonen im Sozialhilfebezug - nur dem Sozialhilferegelsatz für einen Haushaltsangehörigen erhält, der um etwa DM 100,-- unter dem Eckregelsatz (ca. 75% davon) liegt. In keineswegs allen Fällen kann davon ausgegangen werden, daß diese Personen als Haushaltsangehörige eines umfassenderen Haushalts auch entsprechend an diesem partizipieren.

2.11 Benachteiligung im Stichprobenvergleich

Die bisherige Darstellung hat einzelne Lebenslagebereiche untersucht, sie für die ländlichen Hilfebezieher und ihre Untergruppen sowie die Stichproben der Nichtsozialhilfebezieher dargestellt, und dabei in der Regel - sofern nennenswerte Unterschiede vorhanden waren - auch ausführlich die Unterschiede zwischen den Stichproben von Sozialhilfebeziehern und Nichtsozialhilfebeziehern dargestellt. Als benachteiligungsrelevante Lebenslagebereiche haben sich die räumliche Mobilität, die soziale Integration, die soziale Unterstützung durch Geschenke oder Hilfeleistungen, das Einkommen, der Bildungsstandard schulischer und beruflicher Ausbildung, die Wohnungsqualität, die Grundaus-

stattung der Haushalte mit elementaren Haushalts- und Einrichtungsgegenständen und gesundheitliche Beeinträchtigungen herausgestellt.
Es bleibt zu fragen, wie sich Benachteiligung in der Gesamtsicht[1] - also auch als Kumulation einzelner Benachteiligungen - darstellt. Bei den einzelnen Lebenslagebereichen hatte sich überwiegend ergeben, daß sich zwar Unterschiede zwischen Einkommensgruppen und Stichproben von Hilfebeziehern und Nichthilfebeziehern zeigen, jedoch nicht trennscharf sind.

Durchschnittliche Benachteiligungsindexwerte nach Stichproben

Stichprobe	*Indexwert (Durchschnitt)*
Sozialhilfebezieher 5 VGs	3,699
Netzwerk 5 VGs	3,333
Arbeitslose in Maßn. ohne SoHi	2,971
Trier Sozialhilfe insges.	3,023
Sonstige Netzwerk o. SoHi	2,625
(p=.0060)	

In einer Gesamtdarstellung zeigt sich zunächst, daß die Sozialhilfeempfänger der 5 Verbandsgemeinden insgesamt die am meisten benachteiligte Stichprobe von allen untersuchten Gruppen sind. Sie erreichen durchschnittlich 3.7 Benachteiligungspunkte, während alle anderen Stichproben deutlich unter

1 Im Bereich der sozialen Integration wurden geringe oder keine Kontakte zu Verwandten, Freunden, Bekannten und Nachbarn, gesellige oder Vereinsaktivitäte mit einer geringeren Häufigkeit als einmal in der Woche als niedrige soziale Kontakte gewertet. Befragte, die so seltene soziale Kontakte haben, betrachten wir als sozial isoliert und daher in diesem Bereich benachteiligt. Das Nichtvorhandensein eines Farb- oder Schwarzweiß-Fernsehers, Kühlschranks, Elektroherds, einer Waschmaschine oder von Polstermöbeln (im Wohnhaushalt) wurde als Mangel elementarer Haushaltsausstattung gewertet. Keine Geschenke, Hilfeleistungen oder sonstige Unterstützung von irgendjemandem zu erhalten wurde als mangelhafte Netzwerkunterstützung gewertet. Das Fehlen eines Schulabschlusses und/oder einer beruflichen Abschlusses gilt als Benachteiligung im Qualifikationsbereich. Das Nichtvorhandensein eines WC oder Bads in der Wohnung, einer modernen Heizungsform, eine zu geringe Wohnungsgröße (weniger als 1 Raum pro Person), das Nichtvorhandensein von Nebenräumen, sowoei schwere bauliche Mängel gelten als erhebliche Benachteiligung in der Qualität der Wohnung, im Wohnungsbereich. Ein Einkommen unter der Einkommensgrenze von 40% gilt als monetäre Benachteiligung (Einkommensarmut). Das Vorhandensein von chronischen Krankheiten gilt als gesundheitliche Benachteiligung.

Abb. III/49: Benachteiligung im Stichprobenvergleich

Benachteiligung nach Stichproben

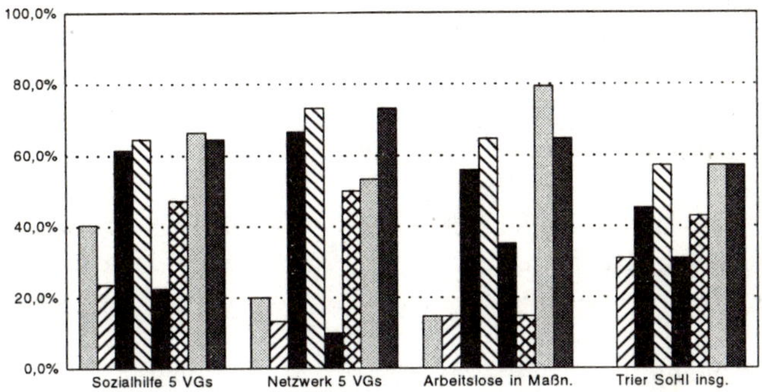

	Sozialhilfe 5 VGs	Netzwerk 5 VGs	Arbeitslose in Maßn.	Trier SoHI insg.
Mobilität	40,4%	20,0%	14,7%	0,0%
Soziale Integration	23,6%	13,3%	14,7%	31,0%
Qualifikation	61,5%	66,7%	55,9%	45,2%
Wohnung	64,6%	73,3%	64,7%	57,1%
Haushaltsgeräte	22,4%	10,0%	35,3%	31,0%
Gesundheit	47,2%	50,0%	14,7%	42,9%
Unterstützung	66,5%	53,3%	79,4%	57,1%
Wohnung	64,6%	73,3%	64,7%	57,1%

diesem Wert bleiben. Die Nichtsozialhilfebezieher der 5 Verbandsgemeinden erreichen 3,3 Punkte, Arbeitslose in Maßnahmen 2,9, die Trierer Hilfebezieher 3,0 Punkte, übrige Netzwerkinterviews ohne Sozialhilfe 2,6 und übrige Sozialhilfe 2,8 Punkte. Diese Stichprobenunterschiede sind mit p=.0060 hoch signifikant. (vgl. auch Abb. III/49)

Benachteiligungsindex nach Einkommensschwellen

Einkommensgrenze	*Benachteiligungspunkte (Durchschnittswert)*
Sozialhilfegrenze (40%)	4,165
50%- Grenze	2,881
60%-Grenze	3,161
über 60%-Grenze	2,90
(p=.00000)	

Der Grad der Benachteiligung korreliert in hohem Maße mit dem Einkommen. Befragte mit einem Einkommen an der Sozialhilfegrenze haben mit 4,16 Benachteiligungspunkten den höchsten Wert, an der 50%-Grenze ergeben sich 2,9, an der 60%-Grenze 3,16, für darüberliegende Befragte 2,9 Benachteiligungspunkte.

Stellt man alle Sozialhilfeempfänger und alle Nichthilfeempfänger quer durch alle Stichproben gegenüber, so ergibt sich auch hier ein deutlicher Unterschied im Grand der Benachteiligung zwischen Sozialhilfeempfängern (3,53) und Nichtsozialhilfebeziehern (3,08). Dieser Unterschied ist mit p=.0206 signifikant.

Für die Sozialhilfebezieher der 5 VGs sind die Benachteiligungen in der Wohnungsqualität, der Ausbildung, fehlender sozialer Unterstützung und beim Einkommen die gravierendsten Bereiche:

Benachteiligung der Sozialhilfebezieher 5 VGs (Anteile)

Bereich	*Anteil (Nennungen)*	*Anteil (Fälle)*
Mobilität	10,8%	40,4%
keine soz. Aktivität	6,3%	23,6%
keine Unterstützung	17,7%	66,5%
Einkommen	12,9%	48,4%
chron. Krankheit	12,6%	47,2%
Ausbildung/Qualif.	16,4%	61,5%
Wohnungsqualität	17,2%	64,6%

Die Benachteiligungsquoten nehmen mit dem Alter zu (p=.0000). Auch ist ein deutlicher Zusammenhang mit der Dauer des Sozialhilfebezugs erkennen: mit zunehmender Dauer des Hilfebezugs nehmen die Benachteiligungen fast kontinuierlich zu (p=.0002). Ein Zusammenhang mit der Dauer der Arbeitslosigkeit läßt sich dagegen nicht erkennen.

3. Zusammenfassung der Fragebogenuntersuchung

Die Fragebogenuntersuchung ergänzt und differenziert Ergebnisse der anderen bisher eingesetzten Untersuchungsmethoden.

In Bezug auf einzelne Lebenslagebereiche wird die starke Unterversorgung bzw. Benachteiligung der Sozialhilfeempfänger deutlich. Im Vergleich zur bundesrepublikanischen Bevölkerung ergeben sich deutliche Unterversorgungen in allen gemessenen Bereichen, vor allem bei der Wohnung (Wohnungsqualität), dem Einkommen, der Mobilität, der schulischen und beruflichen Bildung, den materiellen Einschränkungen in der Lebensführung. In bezug auf die Haushaltsausstattung, die soziale Integration und die Netzwerkhilfe scheint dagegen, soweit verfügbare Vergleichsdaten existieren, die Situation besser zu sein. Im Stichprobenvergleich zeigen sich zwischen ländlichen Sozialhilfeempfängern einerseits (Dörfer und ländliche Kleinstädte) und der kleineren Vergleichsgruppe von Sozialhilfeempfängern im Oberzentrum keine bedeutsamen Unterschiede. Auch der Vergleich zu den Nicht-Sozialhilfeempfängern in der ländlichen Region und zu als Vergleichsgruppe herangezogenen Arbeitslosen ohne Sozialhilfebezug (Einkommensgrenze bis 60%) ergibt nur geringfügige, keine signifikanten Unterschiede. In der Gesamtdarstellung sind die Hilfebezieher stärker benachteiligt, weil ihr Einkommen durchschnittlich näher an der 40%-Grenze liegt. Als Gesamtergebnis müssen wir sagen, daß - in Bezug auf die von uns untersuchten durchweg *benachteiligten Gruppen der Sozialhilfebezieher, der Arbeitslosen in Maßnahmen und der Netzwerkinterviews* - im Bereich der milden Armut (bis zu 60% des gewichteten durchschnittlichen Einkommens) eine nennenswerte Streuung und Differenzierung der Lebenslagen existiert, jedoch markanten Grenzlinien nur zwischen strenger und milder Armut (quer durch die Stichproben) aufzuzeigen sind. Auch bestimmen innerhalb der untersuchten Gruppen von sozial Benachteiligten nicht allein das Einkommen, sondern ebenfalls Lebenslage- bzw. (damit verbunden) Haushaltstypen die Differenzierungen. Als besonders benachteiligte Gruppen stellen sich übergreifend die Alleinerziehenden und Familien mit Kindern dar.

Rigide Sozialamtspraxis, fehlende Information und Beratung in Bezug auf materielle Hilfeansprüche werden insbesondere im hohen Anteil von im Hilfebezug gekauften elementaren Haushaltsgeräten deutlich, die die Sozialverwaltung hätte finanzieren müssen. Ursächlich hängt dies nicht nur mit der Bürgerferne der ländlichen Sozialverwaltung zusammen, sondern insbesondere bei der dörflichen Population auch mit der Nichtkenntnis von Menschen in gleicher Lebenssituation, über die ein Austausch von Erfahrungen, Lernprozesse und informelle Beratung geschieht, wie wir besonders bei der kleinstädtischen Sozialhilfepopulation häufig feststellen konnten. Die dörfliche Mentalität des Verschweigens - z.T. auch gegenüber engen Freunden - erschwert bzw. verhindert auf diese Weise kollektive und solidarische Lernprozesse.

Zu den Problemlagen im ländlichen Raum insgesamt kann gesagt werden, daß materielle Not bzw. materielle Benachteiligung durch ein hohes Maß familialer und netzwerklicher Hilfen zum Teil aufgefangen wird. So können die sehr stark auf den öffentlichen Personennahverkehr angewiesenen Sozialhilfeempfänger die schlechten ländlichen Verkehrsverbindungen häufig durch Mitnahmemöglichkeiten bzw. das leihweise Benutzen fremder Fahrzeuge kompensieren. Prozesse der Individualisierung zeigen sich hier auch im ländlichen Raum am generationell unterschiedlichen Integrations- und Helferprofil: bei den älteren überwiegen verwandtschaftliche, bei den Jüngeren Kontakte und Hilfen durch Freunde und Bekannte (also sozial gewählte Bezugsnetze).

Zur Einschätzung unserer Operationalisierung einer Lebenslagekonzeption meinen wir, daß sie insgesamt recht differenzierte Bilder der unterschiedlichen Unterversorgungs- und Mangellagen erlaubte und erbracht hat. Wenn sich auch im Stichprobenvergleich zahlreiche kleinräumige und haushaltsdifferentielle Unterschiede zeigen, ist insgesamt ein prägnanter Unterschied der Lebenslagen von Sozialhilfebeziehern und Nichtsozialhilfebeziehern nicht zu erkennen. Unsere Untersuchung ergab, daß insbesondere die Haushaltstypen der Familien mit Kindern und der Alleinerziehenden sehr stark von materiellen Benachteiligungen betroffen sind. Dabei zeigt sich, daß die materiellen Einschränkungen gerade bei diesen Haushalten auf Freizeitgestaltung und soziale Integration - insoweit diese mit monetären Aufwendungen verbunden ist - durchschlagen.

Für die Netzwerkkenntnis sind Region sowie Alter die entscheidenden Bestimmungsgründe. Im dörflichen Raum kennen insbesondere die alten Sozialhilfeempfänger kaum ihresgleichen, während dies bei jüngeren deutlich anders ist. Kleinstädtische Sozialhilfeempfänger haben demgegenüber eine sehr viel größere Kenntnis von Menschen in gleicher (Sozialhilfebezug) oder ähnlicher (z.B. Dunkelziffer, Arbeitslosigkeit, Schulden) Lebenssituation. Hier zeigen sich mithin ähnliche klare Scheidelinien zwischen ländlich-dörflichen und ländlich-kleinstädtischen Strukturen wie in der Strukturuntersuchung (z.B. in Bezug auf Beihilfen). Im Stichprobenvergleich zeigen sich zu unserer Überraschung die Arbeitslosen -als Vergleichsgruppe- eher als stärker sozial integriert und mit größerer Kenntnis von Menschen in ähnlicher Lebenssituation.

IV. Die Dorfuntersuchung: dörfliche Welt und soziale Probleme

1. Methodisches und Durchführung der Untersuchung.

Zwei Zwischenergebnisse haben zu der Entscheidung bewogen, exemplarisch einen weiteren methodischen Zugang zur dörflichen Dunkelziffer zu erproben. Einerseits hatte die Fragebogenuntersuchung die Erwartungen in Bezug auf das Auffinden von Dunkelzifferhaushalten nur in geringem Maβe erfüllt - die meisten über die sog. Netzwerkfrage aufgefundenen Haushalte waren ihrerseits Sozialhilfebezieher -. Insgesamt befanden sich wenig Anspruchberechtigte, die ihre Ansprüche nicht realisieren, unter den Netzwerkadressen.

Die Expertenuntersuchung zu Beginn des Projektes (vgl. Kap. I. 4.) hatte ergeben, daβ die Kenntnis materieller Probleme im dörflichen Raum ein besonderes Problem darstellt. Einerseits hatten wir die Erfahrung gemacht, daß die dörflichen Honoratioren nur sehr wenig Leute in Problemlagen aus ihrem Dorf kennen und eher allgemein über soziale Probleme sprechen können. Zum zweiten hatte es sich in der Expertenuntersuchung als fast unmöglich erwiesen, über die Experten Kontakte zu den wenigen Betroffenen, die diese überhaupt kannten, anzuknüpfen. In den wenigen Fällen, wo Experten überhaupt Betroffene kannten, haben diese den Kontakt mit uns - auf die Anfrage der Experten hin vermittelt - abgelehnt. Als Konsequenz daraus war für die exemplarische Dorfuntersuchung überlegt worden, einerseits über den Kontakt zu uns bekannten Betroffenen, andererseits über nicht honorable Experten weiter zu kommen: also "gewöhnliche" Dorfbewohner zu befragen, in der Hoffnung, daß dort der Informiertheitsgrad größer wäre. Vor Beginn der Dorfuntersuchung waren wir uns dieser Schwierigkeiten bewußt. Aus der Gesamteinschätzung der Expertenbefragung 1989 und aus einigen in der Zwischenzeit interpretierten qualitativen Interviews mit Sozialhilfeempfängern aus dem ländlichen Raum (vgl. Kap. V.) lag jedoch die skeptische Vermutung nahe, daβ allgemein das Wissen über konkrete soziale Problemlagen im Dorf gering sei, so daβ auch eine verfeinerte Strategie der Expertenbefragung vermutlich nicht zum gewünschten Ziel führen könnte. Vor diesem Hintergrund wurden für die Dorfuntersuchung 1991 zwei Ziele formuliert.

1. Einerseits ging es um das Auffinden von Dunkelziffer-Betroffenen, also Menschen, die ein Einkommen unterhalb oder auf der Höhe des Sozialhilferegelsatzes haben, aber ihre berechtigen Ansprüche nicht wahrnehmen (vgl. Hartmann 1981, 1982, 1985). Dies war das Maximalziel.

2. Die Dorfuntersuchung sollte die kommunikativen und interaktiven Muster zwischen Betroffenen und nicht betroffenen Dorfbewohnern näher untersuchen, so daß die dörflichen Problemwahrnehmungs- und Bearbeitungsstrukturen im Lauf der Dorfuntersuchung deutlich werden und dargestellt werden können. Dies war das Minimalziel.

Die Dorfuntersuchung wurde methodisch ergänzt von einer Aktenuntersuchung der *Beihilfefälle von Brennstoff- und Weihnachtsbeihilfe der gesamten Verbandsgemeinde durch eigene Akteneinsicht des Projekts*. Dies erbrachte Ergebnisse einerseits für die gesamte Verbandsgemeinde, die für sich stehen können, andererseits für die beiden Dörfer der Dorfuntersuchung und war auf diese Weise in die Dorfuntersuchung integrierbar.

Die Gespräche mit ingesamt 18 dörflichen Experten - zum überwiegenden Teil mehrfache Gespräche, und nunmehr nicht nur mit Honoratioren, sondern auch mit anderen Dorfbewohnern - haben während der Dorfuntersuchung mit der Zeit deutlich werden lassen, daß es eine sichere Kenntnis nicht nur der Honoratioren, sondern der Dorfbewohner von Menschen in materieller Not, seien es Hilfebezieher oder auch Anspruchsberechtigte (Dunkelzifferproblematik) nicht gibt. Dies läßt sich damit belegen, daß von den insgesamt 5 Sozialhilfeempfängern in den beiden untersuchten Dörfern den Experten nur ein Haushalt bekannt war, und von den 9 Dunkelziffer-Haushalten, die wir im Lauf der Dorfuntersuchung aufgefunden haben, nur 3 auch von den Experten als vermutliche Dunkelziffer eingeschätzt wurden. An diesen Sachverhalten wird deutlich, wie gering die Kenntnis einheimischer Dorfbewohner über materielle Mangellagen einzelner dörflicher Personen oder Haushalte ist und daß die Einschätzung der Experten als unsicher gelten muß.

Die Dorfuntersuchung selbst verband mehrere Methoden, um beide Explorationsdimensionen (Dunkelziffer und Lebensweltanalyse) angehen zu können. Zeitlich parallel und ergänzend zur eigentlichen Dorfuntersuchung wurde die Aktenerhebung aller Beihilfefälle der übergeordneten Verbandsgemeinde durchgeführt (vgl. unten Punkt 3).

1. Über die Sozialverwaltung der Verbandsgemeinde wurden alle Antragsteller einmaliger Beihilfen von Brennstoff- und Weihnachtsbeihilfen der beiden Dörfer angeschrieben und um ein Fragebogeninterview gebeten. Es ergaben sich 5 Interviews, wovon 3 als sichere Dunkelziffer zu werten sind.

2. Durch Nennungen der Experten - insbesondere eines in einem Untersuchungsdorf ansässigen Sozialamtsmitarbeiters - wurden ca. 40 potentielle Betroffenenhaushalte ermittelt, die über eine Postwurfaktion, die auch ihre Nachbarschaft einschloß, angesprochen und ebenfalls um ein Gespräch gebeten wurden. Hier ist es nur in einem Fall gelungen, ein Interview anzubahnen und durchzuführen, dieser Haushalt gehört auch zur Dunkelziffer.

Jedoch sind die Äußerungen der Experten über diese Haushalte synoptisch ausgewertet worden, so daß einige mit hoher Wahrscheinlichkeit als Dunkelziffer-Haushalte identifiziert werden konnten.

2a. Die geringe Resonanz der Postwurf- und anschließenden Haustüraktion zeigte die hohe Distanz von Dorfbewohnern zu Gesprächsthemen wie niedriges Einkommen und "Armut". Fast die Hälfte der Beteiligten hat den Kontakt mit der Begründung verweigert, es handele sich um Dinge, über die man nicht spreche oder die man für sich behalte. Das hierzu entwickelte Kategorienschema macht deutlich, wie erheblich die soziale Tabuisierung dieses Lebenslagebereiches in der dörflichen Lebenswelt ist.

Das Verfahren einer Begehung des Dorfes, um auffällige (renovierungsbedürftige, optisch negativ herausstechende) Häuser zu identifizieren, scheiterte insofern, als die so aufgefundenen Bauwerke mit Sicherheit keine Bedürftigen beherbergten, sondern eher Wohlhabende. Ländliche materielle Not ist nicht (mehr) an sinnlich wahrnehmbaren Attributen erkennbar.

Von 35 Zielpersonen bzw. -haushalten können 7 als neutrale Ausfälle gelten (mehrfach nicht angetroffen usw.). Von den verbliebenen 28 waren 23 Frauen und 5 Männer im Alter zwischen 55 und 90 Jahren; davon waren 14 im Alter über 70 Jahren. Das Verhalten der kontaktierten 28 Personen läßt sich grob in die Kategorien starker *Ablehnung* (50%), zurückhaltender *Neugier* und von *Gesprächsbereitschaft* (je 25%) einteilen. Die über 70-Jährigen waren bis auf eine Ausnahme durchweg nicht gesprächsbereit. Insgesamt kann angenommen werden, daß die Kontakt- bzw. Gesprächsbereitschaft im direkten Zusammenhang zum Alter steht. Die Feinkategorisierung des Verhaltens beim Versuch der Kontaktaufnahme zeigt eine differenzierte Palette von Reaktionen, die von nicht-Öffnen der Tür, Führen des Gesprächs durch die geschlossene, nur einen Spalt geöffnete, nur halb geöffnete Haustür, Führen des Gesprächs vom Fenster aus u. dgl. bis hin zum längeren Gespräch vor der Tür oder auch im Haus reichte. Zur Kategorie "Gesprächsbereitschaft" zählten z. B. die Entwicklung eines längeren Gesprächs, das Ins-Haus-Bitten, Interesse an einem Interview zeigen und die Interviewzusage. Als Ablehnung wurden differenziert die Verhaltensweisen anwesend sein, jedoch nicht öffnen, Tür während des Gesprächs von innen verriegeln und schon geöffnete Tür während des Gesprächs verschließen. Als verhaltene Neugierde galten das Öffnen der Tür nur um einen Spalt, das Führen des Gesprächs vom Fenster aus, das Stehenbleiben in der halb geöffneten Tür und das vor die Tür treten.

Auch die Kategorisierung der Äußerungen zeigt ein breites Spektrum von Positionen. Die Mehrzahl der Äußerungen stammt von der jüngeren Altersgruppe; die Älteren haben im stärkeren Maße nur durch Verhalten reagiert. Die Äußerungen lassen sich in vier Gruppen zusammenfassen, von denen drei eher ablehnend sind - Verleugnung der Zielgruppenzugehörigkeit, Thema wird tabuisiert, Probleme werden aus eigener Kraft gelöst - und eine als "interessierte" zu kennzeichnen ist. Inhaltlich wurden als Reaktionen geäußert, daß man über dieses Thema nicht rede, daß es niemanden etwas anginge, daß man sich selbst helfe, daß man unter sich bleibe (auch bei der Hilfe), daß man da nichts unternehme (keine Alimentierung von außen anstrebe) und ähnliches.

Diese Methode muß im Hinblick auf die Dunkelziffersuche zwar als Mißerfolg angesehen werden - letztendlich konnte durch diese Methode der "Briefaktion" nur ein Dunkelzifferfall aufgefunden werden - sie erbrachte jedoch einige interessante Aufschlüsse über Verhaltens- und Umgangsformen sowie charakteristische Äußerungen in Bezug auf Probleme materieller Benachteiligung in den beiden Dörfern.

2b. Die synoptisch zusammengestellten Äußerungen der Experten über die Zielgruppe dieser Haushalte lassen weitere 3 Haushalte als plausibel der Dunkelziffer zugehörig erscheinen. In der Mehrzahl der Fälle zeigte sich jedoch, daß die einheimischen Experten in Bezug auf materielle Benachteiligung nicht über hinreichende Kenntnisse bzw. Einschätzungen verfügen. (So war z. B. sehr häufig nicht bekannt, über welche Heizungsform das Haus des Zielgruppenmitglieds verfügt).

3. Darüber hinaus wurde eine vollständige Untersuchung der Beihilfeanträge in der gesamten Verbandsgemeinde durchgeführt, indem durch Akteneinsicht des Projekts die Unterlagen der Antragsteller von Weihnachts- und Brennstoffbeihilfe ausgewertet wurden (vgl. Kap. IV, 2). Es ergab sich, daß 54,8% der Beihilfeantragsteller der Verbandsgemeinde unterhalb der Sozialhilfeschwelle liegen, aber Sozialhilfe nicht in Anspruch nehmen (freilich bei geringer Fallzahl, so daß diese Aussage nur als Trendaussage zu werten ist). In ihrer Struktur spiegeln die Beihilfeempfänger im wesentlichen die Sozialhilfestruktur der untersuchten Verbandsgemeinde. Die Untersuchung machte ferner deutlich, daß die Anträge oft unvollständig abgegeben werden und daraus den Antragstellern Nachteile entstehen, weil ihr Bedarf zu niedrig angesetzt wird. Die Überprüfung der Vermögenssituation durch Anfrage beim Geldinstitut, die die Sozialverwaltung routinemäßig durchführte, ergab in einigen Fällen eine Minderung oder Abweisung der Beihilfe, weil der Kontostand des Girokontos mitgerechnet wurde bei der Errechnung des Vermögens. Dies scheint eine recht fragwürdige Verwaltungspraxis, weil dann das Datum der Anfrage (Monatserster oder Monatsletzter) beim Geldinstitut entscheidend werden kann für Gewährung oder Ablehnung der Beihilfe.

Von den Fällen der eindeutigen Dunkelziffer unter den Beihilfeantragstellern gehören 2 Parteien zu den beiden untersuchten Dörfern und sind den bisher erwähnten Dunkelzifferfällen hinzuzurechnen. Bei einem weiteren Fall ist die Zugehörigkeit nicht unstrittig; hier war zwar der Kontostand des Girokontos um DM 1000,-- über der Grenze von DM 2500 anrechenbaren Vermögens, jedoch lag das laufende Renteneinkommen der 90jährigen Antragstellerin weit unter dem Sozialhilfeanspruch bei ca. 190,--DM. Die Frau lehnte es ab, Sozialhilfe in Anspruch zu nehmen.

Insgesamt kann in Bezug auf die beiden untersuchten Dörfer von einer sicher nachgewiesenen exemplarischen Dunkelzifferquote von 6:5 = 120% (bezogen auf die Sozialhilfebezieher; 55% bezogen auf alle identifizierten Anspruchsberechtigten) ausgegangen werden. Hinzu kommen die wahrscheinlichen Dunkelzifferfälle, die wir aufgrund des Verlaufs der Expertengespräche in der Dorfuntersuchung und der Exploration der Zielgruppe wahrscheinlich gemacht werden können. Insgesamt wird eine Dunkelzifferquote von etwa 180% (bezogen auf die Sozialhilfebezieher) erreicht. Die geringe Kenntnis der Experten wird daran deutlich, daβ sie von den 6 sicher nachgewiesen Fällen der Dunkelziffer selbst nur einen vermuteten, und insgesamt von den 9 wahrscheinlichen Dunkelzifferfällen nur insgesamt 4 bezeichneten. Auch die 5 Sozialhilfeempfänger, die in den beiden untersuchten Dörfern existierten, sind den Experten nicht bekannt gewesen, sie sind im Lauf der gesamten Dorfuntersuchung von den Experten nicht benannt worden.

2. Einmalige Beihilfen in der Verbandsgemeinde X.

Eine weitere innerhalb der Dorfuntersuchung verwandte Methode war die Überprüfung der Beihilfeanträge für Brennstoff- und Weihnachtsbeihilfe in einer extrem ländlichen Verbandsgemeinde (nur aus Dörfern bestehend), zu der die untersuchten beiden Dörfer gehören. Dabei wurden Anzahl und Struktur der Antragsteller bzw. Bezieher von Weihnachts- und Brennstoffbeihilfe untersucht. Empfänger laufender Hilfe zum Lebensunterhalt (HLU) erhalten diese einmaligen Beihilfen "automatisch". Untersucht wurden hier hingegen diejenigen Fälle, die *nicht* im laufenden Sozialhilfebezug sind, deren Einkommen aber entweder unterhalb oder geringfügig über dem Sozialhilferegelsatz für ihren Haushaltstypus liegt. Für den Bezug einmaliger Beihilfen gelten Einkommensgrenzen, die um 10% über dem Sozialhilferegelsatzbedarf (einschließlich eventueller Zuschläge für Alter, Alleinerziehung usw.) liegen.

Diese Untersuchung sollte als exemplarische Studie Aufschlüsse geben über den Anteil der Dunkelziffer in der Beihilfepopulation (diejenige Population, die ein Einkommen bis maximal 110% des Sozialhilferegelsatzes hat), über ihre Struktur nach Haushaltstypen, Familienstand und Alter, sowie Besonderheiten bei der Gewährung bzw. Ablehnung der Beihilfeanträge.

Zur Methode

Die Untersuchung wurde durch eigene Akteneinsicht seitens der Projektmitarbeiter durchgeführt. Den Bestimmungen des Datenschutzes wurde dabei entsprochen. Nach einer Reihe von zuvor entwickelten Kriterien wurden die einzelnen Akten durchgesehen und ausgewertet. Es handelt sich dabei in der Regel um die Antragsformulare auf einmalige Weihnachtsbeihilfe sowie einmalige Brennstoffbeihilfe, oft eine Anfrage der Sozialverwaltung an die Hausbank des Antragstellers über dessen Bar-(Giro-)Konto und Sparguthaben, über die Einkommenssituation sowie die Wohnsituation (Miete, Hausbelastung, Brennstoffkosten). Die in den Akten enthaltenen Angaben wurden in anonymisierter Form (Strichlisten) ausgewertet und zusammengefaßt. Bestimmt werden sollte dabei das Verhältnis des Einkommens zum Sozialhilferegelsatz, der Haushaltstypus, die Haushaltsgröße, die Wohnform und es sollten Besonderheiten der amtsmäßigen Bearbeitung der Anträge - sofern erkennbar - deutlich werden. Doch ist nicht nur die Analyse der gewährten Beihilfen interessant, sondern auch - zumindest in etwa der Hälfte der Fälle - die Ablehnung und ihre Begründung. Hier kann deutlich gemacht werden, daß einerseits die Bestimmungen des BSHG bzw. die Verwaltungsvorschriften realitätsfremd sind, andererseits die Handhabung dieser Vorschrift durch die betreffende Sozialverwaltung verhältnismäßig wenig bürgernah erfolgt.

Zur Struktur der Beihilfeempfänger

Die Verbandsgemeinde X. ist insgesamt eine kleine und extrem ländlich strukturierte Verbandsgemeinde, wie sich an der Gliederung der Sozialhilfeempfänger (unzureichend Versichert und Versorgte 54,0%, Alleinerziehende 24,0%, Arbeitslose 4,0%, Sonstige 18,0%) deutlich machen läßt. Sie hat in unserer Stichtagserhebung (Strukturuntersuchung) im Jahr 1990 50 laufende Fälle von HLU gehabt.

Die 31 Anträge im Winter 1991/1992 machen mithin insgesamt ca. 62% bezogen auf alle HLU-Empfängerfälle aus. Die 24 bewilligten Beihilfeanträge machen insgesamt 48% der HLU-Empfänger aus, wobei zu berücksichtigen ist, daß einige der Ablehnungen problematisch sind (vgl. weiter unten).

Im Winter vor dem Untersuchungszeitraum - also 1990/91 - sind etwas mehr, nämlich 35 Anträge auf einmalige Weihnachts- und Brennstoffbeihilfen

Abb. IV/1

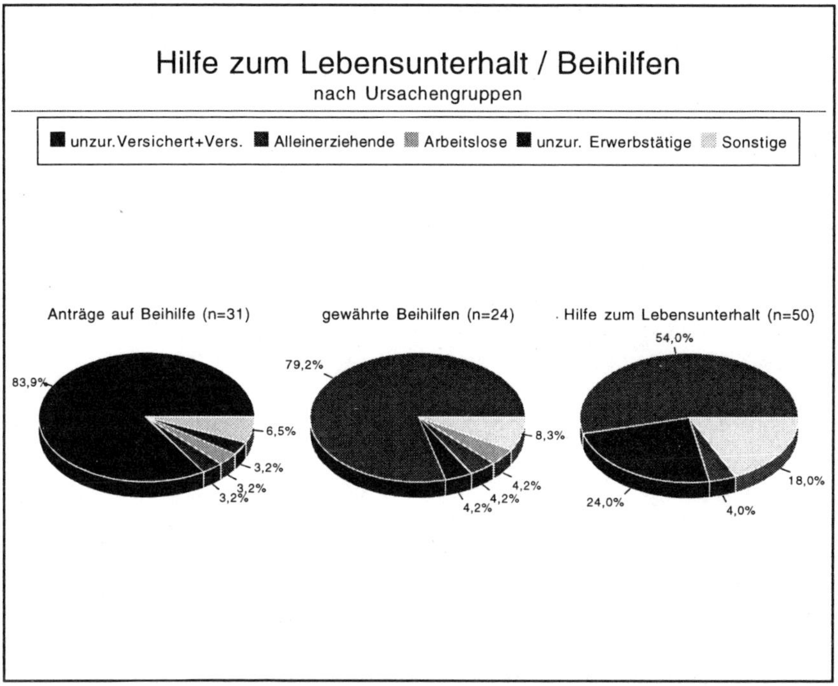

gestellt worden, von denen 7 abgelehnt und 28 gewährt wurden. Von den 7, die im Vorjahr abgelehnt wurden, hat nur einer im Untersuchungswinter einen erneuten Antrag gestellt, die übrigen 6 haben auf eine erneute Antragstellung verzichtet. Vor dem Hintergrund der weiter unten dargestellten Ablehnungsbegründungen kann dies so interpretiert werden, daß wohl ein größerer sozialer Kreis an Menschen mit einem Einkommen in der Nähe des Sozialhilferegelsatzes existiert, der bei etwas anderer Handhabung der Bewilligungspraxis auch Beihilfen erhielte. Diese Personen scheinen jedoch in der Regel nach einem erfolglosen Versuch der Beihilfebewilligung auf erneute Anträge zu verzichten. Die noch weiter darzustellende lebensferne Fassung der Verwaltungsvorschriften und die entsprechende Handhabung scheinen diesen Kreis dann von weiterer Beihilfebeantragung abzuschrecken. Insofern kann in einer vorsichtigen Interpretation gesagt werden, daß der Kreis derer, deren Einkommen in der Nähe des Sozialhilferegelsatzes liegt, weitaus größer ist als die hier beschriebenen Fälle.

In Abbildung IV/1 wird die Gliederung der HLU-Population in der Verbandsgemeinde X. einerseits gegenübergestellt der entsprechenden Gliederung der Hilfeempfänger auf einmalige Weihnachts- und Brennstoffbeihilfe im Winter 1991/92. Der Vergleich macht deutlich, daß die Strukturen der Beihilfeempfänger nur grob den Strukturen der HLU-Empfänger entsprechen. Größte Gruppe sind in beiden Fälle alte Menschen mit unzureichender Rente, während die Alleinerziehenden im HLU-Bezug die nächst größere, in der Beihilfepopulation aber eine viel kleinere Gruppe stellen. Erwerbstätige, die im HLU-Bezug nicht vertreten sind, tauchen in der Beihilfeempfängergruppe mit einem kleinen Anteil auf; Arbeitslose mit einem etwa gleich großen Anteil.

Zusammenfassend läßt sich sagen, daß in der Gruppe der Beihilfeantragsteller alte Menschen mit unzureichender Rente doch in deutlich stärkerem Maße vertreten sind als in der Gruppe der HLU-Empfänger, Alleinerziehende sehr viel weniger vertreten sind als in der Gruppe der HLU-Empfänger, einige Erwerbstätige mit sehr niedrigem Lohneinkommen als Beihilfeempfänger auftauchen, die in der Gruppe der HLU-Empfänger in dieser Verbandsgemeinde überhaupt nicht vorkommen und Arbeitslose bei der Gruppe der Beihilfeempfänger ebenfalls in geringem Maße vertreten sind.

Insgesamt läßt sich von den Beihilfeempfängern sagen, daß hier 79,2% (n=19) als Haupteinkommensquelle eine Rente haben (darunter eine junge Witwe mit Kleinkindern, die vielleicht eher als Alleinerziehende anzusehen ist), 4,2% Erwerbstätige mit zu geringem Lohneinkommen, und 4,2% Arbeitslose. Dies macht deutlich, daß bei den Antragstellern einmaliger Beihilfen die Rentenbezieher in höherem Maße (gegenüber den Empfängern von HLU) vertreten sind.

Stellt man beantragte und bewilligte Beihilfen gegenüber, so wird das Verhältnis kaum weniger krass. Die Haushalte, deren Haupteinkommen eine Rente ist, vermindern sich leicht im Verhältnis zu den Erwerbstätigen, Arbeitslosen, Sonstigen und Alleinerziehenden.

Zur Haushaltsstruktur der Beihilfe-Antragsteller

Ein erster Überblick zeigt (vgl. Tabelle IV/2), daß die Mehrzahl der Beihilfe-Antragsteller Ein-Personen-Haushalte sind. Insgesamt sind von den 31 Antragstellern 19 alleinlebend, 4 Fälle stellen Ehepaare dar, ein Fall ist ein Geschwisterhaushalt, ein Fall ist ein Elternteil mit Kindern, ein Fall ein Mehrgenerationenhaushalt und 5 Fälle sind Ehepaare mit Kindern.

Die Mehrzahl der Beihilfeantragsteller sind Einzelpersonen - die Anteile entsprechen etwa denen der HLU-Beziehergruppe. Doch sind unter den Beihilfeantragstellern der Verbandsgemeinde X. Verwitwete und Geschiedene mit fast dem doppelten Anteil vertreten, während bei den HLU-Beziehern die

Tabelle IV/2
Haushalte Beihilfe und Hilfe zum Lebensunterhalt

Haushaltstypus	**Population**	
	Beihilfe-Antragsteller	HLU-Empfänger
Alleinlebende *- ledig* *- verwitwet, geschieden, getrennt lebend*	19 (61,3%) *2 (6,5%)* *17 (54,8%)*	31 (62,0%) *17 (34,0%)* *14 (28%)*
Paare ohne Kind(er)	4 (12,9%)	2 (4,0%)
Paare mit Kind(er)	5 (16,1%)	1 (2,0%)
Alleinerziehende	1 (3,2%)	12 (24,0%)
Geschwisterhaushalte	1 (3,2%)	0 (0%)
Mehrgenerationenhaushalte	1 (3,2%)	0 (0%)
(Kind(er) im Sozialhilfebezug)	0 (0%)	4 (8,0%)
TOTAL	31 (99,9%)	50 (100,0%)

* Beihilfeuntersuchung 1991, eigene Berechnung (KTAB1) *

Ledigen (es sind dort überwiegend ältere Menschen) überwiegen. Auch Paare mit und ohne Kinder (im Haushalt) sind bei den Beihilfeantragstellern in höherem Maße vertreten. Angesichts der niedrigen absoluten Zahlen sollen diese Angaben jedoch mit Vorsicht interpretiert werden. Zusammenfassend wird hier deutlich, daß die Mehrzahl der Beihilfe-Antragsteller alleinlebende ältere Personen sind. Ehepaare bzw. mit Kindern lebende Elternteile kommen in geringem Ausmaß vor. Die Familienformen der Ehepaare mit Kindern hat insgesamt einen nennenswerten Anteil.

Einen Überblick nach dem *Familienstand* gibt Tabelle IV/3: Sie zeigt, daß Verwitwete die Mehrheit der Beihilfeantragsteller darstellen (n=18). Verheiratete machen knapp ein Drittel aus (n=9), Ledige nur ein Zehntel (n=3, zumeist ältere Personen). Geschiedene sind bei der Gruppe der Beihilfeempfänger nur in einem Fall vertreten, während sie unter den HLU-Beziehern fast ein Fünftel ausmachen.

Altersgruppierung

Die Altersgruppierung zeigt (Tabelle IV/4), daß 48,4% der Beihilfeantragsteller sich im Rentenalter (65 Jahre und älter) befinden, während die knappe Mehrheit (51,6%) im Erwerbsalter ist. Deutlich ist, daß innerhalb der Gruppe im Rentenalter das Gewicht stark in Richtung eines höheren Alters verschoben ist, und daß die Beihilfeempfänger überwiegend Personen mit unzureichendem Renteneinkommen sind. Freilich ist bei diesem Befund zu bedenken, daß die hier untersuchte Verbandsgemeinde eine extrem ländlich strukturierte Gemeinde ist, in der auch in der HLU die Rentenempfänger weit überwiegen, was

Tabelle IV/3

Familienstand der Beihilfeantragsteller und der HLU-Bezieher

Familienstand	**Population**	
	Beihilfe-Antragsteller	HLU-Empfänger
verwitwet	18 (58,1%)	15 (30,0%)
verheiratet	9 (29,0%)	2 (4,0%)
ledig	3 (9,7%)	23 (46,0%)
geschieden	1 (3,2%)	9 (18,0%)
getrennt lebend		1 (2,0%)
TOTAL	31 (100,0%)	50 (100,0%)

* Dorfuntersuchung 1991; eigene Berechnungen (KTAB2) *

atypisch für die Struktur der Sozialhilfe der untersuchten Landkreise (vgl. Kap. II) ist. Der Befund sollte mithin nicht unmittelbar zu der Schlußfolgerung verleiten, daß generell die Beihilfe-Antragsteller überwiegend Personen im Rentenalter sind. Jedoch könnten gerade die Spezifitäten der Antragstellung und die Art und Begründung der Ablehnung stärker prohibitiv für ältere Personen mit großer Distanz zur Sozialverwaltung und zur Sozialhilfe sein.

Tabelle IV/4

Altersklassen der Beihilfeantragteller und der HLU-Bezieher

Altersklassen	**Population**			
	Beihilfe-Antragsteller		HLU-Empfänger	
< 40 Jahre	5 (16,1%)	13 (51,6%)	16 (32%)	25 (50%)
40 - 49 Jahre	0 (0%)		0 (0%)	
50 - 59 Jahre	3 (9,7%)		7 (14%)	
60 - 65 Jahre	8 (25,8%)		2 (4%)	
66 - 69 Jahre	3 (9,7%)	15 (48,4%)	3 (6%)	25 (50%)
70 - 79 Jahre	2 (6,5%)		12 (24%)	
≥ 80 Jahre	10 (32,2%)		10 (20%)	
TOTAL	31 (100,0)%		50 (100,0%)	

* Dorfuntersuchung 1991, eigene Berechnung (KTAB3) *

Untersuchung der Ablehnungsgründe
Im Untersuchungszeitraum Winter 1991/92 sind von 31 beantragten Beihilfen 7 abgelehnt worden.

Dabei lag nur in 3 Fällen das Einkommen ersichtlich über dem Bedarf (HLU-Bedarf einschließlich Zuschlägen plus 10%). Diese Fälle von Ablehnung scheinen also eindeutig. In 2 Fällen (Nr. 3 und Nr. 22) lag zwar das Einkommen erheblich unter dem Bedarf, jedoch waren hier erhebliche Sparvermögen vorhanden, von dessen Existenz das Sozialamt durch eine Anfrage beim Geldinstitut des Antragsteller Kenntnis erlangte. Die Sparguthaben von 21.000 bzw. 24.000 Mark waren trotz des zu geringen Einkommens Gründe der Ablehnung des Beihilfeantrags. In 2 Fällen lag zwar das Einkommen unterhalb des Bedarfs, jedoch wurden wegen geringfügiger Vermögenswerte dennoch die Anträge auf Beihilfe vollständig abgelehnt. Diese Fälle sollen hier zur Illustrierung der Amtspraxis etwas näher geschildert werden.

Fall Nr. 4:
Es handelt sich hier um eine 73jährige Witwe, die mit ihrer Schwester oder Schwägerin (dies ging aus dem Antrag nicht eindeutig hervor) in einem eigenen Haus zusammen lebt. Beide verfügen über geringe Renten von ca. DM 500,-- und ca. DM 600,--, deren Summe zusammen mit den geltend gemachten Unkosten des Hauses (Steuern, Müllabfuhr usw.) unterhalb des errechneten Bedarfes liegt. Die von der Sozialverwaltung beim Geldinstitut der beiden Schwestern eingeholte Auskunft ergab, daß beide jeweils über ein Sparguthaben von DM 1.800,-- und DM 1.300,-- verfügten. Zusätzlich befanden sich auf dem gemeinsamen Girokonto DM 1.150,-- an Barguthaben. Die Sozialverwaltung lehnte daraufhin den Beihilfeantrag mit der Begründung ab, daß das Vermögen von zusammen ca. DM 4.250,-- die Vermögensgrenze von DM 2.500,-- überschreite, und daher kein Anrecht auf einmalige Beihilfen bestehe. Die Besonderheit der Amtspraxis besteht zunächst darin, daß die beiden Sparguthaben zusammengerechnet wurden, und diesem Betrag auch das Barguthaben auf dem Girokonto hinzuaddiert wurde. Hier läßt sich einwenden, daß es auf den Tag der Anfrage beim Geldinstitut ankommt (Monatserster oder Monatsletzter), welches "Vermögen" nun tatsächlich ausgewiesen wird. Zum anderen hätte der minimale Betrag auf dem Girokonto unbeachtet bleiben können, so daß die Summe beider Sparguthaben zwar eine Überschreitung des anrechenbaren Vermögens (der Stand war zur Zeit der Untersuchung DM 2.500 pro Haushalt, er ist zum 01.07.1992 auf DM 4.500 erhöht worden), so daß nur ein Teil des Vermögens auf die Beihilfe angerechnet worden wäre, und die beiden Geschwister immerhin noch überhaupt Beihilfen - wenn auch verminderte - erhalten hätten.

Fall Nr. 28
Hier handelt es sich um eine 90jährige ledige Rentnerin, deren Rente mit DM 572,32 geringfügig unter dem errechneten (110% von HLU-)Bedarf lag. Sie wohnt im eigenen Haus mit 3 Zimmern und macht keine Kosten für das Haus geltend. Da dies offensichtlich ein Versehen ist, hätte sich in diesem Fall, wenn die elementaren Kosten von Haus und Grundsteuern sowie Müllabfuhr usw. berücksichtigt worden wären, ein höherer Bedarf ergeben als in der Rechnung der Sozialverwaltung ausgewiesen. Hier ergab die Anfrage beim Geldinstitut dieser Antragstellerin einen Bestand des Sparbuches von DM 2.007,--, während das Girokonto einen Bestand von DM 2.700,-- aufwies. Der Bestand des Sparbuches lag unter der anzurechnenden Grenzwertschwelle. Jedoch hat die Sozialverwaltung auch hier das auf dem Girokonto befindliche Guthaben hinzugerechnet, so daß die Vermögensgrenze um etwa DM 2.000,-- überschritten wurde, und den Antrag abgelehnt.

Einerseits ist hier zu bemerken, daß die - inzwischen angehobene - Grenze von DM 2.500,-- heutigen Lebensverhältnissen unangemessen ist. Sie ist erheblich zu niedrig. Zum zweiten ist die Amtspraxis, Barbestände auf dem Girokonto in die Vermögensrechnung mit einzubeziehen, angesichts des geschilderten niedrigen Kontostandes m. E. ebenfalls realitätsfremd und als rigide Praxis zu werten. Wir werden weiter unten noch zeigen, daß dies auch bei bewilligten Anträgen gängige Praxis ist.

Zum Einkommen der Beihilfe-Antragsteller
Die Untersuchung des Einkommens der Antragsteller einmaliger Beihilfen kann Auskunft darüber geben, welcher Anteil der Bezieher einmaliger Beihilfen, die keine Sozialhilfebezieher sind, der Dunkelziffer zuzurechnen ist. Von den 31 Anträgen wurden, wie geschildert, 7 abgelehnt aus den unterschiedlichsten Gründen, die dargestellt wurden. In 3 Fällen davon kann klar gesagt werden, daß das laufende Einkommen die Beihilfe-Einkommensgrenze überschreitet. In zwei Fällen werden hohe Ersparnisse für die Ablehnung geltend gemacht (21.000.- DM bzw. 24.000.- DM). In 2 weiteren Fällen - wie dargestellt - erscheint die Einkommens- bzw. Vermögensberechnung der Sozialverwaltung lebensfremd.

Tabelle IV/5 stellt die Einkommensverhältnisse (laufendes Einkommen) in bezug auf den um 10% erhöhten HLU-Bedarf (= Beihilfebedarfsschwelle) dar. Es ergibt sich, daß in 4 Fällen das laufende Einkommen zwischen 0 und 5% unter dem Bedarf liegt, in 6 Fällen das laufende Einkommen um 5 bis 10% unter dem Bedarf. Da als Bedarf hier 110% des HLU-Regelsatzes gilt, würden diese Fälle keine HLU erhalten. In weiteren 7 Fällen liegt das Einkommen 10 bis 15% unter Bedarf, in 3 Fällen 15 bis 20% unter Bedarf und in 7 Fällen

Tabelle IV/5

Differenz zwischen Einkommen und Bedarf nach Haushaltstyp

Einkommen im Verhältnis zum Bedarf	**Haushaltstypus**						**Hausnebenkosten angegeben?**	
	Alleinlebend	Mit Geschwister lebend	Mit Ehepartner lebend	Mit Kindern lebend	Mit Ehepartner und Kinder(n) lebend	TOTAL	ja	nein
Einkommen > Bedarf	4					4	1	1
0- 5% unter Bedarf	2	1	1			4	2	1
5,1- 10% unter Bedarf			2	2	2	6	1	1
10,1- 15% unter Bedarf	5				2	7		4
15,1- 20% unter Bedarf	2		1			3	1	1
>20% unter Bedarf	6				1	7	2	5
TOTAL	19	1	4	2	5	31	7	13

* Dorfuntersuchung 1991, eigene Berechnungen (Ktab6) *

um mehr als 20% unter dem Bedarf. Dies bedeutet, daß insgesamt 17 Fälle und damit 54,8% der Beihilfe-Antragsteller ein Einkommen unterhalb des HLU-Bedarfes haben und somit der Dunkelziffer der Sozialhilfe eindeutig zuzurechnen sind. Einige Fälle davon sollen hier exemplarisch dargestellt werden, um die Charakteristika deutlicher zu machen.

Fall Nr. 11

Es handelt sich um einen 54jährigen verheirateten Frührentner, der mit einem 17jährigen Sohn und seiner Ehefrau zusammen im eigenen Haus mit 4 Zimmern wohnt. Er macht keine Lasten des Hauses geltend (s.o.), und erhält auch keinen Lastenausgleich (Form des Wohngeldes für sozial schwache Hausbesitzer). Auf diese Weise liegt sein Einkommen um ca. DM 500,-- unter dem Bedarf, der durch die Nicht-Berücksichtigung der fixen Hauskosten ohnehin zu niedrig angesetzt ist. Einem Einkommen an Erwerbsunfähigkeitsrente zuzüglich Kindergeld und Kindergeldzuschlag von zusammen DM 1096,-- steht ein Bedarf von 1.502,-- gegenüber, der sich noch um die fixen Kosten des Hauses erhöhen müßte. Mithin liegt hier eine Unterversorgung von 27% bezogen auf den Regelsatz der HLU vor.

Fall Nr. 14
Es handelt sich hier um eine 90jährige Witwe, die eine Witwenrente von DM 175,-- (!) hat. Sie wohnt im eigenen Haus und macht weder fixe Hauslasten geltend, noch hat sie einen Lastenausgleich (Wohngeld, s.o.) beantragt. Sie erhielt volle Brennstoffbeihilfe von DM 520,-- einmalig und volles Weihnachtsgeld von DM 128,--. Einem Einkommen von DM 175,-- steht der nicht korrekt errechnete (da Hauslasten fehlen) Bedarf von DM 616,-- (HLU + 10%) gegenüber. Diese Frau weigert sich - wie uns die angesprochenen Mitarbeiter des Sozialamtes darstellten -, Sozialhilfe zu beanspruchen. Sie nimmt zwar die einmaligen Beihilfen in Anspruch, da diese nicht so stigmatisierend sind, will jedoch keine laufende Hilfe zum Lebensunterhalt beziehen. Es ist unklar, wie sie ihren Lebensunterhalt mit der völlig unzureichenden Witwenrente bestreiten kann. Es gibt in einem entfernten Dorf eine Tochter, die sie möglicherweise gelegentlich unterstützt. Den recht aufgeschlossenen Mitarbeitern der Sozialverwaltung X. ist es in diesem Fall nicht gelungen, die offensichtlich in tiefer Armut lebende Frau zum Bezug von Sozialhilfe zu bewegen.

Fall Nr. 18
Hier handelt es sich um eine 85jährige verwitwete Rentnerin, die eine landwirtschaftliche Rente von DM 407,-- erhält. Sie wohnt im eigenen Haus und hat keinen Lastenausgleich für die fixen Hauskosten geltend gemacht. Sie verfügt über ein Vermögen von DM 3000,--, wobei in diesem Fall nicht ganz klar ist, ob es sich hier ausschließlich um das Sparguthaben oder um die Summe von Sparguthaben und Girokonto handelt. Einem Einkommen von DM 407,-- steht ein fehlerhaft errechneter Bedarf von DM 616,-- gegenüber. Wegen der Überschreitung der Vermögensgrenze werden bei der Bewilligung der Brennstoffbeihilfe der Frau von ihren zustehenden DM 520,-- Brennstoffbeihilfe DM 500,-- angerechnet, so daß sie eine Brennstoffbeihilfe von DM 20,-- erhält. Die Weihnachtsbeihilfe wird dagegen in voller Höhe von DM 128,-- ausgezahlt. Auch in diesem Fall liegt das laufende Einkommen um 33,9% unter dem Sozialhilferegelsatz.
Eine Reihe weiterer Fälle sind ähnlich gelagert, sollen aber hier wegen struktureller Ähnlichkeit zu den bereits geschilderten Fällen nicht näher dargestellt werden.

Zusammenfassend ergibt sich, daß von den 31 Beihilfeantragstellern zusammengenommen 17 d.h. 54,8% ein Einkommen deutlich unter dem Sozialhilferegelsatz haben, so daß von einem solchen Anteil *sicherer Dunkelziffer* gesprochen werden kann.

Bei den 10 Fällen, die ein laufendes Einkommen haben, das nur bis zu 10% unter dem HLU-Bedarf liegt, ist zu berücksichtigen, daß bei der Errechnung des Bedarfes oft die unzutreffenden (zu niedrigen!) Angaben der Antragsteller zu Grunde gelegt wurden. Hier könnte sich die Dunkelziffer eventuell durch die höhere Bedarfsrechnung infolge Mitberücksichtigung der Hausnebenkosten um zwei Fälle erhöhen (vgl. Tabelle IV/5).
Zusammenfassend läßt sich sagen, daß die klare Mehrzahl der Beihilfe-Antragsteller der Dunkelziffer zuzurechnen ist. Diesem Prozentsatz müssen nach unserer Ansicht noch diejenigen hinzugerechnet werden, die auf Grund recht rigider Vermögensanrechnungen der Sozialverwaltung keine Beihilfe erhalten haben. Bedenkt man ferner, daß in den zurückliegenden Jahren bereits eine Reihe von Antragstellern aus diesen Gründen ablehnende Bescheide erhalten hat, und auf die erneute Beantragung von Beihilfen verzichtete, so läßt sich insgesamt extrapolieren, daß der Kreis der zur Dunkelziffer gehörenden Population in der Verbandsgemeinde X. weit über den hier beschriebenen Personenkreis hinausgeht.

Zu Besonderheiten der Beihilfegewährung
Im folgenden sollen einige Besonderheiten der Beihilfegewährung hervorgehoben werden, die z.T. im voranstehenden Text bereits erwähnt wurden. Alle diese Besonderheiten der Beihilfegewährung tragen dazu bei, Ansprüche der - oft unzureichend informierten - Antragsteller abzufiltern bzw. in ihrer Höhe zu reduzieren. Dies, obwohl es sich sich bei der Verbandsgemeinde X. um eine insgesamt bemühte und liberal handhabende Sozialverwaltung handelt.

- Fehlerhafte Antragstellung durch die Antragsteller
In vielen Fällen haben, wie bereits beschrieben, die Antragsteller keinen zureichenden Aufschluß über die ihnen insbesondere durch das Haus entstehenden Unkosten gegeben. Die Sozialverwaltung hat in aller Regel diese falschen bzw. fehlenden Angaben unkorrigiert - d.h. ohne Nachfrage - übernommen und somit einen zu niedrigen Bedarf errechnet. In einigen weiteren Fällen ergab sich daraus eine Verminderung der bewilligten Beihilfen, die augenscheinlich auf Fehler der Antragsteller bzw. Unzulänglichkeiten der Antragstellung zurückzuführen war, und die offensichtlich waren, so daß eine korrekte Rechnung mit einer - telefonischen oder schriftlichen - Nachfrage möglich gewesen wäre. Eine Nachfrage in diesen Fällen ist der Sozialverwaltung auch deswegen zuzumuten, weil ja ebenfalls in der Regel eine schriftliche Anfrage beim Geldinstitut der Antragsteller über die Vermögensverhältnisse erfolgt.

- Anrechnung von Vermögen

Bei der Anrechnung von Vermögen sind, wie oben dargestellt, unserer Ansicht recht realitätsfremde Praxen üblich. Hier soll noch ein Fall dargestellt werden, der ein Extrem dieser Amtspraxis darstellt.

Fall Nr. 21

Eine 64jährige Witwe, die in einem eigenen Haus wohnt, und dafür ca. DM 100,-- monatlich fixe Kosten geltend macht, hat einen Antrag auf einmalige Brennstoffbeihilfe sowie Weihnachtsbeihilfe gestellt. Ihr Einkommen liegt nur geringfügig unter dem Bedarf. Sie verfügt nach Angabe ihres Geldinstitutes über ein Sparguthaben von DM 1850,-- sowie einen Kontostand auf ihrem Girokonto von DM 700,--. Die Sozialverwaltung rechnete beide Guthaben zusammen, und hat auf die zustehende einmalige Brennstoffbeihilfe DM 156,-- angerechnet, so daß die Antragstellerin nur eine um DM 156,-- verminderte Brennstoffbeihilfe von DM 413,61 erhielt. Die Weihnachtsbeihilfe wurde dagegen in voller Höhe von DM 128,-- ausbezahlt.

Es ließen sich weitere Fälle dieser Art anführen. Zwei strukturelle Probleme werden an dieser Praxis deutlich:

a) Die Einkommensgrenzen sind einerseits zu niedrig und insofern realitätsfremd. Die alten Leute sparen in der Regel geringe Beträge für ihre Beerdigung, um den Angehörigen nicht in dieser Form zur Last zu fallen. Die mit der Gesundheitsreform entfallenen Sterbegelder der Gesundheitsversicherung machen diesen Sachverhalt zusätzlich plausibel. Ein Sparguthaben, das nur das 2- oder 3-fache des regelmäßigen monatlichen Einkommens ausmacht, dürfte nach unserer Meinung als Reserve für Notlagen anzusehen sein, und in dieser Hinsicht überhaupt nicht angerechnet werden können.

Das strukturelle Problem ist die fixe Einkommensgrenze, die unabhängig von der Haushaltsform und der Zahl der Haushaltsmitglieder gilt. Hier wäre eine Veränderung in Richtung des etwa 3-fachen des Regelsatzes anzustreben, so daß nicht unterschiedliche Haushaltstypen und Haushaltsgrößen in unterschiedlicher Härte betroffen wären. Zudem ist ganz offenkundig die "Vermögens"-schwelle lebensfremd niedrig.

b) Die von unserer untersuchten Verbandsgemeinde geübte Praxis der Überprüfung des Vermögens durch Einziehen einer Auskunft beim Geldinstitut dürfte rechtlich kaum zu beanstanden sein. Jedoch scheint es die Frage, ob die Addition von Sparguthaben und Guthaben auf dem Girokonto zulässig ist. Im eben dargestellten Falle dürfte der Zeitpunkt der Anfrage beim Kreditinstitut entscheidend für die Über- oder Unterschreitung der Vermögensgrenze sein

(Zeitpunkt des Eingangs der Rentenzahlung, Monatserster, Monatsende). Grundsätzlich erscheint es in diesem Fall angesichts des Bargeldbestandes etwa in Höhe der monatlichen Witwenrente unzulässig, überhaupt das Guthaben des Girokontos als Vermögen anzusehen und auf die zu gewährende Beihilfe anzurechnen.

In ihrer Wirkung auf die Hilfeempfänger kann diese Amtspraxis als prohibitiv charakterisiert werden. In der Regel wird in dem Bescheid (dies gilt auch für Ablehnung) zwar auf die Anrechnung von Vermögenswerten hingewiesen, jedoch wird dem Antragsteller nicht deutlich gemacht, in welcher Weise sich die Vermögensrechnung auf Sparguthaben und Giroguthaben bezieht. Insofern dürfte dem Antragsteller undurchsichtig bleiben, aus welchen Gründen seinem Antrag nur teilweise oder gar nicht stattgegeben wurde. Antragsteller wie der eben dargestellte Fall hätten dann nämlich die Möglichkeit, ihr Giroguthaben zur Zeit der Anfrage so zu stellen, daß sie die Vermögensgrenze nicht überschreiten.

- Handhabung der Hauslasten

In relativ vielen Fällen wurden von den Antragstellern feste Kosten des selbst besessenen und bewohnten Hauses im Antrag nicht geltend gemacht. Dies hat, wie schon beschrieben, Konsequenzen für die Bedarfsberechnung auch bei der Beihilfegewährung. Hier soll zusätzlich auf eine weitere Konsequenz hingewiesen werden. Diese Fälle, bei denen auch häufig das Einkommen in der Nähe des HLU-Regelsatzes liegt, so daß die Antragsteller, wenn sie HLU beantragten, nur wenige DM an ergänzender HLU erhielten, sind sich nicht darüber im klaren, daß fixe Hauslasten dem Regelsatz der HLU hinzuaddiert werden müssen. Insofern werden sie wie Mietkosten behandelt. Die Antragsteller hätten hier, selbst wenn sie auf die Sozialhilfe (HLU) verzichten wollen, die Möglichkeit, bei der Wohngeldstelle der Sozialverwaltung einen Lastenausgleich ("Wohngeld für sozial schwache Hauseigentümer") zu beantragen, und sich somit in ihrem Einkommen in der Regel um ca. DM 100,-- zu verbessern. Dies würde freilich voraussetzen, daß sie von der Verbandsgemeindeverwaltung auf diese Möglichkeit und diesen Sachverhalt aufmerksam gemacht und darin unterstützt würden. Insbesondere angesichts des oft hohen Alters der Antragsteller ist nicht davon auszugehen, daß diese über die nötigen Kenntnisse und die mentale Beweglichkeit verfügen, dies selbständig zu leisten. Hier könnte also unter dem Aspekt der Beratung von der Verbandsgemeindeverwaltung eine kleine und im Einzelfall doch spürbare Entlastung gegeben werden.

Zusammenfassung

Bei der Untersuchung der Beihilfe-Anträge in einer kleinen ländlichen Verbandsgemeinde hat sich ergeben, daß ein sehr großer Anteil der Beihilfeantragsteller der Dunkelziffer im Sinne des BSHG zuzurechnen ist. Von ihrer Struktur her spiegeln die Beihilfeempfänger ebenso wie die Dunkelziffer die Grundstruktur der HLU-Empfänger dieser Verbandsgemeinde, mit einem recht deutlichen Übergewicht älterer, alleinstehender Personen. Unkenntnis und Amtsferne werden aus der oft fehlerhaften und unvollständigen Antragstellung deutlich, die zu Nachteilen für die Antragsteller führt. Aufgrund unserer Akteneinsicht kann gesagt werden, daß eine Beratung bzw. Information seitens der Gemeindeverwaltung in diesen Fällen nicht stattfand. Die Handhabung der Beihilfegewährung ist insbesondere bzgl. der Anrechnung von Vermögen äußerst lebensfremd und restriktiv, so daß sich hieraus ein Abschreckungseffekt auf ehemalige und mögliche Beihilfeantragsteller ergibt.
All diese Argumente zusammennehmend kann geschlußfolgert werden, daß es einen wesentlich größeren Personenkreis als den der jährlichen Beihilfeantragsteller gibt, die wegen einer Ablehnung keine Anträge mehr stellen. Insofern läßt sich vermuten, daß der Bereich der Dunkelziffer gerade im ländlichen Raum sehr groß ist und die Zahl der HLU-Beziehenden deutlich überschreitet.

3. Gesamteinschätzung der Dorfuntersuchung

Die verschiedenen im Verlauf der Dorfuntersuchung angewandten Verfahren - im Verein mit einigen einschlägigen qualitativen Interviews - machen deutlich, wie sehr der Bereich von Einkommen und materieller Not bzw. Armut in der dörflichen Kommunikation ausgespart bzw. tabuisiert wird. Hier zeigt sich eine Übereinstimmung mit anderen angewandten Methoden. In den Expertengesprächen mit dörflichen Honoratioren, anderen Dorfbewohnern und in den zahlreichen Gesprächen der Dorfuntersuchung finden sich die gleichen allgemeinen Deutungsmuster, die gleichen Abgrenzungen wie bei den Betroffenen. Dies zeigt, daβ unsere qualitativen Instrumente in ihrer Kombination (problemzentrierte Interviews sowie Expertengespräche, teilnehmende Beobachtung usw.) zugleich Lebensweltanalyse sind und einen Kernbereich dörflicher Vergemeinschaftung und Vergesellschaftung betreffen. Wir glauben inzwischen, daβ auch ausgefeilte ethnologische Verfahren (vgl. z.B. Illien/-Jeggle 1978a) in bezug auf unseren Untersuchungsgegenstand nicht zu besseren Ergebnissen kommen können. Methodisch auf Experteneinschätzungen gestützte Verfahren ländlicher Armutsexploration (z.B. Vaskowics/Weins 1983) erscheinen uns heute als äuβerst problematisch. Daβ wir am Schluβ der Dorfuntersuchung mehr arme Menschen (Sozialhilfeempfänger und Dunkelziffer) kennen als alle von uns befragten dörflichen Experten - dieser Befund bedarf keines weiteren Kommentars.

Der Verlauf der Dorfuntersuchung ließ uns aber auch deutlich werden, daß sich der "harte Kern" der Dunkelziffer gegen alle Versuche sperren wird, nicht nur Einblick in seine Einkommensverhältnisse zu geben, sondern auch Sozialhilfe in Anspruch zu nehmen. Zu tief sitzt das alte ländliche Deutungsmuster, mit Notlagen selbst zurecht kommen müssen und die Ablehnung der Alimentierung durch diesen vermeintlich unverdienten und im dörflichen Sozialkreis stark stigmatisierten sozialstaatlichen Transfer.

Die soziale Ausdifferenzierung im dörflichen Leben führt zu differenzierten Sozialkreisen, die voneinander wenig Notiz nehmen. Dies hat Folgen für das Dorf, die dörfliche Problemwahrnehmung und den Umgang mit sozialen Problemen.

Einerseits hat sich der Umgang mit materiellen Problemen in der dörflichen Öffentlichkeit trotz veränderter Problemstrukturen offenbar bislang kaum gewandelt. Nach wie vor bildet der Bereich von geringem Einkommen und Sozialhilfebezug im dörflichen Gemeinwesen ein großes Tabu. Es handelt sich hier um Dinge, über die man nicht spricht, und wo uns vor allem ältere Menschen nicht einmal von ihren besten Freunden und Freundinnen, von denen sie das vermuteten, mit Gewißheit sagen konnten, ob sie nun im Sozialhilfebezug stehen bzw. eine zu geringe Rente oder ähnliches hätten. Nicht anders sieht es bei den dörflichen Experten und Honoratioren aus. Auch hier ist das Wissen um soziale Probleme wie Niedrigeinkommen, materielle Benachteiligung, Armut, Sozialhilfebezug im Dorf gering, mit dem Ergebnis, daß vorhandene soziale Probleme erheblichen Umfangs nicht wahrgenommen, geschweige denn angegangen werden. Das dörfliche Leben hat sich so stark heterogenisiert, daß wir im dörflichen Leben heute sehr unterschiedliche Sozialkreise und Kommunikationszirkel vorfinden, die offensichtlich recht scharf gegeneinander abgeschottet sind. Die Ideologie der heilen dörflichen Welt ist selbst ein Moment der Verleugnung und Ausgrenzung sozialer Probleme im dörflichen Bereich. Doch auch das Dorf ist in eine andere Epoche eingetreten. Die Identifikation mit den positiven Seiten des dörflichen Lebens, nämlich der relativen Überschaubarkeit kleiner sozialer Zusammenhänge, der Sicherheit sozialer Abstufungen und Hierarchien, der relativen Beständigkeit einer sozialen Ordnung, - stellt zugleich ein Moment sozialer Abschließung vor anderen Realitäten des dörflichen Lebens dar.

V. Deutungsmuster im ländlichen Raum

1. Zielsetzung und Methoden qualitativer Forschung

Die quantitativen Instrumente der vorliegenden Studie zielen auf die Untersuchung der Lebensverhältnisse, der materiellen Mangellagen (vgl. Kap. II und Kap. III) sowie auf die Bedeutung des Faktors ländlicher Mentalität in bezug auf Hilfepotentiale und Nichtinanspruchnahme materieller Hilfen (vgl. Kap I. 4 und Kap. IV). Damit bleiben jedoch die subjektive Bewältigungsform, die Prozeßhaftigkeit und die Eingebundenheit in familiale, soziale (dörfliche, lebensweltliche) Handlungszusammenhänge, d.h. die Auseinandersetzungsprozesse der Individuen in und mit ihrem sozialen Umfeld (Familie, Nachbarschaft, Verwandtschaft, Dorf usw.) unberücksichtigt. Die Analyseebene der problemzentrierten Interviews hebt deswegen zum einen auf die Bedeutung des Subjekts ab, d.h. auf die subjektive Gestaltung seiner Lebenssituation sowie die subjektive Innenwelt der Wahrnehmung von Problemlagen, das Erleben von Sozialhilfebedürftigkeit und/oder Arbeitslosigkeit sowie auf die aktive Auseinandersetzung der Subjekte mit dieser Problemsituation in und mit ihrer Lebenswelt[1]. Mit dieser Untersuchungsmethode wird also der auch lebensweltlich mitbestimmte subjektive Spielraum in seiner Bedeutungsdimension untersucht, den die einzelnen gestalten und innerhalb dessen die einzelnen in Problemlagen sich in und mit ihrer Lebenswelt (Familie, Verwandtschaft, Nachbarn, Dorf) auseinandersetzen.

Inhaltlich zielen die problemzentrierten Interviews auf die Erforschung der Perspektive der Betroffenen von Sozialhilfebezug und/oder Arbeitslosigkeit. Das Forschungsinteresse dabei gilt der Bedeutung der Subjektivität bzw. der subjektiven Problemwahrnehmung und der Bewältigungsformen, der Prozeß-

---

1 Der Lebensweltbegriff ermöglicht eine Erweiterung des Lebenslagekonzepts um die Dimension der subjektiven Wahrnehmung und Ausdeutung. Im Konzept der Deutungsmuster sehen wir die Vermittlungsebene makro- und mikrosozialer Strukturen und subjektiver Ebene. Sie stellen die vermittelte Struktur zur Problemwahrnehmung, Problembearbeitung und zur Bewältigung bereit. Eine Auseinandersetzung mit dem begriffs- und theoriegeschichtlichen Hintergrund des Lebensweltbegriffs ist hier nicht möglich. Bereits 1981 klagt Bergmann (1981) über einen inflationären Gebrauch des Begriffs, er leistet eine begriffliche Rezeptionsanalyse. Auch Luckmann (1990) stellt fest, daß der Lebensweltbegriff zu einem modischen und verwaschenen, daher fast inhaltslosen Un-Begriff geworden sei. Grathoff (1989) legt ein umfassendes Konzept der Lebensweltforschung vor. Lippitz (1992) zeigt die Entwicklung des Lebensweltbegriffs in seiner Vielschichtigkeit. Im vorliegenden Kontext geht es zentral um die phänomenologische und die hermeneutische Dimension, den wissenschaftlichen Zugang zu einer beschreibenden Bestandsaufnahme von sozialen Bedeutungshorizonten des Subjekts (vgl. auch Danner 1989, 134) durch Interpretation und die Erschließung von Sinnzusammenhängen.

haftigkeit und Kontextgebundenheit sozialer Interaktion; mithin geht es um die lebensweltlich vermittelte subjektive Leistung im Umgang mit den genannten sozialen Problemlagen, um die subjektiv-lebensweltliche Komponente in der Gestaltung der Handlungsspielräume (vgl. auch Kap. III. 1).

Die qualitativen Interviews sollen die Frage beantworten, wie die Menschen im ländlichen Raum persönlich und in ihrem sozialen Kontext mit den Problemen der Arbeitslosigkeit und/oder des Sozialhilfebezugs umgehen. Wie interpretieren (deuten) sie ihre Situation? Welche Handlungsstrategien entwickeln sie, um in dieser Situation zurechtzukommen oder sie zu verändern?

Qualitative Sozialforschung betrachtet und behandelt das informierende Gesellschaftsmitglied "als prinzipiell orientierungs- deutungs- und theoriemächtiges Subjekt" (Schütze 1978, 118). Der Interviewte deutet mit seinen Interpretations- und Definitionsleistungen nicht nur seine - die ihm zugängliche - Wirklichkeit, sondern konstituiert sie auch damit. Die Interviews zielen also auch darauf ab, zu untersuchen, wie die Sicht der Wirklichkeit - hier eines sozialen Problems wie Arbeitslosigkeit oder Sozialhilfebezug - zwischen den Betroffenen und ihren Familien, ihrer Nachbarschaft und der dörflichen Öffentlichkeit verhandelt wird; d. h. mit welchen deutenden Mustern und mit welchen Handlungsoptionen und Handlungsspektren wechselseitig operiert wird. Uninterpretierte oder ungedeutete Sachverhalte gibt es in der Alltagskommunikation sowenig wie in der Wissenschaft theorieunabhängige Beobachtungen existieren (vgl. Schütze 1978, 123); alle Beobachtungsaussagen sind theoretisch beladene Aussagen (vgl. Lamnek 1993, Bd.1, 24). Im Kontext ländlicher Kommunikation - als einer Sozialgemeinschaft im offensichtlichen Umbruch - interessieren besonders die Aushandlungs-, Definitions- und Kommunikationsprozesse im Zusammenhang historisch relativ neuer sozialer Problemlagen - Arbeitslosigkeit und Sozialhilfebezug - bzw. der historisch neuen monetär und als Dienstleistung erbrachten sozialstaatlichen Hilfe, die auch familiale Selbsthilfe ersetzt.

Im Kontext dieser Studie werden besonders die Deutungs- und Handlungsmuster beachtet, die eine gewisse kollektive Verbindlichkeit besitzen. Diese kollektiv geteilten Muster des Interpretierens und Agierens können nun nicht einfach als gegeben und unveränderlich angesehen werden, vielmehr werden sie reproduziert und modifiziert durch das Interpretieren und Handeln der sie handhabenden Gesellschafts- oder Milieumitglieder. Die Muster existieren nicht per se, sondern in und durch ihre Anwendung.

Für den Forschungsprozeß selbst bedeutet diese Einsicht, daß nicht nur der Forschungsgegenstand in seiner Prozessualität erkannt werden muß, sondern daß auch die Involviertheit des Forschers ihrerseits konstitutiv zum Forschungsprozeß gehört, der auf der Kommunikation zwischen Forscher und Erforschtem aufruht. Reflexivität bedeutet die theoretische Konzeptualisierung des Gegenstandsbereichs einerseits, ist aber auch zugleich eine Eigenschaft von Deutung und Handlung: jede einzelne Handlung ist Teil eines Ganzen, auf den sie verweist und sich bezieht, sie ist indexikalisch. Sinnkonstitution und Sinnverstehen sind zirkulär. Ob deswegen der Einstiegspunkt beliebig sei, (so Kleining 1982, 243f.), sei dahingestellt.

Die Geltungsbegründung qualitativer Forschung unterscheidet sich grundsätzlich von der quantitativer Methoden. Die Prozesse der Datengewinnung (Auswahl, Interviewverfahren) und der Dateninterpretation sind zugleich gegenstandsrelevante Interaktion, so daß die methodische Kontrolle der einzelnen Schritte für die Objektivität der Verfahren entscheidende Bedeutung erlangt. In Bezug auf das Problem der Validität wurde eine Interviewmethode gewählt, die intersubjektive Validierungsprozesse (in Bezug auf die Interaktion zwischen Interviewtem und Interviewer) ins Interview integriert, indem sie die Explikationsmöglichkeiten des Befragten mit verschiedenen technischen und methodischen Verfahren optimiert (vgl. unten). Alle Interviews wurden mit dem gleichen Interviewerteam (ein männlicher - der Verf. - und ein weiblicher Interviewer, L. Rieker) durchgeführt. Das unerwartete Auffinden identischer Muster in allen unseren Interviews werten wir als Validierung der einzelnen Interviewinterpretationen; zudem nehmen wir in Anspruch, daß auch bei Verwendung einer anderen Interviewtechnik und eines anderen Auswertungsverfahrens die gleichen Muster aufgefunden werden könnten (Reliabilität). Als weiteren Aspekt der Geltungsbegründung ist auf die Homologie bzw. inhaltliche Identität der mit anderen qualitativen und quantitativen Methoden gewonnenen Erkenntnisse (Strukturuntersuchung, Fragebogenuntersuchung, Experten- und Dorfuntersuchung) zu verweisen. Insbesondere die Expertengespräche mit dörflichen Honoratioren und anderen Dorfbewohnern in der Expertenuntersuchung 1989 (vgl. Kap. I.4) und der Dorfuntersuchung 1991 (vgl. Kap. IV) zeigen strukturelle und inhaltliche Übereinstimmungen mit den Betroffeneninterviews in Bezug auf Wahrnehmung und Umgangsmuster mit Problemen wie Sozialhilfebezug, Arbeitslosigkeit und materielle Armut. Die "Deutungsmuster" stimmen bei Betroffenen wie Dorfbewohnern (also Mitgliedern der Lebenswelt) überein. Dies zeigt, daß von einer dörflichen bzw. ländlichen Mentalität gesprochen werden kann. Daß sich die Ergebnisse inhaltlich zusammenfügen und gegenseitig ergänzen, verweist darauf, daß die qualitativen und quantitativen Instrumente insgesamt wesentliche Momente der dörflichen Lebenswelt und Mentalität sowie ländlicher Problembearbeitung und -bewältigung erfaßt haben.

Die strukturelle Modernisierung des ländlichen Raumes, die sich in den quantitativen Untersuchungsteilen bzgl. Problemstruktur aufzeigen ließ, findet in der folgenden Darstellung eine Vertiefung in den Ergebnissen der qualitativen Interpretation, die die soziale Ausdifferenzierung von Lebenslagen und Handlungsmöglichkeiten als Grundlagen der Erosion traditionaler Deutungsmuster und der sozialen Heterogenisierung insbesondere dörflicher Lebenslagen deutlich werden läßt.

Während die Auswahl der ersten 5 Interviewpartner wegen der Schwierigkeiten in der Explorationsphase des Projekts (vgl. Kap. I.4), über Experten an Betroffene "heranzukommen", pragmatisch war (wir nahmen, wen wir kriegen konnten), konnte mit der Feldphase der Fragebogenuntersuchung ein breites Spektrum von Interview-Interessenten erreicht werden. Ausgewählt wurde einerseits nach dem Kriterium, von den sich in Struktur- und Fragebogenuntersuchung abzeichnenden Teilgruppen (Arbeitslose, Alleinerziehende, Alte usw.) mindestens einen Vertreter zu erhalten. Aus den in Frage kommenden Personen wurde zufällig eine Wahl getroffen. Bei Teilgruppen gab es dabei Probleme: so war Interwiew 12 die einzige *arbeitslose Frau*, die wir aufgefunden haben; hier gab es keine Wahl.

1.1 Zur Fragestellung der qualitativen Untersuchung

Die problemzentrierten Tiefeninterviews sollen die entscheidenden Befunde über die subjektive Wahrnehmung von Problemlagen und die individuellen, familialen und sozialen Bearbeitungsformen erbringen. Dieser methodische Ansatz ist auch Bedingung für eine Forschung, die die unterschiedlichen Lebenslagen, Biographien und Persönlichkeitsstrukturen der Betroffenen berücksichtigt. Die neuere Arbeitslosenforschung hat die familiären Problembewältigungskapazitäten, die familiären Bewertungs- und Handlungsstrategien gegenüber Arbeitslosigkeit in den Mittelpunkt der Aufmerksamkeit gerückt (vgl. Bonß/Keupp/Koenen 1984; Schindler/Wetzels 1985; Brinkmann 1984, 1985; Klein 1987; Angestelltenkammer 1987; Hornstein/Lüders 1987; Sünker 1991). Übereinstimmung besteht darin, daß wegen der breit gefächerten ökonomischen, sozialen und psychischen Funktionen der Berufsarbeit erzwungene Arbeitlosigkeit mit kumulativem Effekt Problemlagen für die Betroffenen und ihre Familien hervorbringen, die zu einer Veränderung der Familiendynamik und erheblicher Beeinträchtigung der sozialisatorischen Leistungen des Familiensystems führen und über diese ihre Wirkungen bei Kindern und Jugendlichen bewirkt (vgl. Zenke/Ludwig 1985a, 1985b; Schindler/Wetzels 1985; Sünker 1991; Chassé 1993a). Alle Bereiche des Familienlebens zeigen sich betroffen.

Eine Forschung, die die Strukturmomente des Familiensystems, die unterschiedlichen persönlichen Ressourcen (Alter, Geschlecht, Gesundheit, Zeit- und Zukunftsperspektive, Selbstwertgefühl, Wertorientierungen usw.), die sozialen Ressourcen (Unterstützung durch Verwandte, Freunde, Nachbarn usw.), die Auswirkungen für Kinder und Jugendliche usw. bestimmen soll, muß in der Lage sein, das Handeln der Subjekte in ihrer Lebenswelt verstehend zu rekonstruieren.

Im Rahmen der vorliegenden Studie ergänzen sich in dieser Perspektive daher sowohl die quantitativen wie die unterschiedlichen qualitativen Verfahren in der Rekonstruktion des ländlichen Milieus, der Dorfkultur, mit den Tiefeninterviews, die deutungs- und handlungsgenerierende Tiefenstrukturen rekonstruieren.

Den Tiefeninterviews kommt dabei die besondere Funktion zu, die familieninternen und -externen Bewertungsstrategien in ihrer persönlichen und strukturellen Komplexität herauszuarbeiten, die Situationsdeutungen und Handlungen bestimmen.

So sollen die Auswirkungen der langfristigen Arbeitslosigkeit auf das soziale Bezugssystem Familie, die familialen und sozialen Verarbeitungsformen und Problembewältigungsstrategien, die differenten Deutungs- und Handlungsmuster erkennbar und verstehbar werden, wobei der Wechselwirkung von dörflichem Milieu und einzelnem besondere Beachtung gilt.
Dabei haben wir in den Interviews die Erfahrung gemacht, daß in der Regel die innerfamiliale Problembearbeitung nur für die "städtischen" Arbeitslosen eine nennenswerte Rolle spielt, daß dagegen im ländlichen Milieu (sowohl bei Arbeitslosigkeit wie bei Sozialhilfebezug) die Auseinandersetzung mit der dörflichen Öffentlichkeit im Vordergrund steht, während die subjektive und familiale Problembearbeitung bestenfalls die Qualität dieser Auseinandersetzung mit den dörflichen Mustern beeinflußt (eine gute Familiensituation begünstigt, innerfamiale Spannungen dagegen erschweren die Auseinandersetzung mit allgemeinen Deutungsmustern in Bezug auf Arbeitslosigkeit; vgl. insbes. Hornstein u.a. 1986; Hornstein/Lüders 1987; Angestelltenkammer 1987).

Zum Konzept der Deutungsmusteranalyse

In diesem Kontext ist das Deutungsmusterkonzept ein prominenter heuristischer Ansatz (so die Qualifizierung des Forschungsstands durch Lüders 1991). In neueren Untersuchungen zur Arbeitslosigkeit wird der Deutungsmuster-Ansatz (vgl. Neuendorf/Sabel 1979; Neuendorf 1980; Thomssen 1980, 1982; auch Reichertz 1986) bei der Interpretation qualitativer Interviews verwendet (z.B. Zoll 1981, 1984; Hornstein u.a. 1986; z.T. auch Angestelltenkammer

1987; zum Umbruch von Deutungsmusterstrukturen vgl. Matthiesen 1991, 1992, 1994).

Der Deutungsmusteransatz unterläuft die Unterstellung einer linearen Determination/Abhängigkeit sozialen Bewußtseins von objektiven Bedingungen und macht eine differenzierte Sichtweise möglich (vgl. Voß 1984, Neuendorff/Sabel 1976, 843). Soziales Handeln wird nicht als psychische Determination und nicht als Resultat objektiver Strukturen gefaßt, sondern als Handeln im Kontext vermittelter interpretativer Typisierungen sozialer Wirklichkeit und der biographisch entwickelten Subjektivität andererseits.

Die Position der objektiven Hermeneutik, die die Rekonstruktion objektiver handlungsbestimmender Strukturen in den Vordergrund stellt (Oevermann 1986; Allert 1976) und damit zur Ontologisierung autonomer Strukturen tendiert, erscheint problematisch (vgl. Terhart 1981, 1983; Lüders/Reichertz 1986; Reichertz 1986) und nicht überzeugend. Stattdessen ist davon auszugehen, daß auch Tiefenstrukturen (Deutungsmuster) kommunikativ entstehen bzw. ausgehandelt werden (vgl. Arnold 1983, 901; Habermas 1981). Doch zeigen sich in der derzeitigen Diskussion um den Status der objektiven Hermeneutik keine für unsere Forschungsperspektive methodologisch relevanten Ergebnisse (vgl. Aufenanger/Lenssen 1986; Heinze 1987; Garz/Kraimer 1991, 1994). Vorliegende Studie kann auch metatheoretische Fragen nicht klären, sie kann lediglich ungelöste handlungs- und subjekttheoretische Fragen durch materiale Analysen weitertreiben bzw. befruchten. Allerdings erscheinen Teile der Interpretationsmethode - im Kern die Sequenzanalyse - als fruchtbares, weitgehend ausgearbeitetes und bereits in verschiedenen Zusammenhängen überzeugend verwendetes Forschungsprogramm (vgl. zum aufwendigen Verfahrensmodus Hornstein u.a. 1986, 142 ff.; Neumann 1984b; Oevermann u.a. 1979), so daß es Ziel der Einzelfallstudien sein wird, die für die Kohorte und Lebenssituation (nach der Art, dem Gebrauch und der Kombination) spezifischen Deutungsmuster als für die Lebenswelt charakteristische Form der Identitätspräsentation detailliert nachzuzeichnen. Die Kritik von Voß (1980, 1983, 1984) an den bisherigen Ansätzen der Deutungsmusteranalyse erscheint berechtigt, die Deutungsmusteranalyse soll hier in diesem Sinne weiterentwickelt bzw. modifiziert werden (vgl auch Reichertz 1988, 1993; Schneider 1985, 1988). Dazu einige Überlegungen.

Da Bewußtseinsphänomene nur aus ihrem Kontext mit der tatsächlichen Lebenssituation der Subjekte verstehbar und erklärbar sind, muß in der Analyse von gesellschaftlichem Bewußtsein auf die sozialökonomische Situation des ländlichen Raumes einerseits, den traditionalen Bestand sozialer und kultureller Lebensformen im ländlichen Raum andererseits (also die "ländliche Mentalität") Bezug genommen werden. Der Forschungsansatz muß

- nicht nur wegen des Gewichts traditionaler Bestände - eine Perspektive auf das "wechselseitige Konstitutionsverhältnis von Mensch und Gesellschaft" (Bolte 1983, 15) haben. Dieser von der Forschergruppe um Bolte (SFB 101 der DFG) vertretene subjektorientierte Ansatz pocht auf eine dialektische Konstitution sozialer Realität, er will sichtbar machen, daß einerseits soziale Strukturen menschlichem Denken und Verhalten Orientierungen und Sinnbezüge "aufprägen", andererseits soziale Strukturen auf dem Handeln der Individuen beruhen (Bolte 1983, 26 f., vgl. dort ausf.). Diese Forschungsperspektive wird somit der spezifischen Situation im ländlichen Raum gerechter als letztlich an traditionell industriesoziologische Untersuchungen angelehnte Konzepte eines determinierten Zusammenhangs von Lebenslage und Deutungsmustern.

Voß (1984) treibt diese Forschungsperspektive noch weiter in Richtung eines subjektorientierten Bewußtseinsbegriffs, den er in Auseinandersetzung und Kritik industriesoziologischer Bewußtseinsforschung entwickelt hat. Voß pointiert, daß Bewußtsein "eine aktive, relativ autonome Konstruktionsleistung von Personen ist, mit der sich diese die für sie existentiell relevanten Sphären der alltäglichen Erfahrungswelt ideell verfügbar machen" (Voß 1984, 394; vgl. auch Voß 1980, 1983). Nur vermittelt über subjektive Verarbeitungs- und Konstruktionsleistungen gehen also soziale Gegebenheiten ins Bewußtsein ein, wiewohl diese in sozialer Einbindung z.B. durch Interaktion und Rückgriff auf gesellschaftliche Sinnvorgaben geschehen (Voß 1984, 434 ff.). Diese gesellschaftlichen Sinnvorgaben können Deutungsmuster sein, die für eine spezifische Lebenswelt typisch sind. Die ländliche Lebenswelt, so die hier vertretene anknüpfende Hypothese, stellt einen "verfügbaren Wissensvorrat" (a.a.O., 440) und auch Deutungsvorrat bereit, in den die Person eingebunden bleibt - auch wenn es andere "Sinnprovinzen" gibt, die für sie zeitweise relevant sein können (z.B. für die Kinder und Jugendlichen der übers Schulsystem vermittelte oder mediale Kontakt zur "städtischen" Kultur). Eine sozialgeschichtliche Perspektive - nämlich die Veränderungen des kollektiven Selbstverständnisses der Menschen im ländlichen Raum - wird sich im unterschiedlichen Handlungsspielraum der Generationen zeigen. Für den vorliegenden Forschungskontext bedeutet die subjektorientierte Forschungsperspektive, ein starkes Gewicht auf die Beobachtung und Beschreibung individueller bzw. familialer Bearbeitungs-, Anpassungs-, Identitätsfindungs- oder Geschlechtsrollenprozesse in bezug auf die subjektive Herausforderung Arbeitslosigkeit oder Sozialhilfebezug zu richten. Eine Beantwortung der zahlreichen metatheoretischen Fragen (vgl. z.B. Voß 1984, 394 ff.; Mueller 1982; Reichertz 1986) z.B. zum Subjektbegriff, zum Deutungsmusterbegriff, aber auch zu den Kontroversen um Struktur- und

Handlungstheorie (vgl. Giddens 1988, Habermas 1993; Müller 1992a) kann dagegen erst durch den Fortgang wissenschaftlicher Theoriebildung infolge breiterer Forschungsergebnisse erwartet werden.

Zusammenfassend läßt sich der Stand vorliegender Forschungsarbeit so beschreiben. Die **Position der objektiven Hermeneutik**, daß es um die Rekonstruktion objektiver handlungsbestimmender Strukturen im Zusammenhang der Deutungmusteranalyse gehe, ist nicht nur metatheoretisch nicht haltbar, sondern auch in Bezug auf das von uns vorgefundene Deutungsmuster der *Arbeitsamkeit* verkürzt. Der Status des Individuums als letztlich determiniertes Subjekt erscheint skandalös unterbewertet; die neuere Gesellschaftstheorie bemüht sich gerade um das Problem der Vermittlung (vgl. z.B. Giddens 1988; Hradil 1994). Insbesondere die Ontologisierung autonomer Strukturen erweist sich als Denkhemmung, die die Untersuchung verschiedener Ebenen von Mustern und Aushandlungsstrukturen erschwert. Oben wurde hypothetisch formuliert, daß auch Tiefenstrukturen (Deutungsmuster) kommunikativ entstehen bzw. ausgehandelt werden (Arnold 1983, 901). Subjekte sind nicht lediglich als "Träger von Deutungsmustern" zu betrachten (vgl. Matthiesen 1994, 79).

Das Ergebnis der Untersuchung läßt sich im Vorgriff wie folgt darstellen: Einerseits erscheint deutlich, daß es übergreifende (sozial allgemeine) Deutungsmusterstrukturen gibt. Diese lassen sich jedoch entgegen Oevermann als historisch bedingt und auf die konkrete Gesellschaftsformation bezogen interpretieren. Jedoch gibt es zudem - und dies sind weitere heterogene Ebenen der Analyse - spezifische Modifikationen der Deutungs- und Handlungsstrukturen nach Milieu, nach Lebenslage, nach Alter und nach Geschlecht des Individuums. Augenscheinlich stellt die Lebenswelt (ein anderer Begriff in diesem Kontext wäre Milieu) eine vermittelnde Ebene zwischen den allgemeinen gesellschaftlichen Deutungsmustern und den individuellen dar. Aber offenbar sind die Zusammenhänge in beide Richtungen (sowohl im Hinblick auf den Pol der Gesellschaft wie auf den Pol des Subjekts) keineswegs eindeutig, einlinig, deterministisch oder einfach kausal: Zwar sind die Deutungsmuster eher allgemeinen gesellschaftlichen Beständen zugehörig, aber die spezifischen Problemwahrnehmungen und Problembearbeitungen im ländlichen Raum haben einen spezifischen regionalen, kulturellen, und schichtspezifischen Hintergrund, der in der Geschichte der Lohnarbeit in der jeweiligen Region (Bedeutung von Land- und Forstwirtschaft, Tradition von Wanderarbeit und saisonaler Arbeit in bezug auf die Lohnarbeit in der Region), auf Typen dörflicher Kultur (Art des Umgangs miteinander, Art und Stärke sogenannter sozialer Kontrolle im Dorf, Freizeitverhalten, dörfliche Kultur im Sinne von Festen, Vereinsaktivitäten,

Kumpelcliquen usw.) begründet ist. Zudem sind Lebensweise und Mentalitäten im ländlichen Raum im Umbruch, so daß sich erhebliche Differenzen der Handlungsmuster je nach biographischem Hintergrund, aktueller Lebenssituation und Einbindung in neue soziale Netzwerke (vgl. Keupp 1989, 54) ergeben. Diese strukturelle Modernisierung erzwingt mit neuen Problemlagen neue Handlungsmuster, denen kein traditionales Pendant entspricht. Damit sind zugleich Normalitätstrukturen in Bewegung bzw. Veränderung. Diese Veränderungsprozesse bewirken Verständnisblockaden zwischen den Generationen (vgl. Vester u.a. 1993, 189; Esser/Fach/Väth 1986, 241). Bezieht man diese Ergebnisse auf die ursprüngliche Hypothese eines wechselseitigen Konstitutionsverhältnisses von Mensch und Gesellschaft, so müßten wir heute sagen, daß es zwar gesellschaftlich vorgegebene Deutungsmusterstrukturen gibt, diese vom Individuum nur im Kontext seiner "Lebenswelt" (d.h. der ihn umgebenden und stützenden dörflichen, regionalspezifischen Lebenverhältnisse, Kultur, Moral, Werthaltungen und Normen) adaptiert und modifiziert werden. Wenn wir also auf die von Bolte (1983, 15) und Voß (1984) pointierte subjektorientierte dialektische Konstitution sozialer Realität abstellen wollen, so würden wir heute die konstitutive Leistung des Subjekts vermittelt sehen (was auch eine analytische Ebene ist) durch die konstitutiven Leistungen seines sozialen Milieus, also seiner sozialen Nahstrukturen, in die er eingebunden ist (vgl. auch Matthiesen 1994, 79). Wenn es bei Bolte heißt, daß einerseits soziale Strukturen menschlichem Denken und Handeln Orientierung und Sinnbezüge "aufprägen", andererseits soziale Strukturen auf dem Handeln der Individuen beruhen, so würden wir nach unserem Forschungsprozeß sagen, daß soziale Strukturen dem lebensweltlichen Denken und Verhalten Orientierungen und Sinnbezüge "aufprägen", daß also die suprageselIschaftlichen Strukturen nur vermittelt über die lebensweltliche Adaption und Umformung (dies ist selbstverständlich mit einem historisch spezifisch regionalen, aber auch schichtenspezifischen Bezug zu denken) und *nur* vermittelt über diese lebensweltliche Umformung und Adaption auf das Subjekt wirken. Auf das reziproke Verhältnis, inwieweit seinerseits soziale Strukturen auf dem Handeln der Individuen oder auf lebensweltlichen Adaptionen dieses Handelns beruhen, soll nach der Präsentation der Fälle zurückgekommen werden. Nach unserer Sicht der Sache gehen soziale Gegebenheiten doppelt vermittelt ins Bewußtseins ein und zwar einerseits über die lebensweltliche Verarbeitungs- und Bearbeitungsweise und zum zweiten über subjektive Verarbeitungs- und Konstruktionsleistungen, wobei der Rückgriff auf gesellschaftliche Sinnvorgaben gleichsam gefiltert ist durch lebensweltliche bzw. schichtspezifische Zurichtungen und Adaptionen.

Nach Abschluß der Forschungsarbeit läßt sich nicht sagen, daß spezifische gesellschaftliche Sinnvorgaben (im Sinne ländlicher Deutungsmuster) für den ländlichen Raum typisch sind. Eher scheint es, daß die spezifische Mischung von Deutungsmusterstrukturen, die wir vorfinden, für eine bestimmte Region (d. h. einem bestimmten ländlichen Raum mit relativ homogener sozialer Schichtung) und seiner Mentalität (als Ergebnis seiner spezifischen regionalen Geschichte) kennzeichnend ist. In diesem ländlichen Milieu enthalten ist ein verfügbarer sozialer Wissensvorat und Deutungsmustervorrat, in dem die Person eingebunden ist, und aus dem sie den subjektiven Umgang (Auseinandersetzung, Kampf) mit den spezifischen Deutungsmustern und Handlungserfordernissen schöpft, den sie subjektiv schöpferisch adaptieren oder überschreiten mag.

1.2 Interviewmethodik, Interviewführung und Interpretationsmethode

Die Untersuchungsebene der Interviews stellt auf das Erleben der Problemsituation (Sozialhilfebedürftigkeit und/oder Arbeitslosigkeit) und die Auseinandersetzung der Subjekte in dieser Problemsituation mit ihrer Lebenswelt ab. Das bedeutet für uns in Absetzung von der "klassischen" biographischen Methode, daß wir an der Lebens- oder Arbeitsbiographie nur insoweit interessiert sind, als diese Erzählung ein Verständnis der Deutung des eigenen Lebens als unverwechselbaren persönlichen Schicksalsweges bzw. auch als Teil eines kollektiven Schicksals erlaubt und daß der biographische Hintergrund für die Übernahme, die Modifizierung oder die individuell spezifische Adaption von Deutungsmustern in der Auseinandersetzung mit der Problemsituation deutlich wird. Die Form der Erzählung bringt zwar eine eigene Struktur des Interviews -durch die Zugzwänge des Erzählens (Darstellungszwang der Detaillierung, Relevanzfestlegung, Gestaltschließung und Kondensierung, vgl. Schütze 1981)- mit sich, die auch für unsere Interviews gelten. Jedoch steht hier die Problemzentrierung im Vordergrund, d. h. die Wahrnehmung, der Umgang und Handlungsmöglichkeiten in Bezug auf Probleme wie Arbeitslosigkeit und Sozialhilfebezug.

Für die *Methodik und Technik des Interviews* haben wir uns weitgehend an den Vorschlag von Witzel (1982, 1985) angeschlossen. Er hat mit dem problemzentrierten Interview eine Untersuchungsmethode entwickelt, die Vorteile der ethnomethodologischen Interviewkonzeption, der biographischen und anderer Methoden verbindet. Methodisch und technisch zentral geht es um eine Gestaltung des Interviews, die die Explikationsmöglichkeiten des Befragten optimiert (ähnlich schon Neumann 1984b, 121ff.). Dies geschieht auf eine Weise, die es den Befragten ermöglicht, ihre Problemsicht auch gegen die Forscherinterpretationen und in den Fragen implizit enthaltene Unterstellungen oder Fehldeutungen zur Geltung bringen zu können. Das

Verfahren zeichnet sich ferner durch in die Technik der Interviews integrierte intersubjektive Validierungsprozesse aus. Die Interviews wurden grundsätzlich in der Wohnung des Interviewten (also einer vertrauten Umgebung; vgl. Girtler 1984, 151) und im Hinblick auf Vergleichbarkeit vom selben gemischtgeschlechtlichen Interviewerteam durchgeführt. Sie wurden auf Band mitgeschnitten, anschließend vertextet, von den Interviewern gegengehört und korrigiert und mit einem kurzen Kommentar zur Interviewsituation versehen der Interpretationsgruppe übergeben. Die Interpretationsgruppe, auf deren vierjähriger Arbeit folgende Kurzdarstellungen der Interviews (V. 2) beruhen, bestand aus fünf, zeitweilig acht Mitgliedern. Zu ihnen zählten neben dem Verfasser Alfred Bures, David Pensé, Anne Diewald, Michael Hilgert, Jutta Lengert, Claudia Winter und Liesel Rieker, die als studentische oder wissenschaftliche Hilfskräfte im Projekt mitarbeiteten.

Zur Interviewtechnik: Das Frageverhalten des Interviewers soll sich an der Darstellungslogik des Befragten orientieren, um dessen subjektive Relevanzsetzungen und Deutungsmuster nicht zu überdecken. Darüber hinaus regt er Detaillierungen an, die eine hinreichende Materialgrundlage für seinen Verständnisprozeß ergeben, zugleich gilt es die Problemsicht des Untersuchten auszufächern. Dazu hat Witzel eine Reihe technischer Elemente entwickelt, die als Kommunikationselemente in die Interviewführung einfließen und insgesamt vom Interviewer eine flexible, auf den jeweiligen Interviewpartner bezogene, Interviewführung verlangen, da die narrative und problemzentrierte Struktur des Interviews eine von den Interessen und Fähigkeiten des jeweiligen Befragten abhängige Möglichkeit der Gesprächsgestaltung ist (vgl. Witzel 1982, 90 ff.). Die Problemzentrierung der Interviewführung sorgt dafür, daß die Interviewer in aktiverer Form als in anderen Interviewtechniken üblich explorieren können. Der Gesprächseinstieg geschieht einmal über die *thematische Zentrierung* und zum andern über das *Aussprechen des methodischen Prinzips des Erzählens*. Die weiteren von Witzel vorgeschlagenen Kommunikationsstrategien der *allgemeinen Sondierung* (Anregen von Erfahrungsbeispielen; vgl. Witzel 1982, 98) steuern den gewünschten Detaillierungsgrad des Gesprächs, verdeutlichen dem Interviewten die inhaltliche Zielsetzung und regen den narrativen Fluß an. *Spezifische Sondierungen* (Zurückspiegelung, Verständnisfragen, Aufklärung von Widersprüchlichkeiten) dienen dem Klarstellen von ausweichenden, versteckten und widersprüchlichen Antworten mit Hilfe von Verständnisfragen und Konfrontation, das den Interviewten dazu bringt, an seinen Explikationen genauer zu arbeiten bzw. seine Logik der Realitätsdarstellung offen zu legen (Witzel 1982, 100 ff.). Die letzte Technik sind *ad hoc-Fragen*, mit denen neue Themen eingeleitet werden oder aus einem bestimmten Kontext heraus

verwandte Gebiete angesprochen werden, die sich aus der bisherigen Erzählung des Interviews ergeben haben (vgl. Witzel 1982, 106 f.).
Eine weitere Aufgabe der Interviewführung besteht darin, Daten zu gewinnen, die ein Mindestmaß von Vergleichbarkeit gewährleisten. Der Interviewer muß über eine thematische Strukturierung verfügen, die sicherstellt, daß relevante Themen der Untersuchung in allen Interviews angesprochen werden. Dabei geht es z.B. neben der im Zentrum stehenden Problemsituation Sozialhilfebezug und Arbeitslosigkeit bzw. Stigmatisierung im Dorf um Bereiche wie individuelle, familiale und lebensweltliche Bewältigung dieser Situation, Perspektiven, Lebensführung, Freizeitgestaltung, soziale Integration und anderes (vgl. Witzel 1982, bes. 92 ff).
Wie bei der Datengewinnung (Interviewmethode) gelten beim Verfahren der Auswertung bei qualitativer Forschung andere Gütekriterien als in quantitativen Verfahren (vgl. Lamnek 1993, Bd.1; Flick 1990; Flick u.a. 1991; Mayring 1990; Küchler 1983; Lüders/Reichertz 1986; Honig 1986; Volmerg 1983). Trotz der Unterschiedlichkeit der in der Literatur vertretenen Verfahren, die wohl wegen der Heterogenität der Gegenstandsbereiche qualitativer Untersuchungen auch different bleiben sollten, lassen sich als konsensuelle Gütekriterien 1. die ausführliche Verfahrensdokumentation, 2. die Regelgeleitetheit der Analyse selbst (gleich welches Auswertungsverfahren verwendet wird) sowie 3. die Triangulation durch weitere Verfahren oder, salopp gesagt, den Methodenmix, nennen. Dabei haben in der jüngsten Zeit sowohl in der methodischen Diskussion (vgl. z. B. Gerhardt 1985; Flick 1987; Lamnek 1993, Bd.1, 164; Flick u.a. 1991) wie in der qualitativen Forschung selbst Kodifizierungen methodischer Standards stattgefunden. Es sind im wesentlichen die Sequenzierung der Analyse (die intensive Interpretation von Sinneinheiten), ein konstanter Vergleich, analytische Induktion (das analytische Ausgehen vom Text) und Typenkontrastierung. Diese Methoden werden im folgenden in ihrer Bedeutung dargestellt werden.

Beim *Analyseverfahren der Auswertung* (vgl. allgemein Lamnek 1993, Bd. 2, 107) haben wir eine eigene Methodik entwickelt, die Elemente der Oevermannschen (Oevermann et al. 1979), Soeffnerschen (1979), Heinze/Klusemann (1980) und Schütze'schen (1981, 1983) Verfahren verbindet (vgl. auch Reichertz 1988, 1993; Pensé 1994, 54 ff.). Formal gliedert sich das Interpretationsverfahren in 13 Schritte bei 4 inhaltlich unterscheidbaren Ebenen des *interpretatorischen Prozesses*: Zunächst werden Biographie und elementare zeitliche Abläufe auf der Basis des gesamten Textes rekonstruiert. Zweitens werden anhand einzelner Sequenzen Hypothesen über die innere Struktur des Texts formuliert (= einzelne Sequenzen werden rekonstruiert auf Muster und Logiken von Ablauf, Verweisung und Begründung); drittens werden diese

Hypothesen an weiteren Belegstellen und Sequenzen überprüft, bis am Schluß eine Deutung steht, die prinzipiell jede einzelne Stelle im Interview verständlich machen kann; viertens geht es um Vergleiche und allgemeine Muster bzw. Typen in der Gesamtdarstellung mehrerer Interviews.

Die **Interpretationsmethode** gründet sich mithin auf die thematische Ordnung des Materials, die Sequenzanalyse als methodologischen Kern, den Lesartenvergleich in Richtung einer homologen und konsensuellen Interpretation und den analytischen Vergleich zwischen Interviews mit dem Ziel der Typenbildung bzw. Kontrastierung unterschiedlicher Bewältigungs- und Deutungsmuster (vgl.auch Pensé 1994).

Auf der ersten Ebene der Analyse wird anhand der vollständigen Lektüre des Textes die Biographie einschließlich der Arbeitsbiographie des Interviewten rekonstruiert. Ziel ist die *Erstellung einer Biographie* und einer Chronologie der Ereignisse als *Globalcharakteristik* der vom Interviewten thematisierten Problemlage. (1. Arbeitsschritt)

Die zweite Ebene der Analyse *(Bestimmung der thematischen Zentrierung und Auswahl der Sequenzen zur Feinanalyse)* formuliert auf Basis des gesamten Textes eine erste Übersicht der relevanten Themenbereiche; der Sinn dieser Interpretationsstufe ist, einen Überblick über die vom Interviewten gesetzten Schwerpunkte im Interview zu gewinnen. Es handelt sich also um die Identifizierung der zentralen Problemfelder und der vom Befragten explizierten Themen und Themenschwerpunkte. (Interessanterweise unterscheiden sich die von den einzelnen Interviewten gesetzten thematischen Schwerpunkte voneinander, obwohl wir in allen Interviews einen gleichen Leitfaden verwenden, d.h. von Seiten der Interviewer die gleichen Fragen gestellt werden und die gleichen thematischen Schwerpunkte angesprochen werden. Obwohl also eine gewisse Interviewstruktur durch festgelegte thematische Bereiche vorhanden ist, besteht für die Interviewten ein ausreichend großer Spielraum, um Schwerpunkte individuell zu setzen.) (2. Arbeitsschritt). Innerhalb dieser zweiten Ebene der Interpretation werden nun eine Gewichtung der Schwerpunkte, die im wesentlichen der Gewichtung des Interviewten folgt, vorgenommen und erste Lesarten kontrovers diskutiert. Die Auseinandersetzung um verschiedene Lesarten und die Erreichung eines Konsenses über immer weniger Lesarten stellt den Fortschritt der Interpretationsarbeit dar, da die konsensuellen Lesarten in der Regel diejenigen Interpretationslinien sind, die eine konsistentere Deutung des Textes erlauben (dritter Arbeitsschritt). Auf der dritten Interpretationsebene werden dann Entscheidungen über die zwei bis drei ausgewählten Sequenzen getroffen, die einer detaillierten Sequenzanalyse unterzogen werden sollen (4. Arbeitsschritt). Als Sequenzen werden hier Textteile verstanden, in denen Musterdeutungen und

Strukturen des gesamten Textes deutlicher und konzentrierter als in den übrigen Textteilen versammelt sind, und die aufgrund ihrer Dichte eine exemplarische Interpretation der den ganzen Interviewtext zugrundeliegenden Deutungsmuster und Handlungsstrukturen erlauben. Die Entscheidung für ein bestimmtes Textstück, das eine solche Sinneinheit darstellt, geschieht durch die konsensuelle Überprüfung, ob in ihm zum Ausdruck kommt, was leitmotivisch den gesamten Text wie einen roten Faden durchzieht.

Die weiteren Arbeitsschritte beziehen sich auf die dritte Analyseebene und stellen eine *methodische Gliederung der sequentiellen Feinanalyse* dar. Die sequentielle Feinanalyse wird dann ihrerseits in 7 Schritten durchgeführt, in der Regel an zwei bis drei längeren Textstellen, den sog. Sequenzen.

Auf der ersten Stufe der Feinanalyse (5. Arbeitsschritt) wird die Textsequenz paraphrasiert. Hier wie auf den folgenden Stufen ist es wichtig, die Interpretation in der "Sprache des Falles" zu leisten, und alltagssprachliche Deutungen und Selbstdefinition nicht durch wissenschaftliche Begriffe zu überformen.

Stufe 2 (6. Arbeitsschritt) stellt die Interpretation des bewußten Bedeutungsgehaltes einer Sequenz dar.
Auf der dritten Stufe (7. Arbeitsschritt) wird die "objektive" Bedeutung des Textes: also seine Bedeutung über die intentional repräsentierte Bedeutung hinaus, dargestellt.

Stufe 4 (8. Arbeitsschritt) dient der Charakterisierung der sprachlichen Merkmale, der syntaktischen, semantischen, pragmatischen Besonderheiten, die das Verhältnis von intendiertem und tatsächlichem Bedeutungsgehalt deutlicher werden lassen.

Auf der Basis des gesamten Textes wird die Interpretation auf der Stufe 5 (9. Arbeitsschritt) ausgeweitet auf durchgängige Handlungs- und Deutungsmuster, Einstellungen, Wertungen und Vorurteilsstrukturen.

Anhand mehrerer Sequenzen eines Interviews und im Vergleich (Stufe 6; 10. Arbeitsschritt) sollen die vorgefundenen Deutungsmuster in ihrer jeweiligen subjektiven Ausprägung und in ihrer Funktion und Wirkung im sozialen Kontext deutlich gemacht werden.

Die 4. Analyseebene (*Vergleich der Interviews und Typisierung*) besteht im Vergleich mehrerer Texte und Interpretationen. An erster Stelle steht der Vergleich mit anderen bereits interpretierten Interviews, das Herausstellen der bisher gefundenen Strukturen, das Herausarbeiten der Besonderheiten des jeweiligen Einzelinterviews sowie der Gemeinsamkeiten zwischen mehreren Interviews (11. Arbeitsschritt). Ein zweiter Arbeitsschritt auf dieser Analyseebene (ingesamt der 12. Arbeitsschritt) besteht in der Darstellung allgemeinerer Strukturen von individueller Problembearbeitung und Auseinandersetzung mit sozialen Deutungsmusterstrukturen (z. B. dörflichen, ländlichen) im Vergleich mehrerer Interviews.

Letzter (13.) Schritt: Einarbeitung der Ergebnisse in einen theoretischen Rahmen.

2. Darstellung der einzelnen Interviews

Die Darstellung von Forschungsergebnissen besonders qualitativer Forschung kann sich nicht mit den Formen und dem Ablauf decken, wie diese Ergebnisse im Forschungsprozeß gewonnen wurden. In der Darstellung sind die Ergebnisse immer bereits vorausgesetzt, während der Forschungsprozeß selbst zunächst offen und nur von der Absicht strukturiert war, methodisch und systematisch kontrolliert Einsichten zu gewinnen. Wegen des Zwangs zur konprimierten Darstellung sollen die Interviews hier nur in einer Kurzform, systematisch auf Struktur der Probleme und Bearbeitungsformen verkürzt, wiedergegeben werden. Die Darstellung bedient sich im wesentlichen der textbezogenen Paraphrase. Die Interpretation wird ebenfalls lediglich als Ergebnispräsentation vorgestellt; wobei Dokumentation und Analyse so verschränkt dargestellt werden sollen, daß die Analyse nachvollziehbar wird - zwar nicht in der Sukzession, aber in der Logik der Interpretation. Bei beiden Ebenen bleibt unvermeidlich, daß a) die Individualität der einzelnen Interviewten zu Holzschnitten verkürzt wird und b) die Analyse ebenfalls das Individuelle zum Typischen schneidet.

Die Darstellung faßt zugleich - als Ergebnis des letzten Arbeitsschritts der Analyse; - jene Fälle zusammen, die typologische Gemeinsamkeiten haben und bei denen eine übergreifende Aussage im Sinne der Struktur von Problemsituation gewagt werden kann und mit dieser Problemstruktur verknüpfter Problemwahrnehmungen und Handlungsmuster zu erkennen sind. Die Darstellung kann keine Vollständigkeit aller möglichen Problemlagen und Bewältigungsmuster beanspruchen. Dies läßt das zu kleine Sample nicht zu; jedoch lassen sich einige typische Strukturen des sozialen Wandels in Bezug auf die untersuchten Probleme des Sozialhilfebezugs und der Langzeitarbeitslosigkeit im ländlichen Raum beschreiben. Sie lassen die Form von Veränderung, die Struktur von Modernisierung erkennen, was später in der übergreifenden Analyse aufgegriffen wird (vgl. Kap. V. 3).

2.1 Die Gruppe der Arbeitslosen ohne soziale Einbindung.

Interview 1[1]: Herr M.

Herr M., 45 Jahre alt, ist seit fast 8 Jahren arbeitslos. Der gelernte Offset-Drucker hat seit 23 Jahren nicht in seinem Beruf gearbeitet. Lange Jahre war er bei bei einer Druckfarbenfabrik im Oberzentrum beschäftigt. 1979 kam die Firma in Konkurs; danach hat er mit einem Arbeitskollegen Maschinen seiner alten Firma übernommen und bis Ende 1982 eine eigene Zwei-Mann-Firma zur Druckfarbenherstellung und zum Druckfarbenvertrieb betrieben. Seit dem Scheitern dieser Selbständigkeit ist er arbeitslos. Private Probleme kommen hinzu.

1981 stirbt seine Ehefrau, der Witwer muß sich allein um die 3 Kinder kümmern, was ihm gut gelingt. Die Kinder sind zu dieser Zeit 13, 15 und 16 Jahre alt. Ende 1982 lernt er seine jetzige Lebensgefährtin kennen; eine geschiedene Frau mit 2 Kindern.

Seine Hoffnungen, über eine AB-Maßnahme wieder in Arbeit zu kommen, zerschlagen sich. 1984 nimmt er an einem sechswöchigen Kursus zur Reintegration (nach § 42 AFG) teil; dazu gehören 2 Wochen Praktikum, in dem er als Archivar und Verwalter von Beständen arbeitet. Er wird jedoch nicht übernommen. Es schließt sich bald eine AB-Maßnahme in einem Institut (1984-1985) an, jedoch auch hier wird er nach Auslaufen der Maßnahme nicht übernommen. 1986 entschließt er sich, zu der Lebensgefährtin in deren Haus in T. (einem Dorf in der Nähe des Oberzentrums), zu ziehen. Zwei seiner Kinder gründen in dieser Zeit einen eigenen Haushalt. Die Tochter, inzwischen gelernte Kauffrau, zieht nicht mit um und auch der ältere Sohn (Maurer) kommt nur für 6 Wochen mit und zieht kurz darauf mit seiner Freundin zusammen; der jüngste Sohn ist noch in der Bäckerlehre und hat zur Zeit des Interviews erste Auszugspläne. Herr M. bezieht eine ausreichende Arbeitslosenhilfe von ca. 1.000 DM. Die Lebensgefährtin, zuvor auch arbeitslos, hat zur Zeit des Interviews eine Teilzeitstelle.

Herr M. befindet sich in einer schweren Krise. Bedroht bzw. untergraben ist vor allem seine Unabhängigkeit und Selbständigkeit, was den Kern seines Selbstverständnisses, seiner Identität (auch als Mann) ausmacht. Seine Hoffnungen, über eine AB-Maßnahme wieder in eine Stelle zu kommen, haben sich nicht erfüllen lassen und derzeit (zur Zeit des Interviews 1989) ist gar nichts in Aussicht, da die Maßnahmen gekürzt wurden. Seine private

1 Die Numerierung der Interviews entspricht dem chronologischen Verlauf der qualitativen Untersuchung. Die Numerierung wurde der Einfachheit halber beibehalten, so daß die Interviews in der folgenden Darstellung nicht fortlaufend numeriert sind.

Stellensuche ist hoffnungslos, er zeigt im Interview eine gut geführte pralle Bewerbungsmappe mit Absagen. Obwohl seine materielle Lage nicht schlecht ist, leidet er stark unter der Arbeitslosigkeit. Er weiß nicht mehr, was er noch machen soll, um in Arbeit zu kommen. "So geht es nicht weiter": dieser Satz kennzeichnet seine derzeitige Position. Aber seine häufigen Besuche beim Arbeitsamt (8 mal in 4 Monaten) fruchteten nichts. Der Eintritt in die Arbeitslosen-Initiative in dieser hoffnungslosen Situation erscheint konsequent; die Politik soll nun neue Chancen schaffen.

In der Einschätzung seiner Situation als Arbeitsloser herrschen resignative Töne vor. Er ist zwar recht aktiv - "Was ich schon alles versucht habe"; "So geht es nicht weiter" -, aber seine Möglichkeiten sind erschöpft. Unbewußte Zweifel an seiner Arbeitswilligkeit werden deutlich, als er über Gerede in dem ihm fremd gebliebenen Dorf - das ihm über seine Lebensgefährtin zu Ohren kam - berichtet. Das Gerede "das gibt es doch gar nit, daß der nichts findet", entschuldigt er zwar mit dem Satz "Was da wirklich dahintersteckt, das können die Leute doch gar nicht beurteilen", doch es gibt seinen eigenen nagenden Selbstzweifeln sprachlichen Ausdruck. Die Suche nach Arbeit gleicht einem Glücksspiel; die Kinder haben großes Glück gehabt. Er selbst kann gegen die übermächtigen Verhältnisse nichts machen, ihm sind die Hände gebunden. Ohne Beziehungen geht nichts, aber seine Mittel sind verausgabt. Sein Insistieren auf Arbeit, und gerade auf dem Beruf des Druckers, erhält den Charakter trotzigen Widerstands gegen die Verhältnisse und wird zum Versuch, ungebrochen die Identität als Arbeitswilliger und -fähiger zu bewahren.

Auch im privaten Leben werden die Gefühle, abhängig zu sein - von seiner Lebensgefährtin, von der Duldung des Zusammenwohnens durch ihren Ex-Mann (dem noch das Haus gehört) - zunehmend stärker. Die beanspruchte, aber weder in Beruf noch Privatleben realisierbare Unabhängigkeit bleibt ein zentrales Motiv für Herrn M.. An seiner Wahrnehmung der Nebenerwerbsbauern im Dorf wird dies Muster deutlicher in der Faszination durch die (supponierte) relative Unabhängigkeit und den Spielraum der Selbständigkeit, sich in Notzeiten selbst helfen zu können. Sie haben es besser, weil sie nicht auf andere angewiesen erscheinen. Andererseits fühlt er sich ausgeschlossen (die sind ja so knickig); an dieser Welt kann er nicht teilhaben. Er sieht dort eine Autonomie, die er für sich wünscht.

Sein Alltag ist von einem Gefühl der allgemeinen Mattigkeit und Interesselosigkeit bestimmt; eine resignative Grundstimmung durchzieht das Gespräch. Die Hausarbeit fällt ihm immer schwerer, zumal sie, da alle anderen Familienmitglieder arbeiten, nun hauptsächlich auf ihm lastet. "Und heute da fällt mir jeder Handgriff irgendwie schwer" ist der Schlüsselsatz, der seine jetzige Situation kennzeichnet. War er nach dem Tod seiner Frau nicht nur der Ernährer seiner Kinder, sondern hat auch alle Hausarbeit gemacht - später mit Hilfe der älteren Tochter - so hat sich seine Position in der Familie umgedreht: Frau und Kinder arbeiten, er ist für den Haushalt zuständig. Allerdings kocht seine Freundin und spült meist, aber er bleibt für alles andere zuständig: "ich weiß ja was zu machen ist". Diese Arbeiten geben ihm keine Befriedigung, sie werden - "ich weiß ja auch net, wie dat is" - im Gegensatz zu früher auf unbegreifliche Weise zur Belastung. Die Belastung und das Gefühl der inneren Müdigkeit werden mit der innerfamilialen Polarisierung mächtiger: er ist im Haus der letzte, der keine Arbeit hat. Er nimmt die Veränderung wahr, aber empfindet seine Lustlosigkeit als unbegreiflich ("früher hab ich das gern gemacht"). Einige Konflikte wegen der Hausarbeit hat es in der letzten Zeit mit seiner Lebensgefährtin gegeben.

Deutlich ist bei M., daß alle Auseinandersetzung mit der Arbeitslosigkeit sich auf der Ebene des Subjekts abspielt, d.h. in Form zentraler Bedrohung männlicher Identität und Selbstbehauptung durch Arbeit (Unabhängigkeit) sowie auf der Ebene der Familie (Lebensgefährtin und Kinder) als Konflikt um die Hausarbeit. Die Problemwahrnehmung und -bearbeitung findet, überspitzt gesagt, ausschließlich auf der Ebene des Individuums und der Familie statt, während der soziale Kontext nur am Rande thematisiert wird.

Interview Nr. 6: Herr U.

Der arbeitslose Maurer Herr U. ist 50 Jahre alt. Er ist verheiratet; die jüngere Tochter (14 Jahre alt) lebt noch im Haus, die ältere ist verheiratet und wohnt im selben, größeren Dorf, das zum Umland des Oberzentrums gehört. Seine Berufstätigkeit mußte er wegen stark fortgeschrittener Arthrose vor einigen Jahren aufgeben. Er ist zu 40% erwerbsunfähig und hat Frührente beantragt, die jedoch zunächst von der LVA abgelehnt wurde. Der Antrag ist zur Zeit des Interviews (1990) vor dem Sozialgericht. Bereits vor 10 Jahren mußte er wegen der akut werdenden Krankheit mit seiner Berufstätigkeit für 2 Jahre aussetzen. Schon damals wurde ihm vom Arzt ein Antrag auf Frührente angeraten, was er jedoch nach einer zwischenzeitlichen Verbesserung seines Gesundheitszustandes ausgeschlagen hat, um weiter zu arbeiten. Vor etwa einem Jahr kam jedoch der endgültige Zusammenbruch. Zur Zeit bezieht er Arbeitslosenhilfe und, da sie nicht ausreicht, ergänzende Sozialhilfe.

Die Arbeitslosigkeit bedeutet für Herrn U. eine große Lebenskatastrophe, es war "bitter", diese Erfahrung machen zu müssen. Dabei ist die finanzielle Einschränkung für ihn nicht das entscheidende, er hatte auch zuvor bescheiden gelebt und ist Einschränkungen gewohnt ("hab gelernt, daß ma net ein Mark ausgeben kann und meint, es wären zehn"). Daß er "nemmer konnt bei seine

Kollegen gehn" und zuhause sitzen mußte, (also der Verlust der Arbeit als Sphäre der Identitätssicherung und Medium sozialer Einbindung), führte zu schweren psychosomatischen Symptomen ("es kribbelt so im Kopf"), die ärztlich behandelt werden müssen. Inzwischen hat sich dies gebessert, auch wenn Herr U. "ab un zu e kleine Schnappe" - einen depressiven Einbruch - bekommt. Da seine Gesundheit hoffnungslos ruiniert ist, keine Heilungsmöglichkeiten bestehen, und er auch wegen seines Alters keine Chance sieht, eine einfache körperliche Arbeit zu finden, definiert er die ausweglose Situation um. Die Anerkennung seines Rentenantrags wird für ihn zentral. Es ist ja seine Arbeitsamkeit, die vorzeitig seine Gesundheit ruiniert hat, und umso bitterer empfindet er die Enttäuschung über die Schwierigkeiten, die er mit seinem Antrag hat. Er "hat durch alle Jahre hart gearbeitet", ihm "wurde nix geschenkt". In seiner Perspektive verweigert ihm die Gesellschaft die Anerkennung seiner Lebensarbeit, obwohl er nie ein Faulenzer gewesen ist. Die Enttäuschung über diese Ablehnung bringt sein psychisches Gleichgewicht ins Wanken, das Grübeln über seine Lage steigert sich bis zur Verzweiflung. Das Kribbeln im Kopf kehrt wieder, er fühlt sich wie in einer Presse eingespannt, die seinen Kopf von oben, unten und beiden Seiten zusammendrückt. Er weint dann auch oft.

Die Ungerechtigkeit empfindet er umso größer, als in seiner Wahrnehmung andere, die wirklich "faul" sind, als "Simulanten" beim Arbeitsamt und von den Gesundheitsbehörden bevorzugt werden. Das dichotome Bild erfüllt ihn mit Haß. In seinen Augen sind die meisten Sozialhilfeempfänger schlicht Faulenzer. Er selbst will nicht mit "denen" in einen Topf geworfen werden.

Im Umgang mit Ämtern und Behörden ist er unbeholfen, werden ihm die einzelnen prozeduralen Vorgänge nicht transparent - die beteiligten Institutionen bleiben anonym, die Ärzte oder Sachbearbeiter werden nicht benannt - und er reagiert mit Gefühlen des Ausgeliefertseins, der Ohnmacht und der Unterlegenheit. Diese gesellschaftlichen Strukturen erscheinen ihm als nicht faßbare Übermacht ("da bin ich zu klein für"). Herr U. scheint auch nicht zu übersehen, daß sich seine finanzielle Lage durch die Frührente kaum verbessern dürfte; vermutlich bliebe er weiterhin auf ergänzende Sozialhilfe angewiesen.

Kontakte mit seinen ehemaligen Arbeitskollegen hat Herr U. nur sporadisch. Seine Kontakte sind mit der Arbeitslosigkeit allmählich immer weniger geworden. Er ist in seinem Wohnort nicht gebürtig, sondern aus dem nahegelegenen Oberzentrum. Er hat zwar ein gutes Verhältnis zur Nachbarschaft, aber keine intensiveren Kontakte. Eine Auseinandersetzung in Bezug auf seine Problemsituation findet nur in der Familie statt. Die Beziehung zu seiner Frau bietet ihm den entscheidenden Rückhalt ("wir haben uns gern und wir leben unser Leben") und hier gelingt es, einen befriedigenden Alltag zu entwickeln. Deswegen ist in Herrn U.s Privatleben und Ehe nichts von Resignation und dem Erleiden eines unverdient harten Schicksals spürbar. Seine Frau, die ebenfalls schwere Krankheitserfahrungen hat (Unterleibskrebs, Schilddrüsenoperation) bringt viel Verständnis für ihn auf, hilft ihm beim Umgang mit Behörden ("Papierkram") und nach seiner Schilderung arbeiten sie "Hand in Hand". Er verfügt über Flexibilität in bezug auf die Rollenverteilung im Haushalt, er hilft ihr, er fühlt sich von ihr und der übrigen Familie gestützt. Er hat auch ein handwerkliches Hobby, er fertigt nämlich Gürtel und Gürtelschnallen mit primitivem Gerät an, die jedoch von großer Kunstfertigkeit sind. Die gelungenen handwerklichen Arbeitsstücke verschaffen ihm eine tiefe Befriedigung darüber, daß er imstande ist, "aus nichts" (aus Abfall) etwas zu machen.

Analyse: Arbeitslose ohne lebensweltliche Einbindung

In beiden Interviews fehlt eine milieubezogene, dörflich-lebensweltliche soziale Einbindung. Die Arbeitslosigkeit wird in erster Linie als subjektives und familiäres Problem erlebt und bearbeitet. Die Identitätsbedrohung durch die Arbeitslosigkeit hat *nur* eine subjektive, keine lebensweltliche Dimension, weil eine soziale, lebensweltliche Einbindung in ein Gemeinwesen fehlt. Die soziale Integration war in beiden Fällen *wesentlich über die Berufstätigkeit* vermittelt, und mit dem Verlust des Arbeitsplatzes sind in kurzer Zeit die um die Arbeit herum gruppierten sozialen Kontakte verloren gegangen und das soziale Umfeld hat sich auf die Familie reduziert. Die Rolle der Familie ist unterschiedlich.

M.s (Interview 1) Arbeitslosigkeit beginnt zunächst in einer Zeit der Alleinerziehung. Er lernt seine neue Partnerin erst innerhalb der Arbeitslosigkeit kennen. Da die Partnerin zunächst auch arbeitslos ist, wird diese Konstellation erst problematisch, als die Partnerin eine Arbeit findet. Auch die erwachsenwerdenden Kinder, die sich beruflich und persönlich verselbständigen, machen ihm das Fehlen eines Kernstücks männlicher Identität und Selbstbehauptung umso schmerzlicher bewußt. Das erhebliche individuelle Leiden wird in diesem Fall durch die familiale Konstellation eher noch verstärkt.

Bei Familie U. (Interview Nr. 6) wird die schon zuvor sehr harmonische Ehe durch die erneute Belastung der Arbeitslosigkeit und der Krankheit eher noch intensiver und in einer Notgemeinschaft werden die anstehenden Probleme gemeinschaftlich-solidarisch angegangen. Herr U. betreibt zudem seine Frühverrentung, so daß in dieser Umdeutung sich das Problem der Arbeitslosigkeit auf das der Anerkennung seiner Berufsunfähigkeit verschiebt.

In beiden Fällen verlagert sich die Problembearbeitung also nach relativ kurzer Zeit auf den familialen Bereich und in die Subjekte selbst, jedoch ist die Qualität dieser Veränderung von der familialen Beziehung abhängig (vgl. dazu auch Hornstein u. a. 1986, Angestelltenkammer 1987, Schindler/Wetzels 1985, die zu ähnlichen Ergebnissen kommen).

2.2 Die Gruppe der Arbeitslosen mit dörflicher Einbindung.

Interview Nr. 4: Herr A.

Herr A. ist 38 Jahre alt, hat Realschulabschluß, ist gelernter Bürokaufmann. Er hat mit 21 Jahren geheiratet und ein Haus im Nachbardorf gebaut, das er nach der Trennung seiner Frau überlassen hat. Bis 1981 arbeitet er im Oberzentrum, danach wechselt er zu einer Fleischgroßhandlung in der Kreisstadt W.. Er verliert 1986 seine Arbeit wegen eines Rückenleidens - nach einer zweimonatigen Kur erwartet ihn zuhause die Kündigung -. 1987 erfüllt sich die Hoffnung, über eine 6-wöchige Reintegrationsmaßnahme mit Praktikum bei einer Bank unterzukommen, nicht. Mehrere Bewerbungen anschließend verlaufen erfolglos, z. T. weil er aufgrund seiner Erkrankung die Arbeit nicht leisten kann. 1988 beginnt er im Oberzentrum eine Umschulung zum EDV-Kaufmann, die zur Zeit des Interviews (Sommer 1989) andauert. Er lebt bei seinen Eltern im Heimatdorf, nachdem seine Ehe auseinandergegangen ist und seine Frau mit seinem Sohn im während der Ehe gebauten Haus blieb. Die einvernehmliche Scheidung wird 1988 vollzogen. Er erhält 1200 DM Unterhaltsgeld vom Arbeitsamt und zahlt davon den Unterhalt für seinen Sohn.

Für A. als dem im Dorf Gebürtigen und Verwurzelten geschieht die Auseinandersetzung mit der Arbeitslosigkeit eng verwoben mit der Ebene des Dorfes, eine familiale Ebene wird nicht thematisiert. Nachdem er die erste Zeit der Arbeitslosigkeit wie Urlaub genießen konnte, nahmen bald die Sorgen über die Zukunft zu, der "Frust wurde immer größer". Er verliert die Zeitstrukturierung des Tagesablaufs und kämpft gegen ein Gefühl des Sichtreibenlassens ("war echt schlimm"). Dörfliche Selbsthilfeaktivitäten - Mithilfe bei Vereinsarbeiten, Nachbarschaftshilfe - bieten ihm einen willkommenen Gegenpart ("ich hatte wenigstens was zu tun, hab net rumgegammelt") . Zugleich wird seine Erwerbslosigkeit, nachdem sie einige Monate andauert, im Dorf allmählich als Arbeitslosigkeit wahrgenommen. Es gibt Gerede ("die haben dann gehetzt"). Arbeitslosigkeit versteht er als zentrale Bedrohung seiner Integration im Ort und ergreift - unbewußte - Strategien, wie z.B. Mithilfe beim Hausbau eines Kumpels, "öffentliche" Arbeitssuche in der Skatrunde, direkte Suche über Vereinskameraden usw., die seinen Willen zur Arbeit augenfällig machen und im dörflichen Symbolsystem ausdrücken, daβ er noch (arbeiten) will. Für ihn - wie für das dörfliche Wertsystem - sind in Bezug auf die Verpflichtung zur Arbeitsamkeit zunächst Arbeit und Lohnarbeit identisch: es genügt zunächst, durch Selbsthilfe den Arbeitswillen zu dokumentieren, Lohnarbeit ist nicht das entscheidende. Vielmehr läβt der erbrachte Nachweis der Arbeitsamkeit die Arbeitslosigkeit als entschuldbar gelten. Die Feinanalyse einiger Sequenzen dieses Interviews zeigt, daβ bei der Thematisierung des Problems Arbeitslosigkeit - dabei ist stets die Abgrenzung bzw. Auseinandersetzung mit dem supponierten Müβiggang zentral - die Innenperspektive des Individuums - es ist wichtig, etwas zu tun zu haben - und die Auβenperspektive des Dorfes - es ist wichtig, nicht als einer dazustehen, der nicht mehr (arbeiten) will - ineinander übergehen, gleichsam changieren. Innen- und Auβenperspektive sind hier kaum getrennt, bzw. das Subjekt sieht seine Probleme immer zugleich - nicht unterscheidbar - aus der Dorfperspektive an. Während diese Struktur aus subjekttheoretischer Sicht eine geringere Individuierung bedeutet, stellt praktisch die Verschränkung mit den dörflichen Hilfestrukturen (Selbsthilfe, Arbeitssuche) eine Problembearbeitung dar, die sowohl auf der Subjektseite psychische und soziale Entlastung bringen kann (er hat etwas zu tun, und er wird akzeptiert), wie zugleich die informelle Arbeitssuche über Kontakte am Ort in der Regel (nämlich bei weniger qualifizierten Berufen und Tätigkeiten) erfolgversprechend ist und eine reale Hilfe bedeutet. Die personenbezogene Strategie hilft A. auch beim Behördenkontakt: er rückt seinem Sachbearbeiter "auf die Pelle", spricht ihn direkt auf die Umschulung an; dies ist erfolgreich. Wenn er von einer Arbeitstelle hört, fährt er selbst hin, bringt seine Unterlagen vorbei und macht sich eine konkrete Vorstellung von seinem Ansprechpartner. An Sequenzen hat die Interpretation herausgearbeitet, daβ die zentrale Aktivität im Dorf die Arbeit ist: der Begriff Arbeit (hier nicht als Lohnarbeit, sondern als Arbeit überhaupt) bildet die Achse des dörflichen Zusammenhangs. Ein hartes Ausgrenzungsmuster zeigt A. an einer Stelle des Interviews, wo er die Arbeitslosen mit echten Problemen, für die das Dorf Verständnis aufbringt, und die Arbeitsscheuen, die gar nicht mehr wollen, gegenüberstellt. Es sind städtische, nicht aus eigener Erfahrung bekannte, Arbeitslose, die ein parasitäres Schattendasein auβerhalb der dörflichen Lebenswelt - in den groβen Städten - führen. Die ungewöhnliche Härte der Projektion und die verblüffende Realitätsferne dieser Einschätzung erklären sich an dieser Stelle aus der Durchbrechung des Erzählmusters "personenbezogene Wahrnehmung" durch die Interviewführung, die eine Antwort provoziert, die die dörflichen Strukturen und Deutungsmuster besonders deutlich hervortreten lassen: den hohen Stellenwert der Arbeit (nicht als Lohnarbeit), den Umstand, daß längerdauernde Arbeitslosigkeit immer zu dem Verdacht führt, man wolle überhaupt nicht mehr arbeiten (was auch ein Aspekt einer personenbezogenen Schuldzuweisung bei Arbeitslosigkeit ist), die Bewertung von Arbeitslosigkeit und Sozialhilfebezug als Parasitentum und die deutliche Tendenz zu Projektion und Ausgrenzung ("die großen Städte").

Die Umschulung wird im Dorf nicht als Arbeit, sondern als Ausbildung mit ungewissem Ausgang bewertet.

Interview Nr. 11: Herr G.

Herr G., verheiratet, 3 Kinder (19, 18 und 14 Jahre), ist 52 Jahre alt und in seinem Heimatdorf fest verwurzelt. Schon 1970 hatte er seinen Beruf als Maurer nach vielen Leistenoperationen aufgeben müssen. Zum Industriekaufmann umgeschult, arbeitete er bis 1976 im neuen Beruf als Büroleiter. Er verliert die Stelle, weil die Tochter des Chefs die Arbeit übernimmmt. Dann folgen, nach einer Phase der Arbeitslosigkeit, 2 Jahre in einer Fabrik. Seit 1980 ist er arbeitslos, hat jedoch bis 1988 in Folge in AB-Maßnahmen gearbeitet, und in dieser Zeit sieht er sich nicht als arbeitslos an. Über die Jahre wird seine AB-Maßnahme als Gemeindearbeiter (Pflege der Wanderwege usw.) jeweils erneuert (ca. für je 9 Monate des Jahres). 1988 wird die Maßnahme nach einem Konflikt von der Arbeitsverwaltung gestrichen und seitdem *betrachtet sich Herr G. selbst* als arbeitslos. Er beginnt zu trinken. Nach einem Zusammenbruch 1989 schließt er eine Entgiftung an und tritt einer Alkoholiker-Selbsthilfegruppe im Oberzentrum bei, die er regelmäßig besucht. Zur Zeit des Interviews (1991) ist er seit einem Jahr "trocken". Ein Antrag auf berufliche Rehabilitation ist zu Jahresbeginn abgelehnt worden. Herr G. bezieht Arbeitslosenhilfe, Kindergeld und eine geringe ergänzende Sozialhilfe HLU.

Obwohl Herr G. seit über 10 Jahren ergänzende Sozialhilfe bezieht, erwähnt er dies im gesamten Interviewgespräch nicht; sein Thema ist die Arbeitslosigkeit, sie ist das zentrale Problem. Die Jahre der AB-Maßnahmen betrachtet Herr G. - wie das Dorf auch - als Zeiten einer normalen Beschäftigung; daß er formalrechtlich über die Wintermonate arbeitslos war, zählt nicht, weil das saisonbedingte Nichtarbeitenkönnen im Dorf verbreitet ist, als normal gilt und nicht als Arbeitslosigkeit angesehen wird. Erst der Verlust der Perspektive, stets weiter über AB-Maßnahmen beschäftigt zu werden, bedeutet für ihn eine essentielle Krise. Arbeit ist für ihn selbstverständlich, insbesondere als Mann ("ein Mann braucht ne richtige Arbeit, sonst ist er nicht ausgelastet"). Er weiß mit seiner Zeit nichts mehr anzufangen, ist niedergeschlagen, die materielle Notlage kommt hinzu. In dieser "verzweifelten" Lage reagiert Herr G. - er kann seine Funktion als Ernährer der Familie so nicht mehr wahrnehmen und dieser Statusverlust bedeutet für ihn eine zentrale Identitätsbedrohung - mit einem Verlust der Kontrolle beim Alkoholkonsum bis hin zum Zusammenbruch. Freilich gelingt ihm bald darauf ein erfolgreicher Entzug, bei dem ihm eine im Oberzentrum aufgesuchte Gruppe der Anonymen Antialkoholiker entscheidend hilft, aber auch seine Familie und "sein" Dorf unterstützen ihn verständnisvoll. Er verweist stolz darauf, daß er beim letzten Dorffest das Bier gezapft habe und daß alle ihn in seiner Abstinenz bestärkt hätten.

Herr G. hat sich damit abgefunden, daß er in seinem Alter keine "richtige Arbeit" mehr findet. Er versucht aber, überhaupt Arbeit zu finden und hat eine neue AB-Maßnahme in Aussicht. Ohne Erwerbsarbeit fühlt er sich "nicht ausgelastet".

Herr G. ist in seinem Heimatdorf, an das er starke emotionale Bindungen hat, integriert. Er ist Mitglied mehrerer Vereine, wie seine Kinder auch, und dieses Engagement gibt ihm auch zahlreiche Möglichkeiten, seine Arbeitsamkeit, Arbeitsfähigkeit und -willigkeit unter Beweis zu stellen. Informelle Arbeitssuche im Kontext von Dorfkneipe und Bekannten gehören auch dazu. Gleichwohl gelten für Herrn G. selbst seine Aktivitäten im Dorf und am eigenen Haus und eigenen Anwesen nicht als Arbeit - wenn auch als Symbol der Arbeitswilligkeit - . Seine Umdeutung der AB-Maßnahmen in "richtige Arbeit" wird vom Dorf geteilt; die Winterpause bleibt auch kollektiv ohne Bedeutung.

Ebenso bedeutend ist für Herrn G., daß im Dorf seine Deutung des Verlusts der AB-Maßnahme geteilt wird: er hatte einen Konflikt mit einem Vorgesetzten, weil jener in der Arbeitszeit Schwarzarbeiten gegen Bezahlung machte - dieser Mann hatte übrigens auch noch seiner, Herrn G.s, Frau nachgestellt, während dieser auf der Arbeit war - und dies der Gemeinde zur Kenntnis gebracht ("der hat anderen Schaden zugefügt; die Öffentlichkeit bezahlt"). Als die Dinge sich in die Richtung entwickeln, daß das Fortbestehen der gesamten AB-Maßnahme gefährdet wird, setzt G. ein neues Schriftstück auf und nimmt seine Aussage zurück. Die Dörfler teilten Herrn G.s ursprüngliche Einstellung. Dahinter steht Herr G. heute nicht mehr: "Daß solche Mißstände herrschen, die würde ich dulden, stillschweigend." Freilich hatte seine Beschwerde dennoch den Wegfall der Maßnahme zur Folge.

Im Selbstverständnis von Herrn G. braucht ein Mann "richtige Arbeit" (d. i. Lohnarbeit), um ausgelastet zu sein. Er interpretiert seinen Alkoholismus folgerichtig als Resultat der fehlenden Auslastung. Zur richtigen Arbeit gehört, daß der Lohn die Familie gut versorgen können muß; dies war bei seinen AB-Maßnahmen der Fall; wo er im Verhältnis zu anderen Dorfbewohnern relativ viel verdient hatte. Auf diese Rolle des Ernährers seiner Familie gründet sich sein Selbstverständnis.

Das Familienklima ist gut. Trotz der Geldsorgen durch die Arbeitslosigkeit hat die Familie "glücklich gelebt" und Sorgen "wenig nach außen getragen". Seine Frau hat ihn in der Arbeitslosigkeit und auch bei der Bewältigung seines Alkoholismus immer unterstützt, ihm nie Vorwürfe gemacht, ihn gestärkt. Seine Frau begleitet ihn auch zu den Sitzungen der AA-Selbsthilfegruppe, weil sie ihm dann "Ratschläge geben" kann und lernt, wie man sich gegenüber Alkoholikern verhält. Die Kinder sind in das Dorfleben integriert, Herr G. ist stolz darauf, daß sie in vielen Vereinen tätig sind.

Die Möglichkeit, daß Frau G. arbeiten gehen könnte, scheint das Ehepaar G. nicht zu erwägen. Immerhin sind zwei der Kinder schon in der Ausbildung und Frau G. hat berufliche Erfahrungen.

Seit der Arbeitslosigkeit hilft Herr G. im Haushalt mit, ohne daß die geschlechtliche Arbeitsteilung hier grundlegend in Frage gestellt oder verändert wird.

Obwohl Herr G. seine eigene Arbeitsbeschaffungsmaßnahme als "richtige Arbeit" sieht, grenzt er sich von einem anderen Dorfbewohner vehement ab, der in seiner Sicht zu Unrecht Frührente bezieht und zugleich als Landwirt arbeitet. Für das Gerechtigkeitsempfinden von Herrn G. - und auch, wie er berichtet, des Dorfes - ist es anstößig und moralisch nicht legitim, eine Rente für Arbeitsunfähigkeit zu nehmen, wenn man offensichtlich arbeiten kann.

Analyse: Die Gruppe der dörflich eingebundenen Arbeitslosen

A. und Herr G. verfügen in der Einbindung in den dörflichen Lebenszusammenhang neben der Arbeit gleichsam über eine zweite Schiene sozialer Integration. Während die Arbeitslosen der zuvor dargestellten Gruppe (Herr M., Herr U.) mit dem Verlust der Arbeit rasch auch ihre sozialen Zusammenhänge verlieren, können die dörflich eingebundenen Arbeitslosen nicht ohne weiteres aus dem dörflichen Lebenszusammenhang herausfallen. Die um die Erwerbstätigkeit gruppierten sozialen Kontakte bleiben an diese Erwerbstätigkeit gebunden und sind insofern situativ. Die über die dörfliche Lebenswelt vermittelte soziale Integration ist anscheinend zunächst einmal gegenüber solchen Brüchen im Lebensverlauf unempfindlicher, da sie sich ja auf einen komplexeren Lebenszusammenhang (also einen wesentlich weiteren Bereich) erstreckt. Vermutlich ist auch der Zusammenhang im Lebenskontext Dorf deswegen größer, weil hier sozialisatorische Gemeinsamkeiten eine kommunikative Nähe möglich machen, die in über die Erwerbsarbeit vermittelten sozialen Kontakten kontingenter bleibt. Die Teilhabe sozusagen an zwei Lebenswelten (Arbeit und Dorf) unterscheidet die beiden Gruppen von Arbeitslosen.

Lebensweltliche Einbindung in bezug auf Normen und Werte sowie starke kulturelle *Teilhabe am dörflichen Leben* charakterisieren diesen Typus der Arbeitslosen, ihre Selbstwahrnehmung und ihre Handlungsstrategien. Arbeitslosigkeit ist nicht nur ein individuelles Problem, mit dem der einzelne fertig werden muß. Sie wird zugleich als Infragestellung der dörflichen Integration wahrgenommen und ist auch darüber vermittelt eine Identitätsbedrohung. Die Problemlage Arbeitslosigkeit bringt nicht nur die subjektiven Säulen personaler Identität, sondern auch die dörflichen Grundwerte in Gefahr.

Die *lebensweltliche Orientierung auf das dörfliche Gemeinwesen* ist in in beiden Interviews (4 und 11) sehr stark ausgeprägt. Lohnarbeit gehört bei beiden Männern subjektiv zum Lebenskonzept. Die Arbeitslosigkeit stellt im dörflichen Gemeinwesen bei längerer Dauer die Arbeitsamkeit in Frage, also einen der zentralen dörflichen Werte, die über sozialisatorische Internalisation zu subjektiven Werten geworden sind.

In beiden Fällen wird die subjektive Problemwahrnehmung und Problembearbeitung von Arbeitslosigkeit zugleich und oft untrennbar mit lebensweltlichen Einschätzungen und Konnotationen verbunden. Die individuellen Darstellungen und Einschätzungen sowie Handlungsmuster sind mit der dörflichen Lebenswelt verwoben und pragmatisch abgestimmt. Dies geht teilweise soweit, daß kaum noch von individuellen Einschätzungen gesprochen werden kann (Herr A., Interview 4). Dieses Changieren ist bei Interview Nr. 11 (Herr G.) zwar nicht so ausgeprägt, doch auch er läßt deutlich werden, daß all seine persönlichen Darstellungen und Einschätzungen gleichsam vom Dorf abgesegnet sind. Er hat sich rückversichert und fühlt sich deswegen umso gefestigter.

Bei Herrn G. (Interview 11) besteht daneben noch eine starke familiale Einbindung, so daß er ähnlich wie in Herr U. (Interview 6) viel Rückhalt aus der guten Ehe und dem guten Verhältnis zu seinen Kindern schöpft.

Bei A. (Interview 4) wird ein weiterer Aspekt der individuellen Problemwahrnehmung im lebensweltlichen Kontext deutlich: Da das lebensweltlich-allgemeine Deutungsmuster ("wer Arbeit sucht, findet auch welche - wer längere Zeit nicht arbeitet, will nicht mehr arbeiten") subjektiv geteilt wird, müssen die negativen Anteile des Deutungsmusters auf mutmaßliche (phantasierte) oder reale Gruppen (die städtischen Arbeitslosen, die wirklich nicht mehr wollen) abgelenkt werden, um zu erreichen, daß man nicht selber unter dieses Deutungsmuster fällt. Dies entspricht der Verleugnungsstruktur, die sich in den Expertengesprächen zu Beginn des Projekts gefunden hatte, in der soziale Probleme im ländlichen Raum aufgespalten werden in interne, die mit den bewährten Lösungsmustern bearbeitbar und externe ("Zugezogene"), die nur durch Ausgrenzung zu "bewältigen" sind. Dieses Deutungsmuster muß durch ein homologes handlungspraktisches Muster ergänzt werden: es muß bewiesen (d. h. gezeigt, demonstriert, augenscheinlich vorgeführt) werden, daß man selbst zu denen gehört, die das Deutungsmuster teilen, und daß man selbst nicht unter die auf externe Gruppen abgespaltenen Anteile fällt. Dies geschieht durch die dörfliche Selbsthilfe und das sinnenfällige Arbeiten im netzwerklichen Kontext.

Der unterschiedliche Status, den die AB-Maßnehmen von Herrn G. und die Umschulung von A. in ihren dörflichen Zusammenhängen haben, wurde schon herausgestellt. In der dörflichen Öffentlichkeit werden beide Maßnahmen unterschiedlich gewertet: Die Umschulung gilt als Ausbildung mit ungewissem Ausgang, während die AB-Maßnahme als vollwertige Erwerbsarbeit angesehen wird, und die Unterbrechung im Winter als normale - dörfliche - Erscheinung gilt. Die völlige Gleichstellung der AB-Maßnahmen mit einem Normalarbeitsverhältnis bei Herrn G. - auch durch das dörfliche Umfeld - ist sehr bemerkenswert. Die Einschätzung der Umschulung als Maßnahme mit offenem Ausgang kann als pragmatisch-realistisch geteilt werden.

Für beide stellt die *Beteiligung an dörflicher Selbsthilfe*, die dorföffentliche Suche nach Auswegen aus der Arbeitslosigkeit, die lebensweltlich vermittelte Suche nach Arbeitsplätzen eine spezifische Form der Problembearbeitung dar.

Die dörfliche Lebenswelt hat auch unterstützende Strategien zu bieten, die bei der Bewältigung der Arbeitslosigkeit hilfreich sein können. So kann die Schattenarbeit verhindern, daß A. "die Decke auf den Kopf fällt" und er seine Zeitstrukturierung in der Weise wie M. (Interview 1) verliert. Auch die Strategie der Arbeitsplatzsuche in dörflich-kommunikativen Zusammenhang hat neben der strategischen Bedeutung der dorföffentlichen Dokumentation von Arbeitsamkeit einen pragmatischen Hilfeaspekt. Freilich läßt die Wirksamkeit dieser lebensweltlichen Möglichkeiten angesichts der Ausdifferenzierung beruflicher Qualifikationen auch im ländlichen Raum nach. Für A. (Interview 4) mit seiner speziellen Qualifikation war auf diese Weise eine tatsächliche Hilfe nicht zu leisten. Für weniger qualifizierte Mitglieder der dörflichen Lebenswelt mag dies tatsächlich noch eine Hilfe bieten.

Selbsthilfe erscheint hier - dies sei der Vollständigkeit halber erwähnt - nicht spezifisch dörflich, sondern spezifisch für enge soziale Milieus; speziell in der Arbeiterschaft hat es immer starke Selbsthilfebewegungen gegeben, die sich auch z. T. genossenschaftlich organisiert hatten. Allgemein läßt sich sagen, daß Schattenwirtschaft keineswegs auf den dörflichen Bereich begrenzt bleibt, ebensowenig wie Selbsthilfe aller Art und Form. Mangels entsprechender paralleler Untersuchungen in städtischen Gemeinwesen läßt sich vorsichtig formulieren, daß Selbsthilfe in jenen Arten von Gemeinwesen noch eine bedeutende Rolle spielt, wo der soziale, familiale und sozialisatorische Zusammenhang relativ eng und überschaubar ist. Keineswegs läßt sich diese Aussage auf dörfliche Gemeinden begrenzen. Historisch läßt sich darauf verweisen, daß speziell in den Arbeitersiedlungen des Saarlands und des Ruhrgebietes, die von vorneherein einen erheblichen Anteil naturaler Reproduktion vorsahen (Kleinviehställe, Gärten usw.) und aufgrund der sozial homogenen und engen Zusammensetzung dieser Siedlungen, Selbsthilfe eine große Bedeutung hatte. Daneben ist auf die Formen organisierter Genossenschaftlichkeit zu verweisen (Konsumgenossenschaften, Hausbaugenossenschaften, Kleingärtnergenossenschaften usw.), die ebenfalls - ähnlich wie im Dorf - die Möglichkeit einer gemeinschaftlichen Vernetzung der Reproduktionsaktivitäten boten.

In diesen Zusammenhang ist auch der Begriff der Ungleichzeitigkeit zu stellen (Bloch). Gemeint sind damit u.a. gesellschaftliche Strukturen, deren gesellschaftliche Basis an sich entfallen ist, die aber weiter bestehen. Im Gesamtzusammenhang der Studie konnte deutlich gezeigt werden, daß vor allem im dörflichen Bereich der Familienzusammenhang noch wesentlich enger ist als etwa bereits in den ländlichen Kleinstädten: insbesondere sehr alte Menschen leben hier noch signifikant häufiger bei Verwandten und werden von ihnen unterstützt, betreut, gepflegt, während hier in städtischen Zusammenhängen, wo der Familienzusammenhang bereits weiter erodiert ist, solche Personen bereits im Alters- oder Pflegeheim leben. Ein weiteres Beispiel wären die Alleinerziehenden, insbesondere die Jüngeren, die auch im dörflichen Raum häufiger noch zu den Eltern zurückziehen oder bei Verwandten wohnen können. All dies sind ja Ressourcen, die aus dem sozialen Kontext des traditionellen Sektors rühren und noch weiter bestehen, auch wenn sie allmählich ihre Wirkkraft verlieren. Es sind ferner Ressourcen, die dem Sozialstaat - und damit der Gesellschaft - Leistungen ersparen.

Zum Teil lassen sich mit dem Begriff der Ungleichzeitigkeiten unterschiedliche Spielräume bei gleichen Problemlagen erklären. Dort, wo auf Ressourcen zurückgegriffen werden kann, die an anderen sozialen Orten nicht oder nicht mehr zur Verfügung stehen, eröffnen sich andere, vielleicht auch weitere Handlungsspielräume.

2.3 Die Gruppe der jungen Arbeitslosen mit verlängerter Jugendphase

Interview Nr. 5: Herr R.

R., ein 22-jähriger junger Mann, ist nach der Lehre als Stellagenmaler nicht übernommen worden und seitdem arbeitslos (Interview 5). Verschiedene kleinere Jobs und einige Maßnahmen der Jugendberufshilfe schlossen sich an. Er arbeitet zur Zeit des Interviews (1989) in einer Maßnahme des Verbundsystems "Jugend und Arbeit", nämlich dem Bürgerservice im Oberzentrum. Durch eine Sonderregelung bezieht er sowohl Arbeitslosengeld wie ein Arbeitsentgeld für die Maßnahme. Er wohnt noch im Haus der Eltern in einem Dorf 20 Kilometer entfernt. Der Vater, Angestellter, ist ebenso arbeitslos wie der ältere Bruder. Die Zeit der Arbeitslosigkeit hat er in einer Clique verbracht, deren Mitglieder - aus dem ländlichen Bereich um sein Heimatdorf herum - meist ebenfalls ohne Beschäftigung waren. Sie vertrieben sich die Zeit mit Herumhängen und "Mädchenaufreißen". Nach vielen kurzen Beziehungen hat Rainer seit zwei Jahren eine jüngere Freundin, mit der er gerne zusammenziehen möchte. Er plant dies für die Zeit, wo er im Bürgerservice eine feste Stelle erhalten wird, was sich abzeichnet.

Auffällig ist seine große Vagheit und Sprachlosigkeit im Interview, nicht nur, was seine Lebensperspektive angeht. Er hat gleichsam verlernt, sich bestimmte, fixierbare Gedanken über seine Zukunft zu machen. Seine derzeitige Lage symbolisiert stellvertretend die anhaltende Ungewißheit seines bisherigen beruflichen Lebens: er versteht sich nicht als explizit arbeitslos, jedoch auch nicht als einer, der "richtig" arbeitet. Die Maßnahme gilt ihm nicht als "richtige Arbeit", weil sie befristet und ihre Verlängerung ungewiß ist. Das ist "eine halbe Sache", eine Beschäftigung, die mit einer regulären Stelle nicht zu vergleichen ist. Erst eine feste Stelle mit sozialer Absicherung und einer zeitlichen Perspektive gilt ihm als Erfolg.

Sein zentrales Thema ist die bisherige und andauernde Unsicherheit seiner (nicht nur beruflichen) Existenz. Er wußte schon bei Beginn seiner Lehre, daß er nicht übernommen werden würde. 70 Bewerbungen blieben ohne Erfolg. Seiner Berufsausbildung folgen drei Jahre Arbeitslosigkeit. Diese anhaltende Unsicherheit prägt sein Selbstverständnis und bestimmt die Undeutlichkeit seiner Lebensperspektiven. Die durchgängige Erfahrung einer sozialen "Grundlosigkeit", bzw. das Fehlen der Möglichkeit, die eigene Identität auf die berufliche Verselbständigung aufbauen zu können, läßt sich als der biographische (d. i. der individuelle Niederschlag einer gesellschaftlichen Problemlage) Kern seiner charakteristischen Wortkargheit und Unbestimmtheit sehen. Mit der Chance einer festen Stelle verbindet sich für ihn der Wunsch, die angenehmen Arbeitsbedingungen in den Maßnahmen, die er schätzen gelernt hat, lebensgeschichtlich zu bewahren: die kleine Gruppengröße, die relative Autonomie der Arbeit, die angenehmen Arbeitskollegen.

Seine soziale Heimat ist nicht das Dorf ("Idioten"), in dem er bei den Eltern wohnt, sondern eine Gleichaltrigenclique, die sein Schicksal im wesentlichen teilt. Sie stellt gleichsam den Puffer zwischen ihm und der Gesellschaft dar, weil sie sowohl das Arbeitslos-Sein durch gemeinsames Herumhängen bewältigen hilft, als auch integrativen Druck auf den Einzelnen ausübt, als die Mitglieder allmählich in Arbeit kommen. Die Stichelei im Dorf "da sitzen sie wieder und versaufen ihr Arbeitslosengeld" kann R. mit der Clique im Rücken gut wegstecken. Er entschuldigt die durchweg älteren Stichler: "die wissen nicht wie das ist". Er zieht eine scharfe Grenze zwischen sich und jenen, die grundsätzlich in einer anderen Situation sind. Er hat die Hoffnung aufgegeben, ihnen seine Situation verständlich machen zu können. Das ist ein hoffnungsloses Unterfangen. Deswegen sagt er: "das (Gerede) hat mich nicht mehr interessiert. Solln se reden." Als aber in der Gruppe die ersten in Arbeit kommen und selber "ätzende" Bemerkungen machen ("jetzt kommen se wieder un schaffe nix"), geht ihm das unter die Haut.

Diese Gruppe von Dorfjugendlichen zeichnet sich durch eine blaß und undeutlich bestimmt bleibende Ablehnung des Dorfes und der im Dorf integrierten anderen Jugendlichen aus. Es scheint, daß die besondere Berufssozialisation, die gemeinsame Erfahrung der fehlenden beruflichen Integration und der unsicheren Lebensperspektiven das Konstitutionsprinzip dieser Gruppe ist, und daß dies der unbewußte Kern der Ablehnung traditionaler kultureller Dorfaktivitäten ist. Zwischen den integrierten Dorfjugendlichen (und auch der Erwachsenenwelt) und den sich absondernden arbeitslosen Jugendlichen besteht eine Sprachlosigkeit, die nicht überbrückbar ist, weil die Grundlagen von individueller Erfahrung gegensätzlich sind.

Die Jugendlichen der Clique können nicht explizieren, was eigentlich an den Aktivitäten der in den Vereinen engagierten anderen Jugendlichen so fade und uninteressant ist, und warum die Aktivitäten der Gruppe dem gegenüber eine viel höhere Bedeutung haben sollten, obwohl sie im wesentlichen nur rumhängen und auch nichts sonderlich weltbewegendes tun. Die Dorfjugendlichen, die integriert sind, haben offenbar eine andere berufliche Sozialisation hinter sich. Sie haben eine sichere Basis ihrer Lebensentwürfe, sie betreiben deswegen ihr Leben im und ihre Integration in das Dorf engagiert. R. und seiner Clique fehlt dagegen diese Sicherheit des Lebensentwurfes, und dies ist der Hintergrund dafür, daß sie sich in eine dumpfe (relativ sprachlose, kaum explizierte, schwer nachvollziehbare) Opposition zu den anderen Dorfjugendlichen und zum Dorf überhaupt begeben. Dies ist der Grund, weshalb die Abgrenzung gegenüber den Dorfjugendlichen und dem Dorf so vage und unklar bleibt. Es sind nicht die tatsächlichen Unterschiede der Interessen und Bedürfnisse, sondern es ist die unterschiedliche Lebenserfahrung, die eine Kommunikation fast unmöglich macht, weil die Basis von Erfahrung zu unterschiedlich ist.

Für R. sind traditionale Formen der Selbsthilfe (Hilfe beim Hausbau, andere Formen nachbarschaftlicher oder kumpelhafter Hilfe) keine Alternative oder keine Entlastung in der Arbeitslosigkeit. Es gäbe Möglichkeiten der Selbsthilfe, etwa der Beteiligung an Arbeiten im Dorf, die über die Vereine organisiert sind, aber er entzieht sich dem durch seine Clique in der Opposition zum Dorf.

Interview Nr. 12: Frau S.

Frau S. ist 22 Jahre alt. Nach der Hauptschule hat sie die Hauswirtschaftsschule absolviert und abgeschlossen. Die danach begonnene Lehre als Malerin/Lackiererin mußte sie nach 12 Monaten wegen eines Bandscheibenschadens abbrechen. Seit zwei Jahren ist sie jetzt ohne Beschäftigung. Sie lebt im Haushalt der Mutter und deren Freundes in einem Dorf nahe dem Oberzentrum, auch eine Schwester lebt noch dort. Mit Aushilfsjobs verdient sie das Nötigste (etwa 400,--DM/Monat), Leistungen nach AFG erhält sie nicht. Sie möchte eine Berufsausbildung machen.

Frau S. leidet unter ihrer Arbeitslosigkeit, unter der andauernden Abhängigkeit vom Elternhaus, sie hat depressive Phasen, in denen sie nichts unternehmen kann. Ihre Situation versteht sie so, daß sich nach ihrer abgebrochenen Ausbildung die Frage nach einem neuen Lehrberuf stellt, und daß sie seit nahezu 2 Jahren dabei ist, sich für einen neuen Beruf zu entscheiden. Klare Auskünfte, welche Berufe für sie angesichts ihres Leidens in Frage kämen, hat sie weder vom Arzt noch vom Arbeitsamt erhalten. Zudem ist es gegenwärtig (zur Zeit des Interviews 1990) schwierig, überhaupt Lehrstellen zu finden. Vom Beruf des Gärtners, den sie zunächst favorisierte, hat ihr der Arzt abgeraten. Auch schätzt sie ihre späteren Chancen als Frau in einem Männerberuf sehr skeptisch ein. Hilfestellung bei der Auswahlentscheidung hat sie weder vom Arbeitsamt noch vom Arzt, von ihrer Familie oder ihren Freunden und Bekannten erhalten. Ihre Arbeitslosigkeit ist ein so individuelles und komplexes Problem ("Arbeitslosigkeit is bei keinem Menschen gleich"), daß es von den anderen nicht begriffen werden kann ("damit ist man wirklich allein"). Die Arbeitslosigkeit ist langwierig, weil die Entscheidung für einen anderen Beruf so schwierig ist. Weil alle in einer anderen Situation sind als sie selbst, versteht niemand, wie schwer diese Suche ist und wie sehr sie unter ihrer Situation leidet. Die ältere Generation versteht die Komplexität des heutigen Arbeitsmarkts nicht ("die können sich da net so reinfühlen"), die Eltern können ihr deshalb nicht helfen. Ihre Alterskameraden mit Beruf haben ein instrumentelles Verhältnis zur Arbeit und zum Beruf ("Hauptsach das Geld stimmt"), während sie eine sinnvolle Tätigkeit ausüben möchte. Die arbeitslos sind, haben sich abgefunden und resigniert ("ham sich aufgegeben", "leben so in den Tag rein"), oder richten sich mit kommoder Arbeitslosenhilfe ein ("das reicht dann", "die geben sich halt damit zufrieden"), während sie einen neuen Anfang machen möchte. Die Umdeutung der Arbeitslosigkeit in die Berufsfindungsentscheidung schützt Frau S. vor inneren und äußeren Zweifeln an ihrer Arbeitswilligkeit. Die Berufsfindung ihrerseits ist nicht nur schwierig, weil eine für sie körperlich langfristig ausübbare Tätigkeit gefunden werden muß, sondern auch, weil sie ungewöhnlich hohe inhaltliche Ansprüche an ihren zukünftigen Beruf hat. Ein Allerweltsberuf soll es nicht sein, deswegen will die Entscheidung gut bedacht sein. Mit dieser Uminterpretation gelingt es Frau S., sich angesichts des strukturellen Dilemmas der Arbeitslosigkeit als handlungsfähige, autonome Person wahrzunehmen. Zugleich kann sie sich gegen -innere und äußere- Kritik immunisieren, die Vergleichbarkeit zu anderen Fällen von Arbeitslosigkeit unterstellt. In ihrer Selbstdarstellung bildet die Andersartigkeit und Unvergleichbarkeit ihrer Person und Situation den zentralen Bezugspunkt. Nur durch Zufall (Kontextwissen) erfahren die Interviewer, daß der Beruf, für den Frau S. sich entschieden hat, der Beruf der ältesten Schwester ist, die als einzige in nächtelangen Gesprächen S. das Gefühl geben konnte, verstanden zu werden. Diese ältere Schwester hat als einzige Frau S. sonst erfolgreiche hermetisch-blockierende Kommunikationsstrategie aufbrechen und ihr die Entscheidung möglich machen können. Mit zwei Problemen, die mit ihrer Entscheidung verbunden sind, hat sich Frau S. nicht beschäftigt. Sie hat den Arzt nicht nach der Verträglichkeit der Tätigkeit für sich befragt. Zum anderen müßte die Ausbildung - es handelt sich um eine einjährigen Schulbesuch - vorfinanziert werden, da sie kein Ausbildungsentgelt erhalten wird. Frau S. müßte arbeiten und sparen.

Zu ihrer dörflichen Umgebung hat S. keine Kontakte. Ihre Freundschaften und Bekanntschaften sind regional gestreut und sie ist stark auf das Oberzentrum hin orientiert. Eine feste Bezugsgruppe hat sie nicht.

Analyse: die Gruppe der jungen Arbeitslosen

In beiden Interviews überlagert das *lebensphasenspezifische Problem beruflicher Verselbständigung* die objektive Arbeitslosigkeit. Bei S. (Interview 12) steht das Problem der *Berufsfindung* noch an, hier geht es um den Übergang von der Schule in eine berufliche Ausbildung. Frau S. möchte sich mit der Perspektive nicht abfinden, keine berufliche Qualifikation zu haben. Ihr Problem ist, überhaupt eine berufliche Entscheidung bzgl. einer zweiten Lehre zu treffen. Für R. im Interview 5 geht es (an der 2. Schwelle des Arbeitsmarkts) darum, eine neue Tätigkeit zu finden und aus der bisherigen *Unsicherheit der beruflichen Lebensperspektive* heraus in eine verläßliche

Arbeit zu kommen, auf der die nächsten (verselbständigenden) Lebensschritte aufbauen können.

Beiden jungen Leuten ist die Suche nach einer Perspektive, auf der die nächsten Lebensschritte aufbauen und aufruhen können, gemeinsam. Die Ablösung vom Elternhaus, die Gründung eines eigenen Haushalts, die dazu nötige finanzielle Unabhängigkeit, eine mögliche Partnerschaft prägen die Lebenssituation. Kennzeichnend ist die Verknüpfung der lebensphasenbezogenen Verselbständigung mit dem Problem der beruflichen Eigenständigkeit. Beide Jugendliche wohnen noch im Elternhaus und möchten gerne selbständig wohnen. Dies setzt u.a. auch eine finanzielle Unabhängigkeit voraus, über die sie zur Zeit des Interviews noch nicht verfügen. R. (Interview 5), möchte darüber hinaus mit seiner Freundin zusammenziehen. Frau S. berichtet nicht von einer Beziehung, aber die Ablösung vom Elternhaus sieht auch sie als einen der nächsten Schritte an. Die Verknüpfung der Verselbständigung mit dem Problem der beruflichen Selbständigkeit kennzeichnet die Übergangsproblematik von arbeitslosen Jugendlichen. Mit der Berufsfindung bzw. der Berufseinmündung sind Kernfragen beruflicher Identität und einer pragmatischen Ablösung vom Elternhaus (die finanzielle und soziale Abhängigkeiten einschließt) verbunden. Arbeitslosigkeit bedeutet hier auch eine Verlängerung der Jugendphase im Sinne der Abhängigkeit vom Elternhaus.

Die Distanzierung vom sozialen Umfeld der Kindheit und der Elterngeneration kennzeichnet beide Jugendlichen. Von einer dörflichen Integration kann in beiden Fällen nicht gesprochen werden, vielmehr liegt eine Regionalisierung sozialer Kontakte vor, die im Fall von R. (Interview 5) stärker in Richtung einer ländlichen Orientierung geht, während Frau S. deutlicher auf das Oberzentrum zentriert ist. Herr R. lehnt nicht nur die dörfliche Kultur, sondern auch und insbesondere die gleichaltrigen integrierten Jugendlichen ab, so daß die regional orientierte Clique, die das Schicksal der Arbeitslosigkeit und der unsicheren Existenz teilt, Bezugsgruppe wird. Die Arbeit in einer auf Dauer zu stellenden Maßnahme der Jugendberufshilfe bzw. Selbsthilfeinitiative mit ihren entlastenden Momenten wird für ihn zum das berufliche Selbstverständnis und die Lebensplanung bestimmenden Moment. Bei Frau S. (Interview 12) ist die Distanzierung zur Familie und zum Dorf ebenfalls vollzogen, doch nur mit einer regionalen Orientierung (Schwerpunkt Oberzentrum) und einem eher lockeren Bekannten- und Freundeskreis gepaart, ohne einen festen Gruppenzusammenhalt. In beiden Fällen sind mit den lebensphasenspezifischen Problemen jugendlicher Arbeitslosigkeit Neu- bzw. Wegorientierungen vom heimatlichen Dorf verbunden. Agressive Distanzierung (wie bei R., Interview 5) und diffuse Gleichgültigkeit (wie bei S.,

Interview 12), beide Male verbunden mit einer regionalen Orientierung, bedeuten von seiten des Dorfes soziale Ausdifferenzierungen, bei denen sich (ehemalige) Mitglieder dörflicher Lebenswelt der Teilhabe dauerhaft entziehen und situative neue lebensweltliche Bezüge suchen und finden.

Wie dauerhaft die soziale Neuorientierung dieser Jugendlichen ist, scheint schwer einzuschätzen. Da die Probleme, die damit verbunden sind, in beiden Fällen zur Zeit des Interviews nicht gelöst sind, läßt sich nicht klar absehen, in welche Richtung die soziale Neuorientierung letztlich gehen wird. Vieles spricht jedoch dafür, daß die Regionalisierung sozialer Orientierung und Netzwerke bei ihnen irreversibel ist. Sie werden mit großer Wahrscheinlichkeit nie in den Kreis der dörflich integrierten Jugendlichen bzw. jungen Leute (zurück-)finden.

Die Integrationsfähigkeit der dörflichen Lebenswelt und ihre Form steht mithin hier auch zur Frage. Hier sollte man sich vor einfachen Aussagen hüten, da an den Interviews mit dörflich Integrierten (Herr G., Interview 11), Herrn A. (Interview 4) und anderen deutlich wird, wie komplex die dörflichen Mechanismen sozialer Integration bzw. sozialer Ausdifferenzierung im einzelnen sind. Grundsätzlich wird man nicht sagen können, daß die - objektiv - zunehmende Zahl biographischer Brüche in Lebensverläufen, die mit erheblichen sozialen Problemen (Sozialhilfebezug und/oder Arbeitslosigkeit) verbunden sind, von der dörflichen Lebenswelt nicht bearbeitet werden könnten. Hier wäre darauf hinzuweisen, daß die Aspekte gebürtig/-zugezogen, die Dauer des Lebens im Dorf, die konkrete Art und Ausgestaltung sowie der konkrete Umgang mit der Problemlage (vgl. Interview 11) eine entscheidende Rolle für die dörfliche Wahrnehmung und dörfliche Reaktion darstellt.

2.4 Die Gruppe der alleinerziehenden Frauen im Sozialhilfebezug

Interview Nr. 3: Frau O.

Frau O., 26 Jahre alt und geschieden, hat zwei kleine Kinder und ist alleinerziehend. Sie bezieht Sozialhilfe. Die Familie wohnt am Rande eines mittelgroßen Dorfs, in dem auch die Mutter und zwei Schwestern wohnen, die gelegentlich bei der Kinderbetreuung helfen, in einer kleinen Ansammlung von Wohnblocks am Ortsrand mit Brennpunktcharakter, wo viele Asylbewerber und Sozialhilfebezieher leben.

Frau O. ist in einem Vorort des Oberzentrums aufgewachsen und noch mit den Eltern in ihren jetzigen Wohnort gezogen. Mit 18 Jahren hat sie, schwanger geworden, ihren 8 Jahre älteren Mann geheiratet. Die Ehe ging nicht gut, auch war ihr Mann beruflich häufig länger unterwegs. Bereits nach vier Jahren wollte sie sich scheiden lassen und lebte ein dreiviertel Jahr getrennt. Sie hatte einen anderen Mann kennengelernt. Das Ehepaar lebte dann doch wieder 2 Jahre zusammen, nun wurde das zweite Kind geboren. Zwei Jahre vor dem Interview (1989) trennte sich Frau O. endgültig; die Scheidung ist ausgesprochen. Frau O. hat zeitweise in der Gastronomie gearbeitet und möchte dies später wiederaufnehmen. Doch ist daran erst zu denken, wenn das jüngste Kind in den Kindergarten kommt.

Frau O. gewinnt ihrer Lebenssituation auch positive Seiten ab. So sagt sie von sich selbst, daß sie augenblicklich damit befaßt sei ihre Jugend "nachzuholen". Sie habe zu früh geheiratet. Jetzt geht sie öfter aus. Dies betrachtet sie so, daß sie ihre versäumte Jugend nachholt. Mutter oder Schwester hüten dann die Kinder. Auch legt sie Wert darauf, sich ihre Freunde und Bekannte selbst auszusuchen. Während der Ehe hatte sie nur Kollegen und Freunde ihres Mannes kennengelernt. Ein zentrales Thema im Interview ist die Abhängigkeit vom Sozialamt, bzw. von Stimmungen und Launen des Amtsleiters.

Mit zwei Nachbarn, ebenfalls Alleinerziehenden, hat Frau O. guten Kontakt, man hilft sich gegenseitig, vor allem in der Kinderbetreuung.

Überwiegend pflegt sie aber regional weitgestreute Kontakte zu Freunden, Bekannten und Verwandten.

Frau O. leidet sehr unter den Einschränkungen, die die geringe Sozialhilfe auferlegt und unter der als Willkür empfundenen Abhängigkeit vom Sozialamtssachbearbeiter, insbesondere bei den Beihilfen, wo dessen Spielraum sehr groß ist. Das Verfahren empfindet sie als "total erniedrigend". Gleichwohl geht sie mit einer pragmatischen Raffinesse mit dem Problem um. Ihre Taktik besteht darin, einen günstigen Zeitpunkt bezüglich der Laune des Sachbearbeiters abzuwarten, die einzelnen Anträge in angemessen großen zeitlichen Intervallen zu stellen, beim Gespräch mit dem Sachbearbeiter nett zu sein, sich auf keinen Fall über einen Mißstand zu beschweren ("wenn Sie dem net ständig Zucker in den Hintern blasen..."). Zur der ökonomischen Belastung durch die zu niedrige Sozialhilfe tritt ein enormer psychischer Druck, der den Sozialhilfebezug zu einer sich stetig wiederholenden Erfahrung der Erniedrigung und der Demütigung macht. Die Einschränkungen des Lebens auf Sozialhilfeniveau treffen ihrer Schilderung nach die Kinder besonders hart ("ich könnt die Kinder gesünder ernähren"; zu wenig Spielzeug; auch ist die 2-Zimmerwohnung eigentlich zu klein), während sie als Erwachsene eher in der Lage ist, Bedürfnisse zu reduzieren.

Frau O. grenzt sich entschieden gegen die denunziatorische Haltung in der unmittelbaren Nachbarschaft (dem sozialen Brennpunkt), dem beträchtlichen

Mangel an Solidarität, ab. Sie möchte sich am Klatsch nicht beteiligen ("einer zieht über den anderen her und ich seh net ein, dat ich mich dazusetzen soll"). Sie macht als Gegenstrategie deutlich, daβ sie sich ihre Freunde und Bekannten lieber selbst aussucht, und diese Kontakte sind regional weit gestreut. Über die unmittelbare Nachbarschaft hinaus unterhält Frau O. ebenfalls kaum Kontakte im Dorf. Frau O. konstatiert eine dörfliche Spieβigkeit, die für sie unter anderem in den inhaltslosen abendlichen Thekengesprächen zu Tage tritt und ihr ein Zuhören bei diesen Gesprächen, ganz zu schweigen von einer aktiven Beteiligung, unmöglich macht. Sie lehnt die dörfliche Mentalität ihres Wohnortes ab, weil sie selbst eine modernere, städtische Orientierung für sich in Anspruch nimmt. Sie sieht sich aber in ihren Wertungen, ihren sozialen Kontakten und ihrem Freizeitverhalten eher städtisch orientiert. Bei der Wahl ihrer Bekannten und Freundinnen spielen andere als die üblicherweise auf dem Dorf geltenden Kriterien eine Rolle. Sie fühlt sich nicht verstoβen, sondern sie sieht ihre jetzige Situation als das selbstbewuβte Ergebnis einer ganz bewuβten Entscheidung an, mit dem sie sehr zufrieden ist. So zeigt Frau O. eine sehr differenzierte Einschätzung ihrer Situation und des sozialen Umfelds. Im Unterschied zu anderen Interviews hat sie es nicht nötig, dörfliche Urteilsmuster, die auf sie angewendet werden, abzulenken auf andere, sozial weiter unten stehende Gruppen. Dies liegt an ihrer moderneren Orientierung, der differenzierten Einschätzung ihrer sozialen Umgebung, so daβ sie sich von dörflichen Urteilsstrukturen nicht tangiert sieht, und daher keine Verschiebungsstrategien zu entwickeln braucht.

Interview Nr. 13: Frau B.

Frau B., 31 Jahre alt und geschieden, wohnt in einem sozialen Brennpunkt im Oberzentrum mit 3 Kindern (13, 12 und 6 Jahre alt). Sie ist in Baden-Württemberg aufgewachsen, hat dort die Realschule abgeschlossen, ist aber ohne Beruf, weil sie eine sozialpädagogische Ausbildung wegen der Schwangerschaft und ernötigter Heirat abbrechen muβte. Sie übernahm mit ihrem etwa gleichalten Mann, gelerntem Landwirt, den Bauernhof (Aussiedlerhof) im Hunsrück, nachdem der Schwiegervater gestorben war. Es war ein sehr groβer Betrieb der Fleischproduktion. Ein zweites Kind wird bald danach geboren.

Nach einigen Jahren wird der Mann (1981) wegen Verstoβes gegen das Betäubungsmittelgesetz zu 13 Monaten Gefängnis verurteilt und muβ die Strafe absitzen. Frau B. führt in dieser Zeit zusammen mit ihrer Schwiegermutter den Hof alleine. Als die Schwiegermutter erkrankt, muβ sie den Hof verkleinern, und sie sieht ab, daβ er auf Dauer nicht zu halten ist. Noch während der Mann im Gefängnis saβ, wurde der Verkauf des Hofes mit ihm zusammen beschlossen. Ein finanzieller Überschuß blieb, der von dem Ehepaar zur neuen Existenzgründung verwendet wurde: sie pachten eine Gaststätte im Oberzentrum, etwas später eine zweite und ziehen um in ein anderes Dorf.

Die Gaststätten gehen jedoch nach einigen Jahren nicht mehr gut und müssen 1988/89 aufgegeben werden; im letzten Jahr der Gaststätte (etwa 1988) hatte der Mann eine neue Freundin und blieb von Zuhause fort. Frau B. bleibt allein mit den Kindern im Dorf zurück und macht die Erfahrung, was Sozialhilfe für die Dorfbewohner bedeutet. Sie hält es immer weniger an ihrem Wohnort aus, zumal sie ohne Fahrzeug "festsitzt". Auch private Gründe (Freunde, Bekannte, die Verwandten) sind ein Motiv für den Umzug ins Oberzentrum. Sie hat auch jetzt noch häufig Kontakt zu ihrem Mann sowie zu der Schwiegermutter.

Solange Frau B. auf dem Bauernhof und in den Gaststätten im Oberzentrum selbständig war, hatte sie mit dem Dorf und dem dörflichen Leben an ihren Wohnort wenig Kontakt. Er war fast ausschließlich über die Familie und die Arbeit im Hof vermittelt. Sie wußte nicht, wie die Leute denken. Einige Zeit, nachdem sie in Scheidung lebte und im Sozialhilfebezug war, hat sie bemerkt, daß für die Leute auf dem Dorf die Sozialhilfe "das Schlimmste" ist. Es hat einige Monate gebraucht, bis ihr das richtig klar geworden ist. Einige Erlebnisse, die man als stigmatisierende Hilfeversuche durch Nachbarn beschreiben kann, ließen ihr das immer plastischer werden. So wurde ihr im Laufe der Zeit das Verbleiben im Dorf unerträglich, und sie war froh, als sie dann wegziehen konnte.

Es gab einige Situationen, die ihr in ihrer Abfolge deutlich gemacht haben, wie die Dorfbewohner über Sozialhilfeempfänger denken. Einmal ist sie an der Bushaltestelle auf unverschämte Weise auf die Scheidung angesprochen worden. Später ist sie immer, wenn sie ins Dorf Besorgungen machen ging, "von allen Seiten" angesprochen und ausgefragt worden. Sie konnte dem nicht entgehen, da sie ja im Dorf festsaß. Auch die Kinder wurden ausgefragt. Das Gerede machte ihr Angst, es hielt sie auch auf und sie mußte Sorge haben, nicht rechtzeitig bei den Kindern zu Hause zu sein. Dann hätte sie wieder die Kinder vernachlässigt. Bei ihr verdichtete sich im Lauf der Zeit das Gefühl, daß Sozialhilfebezieher zu sein das Schlimmste im Dorf sei. Richtig deutlich geworden ist ihr das allerdings erst, als sie das Gerede über eine Frau in gleicher Situation mitbekam, wo sehr deutlich wurde, wie schlecht sie das finden, obwohl man ihr - von Seiten des Dorfes - mit Fleisch und Obst für die Kinder ausgeholfen hat. Seit Frau B. weiß, was die Leute denken, weiß sie auch was hinter ihrem Rücken erzählt wird. Diese Situation ist ihr unerträglich.

Frau B. hat sich zwar schon viel früher entschieden, eine Wohnung in Trier zu suchen: so ist die Verwandtschaft (Oma) und ihr Mann dort, sie hat dort aus der Zeit der Gaststätten viele Freunde und Bekannte - die Tochter ging aufs Gymnasium, die Sprachförderung für den Jungen hat sie schon zuvor vom Dorf aus in Trier aufsuchen müssen, die Möglichkeiten für die älteren Kinder, sich in Vereinen zu betätigen, waren in der Stadt günstiger usw. Der Umzug nach Trier war mithin von einem ganzen Bündel von Motiven bestimmt. Die unerträgliche Atmosphäre im Dorf war nur eines unter mehreren.

Als besonders bedeutsam erscheint der Kontrast, der bereits in der Einleitungssequenz des Interviews deutlich wird, zwischen Selbständigkeit und Abhängigkeit. Während sie selbständig war, hat sie das dörfliche Gerede nicht interessiert und sie hatte auch zu wenig Kontakt. Nun dagegen, da sie im Sozialhilfebezug ist und zudem im Ort festsitzt, wird das für sie gewichtig. Es wird hier deutlich, daß die Gegenübersetzung der selbständigen Zeit und der Zeit der Abhängigkeit ein wesentliches Motiv für ihr Erleben im Dorf und ihre Sicht des Ablaufes, ist.

Eine für sie lebensgeschichtlich völlig neue Erfahrung sind Abhängigkeit und Angewiesensein auf Informationen und "Behandlung" durch das dörfliche Sozialamt. Frau B. empört sich heftig darüber, daß sie über elementare Rechte als Hilfeempfänger nicht informiert wurde und viele Beihilfen nicht erhielt, weil sie nicht oder falsch informiert wurde. Erst als sie mit dem Umzug eine andere, freundliche und entgegenkommende Sachbearbeiterin erhält, nimmt sie das ganze Ausmaß des Unrechts wahr. In ihrer gegenwärtigen Situation fühlt sie sich trotz der Abhängigkeit vom Amt insgesamt "selbständiger", autonomer: sie verweist auf ihre gute Nachbarschaft und auch auf die viel bessere Beziehung zu ihrer Sozialamtssachbearbeiterin, die sie als Personen mit eigenen Rechten und Ansprüchen gelten läßt. Unter diesem Gesichtspunkt konvergiert die Zeit im Dorf mit der Zeit in der dörflichen Sozialhilfe.

Frau B. sieht ihren Sozialhilfebezug als nur temporär an. Zwar hat sie beruflich sehr schlechte Karten - dazu sagt sie freilich nichts näheres -, aber sie ist fest entschlossen wieder "selbständig" zu sein, sobald die Kinder dies zulassen.

Interview Nr. 9: Frau C.

Frau C. ist 37 Jahre alt, geschieden, und hat zwei Kinder im Schulalter von 6 und 10 Jahren. Seit drei Jahren lebt sie in einem kleinen Dorf im Hunsrück und bezieht Sozialhilfe. Zuvor hatte sie fünf Jahre lang in einem alternativen Bauernhof mitgearbeitet, den ein Bekannter von seinem Erbe gekauft hatte.

Sie stammt aus dem ländlichen Schwaben. Nach der mittleren Reife hat sie einige Jahre als Postangestellte gearbeitet, bis sie dann diese sichere Tätigkeit aufgegeben hat, um Dinge zu machen, die ihr mehr Spaß machen. Nach verschiedenen Bürotätigkeiten war es die alternative Landwirtschaft. Der Hof, den die fünf Schwaben bewirtschafteten, hatte nach einiger Zeit ökonomische Schwierigkeiten. Die Spannungen in der Gruppe von fünf Erwachsenen nahmen zu und führten zum Bruch. Zum Schluß pochte das Gruppenmitglied, das von seinem Erbe den Hof gekauft hatte, auf seine Eigentumsrechte und wollte den Betrieb mit seiner neuen Lebensgefährtin allein führen. Die anderen verließen den Hof. Frau C., deren Ehe zerbrochen war, will wegen der Kinder, die auf dem Hof aufgewachsen sind, die Gegend nicht verlassen. Sie hatte freilich die Hoffnung, mit der Zeit eine Arbeit zu finden und in dem in der Nähe gelegenen neuen Dorf mit der Zeit heimisch zu werden. Diese Hoffnungen haben sich nicht erfüllt. Sie plant den Umzug in ihre Heimat.

Vor allem unter der Abhängigkeit von der Sozialhilfe leidet Frau C. sehr. Obwohl in ihrem Wohnort niemand weiß, daß sie Sozialhilfe bezieht, sorgt sie sich darum das dies bekannt werden könnte. Schwierigkeiten ihres jüngsten Kindes in der Schule wecken bei ihr große Ängste, daß ihre Kinder und sie auffällig werden könnten ("Asozial"). Obwohl sie vordergründig um die Berechtigung und Unvermeidlichkeit des Sozialhilfebezugs weiß, erlebt sie den Hilfebezug als einen sozialen "Abgrund". Die weitere Furcht, daß dies bekannt werden könnte, verbindet sich mit Schuldgefühlen, die sie als alleinerziehende Mutter gegenüber ihren Kindern hat, denen sie den Vater ersetzen will. Während sie sich auf dem Hof sozial integriert und anerkannt fühlte - viele der dortigen Dorfbewohner kamen, um irgendetwas zu regeln oder Produkte zu kaufen -, obwohl es ein auch augenscheinlich alternatives Projekt war (lange Haare, von außen undurchsichtige Beziehungen zwischen den Kommunenmitgliedern), fühlt sie sich an ihrem jetzigen Wohnort isoliert und glaubt in ihrer jetzigen Situation nicht an die Möglichkeit einer Anerkennung im Dorf. Arbeitslosigkeit und Sozialhilfebezug nimmt sie als einen solchen sozialen Abgrund wahr, daß es in ihrer Perspektive keine Möglichkeit gibt, im Dorf auf Akzeptanz zu hoffen. Deswegen gelten ihr Aktivitäten wie das Bestellen des Gartens und die Pflege des alten Bauernhauses, in dem sie wohnt, nicht als mögliche Strategien, sich dem Dorf als jemand darzustellen, der einen Teil seiner Werte teilt, als Hebel für eine dörfliche Integration und Anerkennung. Dies Möglichkeiten werden gleichsam von ihrem Gefühl der Selbstentwertung überlagert. Ihrer einfachen (für uns Interviewer unauffälligen) Wohnungsausstattung schämt sie sich so sehr, daß sie keinen Nachbarn ins Haus läßt.

Ihre Furcht kreist um zwei Pole: Einmal macht ihr schwer zu schaffen, daß sie keine Arbeit findet und auf Sozialhilfe angewiesen ist, zum anderen sieht sie sich als einzige alleinerziehende Mutter in dem kleinen Dorf in einer Außenseiterrolle. Das Gefühl des Entwertetsein bestimmt ihre Selbstwahrnehmung. Gegenüber dem Sozialamt reagiert sie nach einem Konflikt mit Rückzug, in dem sie auf Ansprüche bei einmaligen Beihilfen anfangs verzichtet und sie später nur noch in reduziertem Umfang postalisch stellt, so daß sie keinen Umgang mit den Sozialamtssachbearbeitern haben muß. Schulbuchanschaffungen für über 300 DM bei der Einschulung des zweiten Kindes übernimmt sie nach einem Konflikt mit Sozialamt und Lehrer sogar selbst, wofür sie sich monatelang einschränken muß. In vielen Situationen steckt sie zurück, informiert sich nicht über ihre Rechte, kämpft nicht ums Zustehende, sondern geht dem Konflikt aus dem Weg, sofern er in Form persönlicher Vorsprache (Gespräch Bittsteller-Amtsrolleninhaber) geführt werden muß. Die Auseinandersetzung mit anderen Personen (sei es beim Amt, sei es in der Schule, sei es im dörflichen Zusammenhang) wird sehr stark von ihrem inneren Erleben bestimmt, den tiefen Schuldgefühlen, so daß ihre Energie gleichsam im inneren Bearbeiten der Situation bereits erschöpft ist. Die Dominanz des inneren schuldbestimmten Erlebens legen ihr Lösungen nahe, anstehende Probleme auf eine Weise weiterzutreiben, in der unmittelbare Konfliktsituationen mit anderen Menschen vermieden werden.

Auf der anderen Seite entwickelt sie auf zentralen Dimensionen der von ihr wahrgenommenen Problemlage Aktivitäten: Sie strebt einen Umzug der Familie zurück in die schwäbische Heimat an, weil sie sich dort bessere Chancen auf eine Halbtagsarbeit ausrechnet und ihre Kinder auch wieder in der Nähe des Vaters wohnen würden, so daß häufigere Kontakte möglich wären. Auch hat sie dort einen großen Freundes- und Bekanntenkreis, so daß sie selber wie auch die Kinder wieder sozial integriert wären. Auf diesen Ausweg durch Wegzug richtet sie alle ihre Hoffnungen.

Wie wir bei einer zufälligen Begegnung etwa ein Jahr später erfahren, hat sie in der Zwischenzeit tatsächlich eine Wohnung in ihrer Heimat gefunden und eine Arbeitsstelle, die ihr erlaubt, aus der Sozialhilfe herauszukommen. Da das Haus, in das sie ziehen wird, nach biologischen Gesichtspunkten gebaut ist, und sie in einem Naturkostladen arbeiten wird, gelingt ihr hier offensichtlich, biographische Entwicklungslinien zu integrieren und fortzusetzen.

Interview Nr. 2: Frau T.

Frau T., 44 Jahre alt und zum zweitenmal verheiratet, hat vor dem Zuzug ins Oberzentrum mit 5 Kindern in einem Winzerdorf gelebt. Jetzt sind drei ihrer

Töchter verheiratet und haben Kinder, die jüngste Tochter (14 Jahre alt) wohnt noch im Haushalt, der 20-jährige Sohn wohnt alleine. Alkoholprobleme ihres ersten Mannes, die folgende Arbeitslosigkeit und sein zunehmend gewalttätiges Verhalten gegenüber ihr (auch sexuell) und den Kindern lassen sie mehrmals ins Frauenhaus ins Oberzentrum flüchten. Etwa 1985 läßt sie sich scheiden, kehrt einige Monate zu ihrem Mann zurück, verläßt ihn bald darauf jedoch endgültig. Nach einigen Monaten Frauenhaus wird ihr von der Sozialverwaltung ein Haus in einem fremden Dorf "zugewiesen", wo sie 4 Jahre mit den Kindern lebt. Auch in dieser Zeit wird sie von ihrem Mann bedroht und flüchtet mit der jüngsten Tochter wieder ins Frauenhaus; die anderen Kinder wohnen zeitweise bei ihrem Mann. Während dieser Zeit lernt sie ihren jetzigen wesentlich jüngeren Mann kennen, mit dem sie zur Zeit des Interviews (1989) zwei Jahre verheiratet ist. Sie wohnen mit der jüngsten Tochter, die noch in die Schule geht, zusammen. Da das Einkommen ihres Mannes nicht ausreicht, erhält sie eine geringe zusätzliche Sozialhilfe; daneben verdient sie in Schwarzarbeit durch eine Putzstelle ca. 600 DM hinzu.

Frau T. zieht mit 5 Kindern nach der Trennung vom alkoholabhängigen Ehemann in ein fremdes Dorf und erlebt diese Zeit zunächst als Tortur. Schnell wird ihr Sozialhilfebezug bekannt ("also warn mir abgestempelt als Assis auf Deutsch gesagt"). Im Dorf wird die Familie zunächst als "Asozial" völlig isoliert. Auch in der Schule haben die Kinder Schwierigkeiten ("dat han mei Kinder in der Schul gespürt") Obwohl dies die stärkste Form der Diskriminierung im Dorf ist ("der letzte Dreck"), wird Frau T. nicht mutlos. Sie wird durch die Diskriminierung eher in ihrem Selbstbehauptungswillen gestärkt. Sie kümmert sich um ihre Rechte beim Sozialamt, sie "trumpft auf" in der Schule ("ich lass mir mei Kinner net verschenne"), sie führt einen ordentlichen Haushalt und erreicht binnen eines Jahres einen Umschwung in der Dorfmeinung. Sie beansprucht für sich, als normaler Bürger akzeptiert zu sein ("wieso bin ich Assi, wenn ich Sozialhilfe kriege? Ich kann trotzdem sauber und anständig sein. Et war ja net meine Schuld"). Eine kämpferische Haltung und Ablenkung der Stigmatisierung auf andere Gruppen kennzeichnen ihre Haltung gegenüber Nachbarschaft und Dorf. Neben den Selbstbehauptungskräften, die aus der Mutterrolle erwachsen, hat sie das Muster, "sauber und ordentlich" zu sein, und dadurch die Gewißheit, sie sei nicht asozial. (Das dörfliche Werturteil, die Asozialen seien die Unordentlichen und Unsauberen, wird geteilt, jedoch abgelenkt auf anonyme Gruppen wie Zigeuner und Ausländer. Man selbst gehört nicht dazu. Diese Struktur gilt auch für die Interviews mit den arbeitslosen Männern Herrn A. (Interview 4) und Herrn G. (Interview 11.) Etwas "zu schaffen" gehört für Frau T. zum

Selbstkonzept, jedoch zieht sie keine deutliche Trennlinie zwischen der Arbeit für Haushalt und Kinder (Reproduktionsarbeit) und der Arbeit für Geld draußen (Lohnarbeit). Die Bedeutung der Arbeit besteht im Gestalten des Lebensraums der Familienmitglieder, der Kinder; auch die Schwarzarbeit wird eher unter der Perspektive eines Zubrots zur kärglichen Sozialhilfe wahrgenommen, hat keine eigenständige Dignität wie bei den Männern. Die Handlungsstrategien, die dann den Umschwung der Dorfmeinung herbeiführen, sind augenfällige und für die Öffentlichkeit des Dorfs sinnlich wahrnehmbare Aktivitäten, mit denen zugleich symbolisch das Muster der Arbeitsamkeit dokumentiert wird: sie näht nachts Kleidung für die Kinder, so daß jene immer "gut angezogen" auf die Straße gehen, sie bringt das verwahrloste Haus in Ordnung, sie verwandelt den Rasen ums Haus in einen fruchtbaren Gemüsegarten, sie hackt Holz vor dem Haus, und schließlich geht sie in den Weinberg stundenweise arbeiten ("Da hann die Leut gemerkt, ich kann schaffen, aber ich bin auch kein Abschaum oder der letzte Dreck"). Ihre Selbstbehauptung bezieht sie letztlich aus dem Vertrauen, daß die Mühsal Früchte tragen werde: in einer Sequenz wird das Fruchtbringen des Gartens mit dem Prozeß des Heranwachsens der Kinder verwoben: vielleicht eine mütterlich-weibliche Form der Identitätskonstitution bzw. Selbstbehauptung. Sie ist stolz darauf, die Kinder alleine großgezogen zu haben. Eine Denunziation wegen der Schwarzarbeit kann sie abbiegen, indem sie mit dem Bauern abspricht, in Naturalien entlohnt worden zu sein.

Analyse: Alleinerziehende Frauen im Sozialhilfebezug

Die Gemeinsamkeit der vorgestellten vier Fälle besteht im Sozialhilfebezug alleinerziehender Frauen, doch lassen sich - auch bedingt durch die berufliche Biographie und die unterschiedliche Lebenssituation aufgrund des Alters der Kinder - zwei Handlungsmuster unterscheiden:

1. Das Streben nach tatsächlicher Autonomie von der Sozialhilfe durch eigene Erwerbsarbeit bei C. und B. (Interview 9 und 13) kennzeichnet zwei der Fälle. Die Frauen waren vor dem familialen Bruch und dem Eintritt der Sozialhilfebedürftigkeit berufstätig, und *dieser biographische Zug* bestimmt ihr gegenwärtiges Selbstverständnis. Ihr Autonomiestreben richtet auf eine Wiederaufnahme der Erwerbstätigkeit. Hierin besteht die einzige Perspektive des Auswegs aus dem Sozialhilfebezug, der als einschränkend und demütigend, wenn auch derzeit unvermeidlich verstanden wird. Die Festlegung auf Reproduktionsarbeit (Hausfrau, Mutter) wird als biographische Phase, als Episode im Lebenslauf verstanden. Die Sozialhilfe wird zwar als legitimes Recht eingeschätzt, grundsätzlich jedoch als Stigmatisierung erlebt, wenn auch

eine moralische Eintönung nur bei Frau C. (Interview 9) vorhanden ist. Beide interviewte Frauen dieses Typus sind in das Dorf, in dem sie leben, zugezogen und können nicht als integriert angesehen werden. Während Frau B. (Interview 13), nach Eintritt der Alleinerziehung mit der problematischen dörflichen Mentalität konfrontiert, resigniert und bald darauf ins Oberzentrum umzieht, hat Frau C. (Interview 9) wegen einer erheblichen Verunsicherung und Infragestellung ihrer personalen Identität durch den Sozialhilfebezug trotz erheblicher Konvergenzen mit dem dörflichen Normen- und Wertsystem subjektiv keine Möglichkeit, die "objektiven" Gemeinsamkeiten als Moment ihrer dörflichen Integration zu benutzen. Sie resigniert erst nach 3 Jahren und zieht dann auch weg.
Bemerkenswert ist, daß offensichtlich hinter der Perspektive nach einer ökonomischen Autonomie kein lebensweltlicher Druck bzw. eine lebensweltlich vermittelte Norm oder Ethik steht. Vielmehr scheinen die Interviewten, die diese Möglichkeit favorisieren, eher aus eigenen lebensbiographischen Motiven zu dieser Entscheidung gedrängt.

2. Das Streben nach größerer finanzieller Autonomie - ohne institutionelle Unabhängigkeit - bei Frauen mit Kindern, deren Alter eine Erwerbstätigkeit auf einige Zeit nicht erlaubt, kennzeichnet den zweiten Subtypus, Frau T. und Frau O. (Interviews 2 und 3). Diese Frauen sind entweder wegen des jungen Alters der Kinder temporär oder wegen ihrer traditionellen Orientierung auf die Rolle als Hausfrau und Mutter verwiesen. Sie sind daher genötigt, sich für eine mittlere Zeitdauer im Sozialhilfebezug einzurichten. Autonomie heißt bei Frau T., die Kinder alleine (ohne Ehemann und z.T. gegen das feindliche Dorf) groß zu ziehen, Bei Frau O. eine sich vom Dorf bewußt absetzende regionale soziale Orientierung. Sozialhilfe wird zwar als stark stigmatisierend erlebt ("Asoziale"), ist aber subjektiv keine *moralische*, sondern "nur" eine psychische und soziale Belastung. Die Notwendigkeit der Kindererziehung ist eine hinreichende Legitimation. Da auf absehbare Zeit ein Verlassen der Sozialhilfe nicht möglich sein wird, ist für beide Frauen ein instrumentelles Verhältnis zur Sozialhilfe charakteristisch. Geringfügige Schwarzarbeiten sind ihnen legitime pragmatische Lösungen angesichts der materiellen Einschränkungen, die die Sozialhilfe auferlegt. Auch ist hier wegen des geringeren schulischen und beruflichen Qualifikationsniveaus eine den Lebensunterhalt unabhängig von Sozialhilfe sichernde Erwerbstätigkeit weniger realistisch. Beide Frauen dieses Subtypus haben in bezug auf einmalige Beihilfe ebenfalls einen pragmatischen, von Tricks und Kniffen im Umgang mit den Sozialamtssachbearbeitern bestimmten Handlungstypus.

Die entwürdigende Abhängigkeit vom Sozialamt führt bei den Alleinerziehenden zu zwei unterschiedlichen Strategien einer relativen Autonomie. Bei der einen Gruppe von Frauen wird die tatsächliche Autonomie vom Sozialamt durch Erwerbstätigkeit angestrebt, bei der anderen Gruppe überwiegt ein instrumentelles Verhältnis zur Sozialhilfe, das Tricks und Schwarzarbeit einschließen kann, um eine finanziell befriedigende Situation und damit eine ausreichende ökonomische - nicht jedoch institutionelle - Autonomie zu erreichen. Vielleicht ist es Zufall, daß das instrumentelle Verhältnis in der Regel dann vorliegt, wenn eine längere Abhängigkeit vom Sozialamt (etwa in folge des jüngeren Alters der Kinder, Frau O. (Interview 3) oder zahlreicher Kinder, Frau T. (Interview 2) absehbar ist. Dies kann aber auch Zufall sein. In beiden Fällen ist es jedenfalls auch so, daß die Infragestellung der persönlichen Identität durch die Alimentierung im Sozialhilfebezug nicht der Fall ist, oder besser gesagt, daß die Alleinerziehung als hinreichende Legitimation für die Alimentierung gilt. Vor diesem Hintergrund kann mit der finanziellen Notlage, der als Demütigung verstandenen Abhängigkeit vom einzelnen Sachbearbeiter offensichtlich pragmatisch und instrumentell umgegangen werden. Das Ergebnis dieser Handlungsstrategien vergrößert den individuellen und familialen Handlungsspielraum, zunächst finanziell. In diesen Fällen ist moralisch der Sozialhilfebezug kein individueller oder sozialer Stachel.

Möglicherweise ist der Übergang zwischen beiden Teilgruppen fließend. Zwar sind diejenigen, die stärker auf die Mutterrolle setzen, die weniger Qualifizierten und sie haben in der Regel die jüngeren Kinder, während jene, die die Alleinerziehung als Phase im Lebenslauf ansehen und die Sozialhilfe als temporär werten möchten, die schulisch Qualifizierten sind und wegen des Schulalters der Kinder auch bessere Realisierungschancen für eine Erwerbstätigkeit haben. Jedoch mag sich im Lebenslauf die Einstellung der Befragten dann ändern, wenn über das zunehmende Alter der Kinder sie selber in die Phase kommen, wo zumindest eine Teilzeit-Erwerbstätigkeit (halbtags o.ä.) möglich wird.

Das Problem der sozialen Integration bzw. des Bezugs zur lebensweltlichen Einbindung stellt sich bei diesen Frauen durchweg als recht kompliziert dar im Vergleich etwa zu den arbeitslosen Männern. Keine der Frauen ist in dem Ort gebürtig oder hat in dem Ort die Ehe gelebt, in dem sie dann alleinerziehend wird. Frau B. (Interview 13) wird erst in der Zeit der Trennung/-Scheidung und des Sozialhilfebezugs überhaupt näher mit dem Dorf und seiner Mentalität konfrontiert - sie hatte vorher wenige Kontakt dazu - und diese Erfahrung trägt zu ihrem Entschluß bei, das Dorf zu verlassen. Frau C. (Interview 9) hat sich zwar eine Integration in ihrem jetzigen Wohnort gewünscht, ist jedoch wegen innerer Ambivalenzen und Schuldgefühlen in Bezug auf den Sozialhilfeempfang nicht in der Lage, objektive Gemeinsamkeiten mit den Dorfbewohnern als Hebel der Integration zu benutzen. Frau T. (Interview 2) kämpft um "Integration"; sie besteht darauf, daß sie kein "Assi" sei, und daß sie sauber und ordentlich sei, d.h. die dörflichen Normen und Werte teile und dazu gehöre. Dieses erreicht sie auch durch die tatsächliche bzw. symbolische Dokumentation von Sauberkeit, Ordnung und Arbeitsamkeit. Gleichwohl ist das Ergebnis *Anerkennung* als alleinerziehende Hilfeempfängerin und *Einbeziehung* in die üblichen Umgangsformen (Gespräche, Nachbarschaftshilfe, Kinderspiele usw.) nicht mit Integration zu verwechseln.

Vermutlich hat generell dörfliche Integration einen geschlechtsspezifischen Aspekt. Während für die Männer die Teilhabe am dörflichen Vereinsleben und an der männlichen Dorföffentlichkeit (Ämter, Funktionen) bedeutsam ist, bleiben die Frauen auf die verwandtschaftlichen Beziehungen und die weibliche Öffentlichkeit - einschließlich Selbsthilfe - verwiesen, so daß für Frauen dörfliche Integration wohl allgemein eine andere Bedeutung annimmt - kaum Mitarbeit in den dörflichen Vereinen usw. - . Den Zugezogenen fehlt vor allem die verwandtschaftliche Einbindung, vor allem als alleinerziehende Frauen.

Die Strategien zur Sicherung bzw. Erreichung sozialer Anerkennung im Dorf sind bei Frau T. und den oben dargestellten dörflich eingebunden Arbeitslosen strukturell homolog. In beiden Fällen ist die Arbeit und zwar die der Dorföffentlichkeit sichtbar geleistete, augenscheinliche, das entscheidende Mittel der Abgrenzung von "denen die nicht mehr wollen" und der Symbolisierung von Arbeitsamkeit, damit die Voraussetzung für Integration schlechthin. Beide sind sich darüber im klaren, daß Sozialhilfeempfang wie auch lang anhaltende Arbeitslosigkeit zur sozialen Ausschließung im Dorf führen können. Die Ausgangslage ist jedoch insofern unterschiedlich als Frau T., die mit den Problemen bereits belastet Zugezogene, eine von vornherein schwierigere Position hatte als Herr A. A. scheint die Hilfe beim Hausbau und die (öffentliche) Suche nach Arbeit strategisch bewußter eingesetzt zu haben als Frau T., bei der die materielle Sicherung der Familie der entscheidende Anlaß für ihre Tätigkeit im Garten gewesen ist. Die Wirkungen bleiben sich jedoch gleich.

Die dörfliche Stigmatisierung bedeutet für Frau T. (Interview 2) anders als für A. (Interview 4) keine Bedrohung ihrer *inneren* Identität. Sie hat im Verlauf der Krise ihren Rollenhaushalt erweitert und ihr Selbstbild um entscheidende Selbstdefinitionsmöglichkeiten bereichert, ja sie erfüllt die (männliche) Rolle besser als mancher Mann.

2.5 Die Gruppe der älteren Frauen mit Biographie im traditionalen Sektor

Interview Nr. 7: Frau Z.

Frau Z. ist 59 Jahre alt und lebt mit ihrem 2 Jahre jüngeren Bruder (geistig behindert) in einem Dorf im Hunsrück im elterlichen Haus, einem ehemaligen Bauernhof, von dem freilich nur noch das Kerngebäude steht, daβ das verfallenste ist, das uns bis dahin in der Feldarbeit begegnete. Die ehemaligen landwirtschaftlichen Nebengebäude und auch die Nachbargebäude sind inzwischen abgerissen, so daβ das windschiefe und verwitterte Haus alleine steht. Das obere Stockwerk ist bereits eingestürzt, so daβ die beiden Geschwister sich auf dem Unteren behelfen müssen. Als beide Brüder nicht aus dem Krieg zurückkamen, haben die Geschwister - im Gegensatz zu einer älteren Schwester, die heiratete und den Hof verlieβ - deren Stelle eingenommen. Für Frau Z. war dies eine schmerzliche Entscheidung. Der Hof war klein und hatte auf Dauer keine Zukunft. Frau Z. hat den schwerkranken Vater nach einem Schlaganfall jahrelang gepflegt. Die Mutter starb bald nach ihm. Der Hof ist 1974 zwangsversteigert worden, die Geschwister haben zwar danach noch etwas Landwirtschaft betrieben, diese 1976 aber endgültig aufgeben müssen. Seitdem beziehen sie Sozialhilfe. Sie sind seitdem so krank, daβ eine Arbeit auβerhalb der Landwirtschaft (obwohl sie damals im besten Alter waren -41 und 43 Jahre-) nicht möglich war.

Die Familie bewirtschaftete einen Hof von etwa 8 Hektar und hatte Mischwirtschaft. Der Niedergang des Hofes fällt in die Zeit der ernötigten Übernahme durch Frau Z., als der Vater krank wird. Schicksalsschläge wie das Verenden einiger Rinder, der Abbruch des Nachbarhauses, der sie zum Aufbau eines Giebels auf eigene Kosten nötigte, die Schulden für den Traktor werden von Frau Z. als Ursache für die Zwangsversteigerung und das Ende des Hofes angeführt. Sie beharrt auf der Perspektive, daβ singuläre Ereignisse, "Pech und Schicksal" den Ruin herbeigeführt hätten auch gegenüber dem entlastenden Hinweis des Interviewers auf die unzureichende Betriebsgröβe. Dieses Thema setzt sich im Interview fort in Geschichten von Betrügereien, die sich um den Verlust von gepachteten Feldern, den Verlust des Wohnrechts für das elterliche Haus und eine anstehende Kündigung durch den Vermieter drehen. Eine Geschichte der Opfer. Der Sozialhilfebezug ist das zentrale Problem. Er wird von Frau Z. nicht nur als persönliche, sondern ebenso als familiale und soziale Katastrophe erlebt. Der Niedergang des Hofes bedeutet das Ende der bäuerlichen Generationenfolge dieser Familie, auf die sich offenbar trotzig (da die Hoferben im Krieg blieben) alle Hoffnung der Eltern und der Geschwister richtete. Dieses einschneidende, traumatische Ereignis bestimmt seitdem Selbstwahrnehmung und Perspektive der Geschwister: sie haben gleichsam aufgehört zu leben; seit dem Ende des Hofes ist nichts Wichtiges passiert; im Traum erscheinen ihnen Eltern und Brüder. Kennzeichnend für Frau Z. scheint ein unterschwellig hartes und starres Deutungsmuster in bezug auf die Sozialhilfe. Wer Sozialhilfe bekommt, ist ein Faulenzer und Schmarotzer, der sozial nichts gilt. Daß es keine Arbeit gibt, ist der bäuerlichen Erfahrung fremd. Frau Z. hätte es sich nicht träumen lassen, daß sie, die so hart über Sozialhilfe dachte, selber einmal in diese Situation geraten könnte. Nun aber ist sie (und die Familie) "so tief gesunken", und "konnte nicht dafür".

Durch das Interview zieht sich ein Zug der sozialen Isolierung. Frau Z. verschließt sich den Möglichkeiten, auf die sich wandelnden dörflichen Verhältnisse und die sich wandelnden Erfahrungen der Menschen einzugehen. Der Kontakt zu der Schwester ist spärlich (sie wohnt im Oberzentrum), die den Hof verlassen hat. Andere Lebenswege und Orientierungen dringen zu den Geschwistern nicht vor. Die mit einem Beamten verheiratete Schwester hat inzwischen Enkel, aber durch die seltenen familialen Kontakte bietet der generationelle Wechsel keinen Anlaß zu Neuorientierungen. Die fehlende Auseinandersetzung und fehlende Lernprozesse darüber, daß sich die Gebräuche auch im Dorf geändert haben (z.B. was die Vertragschließung per Absprache und Handschlag angeht) kennzeichnen das Gespräch.

Die Geschwister haben sich im Lauf der letzten 16 Jahre, seitdem sie Sozialhilfe erhalten, von fast allen sozialen Kontakten zurückgezogen. Sie leiden zwar sehr unter der Isolation, doch erscheint diese zu einem guten Teil selbstgewählt. Da Hilfeempfänger die extremste gesellschaftliche Außenseiterposition einnehmen, erscheint ihnen ihre Bezugslosigkeit im Dorf folgerichtig.

Die Möglichkeit einer Alternative zur bäuerlichen Arbeit, eines biographischen Neubeginns, hat sich für beide nicht gestellt, weil sich parallel zur Hofaufgabe psychosomatische Krankheiten einstellten. Die Krankheiten sehen sie selbst als Reaktion auf die "Wegnahme" der bäuerlichen Existenzgrundlage. Der Sozialhilfebezug grenzt die Geschwister aus dem Teil der Menschheit aus, der im Dorf etwas gilt und mit dem man redet. In ihrer Perspektive hat es keine Alternative zur bäuerlichen Arbeit gegeben, obwohl sie zu jener Zeit mit Anfang 40 noch beide in den besten Jahren standen. Der Verlust des Hofes wurde von den Geschwistern als so großer sozialer Abstieg wahrgenommen, daß sie mit einer sozialen Starrheit reagiert haben, die gleichsam einer Verweigerung weiteren Lebens gleichkam. Das Muster, daß Sozialhilfeempfänger Faulenzer seien, trifft Frau Z. selbst. Zwar ist auf den ersten Blick die Krankheit der einzige Ausweg für Frau Z., der ihr erlaubt, die Widersprüche und Ambivalenzen ihrer Biographie und Lebens auszutragen.

Andererseits entlastet die Krankheit im Grunde nicht, denn es wird deutlich, daß das Deutungsmuster der Faulenzer so unerbittlich ist, daß im Grunde Frau Z. diese ihre eigene Legitimation auf einer anderen Ebene nicht glaubt. Jemand, der so tief gesunken ist, darf für sich keinen Funken Freude am Leben beanspruchen.

Interview Nr. 15: Frau D.

Die 75-jährige Witwe Frau D. lebt mietfrei im Haus ihres Sohnes, der selbst gerade erwachsen werdende Kinder hat. Eine weitere verheiratete Tochter wohnt in einem benachbarten Dorf. Das Ehepaar hatte zu Lebzeiten des Mannes das Anwesen dem Sohn überschrieben und dabei ein lebenslanges Wohnrecht behalten. Ihr Mann war ein kleiner dörflicher Handwerker, dessen Betrieb nicht mehr existiert. Schon seine Altersrente war unzureichend, jedoch hatte er es stets abgelehnt, ergänzende Sozialhilfe zu beanspruchen. Ihre Witwenrente war dann jedoch zu niedrig. Frau D. hat neben der Rente eine Kindererziehungsleistung und eine geringe Sozialhilfe.

Frau D. stammt aus einer bäuerlichen Familie und hat den Großteil ihres Lebens in einer von traditionalen Prinzipien bestimmten Lebens- und Wirtschaftsform verbracht. Ihr Ehemann betrieb ein kleines Sägewerk, das zuletzt kaum noch wirtschaftlich lief und vom Sohn auch nicht als Betrieb, sondern nur als Lager übernommen wurde. Das nicht nach Profitgesichtspunkten bewirtschaftete Werk hatte schon ihrem Mann eine unzureichende Rente beschert (er hatte es jedoch zu seinen Lebzeiten abgelehnt, Sozialhilfe zu beanspruchen); erst die dann völlig unzureichende Witwenrente hat Frau D. genötigt, Sozialhilfe anzunehmen. Die in ihrem Leben durchgängigen Züge der Arbeitsamkeit und der Genügsamkeit spielen auch heute, an ihrem Lebensabend in bezug auf die Sozialhilfe eine wichtige Rolle; der biographische Asketismus macht es ihr leichter, die Hilfe zu nehmen. Sie kontrastiert sich selbst anhand einer Bekannten mit dem Gegenbild der fidelen Alten. Dies lehnt sie vehement ab. Die Ablehnung von Hedonismus bezieht sich jedoch ausschließlich auf die konsumistische Variante; Frau D. hat andere, bescheidenere Genüsse, die mit ihrer Lebensgeschichte zu tun haben.

Eine sozusagen legitime, berechtigte in Anspruchnahme von Sozialhilfe gibt es für Frau D. nicht ("Arm sein ist eine Schande"). Sozialhilfe ist für sie in jedem Fall etwas, dessen man sich schämen muß. Was in diesem Zusammenhang für Frau D. eine entscheidende Rolle spielt, ist dagegen die Höhe der Sozialhilfe gegenüber dem Anteil des sozusagen selbstverdienten Einkommens: nämlich der Witwenrente und der Kindererziehungsleistung, die beide zusammen einen höheren Betrag ausmachen, als sie an Sozialhilfe bezieht. Frau D.s Umgang mit der Sozialhilfe ist deswegen dadurch bestimmt, daß sie den Anteil des nicht selbstverdienten Transfers möglichst gering halten will. Auf die in Inanspruchnahme von Beihilfen (zur Bekleidung oder zur Haushaltsausstattung) verzichtet sie daher generell und spart sich das dafür benötigte Geld eher vom Mund ab bzw. - wo möglich - stellt das Gebrauchte selber her (Nähen, Stricken, Gartenbestellung usw.).

Weil Sozialhilfe etwas ist, das in der Regel nur Menschen in Anspruch nehmen, die nicht arbeiten wollen, ist für Frau D. der sorgsame und sparsame Umgang mit dem ihr vom Sozialamt zur Verfügung gestellten Geld bedeutsam. Durch ein bescheidenes und genügsames Leben will sie gleichsam zeigen, daß sie nicht zu den Sozialhilfeempfängern gehört, die Sozialhilfe als Ersatz für Arbeit nehmen. Sie hat die Vorstellung der Hilfe als eines großen Topfes, und sie will das, was sie selbst entnimmt, möglichst klein halten. Diese Vorstellung erscheint noch stark an der alten bäuerlichen Sitte verhaftet, die Bedürftigen aus einem gemeindlichen Fond zu versorgen, an dem alle Bauern teilhatten. Der Topf ist begrenzt, was entnommen wird, unwiederbringlich verloren. Die Haltung, es sich gut gehen lassen zu wollen, und das Leben zu genießen, ist in Frau D.s Perspektive mit dem Bezug von Sozialhilfe nicht vereinbar. Wer so lebt, erweist sich als der Sozialhilfe unwürdig.

Als Frau war für Witwe D. ein arbeitsames Leben mit den Arbeiten der Haushaltsbesorgung, der Tiereversorgung und der Kinderbetreuung selbstverständlich. Freilich liegt ihr der Gedanke fern, daraus einen Anspruch auf gesellschaftliche Transfers abzuleiten, wohl, weil sie die Frauenarbeit ganz traditional wertet. Diese Arbeiten haben für sie noch heute eine wichtige identitätsstiftende und -erhaltende Funktion: dies bezieht sich einerseits auf die Hausarbeit, wo sie sehr viel für ihre Verwandten (Tochter, Enkelkinder usw.) näht, strickt und stopft, und andererseits auf den Garten, der für sie zur Sphäre der Autonomie wird. Der Garten bedeutet für sie deswegen ein Stück Selbstverwirklichung, weil sie in ihm ihr altes, in ihrer Lebensgeschichte erworbenes Verhältnis der Pfleglichkeit und Sorgsamkeit gegenüber der Natur ausüben kann, das die jüngere Generation nicht mehr kennt. Die Arbeit im Garten bedeutet für Frau D. mithin ein Stück trotzige Selbstbehauptung gegenüber den veränderten Zeiten, in denen die Werte nichts mehr gelten, mit denen sie groß geworden ist, und die sie noch immer teilt. Dies wird für sie umso wichtiger, als sich ihr die erwachsen werdenden Enkel mehr und mehr entziehen. Sie konstatiert eine wachsende Verständnislosigkeit und Sprachlosigkeit zwischen den Generationen, und zwar wechselseitig. Weder versteht sie, was jetzt die Jugendlichen bewegt und antreibt, noch sieht sie das als der jungen Generation nachvollziehbar an, was ihr immer wichtig war und auch jetzt noch wichtig ist.

Frau D.s Alltag hat mit ihrem Hilfebezug nichts zu tun: da niemand weiß, daß sie Sozialhilfe erhält, hat sie - für ihr Alter- normale Kontakte, Freunde, Bekannte und Nachbarn.

Seit Frau D. die Kinderziehungsleistung zusätzlich zur Sozialhilfe erhält, hat sie finanziell halbwegs ein Auskommen und ist mit ihrer Lebenssituation insgesamt zufrieden.

Analyse: die Gruppe der älteren Frauen mit traditionalem Hintergrund
Die Verarbeitung des Sozialhilfebezugs der beiden Frauen vollzieht sich vor dem Hintergrund einer noch von der *Erfahrung bäuerlicher Lebensformen* geprägten Biographie. Obwohl diese bäuerliche Lebensform in beiden Fällen im dörflichen Umfeld keine Bedeutung mehr hat, bleibt sie als lebensgeschichtlich-biographisch prägendes Muster virulent. Die Fremdalimentierung durch Sozialhilfe (der im Unterschied zur Rente kein Äquivalent an Arbeit entspricht) wird als Schande wahrgenommen. Sozialhilfebezug hat auch dann die Konnotation von Faulenzerei und von Leben auf Kosten der Gemeinschaft, wenn die Betroffene gar nicht mehr im Erwerbsalter steht. Während Frau D. (Interview 15) mit 75 Jahren weit im Rentenalter jedoch ihren Sozialhilfebezug selbst gegenüber ihren engsten Freundinnen und Freunden und erst recht gegenüber der Dorföffentlichkeit verschweigen kann und nur subjektiv darunter leidet, kann das Geschwisterpaar Z. (Interview 7), das im Alter von Anfang 40 in die Sozialhilfeabhängigkeit gerät, seinen Sozialhilfebezug nicht verbergen, da das Schicksal der Familie und des Hofes jedermann im Dorf vor Augen steht. Die Geschwister Z. (Interview 7) haben auch nicht die nötige Flexibilität, um zu einer nicht bäuerlichen Erwerbstätigkeit zu wechseln. In der Wahrnehmung der Geschwister Z. fällt das Versagen als Hoferbe und die Schuld an dem Ende des Hofes in der bäuerlichen Generationenfolge zusammen mit der Schande des Bezugs von Sozialhilfe. Das individuelle Schicksal ist untrennbar mit dem der Familie und des Hofes verknüpft, so daß das individuelle Versagen sowohl vor der phantasierten Familie (die Eltern sind längst tot) wie vor der Dorföffentlichkeit unentschuldbar erscheint (zu ähnlichen Mustern familialer Psychose in Bauernfamilien vor Modernisierungsanforderungen vgl. Hildenbrand 1984, 1988, 1992; zu weiteren Formen ländlicher *Modernisierungsverlierer* vgl. Bieback-Diel u.a. 1993; Allert u.a. 1994). Demgegenüber ist bei Frau D. (Interview 15) der Sozialhilfebezug nicht mit dem Topos eines Verschuldens verbunden, was jedoch im Erleben des Sozialhilfebezugs als Schande keinen Unterschied macht.

Arbeit ist in beiden Interviews nicht als Erwerbsarbeit konstituiert, sondern als bäuerliche bzw. agrarisch-reproduktive Arbeit. Jedoch ist bei den Geschwistern Z. (Interview 7) die bäuerliche Arbeit noch zusätzlich mit der Anforderung verknüpft, den von der Familie seit Generationen gehaltenen und weiter gegebenen Hof zu erhalten. Das Scheitern an der jeder Generation aufgegebenen Aufgabe, die Lebensgrundlage für alle folgenden Generationen zu erhalten, muß daher als familiale Katastrophe empfunden werden. Hier scheint es, daß die Geschwister Z. die Perspektive des Hofeigentümers oder des Hoferben einnehmen. Demgegenüber hat Frau D. (Interview 15), obwohl sie auch teilweise agrarische Arbeit tut (Tiere, Garten), eher eine geschlechtsspezifisch weibliche Perspektive - das Schicksal des Sägewerks ist eher Sache ihres Mannes, sie fühlt sich davon erst tangiert, als sie die niedrige Witwenrente erhält -, während die Geschwister Z. eher eine "männliche" Perspektive in dieser Frage einnehmen.

Daß Sozialhilfebezug gleichbedeutend mit einem biographischen Scheitern, der Entwertung des vorherigen Arbeitslebens wird, gilt nur für die Geschwister Z., nicht dagegen für Frau D. (Interview 15). In Interview 7 wird der Untergang des Hofes der entscheidende Punkt für die Perspektive eines biographischen Scheiterns. Für Frau D. wird das Angewiesensein auf Sozialhilfe nicht mit einer expliziten biographischen Ursache (im Sinne eines Verschuldens) in Verbindung gebracht, sondern gilt als solches für problematisch. Der Unterschied der beiden Interviews kann auch in einer geglückten vs. einer mißlungenen Anpassung an veränderte gesellschaftliche Verhältnisse im ländlichen Raum gesehen werden: Bei Frau D. wird der Betrieb letztlich aus Altersgründen eingestellt, auch wenn er zuvor nicht gut gegangen sein dürfte. Der Sohn hat frühzeitig einen anderen Beruf erlernt. Den Geschwistern Z. mißlingt die Modernisierung des Hofs und nötigt zur Aufgabe des Hofes.

Das vorliegende Material läßt die Einschätzung nicht zu, ob vor dem bäuerlichen Hintergrund dieses Deutungsmusters moderne Problemlagen (wie z.B. Alleinerziehung, Arbeitslosigkeit, Warteschleifen) nicht sehr unerbittlich eingeschätzt werden.

Bei diesem Typus ist der Zusammenhang mit der dörflichen Lebenswelt und die Lebensweltеinbindung insgesamt recht stark. Die teils vermutete, teils reale Ächtung führt die Geschwister Z. zu deren allmählichen Rückzug aus aller nachbarschaftlicher und freundschaftlicher Kommunikation. Für Frau D. läßt sich sagen, daß sie in normaler Weise (für ihr Alter) integriert ist, daß ihr Sozialhilfebezug nicht thematisiert wird. Sie selbst hat niemandem - auch ihren engsten Freunden nicht - ihre Einkommenssituation dargelegt und weiß auch von anderen nichts. Dies Thema wird in der dörflichen Kommunikation ausgegrenzt. In den beiden Interviews ist mithin der Bezug zur dörflichen Lebenswelt ganz unterschiedlich einzuschätzen.

Grundsätzlich erscheint bei dieser extremen Ausprägungsform des Deutungsmusters Arbeitsamkeit eine Integrationsmöglichkeit von Seiten des Dorfes kaum gegeben. Wenn Sozialhilfebezug in einer unbedingten Weise mit Faulenzerei synonym gesetzt wird, kann es zumindest bei Menschen im Erwerbsalter eigentlich keine Ausnahme geben. Arbeit existiert in der bäuerlichen Lebensform immer. Dies impliziert gegenüber den übrigen Typen eine gesteigerte Rigidität des Deutungsmusters. Bei den Geschwistern Z. (Interview 7) sind die fatalen Folgen auch deutlich erkennbar.

3. Problembewältigung in der ländlichen Lebenswelt

Die folgenden Bemerkungen heben einige übergreifende Strukturen in der Analyse der qualitativen Interviews hervor, die erst in der Zusammenschau und der vergleichenden Interpretation aller Texte aufzufinden waren. Die hier dargestellten Analysen wurden aus der dynamischen und vergleichenden Rekonstruktion übergreifender Strukturen in der materialen Interpretation der Interviews entwickelt, nicht aus theoretischen Kontexten; dies stellt die methodologische Besonderheit dar.

Alle Interviews zeigen, daß Sozialhilfebezug und/oder länger andauernde Arbeitslosigkeit für unsere Interviewpartner ein erhebliches individuelles und soziales Problem darstellen. Im Kern ist es die verlorene oder bedrohte Autonomie der Lebensgestaltung und Lebensführung, die das Wesen der Belastung ausmacht. Für die Männer ist dabei die Autonomie durch (Lohn-)Arbeit stärker mit dem Selbstkonzept verbunden (vgl. Eggert 1988, 1991), bei den alleinerziehenden Frauen gilt dies nur für die Teilgruppe, die vor der Alleinerziehung berufstätig war. Für die längere Zeit wegen der Kindererziehung auf Sozialhilfe angewiesenen Frauen steht die erniedrigende Abhängigkeit von der Sozialverwaltung bzw. dort identifizierbaren Entscheidungsträgern - vor allem durch die notwendigen Beihilfen - im Vordergrund. Für die Frauen mit bäuerlichem Hintergrund steht das Gefühl von Scham und Schande im Zentrum, nun nicht für sich selbst sorgen zu können. Bei allen individuellen Verschiedenheiten und Abstufungen bedeuten Arbeitslos-Sein und Sozialhilfeabhängig-Sein besondere und zu den materiellen Einschränkungen hinzukommende psychosoziale Belastungen, die die Individuen auf recht unterschiedliche Weise bearbeiten und die nach Geschlecht, sozialer Einbindung und Handlungsmöglichkeiten differieren.

In unterschiedlichen Formen stellen Sozialhilfebezug oder Arbeitslosigkeit neben der Gefährdung personaler Identität (vgl. auch Eggert 1991) auch eine Bedrohung sozialer/lebensweltlicher Integration (oder abgeschwächt der Akzeptenz) dar. Durch Arbeitslosigkeit oder/und Sozialhilfebezug gerät mit der Infragestellung von *Arbeitsamkeit* ein zentrales Prinzip persönlicher

Identität und gesellschaftlicher Kohäsion in Gefahr. Die Teilhabe an zentralen Vergesellschaftungsprinzipien steht auf dem Spiel. Mit diesen Problemlagen sind mithin auf seiten der Individuen tiefgreifende Identitätsbedrohungen auf persönlicher und sozialer Ebene verbunden.

Die hier dargestellten Problemlagen werden auf drei Ebenen einer Analyse unterzogen. Auf der ersten Betrachtungsebene (Kap. V. 2) wurde die individuelle Struktur des Falles in den Mittelpunkt gerückt. Über die Darstellung der Interviews hinaus sind hier nur noch in allgemeinerer Form Kommentare zu geben.

Auf der zweiten Ebene wird von einer allgemeinen Bestimmung des Begriffs Problemlage ausgehend zwischen Sozialhilfebezug und Arbeitslosigkeit differenziert. Diese Polarität weist eine geschlechtsspezifische Prägung auf. Diese Ebene ist bei der Gliederung der Interviewdarstellung zum Teil vorweggenommen worden. Im folgenden wird daher der Zusammenhang von Problemlage und lebensweltlichen Handlungsspektren in allgemeinerer Weise (nicht auf einzelne Typen bezogen) thematisiert.

Auf der dritten Ebene wird die formative Bedeutung der Lebenswelt (bzw. des ländlichen Milieus) thematisiert. Grad und Art der lebensweltlichen Einbindung oder Distanz und die damit einhergehende Verbindlichkeit und Intensität lebensweltlicher Deutungen entscheiden mit darüber, wie sich Problemlagen in unterschiedlichen Konfigurationen darstellen, wie sie wahrgenommen werden und welche Handlungsmöglichkeiten vorgegeben sind oder auch nicht, so daß die einzelnen zur Innovation gleichsam genötigt sind.

Da die ländliche Lebenswelt nicht monolithisch verstanden werden darf, sondern in sich in differente Teilstrukturen und Teilöffentlichkeiten gegliedert ist, wird diese Ebene kompliziert. Es stellen sich zentrale Fragen: Lassen sich lebensweltliche Handlungsmustersets finden, die in Bezug auf bestimmte Problemlagen oder auf biographische Phasen eine Typik aufweisen? Führt die Differenzierung der dörflichen Lebenswelt zu einem wachsenden Verlust an Bindungs- und Integrationsfähigkeit des dörflichen Gemeinwesens? Welche Wahl haben die Individuen, Alternativen außerhalb der dörflichen Lebenswelt zu suchen und zu finden, wenn angemessene Problemlösungsstrukturen nicht bereitstehen bzw. die Handlungsspielräume obsolet geworden sind, so daß sie mit den individuellen Problemen und Handlungshorizonten nicht mehr in Übereinstimmung zu bringen sind?

3.1 Das Deutungsmuster Arbeitsamkeit

Zum Begriff des Deutungsmusters

Soziale Deutungsmuster bedeuten das "emsemble von sozial kommunizierbaren Interpretationen der physikalischen und sozialen Umwelt" (Oevermann 1973, 4). Soziale Normen und Wertorientierungen sind als zugleich kollektive Deutungen Elemente von sozialen Deutungsmustern. Nach Habermas ist die Lebenswelt dem Individuum bei Abwesenheit eines konkreten Handlungsproblems nur latent präsent. Erst wenn ein Sachverhalt wie z. B. Arbeitslosigkeit zum "situationsrelevanten Ausschnitt der Lebenswelt" wird, kann dieser tatsächlich "gewußt und problematisiert werden. Bevor er Situationsrelevanz verlangt, ist derselbe Umstand nur im Modus einer lebensweltlichen Selbstverständlichkeit gegeben, mit der der Betroffene intuitiv vertraut ist, ohne mit der Möglichkeit einer Problematisierung zu rechnen. Er wird nicht einmal im strikten Sinne 'gewußt', wenn Wissen dadurch charakterisiert ist, daß es begründet und bestritten werden kann. ... Aus der situationszugewandten Perspektive erscheint die Lebenswelt als ein Reservoir von Selbstverständlichkeiten oder unerschütterten Überzeugungen, welche die Kommunikationsteilnehmer für kooperative Deutungsprozesse benutzen. Einzelne Elemente, bestimmte *Selbstverständlichkeiten* werden aber erst *in der Form eines konsentierten und zugleich problematisierbaren Wissens* mobilisiert, wenn sie *für eine Situation relevant* werden." (Habermas 1981, Bd. 2, 189; H. i. O.). Bei Habermas "können wir uns Lebenswelt durch einen kulturell überlieferten und sprachlich organisierten Vorrat an Deutungsmustern repräsentiert denken" (1981, Bd. 2, 189).

Zum Status des Deutungsmusters Arbeitsamkeit

Das vorgefundene Deutungsmuster der *Arbeitsamkeit* läßt sich zunächst als universell gültiges gesellschaftliches Deutungsmuster betrachten. Dieser Deutungsmusterbegriff weist eine große Nähe zu der von Weber (1973) formulierten protestantischen Ethik auf; es ist dort als kollektives Deutungsmuster von universeller Geltung ein Strukturprinzip neuzeitlicher Gesellschaft.

In Anlehnung an Max Weber läßt sich das Deutungsmuster der Arbeitsamkeit als eine allgemeine gesellschaftliche Struktur betrachten, die über die Lebenswelt vermittelt an die Individuen (als Innenanforderung ebenso wie als Außenanforderung) herangetragen wird (sie dürfte sozialisatorisch erworben werden). Das allgemeine Deutungsmuster der Arbeitsamkeit ist die generative Struktur der normativen und ethischen Anforderungen des einzelnen an sich selbst wie des Gemeinwesens.

Das Deutungsmuster ist eine hinter Überzeugungen und Verhalten liegende generative Struktur, die allgemeingesellschaftliche und lebensweltübergreifende Gültigkeit besitzt. Bei den Problemlagen Arbeitslosigkeit und Sozialhilfebezug läßt es sich als Gebot der Arbeitsamkeit beschreiben, das seinen sprachlichen Ausdruck in dem in vielen Interviews explizit oder implizit vorkommenden Satz "Wer Arbeit sucht, findet auch welche" hat. Es besitzt

Geltung sowohl für die von Sozialhilfebezug oder Arbeitslosigkeit betroffenen einzelnen wie für deren soziales Umfeld. Es prägt die Selbstwahrnehmung als Innenanforderung und strukturiert die Fremdwahrnehmung als Außenanforderung. Das übergreifende Muster der Arbeitsamkeit tritt auf der individuellen Ebene als Anspruch an die eigene Person und die eigenen Handlungen und auf der sozialen Ebene als von außen an den einzelnen gerichtete Erwartung und Handlungsanforderung auf. Bei den Problemlagen Sozialhilfebezug und Arbeitslosigkeit muß die Übereinstimmmung mit bzw. die Entsprechung des allgemeinen Gebots vor dem eigenen Ich (bzw. Selbst) und dem sozialen Umfeld aktuell neu bewiesen werden. Je nach Problemlage, Persönlichkeit und lebensweltlichen Rahmenbebedingungen gestalten sich die Handlungsmöglichkeiten in Bezug auf die Erbringung dieses Beweises unterschiedlich.

Alle Interviews kreisen - implizit oder explizit - um die Infragestellung persönlicher Identitäts(strukturen) und sozialer Akzeptanz durch den mit gesellschaftlicher Alimentierung verbundenen Verlust bzw. die Einschränkung (materieller) Autonomie. Arbeitsamkeit ließ sich im Verlauf des fallübergreifenden Vergleichs der Interviews als der gemeinsame Kernbegriff aller Interviews bestimmen, als der Fokus von persönlicher Integrität und sozialer Integration. Arbeitsamkeit tritt so als Gemeinsames, als verbindendes Muster hervor, das den Hintergrund der Interviews darstellt und die Deutungen und Handlungen der einzelnen strukturiert. Arbeitsamkeit ist die übergreifende Anforderung, womit sich der einzelne auseinandersetzen muß und für die er eine spezifische Lösungsform finden muß, die zugleich sozial akzeptabel ist. In allgemeiner Form lassen sich die Einlösungsformen als Erwerbsarbeit und als Reproduktionsarbeit beschreiben. Für die Frauen kann Reproduktionsarbeit sowohl eine temporäre wie eine dauerhafte Lösungsform darstellen. Für die Männer stellt die Reproduktionsarbeit ausschließlich eine temporäre biographische Phase dar.

Die doppelte Polarität der Arbeitsamkeit

Die in den Interviews gefundenen Formen, in denen sich Arbeitsamkeit äußern kann, lassen sich in allgemeiner Form als Erwerbsarbeit und Reproduktionsarbeit beschreiben.

Die geschlechtliche Arbeitsteilung hatte schon immer eine doppelte Polarität dieser allgemeinen Struktur zur Folge. Neben Lohnarbeit kann auch Reproduktionsarbeit eine Vergegenständlichung von Arbeitsamkeit sein. Reproduktionsarbeit (in aller Regel die unbezahlte Arbeit von Frauen) war immer konstitutiv für das System der Lohnarbeit, und ist dies auch noch heute, auch wenn der traditionale Sektor - als ein nicht lohnarbeitszentriertes, sondern bedarfs- bzw. subsistenzorientiertes Vergesellschaftungsprinzip (vgl. Lutz 1984, 1986), das im Gegensatz zum lohnarbeitszentrierten Vergesellschaftungsprinzip steht - seine ökonomische Basis verloren hat. Gleichwohl kann man sagen, daβ der traditionale Sektor - wenn auch heute ohne ökonomisch eigenständige Grundlage - fortbesteht in dem Bereich der Haus- und Reproduktionsarbeit sowie der Nischenökonomie. Wahrscheinlich wird er immer konstitutiv für die bürgerliche Gesellschaft bleiben, da jene neben der Lohnarbeit auf der Ausnutzung nicht-kapitalistischer Ressourcen beruht. Was sich geschichtlich verändert hat, ist die Bedeutung der reproduktiven Arbeit sowie das Verhältnis der Sphären von Lohnarbeit und Reproduktionsarbeit.

Frauen haben grundsätzlich im Unterschied zu den Männern die Möglichkeit, von der Erwerbsarbeit auf Reproduktionsarbeit zu wechseln, und dies kann auf beiden Ebenen (individuell wie sozial-gesellschaftlich) als Alternative akzeptiert werden. Geschlechtsspezifisch wären mithin nicht die Deutungsmuster, sondern die individuell und sozial bereit gestellten Rollen und Handlungsmöglichkeiten, die für die Geschlechter unterschiedlich sind.

Die bürgerliche Gesellschaft hat sich immer auf nicht im System der Warenproduktion erbrachte soziale und natürliche Ressourcen - neben der Reproduktionsarbeit überwiegend der Frauen selbstverständlich auch die Ressourcen der Natur - bezogen, und dies stellt ein übergreifendes Konstitutivum kapitalistischer Gesellschaft dar. Die duale Grundstruktur kapitalistisch verfaβter Gesellschaften (mit den Polen der Erwerbsarbeit und der Reproduktionsarbeit/Ausnutzung unbezahlter Ressourcen) hat sich zwar verändert, besteht aber fort.

Arbeitsamkeit als Vergemeinschaftungsprizip

Das Deutungsmuster Arbeitsamkeit bezeichnet auf einer weiteren analytischen Ebene die moralisch-legitimatorische Dimension einer kollektiv-gemeinschaftlichen sozialen Ordnung, hier des dörflich-lebensweltlichen Zusammenhangs, die zugleich Metadimension (Hintergrundorientierung) dieser Vergemeinschaftungsform ist, die die alltäglichen Aktivitäten strukturiert und Orientierungsfunktion bei Krisen und Brüchen des Alltags besitzt. Arbeitsamkeit wird auf diese Weise zum zentralen Muster, zur generierenden Struktur individueller und gesellschaftlicher Integration bzw. Desintegration. Die Lebenswelt bzw. das Milieu gibt den Individuen Handlungsanforderungen wie auch Handlungsmöglichkeiten - je spezifisch lebensweltlich vermittelt und modifiziert - vor. Diese Vorgaben sind konstitutiv und konsensuell im Milieu bzw. der Lebenswelt. Arbeitsamkeit ist in dieser Weise ein konstitutives Strukturprinzip der neuzeitlichen Gesellschaft, und hat eine Schlüsselrolle im

Selbstverständnis und der Selbstwahrnehmung der einzelnen ebenso wie lebensweltlicher Subgruppen oder lebensweltlicher Zusammenhänge. Die Auseinandersetzung impliziert zugleich die Auseinandersetzung mit zentralen Normen und ethischen Werten von lebensweltlichen Zusammenhängen, auch der individuellen Identität, so daß in den hier untersuchten Problemlagen Arbeitslosigkeit und Sozialhilfebezug zentrale Fragen des Verhältnisses von Individuum und Gemeinwesen berührt werden.

Weil unsere Interviewten mit einem zentralen Prinzip der Individuation ebenso wie der Vergesellschaftung in konflikthafter Weise konfrontiert sind, gestaltet sich die Auseinandersetzung mit den hier betrachteten Problemlagen in der Regel so schwierig, und hat auch eine erhebliche - individuelle, lebensweltliche und gesellschaftliche - Tiefenstruktur. Vieles an der Problematik, die die Individuen belastet, was zwischen Individuen, Lebenswelt und Gemeinwesen vorgeht, wird nicht expliziert (von beiden Seiten) und *ist* nicht artikulierbar, sondern kann nur rekonstruiert werden. Das Deutungsmuster der Arbeitsamkeit ist in dieser Hinsicht als eine so tiefliegende und tiefverankerte Struktur anzusehen, daß sie sich einer kommunikativen Veränderung entzieht; auf jeden Fall muß es von einer Ebene der artikulierbaren Meinung und Überzeugung (etwa die Explikation der Einstellung zur Arbeitslosigkeit) systematisch unterschieden werden.

Die Frage der Veränderbarkeit einer solchen allgemeinen "generierenden" Struktur ist deswegen nicht einfach zu beantworten, weil die subjektiven Handlungen und Handlungsmöglichkeiten, die sich für den einzelnen eröffnen oder verschließen, nicht unmittelbar auf das allgemeine bzw. lebensweltliche Deutungsmuster zurückwirken; dies bedeutet, daß sich auf persönlicher und kommunikativer Ebene stets ein paradoxer Widerspruch zwischen explizierten Überzeugungen hinsichtlich der Arbeitsamkeit und der tiefer liegenden Grundstruktur von "Arbeitsamkeit" reproduziert. Dies gilt sowohl für die lebensweltlichen Experten, die in der Experten- und Dorfuntersuchung befragt wurden, wie für die Gesprächspartner in den qualitativen Interviews selbst. Die Handlungsmöglichkeiten, die sich den einzelnen eröffnen oder auch nicht eröffnen, berühren anscheinend systematisch das umfassende Deutungsmuster nicht. Doch ist gerade eine mögliche Wechselwirkung von Deutungsmuster und Akteuren ungeklärt. Im Oevermannschen Konzept wird mit der Konzentration auf Tiefenstrukturen der Akteur zum *Epiphänomen*, weil er jetzt nur noch Träger und Vollzieher von Regeln wird. Subjektiv gemeinter Sinn und Handlungsmuster oder -motive werden dann zu Oberflächenderivaten (Lamnek 1993, I, 35). Empirisch wird das allgemeine Deutungsmuster durch die Alternativen, die sich auf der Handlungsebene herausbilden, und die neue Balancen von Handlungsanforderungen bedeuten, weder verändert noch eingeschränkt oder abgeschwächt. Für Teilgruppen ergeben sich lediglich modifizierte Formen der Geltung.

Zur Strukturdifferenz zwischen Deutungsmuster und Alltagserfahrung
Zwischen Deutungsmustern und Alltagserfahrung besteht eine grundsätzliche und strukturelle Differenz. Beide sind auf verschiedenen Ebenen angesiedelt, und zwischen ihnen besteht unmittelbar keine Verbindung. Der schon öfter bemerkte Bruch zwischen der Einschätzung konkreter Personen (Fälle) und der Ebene des allgemeinen Deutungsmusters hat hier seinen Grund. Das Muster ist als allgemeine Struktur gegenüber der konkreten alltäglichen Erfahrung indifferent.

Der Status des Deutungsmusters "Arbeitsamkeit" ist so allgemein und übergreifend, daß auf dieser allgemeinen Ebene eine Suspension von diesem Anspruch überhaupt nicht denkbar ist. Das Deutungsmuster Arbeitsamkeit gilt uneingeschränkt und gilt für alle. Zu verändern ist in dieser Perspektive dann die konkrete Alltagserfahrung, d.h. die Vermittlungsleistung zwischen allgemeinen Deutungsmustern und konkreter Erfahrung.

Nun stellt sich die Frage, ob eine Veränderung des Deutungsmusters, wenn wir es als allgemeine generierende Struktur ansehen, überhaupt erforderlich ist, um den konkreten Umgang mit sozialen Problemlagen zu verändern. Einerseits gibt es zwar in der Literatur das Theorem vom Ende der Arbeitsgesellschaft, was ja inhaltlich auch besagt, daß die Arbeitszentrierung: Die Zentrierung des mittleren Lebensabschnitts auf Erwerbsarbeit, zu bröckeln beginnt, da die Gesellschaft heute gar nicht mehr für alle Mitglieder die Perspektive einer lebenslangen Arbeit bieten kann. Dies mag der Fall sein, scheint jedoch bislang keine Auswirkung auf das allgemeine Deutungsmuster zu haben, und es fragt sich, ob dieses überhaupt strukturfunktionalistisch denkbar ist. Denn das allgemeine Deutungsmuster der Arbeitsamkeit muß ja zunächst einmal prinzipiell für alle gelten, auch dann wenn für einige Gruppen der Gesellschaft außer Wirkung gesetzt wird.

Sieht man das Problem so, so wären Veränderungen auf der Ebene der Alltagserfahrung, der alltäglichen Reflexion über den Zusammenhang von Personen und Gesellschaft anzusiedeln. Grundsätzlich müßte die Alltagserfahrung in jene Richtung auflockerbar werden, daß Zwischenstufen und Ausnahmeregelungen möglich werden. Dies ist zunächst einmal ein Postulat. Sehen wir das Problem aber auf dieser Ebene, dann wird uns auch deutlicher, daß es eher die lebensweltliche Art und Form des Umganges mit Problemlagen ist, die z.T. flexiblere Formen möglich macht. Es sind einmal individuell/-lebensweltliche Flexibilisierungen, die sehr wohl Tricks und Kniffe, partielle Umgehungen des Gerechtigkeitsprinzips (kommunitaristischer Ethik) zulassen.

Freilich ist dies oft mit dem Preis erkauft, daß die Teil-Lebenswelt - und mit ihr der einzelne - randständig wird. Dies ist in dörflichen Zusammenhängen höchstens in Form kleinerer Cliquen oder Familienclans denkbar, jedoch nicht für das gesamte Gemeinwesen. Das Gemeinwesen insgesamt bleibt eher von der Dominanz der Normalbiographie und der Erwerbszentrierung bestimmt. Als Ausweg bleibt die Regionalisierung.

Die andere Ebene sind sozialstaatlich vermittelte Lösungen, wie z.B. die Arbeitsbeschaffungsmaßnahme für Herrn G., die als vollwertige Arbeit gilt, sowohl für ihn wie in seinem dörflichen Milieu. Solche Formen können offenbar die Widersprüche so in Bewegung bringen, daß zwar keine prinzipielle Lösung, aber eine Vermittlung möglich wird.

Wo dies nicht möglich ist, und die Lebenswelt sozialstaatliche Lösungen nicht akzeptieren kann, wie bei den meisten Alleinerziehenden, ist das Problem der Differenzierung im Umgang mit dem übergreifenden generativen Strukturmuster Arbeitsamkeit verschoben auf die Ausdifferenzierung der Lebenswelten in unserer Gesellschaft, die mit der Ausdifferenzierung sozialer Lagen, biographischer Brüche usw. zunimmt, wodurch insgesamt die Lebenswelten situativer, diskontinuierlicher und temporärer werden (vgl. Chassé/Drygala/Eggert 1992). So hätte sich zwar auf einer eher allgemeinen Ebene der Betrachtung das Problem verschoben in die gesellschaftliche Ausdifferenzierung von Lebenswelten, dies wird jedoch unsere Frage nicht beantworten, wie im Kontext relativ homogener Lebenswelten - wie etwa des Dorfes - ein flexiblerer Umgang mit sozialen Problemen denkbar ist, die zweifelsohne vorhanden sind.

Zur Veränderung von Deutungsmustern

Offensichtlich ist, daß die Veränderungen von und in Kultursystemen *nicht* der der makrostruktureller Veränderungen und Entwicklungen folgen, es bestehen zwar Vermittlungsstrukturen - komplexer Art - aber keine klare, einlinige Abhängigkeitsbeziehung.

Andererseits müssen in der Sozialstruktur vorgegebene differentielle Lebenschancen und Entwicklungsmöglichkeiten in unterschiedliche Handlungs(muster)strukturen und Handlungsmöglichkeiten umgesetzt werden; wir sehen also unterschiedliche milieuspezifische "Vorgaben" und "Muster". Metatheoretisch unterscheiden wir diese Ebene von der des Deutungsmusters: auf der allgemeinen Ebene des Deutungsmusters ist seine Geltung universell; spezifiziert, je besonders abgewandelt und angepaßt wird auf der Ebene sozialer Milieus bzw. unterschiedlich strukturierter Lebenswelten, so daß sich unterschiedliche Handlungsmöglichkeiten und -strukturen ergeben.

In diese soziale Ortsbestimmung gehen auch regionale (sozialökologische) Besonderheiten ein; diese prägen Mileus entscheidend mit.

Die Frage nach dem Verhältnis gesellschaftlicher Strukturbrüche und kollektiver Deutungen (bzw. Deutungsmusterstrukturen) würde sich mithin so beantworten, daβ diese sich jeweils milieuspezifisch stellt: diese Frage gehört nicht auf die Ebene der allgemeinen Deutungsmusterstruktur, sondern auf die Ebene der milieuspezifischen Vermittlungen: dort stellen sich die neuen Anforderungen durch gesellschaftliche Brüche jeweils ganz unterschiedlich; dort werden sie umgesetzt. Dies bedeutet Wandel bzw. Pluralisierung von Milieus.

Zur Bedeutung individueller Pathologie

Ein besonderer Aspekt der individuellen Ebene wurde in der bisherigen Analyse stets ausgeklammert. Es handelt sich um das Verhältnis der Persönlichkeitsstruktur im Zusammenhang mit der Ausgestaltung der Problemwahrnehmung und der individuellen Handlungsmöglichkeiten. Grundsätzlich wurde diese Ebene in der Analyse eher übergangen. Hier ist die Stelle, festzuhalten, daβ sie als eine eigenständige Analyseebene selbstverständlich eine Bedeutung hat. Persönlichkeitsstörungen - im Sinne einer individuellen Neurose oder Psychose usw. - können in einer der hier betrachteten Problemlagen aktualisiert oder dramatisiert werden. Unter sozialhygienischen Gesichtspunkten hat ein nicht geringer Teil der Bevölkerung Probleme dieser Art, die jedoch in der Regel - beim Leben einer Normalexistenz innerhalb der Erwerbstätigkeit - nicht als auffällig wahrgenommen werden. In Einzelfällen mag es ohne weiteres sein, daβ Problemlagen wie Sozialhilfebezug oder Arbeitslosigkeit solche individuellen Dispositionen zu pathogenen Reaktionen verstärken und ins Extreme steigern. In den Interviews 1 (Herr M.), Frau Z. (Interview 7) und vielleicht auch Frau S. (Interview 12) gibt es Hinweise auf eine solche Entwicklung (vgl. dazu Hildenbrandt 1988, 1989, 1990; der das Problem der Modernisierung ländlicher Lebensformen unter dem Aspekt familialer Psychose als Anpassungskrise betrachtet). Freilich blieb diese Ebene der Betrachtung in der vorliegenden Studie unberücksichtigt, einmal, weil das Instrument des problemzentrierten Interviews für die Untersuchung dieser Probleme gar nicht geeignet ist, zum anderen weil uns die fachliche Kompetenz zu ihrer Beurteilung und Analyse fehlt. Das Untersuchungsinteresse richtet sich zudem gerade nicht auf psychische Dispositionen des Individuums, sondern auf die strukturelle Bestimmung individuellen Handelns in spezifischen Problemlagen durch soziale Deutungsmuster. Daβ auch in der Persönlichkeit bzw. der Psyche begründete Faktoren eine eigenständige Realitätsebene mit Bedeutsamkeit für den Umgang mit sozialen Problemlagen und den individuellen und sozialen Handlungsspielraum bilden, bleibt unbestritten.

Die tiefe Bedrohung personaler und sozialer Identität insbesondere durch die Problemlage der Arbeitslosigkeit, die hier beschrieben wurde, ist auch psychoanalytisch betrachtet worden (vgl. Eggert 1991 über Gruppendiskussionen in Arbeitslosengruppen). Es zeigte sich, daß die Arbeitslosigkeit auch psychoanalytisch eine zentrale Identitätsbedrohung insbesondere männlicher Identität darstellt, die bis in den Kern der personalen Struktur reicht.

3.2 Formen der Lebensbewältigung

Den analytischen Hintergrund dieser Interpretationen stellt das oben dargestellte Lebenslagekonzept dar (vgl. III. 1). Lebenslagen sind ein Set von mehrdimensional bestimmten Strukturierungen bzw. Formierungen und Bewältigungsmöglichkeiten sozialer Probleme. Die Bewältigungsmöglichkeiten ihrerseits bestimmen sich durch die wesentlichen Formen sozialer Reproduktion im milieuspezifisch vorgeprägten Rahmen. "Lebenslagen sind von der Subjektseite Konfigurationen typischer Belastungen, Chancen, Ressourcen und Entwicklungshorizonte." (...) Verknüpft mit dem Aspekt der sozialstaatlichen Vermittlung und sozialpolitischen Akzeptanz, der für das Lebenslagenkonzept signifikant ist, ergibt sich in diesem Zusammenhang die weiterführende These, daß der Sozialstaat über seine Transformation "Lebensentwürfe" produziert, in denen Ansprüche auf Belohnungen ebenso wie Zumutungen an Belastungen, Verzicht, gruppenspezifisch aufeinander bezogen sind" (Böhnisch/Funk 1989, 59).

Die bereits hervorgehobene (vgl. III. 1) Bedeutung der sozialpädagogischen Lebenslagekonzeption besteht darin, daß in der widersprüchlichen Konstitution von Lebenslage das Subjekt hier "nicht als Akzidienz, sondern Konstituens" (Schaarschuch 1992, 142) gilt.

Bedeutsam ist in diesem Kontext die milieubezogen-kulturelle Dimension: Lebenslagen haben "ebenso kulturelle Dimensionen, wie sie soziale Rechte, soziale Ansprüche, Zugänge zu sozialstaatlichen Dienstleistungen und Institutionen enthalten, die auf die Bewältigung von Normalbiographien angelegt sind." (Böhnisch/Funk 1989, 59)

Wenn Lebenslagen als auch lebensweltlich vermittelte soziale Entwicklungshorizonte bestimmt sind, wird das sozialpädagogische Lebenslagenkonzept als mehrdimensionales deutlich, es schließt ökonomische (Einkommen) und andere Ressourcen (z. B. Bildung, Qualifikation), netzwerkbezogene (dörfliche vs. regionale Netzwerke), milieuspezifisch-kulturelle und subjektive sowie geschlechtsspezifische Dimensionen zusammen.

Ein Aspekt der Lebenslage ist die individuelle und soziale Wahrnehmung als *Problemlage*. Sie ist mit bestimmt durch Deutungsmuster.

Problemlage kann im hiesigen Kontext als der Inbegriff derjenigen Handlungsanforderungen und Handlungsanmutungen gelten, die sich in Folge eines Verlusts der ökonomischen Autonomie durch das Abhängigwerden von sozialstaatlichen Transfers an den einzelnen stellen bzw. explizit (über Lebenswelt bzw. soziales Umfeld vermittelt) gestellt werden.

Problemlagen führen als gedeutete problematische Aspekte sozialer Lagen zu spezifischen Handlungsanforderungen sowohl auf individueller wie sozialer Ebene und unterscheiden sich durch je *spezifische Anforderungsbündel* voneinander. Diese wurden in der bisherigen Darstellung bereits analytisch in mehrere Komponenten auseinandergelegt: individuelle, geschlechtsspezifische, milieuspezifische Momente. Problemlagen schließen auch eine sozialstaatliche Strukturierung (die Alimentierung durch Sozialhilfe oder AFG-Leistungen) ein[1].

Im folgenden soll der Zusammenhang von Problemlagen und Bewältigungsmuster angesprochen werden, soweit er durch die ländliche Lebenswelt strukturiert ist.

Problemlagen und soziale Milieus

Nach dem hier vorgelegten Verständnis ist das Deutungsmuster "Arbeitsamkeit" von universeller, und das meint auch lebenswelt- bzw. milieu-übergreifender Gültigkeit. Spezifisch sind aber die im ländlichen Milieu - gleichsam als akkumulierte Erfahrung aus vergangener Problembewältigung - verfügbaren und gleichsam "abrufbaren" Handlungsmöglichkeiten. In diesem Kontext ist zu berücksichtigen, daß überkommene Lösungsmöglichkeiten durch den gesellschaftlichen Wandel nicht mehr greifen und sich mithin als obsolet herausstellen können und daß bisher nicht bekannte neue Möglichkeiten von Individuen bzw. Gruppen gefunden werden können. Zu thematisieren

1 Von den mit Problemlagen verbundenen Aspekten sind bereits in der Skizzierung der Interviewpartner dargestellt worden 1. die individuelle Ebene von Wahrnehmung und Handlungsspektren der Problemlage. Auf der zweiten Betrachtungsebene sind die dargestellten Teilgruppen (Typen) anzusiedeln: Je nach der Lebenslage manifestieren sich die Problemlagen in unterschiedlichen Anforderungen bzw. möglichen Handlungsmustern. Für unsere Typenbildung waren einerseits unterschiedliche Ausprägungen in der Konstellation der Probleme bei dem Typus Arbeitslosigkeit, andererseits unterschiedliche Ausprägungen bei dem Problem der Alleinerziehung und der Altersarmut (Oberbegriff Reproduktionsarbeit) wichtig. Für die Unterscheidung nach Typen, so könnte man allgemein sagen, sind entscheidend die Konstellationen der Wahrnehmung der Problemlage - was auch einen objektiven Aspekt in der unterschiedlichen Lebenslage hat -. Auf einer dritten Betrachtungsebene sind die individuellen Problemkonstellationen oder Problemkonfigurationen unserer konkreten Personen anzusiedeln.

bleibt ferner, welche Bedeutung und Folgen Inkongruenz und Innovation von Bewältigungsformen bzw. -mustern für das Problem von Kontinuität und Wandel von Milieus/Lebenswelten haben.

Die Besonderheit des dörflichen Milieus ist der rasche soziale Wandel in den vergangenen drei Jahrzehnten (vgl. Lutz 1984, 1986), der zu einer historisch schnellen Veränderung von Lebenslagen und neuen Problemanmutungen führte, denen gegenüber sich herkömmliche Lösungsformen nicht selten als unzulänglich erweisen. So kennen subsistenzbestimmte Lebensformen die Arbeitslosigkeit und ihre sozialstaatliche Absicherung nicht, Arbeit gibt es immer. Auch das Angewiesensein auf Sozialhilfe ist eine relativ neue Erfahrungstatsache für das ländliche Milieu.

Grundsätzlich kann für das ländliche Milieu von der Konfrontation und Bekanntschaft mit neuen sozialen Problemlagen und der Differentialität von - auch neuen - Handlungsmöglichkeiten ausgegangen werden; auch die ländliche Lebenswelt kennt die Differentialität von Bewältigungsmöglichkeiten.

Bezogen auf Lebenslagen wie (jugendliche) Arbeitslosigkeit, Alleinerziehung mit Sozialhilfebezug oder Sozialhilfebezug im Alter stellt die Lebenswelt bzw. das ländlche Milieu spezifische Handlungsspielräume bereit bzw. gibt sie vor, so daß sich für die einzelnen unterschiedliche Zuschnitte von Handlungsmöglichkeiten ergeben. Gesellschaftliche Ungleichheit wirkt sich, modifiziert durch soziale Milieus, Schichten- und lebenslagespezifische Zusammenhänge, auf die biographisch mitgeformten Lebenslagezuschnitte derart aus, daß unterschiedliche Handlungsmöglichkeiten bzw. spezifische Profile davon vorgegeben werden. Dies schließt Spannbreiten innerhalb der Milieus und unterschiedliche Teilstrukturierungen in den Milieus keineswegs aus. Spannbreiten und innerlebensweltliche Differenzierungen sind vielmehr konstitutiv für den Wandel bei gleichzeitiger Kontinuität.

Für die dörflich eingebundenen Arbeitslosen (Interviews 4 und 11) stellt die informelle Arbeit im Dorf (Mithilfe beim Hausbau des Kumpels; Gartenbestellung) eine Handlungsmöglichkeit dar, die zumindest für eine Zeit Entlastung gegenüber der Anforderung der Arbeitsamkeit bietet. Auch die über Jahre verlängerte AB-Maßahme von Herrn G. (Interview 11) gilt der dörflichen Öffentlichkeit als vollwertige Arbeit; die sozialstaatliche Bewältigungform gilt im dörflichen Milieu wie reguläre Lohnarbeit. Dagegen gilt die Umschulung bei A. (Interview 4) im Dorf als fragwürdige Handlungschance mit ungewissem Ausgang. Die informelle Arbeitssuche (Interview 4) stellt eine weitere im dörflichen Milieu konsensuell bereitgestellte Bewältigungsform dar; freilich greift sie bei zunehmender Differenzierung der Tätigkeiten immer weniger. Jugendlichen Arbeitslosen, die an der 1. oder 2. Schwelle des Arbeitsmarkts scheitern, scheint die dörfliche Lebenswelt außer der informellen Arbeit (vgl. Kap. I.4) keine Lösungsmöglichkeiten von allgemeiner Akzeptanz zu bieten. Sie reagieren daher mit der individuellen Distanzierung vom dörflichen Lebenskontext (Interview 12) oder mit der über aggressive Distanzierung von Dorf innerhalb einer durch die peer-group vermittelten Einbindung in neue Konnexe ländlicher Jugendberufshilfe (Interview 5). Alleinerziehende ohne aktuelle Möglichkeiten einer beruflichen Integration scheinen nur die Möglichkeit einer regionalisierten Distanz vom Dorf über neue Netzwerke von Menschen in gleicher oder ähnlicher Lebenssituation zu haben (Interviews 3 und 9), wobei auch Wegzug eine mögliche Option ist. Die Aufbesserung der materiellen Mangellage durch Schwarzarbeit ist dabei eine - in der Dorföffentlichkeit ambivalent eingeschätzte, wie die anonyme Denunziation einerseits, die Akzeptanz der Schwarzarbeit als *Arbeit* in Interview 2 andererseits zeigt - mögliche Option.

Trotz der sehr ähnlichen Einstellung zur Sozialhilfe bestehen bei den Frauen der Interviews 2, 3 und 9 bezüglich der Strategien und Kompetenzen gegenüber der Sozialverwaltung deutliche und erhebliche Unterschiede. Frau C. (Interview 9) hat die größten persönlichen Schwierigkeiten und neigt zum Verzicht auf einmalige Beihilfen. Frau O. und Frau T. (Interview 3 und 2) gelingt es besser, Ansprüche durchzusetzen und daneben alternative Strategien zur Verbesserung der materiellen Situation zu entwickeln. Ähnliche Unterschiede bestehen zwischen den drei Frauen in Bezug auf die Selbstbehauptungskompetenz in der dörflichen Umgebung und dem sozialen Nahbereich.

Ob aber Einstieg in den alten Beruf, Umschulung bzw. berufliche Neuorientierung, Übergang in die Frührente, ins Hausfrauenleben, in Arbeitsbeschaffungsmaßnahmen als Dauerperspektive oder andere Handlungsmöglichkeiten zur Verfügung stehen, hängt von der spezifischen Problemlage ab, die zentral einen auch sozialstaatlichen Zuschnitt hat.

Mit diesen Bewältigungsformen differenzieren sich die Handlungsmöglichkeiten auch im ländlichen Raum sozial aus. Viele der Befunde zu Veränderungen von Lebensweisen und Lebensstilen (vgl. Hradil 1992a) gelten offensichtlich auch für die ländliche Lebenswelt bzw. das ländliche Milieu. Einige der von den jüngeren Interviewten gewählten Lösungsformen haben zur Voraussetzung, daß neue Lebens(bewältigungs-)formen bewußter und zielgerichteter gelebt werden und im Unbewußten und Habituellen psychologisch weniger tief verankert sind (vgl. Hradil 1994, 94). Diese Differenz der Tiefe der Verankerung von Lebensformen unterscheidet offensichtlich die Generationen im ländlichen Raum; dieser Prozeß hat eine biographische und historische Dimension. Diese Veränderungen spiegeln sich auch im Wandel des Milieubegriffs. Dem klassischen Milieubegriff ging es um Determination bzw. die politische Wirkungskraft sozialmoralischer Milieus (z. B. Lepsius 1973), es galt noch die Entsprechung von Klassensituation und politischer Orientierung als zentral. Unter Milieu wurde die "Gesamtheit von Gegebenheiten verstanden, die auf das Verhalten und auf die Lebensweise einer bestimmten Gruppe von Menschen prägend einwirkt" (Hradil 1994, 98). Doch sind Formen objektiv begründeter, lebenslang unausweichlicher Prägung durch klar ausweisbare Gruppenzugehörigkeiten offenbar im Schwinden. Milieus heute "werden im Sinne des Zusammenfindens unscharf begrenzter 'Gruppen Gleichgesinnter' und der Prägung ihrer Mitglieder durch die zeitweilige gemeinsame 'subjektive' Beurteilung, Nutzung und Veränderung ihrer Umwelt zunehmend zu einer zentralen Vergesellschaftungsform" (Hradil 1994, 101). Diese neuen Milieus erfüllen in ihrer subjektiven, aktiveren, temporäreren Form zweifellos Sozialisationsfunktionen, die u.a. auch Kompetenzen zur Problembewältigung und zur Lebens(lauf)gestaltung vermitteln (so etwa die Jugendclique von R., Interview 5, auch die Gleichgesinntengruppe bei Frau O., Interview 3), auch weil sie vergleichsweise enge Interaktionsfiguren, relativ stabile Gefüge und überpersönliche Vergesellschaftungsformen darstellen. Solche neuen sozialen Sub-Milieus leisten sowohl Systemintegration (die Steuerung funktionaler Zusammenhänge in der Gesellschaft) wie sie als Institutionen des (partiellen) Zuammenlebens die Sinnhaftigkeit von sozialen Formen vermitteln, in denen kollektiv Probleme und Problemlagen bearbeitet werden. Im so verstandenen Milieubegriff sind Relationen, Kontexte von Umweltbedingungen und die gemeinsame Gestaltung von Handlungsmöglichkeiten und Lebensformen im Vordergrund, während das Lebensstilkonzept doch eher auf die individuelle Stilisierung und Organisation des Lebens und die daraus folgende Organisation Gleichgesinnter abstellt (vgl. Hradil 1994, 102; Lüdtke 1989, 40).

Doch in einer gewissen Hinsicht sind alle diese Vorstellungen nur Näherungen. Vielleicht läßt sich innerhalb des umfassenden ländlichen Milieus von einbezogenen Teilmilieus sprechen, deren gegenseitiges Aufeinander-Einwirken in vielen Dimensionen nur nicht genau erkannt und verstanden wird. Jedenfalls spricht viel für die Vorstellung, auch neue Milieus als Spannungsverhältnisse komplexer Strukturen und Akteure dynamisch - prozeßhaft - zu begreifen, auch in Auseinandersetzung und Bezug zum übergreifenden ländlichen Milieu. Milieus können sich verändern und - sozusagen mit den Akteuren - ihre Gestalt wandeln, und vielleicht neue Teilmilieus integrieren.

Handlungsspielraum und Lebenswelt

In den Interviews spiegelt sich die gesellschaftliche Entwicklung zur Ausdifferenzierung der Lebenslagen und Lebensweisen innerhalb der dörflichen Lebenswelt wider.

Der gesellschaftliche Abschied von der arbeitsgesellschaftlichen Utopie (vgl. Habermas 1985a, 160) führt zur Fraglichkeit bzw. individueller Verunsicherung arbeitsgesellschaftlicher lebensbiographischer Perspektiven. Die *Biographisierung des Lebenslaufs* als weitere Entwicklung vollzieht sich in der Spannung "von Lebenslauf als vorgeordneter (heteronomer) Realität und Biographie als subjektiver Konstruktion" (Kohli 1985, 21). Handeln hat in diesem Kontext auch den "Charakter des offenen Entwurfs" (Kohli 1985, 21). Die mit sozialen Problemen und Friktionen verbundene Differenzierung von Normalitätsentwürfen führt im ländlichen Milieu offenbar angesichts der weitgehenden sozialen Beharrung (vgl. Brock/Vetter 1986) auf herkömmlichen Lebensentwürfen und Lebensformen zur partiellen Überforderung der ländlichen Lebenswelt. Individuen in neuen Problemlagen kann keine integrierende Alternative geboten werden, sie müssen sich auf die Suche nach der sozial (=lebensweltlich) verlorenen Identität begeben (vgl. Keupp 1989, 47). Regional orientierte, gewählte soziale Gruppierungen (Netzwerke) werden Ressourcen der Identitätsbildung, bieten eine Chance zur Bildung und Aufrechterhaltung einer neuen - d. h. in Differenz bzw. Distanz zum dörflichen Milieu gebildeten - sozialen Identität und Integration (Keupp 1989, 54 ff.). Es liegt nahe, daß diese sozialen Netzwerke einen situativen Charakter haben und an die Dauer der Problemlage und ihre biographische Phase im Lebenslauf gebunden bleiben. Diese Situativität *(zeitliche und regionale Begrenztheit) von stützenden sozial gesuchten Lebenswelten*, die Ausdruck des gesellschaftlichen Wandels sind, läßt sich in einigen Interviews wiederfinden. Im Interview 5 ist die Lebenswelt der Clique deutlich eingegrenzt auf die biographische Phase der Arbeitslosigkeit, sie löst sich auf mit ihr und macht dem Wechsel zum neuen Netzwerk im Umkreis der Arbeit in der Jugendberufshilfe Platz. Offenheit und Situativität scheinen mithin Kennzeichen neuer lebensbewältigender Milieus zu sein (vgl. die analoge Neuformulierung des Milieubegriffs bei Hradil 1992a). Bei den dörflich integrierten Arbeitslosen läßt sich dieser Sachverhalt selbstverständlich nicht konstatieren. Auch die Alleinerziehenden haben durchweg ein sehr problematisches Verhältnis zum Dorf und zu den dörflichen Normen, Werten und Handlungsmöglichkeiten, die Jüngeren haben sich bei expliziter Distanz zum Dorf einer regional gesuchten neuen Bezugsgruppe in ähnlicher Lebenssituation angeschlossen. Auch daß hier der Umzug als eine Handlungsmöglichkeit (Interviews 9 und 13) gebraucht wird, macht dies deutlich. Die Situativität und die zeitliche

Begrenztheit neuer sozialer Bezüge außerhalb bzw. mit einer differenzierten Distanz zur dörflichen Lebenswelt scheint also einmal ein Problem der Lebenslage, aber auch der Kohorte zu sein (für die älteren Personen stellt sich die Möglichkeit einer alternativen Bezugsgruppe nicht, vgl. die Interviews 7 und 15). Es sind ausschließlich Jüngere, die die Ebenen der Konflikte mit der dörflichen Normalitäts- und Normvorstellung und das Fehlen (oder die fehlende Akzeptanz) von Handlungsalternativen im Interview beschreiben und ausdeuten und so ihre Schwierigkeiten mit den traditionalen dörflichen Strukturen darstellen. Sie nehmen die dörfliche Welt als eine soziale Welt wahr, die ihnen mit Unverständnis, überholten Normen sowie fehlenden Handlungsangeboten gegenübersteht. So erscheint die Innovation neuer Handlungsspielräume in der Wahrnehmung und Bedeutung der einzelnen erzwungen und verursacht durch dörfliche Beharrung und fehlende Handlungsmöglichkeiten.

Dörfliche Lebenswelt und Problemlösungsressourcen

Ist die Lebenswelt aber der entscheidende Bezugspunkt einer möglichen - auch sozialpädagogisch beeinflußbaren - Veränderung, wird das Verständnis der dörflichen Lebenswelt als einer Lebenswelt im Umbruch zwischen Tradition und Moderne entscheidend, wobei die innere Widersprüchlichkeit und Brüche (so das Nebeneinanderbestehen traditionaler und moderner Sozialformen und Orientierungen - Mentalitäten), die Leistungen des dörflichen Sozialsystems in bezug auf Problembearbeitung und Problembewältigung - insbesondere innerfamiliale Hilfen etwa für Hochbetagte -, aber auch die Probleme, auf neuere, moderne Problemlagen anders als mit Unverständnis, Ausgrenzung und Verleugnung zu reagieren, bedeutsam werden. Allgemein befindet sich das ländliche Gemeinwesen in dem Dilemma, daß alte Hilfestrukturen zu einem großen Teil nicht mehr greifen, daß jedoch moderne, professionelle Hilfestrukturen, wie sie im urbanen Gemeinwesen funktionieren, zumindest an den von uns untersuchten Problemlagen weitgehend vorbeigehen. Die Arbeit des Gesamtprojekts rundet sich so ab: Wir haben damit begonnen, über eine Expertenbefragung die sozialen Probleme im ländlichen Raum und den Umgang damit zu erforschen, haben gerade den Umgang mit modernen Problemlagen als sehr ambivalent und zwiespältig bereits in der Expertenbefragung von 1989 wahrgenommen, und können nun viel genauer verstehen, warum dies so ist.

Die traditionale Tönung des Deutungsmusters

Das Deutungsmuster *Arbeitsamkeit* wurde als allgemeine - soziale Schichten, Gruppen und Lebenswelten übergreifende - Struktur dargestellt, die bei den hier untersuchten Problemlagen durchweg zu einer Krise personaler Identität und sozialer Integration führt. Durch Arbeitslosigkeit oder Sozialhilfebezug gerät zugleich ein zentraler Wert lebensweltlicher Vergemeinschaftung - also ein zentraler Topos nicht nur dörflicher Lebenswelt - in Gefahr. Spezifisch dörflich scheint dagegen die agrarische Tönung des allgemeinen Deutungsmusters - vor allem in der älteren Generation - zu sein, die das *für sich selbst sorgen* als Modifikation bzw. Zuspitzung des allgemeinen Deutungsmusters und als biographisch und lebensweltlich vermittelten Kernbegriff einer vergangenen subsistenzorientierten Lebensweise betont. Bedeutsam ist hier, daβ sozialstaatliche Leistungen, denen ein geleistetes Äquivalent entspricht, so z. B. die Kindererziehungsleistung als Rentenergänzung - die auch nicht auf die Sozialhilfe angerechet wird, akzeptiert werden, während dies für Sozialhilfebezug nicht gilt. Die in den Interviews angetroffene Schwere der Probleme und Härte der Konflikte erklärt sich hierdurch.

Sozialer Wandel und dörfliche Lebenswelt

Zwischen der allgemeinen Strukturebene des Deutungsmusters Arbeitsamkeit und den konkreten Handlungsmöglichkeiten der Individuen besteht ein milieuspezifisch-lebensweltlich vermittelter Bezug. Positive Handlungsmöglichkeiten eröffnen den Individuen die Chance eines erneuten in Übereinstimmungkommens mit der allgemeinen Struktur oder sie eröffnen sich nicht und führen zu anhaltenden Leidensformen; oder sie führen zum Wechsel bzw. der Ausdifferenzierung innerhalb der Lebenswelt. Hier zeigen sich die Formen des sozialen Wandels im ländlichen Raum.

Ländliche Lebenswelt stellte sich auch dar als Teilhabe an (Teil-) Öffentlichkeiten, die sich überschneiden und überlappen bzw. auch nebeneinander stehen.

Die qualitativen Interviews zeigen insgesamt, daβ es ein sozial enges dörfliches Leben - im Sinne eines ländlichen Milieus - in Orten noch gibt, die von der sozialen Heterogenisierung und der Überformung alter dörflicher Sozialstrukturen durch Zugezogene und extrem ausgebaute Neubaugebiete nicht oder nicht wesentlich betroffen sind. Eine Rolle zu spielen scheint auch die Gröβe des Dorfes, denn eine Bedingung für überschaubare soziale Räume ist, daβ die Personen bekannt sind. Freilich scheint es auch innerhalb gröβerer Dörfer solche strukturierten Kommunikations- und Lebenszusammenhänge zu geben, ja sogar innerhalb von Kleinstädten (in Stadtvierteln oder Stadtkernen). Da die soziale Kontrolle in solchen sozialen Zusammenhängen relativ hoch ist, und sich die Deutungsmuster zu Arbeitslosigkeit oder Sozialhilfebezug kaum gewandelt zu haben scheinen im Sinne einer Erosion der Härte und der Festigkeit der traditionalen Deutungsmusterstrukturen, ist es nachvollziehbar, wenn die Betroffenen nach wie vor dazu neigen, ihre soziale Problemlage - sei es nun Sozialhilfebezug oder langandauernde Arbeitslosigkeit - nicht öffentlich werden zu lassen. Eine Erosion dieser traditionellen Muster scheint in der jüngeren Generation vorzuliegen. Hier entstehen neue soziale Situationen und neue Handlungsmuster (z. B. Interview Nr. 3 und 5), die zunächst *neben* die bewährten, herkömmlichen treten. Da diese neuen Muster nicht adaptiert werden und die neuen Handlungsmöglichkeiten nicht integriert werden, differenziert sich die Lebenswelt und die Handlungsmöglichkeiten aus. Die neuen Subgruppen geraten in Gegensatz zum traditionalen Teil der Lebenswelt. Dies führt dazu, daβ sich die betroffenen Jüngeren durch Regionalisierung ihrer sozialen Kontakte (Böhnisch/Gängler 1988) oder durch Wegzug neue Optionen öffnen.

Das dörfliche Gemeinwesen hat sich durch die Trennung von Arbeit und Leben (die Arbeit findet überwiegend inzwischen außerhalb des Dorfes statt) gewandelt. Dennoch ist es immer noch durch Rollenvielfalt seiner Träger und die nicht vollzogene Trennung von privatem und öffentlichem Leben gekennzeichnet. "Beides ist in übergreifende institutionelle Zusammenhänge eingebettet und untrennbar miteinander verwoben zu denken" (Dunckelmann 1975, 126). Einige der Interviewpartner symbolisieren im dorfgemeinschaftlichen Kontext neue soziale Probleme, die mit den herkömmlichen Mitteln des Verwandtschafts- und Nachbarschaftsnetzwerks bzw. einer auf Gegenseitigkeit beruhenden Hilfestruktur nicht mehr zu bewältigen sind. Ihnen öffnet sich dadurch die Chance einer vermehrten Autonomie nachbarschaftlicher bzw. netzwerklicher Beziehungen. Sie suchen sie selbst und sie orientieren sich regional, in der Regel mit Gleichgesinnten in ähnlicher oder vergleichbarer Lebenslage.

Mit der anderen Qualität von Nachbarschaft bzw. Netzwerk als eigenständig gewähltem Sozialbereich gewinnen sie die Chance, sich von der dominanten Moral des dörflichen Gemeinwesens zu emanzipieren, die für diese neuen sozialen Probleme offenbar (noch) kein Sensorium hat, ohne grundsätzlich die ländliche Region zu verlassen (!). Was diese neuen Netzwerke von der Nachbarschaft unterscheidet, ist einmal ihr Charakter als gewählter sozialer Kontakt und zum anderen ihre Situativität, d. h. diese Beziehungen sind im Gegensatz zur Nachbarschaft eher zeitlich begrenzt auf Lebensphasen und Lebens- oder Problemsituationen.

Regionalisierung als partielle Problemlösung

Der Begriff der *Regionalisierung* (Böhnisch/Gängler 1988; Böhnisch/Funk 1989, 63) bezeichnet eine Besonderheit ländlicher Lebensbewältigung. Zunächst ist damit eine gewandelte Verräumlichung von Aktivitäten gemeint;

aber auch mehr: das "Regionale" umfaßt den lebensweltlichen Bereich zwischen Tradition (dem überkommenen Landleben) und Moderne (metropolen Lebensformen), der sich eigenständig und anscheinend dauerhaft ausbildet. Diese Spannung, die sich von den Polen "Stadt/Moderne" und "Dorf/Tradition" her aufbaut, bezieht sich auf viele Aspekte ländlicher Lebenssituation. Sie ist nicht nur räumlich-territorial relevant, nicht nur ökonomisch, sondern auch politisch und kulturell. Grundsätzlich existiert die Freiheit, das Land auch verlassen zu können. In dieser neuen heutigen Form der Polarisierung - ein neues Phänomen stellt die Bleibeorientierung dar - ist die Auschließlichkeit überwunden, die der Polarität von Stadt und Land bislang anhaftete. Die Herkunftswelten können nun anders bewertet werden. Die räumliche und soziale Distanz, ermöglicht durch die prinzipielle Erreichbarkeit der Stadt, schafft diese neue Sicht oder Orientierung. Die von einigen der Interviewpartnern gesuchten neuen Sozialkreise und Beziehungen stellen genau diesen regionalen Pol als sozialen Gegenpol zum traditionalen ländlichen Milieu dar.

Alles soziale Handeln ist in Lebensformen eingebettet, innerhalb deren sich Wirklichkeit (d. h. gedeutete Wirklichkeit, Sinn) aus den Interaktionsprozessen konstituiert, die Menschen *machen.* Handeln erklärt sich deswegen nicht nur aus dem individuellen Bewußtsein, die soziale Praxis einer Lebensform muß einbezogen werden (vgl. Hahn 1988, 92). Daß die Menschen so handeln, wie sie handeln, geht nicht nur auf ihre Biographie, ihr Wissen oder ihre psychische Verfaßtheit zurück, sondern auch auf die ländliche "Mentalität", den normativ auf die Menschen wirkenden Strukturen (vgl. auch Oelschlägel 1992, 97).

Offenbar entstehen aus dem Zusammentreffen mehrerer Faktoren (Problemlage neu, Handlungsmöglichkeiten im traditionellen Milieu unzureichend, Stigmatisierung, Suche bzw. Realisierung nach/von neuen Handlungsmöglichkeiten als zentrale Bestimmungsgründe) neue soziale Teilmilieus (vgl. Vester u.a. 1993) innerhalb des ländlichen Raums, die sich z. T. quer und gegensätzlich verstehen, definieren und abgrenzen.

Diese Entwicklung zieht Konfliktlinien und Abgrenzungstrukturen durch das Dorf, die das Handeln der Menschen mitbestimmen. Zum Teil ist es aggressiv, zum Teil ein Aus-dem Weg-Gehen oder Sich-abschotten, zum Teil ein Sich-Einrichten oder Gewährenlassen.

Ländliche Sozialarbeit oder Gemeinwesenarbeit müßte von dieser Situation ausgehen und sich mit diesem neu strukturierten sozialen Raum und Klima auseinandersetzen.

Die Erweiterung der Handlungsspielräume über das hinaus, was dem traditionalen Milieu möglich ist, bedeutet dann zwangsläufig, im Handeln über die Grenzen der Lebenswelt hinauszugehen. Neue Verhaltensformen sind zwar einerseits individuelle Entscheidungen und Handlungen, aber andererseits, da sie zugleich von strukturell vorgeformten Handlungsspielräumen und -bedingungen (z. B. dem Sozialstaat und der Problemlage Sozialhilfebezug) abhängen, also viele betreffen, auch kollektive Phänomene.

Die Auflockerung und Dispersion der ländlichen Alltagserfahrung müßte Zwischenstufen und Ausnahmeregelungen in zunehmendem Maße möglich machen. Es ist ja die Art der lebensweltspezifischen Einbindung, die flexiblere Formen des Umgangs mit Problemlagen möglich macht. Die Interviews zeigen nun aber, daß flexiblere Problembearbeitungsformen im ländlichen Raum zwar möglich sind, aber mit dem Preis der sozialen Ausdifferenzierung - z.B. Übertritt aus der dörflichen Gemeinschaft in eine regionalorientierte Jugendclique - bezahlt werden. So bleibt das Dorf zunächst insgesamt von der Dominanz der Normalbiographie, der Erwerbszentrierung und der relativen Homogenität seiner Bewohner bestimmt. Angesichts der allgemeingesellschaftlichen Entwicklung zur Ausdifferenzierung sozialer Lagen, der Individualisierung und Enttraditionalisierung, der tendenziellen Normalität biographischer Brüche bedeutet dies zunächst für die Verbindlichkeit und Einbindungskapazität dörflicher Lebenswelt, daß ihre Kraft schwindet. Sie schwindet in dem Maße, wie Sublebenswelten wie z. B. der Jugendlichen, der Alleinerziehenden, der Arbeitslosen als notwendige Reaktion zunehmen und ihrerseits situativer, diskontinuierlicher, temporärer werden. Der vorliegende Befund scheint darauf hinzudeuten, daß die Immunisierungskräfte des Dorfes gegenüber neuen sozialen Differenzierungen hoch sind und neue Selbsthilfepotentiale (zunächst?) nur am Rande des dörflichen Gemeinwesens zulassen.

Der dörfliche Sozialzusammenhang kann als Lebenswelt im Umbruch zwischen Tradition und Moderne beschrieben werden (Gängler 1990, 163 ff, Chassé 1989). Das Nebeneinanderbestehen überkommener und moderner Sozialformen und Orientierungen führen zu inneren Widersprüchlichkeiten und Brüchen, und Sozialpädagogik muß an diesen ansetzen.

Strukturwandel dörflicher Gemeinschaft

Der Strukturwandel des dörflichen Zusammenlebens bedeutet einen Prozeß von Trennung und Entfaltung, von Kontinuität und Bruch im Verhältnis von Gesellschaft und Gemeinschaft. Auf der Ebene der Individuen stellt er sich dar als Prozeß von Erfahrung des Zerfalls bzw. der Veränderung von Lebens- und Reproduktionszusammenhängen, auch der Erfahrung, sich in neuen Verhältnissen einzurichten. Individuell und kollektiv kann dieser Prozeß ein Lernprozeß sein, in dem einzelne oder Gruppen bzw. Lebenswelten und Milieus die Veränderung alter Lebensverhältnisse und die Gestaltung neuer

Lebenssituationen und Lebenslagen verarbeiten und produktiv oder resignativ nutzen. Ältere Sozialhilfeempfänger nehmen den Wandel trauernd und resignativ wahr, können aber ihren Hilfebezug verschweigen, den sie subjektiv als Schande empfinden. Für die Jüngeren zeigen sich Chancen der milieugestützten neuen Subjektivität, von Ansätzen der Selbstverwirklichung, von Autonomie in der Lebensgestaltung der Subjekte, vor allem bei jüngeren Alleinerziehenden und Arbeitslosen. Die Problemlage Arbeitslosigkeit oder Alleinerziehung im Sozialhilfebezug geht hier in der Regel mit einer sozialen Distanz zum Dorf und regionalisierten, gewählten sozialen Kontakten zu Leuten in ähnlicher Lebenslage einher.

Mit diesen Veränderungen verbunden sind soziale Probleme und Konflikte, in denen neue Gruppen- und Individualidentitäten ausgebildet, verteidigt und präzisiert werden, in denen sich Handlungsstrukturen in Auseinandersetzung mit alten Überlieferungen, neuen Lebens(lage)aufgaben und neuen Erfahrungen sowie neue Handlungsmuster und Handlungsmöglichkeiten herauskristallisieren, erprobt und formuliert werden.

Auf diese Weise bildet sich im ländlichen Raum das Verhältnis von Gemeinschaft und Gesellschaft neu, wobei nach unserer Erfahrung eine grundlegende Ausdifferenzierung sozialer Lagen, Gruppen und Deutungs- und Handlungsmusterstrukturen das zentrale Strukturprinzip sozialen Wandels in der Region ist.

VI. Sozialpädagogische Konsequenzen

1. Ergebnisüberblick

In Bezug auf die Strukturen ländlicher Sozialhilfe hat die Studie die Dominanz neuerer Problemlagen wie Arbeitslosigkeit und Alleinerziehung bei Fortbestehen einer dörflichen Altersarmut ergeben.

Sozialstrukturell sind insbesondere Kinder und Jugendliche - dies entspricht der allgemeinen bundesweiten Entwicklung - und Betagte (über 75-Jährige) - dies die besondere ländliche Strukturkomponente - betroffen; haushaltsstrukturell besonders unvollständige Familien und Einzelpersonen.

Die Unterschiede zum bundesweiten Trend (BRD alt) liegen im nennenswerten Anteil geistig Behinderter (im ländlichen Raum weniger in Einrichtungen, sondern bei der Herkunftsfamilie oder bei Verwandten) sowie am überdurchschnittlichen Anteil Betagter, speziell im dörflichen Raum, während die *jungen Alten* weit weniger stark vertreten sind (was zeigt, daβ die ländliche Altersarmut in dem vorgefundenen Ausmaß ein buchstäblich nicht nachwachsendes soziales Problem ist).

Bei der untersuchten Sozialhilfepolulation ländlicher Dörfer und Kleinstädte sowie des Oberzentrums kumulieren zahlreiche Benachteiligungen in zentralen Lebenslagebereichen, wobei insbesondere Bildung und Ausbildung, Wohnen, materielle Einschränkungen in zentralen Bereichen der Haushalts- und Lebensführung (Ernährung, Bekleidung, Haushaltsausstattung, Freizeitgestaltung und Urlaub, Reisen), der Mobilität und der Sozialen Integration, soweit sie monetäre Ressourcen voraussetzt, vorliegen. Prognostisch erscheint in vielen Fällen die Reintegration in den Arbeitsmarkt dauerhaft nur verbunden mit sozialpädagogisch unterstützten Qualifizierungsanstrengungen chancenreich.

Ländliche Ressourcen bestehen vornehmlich in der innerfamilialen Unterstützung und Hilfe, der materiellen und immateriellen Unterstützung durch Freunde/Bekannte und Nachbarn, wobei die Helfertypen generationell unterschiedliche Profile haben. Generell läβt sich sagen, daβ Unterstützungsnetzwerke - gleichgültig ob nun durch Verwandte oder gewählte soziale Netze - eine groβe Bedeutung für die Bewältigung von Notsituationen und Problemen besitzen. Kleinregional zeigten sich sowohl in der Struktur- wie der Fragebogenuntersuchung deutliche Unterschiede zwischen Problem- und Hilfestrukturen in ländlichen Kleinstädten und dörflichen Gemeinden. Gleichzeitig sind -dies besonders als Ergebnis der Fragebogenuntersuchung - generationelle und haushaltstypspezifische Unterschiede im Einschränkungs- wie im Hilfe- und Helferprofil sichtbar.

An der Kenntnis von "Leidensgenossen" (d.h. anderen Hilfeempfängern) zeigen sich sowohl kleinregionale wie generationelle Differenzierungen. Durchweg kennen dörfliche Hilfebezieher deutlich weniger andere Hilfeempfänger als kleinstädtische, sie haben weniger Kontakte zu jenen und dadurch auch weniger Austauschmöglichkeiten bezüglich Erfahrungen mit dem Amt, einzelnen Fragen und Rat und Hilfe bei Antragsfragen. Ältere dörfliche Hilfebezieher kennen am wenigsten andere Menschen in gleicher Lage.

Durchgängig macht die erhebliche Restriktion durch die Sozialverwaltung häufige Verzichte auf elementare Bedürfnisse, Kürzungen der Sozialhilfeleistungen und Absparungen vom für den elementaren Lebensunterhalt bestimmten Teil der Sozialhilfe nötig.

Für das Verständnis sozialer Probleme im ländlichen Raum erscheint bedeutsam, daß die neuen Problemlagen auch die ländliche Sozialhilfepopulation dominieren. Es sind überwiegend abhängige weitere Betroffene (Kinder), die unter der Notlage des jeweiligen Haushaltsvorstands leiden. Zwar ist die Sozialhilfeabhängigkeit für einen nennenswerten Teil der Hilfebezieher offensichtlich zeitlich begrenzt (vgl. Durchschnittswerte und Mediane der Sozialhilfedauer in Kap. II), doch bleiben erhebliche Teile auch der Arbeitslosen und Alleinerziehenden auch im längeren Bezug (etwa über drei Jahre), bei dem beträchtliche Auswirkungen des unzureichenden Lebensniveaus von Sozialhilfe zu gewärtigen sind, die aufgewiesen wurden. Nicht nur zwischen den der traditionellen und der neueren Lebensform zuzurechnenden Ursachengruppen, sondern auch innerhalb den der neueren - hier als "modern" apostrophierten - Ursachengruppe zuzurechnenden Teilgruppen scheint es deutliche Polarisierungen zu geben. Sie verlaufen anscheinend stark entlang der Arbeitsbiographie vor dem Hilfebezug. Ländliche Sozialhilfe hat kein einheitliches Erscheinungsbild. Gleichwohl ist in der Mehrzahl der Fälle das Versagen vorgelagerter Systeme der Sozialen Sicherung festzustellen; so daß eine bedarfsbezogene Ausgestaltung der Arbeitslosensicherung, der Rentenversicherung und eine neu zu schaffende Absicherung von Alleinerziehenden zumindest das Problem materieller Armut der Mehrzahl der Sozialhilfebezieher beheben würde. Jedoch würden erhebliche Benachteiligungen in wichtigen Lebensbereichen fortwirken und die gesellschaftliche (Re-)Integration erschweren. Das Nachdenken über weitere Hilfen und Förderungsmöglichkeiten wäre also durch eine nötige Niveauanhebung der sozialen Sicherung keineswegs obsolet. Starke Differenzierungen innerhalb der Teilgruppen machen einheitliche Strategien untauglich, m.a.W. erfordert die Heterogenität der Problemlagen differenzierte und spezifizierte Handlungsstrategien. Vor diesem Hintergrund erscheint eine aktive kommunalpolitisch orientierte Sozialpolitik den neuen Problemlagen der Sozialhilfe angemessen, der jedoch die Leistungsorientierung der gegenwärtigen Sozialverwaltung entgegensteht. Eine Reform der Sozialverwaltung in Richtung flexibler kommunalpolitischer Intervention erscheint dringlich. Wie die Gruppenvergleiche mit Nichtsozialhilfeempfängern zeigen, wäre der Bereich benachteiligter Lebenslagen ein weiteres Zielfeld kommunaler Sozialarbeitspolitik, in dem eine stärkere präventive und benachteiligte Lebenslagen gestaltende Politik zunehmende Bedeutung erlangen müßte.

Information und Aufklärung über Rechte und Möglichkeiten der Beanspruchung sozialstaatlicher Hilfen erscheinen angesichts einerseits der großen Zahl von Kürzungen, Einbehalten und Nichtberücksichtigung von Mehrbedarfen bei Hilfeempfängern, dringend erforderlich. Auch die in den ländlichen Verbandsgemeinden aufgefundenen Nichtsozialhilfebezieher, deren Einkommen unter der Sozialhilfegrenze liegt und die überwiegend jüngere Altersgruppen darstellen, machen den Informations- und Aufklärungsbedarf deutlich. Bei den (dörflichen) Dunkelzifferpersonen und -haushalten der Dorfuntersuchung scheint es sich dagegen stärker um die ältere Generation zu handeln, so daß hier wohl nur über lebenweltliche Strategien (z. B. Kirchengemeinden, dörfliche Öffentlichkeit, ländliche Gemeinwesen- und Kulturarbeit) erfolgversprechend zu arbeiten ist.

Inhaltlich haben wir mit unterschiedlichen Methoden oft dieselben Gegenstandsbereiche bzw. Problemlagen untersucht. Dabei erbrachte die Methodenkombination mehr als die Summe der Teile. So läßt sich z.B. die Nichtinanspruchnahme einmaliger Beihilfen sowohl als von den Faktoren ländlicher Mentalität, von generationellen und haushaltsbezogenen Faktoren als auch von der Praxis der Sozialverwaltung her bestimmt interpretieren- so die Strukturuntersuchung. Die Aktenuntersuchung einmaliger Beihilfen beleuchtet diese Praxis noch einmal näher unter dem Aspekt der Spielräume und der "Klientennähe" (Bürgernähe) der Sozialverwaltung. Die qualitativen Interviews und die Dorfuntersuchung zeigen, wie dörfliche Mentalität, die Funktion dörflicher Öffentlichkeit (vgl. auch Experten- und Dorfuntersuchung) und individuelle Orientierung ineinandergreifen zu einem Syndrom der Nichtakzeptanz vermeintlich unverdienter sozialstaatlicher Hilfen.

Das dörfliche Gemeinwesen ist, wie alle Instrumente zeigen, von recht scharfen generationellen und von problemlagebezogenen Differenzierungslinien durchzogen. Neue, hier als "modern" bezeichnete Problemlagen wie Alleinerziehung und jugendliche Arbeitslosigkeit finden im dörflichen Handlungs- und Deutungsmusterrepertoire kaum ein Pendant, so daß die

Betroffenen auf neue, regionale und sozial (aus-)gesuchte Kontakte und lebensweltliche Bezüge verwiesen werden. Dies scheint der Preis der vordergründigen Bewahrung des Selbstverständnisses "heiler dörflicher Welt" zu sein, dessen soziale Grundlage die strukturelle Ausblendung materieller Notlagen und insbesondere neuer Problemlagen aus der dörflichen Wahrnehmungsraster sowie die strukturelle Überforderung traditionaler, scheinbar bewährter, tatsächlich aber nicht mehr greifender, Problemlösungsmuster durch neue soziale Lagen ist.

Traditionale Mentalitäten (*Für sich selbst sorgen, Prinzip der Gegenseitigkeit von Hilfe*) bestimmen insbesondere das Selbstverständnis der älteren Generation und führen zur Nichtakzeptanz speziell der Sozialhilfe (der nicht wie bei Rente oder AFG-Leistungen ein Äquivalent an gesellschaftlich anerkannter Arbeit entspricht) und einmaliger Beihilfen. Die dörfliche Dunkelziffer ist daher z. B. weit überdurchschnittlich. Innerfamiliale Hilfen haben dagegen einen hohen Stellenwert, wie sich an den als "ländliche Ressourcen" interpretierbaren Hilfepotentialen des Wohnens bei Verwandten, der mietfreien und als Wohnrecht kodifizierten Wohnformen, der Netzwerkhilfe usw. zeigt.

Am deutlichsten wird dies an der hohen Bedeutung innerfamilialer (im Sinne der familialen Verwandtschaft) Hilfe und Betreuung Älterer, die nur in seltenen Fällen durch sozialstaatliche Dienste ergänzt und nur dort von ihnen substituiert wird, wo Verwandtschaft faktisch nicht existiert (vgl.Kap. II).

Die quantitativen Instrumente zeigen einerseits die innere Heterogenisierung dieser neuen Problemlagen (z. B. in junge ledige Alleinerziehende ohne abgeschlossene berufliche Ausbildung, nachfamiliale Alleinerziehende ohne Arbeitserfahrung, Alleinerziehende mit beruflicher Ausbildung und längerer, aber Jahre zurückliegender Berufstätigkeit usw; ähnliche Differenzierungen finden sich innerhalb der Arbeitslosen, so daß wie die Problemlagen auch die Bearbeitungs- und Hilfemöglichkeiten und -angebote in sich differenziert sein müssen). Andererseits zeigt sich -in der Perspektive einer Reintegration ins Arbeitsleben- die Dominanz schulischer und beruflicher Benachteiligung innerhalb der Sozialhilfepopulation, so daß Maßnahmen zur dauerhaften Reintegration mit Qualifizierungsmaßnahmen verkoppelt werden müßten.

Nach diesen Befunden der empirischen Arbeit stellt sich die Ausgangsfragestellung der Studie in anderem Licht dar. "Ländliche Selbsthilferessourcen" bestehen und funktionieren vornehmlich in Bezug auf sozusagen "klassische", traditionale Problemlagen, nämlich Altersarmut und innerfamiliäre Hilfe und Betreuung. Hier ist eine Unterstützung sowohl der helfenden Familienangehörigen wie kulturelle Arbeit mit den Alten geboten und möglich. In Bezug auf die dominierenden "neuen" Problemlagen fanden wir - die materielle Netzwerkhilfe bleibt nun außer Betracht - neben informellen und institutionalisierten Selbsthilfeansätzen zur Beratung über materielle Sozialleistungen (Beihilfen, sonstige Streitfragen) Potentiale der gegenseitigen Unterstützung etwa bei der Kinderbetreuung Alleinerziehender, der persönlichen Stützung und Hilfe. Dies könnte unterstützt werden. Hilfen zur Reintegration könnten auf diese neuen (vorwiegend kleinstädtischen) Selbsthilfeformen aufbauen und sie weitertreiben; der Bereich der Reintegration (und damit verbundenen Qualifizierung) wäre jedoch wohl ein professionell zu gestaltender Bereich, für den eine funktionale Neubestimmung der Sozialverwaltung (u.a.) ansteht. Gegenüber diesen neuen Problemlageprofilen in der Sozialhilfe erscheint die funktionale Ausrichtung der Sozialamtsverwaltung als monetäre Leistungsverwaltung obsolet bzw. unzeitgemäß. Sie trägt nicht nur durch Nichtinformation und Amtspraxis zur strukturbedingten Unterversorgung mit materiellen Leistungen bei, ihr fehlt die aktive, auf die Beseitigung von Unterversorgungslagen ausgerichtete Komponente aktiver kommunaler Sozialpolitik (dies kein spezifisch ländliches, sondern ein allgemein-strukturspezifisches Defizit).

Die sozialen Differenzierungprozesse ziehen auch Konsequenzen für die Soziale Arbeit nach sich. Der soziale Wandel der Milieueinbindung zeigt sich besonders deutlich in einer strukturellen Überforderungen des ländlichen Gemeinwesens von den neuen Problemlagen, weil es keine praktikablen Handlungsmöglichkeiten bereitstellen kann und - kongruent mit diesem Sachverhalt - nicht nur zur sozialen Ausschließung aus tradionalen Milieus, sondern zum Neuaufbau qualitativ anders strukturierter sozialer Netze mit anderen Deutungs-und Handlungsmusterstrukturen und einer anderen moralischen Ökonomie nötigt. Somit zeigt sich bei der Betrachtung ausgewählter sozialer Probleme in einem oberflächlich kohärenten Gemeinwesen der mikrosoziale Zwang zur sozialen Differenzierung. Den einzelnen erschließen sich u. U. dadurch neue Handlungsspielräume und entlastendere Wahrnehmungs- und Identitätsmuster. Für soziale Arbeit ist gerade dieser Befund zentral, verweist er doch auf neue Gegenstandsbestimmungen von sozialer Arbeit im ländlichen Raum. Es fragt sich, ob die Überlegungen zur Neuorganisation sozialer Dienste im ländlichen Raum nicht relativiert werden müssen (vgl. Gängler 1993). Sie scheinen stärker der traditionalen Gemeinde verpflichtet. Unsere Ergebnisse legen eher einen *doppelten Ansatz* sozialer Arbeit im ländlichen Raum nahe: Sie muß sich sowohl auf tradionale Strukturen und Mentalitäten richten wie auf neue. Soziale Arbeit muß auch im ländlichen Raum der sozialen Ausdifferenzierung in Teilmilieus mit unterschiedlichen Handlungsmustern und Orientierungen sowie vor allem stark differenzierten Lebenslagen Rechnung tragen. Sie kann sich nicht auf ein homogenes Gemeinwesen, sie muß sich auf unterschiedliche Lebenslagen mit differenten Deutungsmusterstrukturen und Handlungsmöglichkeiten beziehen.

Der Leser hat nun die verschiedenen Teiluntersuchungen und einen ersten Versuch der zusammenschauenden Würdigung kennengelernt. Sicher ist nicht alles im Blick, was hier an Schlußfolgerungen und Ableitungen zu ziehen möglich wäre. Doch sind noch einige Bemerkungen zum Zusammenhang der Teiluntersuchungen zu machen.

Da jede Methode ihren spezifischen Gegenstand konstituiert, die Methoden aus verschiedenenen Theorietraditionen stammen und daher unterschiedliche Prämissen in den Forschungsprozeß einbringen, sich auf unterschiedliche Paradigmata stützen, ist die Triangulation keine additive Methode, die unterschiedliche Aspekte der Realität zusammenführt. Die Passung der verschiedenen Teilergebnisse ist nicht kongruent, sondern komplementär: die Einheit der Daten (die Behauptung eines einheitlichen Gegenstands) ist keine empirische, keine methodische, sondern eine theoretische Frage. In der Theorie von Armut, die nur mehrdimensional angelegt werden kann, erweist sich ein Ansatz unterschiedlicher Methoden als produktiv. Die Triangulation setzt mithin ein Verständnis vom Zusammenhang der unterschiedlichen Teilergebnisse voraus, sie schafft sie nicht; sie erweitert bestenfalls, was als theoretischer Möglichkeitsraum - auch unerwartet - im Horizont des Forschers bzw. der Forschergruppe lag. Doch läßt sich die Triangulation auch als Prozeß: Kenntniserweiterung der Forscher im Zeitverlauf und im Forschungsfeld interpretieren.

Theoretisch wird Armut als Phänomen gesehen, bei dem mehrere Strukturdimensionen gesellschaftlicher Realität zusammentreffen und das nur in seiner Komplexität zu begreifen ist. Festzuhalten ist an Armut als analytischer Kategorie, d. h. als Strukturkategorie von sozialer Ungleichheit, als zentralem Begriff der Gesellschaftsanalyse - und auch der Sozialen Arbeit.

2. Sozialpädagogische und sozialpolitische Konsequenzen

Die Funktion, das Selbstverständnis und die Zielsetzung sozialer Arbeit sind im Kontext der Debatte um Modernisierung der Gesellschaft seit Beck (1983, 1986) in der Diskussion. Diese Debatte soll hier nicht umfassend einbezogen werden, sondern es sollen anläßlich der Ergebnisse der vorliegenden Studie einige Pointierungen vorgenommen werden. Die Geschichte der Sozialen Arbeit läßt sich rekonstruieren als Normalisierungsarbeit (Thiersch); freilich stellt Soziale Arbeit dabei eine intermediäre Instanz dar, die zwischen System und Lebenswelt Anpassungshilfen vermittelt (Mollenhauer). Dabei handelt Soziale Arbeit zumeist in lebensweltlichen und alltagsorientierten Bezügen, gleichwohl sind ihre pädagogisch transformierten Handlungsimperative systemisch induziert. Die gegenwärtige Situation sozialer Arbeit läßt sich auch als "Orientierungsdilemma" (Galuske 1993) beschreiben. Angesichts zunehmender Brüchigkeit von Normalitätsvorstellungen gelingt es Sozialer Arbeit immer weniger, die Frage überzeugend zu beantworten, an welche konkreten Bedingungen der Arbeitsgesellschaft denn angepaßt, qualifiziert und wohin sozialisiert und integriert werden soll. Das erwähnte Konzept der Lebensbewältigung (Böhnisch/Schefold 1985; Böhnisch 1994) bezieht sich genau auf diese veränderte Ausgangslage sozialer Arbeit. Es ist konstitutiv offen, indem Grundlage pädagogischer Intervention der Bezug auf die Lebenswirklichkeit des Klienten, seine aktuellen Belastungen wie seine (auch potentiellen) Ressourcen und seine Chancen ist. Insofern ist Lebensbewältigung immer auf die konkreten sozialen Lebenslagen im lebensweltlichen (d. h. milieu- oder netzwerkbezogenen) Kontext bezogen, verstanden als "ein Set von Möglichkeiten und Mustern der Bewältigung von Lebensproblemen, die aus sozialen Problemen (entstehen)" (vgl. Böhnisch/Schefold 1985, 89). Je deutlicher institutionelle Anerkennung und die tatsächlichen Chancen zur Normalisierung divergieren, müssen Muster der Lebensbewältigung sich *neben* dem Normallebenslauf orientieren.

Dies deswegen, weil die Begrenztheit und Spezifität des Normallebenslaufs sichtbarer wird. Dies geht einher mit einem Integrationsschwund des sozialen Sicherungssystems, der Bildungsinstitutionen; weil die Erreichbarkeit des Normalen nicht mehr garantiert werden kann, zumindest nicht nach Kosten, Nutzen und Effektivität kalkulierbar ist, verlieren diese Institutionen an Integrationspotential, an Zurechenbarkeit. Theoretischer Hintergrund des Konzepts Lebensbewältigung ist die Einsicht in den Verlust der Universalität des Normallebenslaufs mit seinen Vorgaben, aber auch Sicherheiten. Weil die Zukunft für die einzelnen nicht mehr institutionell verfügbar oder garantierbar ist (vgl. Ewers/Nowotny 1987), wird die Bewältigung der aktuellen Lebenssituation zur vordringlichsten Aufgabe des einzelnen.

Lebensbewältigung ist der lebenslagebezogene Vermittlungshorizont des Subjekts; in unserem Verständnis vermittelt durch Deutungsmuster und Handlungsspielräume. Lebensbewältigung stellt in diesem Verständnis die subjektive Seite der Lebenslage dar, gleichsam den Vermittlungsprozeß unterschiedlicher Strukturebenen, aus denen Handlungsspielräume folgen. All dies sind theoretische Deutungen.

In analytischer Perspektive geht bei der Betrachtung der Lebenslage von Klienten auch die sozialpolitische Dimension in Form materieller Versorgungsstandards wie (normativer) Vorgaben von materiellen und persönlichen Hilfen mit ein, so daß materielle Mangellagen und Versorgungslücken einbezogen werden. Damit wird auch die Fragestellung impliziert, "ob die herrschende Sozialpolitik für die betroffenen Sozialgruppen überhaupt 'lebensgerecht' ist. Sozialisation und Sozialpolitik sind also in diesem Paradigma aufeinander bezogen" (vgl. Böhnisch/Schefold 1985, 94). Das Paradigma Lebensbewältigung verlangt also nicht allein die konzeptionelle Orientierung im Interesse des Klienten am ihm Möglichen und Machbaren, es schließt ebenso die sozialpolitische Dimension - etwa die Forderung einer materiellen Grundsicherung als Instrument der Entkoppelung von materieller Sicherung und Arbeitsverpflichtung - ein.

Das Subjekt ist mit sozialen Problemen in Form von sozialstaatlich vermittelten (d. h einen historisch überkommenen Regulationsprozeß, der aktuell adaptiert und variiert wird), Lebenslagen gestaltenden Integrationsformen sozialer Sicherung konfrontiert. Im lebensweltlichen Kontext "ermöglichen und begrenzen die sozialen Deutungsmuster das Handeln der Individuen" (Dewe/-Scherr 1990, 132), geben gleichsam den Handlungshorizont vor. Dieser Handlungshorizont konstituiert sich über die in Deutungsmustern vorgegebenen Interpretations-, Orientierungs- und Möglichkeitsmuster. Diese stellen die Vermittlung zwischen objektiven Lebens(lage)bedingungen und individuellen, biographischen Bedingungen, zwischen Sozialstruktur und Subjekt dar. Diese Struktur kann ein doppeltes Konfliktpotential bergen: einmal können die lebensweltlichen Handlungshorizonte den "objektiven" Handlungsmöglichkeiten inadäquat sein, so daß die Subjekte genötigt sind, produktive Lösungen im Gegensatz zur Lebenswelt zu suchen. Die objektive Dysfunktionalität der Deutungsmuster kann ferner in subjektives Leiden münden, weil Subjekte an den widersprüchlichen Anforderungen individuell "verzweifeln". Die spezifische Problematik für Soziale Arbeit ist darin zu sehen, daß die lebensweltliche und biographische Verbindlichkeit der Deutungsmuster einer intentionalen Veränderung widerstrebt und solche Sinnstrukturen "nicht umstandslos gegen normativ geforderte oder rational begründete (vermeintlich) bessere Alternativen ausgetauscht werden können." (vgl. Dewe/Scherr 1990, 130).

Sozialpädagogische Forschung hat die Problematik der Genese und Geltung, der Vermittlung und Tradierung und der Variation bzw. Kontinuität und Diskontinuität von sozialen Deutungsmusterstrukturen weiter aufzuklären. Dies müßte in den Kontexten sozialstaatlicher Regulationsprozesse (durch Formierung sozialstaatlicher Regelungen strukturierte soziale Aus- und Abgrenzungsprozesse), lebensweltlicher (bzw. milieuspezifischer) Veränderungen durch sozialen Wandel und Modernisierungsprozesse und subjektiver Aneignungs- und Adaptionsprozesse in Vermittlung der genannten Ebenen untersucht werden. Soziale Arbeit benötigt eine differenziertere Theorie der Modernisierung, die vor allem lebensweltliche und milieubezogene Wandlungs- und Vermittlungsphänomene sowie biographisch-subjektive Muster zu verstehen erlaubt. Beide müßten bezogen sein auf ein Konzept von Lebenslagen, das struktur- und handlungstheoretische Analysestränge vermittelt.

Grundlagenforschung wird einer Disziplin umso nötiger, die bislang historisch überwiegend praxeologisch orientiert war und in ihrer geschichtlichen Entwicklung einer theoretischen Durchdringung und Reflektion ihres Praxisbereichs entraten mußte. Vor allem wenn Soziale Arbeit sich heute nicht mehr als nur gezielte Bearbeitung sozialer Benachteiligung, sondern als Lebenslagen und soziale Handlungsräume (mit-)gestaltende soziale Instanz versteht, die subjektive und lebensweltliche Spielräume schaffen, erweitern und unterstützen will, ist die empirische und theoretische Durchdringung dieses Handlungsfeldes weiter voranzutreiben.

Formwandel des Sozialen

Die Veränderungen dessen, was Sozialität und Gemeinschaftlichkeit ist, sind auch in der sozialpädagogischen Diskussion vielfach beschrieben worden (vgl. z. B. Rauschenbach 1990, 1992; Brumlik/Brunkhorst 1993; Iben 1994). Die vorliegende Studie konnte auch im ländlichen Raum, der in vieler Hinsicht noch von traditionalen Strukturen und Mustern bestimmt ist, erhebliche Prozesse der Modernisierung und der sozialen Differenzierung aufweisen. Der mit den Prozessen der Enttraditionalisierung verbundene Verlust kollektiver bzw. gemeinschaftlich geteilter Orientierung bedeutet nicht nur Befreiung von alten Abhängigkeiten. Das Individuum ist zugleich auf die Erarbeitung subjektiver Bewältigungsstrukturen einer komplexer werdenden Wirklichkeit verwiesen. Doch sind auch die dazu nötigen Ressourcen, die äußeren Abhängigkeiten und Bedingungen selbstbestimmter Lebensgestaltung ungleich verteilt. Die generelle "Tendenz zur Individualisierung bricht sich ... an alten und neuen Ungleichheiten, und sie wird so für einige eher möglich, eher zugänglich als für andere und an einigen geht sie möglicherweise auch vorbei." (Chassé/Drygala/Eggert Schmid-Noerr 1992, 17f.).

Ein Merkmal dieser Entwicklung kann darin gesehen werden, daß die Enttraditionalisierung das Leben insgesamt komplizierter und risikoreicher macht (vgl. Thiersch 1992). Friktionen und biographische Brüche sind nicht sozial begrenzt: "Ungleichheitslagen und Disparitäten, die pädagogisches Handeln im weitesten Sinn nach sich ziehen, lassen sich tendenziell weniger eingrenzen auf ganz bestimmte soziale Gruppen..."(Chassé/Drygala/ Eggert Schmid Noerr 1992, 21).

Mit den Prozessen gesellschaftlicher Modernisierung bilden sich auch neue Lebenslagen und Lebenssituationen heraus, die ungesichert sind und häufig sozialpädagogischer Unterstützung bedürfen. In der Studie haben sich neben

Arbeitslosigkeit etwa jugendlicher Berufseintritt bzw. jugendliche Orientierung in Bezug auf den Eintritt in die Arbeitswelt, Alleinerziehung als zunehmende, stark gefährdete und prekäre Lebenslage gezeigt. Solche Lebenssituationen stellen die Menschen vor Orientierungsprobleme, doch sind auch die materiellen Aspekte der Lebenslage zu beachten.

Als Modus der Lebensführung beschreibt Individualisierung letztlich einen neuen Modus von Vergesellschaftung (Rauschenbach 1992, 41). Das Verhältnis der verschiedenen Momente des Sozialen, der gewachsenen Lebenszusammenhänge, der gesuchten Netzwerke, der inszenierten Gemeinschaften, der als pädagogische Hilfe oder Dienstleistungen auftretenden Aspekte, um nur einige wichtige zu nennen, verändert sich. Zwar ist die Richtung der Entwicklung deutlich, doch die Konturen sind noch unscharf. Hier sei nur hervorgehoben das Schwinden der verbindlichen Kraft überkommener Vorgaben von Orientierungen und von Handlungsmustern, was diese Studie für den ländlichen Raum für viele Problemfelder zeigte, und zugleich - damit verbunden - die zunehmende Notwendigkeit der einzelnen, neue, situative, auf Problemlagen und biographische Aufgaben bezogene Netzwerke zu finden, in denen Lösungen sich entwickeln können. Die Schwächung alter lebensweltlicher Bezüge wie Familie, Schule, der lebensweltlichen Öffentlichkeiten in Verwandtschaft, Nachbarschaft, Kirche, Partei, Betrieb bedeutet für die Soziale Arbeit, die Handlungsfähigkeit des einzelnen in der Spannung zwischen Entscheidungsfreiheit und Notwendigkeit vor dem Hintergrund des Bedeutungsverlusts dieser Bindungen entwickeln bzw. stützen zu müssen. "Es ist eine paradoxe Situation: sie kann das nur, indem sie zugleich die lebensweltlichen Bezüge stärkt und ausbaut, die zugleich differenzierter, inhomogener, zersplitterter, begrenzter geworden sind, sich auf Phasen im Lebenslauf beschränken, auf kleinere Subgruppen, auf kleinere lokal soziale Netze. Der Lebensweltbezug ist also insgesamt problematischer, komplexer, schwieriger geworden." (Chassé/Drygala/Eggert Schmid-Noerr 1992, 22).

Aspekte einer Neuorientierung der Sozialen Arbeit

Der Blick auf verschiedene Aspekte der arbeitsgesellschaftlichen Modernisierung zeigt, daβ angesicht der Komplexität und Differenziertheit der Entwicklungen einfache Antworten nicht möglich sind. Für die Soziale Arbeit sind daher ein selbstkritischer Bezug auf die eigenen Handlungsansätze und eine kritische Analyse des den Subjekten Nötigen und Möglichen in ihren lebensweltlichen Zusammenhängen unter Einbezug von Zielsetzungen wie der Unterstützung von Autonomie und Selbsthilfe/Selbständigkeit erforderlich bzw. unabdingbar.

Im Kontext der Ergebnisse der vorliegenden Studie sollen hier nur einige Aspekte pointiert werden, die sich anknüpfend ergeben. Als allgemeine Momente einer Neuorientierung lassen sich die Entkonventionalisierung der Interventionsziele, begleitet von einer stärkeren Orientierung an einer umfassenderen Lebensbewältigung der Klienten nennen. So müssen insbesondere für die Klienten der Sozialarbeit/Sozialpädagogik Normalitätsvorstellungen differenziert werden. Lebensbewältigung als Paradigma scheint hier eine angemessenere Strategie, da sie normativ kein Handlungsfeld ausschließt, sie bezeichnet die Orientierung am dem Klienten Möglichen. Wo etwa lohnarbeitszentrierte Integration gewollt und möglich ist (vgl. etwa Herrn R., Interview 5), muß sie befördert werden (dort durch eine Einrichtung der Jugendberufshilfe geschehen), wo sie nicht gewollt oder nicht möglich ist, müssen andere Lösungen gesucht werden. Wo die Familie nicht (etwa bei den ledigen Alleinerziehenden, vgl. Kap. II) oder nicht mehr (bei den nachfamilialen Alleinerziehenden) gewollt ist, müssen die Existenzgrundlagen dieser Lebenssituation abgesichert und neue Perspektiven (Ausbildung, Arbeit, Wohnen) eröffet werden.

Allgemein gesprochen bedeutet dies, daß vor dem Hintergrund der Differenzierung von Normalitätsvorstellungen soziale Arbeit sich stärker ausrichtet auf die Stützung und Unterstützung von Lebensverhältnissen und Lebenslagen, die sozial- und kommunalpolitisch von und mit den Betroffenen ausgestaltet werden müßten. Diese Relativierung des instrumentellen Verhältnisses von Sozialstaat und Sozialer Arbeit ermöglicht, die Perspektive der Subjekte stärker zur Geltung zu bringen, und sie kann ermöglichen, ein größeres Potential entstehender Spielräume politisch offensiv nutzbar zu machen. Das impliziert eine Verlagerung der Orientierung von einer auf den individuellen Fall zugeschnittenen Interventionsform auf die soziale Stützung und Unterstützung von Lebensverhältnissen, auf die Sicherung und Gestaltung der Rahmenbedingungen von Lebenslagen und Bewältigungsformen. Schaarschuch nennt diese Perspektive reproduktionsorientierte bzw. lebenslagenorientierte Soziale Arbeit (1990, 176 ff.). Sie bedeutet auch eine Konfliktorientierung, d.h. Interessenvertretung und -durchsetzung als sozialer Prozeß. Impliziert wird in diesem Konzept ein zentraler Lebenswelt- und Gemeinwesen- bzw. Stadtteilbezug, die Selbstzuständigkeit der Adressaten, die Bereitstellung bzw. die Unterstützung sozialer Räume (auch Infrastrukturangeboten als Bereitstellung sozialer Räume) und die Demokratisierung institutioneller Trägerstrukturen. Entscheidend scheint mir dabei der Aspekt der Gestaltung bzw. Mitgestaltung von Lebenslagen in den vielfältigen Dimensionen, die angerissen wurden. Dazu gehört auch die teilweise Neubestimmung des Verhältnisses von Hilfe und Selbsthilfe durch eine stärkere Orientierung auf die

Schaffung bzw. Unterstützung von infrastrukturellen Voraussetzungen für die Selbstorganisation von Betroffenen. Auch ein Sozial- bzw kommunalpolitisches Selbstverständnis sozialer Arbeit im Sinne einer Einflußnahme auf konstitutive Lebenslagefaktoren bzw. Lebensbedingungen der Klienten ist hier einbezogen (vgl. auch Schaarschuch 1990, 167 ff.).

Mit dieser Orientierung bezöge sich soziale Arbeit auf drei zentrale Ebenen des Modernisierungsprozesses, nämlich den Verlust der Arbeitszentrierung, den Funktionswandel des Sozialen und die Individualisierung und Enttraditionalisierung von Lebenslagen und Lebensverläufen. An einigen Bereichen der vorliegenden Studie sollen Ansatzpunkte für mögliche praktische Konsequenzen skizziert werden.

3. Problembereiche sozialpädagogischer Interventionen

Allgemeines

Soziale Arbeit als Bearbeitung sozialer Benachteiligungen, die sich in Lebensverhältnissen ausdrücken und als "Beschädigungen und Begrenzungen von Subjektivität" (vgl. Dewe/Scherr 1990, 132) sichtbar werden, muß sich auch auf das Problem der Deutungsmusterstrukturen beziehen. Vor dem Hintergrund der scharfen Trennung zwischen allgemeinen Deutungsmusterstrukturen und deren alltäglich-lebensweltlicher Ausformung ergab die Studie, daß die Möglichkeit einer Lockerung des allgemeinen Deutungsmusters innerhalb der sozial recht homogenen und geschlossenen dörflichen Struktur zunächst verneint werden muß.

Doch ist denkbar, daß über eine Entstigmatisierung der Sozialhilfe Veränderungen eingeleitet werden können. Dabei hätten im Vordergrund Maßnahmen zu stehen, die auf eine Veränderung des Status von Sozialhilfebezug im Sinne einer vorgelagerten sozialen Grundsicherung, Aufgabe des Subsidiaritätsprinzips und Veränderung von Verwaltungsstrukturen und Bewilligungsformen - auch bei den einmaligen Beihilfen - zielen.

In Bezug auf die Sozialverwaltung ergab sich die Einschätzung, daß generell (nicht nur im ländlichen Raum) die Organisationsform der Sozialamtsverwaltung als monetäre Leistungsverwaltung den - auch im ländlichen Raum - strukturell neuen Problemen der Sozialhilfepopulation zu wenig gerecht wird. Hier steht eine grundlegende Reform (auch des BSHG) an, die der Sozialhilfe eine neue Bedeutung zuweisen müßte.

Auf bundespolitischer Ebene ist eine grundlegende Reform der sozialen Sicherung seit langem in der Diskussion und überfällig. Hier geht es einmal um eine spürbare Erhöhung des Sozialhilfeniveaus, die einen zureichenden Lebenszuschnitt für die auf Sozialhilfebezug angewiesenen Menschen sicherstellen müßte. Da die Sozialhilfe vor allem auf dem Dorf -wie alle unsere verwendeten Methoden zeigen- noch immer ein sehr diskriminierter staatlicher Transfer ist, wäre die Forderung der Grundsicherung (auch in der Form einer Sockelung) in den vorgelagerten sozialen Sicherungssystemen zu unterstreichen. Ein Gutteil der ländlichen Dunkelzifferproblematik wäre dadurch erfaßt.

Kommunalpolitische Interventionen

Wenn auch die gesellschaftlichen Probleme der langanhaltenden Massenarbeitslosigkeit sicher nicht auf kommunalpolitischem Wege lösbar sind, so sind dennoch stärkere kommunalpolitische Anstrengungen nötig und möglich, um den Großteil der Sozialhilfebezieher, die im besten Alter stehen, zu einer Reintegration ins Arbeitsleben zu verhelfen. Die dargestellten erheblichen Benachteiligungen im Bereich der schulischen und beruflichen Ausbildung lassen die Schlußfolgerung zu, daß Anstrengungen zur Reintegration dieser Personengruppen grundsätzlich mit Qualifizierungsmaßnahmen gekoppelt und verzahnt werden müssen, um einen mehr als nur temporären Wiedereinstieg ins Berufsleben zu ermöglichen. Kommunale Beschäftigungsprogramme (dies gilt sowohl für Arbeitslose wie für Alleinerziehende in der Sozialhilfe) müßten grundsätzlich viel stärker zur Qualifizierung benutzt und mit Qualifizierungsmaßnahmen verzahnt werden. Dabei können solche Maßnahmen mit Anstrengungen zur Strukturförderung im Umwelt- oder im sozialen Dienstleistungsbereich verknüpft werden, weil im Anschluß an die Maßnahme dann eher eine Arbeitsperspektive möglich ist. Alle Fortbildungs- und Umschulungsmaßnahmen müssen zugleich für die besonderen Probleme dieser Zielgruppe, die in der Regel schulentwöhnt und bildungsentwöhnt ist, konzipiert sein (z. B. situativer Ansatz). Dies schließt also eine erhebliche sozialpädagogische oder sozialarbeiterische Komponente solcher Maßnahmen ein. Für Alleinerziehende müßten verstärkt Teilzeitarbeitsplätze oder Arbeitsplätze mit flexibler Arbeitszeiteinteilung erschlossen bzw. bereitgestellt werden. Dieser Bereich der Ausgestaltung kommunaler Sozialpolitik dürfte zunehmende Bedeutung erlangen und stellt einen Kernbereich lokaler Sozialarbeitspolitik dar, dessen Profilierung der kommunalpolitischen Aus- und Mitgestaltung von Lebenslagen und Lebensformen insbesondere unter dem Aspekt noch gewichtiger wird, daß zumindest für einen Teil der Betroffenen ein Bereich dauerhafter Lebensbewältigung - bei dem Nischen bzw. Alternativen zum ersten Arbeitsmarkt entscheidend werden - von essentieller Bedeutung ist. Aufgrund der Anregungen des Projekts haben beide beteiligte Landkreise Programme mit Integrationsmaβnahmen nach §19 BSHG (vom Land unterstützt) aufgelegt; dies scheint ein erster Schritt, beurteilbare Erfahrungen liegen noch nicht vor.

Arbeitslosigkeit

Das Spektrum der Schwierigkeiten ist breit gefächert, die diese Problemlage kennzeichnen. Die aus der materiellen Unterversorgung folgenden Probleme verschärfen sich mit der Dauer der Problemlage sowohl in materieller Hinsicht (Zunahme von Einschränkungen, Ratenkäufe, Schulden, Haushaltsausstattung nicht erneuerbar) wie in psychosozialer Hinsicht (anwachsende familiale Probleme) und hinsichtlich der sozialen Akteptanz (dörfliche Integration durch Arbeitsamkeitsbeweis). Die Auswirkungen innerhalb der Familie sind tiefgreifend und bewirken mittelfristig eine Schwächung der sozialisatorischen Kraft des Familienverbands (vgl. auch Angestelltenkammer Bremen, 176). Mit dem Andauern der Arbeitslosigkeit führt die persönliche Verunsicherung auch zu Problemen bei der Wahrnehmung und Durchsetzung von Ansprüchen gegenüber Arbeits- und Sozialverwaltung.

Der Bereich der Sozialberatung muß daher in Hinblick auf Information und Beratung bei Interessenvertretung gegenüber der Arbeits- und Sozialverwaltung, auf Empowerment von Betroffenengruppen, auf eine psychosoziale Beratung unter Einbeziehung des sozialen Nahfeldes ausgebaut werden.

Die Verbesserung der Kenntnislage über Rechte und Leistungen von Arbeits- und Sozialamt erscheint als besonders wichtiger Bereich. Gerade die Ergebnisse von Struktur- und Dorfuntersuchung (Kap. II und IV) zeigen, wie unterschiedlich die Verwaltungen in ihrem Bereich Standards setzen, definieren und praktizieren, die zu Lasten der Betroffenen gehen. Die Spielräume im Bereich gesetzlicher Bestimmungen machen die Hilfen für einzelne Betroffene zu oft von personalen Bedingungen abhängig (hier wird auf seiten der Verwaltungen häufig Arbeitsüberlastung, Personalmangel u. dgl. - mit Recht -angeführt). Hier wäre eine umfassende Informations- und Öffentlichkeitsarbeit in Zusammenarbeit mit Selbsthilfegruppen erforderlich. Auch eine stärker konfliktorientierte Strategie seitens der Betroffenen und Selbsthilfegruppen und/oder von freien Verbänden im Sinnne eines Empowerment könnte hier die Rechte der Betroffenen besser zur Geltung bringen und das regionale Kräftegleichgewicht zugunsten der Hilfebezieher verschieben. Auf seiten der Gemeindeämter steht der Verwaltungsaspekt der Tätigkeit bislang zu sehr im Vordergrund. In der ländlichen Sozialverwaltung müssen in stärkerem Umfang sozialpädagogische Fachkräfte eingesetzt werden, die auch Entscheidungsbefugnis besitzen. Die Kooperation mit dem Allgemeinen Sozialen Dienst könnte auf diese Weise intensiviert werden.

Der Gestaltungsaspekt sozialer Arbeit sollte auch im ländlichen Raum Selbsthilfeinitiativen, die unterstützt werden sollten, stärker einbinden. Dies würde auch die lebensweltliche Verortung dieser Gruppen und ihre Einbindung in die lokale Öffentlichkeit verbessern. Öffentlichkeitsarbeit müßte auch auf die Steigerung der Sensibilität gegenüber sozialen Problemlagen gerichtet sein. Konfliktorientierung schließt dann auch die Organisierung von Artikulation von politischem Protest gegenüber z. B. sozialstaatlichen Kürzungen (so etwa in der Region gegen ABM-Kürzungen geschehen) ein. Hier könnten auch Kirchengemeinden und Vereine in eine ländliche Gemeinwesenarbeit eingebunden werden.

Möglichkeiten zur materiellen Erleichterung des Zugangs zu öffentlichen kommunalen Infrastruktureinrichtungen (Schwimmbäder, Freizeitangebote für Jugendliche, Familienerholung, Bildungs- und Weiterbildungseinrichtungen, Museen usw.) waren in der Region lange ein kommunales Streitthema zwischen Betroffeneninitiativen und Bürgern. Ein "Sozialpaß" für sozial Benachteiligte war - in gegenüber den Forderungen abgespeckter Form - das Ergebnis. Auch die Verbesserung des öffentlichen Nahverkehrs (ÖPNV) in Richtung größerer Bedarfsgerechtigkeit gehört in diesen Zusammenhang.

Beide Landkreise haben inzwischen Programme zur Verbesserung der Integrationschancen für Hilfebezieher aufgelegt, die vom Land finanziert werden. Soweit sich dies bisher beurteilen läßt, scheinen sie wirksam zu sein. Bei Integrationsmaßnahmen nach Paragraph 19 BSHG sollte eine Verzahnung kommunaler Beschäftigungsprogramme mit Qualifizierungsmaßnahmen angestrebt werden. Maßnahmen zur Umschulung und Fortbildung sollten stärker mit Maßnahmen zur Strukturförderung (etwa im Umwelt-, Fremdenverkehrsförderungs- und sozialen Dienstleistungsbereich) verknüpft werden, da dann eher eine reguläre Arbeitsperspektive entwickelbar ist (im Sinne einer Rückführung in den ersten Arbeitsmarkt). Die Fortbildungs- und Umschulungsmaßnahmen müßten so konzipiert sein, daß die Mehrzahl der Teilnehmer die gesetzten Ziele auch erreichen kann, sollten also eine sozialpädagogische Strukturierung einschließen. Auch Angebote der Bildungsarbeit für Arbeitslose unter Einbeziehung der Familienmitglieder erscheinen sinnvoll. Über die Weiterentwicklung schon bestehender Ansätze in den Bereichen Schule, Weiterbildung, Gewerkschaften sollte nachgedacht werden.

Freilich können die kommunalpolitischen Bemühungen um Bildung, Ausbildung und Integrationsmaßnahmen die gesamtgesellschaftlichen Entwicklungen auf dem Arbeitsmarkt nicht kompensieren. Die arbeitsmarktpolitischen Maßnahmen reichen bei weitem nicht aus, um das Problem der Massen- und Dauerarbeitslosigkeit wirksam zu bekämpfen. Hier zeigt sich sehr deutlich, daß bei aller Notwendigkeit auch sozialpädagogisch vermittelter Angebote und Förderungen das grundsätzliche Problem der Arbeitslosigkeit kein pädagogisches, sondern ein ökonomisches und politisches Problem ist, das nur durch gesamtgesellschaftliche Lösungen der bestehenden Verteilungsprobleme beseitigt werden kann.

Alleinerziehende

Angebote zur Alltagsbewältigung, Treffpunkte und Begegnungsstätten für Alleinerziehende erscheinen auch im ländlichen Raum sinnvoll. Schulen und Kirchengemeinden wie auch Selbsthilfegruppen können hier Ansatzmöglichkeiten (etwa über die Einrichtung von Mutter-Kind-Gruppen, selbstorganisierte Kinderbetreuung, Patenschaften von Älteren usw.) bieten. Nur zum Teil kann auf verwandtschaftliche Hilfe zurückgegriffen werden (vgl. Kap. II: zwar wohnt ein Fünftel der ledigen Alleinerziehenden bei Verwandten, doch die Mehrzahl der nachfamilialen Alleinerziehenden hat keine Verwandte am Ort). Im Konflikt zwischen tradionalen Wertvorstellungen in Bezug auf Elternschaft, die die Beanspruchung öffentlich organisierter Hilfen zur Kinderbetreuung mit dem Makel versieht, daß die Familie nicht funktioniere, muß Soziale Arbeit die Partei der Familien ergreifen. Auch wäre Öffentlichkeitsarbeit (im Sinne einer Aufklärungsarbeit über die besonderen Probleme von Alleinerziehenden) im Verbund mit entsprechenden Maßnahmen der Arbeitsverwaltung sinnvoll und notwendig (z.B. Durchsetzung der Gleichbehandlung; Förderung der Einrichtung von Teilzeitstellen; Ermöglichung von Kinderbetreuung während der Arbeitszeit usw.). Dabei erwies sich auch bei den angelaufenen Maßnahmen der Landkreise die Schaffung selbstorganisierter Kinderbetreuung bzw. flexiblere Unterbringungs- und Betreuungsmöglichkeiten durch öffentliche Einrichtungen als zentral für die Verbesserung der Erwerbsmöglichkeiten von Alleinerziehenden. Gegenwärtig, solange keine flächendeckende Versorgung mit Kindergartenplätzen, Kindertagesstätten und Horten als Rechtsanspruch gewährleistet wird, ist die Betonung der Forderung auf Selbsthilfe problematisch, weil sie ein soziales Problem privatisiert und den betroffenen Frauen anlastet. Demgegenüber ist die tatsächliche Gleichstellung der Frauen anzustreben: hierzu gehören der rechtlich gewährleistete Anspruch auf Kinderbetreuung; die Umverteilung der Reproduktionslasten und arbeitsmarktpolitische und kommunalpolitische Maßnahmen gegen die Benachteiligung von Frauen (besonders Alleinerziehender) in Ausbildung, Arbeit und Beruf.

Auch hier sollte eine differenzierte und spezifizierte Sozialberatung vor Ort nicht nur auf die wirtschaftliche Situation (Durchsetzung von Ansprüchen gegenüber dem Sozialamt und anderen Stellen), sondern auch auf psychosoziale Beratung und Erziehungsberatung abstellen.

Es sind spezifische Programme zu entwickeln, die sowohl den Wiedereinstieg in die Erwerbstätigkeit nach einer langen Unterbrechung als auch für nicht oder wenig Qualifizierte den Einstieg in die Berufstätigkeit mit Qualifizierungsmaßnahmen verbinden. Solche Maßnahmen werden gerade bei den Alleinerziehenden nur zugleich mit Hilfen bei der Kinderbetreuung chancenreich sein können. Vorhandene Maßnahmenkonzepte sind bisher zu wenig auf die besondere Situation alleinerziehender Frauen angepaßt; hier besteht ein großer Entwicklungsbedarf, der in beiden Landkreisen auch gesehen wird.

Auch in der Arbeitsverwaltung können auf kommunaler Ebene Verbesserungen erfolgen. Als "arbeitslos" bzw. "arbeitssuchend" sollten auch jene Frauen angesehen werden, die eine Versorgung und Unterbringung ihrer Kinder nicht nachweisen können. Die derzeitige Regelung schließt als hartes Kriterium solche Frauen aus. Dies ist auch ein besonderes regionales Problem für diejenigen Frauen, in deren Gemeinde eine Unterversorgung oder schlechte Erreichbarkeit von Kinderbetreuungseinrichtungen gegeben ist.

Sozialpädagogische Hilfeangebote sollten zwar die bestehenden Selbsthilfegruppen unterstützen und den Aufbau weiterer begleiten. Diese Unterstützung muß sowohl materielle Hilfen für die Betroffenen als auch die Einbindung von Fachkräften in die Organisation und Umsetzung der Betreuungsarbeit einschließen. Doch darf die Förderung von Selbsthilfemöglichkeiten nicht nur auf individuelle Kompetenzen und ihre Steigerung verweisen, sondern muß wiederum eine umfassende Politisierung des Konfliktfeldes "Benachteiligung von Frauen" anstreben, die ein öffentliches Einklagen einer gerechteren Verteilung der Reproduktionsarbeit und deren Kosten möglich werden läßt. Die auch in ländlichen Regionen ansteigenden Scheidungsquoten und der hohe Anteil der Alleinerziehenden in der Sozialhilfe zeigen die Dringlichkeit dieser Perspektive. Die Entwicklung von Organisationsformen der Hilfe für Alleinerziehende - keineswegs auf sozial Schwache begrenzt - ist dringlich und sinnvoll. Eine Ausgrenzung der Hilfebezieher bzw. der sozial Schwachen sollte vermieden werden, die Entwicklung spezifischer Hilfeangebote erscheint auch keineswegs sinnvoll.

Alte Menschen in materiellen Unterversorgungslagen

Bei alten Menschen hat sich der Lebensbereich Wohnen als besonders schwerwiegend herausgestellt. Diese Gruppe hat es sehr stark mit unzulänglichen Heizformen, fehlendem Bad und WC in der Wohnung, mit renovierungsbedürftigen alten Häusern zu tun. Es ist daher zu überlegen, in welcher Weise die Wohnsituation alter Menschen vor allem im dörflichen Raum verbessert werden kann, ohne daß die soziale Einbindung in den Heimat- oder Wohnort verschlechtert wird.

Auch fragt sich, wie allgemeine Lebenshilfen (Erholung, gesellige Veranstaltungen, Sport, Ernährung, Beratung) auf regionaler Ebene intensivieren bzw. koordinieren lassen. Auch die Versorgung mit Hilfeangeboten in vorübergehenden Notlagen wäre effektiver und flexibler zu gestalten (ambulante Hilfen wie Mahlzeitendienste, ambulante Pflege, Hausnotrufdienst, psychosoziale Betreuung, Beratung und Unterstützung - praktische Lebenshilfe ebenso wie Ermunterung - über Rechte und Leistungsansprüche gegenüber Ämtern und Begleitung bei der Erledigung von Amtsgeschäften). Eine koordinierte Bearbeitung der Akzeptanzprobleme öffentlicher Hilfen durch Familie, Nachbarschaft, Soziale Dienste und Amtsverwaltungen ist notwendig.

Oft wird auch das Pflegegeld häufiger in Anspruch genommen werden müssen, um z. B. altersbedingte Selbstversorgungsmängel (nicht oder nicht immer putzen zu können, nicht mehr einkaufen zu können usw.) kompensieren zu können, ohne daß eine Heimeinweisung notwendig wird. Der weitere Ausbau der Pflegegeldregelung ist notwendig. Eine sozialpädagogisch angeleitete Einbindung der jüngeren Generation in die Organisation und Durchführung der Hilfen für Alte könnte die Kluft zwischen den Generationen verringern helfen. Auch hier bleibt zu bedenken, daß solche Überlegungen nicht auf eine verstärkte Beanspruchung der Angehörigen, also der Frauen, hinauslaufen dürfen. Von ihnen wird ja der Hauptanteil der in ländlichen Regionen innerhalb der Familie geleisteten Pflege und Versorgung alter Menschen und der damit verbundenen Belastungen getragen.

Der Landkreis Trier-Saarburg hat ein Programm zur Unterstützung pflegender und helfender Angehöriger aufgelegt, das diese entlastet und durch Information, Beratung, Selbsthilfegruppen und Aussprachen unterstützt.

Soziale Brennpunkte

Soziale Brennpunkte lassen sich nicht nur in den ländlichen Kleinstädten finden, sondern auch in einigen (größeren) Dörfern. Die Konzentration sozial Schwacher (häufig verbunden mit der von Asylanten und Ausländern) geht meist mit einer erkennbaren räumlichen Ausgrenzung einher. Die Kumulation von Unterversorgungslagen unterscheidet sich wenig von der städtischer sozialer Brennpunkte. Es stellt auch für ländliche Regionen ein Problem dar, wie diese Konzentration von Betroffenen in schwierigen Lebenslagen abgebaut bzw. verhindert werden kann. Hierzu müßte auf kommunalpolitischer Ebene (Wohnungsmarktpolitik, sozialer Wohnungsbau und Belegungspolitik der Sozialverwaltung) und der Ebene der gruppenbezogenen Selbstorganisation und Beratung angesetzt werden. Es ist zu prüfen, wie Gemeinwesenarbeit in solchen sozialen Brennpunkten durchführbar und sinnvoll ist.

Schuldnerberatung
Schulden haben sich insgesamt quer durch alle Gruppen unserer Befragung als wichtige Problemdimension ergeben. Besonders betroffen sind Familien. Die ländliche Tabuierung von Einkommensfragen erschweren die Identifizierung dieser Probleme. Nach den Erfahrungen der Beratungsdiesnte und des Allgemeinen Sozialen Dienstes streut diese Problematik quer durch alle Gruppen und Schichten. Ausgehend von diesem Bedarf ist die Versorgung mit und die auch räumliche Erreichbarkeit von Schuldnerberatungsstellen zu prüfen. Dabei ist die Gestaltung der Hilfen und der Aspekt der Erreichbarkeit (Information, Akzeptanz, personale Vermittlung, Bürgernähe) entscheidend. Über die Möglichkeiten der Einbeziehung der Medien und kleiner sozialer Hilfenetzwerke muß nachgedacht werden.

Sozial(hilfe)politik
Die vorliegende Studie hat vielfältige Mängel und Probleme der Sozialhilfepraxis der Städte und Verbandsgemeinden deutlich gemacht. Es ist zu überlegen, in welcher Weise einzelne Projektergebnisse als Anregung für eine bessere Ausgestaltung der Sozialamtspraxis und der Ämterstrukturen aufbereitet werden können. Dies betrifft z. B. die Gewährung einmaliger Beihilfen für Sozialhilfebezieher, die andernorts auch pauschaliert gewährt werden - was ein zweischneidiges Schwert ist. Die Beihilfen für Nichtsozialhilfebezieher (vgl. Kap. IV.2) könnten ebenfalls weniger restriktiv vergeben werden. Die Maßnahmen nach § 19 BSHG müssen verstärkt, effektiver gestaltet und offensiv verwendet werden, um Anreize zur Wiedereinstellung dieser Gruppen zu schaffen. Dabei sind auch neue Arbeitsmarktbereiche - z.B. Renaturalisierungsarbeiten, die in Region häufig vergeben werden - zu fördern. Die Informations- und Beratungstätigkeit des Sozialverwaltungen selbst, das Klima im Amt wären ein weiterer Gegenstand von Verbesserungsmöglichkeiten. Der Bedarf an sozialpädagogisch begleiteten Maßnahmen wird überwiegend bei den Ortsgemeinden gesehen, stellt aber auch das Problem der Um-Organisation der gegebenen Strukturen der Sozialverwaltung.

Die ländliche Dunkelziffer, die wir als sehr hoch einschätzen, stellt eine Herausforderung auf vielen Ebenen für die beteiligten Verwaltungen, aber auch Gemeinden, Pfarren und Vereine dar. Hier wäre auch zu prüfen, welche Möglichkeiten der Verbesserung der ländlichen Versorgung bei Land und Kreisen bestehen.

Hilfen müssen grundsätzlich die Besonderheit der dörflichen Lebenswelt mitreflektieren, die soziale Probleme zunächst einmal an den sozialen Nahkreis zurückverweisen. Diese sozialen Netze sind jedoch zur angemessenen Problembewältigung häufig nicht mehr in der Lage, sind überfordert. In dieser Hinsicht befindet sich die untersuchte Region in einer Umbruchsituation, die eine grundsätzlich andere, stärker auf präventive Aspekte gerichtete Organisation der sozialen Hilfen notwendig macht; es muß möglich werden, Hilfen anzubieten und anzunehmen, bevor die betreffenden Probleme so groß werden, daß ihre Bearbeitung unmöglich gemacht oder wesentlich erschwert wird.

Das dörfliche Gemeinwesen muß als Ressource begriffen werden. Doch sind die neuen sozialen Probleme mit traditional orientieren Wahrnehmungs-, Ausdeutungs- und Bearbeitungsformen nicht mehr zu bewältigen. Hierin liegt ein zentraler innerer Widerspruch des dörflichen Sozialwesens. Eine auf herkömmliche Weise strukturierte Sozialarbeit/Sozialpädagogik ist ebenfalls den Problemen der dörflichen Lebenswelt nicht angemessen. Die Sozialen Dienste der üblichen Struktur erreichen die Neusiedler, die von vorliegender Studie angesprochenen Probleme werden von diesen Angeboten nicht berührt.

Vor dem Hintergrund einer Entwicklung, die die Zahl der Ausgegrenzten und Benachteiligten beständig wachsen läßt und die Kluft zwischen Arm und Reich vergrößert, zielt die Perspektive des Projekts deshalb auf eine zweigleisige Gegensteuerung: auf die Entwicklung oder Weiterentwicklung einer subjektorientierten, lebenswelt- und konfliktorientierten Sozialen Arbeit einerseits und die gezielte Entstigmatisierung der Sozialhilfe andererseits. Gerade hier zeigt sich, daß die seit Jahren erhobene Forderung nach einem garantierten Mindesteinkommen oder auch einer bedarfsorientierten Sockelung vorgelagerter Sicherungen nichts von ihrer Aktualität eingebüßt hat.

Literatur

Abel, W. 1978: Geschichte der deutschen Landwirtschaft vom frühen Mittelalter bis zum 19. Jahrhundert. (Deutsche Agrargeschichte Bd. 2) Stuttgart.

Aglietta, M. 1976: Règulation et crises du capitalisme. L'expérience des Etats-Unies. Paris.

Agrarbericht 1986. Bundestagsdrucksache 11/85. Bonn.

Agrarsoziale Gesellschaft (Hrsg.) 1988: Ländliche Gesellschaft im Umbruch. Göttin gen.

Alber, J. 1989: Der Sozialstaat in der Bundesrepublik 1950-1983. Frankfurt/Main, New York.

Alheit, P./Glaβ, C. 1986: Beschädigtes Leben. Soziale Biographien arbeitsloser Jugendlicher. Ein soziologischer Versuch über die "Entdeckung" neuer Fragestellungen. Frankfurt/Main, New York.

Alheit, P. /Hoerning, E. M. (Hrsg.) 1989: Biographisches Wissen. Beiträge zu einer Theorie lebensgeschichtlicher Erfahrung. Frankfurt/Main, New York.

Allbus 1987: Eigene Berechnungen auf der Basis von Daten des ZUMA (Zentrum für Umfragen, Methoden und Analysen, Mannheim). Trier.

Allbus 1990: Eigene Berechnungen auf der Basis von Daten des ZUMA (Zentrum für Umfragen, Methoden und Analysen, Mannheim). Trier.

Allert, T. 1976: Legitimation und gesellschaftliche Deutungsmuster. In: Ebbighausen, R. (Hrsg.): Bürgerlicher Staat und politische Legitimation. Frankfurt; S. 217 - 244.

Allert, T. u.a. 1989: Praxisforschungsprojekt. Begleituntersuchung von Projekten der sozialpädagogischen Familienhilfe im ländlichen Raum. (Hrsg. Institut für Sozialarbeit und Sozialpädagogik). Frankfurt/Main.

Allert, T. u.a. 1994: Familie, Milieu und sozialpädagogische Intervention. Möglichkeiten, Handlungssätze und Probleme sozialpädagogischer Familienhilfe. Münster.

Amann, A. 1983: Lebenslage und Sozialarbeit. Elemente zu einer Soziologie von Hilfe und Kontrolle. Berlin.

Andersen, H. H./Elkeles, T. 1992: Gesundheit. In: Statistisches Bundesamt (Hrsg.) 1992a, S. 506 - 516.

Andretta, G. 1991: Zur konzeptionellen Standortbestimmung von Sozialpolitik als Lebenslagenpolitik. Regensburg 1991.

Angestelltenkammer Bremen (Hrsg.) 1987: Die Familie in der Arbeitslosigkeit. Bremen.

Apel. H. 1989: Fachkulturen und studentischer Habitus. In: Zeitschrift für Sozialisations- und Erziehungsforschung 9, H.1, S. 2 - 22.

Arbeitsamt Trier 1992: Sozialversicherungspflichtig Beschäftigte im Arbeitsamtsbezirk Trier. Sonderuntersuchung 1990 (Stand: 30. September 1990). Trier.

Arnold, R. 1983: Deutungsmuster. Zu den Bedeutungselementen und methodologischen Bezügen eines Begriffs. In: Zeitschrift für Pädagogik 29, H.6, S. 893 - 912.

Arnold, R. 1985: Deutungsmuster und pädagogisches Handeln in der Erwachsenenbildung. Bad Heilbrunn.

Aufenanger, S./Lenssen, M. (Hrsg.) 1986: Handlung und Sinnstruktur. Bedeutung und Anwendung der objektiven Hermeneutik. München.

Aufenanger, S./Lenssen, M. 1986a: Einleitung: Zum Programm der objektiven Hermeneutik. In: Aufenanger/Lenssen (Hrsg.) 1986, S. 1 - 18.

Badura, B. /Gross, P. 1976: Sozialpolitische Perspektiven. Eine Einführung in Grundlagen und Probleme sozialer Dienstleistungen. München.
Bäcker, G. u.a. 1989: Sozialpolitik und soziale Lage in der Bundesrepublik Deutschland. (2 Bde.) Köln.
Baethge, M. 1985: Individualisierung als Hoffnung und als Verhängnis. Aporien und Paradoxien der Adoleszenz in spätbürgerlichen Gesellschaften oder: die Bedrohung von Subjektivität. In: Soziale Welt 36, H. 3, S. 299 - 312.
Baethge, M. 1986: Individualisierung als Hoffnung und als Verhängnis. In: Lindner/-Wiebe (Hrsg.) 1986, S. 98 - 123.
Balsen, W. u.a. 1984: Die neue Armut. Ausgrenzung von Arbeitslosen aus der Arbeitslosenunterstützung. Köln.
Beck, H. 1986: Empirische Armutsforschung. Das Deprivationskonzept von Peter Townsend. In: Blätter der Wohlfahrtspflege 133, H. 11, S. 262 - 264.
Beck, M. 1992: Sozialhilfeempfänger 1990. In: Wirtschaft und Statistik 1992, H. 5, S. 299 - 310.
Beck, M. 1993: Sozialhilfeempfänger 1991. In: Wirtschaft und Statistik 1993, H. 4, S. 279 - 291.
Beck, M. /Seewald, H. 1994: Zur Reform der amtlichen Sozialhilfestatistik. In: Nachrichtendienst des Deutschen Vereins für öffentliche und private Fürsorge 74, H. 1, S. 27 - 31.
Beck, U. 1983: Jenseits von Stand und Klasse? Soziale Ungleichheiten, gesellschaftliche Individualisierungsprozesse und die Entstehung neuer sozialer Formationen und Identitäten. In: Kreckel 1983 (Hrsg.), S. 35 - 74.
Beck, U. 1986: Risikogesellschaft. Auf dem Weg in eine andere Moderne. Frankfurt/-Main.
Beck, U. 1988: Gegengifte. Frankfurt/Main.
Beck, U. 1993: Die Erfindung des Politischen. Frankfurt/Main.
Beck-Gernsheim, E. 1983: Familie im Modernisierungsprozeβ. Zum historisch neuen Spannungsverhältnis zwischen Elternschaft und eigener Lebensgeschichte von Mann und Frau. In: Bolte/Treutner (Hrsg.) 1983, S. 270 - 292.
Becker, U./Novak, H. 1982: Lebensweltanalyse als neue Perspektive der Meinungs- und Marketingforschung. In: E.S.O.M.A.R.-Kongreβ 1982, Bd. 2, S. 247 - 267.
Becker, U./Novak, H. 1985: "Es kommt der 'neue' Konsument". Analysen, Thesen, Vermutungen, Modelle. Werte im Wandel. In: form - Zeitschrift für Gestaltung, H. 111, S.13 - 18.
Berger, J. (Hrsg.) 1986: Die Moderne - Kontinuitäten und Zäsuren. (Sonderband 4 der Sozialen Welt) Göttingen.
Berger, J. 1988: Modernitätsbegriffe und Modernitätskritik in der Soziologie. In: Soziale Welt 39, H. 2, S. 224 - 236.
Berger, P. A. 1986: Entstrukturierte Klassengesellschaft? Klassenbildung und Strukturen sozialer Ungleichheit im historischen Wandel. Opladen.
Berger, P. A. 1987: Klassen und Klassifikationen. Zur "neuen Unübersichtlichkeit" in der soziologischen Ungleichheitsdiskussion. In: Kölner Zeitschrift für Soziologie und Sozialpsychologie 39, H. 1, S. 59 - 85.
Berger, P. A. 1990: Ungleichheitsphasen. Stabilität und Instabilität als Aspekte ungleicher Lebenslagen. In: Berger/Hradil (Hrsg.) 1990, S. 319 - 350.
Berger, P.A./Hradil, S. (Hrsg.) 1990: Lebenslagen, -läufe, -stile. (Sonderband 7 der Sozialen Welt) Göttingen.

Berger, P. A.; Hradil, S. 1990a: Die Modernisierung sozialer Ungleichheit - und die neuen Konturen ihrer Erforschung. In: Berger/Hradil (Hrsg.) 1990, S. 3 - 24.
Bergmann, W. 1981: Lebenswelt, Lebenswelt des Alltags oder Alltagswelt? In: Kölner Zeitschrift für Soziologie und Sozialpsychologie 33, H. 1, S. 50 - 72.
Bergold, J. B./Flick, U. (Hrsg.) 1987: Ein-Sichten - Zugänge zur Sicht des Subjekts mittels qualitativer Forschung. Tübingen.
Bergold, J. B./Breuer, F. 1987a: Methodologische und methodische Probleme bei der Erfassung der Sicht des Subjekts. In: Bergold/Flick (Hrsg.) 1987, S. 20 - 52.
Berntsen, R./Rendtel, U. 1991: Zur Stabilität von Einkommensarmut im Längsschnitt. In: Rendtel/Wagner (Hrsg.) 1991, S. 457 - 487.
Bertram, H. 1992: Regionale Disparitäten, soziale Lage und Lebensführungen. In: Hradil (Hrsg.) 1992, S. 123 - 150.
Bertram, H./Dannenbeck, C. 1990: Pluralisierung von Lebenslagen und Individualisierung von Lebensführungen. Zur Theorie und Empirie regionaler Disparitäten in der Bundesrepublik Deutschland. In: Berger/Hradil (Hrsg.) 1990, S. 207 - 229.
Bick, W./Müller, J. P. 1977: Die Buchführung der Verwaltungen als sozialwissenschaftliche Datenbasis. In: Müller, J. P. (Hrsg.) 1977: Die Analyse prozeßproduzierter Daten. Stuttgart, S. 42 - 88.
Bieback, K.-J./Münder, J. 1991: Vorschläge zur Fortentwicklung des Sozialhilferechts. Baden-Baden.
Bieback-Diel, L. 1993: Sozialpädagogische Familienhilfe im ländlichen Raum. In: Pfaffenberger/Chassé (Hrsg.) 1993, S. 89 -100.
Bieback-Diel, L. u.a. 1993: Der soziale Wandel auf dem Lande: seine Bewältigung und Formen des Scheiterns. In: Soziale Welt 44, H. 1, S. 120 - 135.
Blossfeld, H.-P. 1989: Kohortendifferenzierung und Karriereprozeß. Eine Längsschnittstudie über die Veränderung der Bildungs- und Berufschancen im Lebenslauf. Frankfurt/Main, New York.
Böhle, F. 1977: Humanisierung der Arbeit und Sozialpolitik. In: Ferber/Kaufmann (Hrsg.) 1977, S. 290 - 324.
Böhnisch, L. 1982: Der Sozialstaat und seine Pädagogik. Neuwied.
Böhnisch, L. 1988: Ehrenamtlichkeit in lokaler Tradition. In: Müller/Rauschenbach (Hrsg.) 1988, S. 135 - 143.
Böhnisch, L. 1993: Sozialpädagogik des Kindes- und Jugendalters. Eine Einführung. Weinheim, München.
Böhnisch, L. 1994: Gespaltene Normalität. Lebensbewältigung und Sozialpädagogik an den Grenzen der Wohlfahrtsgesellschaft. Weinheim, München.
Böhnisch, L./Blanc, K. 1987: Land als Defizit? Zur Situation der Jugendhilfe in ländlichen Regionen. In: Neue Praxis 17, H. 3, S. 238 - 245.
Böhnisch, L./Funk, H. 1989: Jugend im Abseits? Zur Lebenslage Jugendlicher im ländlichen Raum. München.
Böhnisch, L./Gängler, H. 1988: Regionalität als sozialpädagogisch brauchbares Paradigma? In: Sozialwissenschaftliche Literatur Rundschau 11, H. 16, S. 106 - 112.
Böhnisch, L./Schefold, W. 1985: Lebensbewältigung. Soziale und pädagogische Verständigungen an den Grenzen der Wohlfahrtsgesellschaft. Weinheim.
Böhnisch, L./Winter, R. 1990: Pädagogische Landnahme. Einführung in die Jugendarbeit des ländlichen Raumes. Weinheim, München.
Böhnisch, L. u.a. (Hrsg.) 1991: Ländliche Lebenswelten -Fallstudien zur Landjugend-. Weinheim, München.

Böllert, K. 1989: Sozialarbeit als aktive Gestatung von Lebensweisen. In: Böllert/Otto (Hrsg.) 1989, S. 213 - 223.
Böllert, K. 1992: Prävention statt Intervention. Eine andere Funktionsbestimmung sozialer Arbeit. In: Otto/Hirschauer/Thiersch (Hrsg.) 1992, S. 155 - 164.
Böllert, K./Otto, H.-U. (Hrsg.) 1989: Soziale Arbeit auf der Suche nach Zukunft. Bielefeld.
Bohler, K. F. 1986: Der bäuerliche Geist Hohenlohes und seine Stellung im neuzeitlichen Rationalisierungsprozeβ. Diss. Frankfurt.
Bohler, K. F. 1987: Die bäuerliche Sozialverfassung im alten Europa und ihre besondere Entwicklung in Hohenlohe-Franken. In: Hessische Blätter für Volks- und Kulturforschung, Neue Folge 22, H. 2, S. 35 - 50.
Bohler, K. F. 1993: Soziologische Strukturanalyse zwischen Gesellschaftstheorie und Jugendhilfepraxis auf dem Lande. In: Pfaffenberger /Chassé (Hrsg.) 1993, S. 101 - 111.
Bohler, K. F./ Hildenbrand, B. 1990: Farm Families Between Tradition and Modernity. In: Sociologia Ruralis 30, H. 1. S. 18 - 33.
Bolte, K.-M. (Hrsg.) 1979: Materialien aus der soziologischen Forschung. Verhandlungen des 18. deutschen Soziologentages in Bielefeld 1976. Darmstadt.
Bolte, K. M. 1983: Subjektorientierte Soziologie - Plädoyer für eine Forschungsperspektive. In: Bolte/Treutner (Hrsg.) 1983, S. 12 - 36.
Bolte, K.-M./Hradil, S. 1988: Soziale Ungleichheit in der Bundesrepublik Deutschland. Opladen.
Bolte, K.-M./Treutner, E. (Hrsg.) 1983: Subjektorientierte Arbeits- und Berufssoziologie. Frankfurt/Main, New York.
Bonβ, W. 1982: Die Einübung des Tatsachenblicks. Zur Struktur und Veränderung empirischer Sozialforschung. Frankfurt.
Bonβ, W./Heinze, R.G. (Hrsg.) 1984: Arbeitslosigkeit in der Arbeitsgesellschaft. Frankfurt/Main.
Bonβ, W./Keupp,H,./Koenen, E. 1984: Das Ende des Belastungsdiskurses? Zur subjektiven und gesellschaftlichen Bedeutung von Arbeitslosigkeit. In: Bonβ/Heinze (Hrsg.) 1984, S. 143 - 188.
Boulet, J. u.a. 1980: Gemeinwesenarbeit als Arbeitsprinzip. Bielefeld.
Bourdieu, P. 1984: Die feinen Unterschiede. Frankfurt/Main.
Braun, K.-H. u.a. (Hrsg.) 1980: Kapitalistische Krise, Arbeiterbewuβtsein, Persönlichkeitsentwicklung. Köln.
Breckner, I. u.a. 1985: Regionalentwicklung zwischen Technologieboom und Resteverwertung. Die Beispiele Ruhrgebiet und München. Bochum.
Breckner, I. u.a. 1989: Armut im Reichtum. Erscheinungsformen, Ursachen und Handlungsstrategien in ausgewählten Groβstädten der Bundesrepublik. Bochum.
Brinkmann, C. 1976: Finanzielle und psycho-soziale Belastungen während der Arbeitslosigkeit. (Aus der Untersuchung des IAB über Ursachen und Auswirkungen von Arbeitslosigkeit) In: Mitteilungen aus der Arbeitsmarkt- und Berufsforschung 9, H. 4, S. 397 - 413.
Brinkmann, C. 1984: Die individuellen Folgen langfristiger Arbeitslosigkeit. Ergebnisse einer repräsentativen Längsschnittuntersuchung. In: Mitteilungen aus der Arbeitsmarkt- und Berufsforschung 17, H. 4, S. 454 - 473.
Brinkmann, C. 1985: Psychosoziale und gesundheitliche Folgen der Arbeitslosigkeit - Ergebnisse einer repräsentativen Längsschnittuntersuchung des IAB. In: Kieselbach/Wacker (Hrsg.) 1985, S. 186 - 206.

Brinkmann, C. u.a. 1991: Arbeitlosigkeit und Sozialhilfebezug. Sonderuntersuchung der Bundesvereinigung der kommunalen Spitzenverbände in Zusammenarbeit mit der Bundesanstalt für Arbeit im September 1989. In: Mitteilungen aus der Arbeitsmarkt- und Berufsforschung 24, H. 1, S. 157 - 177.

Brock, D./Vetter, H.- R. 1986: Technische Dynamik und soziale Beharrung. Anmerkungen zum Verhältnis von technischen und sozialem Fortschritt anhand einer Fallstudie zum Robotereinsatz im Automobilbau. In: Soziale Welt 37, H. 2/3, S. 208 - 236.

Brock, D. u.a. (Hrsg.) 1989: Subjektivität im gesellschaftlichen Wandel. Weinheim.

Brock, D. 1991: Der schwierige Weg in die Moderne. Umwälzungen in der Lebensführung der deutschen Arbeiter zwischen 1850 und 1980. Frankfurt/Main, New York.

Brose, H. G. (Hrsg.) 1986: Berufsbiographien im Wandel. Opladen.

Brose, H. G. 1989: Berufsbiographien im Umbruch. In: Mayer (Hrsg.) 1989, S. 179 - 211.

Brose, H. G. /Hildenbrand, B. (Hrsg.) 1988: Vom Ende des Individuums zur Individualität ohne Ende. Opladen.

Brose, H. G./ Hildenbrand, B. 1988a: Biographisierung von Erleben und Handeln. In: Brose/Hildenbrand (Hrsg.) 1988, S. 11 - 30.

Brosi, W. H./Hembach, K./Peters, G. 1981: Expertengespräche. Ms. Trier.

Brüggemann, B./Riehle, R. 1986: Das Dorf. Modernisierung einer Idylle. Frankfurt/-Main, New York.

Brühl, A. 1986: Mein Recht auf Sozialhilfe. München.

Brumlik, M. 1989: Kohlbergs 'Just Community' Ansatz als Grundlage einer Theorie der Sozialpädagogik. In: Neue Praxis 19, H. 5, S. 374 - 383.

Brumlik, M. 1992: Advokatorische Ethik. Zur Legitimation pädagogischer Eingriffe. Bielefeld.

Brumlik, M./Brunkhorst, H. (Hrsg.) 1993: Gemeinschaft und Gerechtigkeit. Frankfurt.

Brunkhorst, H./Otto, H.-U. 1989: Soziale Arbeit als gerechte Praxis. In: Neue Praxis 19, H. 5, S. 372 - 374.

Buck, G. 1982: Gemeinwesenarbeit und kommunale Sozialplanung. Berlin.

Bude, H. 1982: Text und soziale Realität. Zu der von Oevermann formulierten Konzeption einer "objektiven Hermeneutik". In: Zeitschrift für Sozialisationsforschung und Erziehungssoziologie 2, H. 1, S. 134 - 143.

Bude, H. 1984: Rekonstruktion von Lebenskonstruktionen - eine Antwort auf die Frage, was die Biographieforschung bringt. In: Kohli/Robert (Hrsg.) 1984, S. 7 - 28.

Bude, H. 1985: Der Sozialforscher als Narrationsanimateur. In: Kölner Zeitschrift für Soziologie und Sozialpsychologie 37, S. 327 - 336.

Büchtermann, C. F. 1984: Der Arbeitslosigkeitsprozeß. Theorie und Empirie strukturierter Arbeitlosigkeit in der Bundesrepublik Deutschland. In: Bonß/Heinze (Hrsg.) 1984, S. 53 - 105.

Büscher, H. 1981: Axiomatische Grundlagen einer gesellschaftspolitischen Konzeption nach Weisser. In: Sozialer Fortschritt 30: Teil I, H. 5, S. 109 - 115; Teil II, H. 6, S.132 - 134.

Büschges, G./Wintergeerst-Gaasch, I. 1988: Privater Haushalt und "neue Armut". Frankfurt/Main, New York.

Büssing, A. 1987: Arbeitsplatzunsicherheit und Antizipation von Arbeitslosigkeit als Stadien des Arbeitslosigkeitsprozesses. In: Soziale Welt 38, H. 3, S. 309 - 329.

Buhr, P./Ludwig, M. 1991: Armutsdynamiken. Zeitanalysen in der Armutsforschung der USA und der Bundesrepublik Deutschland. (Arbeitspapier Nr. 8 des Sonderforschungsbereichs 186 an der Universität Bremen) Bremen.

Buhr, P./Ludwig, M./Leibfried, S. 1990: Armutspolitik im Blindflug. In: Döring/-Hanesch/Huster (Hrsg.) 1990, S. 79 - 110.

Buhr, P./Ludwig, M./Leibfried, S. 1992: Sind wir auf dem Weg zu einer verbesserten Sozialberichterstattung? Anmerkungen zur geplanten Reform der Sozialhilfestatistik. In: Nachrichtendienst des deutschen Vereins für öffentliche und private Fürsorge 72, H. 7, S. 215 - 221.

Buhr, P./Leibfried, S. 1993: "What a difference a day makes." Die sozialpolitische Bedeutung der Messung der Dauer des Sozialhilfebezugs. In: Nachrichtendienst des Deutschen Vereins für öffentliche und private Fürsorge 73, H. 5, S. 179 - 184.

Buhr, P. /Voges, W. 1991: Eine Ursache kommt selten allein. Ursachen und Ursachenwechsel in der Sozialhilfe. In: Sozialer Fortschritt 40, H. 3, 261 - 270.

Buhr, P. u. a. 1991: Armutspolitik und Sozialhilfe in vier Jahrzehnten. In: Blanke, B. /Wollmann, H. (Hrsg.): Die alte Bundesrepublik. Kontinuität und Wandel. Opladen, S. 502 - 546.

BMJFG (Bundesminister für Jugend, Familie und Gesundheit) (Hrsg.) 1985: Bürgernähe der Sozialhilfeverwaltung. (Schriftenreihe des Bundesministers für Jugend, Familie und Gesundheit Bd. 174) Stuttgart.

Busch-Geertsema, V./Ruhstrat, E.-U. 1992: Kein Schattendasein für Langzeitarme! Wider die Verharmlosung der Langzeitarmut im Zusammenhang mit der "dynamischen" Armutsforschung. In: Nachrichtendienst des Deutschen Vereins für öffentliche und private Fürsorge 72, H. 11, S. 366 - 370.

Caritasverband 1992: Arme unter uns. Der Deutsche Caritasverband bezieht Position. In: Hauser/Hübinger 1993, Bd. 1, S. 17 - 46.

Chassé, K. A. 1988: Armut nach dem Wirtschaftswunder. Lebensweise und Sozialpolitik. Frankfurt/Main, New York.

Chassé, K. A. 1989: Ist das Land noch ländlich? In: Widersprüche 9, H. 32, S. 41 - 49.

Chassé, K. A. 1991: Armut in der Bundesrepublik. In: Sozialwissenschaftliche Literatur Rundschau 14, H. 23, S. 37 - 48.

Chassé, K.A. u.a. (Hrsg.) 1992: Randgruppen 2000. Bielefeld.

Chassé, K. A. u. a. 1992a: Modernisierung und Randgruppen. In: Chassé u. a.(Hrsg.) 1992, S. 7 - 35.

Chassé, K. A. 1993a: Kinder und Armut. In: Kind Jugend Gesellschaft 38, H. 2, S. 37 - 41.

Chassé, K.A. 1993b: Ländliche Armut zwischen Tradition und Moderne. In: Der pädagogische Blick 1, H. 4, S. 206 - 218.

Conze, W./Lepsius, M. R. (Hrsg.) 1983: Sozialgeschichte der Bundesrepublik Deutschland. Stuttgart.

Danner, H. 1989: Methoden der geisteswissenschaftlichen Pädagogik. Weinheim.

Dettling, A. u.a. 1984: Zeitgemäße Neuorientierung der Sozial- und Jugendhilfe in Landkreisen. In: Nachrichtendienst des Deutschen Vereins für öffentliche und private Fürsorge 64, H. 6, S. 223 - 228.

Dewe, B. 1984: Kultursoziologische Bildungsforschung. Zum Wechselverhältnis von lebenspraktischen Deutungsmustern und wissenschaftlichen Orientierungen. In: Zeitschrift für Sozialisationforschung und Erziehungssoziologie 4, H. 2, S. 307 - 329.

Dewe, B. 1990: Beratende Wissenschaft. Göttingen.

Dewe, B./Scherr, A. 1990: Gesellschafts- und kulturtheoretische Bezugspunkte einer Theorie sozialer Arbeit. In: Neue Praxis 20, H. 2, S. 124 - 143.
Deutscher Paritätischer Wohlfahrtsverband (Hrsg.) 1989: "...wessen wir uns schämen müssen in einem reichen Land". Armutsbericht des Deutschen Paritätischen Wohlfahrtsverbands für die Bundesrepublik Deutschland. In: Blätter der Wohlfahrtspflege 136, H. 11/12 (Themenheft).
Deutscher Bundestag (Hrsg.) 1991: Unterrichtung durch die Bundesregierung. Raumordnungsbericht 1991. Bundestagsdrucksache 12/1098. Bonn.
Deutscher Verein für öffentliche und private Fürsorge (Hrsg.) 1979: Neuorganisation sozialer Dienste in Landkreisen. Frankfurt.
Döring, D./Hanesch, W./Huster, E.-U. (Hrsg.) 1990: Armut im Wohlstand. Frankfurt/-Main.
Döring, D./Hanesch, W./Huster, E.-U. 1990a: Armut als Lebenslage. Ein Konzept für Armutsberichterstattung und Armutspolitik. In: Döring/Hanesch/Huster (Hrsg.) 1990, S. 7 - 27.
Drewe, P. 1974: Methoden zur Identifizierung von Eliten. In: Koolwijk, J. van/Wieken-Mayser, M. (Hrsg.) 1974: Erhebungsmethoden: Die Befragung. (Techniken der empirischen Sozialforschung Bd. 4) München, S. 162 - 179.
Dunckelmann, H. 1975: Lokale Öffentlichkeit. Eine gemeindesoziologische Untersuchung. (Schriften des Deutschen Instituts für Urbanistik Band 51). Stuttgart u.a.
Eberwein, H. (Hrsg.) 1987: Fremdverstehen sozialer Randgruppen. Berlin.
Eder, K. (Hrsg.) 1989: Klassenlage, Lebensstil und kulturelle Praxis. Frankfurt/Main.
Eder, K. 1989a: Klassentheorie als Gesellschaftstheorie. In: Eder (Hrsg.) 1989, S. 15 - 43.
Eder, K. 1989b: Jenseits der nivellierten Mittelstandsgesellschaft. Das Kleinbürgertum als Schlüssel einer Klassenanalyse in fortgeschrittenen Industriegesellschaften. In: Eder (Hrsg.) 1989, S. 341 - 392.
Eggert, A. 1987a: Das Refugium der Geschlechtsrollen. Interpretation des Protokolls einer Arbeitslosengruppe. In: Belgrad, J. u.a. (Hrsg.) 1987: Zur Idee einer psychoanalytischen Sozialforschung. Frankfurt, S. 196 - 225.
Eggert, A. 1987b: Selbstbildnis mit abgeschnittenem Haar. Zur Balance der Geschlechtsrollen in Arbeitslosengruppen. In: Büttner, C./Trescher, H.-G. (Hrsg.) 1987: Chancen der Gruppe. Mainz, S. 70 - 91.
Ehlert, W./Kantel, H.D. 1990: Das technisierte Sozialamt. Sozialverträgliche Technikgestaltung in der kommunalen Sozialverwaltung. Opladen.
Eggert, A. 1991: Geschlechtsrollenbilder und Arbeitslosigkeit. Mainz.
Erd, R. u.a. (Hrsg.) 1986: Strukturwandel in der Industriegesellschaft. Frankfurt/Main, New York.
Esser, J./Fach, W./Väth, W. 1986: Krisenregulierung. Zur politischen Durchsetzung ökonomischer Zwänge. Frankfurt.
Esser, H. 1991: Alltagshandeln und Verstehen. Tübingen.
Eyferth, H./Otto, H.-U./Thiersch, H. (Hrsg.) 1984: Handbuch zur Sozialarbeit/Sozialpädagogik. Neuwied, Darmstadt.
Faber, W./Voges, W. 1979: Elternarbeit auf dem Land. München.
Fatke, R./Hornstein, W. 1987: Sozialpädagogik - Entwicklungen, Tendenzen und Probleme. In: Zeitschrift für Pädagogik 33, H. 5, S. 589 - 593.
Felde, zum W./Alisch, M. 1992: Zur Bedeutung des Raumes für Lebensbedingungen und Lebensstile von Bewohnern innenstadtnaher Nachbarschaften in Hamburg. In: Hradil (Hrsg.) 1992, S. 173 - 194.

Ferber, C. v. 1977: Soziologie und Sozialpolitik. In: Ferber/Kaufmann (Hrsg.) 1977, S. 11 - 34.
Ferber, C. v./Kaufmann, F. X. (Hrsg.) 1977: Soziologie und Sozialpolitik. (Sonderheft 19 der Kölner Zeitschrift für Soziologie und Sozialpsychologie) Opladen.
Fischer, I./Roth, M. 1986: Datenquellen für eine Armutsberichterstattung in der Bundesrepublik Deutschland. In: Blätter der Wohlfahrtspflege 133, H. 11, S. 253 - 256.
Flick, U. 1987: Methodenangemessene Gütekriterien in der qualitativ-interpretativen Forschung. In: Bergold, J./Flick, U. (Hrsg.) 1987, S. 247 - 262.
Flick, U. 1990: Fallanalysen: Geltungsbegründung durch systematische Perspektiven-Triangulation. In: Jüttemann, G. (Hrsg.) 1990: Komparative Kasuistik. Heidelberg, S. 184 - 203.
Flick, U. u.a. (Hrsg.) 1991: Handbuch qualitative Sozialforschung. Konzepte, Methoden und Anwendungen. München.
Flösser, G./Otto, H.U.(Hrsg.) 1992: Sozialmanagement oder Management des Sozialen? Bielefeld.
Franz, G. 1976: Geschichte des deutschen Bauernstandes vom frühen Mittelalter bis zum 19. Jahrhundert. Stuttgart.
Franz, H.-W./Kruse, W./Rolff, H.G. (Hrsg.) 1986: Neue alte Ungleichheiten. Berichte zur sozialen Lage der Bundesrepublik. Opladen.
Forum der Arbeit (Hrsg.) 1992: Armes AC. Erste Bausteine für eine Armutsberichterstattung in der Stadt und dem Kreis Aachen. Aachen.
Freyberg, T./Koch, K./Petersen, K.H. (Hrsg.) 1992: Armut in Frankfurt. Offenbach.
Friedrichs, J. 1973: Methoden empirischer Sozialforschung. Reinbek.
Friedrichs, J. 1977: Stadtanalyse. Soziale und räumliche Organisation der Gesellschaft. Reinbek.
Friedrichs, J. (Hrsg.) 1978: Stadtentwicklungen in kapitalistischen und sozialistischen Ländern. Reinbek.
Friedrichs, J. /Häußermann, H. /Siebel, W. (Hrsg.) 1986: Süd-Nord-Gefälle in der Bundesrepublik?: sozialwissenschaftliche Analysen. Opladen.
Gängler, H. 1990: Soziale Arbeit auf dem Lande. Vergessene Lebensräume im Modernisierungsprozeß. Weinheim.
Gängler, H. 1993: Heile Welt im Modernisierungsschock. In: Pfaffenberger/Chassé (Hrsg.) 1993, S. 211 - 236.
Galuske, M. 1993: Das Orientierungsdilemma. Jugendberufshilfe. Sozialpädagogische Selbstvergewisserung und die modernisierte Arbeitsgesellschaft. Bielefeld.
Garcon, S. 1992: Auswirkungen der europäischen Integration auf die kommunale Wirtschaftsförderung unter besonderer Berücksichtigung der Region Trier. Unveröff. Diplomarbeit Universität Trier, FB IV: Wirtschafts- u. Sozialwissenschaften.
Garz, D. /Kraimer, K. (Hrsg.) 1983: Brauchen wir andere Forschungsmethoden? Beiträge zur Diskussion interpretativer Verfahren. Frankfurt.
Garz, D./Kraimer, K. (Hrsg.) 1991: Qualitativ-empirische Sozialforschung. Opladen.
Garz, D./Kraimer, K. 1991a: Qualitativ-empirische Sozialforschung im Aufbruch. In: Garz/Kraimer (Hrsg.) 1991, S. 1 - 33.
Garz, D. /Kraimer, K. (Hrsg.) 1994: Die Welt als Text. Theorie, Kritik und Praxis der objektiven Hermeneutik. Frankfurt.
Garz, D./Kraimer, K./Aufenanger, S. 1983: Rekonstruktive Sozialforschung und objektive Hermeneutik. In: Zeitschrift für Sozialisationsforschung und Erziehungssoziologie 3, H. 1, S. 126 - 134.
Geiger, T. 1949: Die Klassengesellschaft im Schmelztiegel. Köln.

Geissler, R. 1987: Soziale Schichtung und Lebenschancen in der Bundesrepublik Deutschland. Stuttgart.
Gerhardt, U. 1984: Typenkonstruktion bei Patientenkarrieren. In: Kohli/Robert (Hrsg.) 1984, S. 53 - 77.
Gerhard, U. 1991: Typenbildung: In: Flick u.a. (Hrsg.) 1991, S. 435 - 439.
Gerth, W. 1975: Die Dokumentenanalyse. In: Friedrich, W./Hennig, W. (Hrsg.) 1975: Der sozialwissenschaftliche Forschungsprozeβ. Berlin, S. 518 - 534.
Geulen, D. 1981: Ursachen und Risiken einer Alltagswende in der Pädagogik. In: Heid u.a. (Hrsg.) 1981, S. 71 - 79.
Giddens, A. 1979: Die Klassenstruktur fortgeschrittener Gesellschaften. Frankfurt/-Main.
Giddens, A. 1984: Interpretative Soziologie. Eine kritische Einführung. Frankfurt/-Main.
Giddens, A. 1988: Die Konstitution der Gesellschaft. Grundzüge einer Theorie der Strukturierung. Frankfurt/Main, New York.
Giddens, A. 1993: Wandel der Intimität. Sexualität, Liebe und Erotik in modernen Gesellschaften. Frankfurt/Main.
Giesen, B./Haferkamp, H. (Hrsg.) 1987: Soziologie der sozialen Ungleichheit. Opladen.
Gillen, G./Müller, M. 1992: Anschluβ verpaβt. Armut in Deutschland. Köln.
Girtler, R. 1984: Methoden der qualitativen Sozialforschung. Anleitung zur Feldarbeit. Wien, Köln.
Glaser B. G./Strauss A. L. 1979: Die Entdeckung gegenstandsbezogener Theorie. Eine Grundstrategie qualitativer Sozialforschung. In: Hopf/Weingarten (Hrsg.) 1979, S. 91 - 111.
Glatzer, W. (Hrsg.) 1992: Entwicklungstendenzen der Sozialstruktur. Frankfurt/Main, New York.
Glatzer, W. /Hübinger, W. 1990: Lebenslagen und Armut. In: Döring/Hanesch/Huster (Hrsg.) 1990, S. 31 - 55.
Glatzer, W./Zapf, W. 1984: Lebensqualität in der Bundesrepublik. Objektive Lebensbedingungen und subjektives Wohlbefinden. Frankfurt/Main, New York.
Gluchowski, P. 1987: Lebensstile und Wandel der Wählerschaft in der Bundesrepublik Deutschland. In: Aus Politik und Zeitgeschichte. Beilage zur Wochenzeitung Das Parlament 37, B12 vom 21.3.1987, S. 18 - 32.
Gluchowski, P. 1988: Freizeit und Lebensstile. Plädoyer für eine integrierte Analyse von Freizeitverhalten. Erkrath.
Goldthorpe, J. H. 1985: Soziale Mobilität und Klassenbildung. Zur Erneuerung einer Tradition soziologischer Forschung. In: Strasser/Goldthorpe (Hrsg.) 1985, S. 174 - 204.
Grathoff, R. 1978: Alltag und Lebenswelt als Gegenstand der phänomenologischen Sozialtheorie. In: Hammerich, K./Klein, M. (Hrsg.) 1978: Materialien zur Soziologie des Alltags. (Sonderheft 20 der Kölner Zeitschrift für Soziologie und Sozialpsychologie) Opladen, S. 89 - 107.
Grathoff, R. 1979: Über Typik und Normalität im alltäglichen Milieu. In: Sprondel, W.M./Grathoff, R. (Hrsg.) 1979: Alfred Schütz und die Idee des Alltags in den Sozialwissenschaften. Stuttgart, S. 89 - 107.
Grathoff, R. 1989: Milieu und Lebenswelt. Einführung in die phänomenologische Soziologie und in die sozial-phänomenologische Forschung. Frankfurt/Main.
Greverus, I.-M. 1982: Das hessische Dorf. Frankfurt/Main.

Gruschka, A. 1985: Von Spranger zu Oevermann. Über die Determination des Textverstehens durch die hermeneutische Methode und zur Frage des Fortschritts innerhalb interpretativer Verfahren der Erziehungswissenschaft. In: Zeitschrift für Pädagogik 31, H. 1, S. 77 - 95.
Gruschka, A./Geissler, H. 1982: Über die Fähigkeit von Untersuchten und Wissenschaftlern, interpretative Urteile zu validieren. In: Zeitschrift für Pädagogik 28, H. 4, S. 625 - 634.
Habermas, J. 1971: Strukturwandel der Öffentlichkeit. Neuwied und Berlin.
Habermas, J. 1981: Theorie des kommunikativen Handelns. 2 Bde. Frankfurt/Main.
Habermas, J. (Hrsg.) 1985: Die neue Unübersichtlichkeit. Frankfurt/Main.
Habermas, J. 1985a: Die Krise des Wohlfahrtsstaates und die Erschöpfung utopischer Energien. In: Habermas (Hrsg.) 1985, S. 141 - 163.
Habermas, J. 1993: Faktizität und Geltung. Frankfurt/Main.
Habich, R./Krause, P. 1992: Niedrigeinkommen und Armut. In: Statistisches Bundesamt (Hrsg.) 1992a, S. 482 - 495.
Habich, R. /Noll, H. H. 1992: Lebenslagen und subjektives Wohlbefinden. Konzepte und Daten der Sozialberichterstattung. In: Statistisches Bundesamt (Hrsg.) 1992a, S. 437 - 442.
Hahn, A. 1984: Regionale Lebenswelten - Vorstudie zu einer regionalen Sozialforschung (Rasteder Hefte Nr. 2). Rastede.
Hahn, A. 1988: Die Konstitution sozialer Lebenformen. Der Beitrag einer "interpretativen" Soziologie zum Verständnis "regionaler" Sozialgebilde. Frankfurt/Main u.a.
Haller, M. 1983: Theorie der Klassenbildung und der sozialen Schichtung. Frankfurt/-Main, New York.
Haller, M. 1985: Die soziologische Erforschung der sozialen Ungleichheit - progressive oder degenerative Kontinuität? In: Kölner Zeitschrift für Soziologie und Sozialpsychologie 37, H. 6, S. 757 - 767.
Haller, M. 1986: Sozialstruktur und Schichtungshierarchie im Wohlfahrtsstaat. Zur Aktualität des vertikalen Paradigmas in der Ungleichheitsforschung. In: Zeitschrift für Soziologie 15, H. 3, S. 167 - 187.
Hamm, B. 1982: Einführung in die Siedlungssoziologie. München.
Hanefeld, U. 1987: Das sozioökonomische Panel. Grundlagen und Konzeption. Frankfurt/Main, New York.
Hanesch, W. 1986: Dezentrale Armutsberichterstattung durch Armutsberichte der Kommunen. In: Blätter der Wohlfahrtspflege 133, H. 11, S. 264 - 267.
Hanesch, W. 1988: Armutspolitik in der Beschäftigungskrise. Bestandsaufnahme und Alternativen. Wiesbaden.
Hanesch, W. 1989: Sozialhilfeberatung in freier Trägerschaft. Weinheim.
Hanesch, W./Laumen, U. 1989: Armut am Niederrhein. Materialien zu einem Armutsbericht Mönchengladbach. Weinheim.
Hanesch, W. u.a. 1994: Armut in Deutschland. Der Armutsbericht des Deutschen Gewerkschaftsbundes und des Paritätischen Wohlfahrtsverbandes. Reinbek.
Hartmann, H. 1981: Sozialhilfebedürftigkeit und Dunkelziffer der Armut. Stuttgart.
Hartmann, H. 1982: Die Nichtinanspruchnahme von Sozialhilfe. In: Nachrichtendienst des Deutschen Vereins für öffentliche und private Fürsorge 62, H. 7, S. 215 - 222.
Hartmann, H. 1985: Armut trotz Sozialhilfe. Zur Nichtinanspruchnahme von Sozialhilfe in der Bundesrepublik. In: Leibfried/Tennstedt (Hrsg.) 1985, S. 169 - 189.
Hartmann, H. 1986: Offizielle und alternative Armutsgrenzen in der Bundesrepublik Deutschland. In: Blätter der Wohlfahrtspflege 133, H. 11, S. 259 - 261.

Hartmann, P. H. 1990: Wie repräsentativ sind Bevölkerungsumfragen? Ein Vergleich des Allbus und des Mikrozensus. In: ZUMA-Nachrichten, H. 26, S. 7 - 30.

Haupert, B. 1991: Vom narrativen Interview zur biographischen Typenbildung. In: Garz/Kraimer (Hrsg.) 1991, S. 213 - 254.

Haupert, B./Kraimer, K. 1991: Die disziplinäre Heimatlosigkeit der Sozialpädagogik/-Sozialarbeit. In: Neue Praxis 21, H. 2, S. 106-121.

Hauser, R. 1989: Entwicklungstendenzen der Armut in der Bundesrepublik Deutschland. In: Döring, D./Hauser, R. (Hrsg.) 1989: Politische Kultur und Sozialpolitik. Ein Vergleich der Vereinigten Staaten und der Bundesrepublik Deutschland unter besonderer Berücksichtigung des Armutsproblems. Frankfurt/Main, New York, S. 117 - 146.

Hauser, R. 1990: Ursachen und Perspektiven der Armut in der Bundesrepublik Deutschland. In: Hauswirtschaft und Wissenschaft 1990, H. 5, S. 204 - 214.

Hauser, R./Glatzer, W. 1989: Einkommensverteilung und Einkommenszufriedenheit. In: Statistisches Bundesamt (Hrsg.) 1989, S. 392 - 401.

Hauser, R./Hübinger, W. 1993: Arme unter uns. Armutsbericht des Caritasverbands Deutschland. (Bd. 1: Ergebnisse; Bd. 2: Methoden). Freiburg.

Hauser, R./Neumann, U. 1992: Armut in der Bundesrepublik Deutschland. Die sozialwissenschaftliche Thematisierung nach dem zweiten Weltkrieg. In: Leibfried/Voges (Hrsg.) 1992, S. 237 - 271.

Hauser, R./Semrau, P. 1990: Zur Entwicklung der Einkommensarmut von 1963 bis 1986. In: Sozialer Fortschritt 39, H. 2, S. 27 - 36.

Hauser, R. u.a. 1981: Armut, Niedrigeinkommen und Unterversorgung in der Bundesrepublik Deutschland. Bestandsaufnahme und sozialpolitische Perspektiven. Frankfurt/Main.

Heid, H. u. a. (Hrsg.) 1981: Das politische Interesse an der Erziehung und das pädagogische Interesse an der Gesellschaft. (17. Beiheft der Zeitschrift für Pädagogik) Weinheim, Basel 1981.

Heinze, R. G. 1986: Politische Regulierung sozialer Ungleichheit. In: Krüger/Strasser (Hrsg.) 1986, S. 93 - 116.

Heinze, R. G./ Hombach, B./ Scherf, H. (Hrsg.) 1987: Sozialstaat 2000. Auf dem Weg zu neuen Grundlagen der sozialen Sicherung. Bonn.

Heinze, R. G./Offe, C. (Hrsg.) 1990: Formen der Eigenarbeit: Theorie, Empirie, Vorschläge. Opladen.

Heinze, T. 1987: Qualitative Sozialforschung. Erfahrungen, Probleme und Perspektiven. Opladen.

Heinze, T./Klusemann, H.-W. 1980: Versuch einer sozialwissenschaftlichen Paraphrasierung am Beispiel des Ausschnitts einer Bildungsgeschichte. In: Heinze/Klusemann/Soeffner (Hrsg.) 1980, S. 97 - 152.

Heinze, T./Klusemann, H.-W./Soeffner, H.-G. (Hrsg.) 1980: Interpretationen einer Bildungsgeschichte. Weinheim.

Heitmeyer, W./ Olk, T. (Hrsg.) 1990: Individualisierung von Jugend. Weinheim.

Henningsen, B./Room, G. J. (Hrsg.) 1990: Neue Armut in der Europäischen Gemeinschaft. Frankfurt/Main, New York.

Herlyn, I./Vogel, U. 1989: Individualisierung: Eine neue Perspektive auf die Lebenssituation von Frauen. In: Zeitschrift für Sozialisationsforschung und Erziehungssoziologie 9, H. 3, S. 162 - 178.

Hildenbrand, B. 1979: "Wenn ich zu Hause bin, will ich weg, und wenn ich weg bin, will ich nach Hause." Untersuchungen zur sozialen Organisation von Handlung, Leiblichkeit und Sprache in Familienzusammenhängen. In: Soeffner (Hrsg.) 1979, S. 153 - 170.

Hildenbrand, B. 1985: Familiensituation und Ablöseprozesse Schizophrener. In: Soziale Welt 36, H. 3, S. 336 - 348.

Hildenbrand, B. 1987: Wer soll bemerken, daβ Bernhard krank wird? Familiale Wirklichkeitskonstitutionsprozesse bei der Erstmanifestation einer schizophrenen Psychose. In: Bergold/Flick (Hrsg.) 1987, S. 151 - 162.

Hildenbrand, B./Jahn, W. 1988: "Gemeinsames Erzählen" und "Prozesse der Wirklichkeitskonstruktion im familiengeschichtlichen Gespräch. In: Zeitschrift für Soziologie 17, H. 3, S. 203 - 217.

Hildenbrand, B. u.a. 1984: Biographiestudien im Rahmen von Milieustudien. In: Kohli/Robert (Hrsg.) 1984, S. 29 - 52.

Hillen, K. B. 1975: Lebenslageforschung in den Sozialwissenschaften, insbesondere der Sozialpolitik. Diss. Bochum.

Hirsch, J./Roth, R. 1986: Das neue Gesicht des Kapitalismus. Hamburg.

Hitzler, R. 1988: Sinnwelten. Ein Beitrag zum Verstehen von Kultur. Opladen.

Hitzler, R./Honer, A. 1984: Lebenswelt - Milieu- Sozialisation. In: Kölner Zeitschrift für Soziologie und Sozialpsychologie 36, H. 1, S. 56 - 74.

Hitzler, R./Honer, A. 1988: Der lebensweltliche Forschungsansatz. In: Neue Praxis 18, H. 6, S. 496 - 501.

Hörning, K. H./Michailow, M. 1990: Lebensstil als Vergesellschaftungsform. Zum Wandel von Sozialstruktur und sozialer Integration. In: Berger/Hradil (Hrsg.) 1990, S. 501 - 521.

Hoffmann-Novotny, H.-J. 1988: Gesamtgesellschaftliche Determinanten des Individualisierungsprozesses. In: Zeitschrift für Sozialreform 34, H.11/12, S. 659 - 670.

Hoffmann-Riem, C. 1980: Die Sozialforschung einer interpretativen Soziologie. Der Datengewinn. In: Kölner Zeitschrift für Soziologie und Sozialpsychologie 32, S. 339 - 372.

Honig, M.-S. 1986: Zum Entwicklungstand qualitativer Forschungsmethoden. Plädoyer für eine wissenschaftssoziologisch informierte Debatte. In: Sozialwissenschaftliche Literatur Rundschau 9, H. 13, S. 115 - 119.

Hopf, C./Weingarten, E. (Hrsg.) 1979: Qualitative Sozialforschung. Stuttgart.

Hopf, C./Weingarten, E. 1979a: Soziologie und qualitative Sozialforschung. In: Hopf/Weingarten (Hrsg.) 1979, S. 11 - 34.

Hornstein, W. 1986: Die Bedeutung erziehungswissenschaftlicher Forschung für die Praxis sozialer Arbeit. Anmerkungen zu einer notwendigen Bestandsaufnahme. In: Neue Praxis 15, H. 6, S. 461 - 477.

Hornstein, W. 1987: Jugendhilfe vor neuen Aufgaben: In: Neue Praxis 17, H. 5, S. 391 - 410.

Hornstein, W. 1988: Sozialwissenschaftliche Gegenwartsdiagnose und Pädagogik. In: Zeitschrift für Pädagogik 34, H. 3, S. 381 - 397.

Hornstein, W. u.a. 1986: Bericht zum Forschungsprojekt Arbeitslosigkeit in der Familie, Neubiberg - Universität der Bundeswehr.

Hornstein, W./Lüders, C. 1987: Arbeitslosigkeit - und was sie für Familie und Kinder bedeutet. In: Zeitschrift für Pädagogik 33, H. 5, S. 595 - 614.

Hottelet, H. 1987: Veränderungsbedarf in der Jugendhilfe. In: Neue Praxis 17, H. 3, S. 225 - 237.

Hradil, S. 1983: Die Ungleichheit der sozialen Lage. Eine Alternative zu schichtungssoziologischen Modellen sozialer Ungleichheit. In: Kreckel (Hrsg.) 1983: Soziale Ungleichheiten. Göttingen, S. 101 - 118.

Hradil, S. 1985 (Hrsg.): Sozialstruktur im Umbruch. (Festschrift für Karl Martin Bolte) Opladen.

Hradil, S. 1987a: Sozialstrukturanalyse in einer fortgeschrittenen Gesellschaft. Von Klassen und Schichten zu Lagen und Milieus. Opladen.

Hradil, S. 1987b: Die neuen sozialen Ungleichheiten - und wie man mit ihnen (nicht) theoretisch zurechtkommt. In: Giesen/Haferkamp (Hrsg.) 1987, S. 115 - 144.

Hradil, S. 1988: Die Chancen der 'neuen Unübersichtlichkeit'. Neue Wege der Soziologie sozialer Ungleichheit. In: Soziologische Revue 11, H. 1, S. 21 - 28.

Hradil, S. 1989: System und Akteur. Eine empirische Kritik der soziologischen Kulturtheorie Pierre Bourdieus. In: Eder (Hrsg.) 1989, S. 111 - 141.

Hradil, S. 1990: Postmoderne Sozialstruktur? Zur empirischen Relevanz einer "modernen" Theorie sozialen Wandels. In: Berger/Hradil (Hrsg.) 1990, S. 125 - 150.

Hradil, S. (Hrsg.) 1992: Zwischen Bewußtsein und Sein. Die Vermittlung "objektiver" Lebensbedingungen und "subjektiver" Lebensweisen. (Schriftenreihe Sozialstrukturanalyse Bd. 1) Opladen.

Hradil, S. 1992a: Alte Begriffe und neue Strukturen. Die Milieu- Subkultur- und Lebensstilforschung der 80er Jahre. In: Hradil (Hrsg.) 1992, S. 15 - 55.

Hradil, S. 1992b: Soziale Milieus und ihre empirische Untersuchung. In: Glatzer (Hrsg.) 1992, S. 6 - 35.

Hradil, S. 1994: Sozialisation und Reproduktion in pluralistischen Wohlfahrtsgesellschaften. In: Sünker, H./Timmermann, D./Kolbe, F.-U. (Hrsg.): Bildung, Gesellschaft, soziale Ungleichheit. Internationale Beiträge zur Bildungssoziologie und Bildungstheorie. Frankfurt, S. 89 - 119.

Hübinger, W. 1989: Zur Lebenslage und Lebensqualität von Sozialhilfeempfängern. Eine theoretische und empirische Armutsuntersuchung. In: Sozialer Fortschritt 38, H. 8, S. 172 - 180.

Hübinger, W. u.a. 1987: Verwaltungsdaten der Sozialhilfe. (Arbeitspapier 248 des Sonderforschungsbereiches 3) Frankfurt, Mannheim.

Hübinger, W. u.a. 1989: Verwaltungsdaten der Sozialhilfe - Verwendungsmöglichkeiten für die Sozialberichterstattung. In: Zeitschrift für Sozialreform 35: Teil I, H. 7, S. 405 -429; Teil II, H. 8, S. 457 - 474; Teil III, H. 9, S. 529 - 544.

Hütter, U. 1984: Lebensphase und gesundheitliches Empfinden als Aspekt der Lebenslage. (Arbeitspapier Nr. 147 des Sonderforschungsbereiches 3). Frankfurt, Mannheim.

Huschke-Rhein, R. 1987: Qualitative Forschungsmethoden und Handlungsforschung. Köln.

Huster, E.-U. 1993: Schroffe Segmentierung in Ost und West. Die doppelt gespaltene Entwicklung in Deutschland. In: Hickel, R./Huster, E-U./Kohl, H. (Hrsg.) 1993: Umverteilen: Schritte zur sozialen und wirtschaftlichen Einheit Deutschlands. Köln, S. 15 - 38.

Hutter, A. 1985: Jugendsozialarbeit im ländlichen Raum. In: Nachrichtendienst des Deutschen Vereins für öffentliche und private Fürsorge 65, H. 9, S. 285 - 289.

Iben, G. 1971: Randgruppen der Gesellschaft. München.

Iben, G. 1976: Die Methoden der Sozialpädagogik und Sozialarbeit. In: Klafki, W. u. a. (Hrsg.) 1976: Funkkolleg Erziehungswissenschaft. Bd. 2. Frankfurt/Main, S. 231 - 236.

Iben, G. (Hrsg.) 1981: Beraten und Handeln. Zum Umgang zwischen Wissenschaftlern und Praktikern. München.
Iben, G. (Hrsg.) 1988: Das Dialogische in der Heilpädagogik. Mainz.
Iben, G. 1989: "Zur Definition von Armut". Bestimmungsgrößen von Armut - Kultur der Armut. In: Deutscher Paritätischer Wohlfahrtsverband (Hrsg.) 1989, S. 276 - 279.
Iben, G. 1992a: Armut und Wohnungsnot in der Bundesrepublik Deutschland. In: Aus Politik und Zeitgeschichte. Beilage zur Wochenzeitung Das Parlament vom 27. 11. 1992; B 49/92; S. 19 - 29.
Iben, G. 1992b: Gemeinwesenarbeit in sozialen Brennpunkten. München (2. Aufl.).
Iben, G. 1994: Von der Notwendigkeit einer neuen Sozialethik - Anstöße des Kommunitarismus. In: Pluskwa, M./Matzen, J. (Hrsg.) 1994: Lernen in und an der Risikogesellschaft. Bederkesa (Dialog 16 - Ev. Heimvolkshochschule Bederkesa), S. 103 - 119.
Ilien, A./Jeggle, U. 1978a: Leben auf dem Dorf. Zur Sozialgeschichte des Dorfes und zur Sozialpsychologie seiner Bewohner. Opladen.
Ilien, A./Jeggle, U. 1978b: Die Dorfgemeinschaft als Not- und Terrorzusammenhang. In: Wehling (Hrsg.) 1978, S. 38 - 53.
Ilien, A./Jeggle U. 1981: Die Gegenwart in der Vergangenheit. In: Walter, H. (Hrsg.) 1981: Region und Sozialisation. 2 Bde. Stuttgart, Bad Cannstadt, Bd. 1, S. 1 - 60.
Inglehart, R. 1989: Kultureller Umbruch. Frankfurt/Main.
Inhetveen, H./Blasche, G. 1983: Frauen in der kleinbäuerlichen Landwirtschaft. Opladen.
ISS (Institut für Sozialarbeit und Sozialpädagogik) (Hrsg.) 1986: Bedarf an Sozialarbeit auf dem Land? Frankfurt/Main.
Jaedicke, W. u.a. (Hrsg.) 1991: Lokale Politik im Wohlfahrtsstaat. Opladen.
Jauch, D./Kromka, F. 1987: Agrarsoziologische Orientierungen. (Ulrich Planck zum 65. Geburtstag) Stuttgart.
Jahoda, M./Lazarsfeld, P. F./Zeisel, H. 1975: Die Arbeitslosen von Marienthal. Ein soziographischer Versuch über die Wirkungen langandauernder Arbeitslosigkeit. Frankfurt/Main (zuerst 1933).
Jüttemann, G. (Hrsg.) 1985: Qualitative Forschung in der Psychologie. Grundfragen, Verfahrensweisen, Anwendungsfelder. Weinheim.
Jungblut, H.-J./Schreiber, W. 1980: Zur Notwendigkeit alltagsweltlich orientierter Methoden in der Sozialarbeit/Sozialpädagogik. In: Neue Praxis 10, H. 2, S. 150 - 160.
Kade, S. 1990: Handlungshermeneutik. Bad Heilbrunn.
Karolus, S./Schwalb, H. 1989: Gemeinwesenorientierte Sozialarbeit im ländlichen Raum - ein Entwicklungsprojekt in Zusammenarbeit zwischen Fachhochschule und Sozialen Diensten. In: Nachrichtendienst des Deutschen Vereins für öffentliche und private Fürsorge 69, H. 5, S. 171 - 177.
Karsten, M. E./Otto, H.-U. (Hrsg.) 1987: Die sozialpädagogische Ordnung der Familie. Beiträge zum Wandel familialer Lebensweisen und sozialpädagogischer Interventionen. Weinheim, München.
Karsten, M. E./Otto, H.-U. (Hrsg.) 1990: Sozialberichterstattung. Lebensräume gestalten als neue Strategie kommunaler Sozialpolitik. Weinheim.
Karsten, M. E./Otto, H.-U. 1990a: Lebensräume gestalten statt verwalten - Der Beitrag der Sozialberichterstattung. In: Karsten/Otto (Hrsg.) 1990, S. 9 - 40.
Kaufmann, F. X. 1977: Sozialpolitisches Erkenntnisinteresse und Soziologie. In: Ferber/Kaufmann (Hrsg.) 1977, S. 35 - 75.

Kaufmann, F. X. (Hrsg.) 1980: Staatliche Sozialpolitik und Familie. Oldenburg.
Keller, M. 1987: Offene Jugendarbeit auf dem Lande. Zur Konzeption einer dezentralen offenen Jugendarbeit. In: Jugendwohl 68, H. 4, S. 167 - 173.
Keupp, H. 1987: Soziale Netzwerke. Eine Metapher des gesellschaftlichen Umbruchs? In: Keupp/Röhrle (Hrsg.) 1987, S. 11 - 54.
Keupp, H. 1988: Riskante Chancen. Das Subjekt zwischen Psychokultur und Selbstorganisation. Heidelberg.
Keupp, H. 1989: Auf der Suche nach der verlorenen Identität. In: Keupp/Bilden (Hrsg.) 1989, S. 47 - 69.
Keupp, H. 1992: Verunsicherungen. Risiken und Chancen des Subjekts in der Postmoderne. In: Rauschenbach/Gängler (Hrsg.) 1992, S. 165 - 183.
Keupp, H. /Bilden, H. (Hrsg.) 1989: Verunsicherungen. Das Subjekt im gesellschaftlichen Wandel. Göttingen u.a.
Keupp, H./Röhrle, B. (Hrsg.) 1987: Soziale Netzwerke. Frankfurt/Main, New York.
Kieselbach, T./Wacker, A. (Hrsg.) 1985: Individuelle und gesellschaftliche Kosten der Massenarbeitslosigkeit. Weinheim, Basel.
KGSt (Kommunale Gemeinschaftsstelle für Verwaltungsvereinfachung) 1987: Organisationsmodell für Gemeinden der GK 9: Organisation des Sozialamts. Bericht Nr. 9. Köln.
Klein, T. 1987: Familiale Verarmung durch Arbeitslosigkeit. In: Kölner Zeitschrift für Soziologie und Sozialpsychologie 39, H. 3, S. 534 - 549.
Kleining, G. 1982: Umriß zu einer Methodologie qualitativer Sozialforschung. In: Kölner Zeitschrift für Soziologie und Sozialpsychologie 34, H. 2, S. 224 - 253.
König, E./Zedler, P. (Hrsg.) 1982: Erziehungswissenschaftliche Forschung. Positionen, Perspektiven, Probleme. München.
Kohli, M. 1978a: Soziologie des Lebenslaufs. Darmstadt, Neuwied.
Kohli, M. 1978b: 'Offenes' und 'geschlossenes' Interview. Neue Argumente zu einer alten Kontroverse. In: Soziale Welt 29, H. 1, S. 1 - 25.
Kohli, M. 1981: Wie es zur biographischen Methode kam und was daraus geworden ist. In: Zeitschrift für Soziologie 10, H. 3, S. 273 - 293.
Kohli, M. 1985: Die Institutionalisierung des Lebenslaufs. In: Kölner Zeitschrift für Soziologie und Sozialpsychologie 37, S. 1 - 29.
Kohli, M. 1986: Gesellschaftszeit und Lebenszeit. Der Lebenslauf im Strukturwandel der Moderne. In: Berger (J.)(Hrsg.) 1986, S. 183 - 208.
Kohli, M. 1988: Normalbiographie und Individualität. Zur institutionellen Dynamik des gegenwärtigen Lebenslaufregimes. In: Brose/Hildenbrand (Hrsg.) 1988, S. 33 - 54.
Kohli, M./Robert, G. (Hrsg.) 1984 : Biographie und soziale Wirklichkeit. Neue Beiträge und Forschungsperspektiven. Stuttgart.
Koolwijk, J. van/Wieken-Mayser, M. (Hrsg.) 1975: Untersuchungsformen. (Techniken der empirischen Sozialforschung Bd. 2) München.
Kortmann, K. 1986: Was versteht die gegenwärtige Armutsberichterstattung unter Armut? In: Blätter der Wohlfahrtspflege 133, H. 11, S. 257 - 259.
Kosiol, E./Paulsen, A. (Hrsg.) 1954: Grundsatzfragen der Wirtschaftsordnung. Köln.
Kraimer, K. 1994: Die Rückgewinnung des Pädagogischen. Aufgaben und Methoden sozialpädagogischer Forschung. Weinheim, München.
Krause, P. 1992: Einkommensarmut in der Bundesrepublik Deutschland. In: Aus Politik und Zeitgeschichte. Beilage zur Wochenzeitung Das Parlament vom 27. 11. 1992, B 49/92; S. 3 - 17.

Krause, D./Schäuble, G. 1988: Jenseits von Klasse und Schicht. Verteilung von Lebenschancen zwischen traditionellem Reduktionismus und aktueller Formenvielfalt. Stuttgart.

Kreckel, R. 1982: Class, Status and Power? Begriffliche Grundlagen für eine politische Soziologie der sozialen Möglichkeit. In: Kölner Zeitschrift für Soziologie und Sozialpsychologie 34, H. 4, S. 617 - 648.

Kreckel, R. (Hrsg.) 1983: Soziale Ungleichheiten. (Sonderband 2 der Sozialen Welt) Göttingen.

Kreckel, R. 1983a: Soziale Ungleichheit und Arbeitsmarktsegmentierung. In: Kreckel (Hrsg.) 1983, S. 137 - 162.

Kreckel, R. 1985: Zentrum und Peripherie. In: Strasser/ Goldthorpe (Hrsg.) 1985, S. 307 - 323.

Kreckel, R. 1987: Neue Ungleichheiten und alte Deutungsmuster. In: Giesen/Haferkamp (Hrsg.) 1987, S. 93 - 114.

Kreckel, R. 1990: Klassenbegriff und Ungleichheitsforschung. In: Berger/Hradil (Hrsg.) 1990, S. 51 - 79.

Kreckel, R. 1992: Politische Soziologie der sozialen Ungleichheit. Frankfurt/Main, New York.

Kreft, D. 1988: Kompetenzprofile zukünftiger Sozialarbeit. In: Blätter der Wohlfahrtspflege 135, H. 3, S. 55 - 57.

Kreutzer, P. 1981: Zur Neuorganisation der kommunalen Sozial- und Jugendhilfe. Frankfurt.

Kromka, F./Ziche, J. 1979: Landjugend - Charakteristika und Probleme. In: Bayerisches Landwirtschaftliches Jahrbuch 56, S. 369 - 383.

Kromka, F. 1986: Die Entwicklung der westdeutschen Land- und Agrarsoziologie: 1945 bis 1985. In: Sinkwitz (Hrsg.) 1986, S. 73 - 105.

Kromka, F. 1990: Vier Jahrzehnte westdeutsche Land- und Agrarsoziologie. In: Vonderach (Hrsg.) 1990, S. 3 - 31.

Krotz, F. 1990: Lebenswelten in der Bundesrepublik. Eine edv-gestützte qualitative Analyse quantitativer Daten. Opladen.

Krüger, J./Strasser, H. (Hrsg.) 1986: Soziale Ungleichheit und Sozialpolitik. Regensburg.

Krüger, W. u.a. 1987: Armutsrisiko von Familien. Einkommensverhältnisse, Wohnungsmarkt und öffentliche Hilfe. (Materialien zum 7. Jugendbericht Bd. 2). München.

Krug, W. 1985: Gefälle der Sozialhilfedichte und seine Einflußfaktoren. Teilergebnisse eines Forschungsauftrages. In: Nachrichtendienst des Deutschen Vereins für öffentliche und private Fürsorge 65, H. 7, S. 211 - 215.

Krug, W./Rehm, N. 1987: Disparitäten der Sozialhilfedichte. Stuttgart.

Krupp, H. J./Hanefeld, U. (Hrsg.) 1987: Lebenslagen im Wandel: Analysen. Frankfurt/Main, New York.

Krupp, H. J./Zapf, W. 1977: Sozialpolitik und Sozialberichterstattung. Frankfurt/Main, New York.

Kudera, W. u.a. 1979: Gesellschaftliches und politisches Bewußtsein von Arbeitern. Nürnberg.

Kudera, W. u.a. 1982: Soziale Lage und Bewußtsein von Arbeitern. In: Littek, W. G. u.a. (Hrsg.) 1982: Einführung in die Arbeits- und Industriesoziologie. Frankfurt/-Main, New York, S. 269 - 283.

Küchler, M. 1983: "Qualitative Sozialforschung" - ein neuer Königsweg?. In: Garz/Kraimer (Hrsg.) 1983, S. 9 - 30.
Küchler, M. 1984: Empirische Sozialforschung. In: Eyfert/Otto/Thiersch (Hrsg.) 1984, S. 282 - 290.
Kühn, D. 1980: Historisch-systematische Darstellung von Neuorganisationsmodellen der kommunalen Sozialverwaltung. In: Müller, S./ Otto, H.-U. (Hrsg.): Sozialarbeit als Sozialbürokratie? Zur Neuorganisation der sozialen Dienste. Neuwied, S. 90 - 105.
Kühn, D. 1985: Kommunale Sozialverwaltung. Eine organisationswissenschaftliche Studie. Bielefeld.
Külp, B./Schreiber, W. (Hrsg.) 1971: Soziale Sicherheit. Köln, Berlin.
Kuphal, A. 1989: "Arm ist, wer unterstützt wird." Über die Kosten der Sozialhilfe auf seiten der Hilfeempfänger. In: Blätter der Wohlfahrtspflege 136, H. 11/12, S. 279 - 283.
Läpple, D. 1986: "Süd-Nord-Gefälle". Metapher für die räumlichen Folgen einer Transformationsphase: Auf dem Weg zu einem post-tayloristischen Entwicklungsmodell? In: Friedrichs/Häußermann/Siebel (Hrsg.) 1986, S. 97 - 116.
Lamnek, S. 1993: Qualitative Sozialforschung. (Bd. 1: Methodologie; Bd. 2: Methoden und Techniken) Weinheim, München (2. überarb. Aufl.).
Lau, T./Wolff, S. 1981: Bündnis wider Willen. Sozialarbeiter und ihre Akten. In: Neue Praxis 11, H. 3, S. 199 - 214.
Lefebvre, H. 1975: Die Stadt im marxistischen Denken. Ravensburg.
Legewie, H. 1987: Interpretation und Validierung biographischer Interviews. In: Jüttemann, G./Thohme, H. (Hrsg:): Biogaphie und Psychologie. Berlin, S. 136 - 168.
Leibfried, S. 1976: Armutspotential und Sozialhilfe in der Bundesrepublik. Zum Prozeß des Filterns von Ansprüchen auf Sozialhilfe. In: Kritische Justiz 9, H. 4, S. 377 - 393.
Leibfried, S. 1981: Zur Sozialpolitik der Verteilungsformen in der Sozialhilfe. In: Nachrichtendienst des Deutschen Vereins für öffentliche und private Fürsorge 61, H. 10, S. 261 - 271.
Leibfried, S./Tennstedt, F. (Hrsg.) 1985: Politik der Armut und die Spaltung des Sozialstaats. Frankfurt/Main.
Leibfried, S./Voges, W. (Hrsg.) 1992: Armut im modernen Wohlfahrtsstaat. (Sonderheft 32 der Kölner Zeitschrift für Soziologie und Sozialpsychologie) Opladen.
Leisering, L. 1993: Zwischen Verdrängung und Dramatisierung. Zur Wissenssoziologie der Armut in der bundesrepublikanischen Gesellschaft. In: Soziale Welt 44, H. 4, S. 486 - 511.
Leisering, L./Voges, W. 1992: Erzeugt der Wohlfahrtsstaat seine eigene Klientel? Eine theoretische und empirische Analyse von Armutsprozessen. In: Leibfried/Voges (Hrsg.) 1992, S. 446 - 472.
Leisering, L./Zwick, M. 1990: Heterogenisierung der Armut? In: Zeitschrift für Sozialreform 36, H.11/12, S. 715 - 745.
Lehmann, A. 1976: Das Leben in einem Arbeiterdorf. Stuttgart.
Lenhard, G./Offe, C. 1977: Staatstheorie und Sozialpolitik. In: Ferber/Kaufmann (Hrsg.) 1977, S. 98 - 127.
Lepsius, M. R. 1973: Parteiensystem und Sozialstruktur: zum Problem der Demokratisierung der deutschen Gesellschaft. In: Ritter, G. A. (Hrsg.): Deutsche Parteien vor 1918. Köln, S. 56 - 80.

Lepsius, M. R. 1974: Sozialstruktur und soziale Schichtung in der Bundesrepublik Deutschland. In: Löwenthal, R./Schwarz, H.-P. (Hrsg.) 1974: Die zweite Republik. 25 Jahre BRD - eine Bilanz. Stuttgart, S. 263 - 288.

Lepsius, M. R. 1979: Soziale Ungleichheit und Klassenstrukturen in der BRD. Lebenslagen, Interessenvermittlung und Wertorientierungen. In: Wehler, H. U. (Hrsg.) 1979: Klassen in der europäischen Sozialgeschichte. Göttingen, S. 166 - 209.

Lindner, R./Wiebe, H.-H. (Hrsg.) 1986: Verborgen im Licht. Neues zur Jugendfrage. Frankfurt/Main.

Lippitz, W. 1978: Der phänomenologische Begriff der Lebenswelt - seine Relevanz für die Sozialwissenschaften. In: Zeitschrift für philosophische Forschung 32, S. 416 - 435.

Lippitz, W. 1992: Lebenswelt - kritisch betrachtet. In: Neue Praxis 22, H. 4, S. 295 - 311.

Lompe, K. u. a. (Hrsg.) 1987: Die Realität der neuen Armut. Analysen der Beziehungen zwischen Arbeitslosigkeit und Armut in einer Problemregion. Regensburg.

Lompe, K./Pollmann, B. 1986: Arbeitslosigkeit und Verarmung. Zu den Beziehungen von Arbeitslosigkeit und Sozialhilfebezug. In: Nachrichtendienst des Deutschen Vereins für öffentliche und private Fürsorge 66, H. 3, S. 114 - 118.

Luckmann, T. 1990: Lebenswelt - Modebegriff oder Forschungsprogramm? In: Grundlagen der Weiterbildung 1, H. 1, S. 9 - 13.

Ludwig, M. 1992: Sozialhilfekarrieren: ein Teufelskreis der Armut? In: Nachrichtendienst des Deutschen Vereins für öffentliche und private Fürsorge 72, H. 11, S. 359 - 365.

Lüders, C. 1991: Deutungsmusteranalyse. Annäherungen an ein risikoreiches Konzept. In: Garz/Kraimer (Hrsg.) 1991, S. 337 - 408.

Lüders, C./Reichertz, J. 1986: Wissenschaftliche Praxis ist, wenn alles funktioniert und keiner weiß warum - Bemerkungen zur Entwicklung qualitativer Sozialforschung. In: Sozialwissenschaftliche Literatur Rundschau 9, H. 12, S. 90 - 102.

Lüders, C./Reichertz, J. 1987: Wider den Grundsatzstreit zur falschen Zeit. In: Sozialwissenschaftliche Literatur Rundschau 10, H. 14, S. 102 - 105.

Lüdge, A. (Hrsg.) 1989: Alltagsgeschichte. Frankfurt/Main, New, York.

Lüdtke, H. 1989: Expressive Ungleichheit. Opladen.

Lüdtke, H. 1992: Der Wandel von Lebensstilen. In: Glatzer (Hrsg.) 1992, S. 36 - 59.

Lukas, H. 1978: Aktenanalyse als Methode der Sozialarbeitsforschung. In: Archiv für Wissenschaft und Praxis der Sozialen Arbeit 9, H. 4, S. 259 - 280.

Lutz, B. 1984: Der kurze Traum immmerwährender Prosperität. Frankfurt/Main.

Lutz, B. 1986: Die Bauern und die Industrialisierung. - Ein Beitrag zur Erklärung von Diskontinuität in der Entwicklung industriell-kapitalistischer Gesellschaften. In: Berger (Hrsg.) 1986, S. 119 - 137.

Maelicke, B. (Hrsg.) 1987: Soziale Arbeit als soziale Innovation. Veränderungsbedarf und Innovationsstrategien. Weinheim, München.

Markert, W. 1987: Gemeinschaft - Zur pädagogischen Wiederbelebung eines Begriffs in der Bildungsgeschichte mit Arbeitslosen. In: Ebert, G. u. a. 1987: Von der Interpretation zur Rekonstruktion. (Subjektorientiertes Lernen und Arbeiten Bd. II) Bonn, S. 144 - 172.

Matthes-Nagel, U. 1982: Latente Sinnstrukturen und objektive Hermeneutik. Zur Begründung einer Theorie der Bildungsprozesse. München.

Matthiesen, U. 1983: Das Dickicht der Lebenswelt und die Theorie kommunikativen Handelns. München.

Matthiessen, U. 1991: Lebenswelt/Lebensstil. In: Sociologia Internalionalis 23, H. 1, S. 31 - 56.
Matthiesen, U. 1992: Lebensstile und Deutungsmuster. In: Meuser/Sackmann (Hrsg.) 1992, S. 103 - 113.
Matthiesen, U. 1994: Standbein - Spielbein. Deutungsmusteranalysen im Spannungsfeld von objektiver Hermeneutik und Sozialphänomenologie. In: Garz/Kraimer (Hrsg.) 1994, S. 73 - 113.
Mayer, K. U. (Hrsg.) 1989: Lebensverläufe und sozialer Wandel. (Sonderheft 31 der Kölner Zeitschrift für Soziologie und Sozialpsychologie) Opladen.
Mayer, K. U. 1989a: Lebensverläufe und sozialer Wandel. Anmerkungen zu einem Forschungsprogramm. In: Mayer (Hrsg.) 1989, S. 7 - 21.
Mayer, K. U./Blossfeld, H. P. 1990: Die gesellschaftliche Konstruktion sozialer Ungleichheit im Lebensverlauf. In: Berger/Hradil (Hrsg.) 1990, S. 297 - 318.
Mayring, P. 1985: Qualitative Inhaltsanalyse. In: Jüttemann (Hrsg.) 1985, S. 187 - 211.
Mayring, P. 1990: Einführung in die qualitative Sozialforschung. München.
Meier-Dallach, H.-P. 1980: Räumliche Identität - regionalistische Bewegung und Politik. In: Informationen zur Raumentwicklung (Hrsg. v. Bundesforschungsanstalt für Landeskunde und Raumordnung) 1980, H. 5, S. 301 - 314.
Meier-Dallach, H.-.P u.a. 1982: Zwischen Zentren und Hinterland. Probleme, Interessen und Identitäten im Querschnitt durch die Regionstypen der Schweiz. Diessenhofen (Schweiz).
Meier-Dallach, H.-P/Hohermuth, S./Nef, R. 1985: Soziale Strukturen und räumliches Bewußtsein. Von der Analyse zu Postulaten regionaler Politik. Bern, Stuttgart.
Merton, R. K./Fiske, M./ Kendall, P. 1956: The focussed interview. Glencoe.
Meuser, M./Nagel, U. 1991: ExpertInneninterviews - vielfach erprobt, wenig bedacht. Ein Beitrag zur qualitativen Methodendiskussion. In: Garz/Kraimer (Hrsg.) 1991, S. 441 - 471.
Meuser, M./Sackmann, R. (Hrsg.) 1992: Analyse sozialer Deutungsmuster: Beiträge zur empirischen Wissenssoziologie. Pfaffenweiler.
Merton, R. K./Kendall, P. 1978: Das fokussierte Interview. In: Hopf/Weingarten (Hrsg.) 1978, S. 171 - 204.
Miegel, M. 1991: Wirtschafts- und kulturelle Unterschiede in Deutschland. Gütersloh.
MAGS (Ministerium für Arbeit, Gesundheit und Soziales des Landes Nordrhein-Westfalen) 1984: Ursachen von Obdachlosigkeit (Forschungsbericht). o.O. (Düsseldorf).
MASFG (Ministerium für Arbeit, Soziales, Familie und Gesundheit Rheinland-Pfalz) 1993: "Armut in Rheinland Pfalz". 1. Armutsbericht. Mainz.
Möller, K. 1988: Milieu-Einbindung und Milieu-Erosion als individuelle Sozialisationsprobleme. In: Zeitschrift für erziehungswissenschaftliche Forschung 22, H. 3/4, S. 115 - 144.
Möller, R. 1978: "Lebenslage" als Ziel der Politik. In: WSI - Mitteilungen 31, H. 10, S. 553 - 565.
Mooser, J. 1983a: Abschied von der 'Proletarität'. Sozialstruktur und Lage der Arbeiterschaft in historischer Perspektive. In: Conze/Lepsius (Hrsg.) 1983, S. 143 - 186.
Mooser, J. 1983b: Auflösung proletarischer Milieus. Klassenbildung und Individualisierung in der Arbeiterschaft vom Kaiserreich bis in die Bundesrepublik Deutschland. In: Soziale Welt 34, H. 3, S. 270 - 306.
Mooser, J. 1984: Arbeiterleben in Deutschland 1900 - 1970. Frankfurt/Main.

Mrohs, E./Zurek, E. C. 1984: Entwicklung ländlicher Räume. Genese und Gestalt struktureller Ungleichgewichte. Münster-Hiltrup.
Müller, B./Thiersch, H. (Hrsg.) 1990: Gerechtigkeit und Selbstverwirklichung. Moralprobleme im sozialpädagogischen Handeln. Freiburg.
Müller, B./Rosenow, R./Wagner, M. 1994: Dorfjugend Ost - Dorfjugend West: Jugend und Gemeinde in der Geschichte von zwei Jugendclubs; Konsequenzen für Jugendarbeit heute. Freiburg.
Müller, H. P. 1989: Lebenstile. Ein neues Paradigma der Differenzierungs- und Ungleichheitsforschung. In: Kölner Zeitschrift für Soziologie und Sozialpsychologie 41, H. 1, S. 53 - 71.
Müller, H. P. 1992a: Sozialstruktur und Lebensstile. Frankfurt/Main.
Müller, H. P. 1992b: Sozialstruktur und Lebensstile. Zur Neuorientierung der Sozialstrukturforschung. In: Hradil (Hrsg.) 1992, S. 57 - 66.
Müller, M. 1993: Armut als verdrängte Wirklichkeit. Der Wandel einer gesellschaftlichen Austauschbeziehung. Münster.
Müller, S. 1980: Aktenanalyse als Methode der Sozialarbeitsforschung. Weinheim.
Müller, S. u.a. (Hrsg.) 1981: Sozialarbeit als kommunale Sozialpolitik. Opladen.
Mueller, U. 1982: Die Entwicklung des Denkens. Entwicklungslogische Modelle in Psychologie und Soziologie. Neuwied.
Müller, H.W./Müller, S. 1984: Akten/Aktenanalyse. In: Eyferth/Otto/Thiersch (Hrsg.) 1984, S. 23 - 42.
Müller, S./Rauschenbach, T. (Hrsg.) 1988: Das soziale Ehrenamt. Nützliche Arbeit zum Nulltarif. Weinheim, München.
Münchmeier, R. 1988: Gemeinschaft als soziale Ressource. Von der symbolischen Bedeutung des Ehrenamts für den Sozialstaat. In: Müller/Rauschenbach (Hrsg.) 1988, S. 57 - 69.
Münder, J./Kreft, D. (Hrsg.) 1990: Neue Subsidiarität. Münster.
Münz, R./ Pelz, M. 1987: Berufsorientierung und Arbeitslosigkeit. In: Soziale Welt 38, H. 3, S. 330 - 349.
Nahnsen, I. 1971: Der systematische Ort der Sozialpolitik in den Sozialwissenschaften. In: Külp/Schreiber (Hrsg.) 1971, S. 94 - 109.
Nahnsen, I. 1975: Bemerkungen zum Begriff und der Geschichte des Arbeitsschutzes. In: Osterland, M. (Hrsg.) 1975: Arbeitssituation, Lebenslage und Konfliktpotential. Frankfurt/Main, Köln, S. 145 - 166.
Nahnsen, I. 1988: Sozialpolitik im Spannungsfeld zwischen Ungleichheit und Existenznot. In: Zeitschrift für Sozialpolitik 34, H. 7, S. 634 - 654.
Naschold, F. 1985: Arbeit und Politik. Frankfurt/Main.
Nebe, J. M. 1990: Region Trier im EG-Binnenmarkt. In: Standort-Zeitschrift für angewandte Geographie 1990, H. 4, S. 3 - 8.
Neubauer, E. 1988: Alleinerziehende Mütter und Väter - Eine Analyse der Gesamtsituation. (Schriftenreihe des Bundesministers für Jugend, Familie, Frauen und Gesundheit Bd. 219), Stuttgart u.a.
Neuendorf, H. 1980: Der Deutungsmusteransatz zur Rekonstruktion der Strukturen des Arbeiterbewußtseins. In: Braun (Hrsg.) 1980, S. 27 - 51.
Neuendorf, H./Sabel, C. 1979: Zur relativen Autonomie der Deutungsmuster. In: Bolte Hrsg.) 1979, S. 842 - 863.
Neumann, E. 1984a: Gesellschaftsbilder und alltagspraktische Orientierungen in sozialen Deutungsmustern. In: Zoll (Hrsg.) 1984, S. 25 - 44.

Neumann, E. 1984b: Zur Methode der Durchführung und hermeneutischen Interpretation von Interviews. In: Zoll (Hrsg.) 1984, S. 118 - 134.
Neurath, O. 1919: Durch die Kriegswirtschaft zur Naturalwirtschaft. München.
Neurath, O. 1925: Wirtschaftsplan und Naturalrechnung - Von der sozialistischen Lebensordnung und vom kommenden Menschen. Berlin.
Neurath, O. 1931: Empirische Soziologie. Der wissenschaftliche Gehalt der Geschichte und Nationalökonomie. Wien.
Neurath, O. 1937: Inventory of the Standard of Living. In: Zeitschrift für Sozialforschung 6, H. 1, S. 140 - 151.
Neurath, O. 1979: Wissenschaftliche Weltauffassung, Sozialismus und Logischer Empirismus (Hg. R. Hegselmann). Frankfurt/Main.
Niedrig, H. 1992: 4 Millionen Sozialhilfeempfänger. In: Theorie und Praxis der sozialen Arbeit 43, H. 6, S. 202 - 205.
Oelschlägel, D. 1992: Gemeinwesenarbeit im Armutsquartier. In: Tobias/Boettner (Hrsg.) 1992, S. 92 - 105.
Oevermann, U. 1976: Programmatische Überlegungen zu einer Theorie der Bildungsprozesse und zur Strategie der Sozialisationsforschung. In: Hurrelmann (Hrsg.) 1976: Sozialisation und Lebenslauf. Reinbek, S. 34 - 52.
Oevermann, U. 1983: Hermeneutische Sinnrekonstruktion: als Therapie oder Pädagogik mißverstanden, oder: Das notorische strukturtheoretische Defizit der Pädagogik. In: Garz/Kraimer (Hrsg.) 1983, S. 113 - 155.
Oevermann, U. 1986: Kontroversen über sinnverstehende Soziologie. Einige wiederkehrende Probleme über Mißverständnisse in der Rezeption der 'objektiven Hermeneutik'. In: Aufenanger/Lenssen (Hrsg.) 1986, S. 19 - 83.
Oevermann, U./Allert, T./Konau, E. 1980: Zur Logik der Interpretation von Interviewtexten. In: Heinze u. a. (Hrsg.) 1980, S. 15 - 69.
Oevermann, U. u. a. 1979: Die Methodologie einer "objektiven Hermeneutik" und ihre allgemeine forschungslogische Bedeutung in den Sozialwissenschaften. In: Soeffner (Hrsg.) 1979, S. 352 - 434.
Offe, C./Heinze, R. G. 1990: Organisierte Eigenarbeit. Das Modell Kooperationsring. Frankfurt/Main, New York.
Olk, T. 1987: Das soziale Ehrenamt. Ein Trendbericht. In: Sozialwissenschaftliche Literatur Randschau 10, H. 14, S. 84 - 101.
Olk, T. 1988: Zwischen Hausarbeit und Beruf. Ehrenamtliches Engagement in der aktuellen sozialpolitischen Diskussion. In: Müller/Rauschenbach (Hrsg.) 1988, S. 19 - 36.
Olk, Th. 1989: Zwischen Ehre und Amt. Zur Entwicklung professioneller und nichtprofessioneller Formen sozialer Arbeit. In: Böllert, K./Otto, H. U. (Hrsg.) 1989: Soziale Arbeit auf der Suche nach Zukunft. Bielefeld, S. 195 - 212.
Olk, T. 1990: Förderung und Unterstützung freiwilliger sozialer Tätigkeiten - eine neue Aufgabe für den Sozialstaat? In: Heinze, R. G./ Offe, C. (Hrsg.): Formen der Eigenarbeit: Theorie, Empirie, Vorschläge. Opladen, S. 244 - 265.
Olk, T./Otto, H.-U. 1989: Soziale Dienste im Wandel 2. Weinheim.
Ortmann, F. 1988: Über die Erwartbarkeit von Hilfe. Zur Ökonomie des Helfens im Sozialstaat. In: Müller/Rauschenbach (Hrsg.) 1988, S. 37 - 50.
Osmenda, D. 1984: Zentrale Orte in einer peripheren Region. In: Jätzold, R. (Hrsg.) 1984: Der Trierer Raum und seine Nachbargebiete. (Trierer Geographische Studien. Sonderheft 6) Trier.

Otto, H.- U. (Hrsg.) 1991: Sozialarbeit zwischen Routine und Innovation. Professionelles Handeln in Sozialadministrationen. Berlin, New York.
Otto, H.-U./Hirschauer, P./Thiersch, H. (Hrsg.) 1992: Zeitzeichen sozialer Arbeit (20 Jahre neue Praxis). Neuwied.
Pensé, D. 1994: Lebenswelt und Deutungsmuster. Zur Situation von Sozialhilfeempfängern und Arbeitslosen im ländlichen Raum. Münster.
Peukert, H. 1981: Pädagogik-Ethik-Politik. In: Heid u.a. (Hrsg.) 1981, S. 61 - 70.
Pfaffenberger, H./Chassé, K. A. (Hrsg.) 1993: Armut im ländlichen Raum. Sozialpolitische und sozialpädagogische Probleme und Perspektiven. Münster.
Planck, U. 1982: Situation der Landjugend. Münster-Hiltrup.
Planck, U. 1990: Soziologische Aspekte der Dorferneuerung und Dorfentwicklung. In: Vonderach (Hrsg.) 1990, S. 32 - 46.
Planck, U./Ziche, J. 1979: Land- und Agrarsoziologie. Stuttgart.
Planungsgemeinschaft Region Trier 1985a: Regionaler Raumordnungsplan Region Trier. Geschäftsstelle der Planungsgemeinschaft bei der Bezirksregierung Trier.
Planungsgemeinschaft Region Trier (Hrsg.) 1985b: Bericht zur Regionalentwicklung (Materialien und Informationen Heft 12). Geschäftsstelle der Planungsgemeinschaft bei der Bezirksreierung Trier.
Planungsgemeinschaft Region Trier (Hrsg.) 1986: Bericht zur Regionalentwicklung (Materialien und Informationen Heft 13). Geschäftsstelle der Planungsgemeinschaft bei der Bezirksregierung Trier.
Planungsgemeinschaft Region Trier (Hrsg.) 1987: Regionalwirtschaft Trier: Struktur, Entwicklung und unterausgeschöpfte Potentiale. Teil 1: Vorstudie. (Materialien und Informationen Heft 14) Geschäftsstelle der Planungsgemeinschaft bei der Bezirksregierung Trier.
Planungsgemeinschaft Region Trier (Hrsg.) 1991: Die Nahversorgung in der Region Trier mit Waren des täglichen Bedarfs (Lebensmittel). (Materialien und Informationen Heft 18) Geschäftsstelle der Planungsgemeinschaft bei der Bezirksregierung Trier.
Pongratz, H. 1987: Bauern - am Rande der Gesellschaft? Eine theoretische und empirische Analyse zum Bewußtsein von Bauern. In: Soziale Welt 38, H. 4/5, S. 522 - 544.
Pongratz, H. 1990: Cultural Tradition and Social Change in Agriculture. In: Sociologia Ruralis 30, H. 1, S. 5 - 17.
Poppinga, O. 1975: Bauern und Politik. Frankfurt/Main.
Porst, R. 1984: Haushalte und Familien 1982. Zur Erfassung und Beschreibung von Haushalts- und Familienstrukturen mit Hilfe repräsentativer Bevölkerungsumfragen. In: Zeitschrift für Soziologie 13, H. 2, S. 165 - 175.
Puch, H.-J. 1988: Inszenierte Gemeinschaften. Gesellschaftlicher Wandel und lebensweltliche Handlungsstrategien in der sozialen Arbeit. Frankfurt/Main, Bern, New York.
Raschke, J. 1985: Soziale Bewegungen. Frankfurt/Main, New York.
Rauschenbach, T. 1990: Abschied vom Sozialen. Individualisierungsprozesse und pädagogisches Handeln. In: BAG-Mitteilungen 13, H. 39, S. 111 - 127.
Rauschenbach, T. 1992: Soziale Arbeit und soziales Risiko. In: Rauschenbach/Gängler (Hrsg.) 1992, S. 25 - 60.
Rauschenbach, T./Gängler, H. (Hrsg.) 1992: Soziale Arbeit und Erziehung in der Risikogesellschaft. Neuwied.
Rauscher, A. (Hrsg.) 1987: Armut im Wohlfahrtsstaat. Köln.

Reichertz, J. 1986: Probleme qualitativer Sozialforschung. Die Entwicklungsgeschichte der objektiven Hermeneutik. Frankfurt/Main, New York.
Reichertz, J. 1988: Verstehende Soziologie ohne Subjekt? Die objektive Hermeneutik als Metaphysik der Strukturen. In: Kölner Zeitschrift für Soziologie und Sozialpsychologie 40, H. 2, S. 207 - 222.
Reichertz, J. 1993: Das Dilemma des "klinischen Sozialwissenschaftlers und Sozialpädagogen.". Kritische Randnotizen zur Nutzung der Oevermannschen Professionstheorie im sozialpädagogischen Diskurs. In: Pfaffenberger, H./Schenk, M. (Hrsg.) 1993: Sozialarbeit zwischen Berufung und Beruf. Münster, S. 205 - 222.
Rendtel, U./Wagner, G. (Hrsg.) 1991: Lebenslagen im Wandel. Zur Einkommensdynamik in Deutschland seit 1984. Frankfurt/Main, New York.
Rerrich, M. S. 1988: Balanceakt Familie. Zwischen Leitbildern und neuen Lebensformen. Freiburg.
Riedmüller, B. 1985: Armutspolitik und Familienpolitik. Die Armut der Familie ist die Armut der Frau. In: Leibfried/Tennstedt (Hrsg.) 1985, S. 311 - 335.
Riedmüller, B./Rodenstein, M. 1989: Wie sicher ist die Soziale Sicherung? Frankfurt/-Main.
Ringbeck, A. E. 1993: Beratung von Sozialhilfempfänger/-innen durch die Sozialverwaltung bei der Gewährung von wirtschaftlicher Sozialhilfe. -Bedingungen und Perspektiven-. Münster.
Rolff, H.-G./Zimmermann, P. 1985: Kindheit im Wandel. Eine Einführung in die Sozialisation im Kindesalter. Weinheim.
Romaus, R./Bremer, H. 1991: Münchner Armutsbericht 1990. Entwicklungstendenzen von Umfang und Struktur der Armut in den 80er Jahren. (Hrsg. v. Sozialreferat der Landeshauptstadt München) o.O. (München)
Rommelspacher, T./Oelschlägel, D. 1986: Armut im Ruhrgebiet - regionale Entwicklungen und kleinräumige Prozesse am Beispiel eines Duisburger Elendsgebietes. In: Friedrichs/Häußermann/Siebel (Hrsg.) 1986, S. 214 - 234.
Rommelspacher, T. 1992: Armutsforschung in der Bundesrepublik Deutschland. In: Tobias/Boettner (Hrsg.) 1992, S. 106 - 116.
Rothenbacher, F. 1989: Soziale Ungleichheit im Modernisierungsprozeß. Frankfurt/-Main, New York.
Sander, U. 1987: Jugend und agrarständische Gemeinschaften. Wie entläßt die ‘stille Revolution‘ ihre Kinder auf dem Lande? In: Zeitschrift für internationale erziehungs- und sozialwissenschaftliche Forschung 4, H. 1, S. 103 - 142.
Schaarschuch, A. 1990: Zwischen Regulation und Reproduktion. Gesellschaftliche Modernisierung und die Perspektiven sozialer Arbeit. Bielefeld.
Schäfers, B. 1990: Sozialstruktur und Wandel der Bundesrepublik Deutschland. Stuttgart.
Schäuble, G. 1984: Theorien, Definitionen und Beurteilung der Armut. Berlin.
Scherer, W. 1992: Kommunale Armutsberichterstattung. Eine Bibliographie. In: Freyberg, T./Koch, K./Petersen, H. (Hrsg.) 1992: Armut in Frankfurt. Offenbach, S. 21 - 35.
Scherer, W./Stock, L. (Hrsg.) 1988: Schluß mit dem Geschwätz, erhöht die Sozialhilfesätze! 10 Jahre Sozialhilfebewegung. Frankfurt/Main.
Scherr, A. 1990: Subjektivität und Ohnmachtserfahrung. Überlegungen zur Wiedergewinnung einer emanzipatorischen Perspektive in der Jugendarbeit. In: Deutsche Jugend 38, H. 5, S. 205 - 213.

Schindler, H./Wetzels, P. 1985: Subjektive Bedeutung familiärer Arbeitslosigkeit bei Schülern in einem Bremer Arbeiterstadtteil. In: Kieselbach/Wacker (Hrsg.) 1985, S. 120 - 138.
Schindler, H./Wacker, A./Wetzels, P. (Hrsg.) 1990: Familienleben in der Arbeitslosigkeit. Heidelberg.
Schmals, K. M. 1989: Soziale Ungleichheit im räumlichen Entwicklungsprozeß kapitalistischer Industriegesellschaften. In: Breckner u.a. 1989, S. 25 - 45.
Schmals, K. M./Voigt, R. (Hrsg.) 1986: Krise ländlicher Lebenswelten. Analysen, Erklärungsansätze und Lösungsperspektiven. Frankfurt/-Main, New York.
Schneider, G. 1985: Strukturkonzept und Interpretationspraxis der objektiven Hermeneutik. In: Jüttemann (Hrsg.) 1985, S. 71 - 91.
Schneider, G. 1988: Hermeneutische Strukturanalyse von qualitativen Interviews: In: Kölner Zeitschrift für Soziologie und Sozialpsychologie 40, H. 2, S. 223 - 244.
Schneider, G(ünther) 1980: Zur politischen Ökonomie des Agrarsektors. Soziale Lage und soziale Differenzierung der landwirtschaftlich Erwerbstätigen seit 1960. Köln.
Schober, K. 1987: Die soziale und psychische Lage arbeitsloser Jugendlicher. In: Mitteilungen aus der Arbeitsmarkt- und Berufsforschung 20, H. 4, S. 453 - 478.
Schott-Winterer, A. 1990: Wohlfahrtsdefizite und Unterversorgung. In: Döring/Hanesch/Huster (Hrsg.) 1990, S. 56 - 78.
Schubert, H. J. 1993: Regionale Unterschiede der Altersarmut. Zur räumlichen Differenzierung von Sozialhilfeentwicklung und informellen Hilfepotentialen. In: Pfaffenberger/Chassé (Hrsg.) 1993, S. 41 - 66.
Schütze, F. 1981: Prozeßstrukturen des Lebensablaufs. In: Matthes, J./Pfeifenberger, A./Stosberg, M. (Hrsg.) 1981: Biographie in handlungswissenschaftlicher Perspektive. Nürnberg, S. 67 - 156.
Schütze, F. 1983: Biographieforschung und narratives Interview. In: Neue Praxis 13, H. 3, S. 283 - 293.
Schütze, F. 1984: Kognitive Figuren autobiographischen Stegreiferzählens. In: Kohli/Robert (Hrsg.) 1984, S. 78 - 117.
Schütze, F. 1992: Sozialarbeit als 'bescheidene' Profession. In: Dewe, B./Ferchhoff, W./Radtke, F.-O. (Hrsg.) 1992: Erziehen als Profession. Opladen, S. 132 - 170.
Schütze, F. 1993: Die Fallanalyse. Zur wissenschaftlichen Fundierung einer klassischen Methode der Sozialen Arbeit. In: Rauschenbach, T. u. a. (Hrsg.) 1993: Der sozialpädagogische Blick. Lebensweltorientierte Methoden in der Sozialen Arbeit. Weinheim, S. 191 - 221.
Schütze, F. 1994: Ethnographie und sozialwissenschaftliche Methoden der Feldforschung. Eine mögliche methodische Orientierung in der Ausbildung und Praxis der Sozialen Arbeit? In: Groddeck, N./Schumann, M. (Hrsg.) 1994: Modernisierung sozialer Arbeit durch Methodenentwicklung und -reflexion. Freiburg, S. 189 - 297.
Schulz, J. 1989: Armut und Sozialhilfe. Stuttgart.
Schulze, G. 1990: Die Transformation sozialer Milieus in der Bundesrepublik Deutschland. In: Berger/Hradil (Hrsg.) 1990, S. 409 - 431.
Schulze, G. 1992: Die Erlebnisgesellschaft. Kultursoziologie der Gegenwart. Frankfurt/Main, New York.
Sennett, R. 1983: Verfall und Ende des öffentlichen Lebens. Die Tyrannei der Intimität. Frankfurt.
Sidler, N. 1989: Am Rande leben - abweichen - arm sein. Konzepte und Theorien zu sozialen Problemen. Freiburg.

Siebers, R./Vonderach, G. 1991: Unterschiedliche lebensgeschichtliche Bewältigungsmuster junger Menschen gegenüber langandauernder Arbeitslosigkeit. In: Mitteilungen aus der Arbeitsmarkt- und Berufsforschung 24, H. 1, S. 193 - 205.
Simons, K. 1993: Die Mängel der Sozialstatistik. Zur Notwendigkeit des Aufbaus praktisch und theoretisch belangvoller Erhebungsprogramme für Sozialberichterstattung und Sozialplanung. In: Archiv für Kommunalwissenschaften 32, H. 2, S. 344 - 373.
Sinkwitz, P. (Hrsg.) 1986: Ländliche Soziologie deutschsprachiger Länder. Münster-Hiltrup.
Soeffner H. G. (Hrsg.) 1979: Interpretative Verfahren in den Sozial- und Textwissenschaften. Stuttgart.
Soeffner, H. G. 1985: Anmerkungen zu gemeinsamen Standards standardisierter und nicht-standardisierter Verfahren in der Sozialforschung. In: Kaase, M./Küchler, M. (Hrsg.) 1985: Herausforderungen der empirischen Sozialforschung. Mannheim, S. 109 - 126.
Standfest, E. 1979: Sozialpolitik als Reformpolitik. Köln.
Statistisches Bundesamt (Hrsg.) 1986: Statistisches Jahrbuch für die Bundesrepublik Deutschland 1986. Wiesbaden.
Statistisches Bundesamt (Hrsg.) 1989: Datenreport. Zahlen und Fakten über die Bundesrepublik Deutschland. Bonn.
Statistisches Bundesamt (Hrsg.) 1992a: Datenreport 1992. Bonn.
Statistisches Bundesamt (Hrsg.) 1992b: Sozialhilfe 1990. (Fachserie 13, Reihe 2) Stuttgart.
Statistisches Bundesamt (Hrsg.) 1993: Statistisches Jahrbuch für das vereinte Deutschland 1993. Wiesbaden.
Statistisches Landesamt Rheinland-Pfalz (Hrsg.): Statistische Berichte. Fortlaufend. Bad Ems.
Statistisches Landesamt Rheinland-Pfalz (Hrsg.) 1991: Datensatz fortgeschriebene Volkszählungsdaten für den Regierungsbezirk Trier (auf Datenträger).
Stein, G. 1987: Die Lebenswelt Landjugendlicher in ländlichen Gemeinden am Rande der schwäbischen Alb. Diss. Tübingen.
Stein, G. 1988: Vereine und soziale Dienste auf dem Lande. In: Müller/Rauschenbach (Hrsg.) 1988, S. 145 - 152.
Steinkamp, G./Meier, B. 1985: Elterliche Erwerbslosigkeit, familiale Sozialisation und kindliche Entwicklung. In: Neue Praxis 15, H. 5, S. 376 - 388.
Strang, H. 1970: Erscheinungsformen der Sozialhilfebedürftigkeit. Stuttgart.
Strang, H./Klagge, H. 1985: Sozialhilfebedürftigkeit, Struktur, Ursachen, Wirkung unter besonderer Berücksichtigung der Effektivität der Sozialhilfe. Institut für Sozialpädagogik der Universität Hildesheim.
Strasser, H./Goldthorpe, J. H. (Hrsg.) 1985: Die Analyse sozialer Ungleichheiten. Opladen.
Strauss, A. 1991: Grundlagen qualitativer Sozialforschung. München.
Strittmatter, F.-J. 1992: Langzeitarbeitslosigkeit im Wohlfahrtsstaat: zu ihren Auswirkungen auf soziale Systeme und den Verarbeituungsstilen bei den Betroffenen. Nürnberg.
Struff, R. 1986: Ausgangslagen der Raumentwicklung. In: Sinkwitz (Hrsg.) 1986, S. 217 - 236.

Struff, R. 1992: Regionale Lebensverhältnisse Teil 1: Wohnen, Arbeiten und Sozialhilfe in Stadt und Land (Schriftenreihe der Forschungsgesellschaft für Agrarpolitik und Agrarsoziologie e.V., Bd. 293). Bonn.
Struff, R. 1993: Vergleich ländlicher und städtischer Lebenslagen. In: Pfaffenberger/-Chassé (Hrsg.) 1993, S. 19 - 40.
Studiengruppe im Auftrag des Europarates 1986: Langfristarbeitslosigkeit: Psychosoziale Auswirkungen und Interventionsmaßnahmen in den Mitgliedsstaaten des Europarates. In: Mitteilungen aus der Arbeitsmarkt- und Berufsforschung 19, H. 3, S. 457 - 463.
Stumpfögger, N./Wiethoff, U. 1989: Armutsverwaltung. Kritik und Perspektive der Sozialhilfe. Berlin.
Südmersen, I. M. 1983: Hilfe, ich ersticke in Texten! - Eine Anleitung zur Aufarbeitung narrativer Interviews. In: Neue Praxis 13, H. 3, S. 294 - 306.
Sünker, H. 1989: Bildung, Alltag, Subjektivität. Elemente zu einer Theorie der Sozialpädagogik. Weinheim.
Sünker, H. 1991: Kinder und Armut. Effekte der Arbeitslosigkeit auf das Kinderleben. In: Neue Praxis 21, H. 4, S. 316 - 324.
Tennstedt, K. 1976: Zur Ökonomisierung und Verrechtlichung in der Sozialpolitik. In: Murswieck, A. (Hrsg.) 1976: Staatliche Politik im Sozialsektor. München, S. 139 - 165.
Terhart, E. 1981: Intuition - Interpretation - Argumentation. Zum Problem der Geltungsbegründung von Interpretationen. In: Zeitschrift für Pädagogik 27, H. 5, S. 769 - 793.
Terhart, E. 1983: Schwierigkeiten (mit) der 'Objektiven Hermeneutik'. Eine Antwort auf Ulrich Oevermann. In: Garz/Kraimer (Hrsg.) 1983, S. 156 - 175.
Terhard, E. 1985: Das Einzelne und das Allgemeine. Über den Umgang mit Fällen in der erziehungswissenschaftlichen Forschung. In: Zeitschrift für erziehungs- und sozialwissenschaftliche Forschung 20, H. 2, S. 283 - 312.
Thiersch, H. 1978: Alltagshandeln und Sozialpädagogik. In: Neue Praxis 8, H. 1, S. 6 - 25.
Thiersch, H. 1992a: Lebensweltorientierte Soziale Arbeit. - Aufgaben der Praxis im sozialen Wandel -. Weinheim, München.
Thiersch, H. 1992b: Schon wieder - und noch einmal - alltagsorientierte Sozialpädagogik. In: Otto/Hirschauer/Thiersch (Hrsg) 1992, S. 33 - 42.
Thomssen, W. 1980: Deutungsmuster - Eine Kategorie der Analyse von gesellschaftlichem Bewußtsein. In: Weymann (Hrsg.) 1980, S. 358 - 373.
Thommsen, W. 1982: Deutungsmuster und soziale Realität. In: Becker, H. u.a. 1982: Wissenschaftliche Perspektiven zur Erwachsenenbildung. Braunschweig, S. 147 - 159.
Tobias, G./Boettner, J. (Hrsg.) 1992: Von der Hand in den Mund. Armut und Armutsbewältigung in einer westdeutschen Großstadt. Essen.
Tönnies, F. 1991: Gemeinschaft und Gesellschaft. Grundbegriffe der reinen Soziologie. Darmstadt (Neudruck der letzten, 8. Aufl. von 1935).
Townsend, P. 1979: Poverty in the United Kingdom. A surwey of Household Resources and Standards of Living. Harmondsworth.
Tully, C. J./Wahler, P. 1983: Ausbildung als Lebenslage. Das Ausbildungsverhältnis als Fokus jugendspezifischer Problemlagen. In: Soziale Welt 34, H. 3, S. 372 - 400.
Vaskovics, L./Weins, W. 1983: Randgruppenbildung im ländlichen Raum. Armut und Obdachlosigkeit. Stuttgart.

Vester, M. u. a. 1993: Soziale Milieus im gesellschaftlichen Strukturwandel. Köln.
Vetter, H.-R. (Hrsg.) 1991: Muster moderner Lebensführung. München.
Vetter, H.-R. 1991a: Lebensführung - Allerweltsbegriff mit Tiefgang. Eine Einführung. In: Vetter (Hrsg.) 1991, S. 9 - 88.
Vetter, H.-R. 1991b: Lohnarbeit, Heimat, sozialer Wandel. Anmerkungen zur Lebensführung niederbayrischer Automobilarbeiter. In: Vetter (Hrsg.) 1991, S. 407 - 451.
Vobruba, G. 1989: Individualisierung und Solidarität. In: PROKLA 19, H. 76, S. 60 - 71.
Volmerg, U. 1983: Validität im interpretativen Paradigma. In: Zedler, P./Moser, H. (Hrsg.): Aspekte qualitativer Sozialforschung. Opladen, S. 124 - 143.
Vonderach, G. (Hrsg.) 1990: Sozialforschung und ländliche Lebensweisen. Bamberg.
Vonderach, G. 1993: Lebensgeschichtliche Bewältigung lang andauernder Arbeitslosigkeit junger Menschen in ländlichen Regionen. In: Pfaffenberger/Chassé (Hrsg.) 1993, S. 67 - 87.
Vonderach, G./Siebers, R./Barr, U. 1992: Arbeitslosigkeit und Lebensgeschichte. Eine empirische Untersuchung unter jungen Langzeitarbeitslosen. Opladen.
Voß, G.-G. 1980: Arbeitssituation und Bewußtsein - Zur Kritik arbeitssoziologischer Erklärungen gesellschaftlichen Bewußtseins. Frankfurt/Main, New York.
Voß, G.-G. 1983: Bewußtsein ohne Subjekt? In: Bolte/Treutner (Hrsg.) 1983, S. 324 - 359.
Voß, G.-G. 1984: Bewußtsein ohne Subjekt? Eine Kritik des industriesoziologischen Bewußtseinsbegriffs. Großhesselohe.
Voß, G.-G. 1991: Lebensführung als Arbeit. Über die Autonomie der Person im Alltag der Gesellschaft. Stuttgart.
Wacker, A. 1983: Differentielle Verarbeitungsformen von Arbeitslosigkeit - Anmerkungen zur aktuellen Diskussion in der Arbeitslosenforschung. In: Prokla Nr.53, 13, H. 4, S. 77 - 88.
Wagner, K. 1986: Leben auf dem Lande im Wandel der Industrialisierung. Frankfurt/-Main.
Waldenfels, B. 1985: In den Netzen der Lebenswelt. Frankfurt/Main.
Weber, M. 1973: Die protestantische Ethik und der Geist des Kapitalimus. Hamburg.
Weber, M. 1973a: Über einige Kategorien der verstehenden Soziologie. In: ders.: Gesammelte Aufsätze zur Wissenschaftslehre. Tübingen.
Wehling, H. G. (Hrsg.) 1978: Dorfpolitik. Opladen.
Wehling, H. G. (Hrsg.) 1980: Das Ende des alten Dorfes? Stuttgart.
Weisser, G. 1954a: Die Überwindung des Ökonomismus in der Wirtschaftswissenschaft. In: Kosiol/Paulsen (Hrsg.) 1954, S. 9 - 40.
Weisser, G. 1954b: Grundsätze der Verteilungspolitik. In: Kosiol/Paulsen (Hrsg.) 1954, S. 41 - 70.
Weisser, G. 1956a: Wirtschaft. In: Ziegenfuss, W. (Hrsg.) 1956: Handbuch der Soziologie. Stuttgart, S. 970 - 1101.
Weisser, G. 1956b: Sozialpolitik. In: Brandt, L. (Hrsg.) 1956: Geisteswissenschaften (Aufgaben deutscher Forschung Bd. I) Köln-Opladen (2. Aufl.), S. 410 - 426.
Weisser, G. 1971: Grundsätze der Verteilungspolitik. In: Külp/Schreiber (Hrsg.) 1971, S. 110 - 135.
Weisser, G. 1972: Sozialpolitik. In: Bernsdorf, W. (Hrsg.) 1972: Wörterbuch der Soziologie Bd. 3. Frankfurt/Main, S. 769 - 776.
Weisser, G. 1978 (Hrsg.) 1978: Beiträge zur Gesellschaftspolitik. (Hrsg. v. Katterle, S./Mudra, W./Neumann, L.) Göttingen.

Weymann, A. (Hrsg.) 1980: Handbuch zur Soziologie der Weiterbildung. Darmstadt.
Weymann, A. (Hrsg.) 1989: Handlungsspielräume. Stuttgart.
Wiedemann, P. M. 1985: Deutungsmusteranalyse. In: Jüttemann (Hrsg.) 1985, S. 212 - 226.
Winkler, M. 1988: Eine Theorie der Sozialpädagogik. Über Erziehung als Rekonstruktion von Subjektivität. Stuttgart.
Witzel, A. 1982: Verfahren der qualitativen Sozialforschung, Frankfurt/Main, New York.
Witzel, A. 1985: Das problemzentrierte Interview. In: Jüttemann (Hrsg.) 1985, S. 227 - 255.
Wolff, K./Beck, M. 1993: Defizite der amtlichen Sozialhilfestatistik, Armutsdiskussion und Statistikreform. In: Zeitschrift für Sozialreform 38, H. 7, S. 417 - 442.
Zapf, W. 1972: Zur Messung der Lebensqualität. In: Zeitschrift für Soziologie 1, H. 4, S. 353 - 376.
Zapf, W. u.a. 1987: Modernisierung und Sicherheit. München.
Zapf, W. 1989: Sozialstruktur und gesellschaftlicher Wandel in der Bundesrepublik Deutschland. In: Weidenfeld, W./Zimmermann, H. (Hrsg.) 1989: Deutschland - Handbuch. Bonn, S. 99 - 124.
Zenke, K. G./Ludwig, G. 1985a: Kinder arbeitsloser Eltern. Erfahrungen und Zwischenergebnisse aus einem laufenden Projekt. In: Mitteilungen aus der Arbeitsmarkt- und Berufsforschung 18, H. 2, S. 265 - 278.
Zenke, K. G./Ludwig, G. 1985b: Über die Auswirkungen elterlicher Arbeitslosigkeit auf die Kinder und die Schwierigkeiten ihrer Erforschung. In: Kieselbach/Wacker (Hrsg.) 1985, S. 139 - 151.
Zenke, K. G. 1988: Elterliche Arbeitslosigkeit belastet auch die Kinder. In: Blätter der Wohlfahrtspflege 135, H. 4, S. 94 - 96.
Zoll, R. (Hrsg.) 1981: Arbeiterbewußtsein in der Wirtschaftskrise. Köln.
Zoll, R. (Hrsg.) 1984: "Hauptsache ich habe meine Arbeit." Arbeiterbewußtsein in der Wirtschaftskrise. Frankfurt.

Die für die Teiluntersuchungen verwendeten Instrumente (Leitfaden Expertengespräche, Erhebungsbogen Strukturuntersuchung und Fragebogen können bei mir angefordert werden:

Prof. Dr. Karl August Chassé
Fachhochschule Jena, Fachbereich Sozialwesen
Tatzendpromenade 1b
07747 Jena

Verzeichnis der Karten, Abbildungen und Tabellen

Kapitel I:

Kapitel II:

Kapitel III:

Kapitel IV: